BIBLIOTHÈQUE
D'HISTOIRE CONTEMPORAINE

LA FRANCE
HORS DE FRANCE

NOTRE ÉMIGRATION
SA NÉCESSITÉ — SES CONDITIONS

PAR

J.-B. PIOLET, S. J.

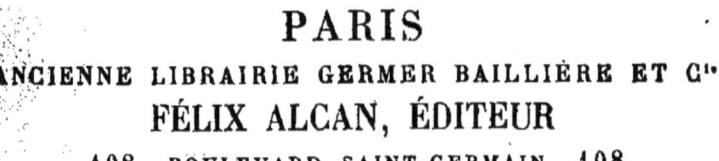

PARIS
ANCIENNE LIBRAIRIE GERMER BAILLIÈRE ET Cⁱᵉ
FÉLIX ALCAN, ÉDITEUR
108, BOULEVARD SAINT-GERMAIN, 108
—
1900

LA FRANCE
HORS DE FRANCE

DU MÊME AUTEUR

Madagascar et les Hova, in-8° (DELAGRAVE) . . . . 5 „

Madagascar, sa description, ses habitants. Grand in-18 jésus, (CHALLAMEL) . . . . 5 „

De la Colonisation à Madagascar. Extrait du *Correspondant* (CHALLAMEL) 0 50

Douze leçons à la Sorbonne sur Madagascar, in-8° (CHALLAMEL). 6 „

Les Jardins ouvriers. Extrait du *Correspondant* (RETAUX) 1 50

Les Missions catholiques françaises au XIX° siècle. Ouvrage publié sous la direction du Père J.-B. PIOLET, S. J., avec la collaboration officielle de toutes les Sociétés de Missions. 6 vol. in-8° jésus de 512 pages, dont 120 pages d'illustrations d'après des photographies originales. Édition de grand luxe. En souscription, chaque volume (ARMAND COLIN) . . . . 10 „

LA FRANCE
HORS DE FRANCE

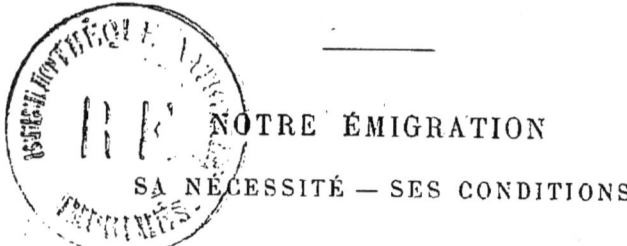

NOTRE ÉMIGRATION

SA NÉCESSITÉ — SES CONDITIONS

PAR

J.-B. PIOLET, S. J.

PARIS

ANCIENNE LIBRAIRIE GERMER BAILLIÈRE ET Cie

FÉLIX ALCAN, ÉDITEUR

108, BOULEVARD SAINT-GERMAIN, 108

—

1900

Tous droits réservés.

A MON AMI
ANDRÉ BALLANDE

Mon Cher Ami,

Vous êtes un des ouvriers de la première heure de la colonisation française. Imitant l'exemple que vous avait donné un père aussi plein d'initiative que vous-même, vous avez cherché, dans *la France Australe*, les débouchés que la métropole ne nous donne plus en quantité suffisante. Vous avez favorisé de toutes vos forces le développement, en cette lointaine possession, d'une race vraiment française, puisque, par votre seule et libre action, vous y avez fixé plus de 60 familles. Vous avez également aidé, de votre crédit et de votre appui, parfois à votre détriment, toutes les bonnes volontés que tentait cette terre lointaine. Comprenant de quelle importance est l'appui des Missionnaires pour le développement, même économique, d'une colonie, vous avez mis toute votre influence au service de la Mission Mariste, qui voit en vous son meilleur ami. De telle sorte que la Nouvelle-Calédonie vous doit autant, sinon plus, qu'à personne. A un autre point de vue vous avez, avec quelques personnalités coloniales, pris l'initiative, alors hardie, de la formation de cette grande société qui est l'Union Coloniale française.

A tous ces titres, et surtout à celui de l'étroite amitié qui nous unit, voulez-vous accepter l'hommage de ce livre sur « La France hors de France » ?

J.-B. P. s. j.

LA FRANCE HORS DE FRANCE

INTRODUCTION

Un remarquable mouvement d'expansion coloniale se produit en Europe depuis 1880.

Jusqu'à cette époque, les puissances continentales, paralysées par leurs mutuelles rivalités, dépensaient le meilleur de leurs forces et de leur argent à se jalouser mutuellement, à refaire leurs armements, à se combattre les unes les autres, se désintéressant, à quelques rares exceptions près, des questions maritimes et coloniales. Seule, l'Angleterre, libre de ses mouvements en raison de sa situation géographique, profitait de cette liberté pour se créer un nouvel empire colonial, plus étendu et de plus grand avenir que celui qu'elle avait acquis au siècle dernier. Elle visait, et elle serait arrivée successivement par des annexions heureuses, à la mainmise exclusive sur toutes les terres de l'Océan Indien, lorsque la subite occupation de l'Égypte, en 1882, vint réveiller la trop confiante torpeur des autres puissances, qui, à leur tour, entrant dans l'arène, se décidèrent, au moins quelques-unes d'entre elles, à se créer un empire au delà des mers.

On ne peut nier, en effet, que ce ne soit la surprise occasionnée par cette brutale occupation qui, ajoutée au vif mouvement de curiosité provoqué par les grands explorateurs nous révélant, juste à ce moment, sinon l'existence, au moins les ressources jusque-là inconnues, du centre africain ; ajoutée surtout à la révolution économique qui nous obligeait impérieusement à chercher de nouveaux débouchés pour nos produits, — l'Amérique fermant de plus en plus ses marchés au commerce européen, — n'ait produit les expéditions officielles, chaque jour plus nombreuses, vers le continent africain, de l'Allemagne, de la Belgique, de l'Italie, de la France, de l'Espagne, du Portugal, auxquelles répondirent de nouvelles expéditions de l'Angleterre.

Ces expéditions, nécessairement opposées les unes aux autres, provoquèrent des conflits internationaux sur tous les points de l'Afrique et rendirent nécessaire, en 1885, la réunion de la Conférence de Berlin à laquelle nous devons les règles du droit international dans le continent noir. Bientôt les nouveaux territoires se trouvèrent partagés entre les puissances européennes, sauf quelques *hinterlands* et quelques *zones d'influence* à l'intérieur, qui vont, du reste, se délimitant tous les jours, et le moment approche où l'on pourra dresser la carte politique africaine.

Timidement, et comme malgré elle, grâce à l'intelligente impulsion d'un homme d'énergie qui y joua sa réputation et son avenir politique ; grâce à l'initiative de certains officiers et gouverneurs, que l'éloignement soustrayait partiellement aux préoccupations et aux luttes de partis de la Métropole, ou qui avaient l'intelligente abnégation de ne pas en tenir compte ; malgré des concessions prématurées où d'imprudents ministres sacrifièrent à des affirmations étrangères intéressées de vastes territoires qui devaient lui appartenir ; malgré de regrettables erreurs de détail et d'irréparables défaillances, la France s'associa à ce mouvement général d'expansion au dehors et se constitua un empire colonial, moins riche que celui du dix-septième siècle et présentant moins de ressources à l'émigration, mais d'une étendue pour le moins égale et offrant de vastes et riches débouchés à notre initiative, à nos capitaux, à nos colons.

Facilement, nous aurions pu maintenir notre influence en Égypte, en 1882 ; facilement aussi, nous aurions pu, vers la même époque, occuper la région des grands lacs équatoriaux que les Pères Blancs du cardinal Lavigerie venaient offrir au gouvernement français comme « sur un plateau d'or », suivant l'heureuse expression de M. Chailley-Bert[1]; facilement encore, nous aurions pu garder la possession du Niger inférieur, nous assurant ainsi une part prépondérante dans le partage de l'Afrique, si nous avions eu une politique moins étroite et moins exclusivement subordonnée à l'unique préoccupation de nos frontières de l'Est, si surtout nous avions eu au pouvoir des hommes aux conceptions larges et à l'allure décidée. Plus tard, en 1893, à une autre extrémité du monde, une nation plus hardie eût profité de l'occasion que lui offraient la bravoure et l'initiative de ses marins et eût obtenu le Protectorat du Siam.

Malgré tout, nous avions acquis pendant cette période :
1° La Tunisie en 1881 ;
2° En 1885, le Congo français, dont l'*hinterland* a été définitivement fixé par la convention franco-allemande de 1894, par la convention franco-belge de 1895 et par la dernière convention franco-anglaise de 1898 ;
3° L'Annam-Tonkin en 1883-1885 ;
4° Une partie du Cambodge en 1884-1895 ;
5° Le Dahomey en 1892 ;
6° Madagascar en 1895 ;
7° Le Soudan, enfin, par une série d'expéditions allant de 1886 à 1897.

Ces nouvelles acquisitions, jointes aux chétifs lambeaux échappés aux ruines de notre ancien empire colonial —

---

1. Conférence devant les Séminaristes de Saint-Sulpice.

Réunion, Martinique, Guadeloupe, Guyane, établissements de l'Inde, Sénégal — et aux acquisitions :

1° De l'Algérie, par la Restauration (1830), la Monarchie de Juillet et le second Empire ;

2° De Tahiti et des îles voisines, par la Monarchie de Juillet en 1846 ;

3° De la Nouvelle-Calédonie, par le second Empire, en 1853 ;

4° De la Cochinchine et du Cambodge, par l'Empire, en 1861 et 1863 ;

Et de quelques autres de moindre importance, n'en constituent pas moins un empire dont l'étendue peut être évaluée à plus de

4 000 000 de kilomètres carrés

en ne comptant que les territoires qui nous sont définitivement acquis ; et à plus de

5 000 000 ou même de
6 000 000 de kilomètres carrés,

en comptant ceux qui sont dans notre sphère d'influence et qui, donnant encore lieu à quelques discussions, n'en doivent pas moins sûrement nous appartenir, un jour ou l'autre, si nous savons faire valoir nos droits.

C'est donc une superficie totale égale approximativement à treize fois, d'aucuns disent à seize fois celle de la France.

Or, on ne compte que

41 855 000

habitants[1] dans ces territoires, qui pourraient facilement en nourrir un nombre dix fois plus considérable.

Un problème, dès lors, se pose, intéressant et important entre tous.

Comment tirerons-nous parti de ces immenses territoires ? Comment les peuplerons-nous ?

Le moment n'est pas encore venu de passer en revue

---

1. Cf. Almanach de Gotha, et *Statesman's Year-Book*, 1900; Levasseur. *La Population française*, t. III, ch. IX.

les ressources de chacune de nos colonies et d'examiner quelles sont celles que l'on pourrait appeler colonies de *peuplement*, et celles qui ne seront que des colonies d'*exploitation*.

Mais, dans toutes, même dans ces dernières, comme par exemple l'Indo-Chine, qui, malgré sa fertilité, ne possède que 30 habitants par kilomètre carré, il y a place pour de nouveaux venus et, partant, nous devons y envoyer des Français. Si, en effet, nous voulons que ces pays soient réellement à nous, il faut y créer des intérêts *français;* il faut, autant que faire se pourra, y introduire une population *française*. Sans cela, et si nos colonies ne tiennent à la mère patrie que par le double lien artificiel, et partant fragile, de l'administration et de l'occupation militaire ; si elles ne sont peuplées que par des indigènes qui, peu à peu, s'élèveront, s'instruiront et apprendront à se gouverner eux-mêmes, à plus forte raison par des races européennes autres que la race française, des Italiens, des Maltais, des Espagnols, voire des Allemands qui, partout, nous jalousent et visent à nous supplanter, rapidement elles se désaffectionneront de nous, s'éloigneront de nous, et peu à peu, par la force des choses, ou brusquement par des complots et des révoltes, profitant pour cela de nos difficultés en Europe, recouvreront leur autonomie et cesseront de nous appartenir.

Il importe donc souverainement, il est d'une nécessité absolue, que nous dirigions vers nos colonies un flux de population vraiment française qui y domine, qui y fasse souche, qui y implante notre race, notre langue, nos mœurs, l'amour de notre patrie, afin que ces colonies deviennent réellement, au dehors, le prolongement de la France, à laquelle les attacheront les liens indissolubles des entreprises communes, des mêmes intérêts, de la même langue, de la même religion, des mêmes affections.

On s'accorde généralement à dire que le temps des conquêtes coloniales est passé. C'est peut-être un peu trop tôt conclure. Certaines questions ont été soulevées de par le monde, celle du Siam par exemple, des Nouvelles-Hébrides, de Cheik-Saïd et autres territoires, sans parler de l'éternelle question d'Égypte, qu'il faudra bien résoudre un jour ou l'autre. Mais le temps de mettre en œuvre notre Empire Colonial est certainement venu, et, pour cela, il faut de toute nécessité y envoyer des colons et y mettre notre argent.

Or, sommes-nous capables de coloniser? Avons-nous en France un surcroît de population que nous puissions envoyer aux colonies? Notre situation politique en Europe, en particulier vis-à-vis de l'Allemagne, nous permet-elle, tant que nous porterons au flanc une blessure toujours saignante et qui ne sera cicatrisée qu'après le recouvrement de nos provinces perdues, de distraire une partie de nos forces pour les envoyer au loin? L'émigration dans nos Colonies entrera-t-elle jamais dans nos mœurs? Notre caractère, notre tempérament, nos goûts, nos besoins, notre éducation, nos institutions, nos qualités, nos défauts, se prêteront-ils jamais à un tel mouvement? Et n'est-ce pas nous demander quelque chose au-dessus de nos forces et de nos aptitudes, que de nous inviter à essaimer et à aller nous fixer au Tonkin, en Nouvelle-Calédonie, en Tunisie, à Madagascar?

Tous les arbres ne poussent pas de bouture. La nation française serait-elle donc une de ces plantes délicates dont on ne peut séparer un rameau, même pour le mettre en terre, qu'aussitôt il ne se dessèche et ne périsse? Ou, tout au moins, ne faudrait-il pas choisir avec soin ces rejetons qu'on veut ainsi transplanter ailleurs, et choisir également les terrains où l'on veut les transplanter!

Ou bien, au contraire, avons-nous toutes les qualités qui font le bon colon, la hardiesse, l'initiative, l'intelligence, le courage et l'amour du travail, la sobriété et la persévérance? Et, si nous ne les avons pas, sommes-nous au moins capables de les acquérir? Si, jusqu'ici, nous avons très peu émigré hors de France, surtout vers nos propres colonies, les circonstances économiques ne sont-elles pas devenues telles que cette émigration soit une véritable nécessité et que nous devions envoyer au loin un grand nombre de nos enfants ?

J'en suis absolument convaincu.

Oui, quoi que l'on pense, et quoi que l'on dise couramment, je suis persuadé que, malgré l'affaiblissement si effrayant de notre natalité, nous avons en France, à l'heure actuelle, un nombre très considérable d'hommes qui y souffrent et y succombent parfois, dans cette redoutable *lutte pour la vie* dont on parle tant ; qui, en tout cas, y mènent une existence inutile à eux-mêmes et aux autres, et qui, dans nos colonies, utiliseraient leurs facultés et leurs énergies, les développeraient, prospéreraient, y créeraient et y élèveraient une famille, y fonderaient une nouvelle race française, forte, vigoureuse, féconde, riche, heureuse.

Je suis persuadé aussi que nous trouverions dans cette expansion au dehors le remède le plus pratique à cet abaissement de la natalité bien fait pour nous effrayer, l'accroissement de la population marchant de pair avec l'émigration, et de nouveaux membres venant toujours remplacer ceux qui partent.

Je suis persuadé enfin que notre race, un peu vieillie, un peu anémiée, se retremperait dans cette vie au loin, dans ces efforts toujours pénibles, mais si utiles, de la colonisation ; dans ces existences laborieuses et indépendantes, plus conformes aux lois de la nature, moins factices, moins artificielles et moins compliquées que les nôtres.

Sur tous ces points, ma conviction n'a fait que grandir, à mesure que j'avançais dans mon travail ; les recherches auxquelles j'ai dû me livrer, les constatations que j'ai pu faire, les témoignages que j'ai sollicités, tout contribuant à me montrer, de plus en plus clairement, la *possibilité* et la *nécessité* d'un fort mouvement d'émigration vers nos colonies.

Eh bien, c'est cette conviction que je voudrais faire partager à mes lecteurs, en leur montrant successivement :

1° Pourquoi nous émigrons si peu ;
2° Que nous devons émigrer ;
3° Que nous pouvons émigrer ;
4° Quels sont ceux qui doivent émigrer ;
5° Quels sont les pays où ils doivent émigrer.

PREMIÈRE PARTIE

POURQUOI NOUS ÉMIGRONS SI PEU

CHAPITRE PREMIER

DU NOMBRE DE NOS ÉMIGRANTS

Nous ne parlons ici que de l'émigration qui fait sortir d'*Europe* nos compatriotes et les porte vers les pays encore insuffisamment peuplés d'Amérique, d'Océanie, ou d'Afrique. Nous ne parlons également que de l'émigration qu'on pourrait appeler, avec M. Le Play, *permanente*, c'est-à-dire sans retour, ou *momentanée*, c'est-à-dire pour un certain nombre d'années, l'émigrant ne revenant se fixer au pays natal qu'après fortune faite, mais non de l'émigration *périodique* qui ne dure qu'un temps très court, ordinairement une saison, tout au plus une ou deux années, et se reproduit d'habitude à époques fixes.

M. Etcheverry donne des deux premières, — car aucune statistique ne nous permet de les distinguer, — un relevé très instructif qu'il a emprunté à un savant anglais, Mulhall, le complétant par ses propres observations. D'après ce relevé donc, de 1820 à 1882, 17 000 000 d'Européens ont quitté l'Europe, puis 2 000 000 pendant les trois années 1883, 1884, 1885, c'est-à-dire un total de 19 000 000 pendant ces soixante-cinq ans.

Le nombre est relativement plus considérable pour les

années qui suivent. Si, en effet, nous additionnons les chiffres que nous donne, de toutes les statistiques d'Europe peut-être la mieux faite et la plus complète, *la Statistica della Emigrazione italiana*, avant l'année 1895, nous trouvons, pour les dix années 1886-1895, le nombre de 6 703 044, dans lequel manquent cependant les deux années 1894-1895 pour la France, l'année 1895 pour les Pays-Bas et le Portugal, dans lequel surtout la Russie ne figure que pour ses émigrants partis par les ports allemands.

Il semble donc qu'on ne serait pas loin de la vérité, en mettant en chiffres ronds

7 000 000

pour ces dix dernières années, ce qui nous donnerait

26 000 000

comme chiffre global de l'émigration totale d'Europe depuis 1820-1895, et vraisemblablement près de

30 000 000

depuis le commencement de ce siècle, en y comprenant les émigrants de 1800 à 1820, ainsi que ceux qui ont émigré depuis 1895 et ceux qui ont échappé à toutes les statistiques.

Or, dans cet afflux de population, par quel chiffre la France est-elle représentée ?

Nous n'avons de statistiques officielles d'émigration que depuis l'année 1857, et encore combien confus, vagues, incertains, parfois contradictoires, les renseignements qu'elles nous fournissent !

D'après ces données, et d'après quelques autres, antérieures de quatre ans, on peut évaluer le total de l'émigration française dans les pays étrangers, pendant les quarante années écoulées depuis 1853 jusqu'à 1893, à

412 413,

quand celle de l'Europe entière se chiffre par environ 30 000 000.

La différence devient encore plus frappante, quand on se rapproche de ces dernières années.

Je n'en donnerai que deux exemples :

I. — Pendant les années 1876, 1877, 1878, le Royaume-Uni de Grande-Bretagne et d'Irlande, sur 33 446 930 habitants, en a envoyé hors d'Europe :

En 1876......	109 469, soit	327,29 pour 100 000	
1877......	95 195, —	284,61	—
1878......	112 902, —	337,55	—
Total....	317 566, —	316,50	—

L'Allemagne, sur 43 657 387 :

En 1876......	29 626, soit	67,86 pour 100 000	
1877......	21 964, —	50,31	—
1878......	24 217, —	55,47	—
Total....	75 807, —	57,88	—

L'Italie, sur 28 010 695 :

En 1876......	22 392, soit	79,94 pour 100 000	
1877......	22 698, —	81,03	—
1878......	23 901, —	85,35	—
Total....	68 991, —	82,11	—

Le Danemark, sur 1 899 700 :

En 1876......	1 581, soit	83,22 pour 100 000	
1877......	1 877, —	98,80	—
1878......	2 972, —	145,97	—
Total....	6 430, —	114,68	—

La Suisse, sur 2 776 035 :

En 1876......	1 741, soit	62,71 pour 100 000	
1877......	1 691, —	60,91	—
1878......	2 608, —	93,94	—
Total....	6 040, —	72,52	—

Tandis que la France, avec sa population de 36 977 099, n'a envoyé hors d'Europe :

En 1876, que...	3 785,	soit	10,51 pour 100 000
1877.....	2 591,	—	7,08 —
1878.....	3 348,	—	9,06 —
Total....	9 724,	—	8,76 —

c'est-à-dire, en ne tenant pas compte du chiffre de la population, trente fois moins que l'Angleterre, huit fois moins que l'Allemagne, sept fois et demie moins que l'Italie ; et, si l'on en tient compte, 36 fois moins que l'Angleterre, 6,60 fois moins que l'Allemagne, 9,37 fois moins que l'Italie.

II. — Pendant les dix dernières années 1886-1895, tandis que l'Angleterre envoyait au loin 2 244 800 de ses enfants, l'Italie 1 420 915, l'Allemagne 890 199, l'Autriche-Hongrie 765 622, la Suède et la Norvège 462 270, l'Espagne 432 200, le Portugal 213 238, la France, cependant de tous ces pays le plus peuplé après l'Allemagne et l'Autriche-Hongrie, n'envoie que 111 068 émigrants pour les huit années 1886-1893, et approximativement 125 000 pour cette même période de dix années. C'est-à-dire qu'elle a dix-huit fois moins d'émigrants que le Royaume-Uni de Grande-Bretagne et d'Irlande, douze fois moins que l'Italie, neuf fois moins que l'Allemagne, six fois moins que l'Autriche-Hongrie, trois fois et demie moins que la Suède et Norvège ou l'Espagne, près de deux fois moins que le Portugal [1].

---

[1]. Nous ne pouvons entrer ici dans de plus grands détails. Mais au lecteur soucieux de suivre ce mouvement d'émigration, dans ses diverses fluctuations, et d'étudier les diverses significations qu'il pourrait avoir, nous conseillerions l'examen attentif du tableau synoptique et du graphique comparatif de l'émigration hors d'Europe des principales nations européennes, que nous donnons à la fin du volume. Nous l'avons composé d'éléments épars un peu partout, et qui, à ma connaissance du moins, n'avaient pas encore été réunis. On pourra y joindre avantageusement la con-

Il est vrai qu'il ne faut pas se fier outre mesure aux renseignements fournis par les statistiques officielles, et que, en particulier, beaucoup d'émigrants sont partis qui n'ont pas été enregistrés aux ports d'embarquement. Tantôt, en effet, ils passaient pour de simples passagers, que par suite on n'inscrivait pas ; ou bien ils prenaient place, en petit nombre, dans un paquebot ordinaire qui n'était pas censé emporter d'émigrants ; ou bien ils s'embarquaient dans un port autre que ceux où l'on faisait le contrôle, c'est-à-dire autre que Bayonne, Bordeaux, Le Havre, Marseille, ou même dans un port étranger, soit que cela leur fût plus commode, soit que cela leur permît d'échapper plus facilement à la loi militaire.

Ainsi, pour ne citer qu'un exemple, de 1878 à 1885, pendant huit ans, 17 090 Français seraient allés aux États-Unis d'après la statistique française, et 35 785 d'après la statistique américaine ; 13 325 dans la République Argentine, si l'on s'en rapporte à nos relevés, et 27 008 d'après les relevés argentins [1].

Ces écarts, ou bien n'existent pas, ou bien existent à un degré considérablement moindre pour les autres États, leurs statistiques d'émigration étant mieux tenues, en sorte que l'on resterait vraisemblablement dans le vrai en doublant les chiffres fournis par les statistiques officielles et en portant, avec M. Levasseur, à environ 10 000 personnes la moyenne de notre émigration annuelle au dehors depuis de longues années.

Malgré cela, il n'en est pas moins vrai que le mouvement d'émigration des Français hors d'Europe, pendant ce siècle, a été extrêmement faible, quand on le compare à celui des autres nations, de l'Italie, de l'Allemagne, surtout du Royaume-Uni de Grande-Bretagne et d'Irlande.

---

sidération des tableaux suivants sur les pays de destination de ces émigrants. V. Appendices I et II.

1. Le tableau suivant montrera clairement ces écarts de statistique pour les années 1878-1885 :

C'est à peine, en effet, si, en forçant les chiffres autant et plus que ne le permettent les causes d'erreurs signalées, nous arriverions au nombre global de 1 000 000 d'émigrants, tandis que les Iles Britanniques ont envoyé pendant ces vingt-cinq dernières années, de 1870 à 1895, 5 417 639 émigrants hors d'Europe et 12 621 501 de 1815 à 1895, ce qui ferait approximativement, en gardant la même proportion, près de 17 000 000 pendant tout ce siècle; tandis que, depuis 1821, elles ont envoyé 6 825 590 individus aux seuls États-Unis, et les Allemands 4 990 357, contre 395 461 Français [1].

Voilà donc un premier résultat acquis :

Nombre d'émigrants français :

	AUX ÉTATS-UNIS			EN ARGENTINE		
	Statistique française.	Statistique américaine.	Différence.	Statistique française.	Statistique argentine.	Différence.
1878	1 034	4 668	3 634	987	2 025	1 038
1879	1 490	4 121	2 631	1 608	2 149	541
1880	2 266	4 939	2 673	1 603	2 175	572
1881	2 605	5 652	3 047	1 227	3 612	2 385
1882	2 742	5 560	2 818	1 189	3 382	2 193
1883	2 329	4 016	1 687	1 116	4 182	3 066
1884	2 518	3 690	1 172	2 564	4 741	2 177
1885	2 106	3 138	1 032	3 058	4 552	1 494
	17 090	35 784	18 694	13 352	26 808	13 466

[1]. Voici du reste ce relevé de l'émigration aux États-Unis, tel que l'a donné l'Almanach de Gotha en 1897, p. 68.

PÉRIODES DÉCENNALES :	
1821-1830	143 439
1831-1840	599 125
1841-1850	1 713 251
1851-1860	2 598 214
1861-1870	2 466 752
1871-1880	2 944 695
A reporter	10 465 476

Report	10 465 476
1881-1890	5 189 004
1891	560 319
1892	623 084
1893	502 917
1894	314 467
1895	279 948
TOTAL	17 935 215

PAYS D'ORIGINE :	1821-1895		1895	
Irlande	3 750 183		47 972	
Angleterre	1 860 937		31 948	
Écosse	385 592	6 825 590	5 888	87 724
Pays de Galles	37 547		1 916	
Non spécifiés	793 331		»	

Pendant tout ce siècle, notre émigration au dehors a été très faible, tellement faible, que ce seul fait semblerait justifier — à tort en réalité — l'opinion courante que nous sommes incapables de fournir les éléments suffisants à un courant régulier d'émigration.

CHAPITRE II

DE L'ÉMIGRATION SOUS L'ANCIEN RÉGIME

Ce qui ajoute encore à la signification de ce fait, c'est qu'il n'est pas particulier à ce siècle, mais se vérifie au contraire dans le passé, aux époques les plus brillantes

Report.	6 825 590	87 724
Allemagne	4 990 357	36 351
Suède et Norvège	1 166 197	23 056
Autriche	735 463	33 462
Italie	694 260	36 961
Russie d'Europe	664 175	35 510
France	395 461	3 702
Suisse	199 938	2 624
Danemark	185 774	4 244
Pays-Bas	128 539	2 348
Belgique	60 506	1 590
Espagne, Portugal	58 894	1 478
Reste de l'Europe	23 430	1 337
Europe.	16 128 584	270 387
Chine	304 064	974
Reste de l'Asie	25 515	3 149
Afrique	1 712	54
Amérique anglaise	1 047 088	(?)
Indes occidentales	108 623	3 441
Mexique	27 035	(?)
Amérique centrale	2 720	69
Amérique du Sud	13 932	338
Iles de l'Atlantique	39 187	990
Australie et Polynésie	33 070	522
Autres pays	199 738	24
TOTAL.	17 935 215	279 948

de notre expansion coloniale, sous Louis XIII et Louis XIV, sous Richelieu et sous Colbert, sous Louis XV et Louis XVI, sous l'Empire et la République.

Ainsi, pendant que l'Espagne donnait 3 millions d'hommes à ses colonies d'Amérique pendant le XVIe siècle [1]; pendant que l'Angleterre envoyait dans l'Amérique du Nord une population si nombreuse que la Barbade, cependant si petite, comptait 70 000 blancs, vingt-cinq ans à peine après son occupation ; le Maryland, 12 000, vingt ans après le premier établissement, et que, vingt ans également après la fondation du Massachusets, les colons déjà au nombre de 40 000 devaient se déverser dans le New-Hampshire [2], c'est à peine si nous parvenions à envoyer de 1606 à 1700, 6 000 émigrants au Canada, dont seulement 40 pendant les sept premières années et 2 000 de 1675 à 1759 [3]. En 1750, pendant que l'Angleterre avait 1 500 000 colons de race saxonne dans ses 13 colonies américaines, c'est à peine si nous avions 80 000 Canadiens français.

Les Antilles, à cause de leur climat meilleur, et surtout par suite du succès rapide qu'y obtint la colonisation, furent plus heureuses : 7 000 émigrants s'y rendirent de 1625 à 1642. Plus tard, Choiseul, honteux de nous avoir fait perdre le Canada, envoya dans la Guyane 15 000 malheureux si mal choisis et si mal gouvernés qu'il en mourut plus de 12 000 [4]. Mais c'est à peine si quelques centaines de Français allèrent pendant près de quarante ans s'établir à Madagascar [5].

1. Levasseur. *La Population française.*
2. Leroy-Beaulieu. *De la Colonisation chez les peuples modernes*, p. 133.
3. De Rochemonteix. *Les Jésuites et la Nouvelle-France au XVIIe siècle*, p. 234.
4. Leroy-Beaulieu. *De la Colonisation chez les peuples modernes*, p. 181.
5. Quand Flacourt arriva à Madagascar le 4 décembre 1648, 215 colons dont 8 Dieppois l'y avaient précédé. Il amena avec lui 80 hommes. En 1667, M. de Mondevergue amena 162 ouvriers et 4 compagnies d'ouvriers. Ajoutez à cela quelques aventuriers et c'est à peu près tout.

Ce n'est cependant pas que les encouragements manquassent aux nouveaux colons. Au contraire, dans toutes les chartes de concession accordées aux Compagnies de colonisation — car on sait que rien alors ne fut tenté en dehors de ces Compagnies — apparaît le souci constant du Pouvoir de peupler nos colonies de citoyens français.

Ainsi, d'après l'article premier de la charte de 1628 pour la Nouvelle-France, c'est-à-dire le Canada :

La Compagnie devra faire « passer audit pays de la Nouvelle-France 200 à 300 hommes de tous métiers, dès la première année 1628 ; pendant les années suivantes en augmenter le nombre jusqu'à 4 000 de l'un et l'autre sexe, dans quinze ans prochainement et qui finiront en décembre que l'on comptera en 1643 ; les y loger, nourrir et entretenir de toutes choses généralement quelconques nécessaires à la vie pendant trois ans seulement, lesquels expirés, lesdits associés seront déchargés, si bon leur semble, de ladite nourriture et entretènement en leur assignant la quantité de terres défrichées suffisantes pour leur subvenir, avec le bled nécessaire pour les ensemencer la première fois et pour vivre jusqu'à la récolte lors prochaine, ou autrement leur pourvoir en telle sorte qu'ils puissent de leur industrie ou de leur travail subsister audit pays et s'y entretenir par eux-mêmes ; sans toutefois qu'il soit loisible auxdits associés et autres de faire passer aucun estranger ès dits lieux, mais peupler ladite colonie de naturels français. »

De même dans la charte accordée en 1635 à la *Compagnie des Isles de l'Amérique*, c'est-à-dire Saint-Christophe et quelques-unes des îles voisines :

« Lesdits associés feront passer auxdites îles, dans vingt ans du jour de la ratification qu'il plaira à Sa Majesté de faire desdits articles, le nombre de 4 000 personnes au moins de tout sexe, ou feront en sorte que pareil ou plus grand nombre y passe dans ledit temps ; et pour sçavoir le nombre de ceux qu'on y fera passer, les maistres de navires qui iront à l'advenir ès dites isles apporteront un acte certifié du gouverneur de l'isle où la descente aura été faite, du nombre des personnes qui auront passé à la charge desdits associés, qui sera enregistré au greffe de l'amirauté. »

De même aussi, d'après l'article IV de la charte octroyée en 1698 à la *Compagnie royale de Saint-Domingue*, cette Compagnie devait peupler l'île d'au moins 1 500 blancs, tirés d'Europe dans le délai de cinq ans, et, après cinq ans, y faire passer annuellement 100 colons blancs.

Ce n'était pas assez, et une ordonnance du 16 novembre 1716 oblige tous les capitaines des vaisseaux marchands allant aux îles françaises ou au Canada, sauf ceux qui faisaient la traite, d'y transporter trois engagés, si leur vaisseau ne calait pas plus de 60 tonneaux; quatre engagés, s'il calait de 60 à 100 tonneaux, et six, s'il dépassait 100 tonneaux.

On pourrait multiplier les exemples. Je n'en rapporterai qu'un autre, ce sont les promesses que la Compagnie des Indes Orientales faisait afficher afin de provoquer le recrutement d'émigrants pour Madagascar.

« Si quelqu'un, portait cette affiche, veut passer dans l'isle Dauphine en colonie et se charger d'y mener un nombre considérable de personnes d'âge convenable, depuis 15 jusqu'à 50 ans, de l'un et de l'autre sexe, le tiers de femmes avec leurs maris ou de filles avec leur père, pour servir ce dessein avec lui, on lui accordera la quantité de terres qu'il souhaitera pour les mettre en valeur, moyennant une redevance annuelle et des devoirs fort modérés envers la Compagnie... et à l'égard de la redevance annuelle pour avoir lieu seulement après trois années, du jour que la désignation et concession des terres aura été faite.

« Ceux qui ne voudront point faire de ces sortes d'entreprises, mais seulement se faire passer seul ou avec peu de personnes, seront engagez et leur sera fait des conditions équitables et avantageuses à proportion. »

Mais, ce qu'elle désirait encore plus avoir, c'étaient des artisans.

« La Compagnie des Indes Orientales, disait-elle dans un avis public, avertit tous les artisans ou gens de métier français qui voudraient aller demeurer dans l'isle de Madagascar et dans toutes les Indes, qu'elle leur donnera le moyen de gagner leur vie fort honnestement, et des appointements et salaires fort raisonnables ; et que s'il y en a qui veulent y demeurer huit ans, Sa Majesté veut bien leur accorder d'être Maistres de chef-d'œuvre dans toutes les villes du royaume de France où ils voudront s'établir, sans en excepter aucune et sans payer autre chose [1]... »

L'État, du reste, ne s'en tenait pas là. Après avoir imposé aux Compagnies de colonisation de « passer aux Indes », à la Nouvelle-France et ailleurs, un nombre déterminé de colons français, il ne négligeait rien pour les aider à atteindre ce but.

« Nos rois, Louis XIII, Louis XIV et jusqu'à Louis XV, racontait à ce propos M. Chailley-Bert dans une brillante conférence qu'il fit à la salle de la Société de Géographie, le 12 janvier 1897, pour l'inauguration de la *Société pour l'émigration des femmes*, nos rois, et surtout leurs ministres, Richelieu, Colbert, Choiseul, non seulement ont su conduire cette grande politique coloniale, qui nous a valu un magnifique empire... lequel n'a été perdu plus tard que parce que la France n'a su ni mener de front la politique continentale et la politique coloniale, ni choisir entre les deux ; mais après avoir conquis, ils ont su organiser et peupler. Et, pour organiser, pour peupler, pour attirer les colons au Canada, à la Louisiane et

---

1. Cf. sur cette matière, Pauliat. *La Politique sous l'ancien régime*, passim; — Leroy-Beaulieu. *De la Colonisation chez les peuples modernes*, ch. v; — *De la Colonisation française avant le XIXe siècle, Proposition de résolution* de MM. Bazille et Dutreix, 28 mai 1897, exposé des motifs.

ailleurs, les procédés d'un Colbert, par exemple, sont des merveilles d'ingéniosité basées sur la plus fine psychologie, et que nous ferions bien de copier en les adaptant aux conditions de notre temps... »

Son grand auxiliaire était le clergé, toujours prêt à intervenir, quoi qu'on en dise, quand il s'agit du bien et de la grandeur de la France.

« Colbert recourait d'abord, poursuit M. Chailley-Bert, à de grandes prédications par l'intermédiaire du clergé. Tous les dimanches, au prône de la messe paroissiale, le curé dans sa chaire annonçait qu'à telle époque, dans tel port, Nantes, Rochefort, Bordeaux, aurait lieu un départ de colons. Il ajoutait que les personnes qui voudraient s'y associer devraient faire connaître à l'avance leur décision. Il insinuait qu'on préférait les hommes mariés et qu'en conséquence les célibataires qui, avant de partir, voudraient se marier, seraient, de par la volonté du Roi et en vertu d'une abrogation temporaire des lois existantes, dispensés de presque toutes les formalités qui auraient pu retarder leur mariage : bans, témoins, consentement des parents. »

Malgré ces efforts, nous avons vu les minimes résultats obtenus, même par un Richelieu et un Colbert, et l'on est obligé de conclure avec M. Leroy-Beaulieu[1] que « malheureusement les plans de ces deux grands hommes étaient d'une exécution bien difficile ; la nation ne se sentait pas portée d'elle-même à l'émigration ; les marins de Normandie, de Bretagne et de Gascogne étaient toujours prêts à courir les mers ; mais il n'y avait guère, dans tout le royaume, d'hommes qui voulussent se chercher une autre patrie sous d'autres cieux et se transporter avec leurs familles dans les pays d'outre-mer sans espoir de retour. »

1. *Op. cit.*, p. 149.

CHAPITRE III

POURQUOI L'ON ÉMIGRAIT SI PEU

« La nation ne se sentait pas portée d'elle-même à l'émigration. »

Pourquoi cela, et comment l'expliquer? Par de multiples raisons qui existent encore aujourd'hui; mais en particulier par les deux suivantes, plus spéciales à cette époque.

Les Français n'aimaient pas à émigrer, parce que d'abord, émigrer, à ce moment, c'était complètement l'inconnu avec de réels dangers et un exil presque définitif. Pour aller au Canada, à la Louisiane, aux Antilles, à la Guyane, à plus forte raison à Madagascar, il fallait passer plusieurs mois sur de frêles bateaux à voile qui, non rarement, faisaient naufrage, qui, en tout cas, devaient choisir les vents et la saison favorables; une fois arrivé à destination, on était exposé à des révoltes et à des incursions continuelles de la part des indigènes, et, de la part des nations rivales, Angleterre et Hollande, à des luttes fréquentes qui devaient finir les unes et les autres par détruire notre Empire colonial, et qui, en attendant, coûtaient la vie à un grand nombre de colons, et, en tout cas, ruinant leurs plantations, rendaient inutiles des années d'efforts.

C'étaient là de redoutables dangers qu'augmentaient encore, dans l'imagination de tous, l'éloignement et le manque de nouvelles précises. Les communications en effet étaient très difficiles et très rares, et c'est tout au plus si les colons pouvaient recevoir des nouvelles de France, ou en donner des leurs, une ou deux fois par an. Enfin, en cas de maladie ou de non-réussite, vu leurs engagements avec les Compagnies, et d'autres circonstances inévitables, leur retour signifiait pour eux la ruine.

On comprend, dans ces conditions, que très peu de personnes osassent émigrer dans nos Colonies. Et cela d'autant plus qu'ils les connaissaient moins. On avait beau placarder des affiches, envoyer des émissaires de recrutement, ou faire annoncer le départ des vaisseaux par les curés du haut de la chaire. La Guyane et le Canada, ou bien étaient complètement inconnus, ou bien passaient pour avoir des climats malsains et essentiellement meurtriers, l'un par ses fièvres et les ardeurs de son soleil, l'autre par la rigueur de ses hivers. En sorte qu'il fallait, on le conçoit facilement, un courage peu ordinaire, une nature fortement trempée ou éprise d'aventures, pour aller cultiver les marais pestilentiels des bords du Maroni, ou « les arpents de neige » de ceux du Saint-Laurent.

Ajoutez à cela qu'on en sentait très peu le besoin. La France en effet suffisait alors largement à la nourriture de ses habitants, qui peut-être étaient moins exigeants qu'aujourd'hui, qui surtout étaient moins nombreux.

Dans son remarquable travail sur la population française, quoique ne possédant des statistiques certaines qu'à partir du commencement de ce siècle, M. Levasseur s'efforce, par les diverses données qu'il a pu recueillir, d'évaluer la population de la France, ramenée à ses limites actuelles, aux diverses époques de son histoire, et il arrive aux chiffres suivants :

Avant la conquête romaine.	6 700 000
Sous Louis le Débonnaire.	8 à 10 000 000
Avant la guerre de Cent ans.	20 à 22 000 000
Au commencement du règne de Henri IV.	20 000 000
En 1700.	21 136 000
A l'avènement de Louis XV, en 1715.	18 000 000
En 1789.	26 300 000
En 1801.	26 900 000

En 1821. . . . . 29 900 000
En 1841. . . . . 33 400 000
En 1861. . . . . 35 800 000
En 1881. . . . . 37 700 000
En 1891. . . . . 38 133 385 [1]

On comprend, par ce tableau, que les 21 millions de Français du temps de Richelieu et de Colbert trouvassent facilement à vivre là où les 38 millions d'aujourd'hui ont tant de difficultés à subsister.

Il y avait là deux raisons pour ne point aller aux colonies, qui n'existent plus aujourd'hui. Là en effet où il fallait plusieurs mois de voyages, de quinze à vingt-cinq jours sont maintenant pleinement suffisants, et, d'une manière ou d'une autre, toutes nos colonies correspondent toutes les semaines, au moins tous les quinze jours, avec la métropole. De plus, on les quitte à peu près aussi facilement qu'on y va, et le séjour, à quelques exceptions près, y est presque aussi sûr que dans la mère patrie. Enfin nous verrons dans la seconde partie de ce travail combien de peine beaucoup de gens ont à subsister aujourd'hui en France.

CHAPITRE IV

DE NOTRE MANQUE DE TRADITION COLONIALE

Mais pourquoi alors n'émigrons-nous pas, aujourd'hui que nos colonies sont à nos portes, et, grâce à nos rapides moyens de communication, aussi près qu'étaient sous Louis XIV, pour un habitant de Paris, la Provence ou le Béarn ? Aujourd'hui surtout que l'augmentation de la population et les conditions économiques de notre époque

---

1. *Ouvr. cit.*, t. Ier, p. 315.

— nous le montrerons plus tard en détail — ont rendu la vie si pénible à un grand nombre ?

Pourquoi ? Pour plusieurs raisons qu'il nous reste à étudier rapidement.

Nous n'émigrons pas, d'abord parce que nous ne l'avons jamais fait, et que nous n'en avons pas l'habitude.

Rien, en effet, n'est puissant comme une tradition datant de longues années, comme une coutume acquise depuis longtemps, pour nous faire continuer ce que l'on a toujours fait. Il y a trois siècles et plus qu'on émigre du Royaume-Uni de Grande-Bretagne et d'Irlande, à peu près sans interruption. Cela est passé dans les mœurs, et une famille n'est pas plus surprise de voir son fils, voire même sa fille, aller s'établir au Cap ou en Australie, qu'une mère française de les envoyer finir leurs études ou apprendre un métier à la ville voisine.

Le même fait se renouvellerait chez nous, plus ou moins, si nous avions le même passé derrière nous.

Un autre phénomène se produirait également, qui aurait plus de résultats que toutes les sollicitations des Compagnies ou des agents d'émigration, c'est-à-dire *l'auto-recrutement* des émigrants.

Un jeune homme est allé, par exemple, en Tunisie ou dans la Nouvelle-Calédonie. Il y prospère. Naturellement, il écrira dans son village, à son frère, à son cousin, à ses amis, pour les engager à venir le rejoindre, et il ne redoutera point d'y amener une femme pour y fonder une famille. Et ainsi s'établiront peu à peu, comme d'eux-mêmes, par les relations de famille et de voisinage, de nombreux courants d'émigration venant des divers points de la France, de l'Auvergne, de la Bretagne, de la Franche-Comté, du Rouergue, des pays basques, etc., pour aller refaire dans nos Colonies le hameau, la commune, le pays qu'on a quitté. De ce moment, vous n'aurez plus rien à faire pour peupler nos Colonies. Elles se peupleront d'elles-mêmes, et très bien ; les villages de nos montagnes essaimeront et se reproduiront au loin.

Cela n'existe pas encore, ou bien n'existe que partiellement, par exemple pour les Basques vers la République Argentine, parce que, jusqu'ici, nous n'avons pas émigré; parce que nous avons toujours échoué dans nos diverses tentatives de colonisation.

Rien n'est navrant, en effet, comme l'histoire de nos entreprises coloniales, dont les diverses phases peuvent se résumer en une brillante période de découvertes ou de conquêtes, suivie presque toujours d'hésitations, de tâtonnements et d'incertitudes dans les essais tentés pour leur mise en valeur, et enfin d'une ruine à peu près complète qui jetait dans l'opinion publique une invincible défiance et un profond discrédit pour ces expéditions lointaines. Cette défiance et ce discrédit duraient de longues années, facilement un demi-siècle, jusqu'à ce que, sous l'effet de circonstances particulières, on recommençât les mêmes essais suivis des mêmes incertitudes et aboutissant aux mêmes échecs [1].

---

[1]. Que si l'on voulait savoir les raisons de cette impuissance, on en trouverait une dans les lignes suivantes de Prévost-Paradol, si vraies et si frappantes :

« Ne pouvoir s'entendre sur les conditions élémentaires de l'ordre et de la liberté, discuter encore pour savoir si le souverain doit gouverner, si les élections doivent être libres, si le Parlement doit être puissant, si la presse doit relever de l'administration qu'elle contrôle, si les magistrats doivent avancer comme les autres fonctionnaires, qu'est-ce autre chose que l'anarchie morale, non moins funeste, non moins fatale à la grandeur des nations que cette anarchie matérielle qui trouble les rues et met les armes aux mains des citoyens?

« Car, pour s'établir fortement dans le monde, pour y créer des nations à son image, il faut avoir soi-même une figure arrêtée et savoir ce qu'on veut. On ne peut donner que ce qu'on a, et si des Colonies sortent par miracle d'une métropole livrée à de tels fléaux, comment éviteraient-elles de ressembler à ces enfants débiles dont le sang gâté se trahit dès le berceau et qui apportent en naissant le triste témoignage des infirmités de leur père? »

Pages d'histoire contemporaine, 3ᵉ vol., p. 345.

Quand on a derrière soi un tel passé, et que presque tous nos essais de colonisation se sont terminés par de telles catastrophes, on comprend facilement quelle énorme résistance il faut vaincre pour susciter à nouveau un fort courant d'expansion au dehors vers nos colonies.

CHAPITRE V

DE NOTRE IGNORANCE DES CHOSES COLONIALES

Donc, d'abord, nous n'émigrons pas parce que nous ne l'avons jamais fait ; nous n'émigrons pas, ensuite, *vers nos colonies*, parce que nous ne les connaissons pas.

Pour qu'un jeune homme songe à aller aux Colonies, il est de toute nécessité qu'il sache d'abord ce que sont ces colonies, ce que sont leur climat, leur population, leurs ressources, le genre de vie qu'on y mène, les chances d'avenir qu'elles offrent, les conditions auxquelles le succès y est subordonné. C'est toute une éducation à faire.

« Cette éducation, remarque très bien M. Chailley-Bert, jusqu'à nos jours, personne ne l'a tentée, personne même n'a paru estimer qu'il la fallût tenter. Quelques rudimentaires notions de géographie coloniale dans les programmes de l'enseignement primaire, quelques aperçus d'histoire de la colonisation française, dans les programmes de l'enseignement secondaire : ç'a été tout. Mais des idées générales sur les Colonies et leurs rapports avec la Métropole, une description intéressante de la vie dans les Colonies, la différence de nos colonies d'autrefois (Canada, Louisiane) et de nos colonies d'aujourd'hui (Indo-Chine, Afrique occidentale), entre des colonies de peuplement et des colonies d'exploitation, le rôle du colon suivant les climats et la population, tout cela appuyé par l'histoire, vivifié par l'image, égayé par l'anecdote, simplifié pour l'enfant, approfondi pour le jeune homme, personne n'y a songé ou du moins ne l'a entrepris. Et c'est ce qui explique à merveille que nos jeunes gens, pendant si longtemps, se soient, en dépit de tout, obstinés à demeurer en France, ou, s'ils en sortaient, à aller chez les étrangers. Ce n'était pas de la répugnance, ce n'était pas même de l'indifférence ; c'était de l'ignorance [1]. »

On pourrait de cette ignorance donner de curieux exemples, et le cas n'est pas inouï de ce soldat de Verdun, qui, en 1894, était heureux de participer à l'expédition projetée contre les Hova, parce que « cela le rapprochait de chez lui ». Il était du Midi, et vraisemblablement il se figurait que Madagascar était dans la Camargue, ou tout au plus sur les côtes d'Italie.

Aussi n'est-il pas étonnant que nos paysans français, surtout les habitants de nos montagnes, considèrent la pensée d'aller aux Colonies comme une chose extravagante, à laquelle peuvent seuls songer des gens dépourvus de prudence et de sens commun.

« Il n'y aura pas de colonies prospères, dit très bien à ce sujet, dans la conférence précitée, le Secrétaire général de l'Union coloniale française, tant que nos jeunes gens considéreront la vie aux Colonies comme un pis aller ou une humiliation ; tant que les familles, au lieu de les encourager à s'y établir, feront tout pour combattre leur résolution [2]. »

Avant la même campagne de 1894, un propriétaire des environs de Roanne disait au fils d'un de ses fermiers sur le point de partir pour cette expédition : « Regarde bien autour de toi, et si tu trouves un endroit propice pour t'y établir et y fonder une exploitation agricole, je t'aiderai de mon argent. » — « Si vous aviez vu, me racontait-il lui-même, quel effet produisirent mes paroles ! On pensa

1. Chailley-Bert. *L'Age de l'Agriculture*. Conférence du 19 mars 1896, pp. 51-52.
2. Page 48.

que j'avais perdu la tête, ou que je voulais me débarrasser de ce pauvre garçon. »

« Heureusement, poursuit M. Chailley-Bert, on s'est éveillé de cette torpeur. L'enseignement officiel donne déjà une part un peu plus large aux matières coloniales... Dans l'enseignement supérieur (Sorbonne), une place a été réservée à la géographie des Colonies, tandis que dans nos Facultés des lettres et de droit, chaque année, des thèses de doctorat sont consacrées aux études coloniales. »

Les cours publics d'enseignement colonial libre fondés à la Sorbonne par les soins de l'Union coloniale et confiés à des hommes au courant de ces questions, MM. Marcel Dubois, Charles Roux, Lecomte, Depincé, Milhe Poutingon, Dr Treille, Piolet, Sandré, Noufflart, Hombert..., sont de plus en plus fréquentés.

Chaque année, des conférences sont faites sur nos Colonies, où se presse un public d'élite, et de nombreuses et instructives publications sont éditées par les soins des diverses sociétés tendant à promouvoir chez nous l'idée coloniale : *Union coloniale française, Société de Géographie commerciale, Société des études coloniales et maritimes, Comité Dupleix, Comité de l'Afrique française, Comité de Madagascar, Ligue coloniale, Société de propagande coloniale, Ligue coloniale de la jeunesse, Société pour l'émigration des femmes*, etc., etc.

Enfin un groupe colonial s'est fondé à la Chambre, puis un autre au Sénat, qui jouissent d'une grande et légitime autorité.

Mieux que cela, les voyages à l'étranger, à travers des pays inexplorés ou dans l'hinterland de nos Colonies, se multiplient de plus en plus, nous apportant chaque fois des découvertes et des documents nouveaux, pour l'agrandissement, pour l'exploitation et la mise en œuvre de ces contrées, en sorte que l'idée coloniale pénètre de plus en plus dans l'âme française, et avec elle l'idée d'émigration.

Dernièrement enfin, dans la *Quinzaine Coloniale*, M. Chailley-Bert développait un projet très symptomatique et peut-être de grand avenir. Il demandait à nos diverses écoles d'Agriculture d'ouvrir une section de cultures coloniales, d'où sortiraient des élèves que l'on enverrait faire un stage pratique dans des colonies diverses, afin de s'y *spécialiser* dans une des grandes cultures intertropicales et de devenir ainsi des chefs compétents de grandes exploitations coloniales. Pourquoi cela n'aurait-il pas lieu? Pourquoi la seule école libre d'agriculture que nous possédions en France, celle de Beauvais, ne prendrait-elle pas cette intelligente et féconde initiative?

On peut d'autant plus facilement l'espérer que le ministre de l'Instruction publique vient de préparer, et le Conseil supérieur d'approuver un projet de loi qui, en même temps que l'enseignement commercial et industriel, fera entrer l'enseignement colonial dans le programme général de notre enseignement supérieur.

En attendant, une école coloniale se fonde à Nantes, due à l'initiative individuelle, une autre a été ouverte à Tunis en 1898, une autre est en préparation à Bordeaux, et le fondateur de l'École d'Agriculture attachée aux Facultés libres d'Angers, se propose d'y annexer une section coloniale.

CHAPITRE VI

DE NOS GOUTS ET DE NOTRE CARACTÈRE NATIONAL

Voilà donc deux raisons qui expliquent en partie la faiblesse numérique de notre émigration. Mais elles ne sont ni les seules, ni les plus importantes. Poussons donc plus avant cette analyse, et recherchons celles qui nous touchent encore de plus près, qui viennent en quelque sorte de notre propre nature.

Et d'abord cette émigration au dehors est-elle dans nos goûts ? **Est-elle conforme à notre caractère ?**

Le Français est très sociable ; il aime à vivre avec les siens, avec les mêmes voisins, avec les mêmes amis ; et, quoique nul autre ne sache comme lui sympathiser et s'unir avec les peuples étrangers au milieu desquels il vit, il n'a aucun goût pour aller s'établir au milieu d'eux. Et le voulût-il, fût-il décidé personnellement à quitter son foyer afin d'aller tenter fortune au loin, que toutes les influences, toutes les sollicitations, les plus fortes parce qu'elles sont les plus chères, d'un père et d'une mère qui ne veulent pas le perdre, d'une femme qui ne peut se résoudre à le suivre, de petits enfants dont il faut assurer l'éducation, d'anciens amis qui prétendent parler au nom de la prudence et de la sagesse, s'uniraient pour ébranler et faire fléchir sa résolution.

En outre, où trouver, dans l'ensemble, un pays dont le séjour soit aussi agréable que celui de la France, le climat aussi tempéré, le ciel aussi clément ? Ses productions sont riches et suffisent aux besoins les plus variés. Ses habitants, malgré leurs divisions et leurs défauts, sont accueillants, polis, affables. Les esprits y sont cultivés, les arts y fleurissent, toutes les commodités de la vie y abondent, et nulle autre contrée n'existe où la science ait produit plus de merveilles, et le génie humain plus de chefs-d'œuvre.

Surtout, c'est son pays : il y est né, il y a grandi, il en a pris les usages et les mœurs, il l'aime et son plus vif désir est d'y rester et d'y mourir, dans le même cadre, dans le même paysage, entouré des mêmes parents et des mêmes amis.

Ajoutez à cela que le Français, au moins celui d'aujourd'hui, manque d'initiative, de hardiesse, de largeur de vues, de personnalité.

Téméraire quand il s'agit d'expériences en commun, de révolutions à accomplir, de dangers à braver au cours d'une expédition militaire, il devient timide à l'excès, hésitant et pusillanime, s'il est laissé à sa propre initiative, et s'il s'agit de son intérêt propre. L'inconnu l'effraie, et son rêve c'est un avenir modeste, parfois mesquin, mais garanti : une petite place et, au bout, une retraite assurée plus petite encore, là se borne son ambition. Avec ces goûts on ne va pas aux Colonies où l'on gagnerait dix fois plus, mais où l'on pourrait tout perdre.

Nous ne fûmes pas toujours ainsi.

Sans remonter à nos premiers ancêtres, les Francs, qui ne manquaient, eux, ni d'initiative, ni d'esprit d'aventure, — c'est précisément par ces qualités qu'ils ont fait la conquête de la Gaule, — l'histoire ne nous a-t-elle pas gardé le souvenir de ces masses profondes que la foi et l'enthousiasme populaire, plutôt que les ordres de leur Souverain, précipitaient vers l'Orient ; de cet intrépide Guillaume le Bâtard qui, avec le secours de ses vassaux, fit la conquête de l'Angleterre et s'y établit définitivement ; de ces hardis aventuriers qui, aux XIe et XIIe siècles, chassèrent les Sarrasins de Bénévent, de la Sicile, des provinces méridionales de l'Italie, et y fondèrent un empire normand ; de ces Dieppois, plus hardis encore, qui, avant Christophe Colomb, auraient aperçu l'Amérique, qui, en tout cas, sillonnaient de leurs vaisseaux toutes les mers alors connues et préparaient notre future prise de possession du Sénégal ?

Ce n'était donc ni l'esprit d'initiative, ni le goût des aventures, qui manquaient aux Français de cette époque pour de nobles entreprises où l'initiative privée prévenait d'ordinaire et entraînait la direction des chefs plutôt qu'elle ne la suivait.

Ce n'était pas non plus l'initiative qui manquait aux fondateurs et aux membres de nos grands Ordres militaires qui, pendant de longs siècles, soutenus par leur foi et leur enthousiaste dévouement, résistèrent aux efforts réitérés des Turcs, alors que nos Souverains ne pensaient qu'à leurs intérêts privés ou à leurs mesquines rivalités ; aux fondateurs et aux membres de nos corporations de métiers ou de marchands, dont les produits alimentaient les principaux marchés de l'Europe, portant au loin le renom de l'activité et du bon goût de l'art français.

Ce n'était pas non plus la persévérance et même l'opiniâtreté dans les entreprises commencées. Car, pour ne parler pas des efforts réitérés des Valois pour conquérir et garder les provinces de la haute Italie et le duché de Naples ; pour ne parler pas de l'héroïque résistance contre l'hérésie, de nos populations françaises, décidées à tout prix à rester catholiques et qui finirent par imposer leur volonté et leur foi au Béarnais ; pour ne parler pas des luttes gigantesques des paysans de la Vendée et de la Bretagne contre les armées de la Révolution, qui ne comprend les efforts surhumains déployés pendant des siècles par nos Templiers et nos chevaliers de Malte ou de Saint-Jean de Jérusalem ; par nos corps de métiers, ou nos sociétés de marchands, ou nos hardis navigateurs, qui, depuis le moyen âge jusqu'au XVIIIe siècle, promenaient partout le pavillon français ?

Il semble donc que nous devrions avoir encore aujourd'hui, puisque nous les avions autrefois, les qualités de hardiesse, d'initiative, de persévérance, qui promouvaient et assuraient l'expansion au dehors.

Pourquoi ne les avons-nous plus ? En grande partie par la faute du régime administratif qui nous comprime à l'excès depuis trois siècles.

CHAPITRE VII

DE LA CENTRALISATION ET DE LA PUISSANCE EXAGÉRÉE DE L'ÉTAT

Depuis trois siècles, en effet, une initiative a été prise de haut, un mouvement de nivellement et de centralisation excessif a été imprimé par Richelieu, par Louis XIV, par Napoléon Ier, qui ont malheureusement transformé et faussé notre caractère national et annihilé nos plus belles qualités ; qui, d'un peuple, tout de spontanéité et d'une indépendance allant facilement à la révolte, ont fait un *peuple de fonctionnaires.*

Après les discordes civiles du moyen âge, après les désordres des guerres religieuses, le besoin se faisait naturellement sentir de réprimer une féodalité trop puissante et trop turbulente. De même, en face de l'Europe, surtout de l'Allemagne, envieuse de nos ressources toujours renaissantes, on sentait la nécessité de fortifier le pouvoir central. Seulement, le but fut dépassé.

La féodalité était trop puissante et trop indépendante quand elle résidait dans ses terres. On l'annihila en rasant ses châteaux, en partageant son autorité dont on donna la plus grande part aux Intendants, en l'attirant à Versailles, où on l'étouffa sous les honneurs et sous les fleurs; en sorte que la fameuse nuit du 4 août ne fit que consacrer une déchéance déjà existante depuis longtemps, et supprimer ce qui n'était plus qu'un vain titre sans autorité.

Une autre puissance existait qui avait été constamment le plus solide appui de la royauté, à qui elle avait rendu d'inappréciables services ; mais qui parfois était gênante par ses conseils et ses résistances ; à qui ses privilèges, très nombreux, et quelquefois ses prétentions, créaient beaucoup d'envieux, la puissance ecclésiastique. Celle-là aussi, on fit tout pour l'amoindrir, pour la diminuer, pour en faire presque un « service d'État ». Et c'est ainsi qu'un essai de constitution civile du clergé devint possible dans la suite, et qu'on a donné à nos gouvernements contemporains les armes dont ils se servent pour abaisser de plus en plus et opprimer l'Église.

Ce nivellement exagéré fut un malheur. Un État, pour être fort, et donner tous les résultats qu'on est en droit d'attendre des qualités et des ressources naturelles de ses citoyens, doit être un *organisme vivant*, avec ses fonctions, ses membres, ses chefs naturels, et non pas un agrégat artificiel d'unités individuelles qu'unit le seul lien du pouvoir central. Il doit ressembler à un tout vivant, parfaitement hiérarchisé, où il y a, entre les sujets et le chef suprême, de nombreuses autorités intermédiaires avec leur initiative et leur responsabilité personnelles, et non une cohue informe de gens égaux entre eux, ou même une hiérarchie purement réglementaire et matérielle, basée uniquement sur la faveur et l'intrigue, et non sur l'autorité morale. Il est peut-être un peu plus difficile, mais sûrement il est meilleur de commander à des organismes robustes par eux-mêmes, qui parfois pourront offrir de la résistance, mais seront capables de grands efforts et de nobles actions, plutôt qu'à des hommes désunis, plutôt qu'à une société usée et désagrégée. Il vaut mieux avoir de grandes et inépuisables ressources, fussent-elles parfois difficiles à administrer, plutôt que d'avoir le peuple du monde le plus facile à gouverner, mais dépourvu de tout ressort. L'artiste pétrit plus facilement la cire, qu'il ne taille le marbre ; cependant, quand il veut faire un chef-d'œuvre durable, la pensée ne lui vient pas de prendre de la cire, pas même de l'argile.

Louis XIV et Richelieu, le premier un peu par nécessité de situation, le second par tempérament, s'éloignèrent de la conception naturelle de l'État, et leur initiative eut pour résultat de rendre possibles, et l'utopie du *Contrat social*, et les excès de la Révolution, et la mainmise absolue de l'organisme napoléonien sur toutes les forces vitales de la nation.

Naturellement dominateur et autocrate, mais en même temps homme de génie, Napoléon voulut, non seulement être le maître incontesté de tout, mais il prétendit encore former et pétrir une France conforme à ses idées et à ses desseins, une France où rien ne lui résisterait, où il serait le seul à concevoir et à vouloir. Et voilà pourquoi, à côté d'une organisation administrative, qui ne laisse libre presque aucun de nos actes ou de nos mouvements, mais tient tous les Français comme en tutelle, il créa — initiative jusqu'ici inouïe dans l'Histoire — cette puissante Université qui a formé la France contemporaine, et dont l'influence, au point de vue qui nous occupe, a été néfaste.

Après lui, le mal était fait, et l'instrument était trop commode pour qu'aucun des gouvernements subséquents consentît à s'en priver. C'est l'État donc qui nous enseigne, seul jusqu'en 1851, avec une autorité prépondérante depuis cette époque, ce que nous devons croire, ce que nous devons penser, ce que nous devons faire ; c'est lui qui *pétrit* l'âme française.

Or, pour tout observateur attentif et consciencieux, son influence s'est exercée à l'encontre de nos qualités natives ; et, par ses méthodes, par son système d'éducation, par ses examens et ses concours ouvrant la porte de toutes les carrières administratives ou libérales, surtout par son manque de doctrine et par son esprit critique, excellent pour faire des *savants*, mais incapable de faire des *hommes d'action*, il a contribué à diminuer en nous l'initiative privée, l'individualité, le goût des situations indépendantes, l'amour pratique de la liberté, et nous a ainsi admirablement préparés pour la servitude, en nous donnant comme idéal et but de nos efforts, les baccalauréats, les licences, les doctorats, les carrières publiques.

« Demandez à cent jeunes Français, écrit M. Demolins, au commencement d'un livre qui a eu un grand retentissement[1]; demandez à cent jeunes Français sortant du collège à quelles carrières ils se destinent ; les trois quarts vous répondront qu'ils sont candidats aux fonctions du gouvernement.

« La plupart ont pour ambition d'entrer dans l'armée, la magistrature, les ministères, l'administration, les finances, les consulats, les ponts et chaussées, les mines, les tabacs, les eaux et forêts, l'université, les bibliothèques et archives, etc., etc.

« Les professions indépendantes ne se recrutent, en général, que parmi les jeunes gens qui n'ont pas réussi à entrer dans une de ces carrières. »

Où donc se recrutera, de toutes les professions la plus indépendante, mais en même temps celle qui exige le plus d'initiative et de valeur personnelle, la profession de colon ?

Peu importe pour un colon qu'il ait suivi l'enseignement classique ou l'enseignement moderne, qu'il ait appris ou non le latin ou le grec, les langues étrangères ou les langues vivantes, — quoiqu'il y ait dans les vieilles études classiques une puissance de formation que l'on trouvera difficilement ailleurs[2], — peu importe égale-

---

[1]. *A quoi tient la supériorité des Anglo-Saxons?* par Edmond Demolins.

[2]. On sait la vive campagne menée par des hommes d'une grande valeur contre notre système d'éducation. Nous n'avons pas à l'examiner ici. Un point cependant a été laissé dans l'ombre qui a bien son importance, qui, à mon avis a une importance souveraine. On a trop *démocratisé* l'enseignement classique, on y a trop poussé les enfants du peuple, on a trop multiplié les bourses et les sollicitations, et alors un résultat inévitable s'est produit : toutes les carrières libérales se sont trouvées encombrées, les débouchés ont manqué et les « prolétaires intellectuels » se sont trouvés exister pour attaquer, saper, renverser tous les fondements de la société. Au lieu de revenir en arrière, quand on s'est aperçu du mal, on l'a aggravé encore en créant cette parodie de l'enseignement classique, qui en a tous les inconvénients sans en avoir les avantages, l'enseignement moderne. On sait bien ce qu'il faudrait faire, mais par

ment telle ou telle modification de détail dans les programmes d'enseignement.

Ce qui importe, c'est de supprimer cette règle inflexible qui fait passer tous les jeunes Français par un moule uniforme ; c'est de modifier profondément ces méthodes qui visent à encombrer la mémoire de connaissances superficielles et indigestes en vue d'un examen, au lieu de former l'intelligence et le cœur, de développer les facultés, de créer des individualités et des hommes, des hommes qui sachent obéir sans doute et se soumettre aux lois et aux règlements indispensables aux nations civilisées, mais qui sachent aussi conserver leur dignité, suivre leur conscience, résister, même au péril de leur situation, aux empiétements abusifs et tyranniques de l'administration.

Un Anglais, fort intelligent et bien au courant des choses de son pays, me disait un jour : « Si l'administration anglaise voulait contraindre ses agents à voter pour le candidat, libéral ou conservateur, qui lui plaît, tous, en dépit de leurs préférences personnelles, voteraient pour le candidat opposé. »

Qui seulement y songerait en France?

Nulle part en Europe, autant qu'en France, on ne parle de liberté, et, au nom des « droits de l'État », du « pouvoir de l'État », etc., on a tué la liberté. Qu'on y réfléchisse, et l'on verra, avec stupeur, qu'après un siècle de révolutions et trente ans de république, nous sommes moins libres, nous avons moins d'initiative, de spontanéité, d'indépendance que les Anglais, que les Allemands, que les Italiens, que les Espagnols ou les Portugais, voire même

---

peur des partis avancés, on ne l'ose pas. Et cependant la solution est là :

1° Supprimer l'enseignement moderne;

2° Le remplacer par un enseignement primaire sérieux et pratique, et par un enseignement professionnel;

3° Améliorer l'enseignement classique qui doit rester l'enseignement des classes libérales, tout en le laissant accessible, par quelques bourses accordées au seul mérite, aux enfants du peuple les plus remarquables par leurs facultés.

que les sujets du souverain autocrate de toutes les Russies. Nos fonctionnaires, en particulier, sont de véritables esclaves et aucun d'eux n'obtiendra jamais de l'avancement, s'il n'a une bonne *note politique*.

Depuis longtemps on sent le besoin de réagir contre cette centralisation excessive et de diminuer cette mainmise de l'État sur toutes les forces vitales, sur toutes les énergies, toutes les libertés de l'individu, de la famille, des pouvoirs locaux, de la nation. Mais combien timides sont les premiers essais tentés dans cette voie ! et combien souvent l'on a voulu revenir en arrière !

En 1851, sous une forte poussée de l'opinion, et pour défendre la société menacée par le socialisme, on décréta enfin un commencement de liberté d'enseignement. Tout a été tenté depuis pour amoindrir et mutiler cette liberté, primordiale cependant et de droit naturel ! Les catholiques ont résisté en dépit de toutes les tracasseries; mais combien d'écoles laïques libres ont succombé sous l'effet d'une concurrence par trop inégale ! Et qui nous garantit que ce lambeau de liberté que l'on nous a laissé, ne disparaîtra pas devant la curieuse conjuration qui s'est formée contre lui ?

Une autre liberté devrait exister également, parce que, elle aussi, elle est de droit naturel, la liberté d'association. Depuis quatre-vingts ans, on nous la promet, et sauf le seul projet de M. Dufaure, tous les projets de loi déposés sur ce sujet semblent n'avoir eu en vue que d'en rendre l'exercice impraticable, ou, au moins, soumis au bon plaisir de l'État.

En 1885 fut votée la loi autorisant les syndicats professionnels. Malgré des lacunes et les abus qu'elle a pu occasionner, cette loi marquait un progrès, puisqu'elle était un pas en avant vers la liberté et l'initiative privée. Or, au lieu de les encourager, on cherche plutôt à dépouiller les syndicats d'initiative et d'indépendance, on s'efforce de les amoindrir et de les écraser. En leur refusant la personnalité civile, et en les confinant, d'une façon exclusive, dans la défense des intérêts purement corporatifs, on en a fait des instruments de combat, au lieu d'instruments de paix et d'ordre social.

Longtemps avant les syndicats ouvriers, sous la Restauration, sous la monarchie de Juillet, sous la République de 1848 et sous l'Empire, des hommes, des femmes, s'étaient réunis plusieurs ensemble pour prier, pour soulager les malheureux, plus tard pour enseigner. Ils ne faisaient que du bien, et ne rendaient que des services à leurs concitoyens au dedans, à leur patrie au dehors. On a tout fait pour les en empêcher, non pas sous la poussée d'une opinion qui n'a jamais existé, mais sur un mot d'ordre venu on ne sait de quel pouvoir occulte.

En résumé, par ses empiétements successifs, par sa centralisation à outrance, par son système d'éducation, l'État a tout envahi, tout absorbé, tout atrophié. « Les bureaux, c'est-à-dire l'ensemble de l'administration... écrit M. Barrès dans la *Revue de Paris*[1], qu'on aime ou blâme leur fonctionnement, supportent tout le pays, et, s'ils ont contribué pour une part principale à détruire l'initiative, la vie en France, il n'en est pas moins exact qu'aujourd'hui ils sont la France même. »

Oui, mais, en revanche, il n'y a plus chez les individus de ressort, de volonté, d'initiative, de spontanéité, d'amour pratique de la liberté et de l'indépendance, toutes qualités qui font des peuples robustes et vigoureux. Il n'y a plus de *caractères*. Et voilà pourquoi nous n'avons pas d'émigrants.

Nous n'avons pas de grands seigneurs, comme par exemple le duc de Fife et maints cadets de famille en Angleterre, qui donnent l'exemple, mettent leur argent dans l'exploitation des colonies ou aillent eux-mêmes y fonder de vastes exploitations.

---

1. 1ᵉʳ juillet 1897.

Nous n'avons pas de ces fortes sociétés coloniales, qui, comme la « Royal Niger Company » ou comme la « Chartered » du Sud africain, acquièrent pour leur patrie et mettent en œuvre de vastes territoires qui plus tard deviendraient des colonies françaises. Au XIVe siècle, les hardis navigateurs normands nous donnèrent la plus ancienne de nos colonies, le Sénégal. Ils ne pourraient le faire aujourd'hui, sans éveiller la susceptibilité de l'État, et, sûrement, ils ne pourraient compter ni sur son appui ni sur son intervention. Ce qui s'est passé pour les bouches du Niger en 1884, et pour Cheick-Saïd en 1870, n'en est que trop la preuve, et également ce qui se passe chaque fois qu'un groupement quelconque d'hommes ou de capitaux veut entreprendre une œuvre dépassant le niveau habituel, tellement notre esprit public est peu préparé à de telles entreprises, tellement nous avons la calomnie et le soupçon faciles.

Surtout nous n'avons plus de ces hommes hardis, entreprenants, aventureux, qui, n'ayant qu'une situation trop modeste en France, n'hésitent pas à aller en chercher une meilleure au loin, sûrs qu'ils sont de leur énergie, de leur constance, de leur force et, par suite, du succès.

Que reste-t-il à faire en face de cette situation, et le mal est-il sans remède? Suffit-il, comme le conclut M. Barrès, de « soutenir et d'appuyer les bureaux, car, après avoir diminué la patrie, *par des actes qui n'ont plus de remèdes*, ils demeurent seuls capables de la maintenir » ?

Non certes.

Un mouvement déplorable s'est produit depuis trois siècles, qui nous a conduits à une centralisation excessive et a atrophié notre caractère national : il faut par tous les moyens possibles aider au mouvement en sens contraire que l'on voit se dessiner à l'horizon, au mouvement de décentralisation que tout le monde réclame.

Une notion s'est introduite d'un État tout-puissant

absolu, contre lequel n'existe aucun droit ni de la conscience, ni de la famille, ni de la nature, d'un État-Providence qui doit songer et pourvoir à tout : il faut corriger cette notion fausse et ramener l'État à sa véritable fin, qui est de nous gouverner, de nous protéger et de nous servir.

Nous étouffons, faute de liberté : il faut partout, à tout propos et toujours, réclamer une liberté de plus en plus grande, et surtout ces deux libertés primordiales, d'enseignement et d'association, qui nous permettront, celle-ci de centupler nos moyens individuels en les unissant, et celle-là d'élever nos enfants comme nous croyons qu'il leur convient.

Si ces changements se produisent, — et ils doivent se produire, car ils sont dans l'ordre et dans la force des choses, — au fur et à mesure qu'ils se produiront, notre tempérament national se retrouvera, nos forces naturelles se retremperont, nos qualités natives revivront, et nous redeviendrons les hommes forts, hardis, entreprenants, audacieux, courageux et persévérants, que nous avons été autrefois.

Et alors nous émigrerons.

CHAPITRE VIII

DE L'ADMINISTRATION COLONIALE

Nous émigrerons plus facilement encore si un changement et une amélioration analogues se font sentir dans notre administration coloniale.

Les gens qui émigrent le font d'ordinaire dans l'espoir de trouver au dehors :

1° Plus d'indépendance,

2° plus de bien-être et de fortune,

3° et souvent l'exemption du service militaire.

Nous parlerons ci-après de ce troisième point qu'il importe d'examiner en détail. Mais les deux premiers avantages, les Français les trouvent-ils dans nos colonies, ou bien plutôt dans les pays étrangers, le Canada, la République Argentine, etc.? La vérité nous oblige à dire, en règle générale, et surtout jusqu'à ces dernières années, qu'ils jouissent d'une plus grande indépendance et trouvent plus de protection dans les pays étrangers que dans nos propres possessions.

Il y a peu de temps, en effet, c'était comme un axiome que la meilleure colonie pour un administrateur, et, dans une colonie, le meilleur district, c'était la colonie ou le district où il n'y avait pas de colons, en tout cas, où il y en avait très peu.

Heureusement, cela tend à disparaître, et des gouverneurs existent, dont la première préoccupation est de développer la colonisation libre, en attirant chez eux une saine émigration, et de rendre aux nouveaux venus leur installation dans la colonie aussi facile, et leur réussite aussi rapide et aussi certaine que possible.

Ceux-là sont dans le vrai, et ils ont donné un bel exemple qui doit être suivi par tous.

Mais sont-ils les plus nombreux, et n'y a-t-il pas encore beaucoup à faire de ce côté?

Ici, c'est au pouvoir central à donner une vive et décisive impulsion. Quand nos agents coloniaux sauront que ceux-là surtout seront bien notés, que ceux-là surtout recevront de l'avancement, qui auront le mieux favorisé la colonisation libre, et introduit le plus grand nombre de familles françaises dans la Colonie, qui surtout les auront fait *rester* et *réussir*, ils ne négligeront rien pour arriver à ce résultat.

D'un autre côté, quand on saura en France qu'il existe dans nos colonies une administration soucieuse de protéger les intérêts et de promouvoir le succès des nouveaux arrivés; quand on saura que l'on trouvera en arrivant là-bas des renseignements sûrs, des concessions avantageuses, une aide désintéressée et dévouée, toutes choses qui garantissent le succès à un émigrant sérieux et travailleur, les émigrants se présenteront en plus grand nombre. Ils se présenteront en plus grand nombre également, si l'on se montre, en France, empressé à les renseigner, à les diriger, à les aider de toutes manières, quand ils veulent partir ; si l'on supprime en leur faveur mille et une formalités administratives qui sont gênantes dans la métropole, mais qui paralysent complètement toutes les initiatives pour un établissement aux colonies, où, avant tout, il faut de la bienveillance, de la simplicité et de la rapidité dans l'expédition des affaires.

Notre administration coloniale, soit dans les Colonies, soit en France, doit donc viser à devenir plus bienveillante envers les colons en faveur de qui elle existe et pour lesquels elle a été instituée. Elle doit aussi tendre énergiquement à relever son niveau moral et à refaire sa réputation.

Évidemment, il y a dans l'administration coloniale de parfaits galants hommes, et l'on ne peut nier que de grands efforts n'aient été accomplis en ces derniers temps, pour son épuration. Mais elle possède encore des gens qui n'auraient jamais dû y être admis.

Tant que l'administration coloniale fut une annexe inférieure du ministère de la Marine, il était assez de tradition à la rue Royale d'y faire passer ceux que l'on ne jugeait plus dignes de figurer dans les cadres de la flotte. La Marine y gagnait, mais non les Colonies.

Depuis qu'un ministère spécial des Colonies a été créé, la même raison de faire passer dans cette administration des gens usés n'existe plus. Mais la même pratique subsiste peut-être encore un peu, et l'on continue trop à considérer l'administration coloniale comme un refuge pour ceux qui ont échoué ailleurs, comme une carrière toujours ouverte à ceux qui n'ont pu en atteindre une autre.

Le ministère de la Justice, celui de l'Instruction publique, envoient dans nos possessions d'outre-mer, pour y rendre la justice, ou y élever les enfants, ceux qui ne réussissent pas en France ou qui se sont trop compromis pour y rester. Certains choix de l'Instruction publique sont, à ce point de vue, très significatifs. Ceux que l'on nomme de préférence, ce sont les journalistes, surtout radicaux. Et il ne faudrait pas remonter bien haut pour trouver un reporter exclu des *Débats* ou deux collaborateurs de la *Petite République*, tous les trois ultra-socialistes, dont le premier n'était pas même licencié, envoyés comme professeurs d'histoire ou de grammaire à Saïgon, à Cayenne, au lycée et à l'école de filles de Saint-Denis. De même, c'est un fait notoire que, si un jeune magistrat a une conduite un peu légère dans une ville de France, contracte trop de dettes, et mérite un conseil de famille, on l'expédie, — parfois avec de l'avancement, — aux colonies. La porte du Pavillon de Flore est celle où l'on frappe le plus volontiers, vraisemblablement parce que jusqu'ici c'est celle qui s'est le plus facilement ouverte. Un journaliste, un député, un sénateur, qui ont soutenu le gouvernement, encore mieux qui l'ont attaqué, trouvent tout naturel d'aller recommander, parfois imposer, un jeune homme que l'armée a rejeté, que l'on a refusé dans un établissement de crédit, qui n'a rien fait et ne sait rien faire.

Quelles garanties nos émigrants peuvent-ils espérer de tels administrateurs !

« Demandez de bons magistrats, disait M. Chailley-Bert au général Galliéni, dans un article de la *Quinzaine Coloniale*, non pas au garde des sceaux qui vous enverra ce qu'il a de pire, mais aux barreaux qui vous donneront des jeunes gens épris de science et d'idéal[1]. »

Sage conseil qu'il faudrait appliquer à toutes les branches de l'administration coloniale, et qui serait le plus sûr remède aux abus dont on se plaint.

---

1. 25 mars 1897.

Que le ministère des Colonies donc ne s'adresse pas pour recruter son personnel aux autres ministères qui lui enverront « ce qu'ils ont de pire » ; mais qu'il se recrute directement lui-même, comme le font les Affaires étrangères, la Guerre et la Marine, ou, tout au moins, qu'il offre à son personnel assez d'avantages pour tenter, par exemple, les jeunes magistrats et les jeunes professeurs, parmi lesquels il fera un choix sévère. Et pour faire ce choix, que, par des règles fixes, toujours suivies, il décourage et finisse par éloigner les solliciteurs et les « protecteurs », fussent-ils membres du Parlement ou directeurs d'un journal. Enfin, malgré les situations acquises, qu'il sévisse contre les coupables et chasse de son administration ceux qui ne seraient pas dignes d'y rester.

S'il fait cela, si le mouvement, commencé en ce sens depuis quelque temps, se continue et se développe, notre administration coloniale ne le cédera bientôt à aucune autre en probité, en valeur, en capacité, en tenue. Avec la valeur et l'honnêteté viendront la réputation et la confiance.

Il lui manquera encore cependant une chose, de n'être ni antireligieuse, ni persécutrice.

« L'anticléricalisme n'est pas article d'exportation », disait Gambetta dans une boutade connue ; il aurait dû ajouter, ce que vraisemblablement il pensait, qu'il ne devrait pas davantage exister en France. Quoi qu'il en soit, il exprimait là une vérité de toute évidence. La France est grande au dehors surtout par le Catholicisme, dont elle est le propagateur et le défenseur officiel. Et rien n'a contribué à son expansion extérieure, comme l'œuvre accomplie par ses missionnaires et par ses religieuses. Il est donc du devoir le plus élémentaire d'un administrateur colonial, de défendre, de protéger, d'aider ces religieuses et ces missionnaires.

Cela a été compris et pratiqué, disons-le à leur honneur, par des hommes peu suspects de cléricalisme, par exemple au Tonkin par MM. Constans et Paul Bert. Mais il s'en faut que leur exemple ait été universellement suivi, et ils sont nombreux les administrateurs coloniaux qui se font un devoir de tracasser les missionnaires, de gêner leurs œuvres, de *laïciser* à temps et à contretemps, de faire montre d'impiété et d'esprit sectaire, de favoriser, je ne sais sous quelle influence, la propagande protestante, autant vaudrait dire anglaise ou allemande.

Il faudrait que cela cessât et que cet esprit changeât. La colonisation y gagnerait beaucoup et aussi l'émigration.

Bien des émigrants, en effet, sont arrêtés dans leur projet de départ par la crainte de ne point trouver en Nouvelle-Calédonie, en Tunisie, à Madagascar, une église pour eux et une école pour leurs enfants. Le clergé métropolitain enfin, celui surtout de nos pays de montagnes qui, sans contredit, fourniraient les meilleurs colons, ne peut consciencieusement participer à leur recrutement, tant qu'il ne sera pas assuré qu'ils trouveront dans ces nouveaux pays tous les secours religieux auxquels ils ont droit.

Donc, il faut, par tous les moyens nécessaires, pourvoir au recrutement du clergé colonial. Il faut également le traiter honorablement et lui assurer libéralement tous les moyens de remplir son ministère.

Qu'on le fasse, et on verra augmenter rapidement notre émigration vers nos colonies.

CHAPITRE IX

DE NOTRE MARINE MARCHANDE

Malheureusement deux choses, que l'on peut considérer à bon droit comme une menace permanente pour notre empire colonial, viennent se mettre en travers de ce mouvement, qu'elles finiront par compromettre, si l'on n'y remédie promptement, l'infériorité de notre marine marchande et celle de notre commerce extérieur.

« Cette situation défectueuse de notre marine marchande, écrit M. Charles Roux dans un article de tête de la *Quinzaine Coloniale* [1], la pauvreté de son effectif et son infériorité à plusieurs égards, constituent un grave péril pour le commerce en général et pour notre avenir colonial. »

Et, plus loin, après avoir montré les causes de cette infériorité dans notre législation maritime, dont le but unique est « d'assurer le meilleur recrutement possible du personnel des équipages de la flotte de guerre », et qui néglige pour cela l'intérêt de la marine marchande, il continue en ces termes :

« Si l'on n'y prend garde, il est à craindre que, devant la formidable poussée des nations étrangères, notre marine marchande ne tombe à bref délai dans une ruine complète.

« Ce serait un désastre national. L'industrie maritime est pour ce pays une source de richesse et de puissance. Outre l'énorme profit matériel qu'une nation tire du développement de ses transports ; outre l'aide précieuse que, en cas de lutte, lui prêtent les grands vaisseaux de commerce armés en croiseurs, une importance d'un genre tout spécial, mais d'un prix inestimable, s'attache à la présence sur toutes les mers du globe du pavillon national glorieusement promené : *une flotte marchande n'est pas seulement pour un pays un instrument de fortune, c'est encore une enseigne de crédit, un signe de force, la preuve affirmée, devant tous les peuples, de sa puissance ; et une nombreuse flotte marchande est surtout indispensable à une nation qui possède des colonies disséminées dans toutes*

---

1. 25 juin 1897.

les mers ; le développement de la puissance maritime est le corollaire du développement colonial. »

Quand nous n'avions qu'un empire colonial restreint, au XVIᵉ et au commencement du XVIIᵉ siècle, à plus forte raison sous le règne de Louis XIV et même plus tard, jusque vers ces dernières années, notre marine marchande ne le cédait à aucune autre en nombre, en valeur et en activité. Et, c'est précisément lorsque nous refaisons un nouvel empire extérieur que, pour des causes diverses, le déclin de cette marine s'accentue et se précipite.

« Au commencement du siècle, poursuit M. Charles Roux, nous disputions à l'Angleterre même, le monopole du commerce d'exportation, et c'est sous pavillon français que s'opérait l'échange d'une bonne moitié des produits d'Europe ; mais, tandis que notre activité s'absorbait dans des questions de politique pure, l'Angleterre poussait avec activité la construction de ses bateaux à vapeur et trouvait dans son empire colonial du Canada, de l'Australie et des Indes, un incomparable débouché et un élément à son activité maritime. D'autres nations imitaient son exemple : l'Allemagne notamment, les États-Unis et la Norvège, donnaient à leur flotte de commerce un développement considérable. Et quel est le résultat aujourd'hui ? C'est que le tonnage de tous nos navires, vapeurs et voiliers réunis, est inférieur à celui de chacune des quatre nations précitées. Nous ne venons plus qu'au cinquième rang.

Cette dernière conclusion serait légèrement prématurée, si l'on s'en rapporte à une très remarquable étude publiée sur la matière par M. Georges Michel dans l'*Économiste français*[1] ; mais ce ne serait qu'une question de quelques années.

« En 1887, la marine commerciale à vapeur, en ne te-

---

1. Numéro du 28 août 1897.

nant compte que des navires de plus de 1 000 tonneaux de jauge brute, donnait, pour l'Angleterre, la France, l'Allemagne et la Norvège, les chiffres suivants :

Angleterre.	6 592 496 tonneaux
France.	722 252 —
Allemagne.	628 296 —
Norvège.	150 689 —

« Nous occupions alors — bien loin, il est vrai, de l'Angleterre — le deuxième rang.

« En 1895..., la situation est la suivante :

Angleterre.	9 984 280 tonneaux
Allemagne.	1 306 771 —
France.	864 598 —
Norvège.	455 371 —

« C'est-à-dire que, pendant que nous gagnions 146 346 tonneaux, l'Angleterre en gagnait 3 391 784, l'Allemagne 678 475 et la Norvège 304 628 ; ou, en d'autres termes, tandis que nous augmentions notre marine marchande à vapeur de 19,71 p. 100, l'Angleterre augmentait la sienne de 51,44 p. 100, l'Allemagne de 108 p. 100 et la Suède de 202,27 p. 100. »

Dans son rapport sur le budget du commerce (exercice 1897), M. Charles Roux estime qu'étant donnée cette progression de nos rivaux, dans huit ans les chiffres atteints pourront être les suivants :

Angleterre.	15 120 193 tonneaux
Allemagne.	2 718 083 —
Norvège.	1 376 286 —
France.	1 035 010 —

« Et nous serons ainsi au quatrième rang des marines à vapeur européennes, dépassés assez sensiblement par la Norvège et à une énorme distance de l'Allemagne. Encore supposons-nous que la proportion d'augmentation de la marine française reste, suivant le tableau exposé ci-dessus, de 19,71 p. 100 pour une période de huit ans tandis que tout nous fait craindre que ce chiffre ne se maintienne pas. »

On s'en rendra encore mieux compte par l'étude du

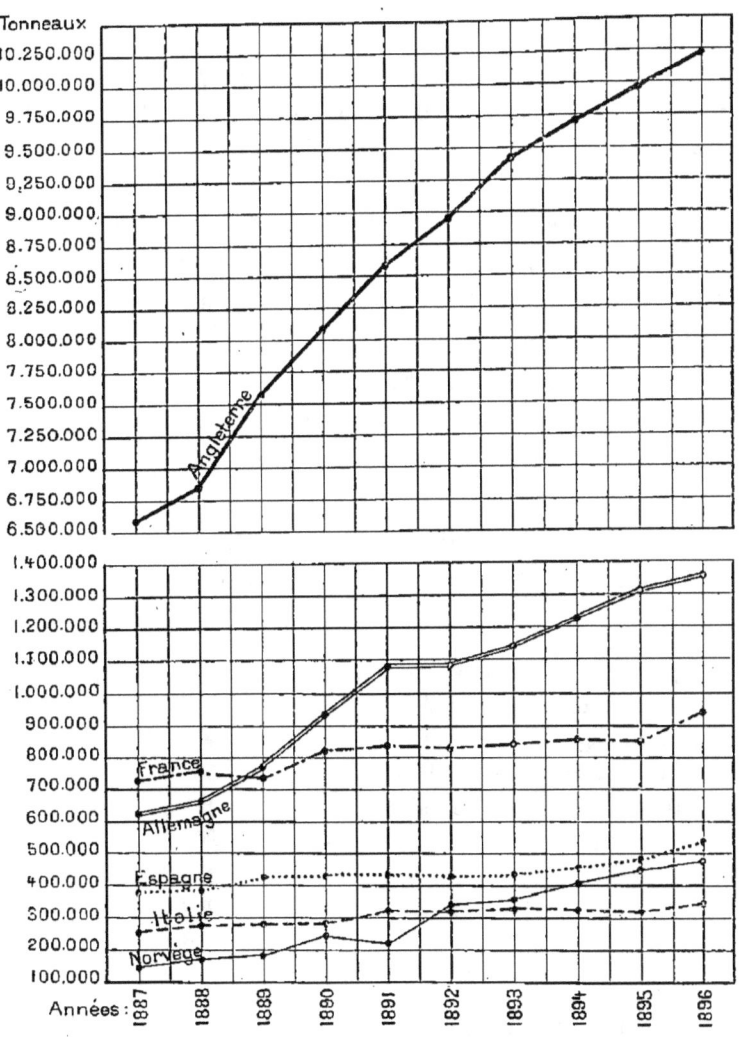

graphique comparatif de 1887-1896, des marines commerciales à vapeur de France, d'Angleterre, d'Allemagne, de Norvège, d'Espagne et d'Italie que nous donnons ici d'après les chiffres de M. Charles Roux.

Pour les années suivantes, les chiffres du Gotha donnant le *tonnage net* pour les navires au-dessus d'une certaine capacité, ne concordent pas avec les chiffres du précédent graphique qui donnait le *tonnage brut*. Les voici cependant :

	France.	Angleterre.	Allemagne.	Norvège.	Espagne.	Italie.
1897	503 677	6 358 000	889 960	351 779	»	237 727
1898	499 409	6 609 000	969 800	»	341 951	259 817
1899	»	»	1 038 391	»	»	»

Notre infériorité est encore plus grande quand il s'agit des *cargo-boats* et des *navires à voiles*, ces gigantesques navires à voiles modernes, tout en acier, avec moteurs auxiliaires à vapeur, que l'on multiplie chaque année de plus en plus dans tous les pays, parce que chaque année on en reconnaît davantage l'incontestable utilité. On en a construit en Europe, depuis 1881, une quantité représentant

2 200 000 tonneaux,

et, ne parlant que de ceux jaugeant plus de 100 tonneaux :

L'Angleterre en a	8 726	jaugeant	3 267 625	tonneaux
L'Amérique	—	3 881	—	1 358 467	—
La Norvège	—	2 801	—	1 176 174	—
L'Allemagne	—	1 096	—	566 973	—
L'Italie	—	1 697	—	472 002	—
La Russie	—	1 753	—	363 046	—
La Suède	—	1 444	—	285 665	—
La France	—	1 425	—	252 940	—
La Grèce	—	1 059	—	246 146	—

Nous ne venons donc qu'au huitième rang, suivis de près en tonnage par le royaume de Grèce qui possède 246 196 tonnes contre 252 940 nous appartenant. Quant aux Allemands, ils avaient, en 1898, 202 voiliers au-dessus de 1 000 tonnes, jaugeant ensemble 311 742 tonneaux, tandis que nous n'en avions que 49 jaugeant 73 793 tonneaux. On ne peut nier cependant que la loi des primes de 1893, si favorable aux navires à voiles, n'ait donné une vive impulsion à la construction de ces voiliers qui se sont multipliés ces dernières années. Seulement la construction des vapeurs, que la loi avait oubliés, en a souffert d'autant.

Un autre signe de la décadence de notre marine marchande, c'est *l'âge* considérable, et, par suite, le mauvais état de beaucoup de nos navires. D'après un tableau assez récent de la direction des Douanes, 70,4 p. 100 de nos voiliers et 61 p. 100 de nos vapeurs ont de 10 à 40 ans d'âge, tandis que les Allemands ne possèdent que 32 steamers, jaugeant ensemble 64 654 tonneaux, qui aient plus de 20 ans.

Aussi les candidats pour le brevet de capitaine au long cours sont-ils, d'année en année, moins nombreux. De 543 à 524 qu'ils étaient en 1864 et 1865 ; de plus de 400 qu'ils étaient en 1850-1854, en 1858, en 1861-1863, en 1866 et 1867 ; de plus de 300 qu'ils étaient jusqu'en 1870 et en 1873 et 1874, ils étaient tombés à 120, 117 et 125 en 1888, 1889, 1890. Depuis 1893 ont été reçus : 73 capitaines en 1893, 104 en 1894, 78 en 1895, 56 en 1896, 79 en 1897, 104 en 1898 et 115 en 1899. Là aussi il semble que nous avions dépassé le minimum, et que nous nous relevions insensiblement.

Si maintenant nous étudions le mouvement commercial de notre flotte marchande, la constatation sera partout la même.

« D'après le résumé analytique du tableau de la navigation, publié par la direction générale des douanes, écrit M. Charles Roux, dans son livre *Notre Marine marchande*, le total des cargaisons ayant alimenté notre commerce extérieur, pendant l'année 1896, a atteint 34 654 955 tonneaux de 1 000 kilogrammes, dont 25 017 214 à l'importation et 9 637 731 à l'exportation.

« La proportion pour cent du tonnage d'entrée a été de 29,9 pour les navires *français* et de 70,1 pour les navires *étrangers*. Ce dernier chiffre se décompose comme suit :

Pavillon Anglais	45,8	pour 100
— Allemand	6,2	—
— Espagnol	3,4	—
— Norvégien	2,8	—
— Hollandais	2,6	—
— Italien	2,0	—
— Danois	1,5	—
— Suédois	1,3	—
— Russe	0,7	—
— Belge	0,5	—
— Portugais	0,1	—
Autres pavillons	3,2	—
Total	70,1	—

A la sortie, la proportion du tonnage français est de 41,1 p. 100 et celle du tonnage étranger de 58,9 p. 100, réparti de la manière suivante :

Pavillon Anglais	35,7	pour 100
— Allemand	7,6	—
— Hollandais	3,5	—
— Espagnol	3,5	—
— Italien	2,4	—
— Norvégien	1,0	—
— Suédois	0,9	—
— Danois	0,8	—
— Belge	0,6	—
— Russe	0,5	—
— Portugais	0,1	—
Autres pavillons	2,3 [1]	—
Total	58,9	—

M. Duprat, le directeur de la Compagnie « les Chargeurs Réunis », estime que nous perdons ainsi annuellement 12 000 000 de tonneaux, qui, au prix modéré de 25 francs le tonneau, donnent 300 000 000 de fret qui nous

---

[1] *Notre Marine marchande*, pp. 63-64.

échappent et passent à nos rivaux, sauf peut-être un dixième, ou 30 000 000, qui peuvent nous rentrer sous forme de frais de port et d'escale. Certes, une telle perte, à elle seule, justifierait les plus grands sacrifices pour relever l'état de notre marine marchande.

En 1896,

2 162	navires	anglais,
322	—	allemands,
230	—	italiens,
200	—	hollandais,
et seulement 218	—	français,

traversaient le canal de Suez.

Ne parlons pas des Italiens, dont le transit fut alors singulièrement accru par leur expédition d'Érythrée. Mais à quelle distance sommes-nous déjà, je ne dis pas de l'Angleterre, mais même de l'Allemagne, que nous précédions encore en 1895 !

Et cette distance n'a fait que s'augmenter depuis, puisque, pendant les deux premiers trimestres de 1898 :

1 217 navires anglais	jaugeant ensemble	4 559 655 tonn.
179 —	allemands —	—	663 535 —
108 —	français —	—	438 065 —

ont traversé le même canal.

Aussi notre pavillon, si nous laissons de côté les services subventionnés, a-t-il presque entièrement disparu de l'Extrême-Orient et du Pacifique, où cependant il y a tant à faire au point de vue commercial, même pour le fret de nos propres colonies.

« Si l'on excepte les paquebots-poste de la Compagnie des Messageries Maritimes, remarque M. Charles Roux dans le livre déjà cité, aucun navire français ne se montre dans les ports de Chine au nord de Hong-Hong, ou dans les ports du Japon... Les exportations de la Cochinchine, à destination de la Chine, du Japon, des Philippines, de Java, se font presque exclusivement par des navires allemands, anglais et norvégiens.

« Si nous regardons du côté du Pacifique, la Nouvelle-Calédonie entretient avec l'Australie, la Nouvelle-Zélande et la côte américaine des relations constantes pour lesquelles on n'utilise guère que des navires étrangers [1]. »

En résumé, entre la France et ses possessions extérieures, malgré les subventions accordées à nos services postaux et les autres avantages faits à notre pavillon, 47 p. 100 de nos transports sont faits par des navires étrangers.

D'après le « tableau général du Commerce et de la Navigation » récemment paru, une certaine tendance à l'amélioration semblerait se manifester. D'après ce tableau, en effet, nous avions en 1896, à l'entrée et à la sortie de nos ports, 15 536 navires nous donnant une avance sur 1895 de 1 510 navires et de 1 847 084 tonneaux. De plus, notre flotte à vapeur se serait accrue, depuis 2 ans, de 43 000 tonneaux et, depuis quelques années, nous nous sommes mis à construire de grands voiliers portant en moyenne 3 000 tonneaux. Des ateliers de construction, enfin, se préparent ou existent déjà dans nos grands ports marchands de Marseille, Bordeaux, Nantes, Rouen, Dunkerque, etc. Tout cela est bien. Il ne faudrait pas cependant se laisser tromper par les chiffres, ni trop facilement se leurrer d'espérances. Sur ces 15 536 navires, 14 341 jaugent moins de 100 tonneaux, 12 643 moins de 30, et le plus grand nombre sont des 8 tonneaux. Nous nous défendons donc pour le cabotage des côtes, et pour la navigation entre la France et l'Algérie, et entre la France et la Tunisie, grâce à la protection dont y jouit notre pavillon. Mais quand il s'agit du grand cabotage et des voyages au long cours, nous n'avons plus que 880 bâtiments jaugeant

---

1. *Notre Marine marchande*, pp. 65-66.

ensemble 602 722 tonneaux, y compris les bâtiments des Compagnies postales subventionnées.

Du reste, cette tendance à l'amélioration ne s'est pas maintenue, comme le montrent les chiffres suivants fournis par l'administration pour notre navigation avec les pays hors d'Europe, pendant les 4 premiers mois des années 1896, 1897 et 1898 :

En 1896 nous avions 203 navires jaugeant 303 600 tonn.
— 1897 — 191 — — 310 000 —
— 1898 — 176 — — 293 600 —

En tout cas, y eût-il amélioration, que cette amélioration, relativement très faible, devient une véritable diminution quand on la compare, par exemple, à celle de l'Allemagne.

« Le port d'Anvers recevait en 1875, 327 navires allemands et 342 navires français ; vingt ans plus tard, le pavillon français ne couvrait plus que 111 navires et le pavillon allemand en couvrait 715. Ces chiffres se passent de tout commentaire », conclut justement M. Blondel.

D'après le mémoire adressé récemment au Reichstag par les armateurs du port de Hambourg, pour lui demander de voter en faveur de l'augmentation des forces navales, dans une période de 23 années, de 1873-1895, la progression de la marine marchande a été pour l'Allemagne de 100 à 265, tandis que pour la France elle n'a été que de 100 à 132.

On pourrait multiplier les faits. Et tous concourraient à nous montrer, avec une douloureuse précision, l'étendue du mal dont souffre notre industrie maritime.

Nous n'avons pas à chercher ici quelles peuvent être les raisons de ce mal, ni quels doivent en être les remèdes. Mais il est facile de comprendre ce qu'y perdent et la cause de la colonisation et celle de l'émigration en général, et en particulier de l'émigration aux colonies.

S'il existait un vaste courant de relations entre ces colonies et la métropole, si nos marins touchaient en grand nombre sur les côtes de l'Indo-Chine, de la Nouvelle-Calédonie, de Madagascar, etc., plusieurs, sinon beaucoup pourraient s'y établir, s'y établiraient en effet. De plus, ces pays nous seraient mieux connus ; ils nous apparaîtraient moins éloignés et moins redoutables ; ils seraient moins pour nous des pays *lointains* et *étrangers ;* nous y engagerions plus facilement des intérêts que nous irions promouvoir et défendre.

Ici, comme en beaucoup de choses, la politique est un peu la grande coupable. Pour contenter et garder des électeurs, pour s'attacher des députés, on a dépensé des centaines de millions à creuser des *ports électoraux :* Pointe des Galets à la Réunion, la Palice dans les Charentes, port inachevé de Boulogne-sur-Mer, etc., etc., et l'on a oublié ou négligé les moyens d'avoir des flottes pour les remplir.

Heureusement, la question est à l'ordre du jour. Des Commissions ont été nommées, aux ministères de la Marine et du Commerce, et l'on peut espérer, sous la pression de l'opinion publique et les vœux réitérés de nos Chambres de commerce, que des moyens seront trouvés pour remédier au mal, et qu'une législation sage, intelligente, libérale, viendra aider les bonnes volontés individuelles ou collectives et donner un nouvel essor à notre marine marchande, lequel, à ne pas en douter, aidera puissamment au progrès de la colonisation et de l'émigration.

Tout ce que nous avons dit de notre marine marchande, nous aurions à le redire de notre commerce extérieur. Et il ne saurait en être autrement, vu la connexion naturelle qui existe entre elle et lui. Nous en parlerons en détail dans notre seconde partie où de tels développements trouveront mieux leur place et nous montrerons alors clairement que là aussi nous reculons plutôt que nous n'avançons, à une distance énorme de l'Angleterre, à une distance chaque jour grandissante de l'Allemagne et des États-Unis, dont les relations commerciales, de plus en plus multipliées, menacent de nous étouffer. Mais nous devons ici en tirer la même conclusion. C'est que si notre commerce extérieur était deux fois plus considérable, nous aurions deux fois plus d'agents français dans les pays étrangers et en particulier dans nos colonies : ce serait un premier progrès. De plus, ce commerce deux fois plus considérable, surtout le commerce d'exportation, attirerait dans ces mêmes pays deux fois plus de colons, et de préférence des colons français.

Car, qu'on ne s'y trompe pas, c'est en partie le développement de la marine marchande allemande, c'est en partie le développement du commerce extérieur allemand, qui ont popularisé chez nos voisins de l'Est la connaissance des pays étrangers et fait naître chez beaucoup la pensée de s'y établir. Sans doute, les Allemands n'ont pas encore de colonies proprement dites, de colonies de peuplement, et cependant leur marine marchande décuple et donne 20 p. 100 à ses actionnaires, et leur commerce extérieur prospère de la même manière. De plus, à la suite de l'augmentation de ce commerce et de cette marine, les colonies viennent comme nécessairement, et aussi l'émigration qui se dirige un peu vers ces colonies, et beaucoup vers les pays étrangers où touchent ces navires et où se fait ce commerce. Il y a là une indication et une leçon qu'il serait impardonnable de ne pas voir ou de négliger.

CHAPITRE X

DU PARTAGE DES BIENS ET DES LOIS SUCCESSORALES

Nos émigrants seraient également plus nombreux, — parce qu'un plus grand nombre de nos jeunes gens seraient disposés à partir, — si l'on changeait dans notre législation deux points importants qui sont un des plus sérieux obstacles à notre expansion au dehors, c'est-à-dire nos lois de succession et notre loi de recrutement.

Je consultais un jour, avant d'entreprendre ce travail, un des hommes les mieux au courant de la situation sociale et économique de notre pays. « La grande raison qui fait que nous n'émigrons point, me dit-il, ce sont nos lois de succession ».

Nos lois de succession, en effet, en décrétant le partage égal de tous les biens des parents entre chacun de leurs enfants, sont d'abord la ruine de nos grands établissements industriels, commerciaux et maritimes. Ce sujet est remarquablement traité dans une pétition adressée au Sénat par M. Larsonnier, membre de la Chambre de commerce de Paris, et 131 de ses collègues :

« Tandis que l'Angleterre, sous l'empire de la liberté testamentaire, voit grandir et se perpétuer chez elle des établissements industriels et commerciaux qui accumulent les capitaux, la clientèle, les leçons de la pratique et les meilleurs instruments de travail ; tandis que les fils des manufacturiers ou des commerçants les plus considérables continuent dans la métropole et jusqu'aux extrémités du monde l'œuvre de leurs ancêtres, chez nous rarement l'œuvre du père est continuée par les fils. Le capital qu'il a amassé, l'expérience qu'il a acquise, l'instrument de travail qu'il a créé, tout se trouve disséminé, affaibli, compromis ou perdu. C'est une force vive dont notre Code civil semble avoir pris pour mission de briser les organes, et qui demandera, pour se reconstituer au même degré de puissance, le temps d'une génération nouvelle...

« L'Angleterre est couverte de manufactures et de maisons de commerce ayant grandi sous l'égide du chef de famille assisté de ses enfants ; la mer est sillonnée de navires marchands, commandés par des fils de négociants; le monde entier voit des comptoirs anglais, dirigés par ceux qui n'ont pas trouvé leur part d'action dans la métropole...

« Que d'édifices industriels ou commerciaux s'amoindrissent (chez nous) ou s'écroulent avec la génération qui les a fondés ! Combien de pères doivent renoncer au concours de leurs enfants, tandis que ceux-ci attendent, dans une oisiveté coupable, le moment de jouir sans travail du bien acquis par leurs parents ! Nous pourrions citer par centaines les exemples de ces décadences déplorables, favorisées par la loi dont les pétitionnaires signalent les dangers.

« Comment songer à des entreprises de longue haleine ? Qu'est-ce que notre marine marchande auprès de celle des États-Unis ? Qui songe à aller porter ou entretenir la vie dans nos colonies ? Quels sont nos comptoirs dans les contrées où des millions de consommateurs se disputent les produits anglais ? L'Angleterre, l'Allemagne, la Suisse, les États-Unis, restent ou tendent à devenir les maîtres des marchés étrangers. Il faut à la France d'immenses efforts pour assurer sa part de prospérité future ; rien n'est plus propre à les paralyser que l'éparpillement indéfini de ses forces productrices sous l'action dissolvante de notre loi de succession [1]. »

Or, nous l'avons vu plus haut, rien ne réussirait à pro-

---

1. Cf. *Les Lois de succession appréciées dans leurs effets économiques par les Chambres de Commerce de France*, par le comte de Butenval, pp. 10-14.

mouvoir la colonisation et l'émigration comme la prospérité de notre commerce extérieur et de notre marine marchande.

Mais ce n'est pas tout, car il n'y a pas de moyen plus rapide pour affaiblir, pour amoindrir, pour désagréger les forces vives d'une nation que le partage forcé des biens.

En 1815, lors du congrès de Vienne, quand l'intervention de l'empereur de Russie eut conservé à la France ses frontières naturelles : « Après tout, aurait dit lord Castlereagh, les Français sont suffisamment affaiblis par leur régime de succession. »

« Il est ordonné à un *çoudra* (nom des vaincus), porte la loi de Manou, d'épouser une fille de sa classe et non une autre : *tous les enfants qui naîtront d'elle devront avoir des* PARTS ÉGALES, *quand même il y aurait des centaines de fils.* » C'était pour les brahmanes un moyen infaillible de ruiner l'influence de leurs ennemis.

Par le même principe, quand le Parlement anglais, en 1703, voulut détruire, en Irlande, l'influence des catholiques, il décréta que *toute propriété, dont un papiste était ou serait en possession, serait attribuée en héritage à* TOUS *les fils de ce papiste par portions* ÉGALES *et ne passerait pas à l'aîné de ses fils...;* — tandis que, si le fils aîné de ce papiste était protestant, la propriété lui serait transmise conformément à la loi commune du royaume, c'est-à-dire dans son intégrité. (Statut VIe de la deuxième année du règne de la reine Anne [1].)

Napoléon Ier songea, lors de la confection du Code civil, en 1803, à adoucir les prescriptions de la loi des successions. Il en fut empêché par la méfiance qu'il gardait contre les anciennes familles et par le désir de les amoindrir. « Si ces familles étaient sincèrement attachées au gouvernement, déclara à ce propos un conseiller d'État, il serait sans doute utile de *leur donner les moyens de se conserver* [2]... »

---

1. *Idem*, p. 41 et 42.
2. Procès-verbaux du Conseil d'État, an XI.

C'est qu'en effet ces lois affaiblissent et énervent l'autorité, soit du père, soit de la mère, qui n'ont plus le moyen de se faire obéir de leurs enfants par la crainte de leurs dispositions testamentaires.

Les enfants, à leur tour, sûrs d'avoir un jour, quelle que soit leur conduite, la fortune de leurs parents, négligent le travail, s'abandonnent à une vie d'oisiveté et de plaisirs, dévorent souvent par anticipation leur patrimoine, tâchent plus tard de faire un mariage d'argent et meurent sans avoir rendu aucun service à leur pays. Si au contraire, ils avaient été tenus en haleine par la crainte d'être, au moins partiellement, déshérités, ils auraient travaillé et se seraient rendus aptes à faire quelque chose; ils auraient visé à se créer une situation indépendante, peut-être ils seraient allés aux colonies. Ce sont bien, en effet, les cadets des familles nombreuses d'Angleterre qui ont fait sa fortune coloniale, en peuplant ses possessions d'outre-mer.

« Les enfants qui se soumettaient autrefois à de pénibles efforts, quand leur bien-être dépendait du labeur et de la vertu, dit très bien le comte de Butenval, tombent dans l'oisiveté et dans le vice, dès qu'ils sont assurés de jouir, malgré l'indignité de leur vie, de la richesse créée par leurs auteurs [1]. »

La loi du partage des biens avait été faite contre les grandes familles. Elle nuisit surtout, par une conséquence facile à prévoir, aux petites et aux moyennes familles.

« Les grandes propriétés, remarque encore le comte de Butenval, se sont défendues et maintenues par des moyens qui étaient inaccessibles aux petites et même aux moyennes. Ce sont celles-là que le partage forcé a désorganisées, désagrégées, détruites, le plus promptement, le plus directement, le plus irrévocablement. La moyenne et la petite bourgeoisie d'autrefois ont seules été sérieuse-

---

1. *Op. cit.*, p. 51.

ment atteintes ; et dans ces classes, pour un grand nombre de ceux qui n'ont pas pu se vouer à l'industrie ou au commerce, — *ou obtenir une place dans l'administration,* — le rang social des aïeux a été perdu [1]. »

D'ordinaire, en effet, le partage des biens se fait au moyen des liquidations forcées. Or, « au-dessous d'un certain niveau de fortune, remarque M. Claudio Jannet, toute liquidation forcée aboutit fatalement à la destruction des établissements domestiques ».

Dans son beau livre sur *l'Organisation de la famille*, M. Le Play cite l'exemple d'un journalier nivernais, laissant en 1839 un petit héritage de 900 francs, dont il resta aux quatre héritiers mineurs la somme de 30 fr. 27, quoique les officiers ministériels eussent d'eux-mêmes diminué les frais en réduisant le nombre des formalités.

Le rapport du garde des sceaux de 1852 porte que 1 980 ventes inférieures à 500 francs chacune, ayant produit une somme de 558 092 francs, avaient occasionné 628 906 francs de frais, soit 70 814 francs ou 12 p. 100 en sus de la valeur des biens vendus.

« Il résulte des statistiques, conclut le comte de Butenval, que, lorsque le prix d'adjudication est inférieur à 500 francs, les frais s'élèvent à 125. p. 100 de ce prix ; lorsque le montant de l'adjudication est supérieur à 500 francs et n'excède pas 1 000 francs, la proportion des frais relativement au prix est de 50 p. 100 ; au-dessus de 1 000 francs et jusqu'à 2 000 francs, elle est encore de 25 p. 100. La situation que révèlent ces statistiques, appelle un remède immédiat [2]. »

C'est dans ce but que, le 14 janvier 1878, M. Dufaure déposa un projet de loi que malheureusement des préoccupations politiques empêchèrent de discuter.

Or, croyez-vous que ce soit ces pauvres gens, réduits à la mendicité et au vagabondage, qui puissent alimenter une saine émigration ? Croyez-vous qu'une nation ainsi

1. *Op. cit.*, p. 44.
2. *Idem*, p. 46. En note.

affaiblie et désorganisée puisse posséder une grande force d'expansion au dehors ? Et le gouvernement allemand ne nous a-t-il pas donné une leçon, quand, prenant possession de l'Alsace-Lorraine, il a modifié sur ce point notre loi de succession ?

Enfin, résultat encore plus navrant, sur lequel nous nous étendrons davantage dans notre seconde partie, mais que nous devons au moins indiquer ici, le partage des biens a amené la réduction du nombre des enfants, et, par ce fait, en même temps qu'il détruisait la sainteté du mariage, considérablement affaibli notre force numérique [1].

Si Napoléon avait donné suite à sa première idée d'atténuer cette loi des successions, « la stérilité systématique des mariages, remarque le comte de Butenval, ne fût point entrée dans les mœurs de ces classes qui forment la majorité du pays ; et notre population valide aurait vraisemblablement compté, en 1870, quatre millions d'individus de plus ».

De son côté, M. Paul Leroy-Beaulieu ne craint pas d'écrire :

« On a voulu empêcher le bourgeois comme le paysan de faire ce que l'on appelait jadis un *aîné*, c'est-à-dire d'avantager un des enfants ; on n'y a réussi qu'en partie. On peut toujours faire un aîné, en *supprimant les cadets;* c'est à ce beau résultat que s'ingénient une foule de familles françaises. Si des lois ont pour effet de pousser la plus grande partie des populations à n'avoir qu'un enfant par famille, il faut avouer que ces lois, pour sacro-saintes qu'on les tienne, non seulement outragent la morale, mais conspirent contre la grandeur nationale [2]. »

Le résultat est clair. On n'émigre pas parce qu'il n'y a pas d'enfants pour émigrer.

Et ce qu'il y a de plus triste, c'est que, ici, contraire-

1. *Op. cit.*, p. 38.
2. *Economiste français*, mars 1880.

ment à ce que nous avons remarqué en parlant de la plupart des autres causes qui s'opposent à l'émigration aux colonies, il n'y a point de réaction marquée.

Bien plus, tant que nos Chambres se composeront en majorité d'hommes de loi, élevés dans le culte du Code civil, on ne peut espérer aucun changement à cette funeste législation.

En 1871, MM. Baragnon, Lucien Brun et Mortimer-Ternaux, ayant proposé une très légère atténuation en faveur de l'autorité paternelle, leur proposition ne réunit que 41 voix contre 197. Mais ce qui est plus significatif encore que le nombre des voix, ce sont les paroles suivantes de M. Baragnon : « Qu'on cesse donc de nous jeter à la tête cette accusation incessante de vouloir détruire le Code civil, quand nous nous bornons à en demander, je ne dis pas même une modeste réforme, mais une sage interprétation. » *(Vive approbation à droite.)*

C'est donc, ici encore, une loi intangible.

Et cependant, il faut le redire toujours, cette loi, que n'avait demandée aucun des cahiers de 1789, à laquelle personne n'avait auparavant songé, fut votée, non par la Constituante de 1789, ni par l'Assemblée législative, mais en 1793, dans une séance extrêmement orageuse de la Convention, où l'on avait parlé de guerre et de trahison, sur la proposition d'un inconnu, sans discussion et sans examen, dans le but unique d'empêcher de déshériter les rares fils transfuges des grandes familles qui passaient à la Révolution.

Il faut le redire également, cette loi n'existe nulle part, absolue et presque sans tempérament, comme chez nous ; et peut-être pourrait-on établir cette règle, que la prospérité d'un peuple, que sa force d'expansion au dehors sont en proportion directe de la liberté de tester. En Angleterre, aux États-Unis, au Canada, cette liberté est absolue et pour tous les biens ; dans la plus grande partie des États d'Allemagne, en Prusse, en Autriche, en Italie, le père peut disposer au moins de la moitié de son bien ; en Russie, les biens patrimoniaux sont seuls soumis au partage forcé, les biens *acquis* restant complètement à la libre disposition des parents.

Tout cela, il faut le redire et faire connaître également les améliorations législatives introduites ces dernières années pour la conservation de la petite propriété, en Belgique, dans plusieurs États d'Allemagne, aux États-Unis, etc. Et peut-être il arrivera que des tempéraments au moins seront apportés à cette loi funeste, que la quotité disponible sera augmentée et atteindra, dans tous les cas, la moitié de la fortune des parents ; que l'usage de cette quotité disponible, limité pratiquement à quelques provinces du centre et du midi de la France, surtout aux Pays Basques, — le pays de France où l'on émigre le plus — se généralisera ; que des mesures législatives seront prises pour la transmission moins onéreuse et pour la conservation de la petite propriété rurale ; qu'une jurisprudence récente de la Cour de cassation s'établira définitivement, qui ne comptera pas dans la quotité disponible les assurances prises sur la tête des enfants, etc., etc., en attendant qu'un Parlement, où seront plus complètement représentés tous les intérêts divers de la patrie, ose enfin nous donner sur les successions, non pas la liberté absolue de tester, que personne ne réclame, mais une législation plus rationnelle, plus conforme au droit naturel que le partage forcé, et qui, se tenant à égale distance des excès contraires, sauvegardera les véritables intérêts des enfants, des parents, de la famille et de la patrie.

CHAPITRE XI

LA LOI SUR LE RECRUTEMENT

Une autre loi est également à refaire, de l'avis de tous les gens sérieux : la loi de 1889 sur le recrutement. Votée à la hâte et sans études suffisantes, elle est loin en effet d'avoir produit tous les résultats qu'on en attendait, tandis que, d'un autre côté, elle pèse lourdement sur le pays et, de différentes manières, compromet notre avenir.

Nous n'avons ici à la considérer que sous le point de vue qui nous occupe, celui de l'émigration. Mais, à ce point de vue, il faut, de toute nécessité, la modifier. Car elle paralyse complètement cette émigration.

Ce n'est pas du reste d'aujourd'hui que le recrutement de l'armée s'oppose au bon recrutement des colons.

« Sa Majesté (Louis XIV), porte une ordonnance citée par M. Pauliat dans son livre de *la Politique coloniale sous l'ancien régime*, aurait été informée que la levée de ces engagés (pour les colonies) est devenue très difficile et peu possible par les recrues qui se font pour les armées, et que, quelques soins que les négociants se donnent, ils ne pourront remplir les conditions de leurs passeports *ni cette ordonnance*, si on ne veut bien entrer dans quelque tempérament qui les mette en état d'y suppléer, au moins pendant la conjecture de la guerre... »

Mais la loi de 1889 a notablement accentué le mal.

Nos statistiques d'émigration passent subitement de 7 000 émigrants pour 1886, de 4 000 à 6 000 pour les années précédentes, de 11 000 en 1887, à 23 000 en 1888, à 31 000 en 1889, à 20 000 en 1890, pour retomber ensuite à 6 000 et à 5 000 les années suivantes.

Se tromperait-on beaucoup en attribuant la cause de

cet écart extraordinaire à l'article 50 de la loi de 1889, que l'on voyait venir ou dont on subissait les premiers résultats ?

Et ce qu'il y a de pire, c'est que, à l'exception de quelques établissements en Tunisie, presque aucun de ces émigrants n'allait dans nos colonies, presque tous allaient dans les pays étrangers.

Et il devait en être ainsi.

Tandis que, en effet, d'après les articles 80 et 82 de la loi du 15 juillet 1889, la Guadeloupe, la Martinique, la Guyane et la Réunion sont placées sous le même régime que la Métropole ; qu'en Algérie et dans les autres colonies ou pays de protectorat pourvus de garnison, les jeunes gens doivent faire une année de service ; et qu'enfin, ils ne sont dispensés de tout service effectif que dans les rares contrées où il n'y a point de garnison, sur l'avis conforme du Gouverneur ou du Résident et sous la condition expresse de ne pas rentrer en France ; pour les pays *étrangers* hors d'Europe, aux termes de l'article 50 de la même loi, les jeunes gens qui, *avant l'âge de dix-neuf ans révolus*, y ont fixé leur résidence, peuvent être, sur l'avis du consul de France, et, en fait, sont toujours dispensés du service militaire, pendant toute la durée de leur séjour, à condition qu'ils y résident jusqu'à trente ans. En outre, ils peuvent, pendant la durée de leur établissement à l'étranger, venir séjourner en France, si la durée de *ces séjours n'excède pas trois mois*.

Franchement, quelle autre mesure aurait-on prise, si l'on avait voulu, de parti pris, éloigner nos émigrants de nos colonies et les pousser à l'étranger ?

Il ne faudrait rien faire pour entraver l'établissement des jeunes Français dans les pays étrangers, car, et notre commerce, et notre influence, ne peuvent qu'y gagner. Mais, vu la faiblesse numérique de notre émigration, vu la nécessité urgente de peupler nos colonies, il est du devoir du gouvernement de laisser libres les départs pour les pays étrangers et de favoriser de tout son pouvoir les départs pour nos possessions d'outre-mer.

C'est exactement le contraire qu'il a fait.

Voici un jeune homme de dix-neuf ou vingt ans qui, témoin des efforts faits par la France pour se constituer un empire colonial, et encouragé par tout ce qu'il a entendu dire sur l'avenir réservé à ceux qui vont s'y établir, est décidé à aller y créer une exploitation agricole ; il a les connaissances voulues pour cela, il a l'argent nécessaire ; il se sent également la force et l'énergie suffisantes pour réussir ; il a choisi la Nouvelle-Calédonie, par exemple, et il est sur le point de partir.

Auparavant, il passe au bureau de recrutement :

« Quelles seront mes obligations vis-à-vis de la loi militaire, demande-t-il, si je vais en Nouvelle-Calédonie ? »

On lui répond qu'il devra y faire une année de service.

« Et si je reste ici pour faire auparavant cette année de service, pourrai-je partir immédiatement après, libéré de toute obligation militaire ? »

On lui répond que, dans ce cas, il devra faire auparavant trois années de service.

La pensée lui vient alors de demander quelle sera sa situation s'il va dans la République Argentine.

« Dans ce cas, répond-on, vous serez libéré de toute obligation militaire. »

Neuf fois sur dix, et je reste en deçà de la vérité, il ira dans la République Argentine, d'où il reviendra peut-être, après fortune faite, mais où il pourra rester aussi et s'établir, se faisant naturaliser sujet américain et cessant d'être Français.

C'est qu'en effet, pour s'établir aux colonies et y prospérer, il faut beaucoup de temps, au moins de six à huit années : a-t-on, dans ces conditions, le temps de perdre trois années à la caserne ? Il faut, de plus, pour un tel effort, avoir l'audace de la jeunesse : quand on s'est usé trois ans au service et plus ou moins atrophié au contact des grandes villes, peut-être qu'on ne l'aura plus au même degré, et qu'on sera effrayé au contraire par la perspective de cette vie au grand air et dans la solitude. Enfin, une exploitation agricole aux colonies ne supporte pas d'interruption et nécessite pendant plusieurs années la présence continuelle de son propriétaire : celui-ci ne peut, par suite, l'abandonner et aller faire son service, sous peine de perdre le fruit de ses travaux antérieurs.

La question se ramène donc à celle-ci : la mise en valeur de notre empire colonial vaut-elle une exception en faveur de ceux qui veulent s'y consacrer ? Et par cette mise en œuvre de nos colonies, ne rendront-ils pas plus service à la mère patrie qu'en passant trois années à la caserne ?

La réponse n'est point douteuse. Elle sera affirmative pour tous ceux qui se sont occupés de colonisation. Il y a là pour nos colonies une question de vie et de mort, et pour la cause de l'émigration une question d'existence ou de non-existence.

Aussi ne peut-on qu'applaudir aux efforts de l'Union coloniale française, qui, il y a déjà quatre ans, prenait l'initiative d'une pétition signée par 76 chambres de commerce et soumise à la commission de l'armée [1]. Favorablement accueillie par cette commission, que personne, je l'espère, n'accusera d'oublier les intérêts de la défense nationale, elle n'est pas encore venue en discussion.

Quand y viendra-t-elle ? Nul ne le sait, car elle se heurte à des *préjugés*, de tous les arguments le plus difficile à vaincre.

---

1. La pétition demandait en somme qu'on étendît *à nos nouvelles colonies* la dispense que la loi de 1889 accorde aux jeunes Français qui prennent l'engagement de s'établir pendant dix ans *en pays étrangers hors d'Europe*, c'est-à-dire la cessation d'une inexplicable anomalie. Sur 176 Chambres de commerce de France, 70 ont répondu affirmativement et 5 négativement. Les autres n'ont pas répondu. Dans les colonies, sur 12, 6 ont adhéré et une seule a refusé.

En tout cas, une modification à la loi de 1889 est indispensable pour l'avenir de l'émigration.

Telles sont les principales causes pour lesquelles nous n'émigrons pas. Nous ne les avons ni dissimulées, ni diminuées. Après les avoir successivement passées en revue et pesé leur valeur respective, nous sommes arrivés à cette conclusion que, avec la bonne volonté des pouvoirs publics, l'assistance des diverses sociétés de colonisation ou d'émigration et le concours de l'initiative privée, elles ne prévaudront point contre le mouvement d'expansion coloniale qui s'est emparé de nous ; car ce mouvement s'appuie sur deux causes irrésistibles : la nécessité où nous sommes de chercher au dehors ce que nous n'avons plus chez nous, et l'utilité incontestable qu'amènera, et pour la France et pour les particuliers, une saine émigration aux colonies. C'est cette nécessité et cette utilité qu'il nous reste à étudier.

DEUXIÈME PARTIE

QUE NOUS DEVONS ÉMIGRER

Nous traversons en ce moment en France une crise d'une extrême gravité, qui nous atteint jusqu'au plus profond de notre être et dont l'issue pourrait peut-être nous être fatale si nous ne parvenions à réagir et à la surmonter. Sans parler, en effet, de la diminution de la foi religieuse et de l'affaiblissement de la morale, deux graves phénomènes cependant et dont tous les esprits sérieux commencent à s'épouvanter, nous sommes en plein désarroi social et presque en pleine faillite économique.

Les classes ouvrières jalousent les classes supérieures; celles-ci oubliant leur raison d'être qui est de diriger et de faire le bien, ne songent qu'à s'amuser et à jouir ; tout le monde veut commander et personne obéir ; le pouvoir et l'autorité appartiennent aux plus habiles et non pas, comme cela devrait être, aux plus honnêtes et aux plus aptes à les exercer; de nouvelles générations d'*arrivistes* s'élèvent pour dominer ou pour détruire. L'ambition, la jalousie, l'oppression, la haine partout, et nulle part l'ordre, la subordination, la tolérance, la liberté.

D'un autre côté, les fortunes diminuent chaque jour parce que l'on dépense de plus en plus et qu'on gagne de moins en moins ; les carrières s'encombrent à ce point qu'on ne peut plus trouver de place ; les salaires, les traitements surtout, ne suffisent pas à faire vivre ceux qui travaillent ; plusieurs meurent de faim ; beaucoup ne se marient plus ; presque tous limitent volontairement le nombre de leurs enfants ; notre population reste à peine stationnaire, notre fortune publique diminue ; surtout notre confiance en nous-mêmes, en nos ressources natives, en notre intelligence et en notre valeur, disparaît ; et aussi notre énergie, notre activité, notre résistance, notre endurance d'autrefois, notre esprit d'initiative et notre soif d'aventures qui nous avaient fait accomplir des merveilles, notre soif de prosélytisme et notre passion des nobles entreprises qui nous avaient assuré jadis le premier rang parmi les nations.

D'où vient cela ? Et pourquoi notre chère France paraît-elle ainsi anémiée, fatiguée, énervée, atteinte de *neurasthénie*? Ne s'est-elle pas affaiblie et ne continue-t-elle pas chaque jour à s'affaiblir, en se repliant trop sur elle-même, en fermant ses portes et calfeutrant ses fenêtres, se déshabituant de marcher à force de se reposer, d'agir à force de ne rien faire ? Et n'y a-t-il pas dans cette pusillanimité, dans cette crainte perpétuelle du lointain et de l'inconnu, dans cette vie nationale trop en dedans et qui n'ose pas regarder au dehors, un grand danger ? N'est-ce donc pas faire œuvre de bon Français que de lui dire, à notre France aimée, d'ouvrir ses croisées, de respirer à pleins poumons, de sortir, d'aller au loin, là où l'on peut agir, travailler, récolter, se développer, grandir, se retremper, se refaire un caractère et un tempérament, se multiplier, en un mot d'émigrer ? Et n'est-ce pas là, de tous les remèdes qu'on nous propose, le plus urgent, le plus pratique, le plus sûr ?

Après la guerre de 1870-1871, une école où se rencontraient beaucoup de dupes remplies de bonnes intentions, s'en allait répétant partout que nous avions été battus par le maître d'école allemand et que nous devions avant tout refaire notre système d'éducation. On l'a refait, on sait à quel prix, et tout le monde est d'accord aujourd'hui — je parle de ceux qui n'ont pas de parti pris et qui savent voir — pour reconnaître que l'on aurait pu mieux réussir.

Il fallait aussi refaire notre armement et procéder immédiatement à la réorganisation de notre armée. Des hommes courageux en prirent l'initiative et en poursuivirent l'exécution avec une infatigable énergie.

Aujourd'hui, ce travail est à peu près terminé.

En attendant donc que l'heure ait sonné où cette armée devra entrer en ligne, quel grand mouvement national promouvoir qui développe heureusement nos facultés naturelles, qui nous grandisse et nous multiplie, qui fasse de nos enfants des hommes d'énergie, de courage, de constance, d'initiative, sans lesquels tout armement, même le plus perfectionné, deviendrait inutile? Quel mouvement, si ce n'est celui de notre expansion au dehors, de notre développement colonial, de l'émigration hors de France, et encore mieux hors des pays d'Europe, vers les pays lointains, et particulièrement vers nos colonies?

Cette émigration :

1° Réformerait et élargirait nos idées, et retremperait notre caractère ;

2° Nous aiderait à développer notre industrie et notre commerce extérieur ;

3° Procurerait des emplois plus rémunérateurs et un travail mieux rétribué à un grand nombre de gens qui ne peuvent en trouver ;

4° Arrêterait l'effrayante diminution de notre natalité ;

5° Sauvegarderait et accroîtrait l'influence de notre race au dehors ;

6° Nous permettrait de tirer parti de nos colonies et de les mettre en œuvre ;

7° Enfin nous assurerait la défense et nous garantirait la conservation de ces colonies.

CHAPITRE PREMIER

QUE NOUS DEVONS ÉMIGRER POUR RÉFORMER NOS IDÉES ET RETREMPER NOTRE CARACTÈRE

Personne, parmi les hommes qui réfléchissent, ne niera que nous ne soyons pleins d'illusions sur nous-mêmes, que nous n'ignorions presque tout des autres peuples, que nos idées ne soient facilement trop exclusives et trop étroites, que nous ne manquions trop souvent de largeur de vues dans nos projets et nos desseins, dans nos manières de voir et d'agir.

D'où vient cela ? Est-ce d'une disposition native ? Non certes. Toute notre histoire s'inscrirait en faux contre une telle assertion, et aussi la logique et la puissance de synthèse de notre intelligence, la générosité de notre caractère, l'enthousiasme facile et le ressort de notre tempérament. Nous sommes faits, au contraire, pour les grandes choses, pour les entreprises hardies, pour les vastes créations.

Si nous paraissons subir en ce moment comme une sorte d'affaissement, cela vient de causes étrangères à notre nature, et qu'il ne dépendra que de nous de faire disparaître, de notre éducation, de nos habitudes, de notre vie trop sédentaire.

En allant au dehors, en effet, on étend son horizon d'abord, on élargit ses idées, on augmente son ambition, on acquiert des vues plus vastes, on s'agrandit soi-même, en quelque sorte, de tous les pays que l'on a parcourus, visités, habités. « Les petites localités font les petites gens », dit-on couramment. Et l'on a raison. Tel homme illustre aux Martigues ne sera qu'un inconnu à Paris, et, pour ma part, je n'ai jamais trouvé dans le célèbre mot de César préférant être le premier dans un village perdu des Alpes plutôt que le second à Rome, qu'une boutade d'orgueil et une sottise. Il faut le grand air au chêne pour se développer et devenir le roi de la forêt. Mettez-le sous verre ou trop à l'étroit : vous n'aurez qu'un avorton. Et qui oserait comparer les produits mesquins de nos jardins d'hiver, les palmiers de nos serres, aux magnifiques arbres des tropiques ? Ce n'est pas la chaleur, une chaleur uniforme et assurée qui leur manque, mais c'est l'air, c'est la lumière, c'est l'espace qui leur fait défaut et rien ne remplace cela.

Autrefois, pour qu'un ouvrier de métier devînt un maître, il ne lui suffisait pas d'un apprentissage soigné. Il lui fallait encore « faire son tour de France », afin de développer les connaissances acquises dans son village, de comparer les diverses méthodes de travail et d'apprendre de nouveaux procédés.

Et aujourd'hui, n'est-ce pas de la même manière qu'on étudie les arts et les sciences ? On ne se contente pas de rester chez soi, eût-on à sa disposition les meilleurs maîtres du monde. Il faut aller à l'Université, à Paris, à l'étranger. L'artiste, peintre ou sculpteur, le savant linguiste, l'helléniste distingué, l'historien original ont pour première ambition d'être envoyés à l'École de Rome ou à celle d'Athènes, ou en Égypte. Ils ont raison. Et ils seraient encore plus complets s'ils poussaient leurs investigations plus loin et allaient étudier sur place les vestiges des anciennes civilisations de l'Orient ou bien les chefs-d'œuvre des maîtres hollandais.

Le 15 mars 1898, M. Chailley-Bert, dans sa brillante conférence de la salle des Mathurins, comparait le roman colonial anglais qui « aborde tous les sujets », parce que tous les sujets l'intéressent, et que tous les types lui paraissent dignes d'étude ; qui « ne se borne pas à l'Angleterre, mais s'étend au monde entier » ; qui, « en regard de l'âme européenne, met l'âme indigène ; qui scrute tout : tous les sexes, toutes les passions, toutes les préoccupations », à la pauvreté du roman français pour qui il n'existe qu'un seul être, la femme, « non pas la femme dans la variété de rôles qu'elle tient dans la société, de fille, d'épouse, de mère, ou encore de membre de la grande famille nationale ou humaine, mais la femme dans son rôle unique d'amoureuse », et qu'un seul sujet, l'amour, non pas « l'amour sans épithète, avec ce qu'il enferme de pur, de noble, de sérieux, avec ses élans, ses tendresses, ses pudeurs, ses combats et ses douleurs ; l'amour enfin, source d'énergie, de puissance et de grandeur ; mais l'amour dans cela seulement qu'il a de bas et d'humiliant, plus humiliant encore depuis que les victimes semblent avoir été plus parées pour le sacrifice final ».

Après nous avoir montré le manque de sens moral et aussi le manque de logique de nos écrivains, qui « rêvent la femme épurée, la femme supra-terrestre et la parent de tous les dons..., et nous convient à venir voir comment cette créature de rêve va se déshonorer », il se demandait la cause de cette dégradation de notre littérature et il n'en trouvait d'autre que la suivante : « Le roman français manque d'air, disait-il. Il s'est tenu enfermé dans un lieu trop étroit; il étouffe, il agonise entre le Boulevard et le parc Monceau. Balzac avait tenté de l'entraîner par delà les murs, au fond des provinces ; le voici de nouveau enfermé dans un cercle plus étroit que jamais. Ce cercle, il faut le rompre ou périr...

« Allez au loin, poursuivait-il. Passez les mers ; contemplez d'autres aspects et scrutez d'autres âmes ; envisagez d'autres problèmes : les conflits de race, les luttes de religion, les conflits d'intérêt, les haines survivant au déboire des défaites ; les devoirs du vainqueur et les ambitions et le frissonnement du vaincu ; les sympathies croissant par-dessus la différence des langues, des mœurs et des lieux ; que sais-je ? l'évolution des corps et des âmes sous l'influence d'un soleil plus vif ou d'un climat plus rude, l'apparition de sentiments nouveaux, le réveil de sentiments endormis.

« Quelle richesse et quel renouveau !

« Depuis longtemps, la peinture est allée à l'école de ces pays...

« La science, les lettres, aussi, devront passer les mers et se mêler à ces mondes nouveaux... »

Nous gagnerions encore une autre chose à ce contact avec les autres nations. En apprenant à les mieux connaître, nous apprendrions également à nous apprécier plus sainement nous-mêmes, à nous dépouiller de nos illusions, à être plus modestes. Nous verrions leurs qualités, et nous nous efforcerions de les imiter ; leur grandeur, et nous voudrions y atteindre ; leurs défauts, et nous tâcherions de les éviter.

Un témoin oculaire racontait il y a deux ans dans la *Revue de Paris* que les Espagnols de Manille forfantaient avec le désastre comme ils l'eussent fait avec la victoire.

« Les Yankees sont perdus, s'écriait le pilote espagnol venu à bord du *Bruix* le lendemain de la bataille de Cavite. Ils apprendront à connaître les fils du Cid. Est-ce qu'un Américain vaut même un Tagal à la guerre ? Des marchands de porcs, des employés au télégraphe, des commis, des mécaniciens, enfin ! Qu'ils s'en tiennent à leurs machines, à leurs comptoirs, à leurs étables ! Est-ce que des joueurs de polo sont des soldats ? ou des canotiers sont-ils marins ? — Et le grand mot est dit, poursuit le lieutenant X***, les Yankees ne sont que des marchands[1] ! »

Cela fait mal à entendre quand on songe que la veille même, ces « marchands » avaient pénétré dans la rade presque sans être aperçus, et sans qu'on tentât le moindre effort pour les arrêter ; qu'en moins de deux heures, ils avaient détruit complètement la flotte espagnole, lui tuant

---

1. *Revue de Paris*, 1er août 1898, p. 520.

près de 50 p. 100 de son effectif, tandis qu'eux-mêmes n'avaient eu ni un mort ni un blessé et qu'un seul de leurs vaisseaux, la *Concord*, « recevait un coup de poing dans le ventre », suivant le mot d'un résident français, témoin oculaire.

En règle générale, on peut dire qu'il n'y a pas de pire danger pour un peuple que celui de se tromper soi-même sur son propre compte. Or, cela est inévitable, si l'on ne sort pas de chez soi, si l'on ne regarde pas au dehors, si, comme l'autruche, on se contente de se cacher la tête afin de ne pas apercevoir l'ennemi qui approche. On ne le voit pas, non ; mais il vient, il mesure ses coups, et l'on se trouve subitement blessé, dépouillé, parfois anéanti.

« Dans sa chute, dit de la même Espagne un autre publiciste, parlant de ses malheurs du XVIIe siècle, la nation gardait une attitude arrogante. Les autres peuples n'avaient jamais moins existé pour elle ; on n'enseignait d'autre géographie dans les Universités que celle des Espagnes [1] ! »

Grâce à Dieu, nous n'en sommes pas là, et la guerre franco-allemande qui, elle aussi, fut une surprise, a été pour nous une dure leçon dont nous avons profité pendant un certain temps.

Mais bien des traits du tableau ne nous conviennent-ils pas ? Des illusions nombreuses ne nous restent-elles pas encore qu'une connaissance plus approfondie des autres peuples détruirait rapidement? Nous n'avons guère ouvert les yeux, par exemple, sur la rapide extension du commerce allemand et sur le prodigieux développement de son industrie, que lorsque notre propre industrie a été en danger de périr et notre commerce extérieur gravement compromis.

Si nous avions mieux connu la valeur pratique des provinces de l'Afrique équatoriale, en particulier de l'Ou-

---

1. Masson-Forestier. *Revue Bleue*, 20 août 1898, pp. 251, 252.

ganda ; si nous avions compris l'importance capitale de la possession des bouches du Niger, ou les incalculables richesses de l'Égypte, jamais nous n'y aurions renoncé avec l'impardonnable légèreté que l'on sait. Et seule, cette ignorance peut excuser — si l'ignorance toutefois est une excuse chez des gouvernants — les ministres qui ont perpétré ces crimes.

Or, cette ignorance, d'où venait-elle ? Toujours de la même cause. Nous restons trop chez nous ; nous ne sortons pas assez ; nous ne regardons pas hors de nos frontières.

En attendant, les autres peuples grandissent, se développent, se multiplient, et nous, qui nous croyons toujours « la grande nation », nous sommes tout surpris de nous voir distancés et supplantés un peu partout par l'Angleterre et par l'Allemagne.

Enfin, l'émigration au dehors, la vie au grand air des colonies développe singulièrement la valeur personnelle de ceux qui la pratiquent.

« Il me faut m'occuper de tout, m'écrivait il y a quatre ans un jeune colon de Madagascar, il me faut tout prévoir trois mois à l'avance, tout, jusqu'à mes lacets de bottine », tandis qu'en France ce sont d'autres personnes qui font cela pour nous ; ou au moins trouvons-nous tout à notre convenance chez le fournisseur voisin ou dans le magasin d'à côté. La conséquence naturelle, c'est que le Français qui a émigré devient un homme prévoyant, soigneux, méthodique, à qui aucun détail n'échappe, tandis que celui qui n'a pas quitté la France, où surtout sa famille, est demeuré insouciant, négligent, imprévoyant à l'excès.

Il faut que le colon sache un peu tous les métiers, de tailleur, de menuisier, de maçon, de cultivateur, de vétérinaire, de cuisinier, etc.; etc., puisqu'il devra s'occuper de tout, de sa table, de ses troupeaux, de son jardin, de ses plantations, de sa maison, de ses gens et de lui-même, parfois, sans en avoir les moyens matériels, obligé par conséquent de s'ingénier à trouver des outils, des remèdes,

des matériaux. Que de choses nouvelles n'apprend-on pas dans ces multiples occupations ! Mais surtout, comme nos facultés toujours en éveil s'y développent sous l'empire de la nécessité ! Comme on y devient inventif, actif, plein d'initiative, capable de se tirer d'affaire !

A plus forte raison pourrait-on dire du colon à l'étranger ce que Louis Veuillot disait du zouave d'Algérie :

« Les zouaves sont presque aussi admirables par leur industrie que par leur courage. Il faut voir, par exemple, à combien d'usages ils savent employer la légère pièce d'étoffe verte qui, roulée autour d'une calotte rouge, leur forme un turban. » Et il s'amuse alors, avec une pittoresque fantaisie, à nous montrer ce turban devenu toile de tente, corde à puits, filet de pêche, laisse pour le bétail, lien pour attacher des fagots d'épines ou des Arabes captifs, maillot d'enfants, etc., etc.

« L'administration, au contraire, tue l'initiative », et aussi la division du travail devenue la règle presque universelle de notre industrie contemporaine.

Quelle initiative voulez-vous, en effet, que puisse acquérir, quel esprit pratique, quel savoir-faire, quelles vues d'ensemble — ces vues d'ensemble qui font cependant le meilleur de la valeur personnelle — un homme occupé toute sa vie à copier ou à classer des mémoires invariablement les mêmes, à écrire des lettres de commerce toujours identiques, à fabriquer la même pièce d'un fusil, à surveiller la même machine, à effiler ou à percer des aiguilles ? Mais ils deviennent des machines et des automates à ce travail et non plus des hommes intelligents. Qu'un accident quelconque leur fasse perdre leur place, et les voilà absolument incapables de faire quoi que ce soit, de gagner leur pain.

Et c'est ainsi que des jeunes gens se rapetissent, s'atrophient, se diminuent à plaisir, qui dans la vie au grand air des colonies se seraient développés et seraient devenus des hommes complets.

La vie aux colonies leur aurait en outre fourni l'occasion d'acquérir, pour peu qu'ils fussent cultivés et observateurs, une foule de connaissances variées que ceux-là ne possèdent jamais complètement qui n'ont rien vu. Autre chose, en effet, est d'avoir appris dans des livres et autre chose d'avoir observé sur place ce que les livres nous enseignent. C'est à cette dernière condition seulement — aucun de ceux qui ont voyagé ne me contredira — qu'on comprend bien ce que nous disent les livres, même les mieux faits, qu'on « met les choses au point », suivant une expression technique si exacte et si vraie.

Le colon, en particulier, qui s'est fixé dans un pays étranger, voit une foule de choses que nous ne soupçonnons pas, et dont peut-être personne n'a parlé, dans les mœurs, dans les phénomènes de la nature, dans les conditions climatologiques. Il fait une foule d'observations, recueille une quantité de témoignages, entend des légendes et des souvenirs, constate des pratiques curieuses, pénètre dans bien des secrets. Et voilà, pour le dire en passant, ce qui fait le charme et la richesse des livres d'études, ou même de simple imagination, écrits par ces infatigables voyageurs, nos marins ou nos explorateurs, nos colons ou nos missionnaires.

Mais, par-dessus tout, la vie au dehors donne à celui qui la pratique, de toutes les qualités humaines la première et la plus importante, je veux dire la *trempe de caractère*.

« Pour nous, comme pour nos rivaux, les colonies sont de véritables écoles d'héroïsme, disait très justement M. Chailley-Bert dans sa conférence du 12 janvier 1897 sur l'émigration des femmes aux colonies. Voyez ce qui, dernièrement, s'est passé au Cap. Nous parlons avec mépris et avec colère d'un Jameson et d'un Cecil Rhodes. Et, au point de vue moral, il est certain que ces gens-là sont des flibustiers et des forbans. Mais il faut avouer qu'il y a en eux des réserves extraordinaires de vie, d'énergie, et l'on comprend, malgré tout, qu'en Angleterre, même après les condamnations qui ont pu les frapper, le peuple les acclame, parce qu'il voit en eux les représentants, à certains égards éminents, du formidable génie anglais. De pareils hommes n'auraient pu vivre et s'épanouir dans la métropole ; il a fallu, pour que cette puissance et cette énergie se pussent donner libre carrière, la vie large des colonies. En retour, le spectacle des choses, contestables au point de vue moral, mais puissantes et impressionnantes qu'ils ont tentées et accomplies, retentit sur l'opinion de la métropole et entretient dans les générations grandissantes le goût de l'aventure, l'esprit d'initiative et d'héroïsme.

« Et chez nous aussi les colonies sont une école d'héroïsme. N'avons-nous pas un Jean Dupuis pour nous donner le Tonkin ; un Bonvalot qui, abandonnant la vie facile offerte en France, passe plusieurs années en Asie et repart demain en Abyssinie ? Et tant d'autres qui ont agrandi sur la carte le domaine de notre pays et dans le monde son renom ! Ces hommes nous donnent des exemples d'énergie, et leur histoire recueillie et racontée partout façonne le cerveau et le cœur de nos enfants. Ils nous préparent ainsi des réserves inestimables de vie et d'activité ; ce sont de tels hommes qui gardent à la France sa place dans le monde : des générations, anémiées dans la douceur de la vie métropolitaine, seraient peut-être incapables de la lui conserver. »

C'est qu'on est à une rude école aux colonies !
Encore sous le charme des rêves dorés que l'on fait, en lisant les aventures racontées par un Jules Verne, par un Hémar, ou par un Fenimore Cooper, on s'est figuré, à 15 ans, — et qui ne se l'est pas figuré ? — une végétation luxuriante, une riante maison au milieu d'un parc princier, des serviteurs, sinon des esclaves sans nombre, des chasses royales, des moissons abondantes venues presque sans peine, les richesses s'amoncelant entre vos mains, des enfants nombreux et ravissants et une femme char-

mante entourant le planteur — qui était vous-même — vêtu de blanc et coiffé d'un large panama, mieux et plus qu'une existence princière. Et au lieu de cela, ce sont les exigences d'un climat pénible qui ruinerait votre santé ou vous tuerait en quelques jours, parfois en quelques instants, si vous ne saviez vous défendre contre lui ; ce sont les mille et une petites incommodités de la vie des tropiques, dont les moindres sont les moustiques qui vous privent de tout sommeil, les ouvriers qui vous quittent alors que vous en avez le plus besoin ; votre dîner auquel personne n'a songé alors que vous mourez de faim ; vos provisions qui vous font totalement défaut alors qu'il vous est impossible de les renouveler, etc., etc. Vous avez travaillé sans trêve ni repos, vos plantations sont en bon état, vos gens sont soumis et empressés, vous vous promettez une bonne récolte, et voilà que la sécheresse vient tout compromettre ou un cyclone tout détruire et votre plantation est tout entière à refaire ! Vous avez bâti une belle et vaste maison où vous aimez à vous reposer avec votre famille ; de vastes hangars où sont réunies vos récoltes, et voilà que tout à coup ces bâtiments, naturellement en bois et en feuillages, prennent feu : vous perdez tout, et de nouveau vous devez coucher sous la tente ou vous contenter d'une paillotte d'indigène. Parfois ce sont vos troupeaux qui disparaîtront, votre cheval favori qu'on vous volera, vos armes que vous ne retrouverez plus. Vous aurez à lutter contre le mauvais vouloir, contre la paresse, contre l'ignorance ou la superstition de vos ouvriers. Vous aurez à vous défendre contre la morsure des bêtes venimeuses, contre la dent des fauves, contre les balles des sauvages, contre l'envie de vos voisins, contre les tracasseries de l'administration.

A une telle école et avec une telle vie, on devient rapidement un homme dans le sens le plus vrai du mot. Le corps s'est endurci, le tempérament s'est fortifié, l'intelligence s'est développée, la volonté s'est affermie. On peut être un aventurier, suivant l'expression de M. Chailley-Bert, et c'est grand dommage ; mais en tout cas on sera un aventurier de haute envergure qui, si l'occasion s'en présente, deviendra facilement un héros. Et le peuple qui possédera un certain nombre de ces hommes, ne craignez pas pour lui, car ils sauront le défendre.

Et voilà pourquoi je voudrais voir beaucoup de nos jeunes Français aller vivre au loin la vie de travail, de privations, d'aventures, au lieu de s'user et de s'atrophier dans une vie d'oisiveté ou de folies, faite dans l'ensemble de convenu, de frivolité, de banalité, de petitesses. Il faut plonger le fer bouillant dans l'eau froide pour lui donner de la force et du nerf ; il faut également tremper les caractères par les épreuves, par la fatigue, par le travail, par la souffrance, et nulle part vous ne trouverez cela comme aux colonies.

Émigrez donc, jeunes gens qui ne savez que faire ; émigrez au loin, allez peupler nos colonies, où vous deviendrez des hommes transformés, des hommes d'énergie et de volonté, les futurs héros de la revanche.

Émigrez également afin d'enrichir notre pays ; afin de rendre à notre race la fécondité qu'elle semble avoir perdue et arrêter le fléau de la dépopulation, afin de vous procurer à vous-mêmes des situations rémunératrices que vous ne trouveriez plus en France et d'arriver ainsi, sinon à la fortune, au moins à une large aisance, afin de sauver notre industrie nationale et notre commerce qui vont en dépérissant.

CHAPITRE II

QUE NOUS DEVONS ÉMIGRER POUR DÉVELOPPER NOTRE INDUSTRIE ET NOTRE COMMERCE EXTÉRIEUR

Il existe, nous venons de le dire, un grand malaise en France depuis de nombreuses années. Les fortunes disparaissent, les revenus diminuent, les traitements et les salaires ne suffisent plus aux besoins de la famille, et la gêne s'accentue de plus en plus dans toutes les classes de la société.

Il y a là un phénomène social de la plus haute importance et dont il serait utile de dégager les causes, de mesurer l'étendue et de prévenir les effets.

Comment, dans un pays aussi fertile que la France, un pareil fait peut-il se produire ?

Sans doute 1° d'immenses richesses, surtout mobilières, se sont accumulées en certaines mains, au détriment de la société tout entière, et il est certain que les biens de mainmorte de l'ancien régime, contre lesquels on a tant réclamé, n'étaient rien ou n'étaient que peu de chose, en comparaison des nombreuses propriétés des Compagnies d'assurances ou de certaines autres Sociétés immobilières, voire même de certaines personnalités.

2° Des spéculations colossales et malheureuses (Union Générale, Panama, Mines d'Or, etc.) sont venues jeter la perturbation sur notre marché et ruiner un nombre considérable de familles qui y avaient imprudemment placé toutes leurs économies, sinon toute leur fortune.

3° Nous sommes accablés par les charges publiques.

Ainsi, un Français paie, en moyenne, 90 fr. 81 d'impôts par tête, lorsqu'en Allemagne chaque citoyen ne paie que 85 fr. 80, en Angleterre 83 fr. 50, en Russie 55 francs, en Italie 53 fr. 75, en Portugal 52 fr. 25, en Espagne 48 francs, en Autriche-Hongrie 43 fr. 25.

4° Notre agriculture, singulièrement éprouvée, pour de multiples raisons, ne jouit plus de la prospérité d'autrefois. Le phylloxera a ruiné nos populations vinicoles, jadis si prospères ; les viandes et les blés étrangers sont venus faire concurrence à nos producteurs et à nos éleveurs, et notre sol a cessé d'être le nourricier fécond de nos populations rurales.

5° Notre commerce, en particulier notre commerce étranger, et notre industrie traversent une crise pénible, dont l'effet se fait vivement sentir dans toutes les classes de la société.

6° Les salaires de l'ouvrier, les traitements des divers employés, les honoraires des carrières libérales, sont notoirement insuffisants à l'entretien des familles.

7° Le taux de l'intérêt, et avec lui les revenus d'une grande partie de notre population, de presque toute notre bourgeoisie, vont chaque jour en diminuant, en même temps que le prix de la vie augmente.

Nous n'avons pas à parler ici des charges publiques qui, cependant, cesseraient d'augmenter si chaque jour ne voyait se multiplier le nombre des places par l'augmentation incessante des solliciteurs recommandés. On n'ose les éconduire parce qu'ils sont des électeurs ; de plus, il faut bien les placer parce qu'ils n'ont pas ailleurs de débouché, tandis qu'ils en auraient s'ils avaient pris l'habitude d'aller aux colonies.

Nous ne parlerons pas non plus de l'état de notre agriculture qui, du reste, se transforme de jour en jour, en dépit de la crise douloureuse où elle continue à se débattre.

Mais nous devons examiner en détail les trois autres causes de ce malaise, plus importantes que les précédentes et pour lesquelles une nombreuse émigration au dehors serait le plus sûr et le plus rapide des remèdes : la crise industrielle et commerciale que nous traversons, l'insuffisance des salaires et des traitements et la diminution du taux de l'intérêt en même temps que celle des fortunes.

Le département du travail des États-Unis nous donnait naguère une curieuse statistique internationale de l'industrie dont les chiffres méritent d'être retenus, car, quoique n'étant pas d'une certitude absolue, ils nous donnent cependant une base suffisamment solide pour apprécier l'état comparatif des principales nations industrielles.

Voici donc quel serait, d'après cette statistique, l'ensemble de la production industrielle dans les différents pays :

Pays.	Millions de francs.
États-Unis.	35 000
Grande-Bretagne	25 000
Allemagne	14 575
France	11 225
Russie.	9 075
Autriche-Hongrie	8 125
Italie.	3 025
Belgique	2 550
Espagne.	1 725
Suisse.	800

Les États-Unis sont un peuple nouveau, qui n'a pas encore mis en œuvre toutes les richesses naturelles de ses vastes territoires, ni donné la mesure de sa pleine activité ; donc nous aurions dû lui rester supérieurs. Au lieu de cela, non seulement ils nous devancent, mais encore ils le font dans une proportion bien supérieure à l'excès de leur population sur la nôtre, puisque le produit total de leur industrie dépasse de plus de trois fois le produit de notre industrie (35 milliards contre 11 milliards) tandis que leur population n'a pas encore atteint le double de la population française.

Notre infériorité est encore plus frappante vis-à-vis de l'Angleterre qui, avec une population sensiblement égale à la nôtre, produit presque deux fois et demie plus que nous (25 milliards contre 11 225 millions).

En tenant compte de la différence de population, nous serions à peu près sur la même ligne que l'Allemagne ; mais cela ne durera pas longtemps, cela n'est plus vrai à l'heure actuelle, vu le développement quotidien extraordinaire de l'industrie allemande.

La même statistique nous donne un autre tableau comparatif également curieux, celui de la valeur moyenne de la production de chaque ouvrier dans chaque pays. Voici, en francs, les chiffres de ce tableau :

Etats-Unis	9 440
Grande-Bretagne	3 950
Allemagne (environ)	2 750
France (environ)	2 750
Suisse	2 165
Russie	1 905
Italie	1 325

Ici encore nous sommes sur la même ligne que l'Allemagne, mais bien inférieurs à l'Angleterre et surtout aux États-Unis, un ouvrier français produisant trois fois et demie moins qu'un ouvrier américain.

Quoi qu'il en soit de l'exactitude de ces statistiques, les renseignements recueillis de divers côtés tendent tous à la même conclusion, la décadence menaçante de notre industrie et la prospérité de plus en plus grande de celle de l'Allemagne, par exemple.

Un brillant élève de troisième année de l'École des Mines de Paris me disait, il y a quelque temps, au retour de son voyage d'études dans le centre et le nord de la France et en Westphalie « qu'il y avait dans cette dernière contrée une activité industrielle, un outillage, une intensité de production dont rien, en France, à Roubaix, à Saint-Étienne ou ailleurs, ne peut nous donner une idée ».

Une étude comparative des diverses branches industrielles ne nous laisserait à ce sujet aucun doute.

Bornons-nous à quelques exemples :

1° Les tissus de coton [1].

Nos industriels considèrent comme un axiome indiscutable qu'ils ne peuvent lutter contre les cotons anglais. Les Allemands, eux, prétendent au contraire lutter et lutter avec avantage, et ils y réussissent.

Leur production de tissus est en croissance constante. Ainsi, celle de la période quinquennale 1891-1895 est double de celle de la période 1876-1880, qui, elle-même, dépasse celle des périodes précédentes quant au commerce de ces tissus.

	L'Allemagne	
	en importait	et en exportait.
En 1881-1885.....	1 515 tonnes	14 641 tonnes
En 1886-1890.....	1 378 —	16 229 —
En 1891-1895.....	1 947 —	30 211 —
En 1896	1 620 —	33 545 —

La progression est donc constante et très marquée, surtout pour l'exportation : 14, 16, 30, 33 mille tonnes.

Les tissus allemands sont aujourd'hui dans le monde entier, en Angleterre, aux Pays-Bas, en Suisse, au Chili, aux États-Unis, en France, en Belgique. L'Angleterre en a reçu, en 1897, 31 453 doubles quintaux, les États-Unis 8 328 et la France 8 290.

« Les fabriques de tissus de coton en Allemagne ont été très occupées cette année, écrit le consul général de Leipzig [2]. Les commandes de l'intérieur ont été satisfai-

---

1. Les détails suivants sont pour la plupart extraits du livre très remarquable et très documenté de M. Georges Blondel, *L'essor industriel et commercial du peuple allemand.* Cf. *passim*, mais surtout Ch. I, et notes additionnelles.

2. *Moniteur officiel du Commerce* du 10 février 1898.

santes et la vente à l'étranger s'est encore accrue. C'est ainsi que pendant les trois premiers trimestres de 1897, l'exportation s'est élevée à 166 767 doubles quintaux d'une valeur de 58 883 000 marcs, tandis que, pendant la même période de l'exercice précédent, elle n'avait été que de 153 820 doubles quintaux estimés 53 864 000 marcs, soit en faveur de cette année un excédent en plus de 12 947 doubles quintaux et de 5 019 000 marcs.

Quels chiffres avons-nous, nous Français, à mettre en face de ces chiffres si considérables et quelle progression en face de cette progression si nettement constante? Le lecteur en jugera par le tableau suivant, qui nous donne le double mouvement d'importation et d'exportation des cotons pour la France depuis 1890 :

	Importation			Exportation		
	Coton brut.	Fils de coton.	Tissus.	Coton en laine.	Fils de coton.	Tissus.
1890	155 645 000	17 958 000	25 177 000	15 788 000	1 832 000	61 146 000
1891	156 998 000	17 154 000	24 924 000	14 280 000	1 588 000	56 573 000
1892	165 517 000	13 422 000	28 577 000	13 092 000	1 530 000	52 271 000
1893	132 833 000	10 163 000	20 846 000	18 236 000	1 930 000	58 014 000
1894	116 578 000	9 319 000	22 379 000	14 932 000	1 675 000	62 691 000
1895	130 457 000	8 997 000	21 301 000	19 295 000	1 422 000	67 114 000
1896	114 226 000	8 455 000	24 080 000	14 393 000	2 152 000	78 272 000
1897	131 994 000	7 256 000	22 796 000	15 860 000	1 636 000	70 737 000
1898 (7 1ʳˢ m.)	134 534 000	5 447 000	21 994 000	13 882 000	1 527 000	66 707 000

2° La même conclusion ressortirait de l'étude comparative, dans les deux pays, de la fabrication des étoffes de laine.

On en jugera par les deux tableaux suivants :

A. — En Allemagne :

	Importation de laine brute.	Exportation d'étoffes de laine.
1890	119 600 000 kilog.	2 400 000 kilog.
1891	136 600 000	2 700 000
1892	151 500 000	2 200 000
1893	139 800 000	3 200 000
1894	151 300 000	2 700 000
1895	172 000 000	2 000 000
1896	161 100 000	5 300 000

L'importation des laines brutes a été constamment en augmentant, donc aussi la fabrication des fils et des étoffes de laine. De plus, quand il s'agit de lainages proprement dits, l'importation restant à peu près constante de 1880 à 1895, l'exportation a passé de 16 643 à 25 457 tonnes, ce qui donne, en quinze ans, une augmentation de 35 p. 100.

B. — En France, au contraire, c'est le recul constant et très accentué.

	Importation.		Exportation.	
	Fils de laine.	Tissus.	Fils de laine.	Tissus.
1880 . .	22 700 000 t.	75 500 000 t.	35 900 000 t.	330 100 000 t.
1895 . .	13 600 000 t.	42 000 000 t.	31 100 000 t.	323 100 000 t.
1896 . .	15 400 000 t.	45 100 000 t.	29 600 000 t.	294 100 000 t.

3° L'exportation de la métallurgie allemande est légèrement en baisse de 18 300 000 marcs en 1897 sur 1896. Mais cette diminution est compensée par l'énorme consommation à l'intérieur, en sorte que cette industrie est en pleine prospérité, comme du reste toutes les autres industries en général.

« L'année 1897, écrit M. Pingaud, consul à Düsseldorf, dans un très remarquable rapport paru au *Moniteur officiel du Commerce*[1], marquera dans l'histoire économique de l'Allemagne : nulle autre n'aura été plus favorable à la grande industrie au point de vue des affaires et des prix, qui se sont élevés au plus haut niveau qu'ils aient atteint pendant toute cette période de mouvement ascensionnel. »

Aussi, tandis qu'en France tout le monde se plaint de la crise industrielle, la métallurgie exceptée, au moins depuis quelque temps ; tandis que nos fabriques se développent très lentement, si même elles se développent ; tandis que nos premiers établissements ont la plus grande peine du monde à maintenir leurs dividendes ordinaires,

1. 17 février 1898.

le bilan de 32 Sociétés minières ou métallurgiques allemandes a été, d'après la *Gazette de Cologne*, de

    10,68 %   en 1896-1897, contre
     7,50 %   en 1895-1896 et
     5,45 %   en 1894-1895

et cela malgré un amortissement très considérable.

La Société Générale d'électricité à Berlin a payé un dividende de

    15 % en 1896-1897 contre
    13 % en 1895-1896

et elle a pu annoncer qu'elle avait reçu pendant cet exercice

    95 000 000 de commandes contre
    60 000 000

pour l'exercice précédent.

Ce progrès est si remarquable que les Anglais eux-mêmes s'en sont effrayés.

« La supériorité industrielle de la Grande-Bretagne, qui était jusqu'ici un axiome courant, ne sera bientôt plus qu'un mythe », écrivait il y a déjà quelque temps Edwin Williams dans un opuscule *Made in Germany*, qui eut un grand retentissement et où il montrait les articles allemands envahissant le marché anglais au cœur même de l'Angleterre.

Le fait est donc indéniable ; l'industrie de l'Allemagne est en pleine croissance, tandis que notre industrie, au contraire, est en décroissance.

Or, pourquoi cette industrie allemande, dont le magnifique essor ne date que d'une quinzaine d'années, s'est-elle développée au point de dépasser la nôtre et de menacer celle de l'Angleterre ? Pourquoi celle de l'Angleterre est-elle encore prépondérante ? Pourquoi la nôtre, au contraire, reste-t-elle stationnaire, quand elle ne recule pas, sinon parce que le commerce de l'Angleterre et celui de l'Allemagne avec l'étranger vont se développant chaque jour, tandis que le nôtre reste tout au plus stationnaire.

Les débouchés se multiplient pour l'industrie allemande et pour l'industrie anglaise : tout naturellement les produits augmentent pour satisfaire aux demandes chaque jour plus nombreuses. Les marchés, au contraire, se ferment aux produits français, les entrepôts s'encombrent et tout naturellement le fabricant, ne pouvant plus vendre, cesse de produire.

Il y a longtemps que les grandes nations industrielles produisent plus qu'elles ne peuvent consommer. C'est donc au dehors qu'il faut chercher les débouchés pour le surplus de leur production. Malheur au peuple qui n'a pas de ces débouchés, ou qui n'en a pas assez ! Son industrie ne peut nécessairement que diminuer et, par suite, l'afflux de capitaux que la vente de ses produits à l'étranger lui amenait chaque jour.

La crise de notre industrie est donc venue de notre crise commerciale.

Or, cette crise commerciale est intense.

C'est l'année 1875 qui a marqué, dans le passé, l'apogée de l'exportation française : 3 872 millions. A partir de cette date, cette exportation s'est heurtée à des obstacles multiples : le développement industriel de pays jusque-là approvisionnés par nos manufactures, la préférence donnée aux articles à bon marché, l'élévation des droits de douane et les crises politiques, commerciales et financières, subies par divers pays étrangers qui les ont obligés de réduire leurs achats ; le développement de l'industrie allemande et de son commerce, etc.

L'année 1890, heureusement influencée par le grand succès de l'Exposition universelle de 1889, s'était rapprochée du point culminant : 3 753 millions.

Depuis cette époque, nos exportations au commerce spécial se sont abaissées à 3 569 millions en 1891, à 3 460 millions en 1892, à 3 236 millions en 1893, à 3 078 millions en 1894, pour remonter en 1895 à 3 373 millions, à 3 400 millions en 1896, à 3 598 millions en 1897, et à 3 511 millions en 1898. En 1899, nous avons, grâce surtout aux bonnes récoltes de 1898 et de 1899, dépassé 1875, ayant exporté pour 3 919 millions. Il importe de faire remarquer, en outre, que si le produit est moindre en 1896 qu'en 1875, la quantité de marchandises exportées est cependant supérieure de plus de 1 630 000 tonnes, le prix moyen de la tonne ayant diminué durant cette période de 219 francs.

Le commerce d'exportation des nations rivales a subi également, pendant cette même époque, bien des fluctuations dont il serait intéressant d'étudier les causes et l'étendue. C'est ainsi que celui du Royaume-Uni d'Angleterre et d'Irlande, qui a atteint un maximum en 1890 (6 575 000 000 francs), est retombé jusqu'à 5 400 000 000 en 1894, pour remonter à 7 454 352 950 en 1898. Mais, dans l'ensemble, il est deux fois supérieur au nôtre et, en somme, en progression constante.

On pourrait dire la même chose de celui de l'Allemagne dont le maximum (4 150 000 000) a été atteint en 1890 et en 1895, mais qui, depuis trois ans, ne cesse d'augmenter régulièrement.

On en jugera, du reste, par le tableau suivant, qui donne le relevé de l'exportation de l'Angleterre, de la France, de l'Allemagne et des États-Unis [1], de 1880 à 1896 :

Dates.	Royaume-Uni.	France.	Allemagne.	États-Unis.
1880..	5 575 000 000	3 475 000 000	3 625 000 000	4 300 000 000
1881..	5 850 000 000	3 550 000 000	3 725 000 000	4 600 000 000
1882..	6 025 000 000	3 575 000 000	4 000 000 000	3 825 000 000
1883..	6 000 000 000	3 450 000 000	4 100 000 000	4 200 000 099
1884..	5 825 000 000	3 225 000 000	4 000 000 000	3 775 000 000
1885..	5 325 000 000	3 100 000 000	3 575 000 000	3 775 000 000
1886..	5 325 000 000	3 250 000 000	3 725 000 000	3 475 000 000
1887..	5 550 000 000	3 250 000 000	3 925 000 000	3 650 000 000
1888..	5 850 000 000	3 250 000 000	4 000 000 000	3 550 000 000

1. *Board of Trade. Memorandum on the Comparative Statistics of Population, Industry and Commerce in the United Kingdom and some Leading Foreing Countries*, janvier 1897.

Dates.	Royaume-Uni.	France.	Allemagne.	États-Unis.
1889. .	6 225 000 000	3 700 000 000	3 950 000 000	3 800 000 000
1890. .	6 575 000 000	3 750 000 000	4 150 000 000	4 400 000 000
1891. .	6 175 000 000	3 575 000 000	3 975 000 000	4 550 000 000
1892. .	5 675 000 000	3 450 000 000	3 700 000 000	5 300 000 000
1893. .	5 450 000 000	3 225 000 000	3 875 000 000	4 325 000 000
1894. .	5 400 000 000	3 075 000 000	3 700 000 000	4 525 000 000
1895. .	5 650 000 000	3 375 000 000	4 150 000 000	4 125 000 000
1896. .	6 000 000 000	3 401 000 000	3 778 000 000	4 316 012 435
1897[1] .	5 855 492 700	3 598 000 000	4 543 719 000	5 150 000 000
1898. .	7 454 325 951	3 511 000 000	4 812 469 000	?
1899. .		3 919 000 000		

Et mieux encore par ce graphique :

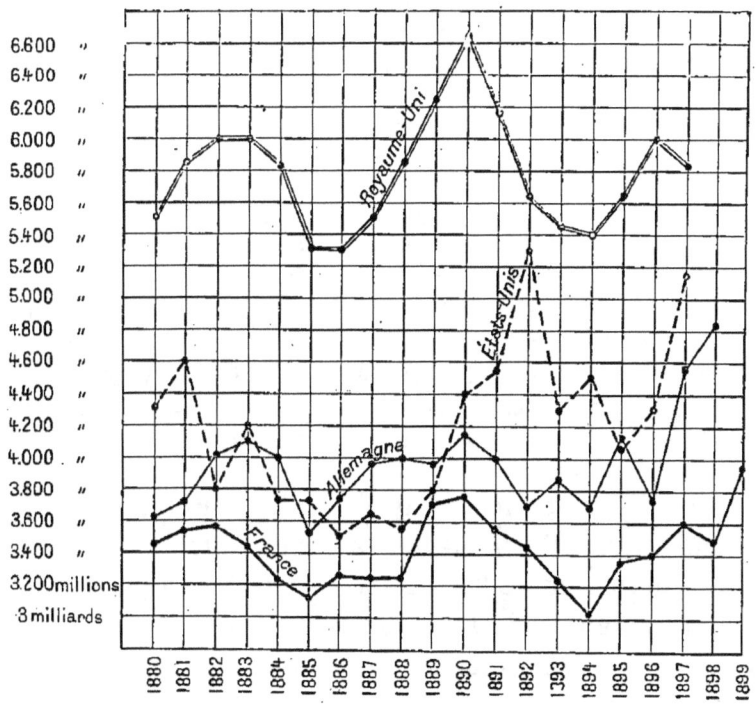

Les importations des mêmes pays ont été, toujours en commerce spécial, pour ces sept dernières années [2] :

Dates.	Royaume-Uni.	France.	Allemagne.	États-Unis.
1892. .	5 680 409 975	4 688 000 000	5 283 754 000	?
1893. .	5 456 492 950	3 854 000 000	5 167 587 500	4 332 004 610

1. Almanach de Gotha, 1897.
2. *Statesman's Year-Book*, 1898.

Dates.	Royaume-Uni.	France.	Allemagne.	États-Unis.
1894. .	5 400 140 925	3 850 000 000	5 356 917 250	3 274 973 110
1895. .	5 533 206 150	3 720 000 000	5 307 638 750	3 659 849 825
1896. .	6 003 638 775	3 799 000 000	5 697 438 750	3 898 623 370
1897. .	5 856 750 045	3 675 613 000	6 080 805 000	3 823 652 060
1898. .	?	4 472 000 000	6 809 555 000	?

L'ensemble des importations et des exportations pendant ce même laps de temps a été :

Dates.	Royaume Uni.	France.	Allemagne.	États-Unis.
1892 .	11 355 409 975	7 413 000 000	8 983 754 000	?
1893 .	10 906 492 950	6 920 000 000	9 042 527 500	8 657 004 610
1894 .	10 800 140 925	7 075 000 000	10 056 917 250	7 799 973 110
1895 .	11 183 206 150	7 095 000 000	9 457 638 750	7 784 849 825
1896 .	12 003 638 775	7 200 000 000	9 475 438 750	8 214 625 805
1897 .	11 712 242 745	7 273 613 000	10 624 524 000	8 973 652 000
1898 .	?	7 983 000 000	10 948 300 000	9 311 000 000

L'excès, enfin, des importations sur les exportations donne :

Dates.	Royaume-Uni.	France.	Allemagne.	États-Unis.
1892 . .	5 409 975	963 000 000	1 583 754 000	?
1893 . .	6 492 950	779 000 000	1 292 687 500	7 400 610
1894 . .	140 925	625 000 000	1 656 917 250	— 1 250 026 890
1895 . .	— 116 794 850	345 000 000	1 157 638 750	— 465 150 175
1896 . .	3 638 775	398 000 000	1 919 438 750	— 417 376 630
1897 . .	1 750 045	77 613 000	1 437 086 000	— 1 326 347 940
1898 . .	?	961 000 000	1 997 086 000	?

De ces divers tableaux, il y aurait d'intéressantes conclusions à tirer. Bornons-nous aux suivantes :

1° Le commerce de l'Angleterre reste à peu près stationnaire, vivement combattu par le commerce chaque jour grandissant de l'Allemagne. Les Anglais commencent eux-mêmes à s'en effrayer.

« Nous savions d'une façon générale, disait récemment la *Pall Mall Gazette*, d'après les derniers rapports consulaires anglais, que le commerce de l'Allemagne allait en augmentant et que les Allemands ouvraient de nouvelles routes à leur commerce et à leur navigation. A présent, nous avons sous les yeux, en de froids tableaux, la comparaison humiliante pour nous du commerce allemand avec le commerce anglais... De 1873 à 1895, le tonnage des entrées et sorties de navires dans les ports allemands s'est élevé de 12 à 30 millions. Pendant cette même période, son commerce avec l'Amérique du Nord a progressé de 128 p. 100, avec l'Amérique du Centre et du Sud de 480 p. 100, avec les Indes orientales et occidentales de 480 p. 100, avec l'Australie de 475 p. 100. Tout ce commerce est enlevé à la Grande-Bretagne. »

2° Les exportations et les importations de l'Angleterre diffèrent à peine de quelques millions. En 1895, les exportations l'ont même emporté d'une somme considérable, plus de 116 millions. Il y a là une situation très avantageuse, due en grande partie à la richesse minière du pays et à la prospérité de son industrie métallurgique et de ses filatures de coton.

3° En Allemagne, au contraire, les importations dépassent toujours de plus d'un, et parfois de près de deux milliards, les exportations.

On pourrait prendre comme un mauvais présage cette prédominance des importations ; mais le consul général d'Angleterre à Francfort, sir Charles Oppenheimer, expliquant ce fait pour 1898, y voit au contraire la conséquence de l'extrême augmentation de la richesse publique : les besoins du marché extérieur allemand ont été tels que l'industrie allemande n'a pu les satisfaire et qu'il a fallu s'adresser à l'étranger. C'est une raison aussi de la faiblesse relative de l'augmentation des exportations : tout occupés aux commandes intérieures, les industriels ont négligé quelque peu le commerce extérieur. Pourtant ils ont exporté 1 650 800 tonnes de charbon de plus que l'année précédente et 233 000 tonnes de fer.

Mais surtout leur industrie se perfectionne de plus en plus, et leur commerce, même d'exportation, se développe chaque année.

« Le commerce de l'Allemagne, disait à ce propos

M. André Lebon, dans un discours prononcé à Nantes le 29 juin 1895, a augmenté dans des proportions qui vous épouvanteront... Dans les pays qui sont demeurés les meilleurs champs d'exportation, l'Allemagne a, de 1875 à 1893, conquis un marché de 40 millions en Turquie, de 33 millions en Chine, de 118 millions en Roumanie, tandis que les exportations de la France pour ces mêmes destinations restaient stationnaires. »

Que dirait-il donc aujourd'hui en considérant les chiffres des exportations en 1897 et 1898, de beaucoup les plus élevés que l'empire allemand ait jamais atteints !

« Tandis que la population de l'Allemagne, remarque de son côté M. George Blondel, a, depuis 1871, augmenté de 30 p. 100, le commerce extérieur a augmenté dans le même temps de 60 p. 100. Dans ce mouvement ascensionnel, c'est la navigation maritime qui figure précisément au premier rang. Le commerce maritime forme à lui seul 66 p. 100 de tout le commerce extérieur... C'est surtout le commerce avec les pays d'outre-mer qui a prospéré : l'augmentation pour les États-Unis est de 128 p. 100 ; pour le Mexique, l'Amérique Centrale et l'Amérique du Sud, elle est de 317 p. 100 ; pour les Indes et l'Extrême-Orient, de 480 p. 100 ; pour l'Australie, de 475 p. 100. En Europe même, la progression est de 119 p. 100 pour les pays du Nord, de 88 p. 100 pour la Grande-Bretagne, de 60 p. 100 pour le Sud-Ouest du continent. »

Et ailleurs :

« En 1872, au lendemain de nos défaites, nous étions encore dans une situation meilleure que le nouvel Empire.

« Le mouvement général de notre commerce avec l'étranger et les colonies était alors de plus de 7 milliards et demi (3 milliards 949 millions aux importations ; 3 milliards 676 millions aux exportations). Pour l'Allemagne, le premier rapport annuel de l'Office impérial de statistique (qui fonctionne depuis cette époque) n'indique qu'un total de 5 milliards 960 millions de marcs, ce qui fait moins de 7 milliards et demi de francs.

« Aujourd'hui (1896), l'Allemagne a sur nous une avance de plus de 2 milliards et demi.

« Le commerce spécial de l'empire allemand a en somme augmenté des 3/4 depuis 1860 (de 2 millions à 8 milliards); des 3/5 en valeur depuis 1872; et de 1/3 depuis 1881, malgré la diminution notable du prix de beaucoup de marchandises.

« Ces chiffres méritent d'autant plus de fixer l'attention que, d'après les travaux du statisticien Juraschek, le commerce général du monde n'a augmenté que de 24 p. 100 depuis 1873, et de 8 p. 100 depuis 1883. Le commerce extérieur de l'empire allemand se développe donc actuellement beaucoup plus vite que le commerce général du monde. Aussi l'Allemagne, qui n'occupait que le quatrième rang en 1871, est déjà passée au second. »

4° Le commerce des États-Unis est également dans un état de prospérité croissante. Ce qui le caractérise, c'est que les exportations y dépassent presque constamment les importations, parfois de plus d'un milliard. Cela tient aux immenses richesses naturelles du pays, au développement très avancé de son industrie et à ses tarifs protecteurs qui, depuis quelques années, ont fermé ses marchés à la plupart des produits manufacturiers d'Europe.

5° Quant à nous, le mieux que l'on puisse dire, c'est que notre commerce extérieur reste à peu près stationnaire. Mais alors nous devenons chaque jour inférieurs à nos rivaux.

De plus, nos importations sont supérieures à nos exportations, parfois dans une proportion très considérable.

Ainsi, par exemple pour l'année 1898, pendant laquelle notre commerce extérieur a paru se relever, puisqu'il a dépassé celui de 1897 de 429 millions, les importations ont été de 4 472 millions et les exportations de 3 511 millions, soit une différence de 961 millions.

Le même fait existe en Allemagne : mais là il s'explique par la prospérité toujours croissante du pays, et le développement intérieur de son industrie. Chez nous, c'est le contraire qui ressortirait de l'examen attentif des chiffres d'exportation. Ainsi, par exemple, pour le mois de janvier 1898, d'après M. Blondel :

« 1° Nous avons exporté 7 millions de matières nécessaires à l'industrie de plus qu'en janvier 1897 : ce sont des matériaux qui auraient dû être transformés par nos industriels et nos ouvriers et qui l'ont été par des étrangers.

2° Nous avons exporté pour 8 millions de moins d'objets manufacturés : ce qui prouve que nos produits sont de moins en moins recherchés au dehors. »

C'est donc vis-à-vis de l'Angleterre, et encore plus vis-à-vis de l'Allemagne, la décadence commerciale, en même temps que la décadence maritime.

La comparaison avec les États-Unis nous conduirait exactement aux mêmes conclusions. On peut s'en rendre compte par le simple examen des tableaux donnés plus haut.

Et si nous ne sommes pas descendus plus bas ; si, malgré tout, notre commerce extérieur reste plus ou moins stationnaire ; si, pour l'avenir, nous pouvons garder quelque espoir de nous relever, qu'on ne l'oublie pas, c'est à nos colonies que nous le devrons.

Évidemment, ce commerce avec nos colonies est encore très faible, puisque, en 1897, dans l'ensemble de notre commerce extérieur, les échanges entre les colonies et la métropole n'excèdent pas, en commerce général, 8 p. 100 à l'importation et 9 p. 100 à l'exportation et, en commerce spécial, 10 p. 100 à l'importation et à l'exportation.

De plus, le commerce de nos colonies avec l'étranger

est sensiblement supérieur au commerce avec la France et les pays français, à l'exception toutefois de la Tunisie et de l'Algérie, où nous avons une incontestable supériorité.

Ainsi, pour l'Algérie, les importations étaient, en 1897, de 216 175 322 venant de France et seulement de 38 900 000 venant des pays étrangers; et les exportations, de 237 940 130 vers la France et seulement de 48 800 000 vers les pays étrangers.

Pour la Tunisie, les importations étaient, pour la même année, de 47 777 348, dont 24 385 957 venaient de France et 23 391 391 des pays étrangers; et les exportations de 38 967 066, dont 28 493 935 vers la France et 10 474 131 vers les pays étrangers.

Pour l'ensemble de nos autres colonies — Algérie et Tunisie non comprises — leur commerce avec la France s'est élevé en 1891, en commerce spécial, à 172 870 119 comprenant 75 863 842 d'importations et 97 006 277 d'exportations; et en commerce général, à 244 892 738 francs comprenant 100 293 513 d'importations et 84 599 225 d'exportations, tandis qu'avec l'étranger, il était de 400 534 000, dont 211 691 000 d'importation et 188 843 d'exportation [1].

C'est donc un total de 155 641 462 en faveur de l'étranger.

En 1893, le commerce de la France avec ses colonies a été de 181 760 538, dont 78 009 191 pour les importations et 103 751 347 pour les exportations; et avec l'étranger de 241 449 540 [2], dont 143 833 000 pour les importations et 97 616 540 pour les exportations, donnant 59 893 540 en faveur de l'étranger.

En 1894, c'est encore le commerce avec l'étranger qui l'emporte de 46 066 329. Nous avons en effet pour cette année, d'après le rapport de M. Turrel, avec la France et les pays français : importation, 95 414 047 ; exportation, 118 000 672 ; total, 213 414 720.

1. *The Statesman's Year-Book*, 1895.
2. *Idem.*, 1896.

Et avec l'étranger : importation, 124 778 246 ; exportation, 134 702 803 ; total, 259 481 049 [1].

Il y a cependant un double fait rassurant, c'est que 1° le commerce de nos colonies va constamment en augmentant, et que 2° leurs relations commerciales avec la mère-patrie vont sans cesse en se développant, tandis que leurs relations avec l'étranger diminuent.

De cela on a une preuve dans les chiffres que nous venons de donner.

Si nous nous bornions aux relations commerciales avec la mère patrie, nous verrions le progrès se continuer :

En 1896, avec 137 300 000 francs d'importations et 105 200 000 francs d'exportations et un total de 242 500 000 francs contre 213 414 720 francs en 1894 ;

De même en 1897, avec 131 390 721 francs d'exportations et 134 843 260 francs d'importations ce qui donne un total de 266 233 981 francs.

Nous le remarquerions surtout en Algérie dont le commerce spécial a été en :

	Importation.	Exportation.	Total.
1893...	231 400 000	169 000 000	401 200 000
1894...	259 300 000	242 100 000	491 400 000
1895...	255 600 000	284 300 000	539 900 000
1896...	269 200 000	231 100 000	500 300 000
1897...	265 000 000	276 800 000	541 800 000

Nous pourrions le suivre aussi dans toutes nos colonies, pour l'ensemble desquelles, d'après les statistiques de la direction des douanes, nous avons eu :

1° Pour la période quinquennale 1884-1888 :

	Millions.
Importations.	1 321,5
Exportations.	1 140,9
Total.	2 462,4

---

1. Ces chiffres de M. Turrel ne sont cependant pas concluants, car l'honorable rapporteur a eu pour plusieurs colonies des relevés remontant à plusieurs années.

Ce qui donne la moyenne annuelle :

Importations.	264,3
Exportations.	228,2
Total.	492,5

2° Pour la période 1889-1893 :

Importations.	1 744,1
Exportations.	1 433,5
Total.	3 177,6

ce qui donne par année :

Importations.	348,8
Exportations.	286,7
Total.	635,5

3° Enfin pour la période 1894-1898 :

Importations.	1 975,4
Exportations.	1 744,4
Total.	3 719,8

et comme moyenne annuelle :

Importations.	395,1
Exportations.	348,9
Total.	744 millions

Et, dans le détail, depuis 1892 :

	Importations.	Exportations.	Total.
1892.	358,4	295,6	654,0
1893.	318,7	286,4	605,1
1894.	395,1	321,4	716,5
1895.	409,7	327,0	736,7
1896.	358,8	345,5	704,5
1897.	399,3	358,2	757,5
1898.	412,5	392,3	804,8

et en graphique :

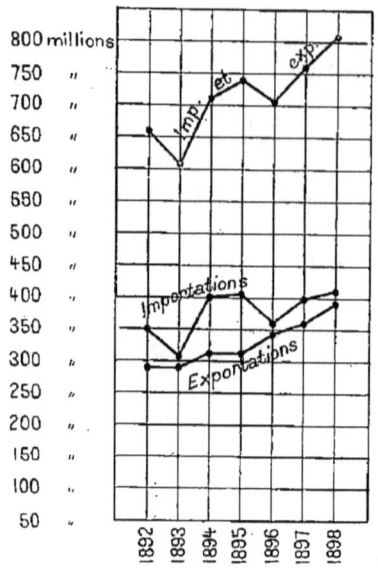

Ce graphique fait en particulier ressortir la progression *constante* des exportations de tous les phénomènes économiques d'un pays le plus heureux, car il marque clairement sa mise en valeur.

Enfin nous trouverons une confirmation éclatante de l'un et l'autre fait dans l'étude particulière du commerce de deux de nos colonies, l'Indo-Chine et Madagascar.

Le commerce extérieur de l'Indo-Chine non compris le numéraire, le cabotage (56 millions en 1898) et le transit vers le Yunnan (12 604 132 en 1898), était :

	Total.	Importation.	Exportation.
En 1893.	156 170 781	»	»
— 1894.	171 300 594	67 883 105	103 417 489
— 1895.	185 119 759	88 823 608	96 296 151
— 1896.	169 605 829	80 796 254	88 809 575
— 1897.	205 231 545	87 996 583	117 234 962
— 1898.	229 955 325	102 436 346	127 518 979

En cette dernière année 1898, les importations étaient de 102 436 346 francs dont 44 415 080 francs de France et

1. *Quinzaine Coloniale* du 10 septembre 1897, p. 151.

des colonies françaises, et 58 028 000 francs des pays étrangers, surtout de Hong-Hong (39 700 000 francs) et de Singapour (7 348 007 francs).

Et les exportations de 127 510 977 francs dont 29 198 786 francs pour la France et ses colonies (3 476 632) et 98 312 365 francs pour les pays étrangers.

En 1886 on avait seulement :

Importation.	Exportation.	Total.
152 412 433	65 612 433	86 800 000

Notre progrès a surtout été sensible pour nos importations qui ont été :

En 1886	de	15 513 000
— 1894	—	20 144 000
— 1895	—	28 326 000
— 1896	—	29 385 000
— 1897	—	35 784 000
— 1898	—	44 415 080

soit une augmentation de 300 p. 100 pendant ces 15 années, et de 200 p. 100 pendant les 5 dernières années, pendant que l'augmentation des importations totales de l'Indo-Chine n'a été que de 17 p. 100 de 1886-1898.

Quant au Tonkin, sans vouloir entrer dans des détails de chiffres qui deviendraient fatigants, on se rendra compte de son mouvement commercial depuis 1875 à 1898 par le graphique ci-contre dont l'étude sera très significative.

L'étude du mouvement commercial de Madagascar est encore plus intéressante et plus significative. Ce mouvement a été :

	Importation.	Exportation.	Total.
En 1896...	13 987 932	3 603 952	17 591 884
— 1897...	18 358 918	4 342 432	22 701 350
— 1898...	21 627 817	4 974 548	26 602 365
— 1899...	27 916 614	8 046 408	35 963 022

On le voit, la progression est constante même pour les exportations. Et si celles-ci sont si faibles, la cause en est

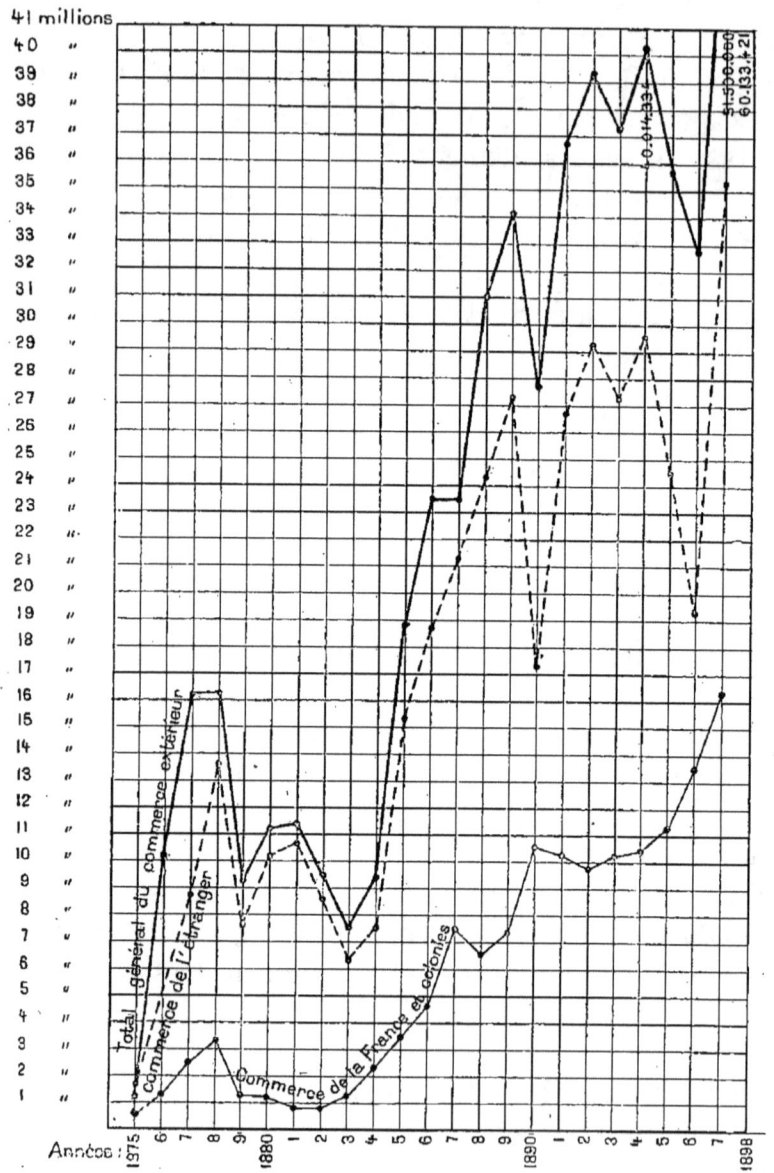

Commerce extérieur du Tonkin.

précisément dans l'absence d'exploitations locales pour mettre en œuvre les richesses naturelles de l'île, dans l'absence d'immigrants et de capitaux français qui n'ont pas encore eu le temps de s'y établir, ou qui n'y sont pas depuis assez longtemps pour que leur présence puisse s'y faire sentir. On remarquera cependant le rapide relève-

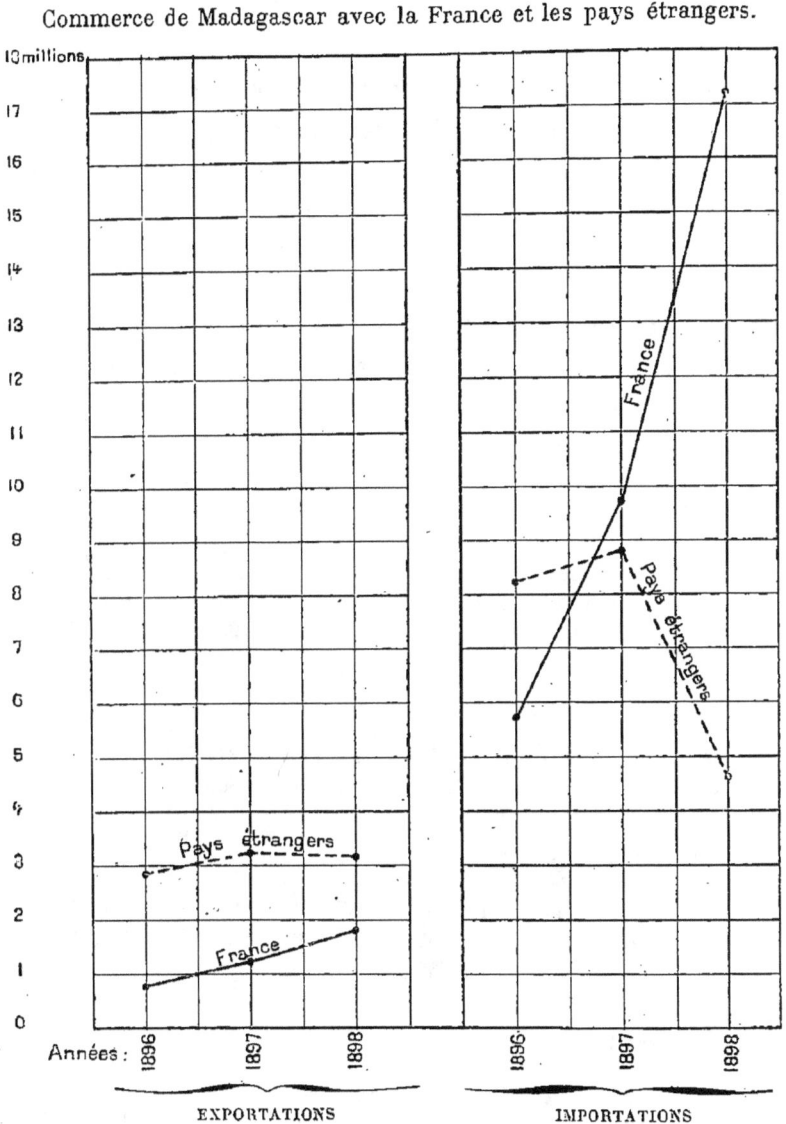

Commerce de Madagascar avec la France et les pays étrangers.

ment de 3 271 612 francs en 1899 sur 1898. L'augmentation est au commerce total de 35 p. 100 sur les chiffres de l'année précédente, et de 60 p. 100 sur ceux de 1897.

La progression est cependant encore plus constante dans le développement du commerce français relativement au commerce de l'Angleterre et de l'Allemagne, comme on s'en rendra facilement compte par les deux graphiques ci-dessus.

Évidemment, nos tarifs commerciaux sont pour beaucoup dans ce mouvement ascensionnel. Mais, outre que nous ne pourrions pas les appliquer si ces colonies ne nous appartenaient pas, nous avons des colonies sur la côte occidentale d'Afrique, où nous ne les appliquons pas et où cependant notre commerce se défend non sans succès contre celui de l'Angleterre ou de l'Allemagne, et où en tout cas il est en continuel progrès. On pourra s'en rendre compte par les quelques chiffres suivants, se rapportant au commerce général :

1° Sénégal :

	Importation.	Exportation.	Total.	Avec la France.	Avec l'étranger.
1896. .	26 175 726	19 563 065	45 738 791	24 751 714	18 070 123
1897. .	21 136 651	29 179 937	50 316 588	32 958 033	17 358 055

2° Guinée française :

1896. .	4 633 976	5 787 140	10 421 119	1 211 827	9 031 722
1897. .	7 638 075	6 725 276	14 363 351	1 901 101	12 462 025

3° Côte d'Ivoire :

1896. .	4 638 414	4 399 787	9 038 201	3 035 897	5 979 243
1897. .	4 693 830	4 718 661	9 412 290	2 979 202	6 433 088
1898. .	8 242 956	5 778 857	14 021 813	»	»

4° Dahomey :

1897. .	5 598 742	5 047 156	10 645 598	»	»
1898. .	9 994 567	7 538 758	17 533 326	4 131 460	13 401 866
1899. .	12 348 970	12 719 189	25 068 160	»	»

5° Congo :

1896. .	4 796 613	4 745 844	9 542 457	2 130 773	7 411 384

Dans l'ensemble un fait reste acquis, c'est grâce à l'existence de nos colonies que notre commerce extérieur a pu se maintenir. Et il y a tout lieu d'espérer que ce commerce se relèvera peu à peu, grâce à l'existence et à la mise en œuvre de ces colonies, à mesure qu'elles seront de plus en plus habitées par une population française.

Mais le commerce de ces colonies, cela est de toute évidence, ne peut se développer suffisamment pour compenser les pertes que nous faisons ailleurs, que si nous y créons de grandes entreprises industrielles et surtout agricoles, que si nous envoyons beaucoup d'excellents colons.

Et voilà comment nous devons émigrer vers nos colonies, pour relever notre commerce extérieur, et également notre industrie nationale.

Nos colonies en effet, il faut les outiller, il faut y faire des chemins, y établir des ponts, aménager leurs ports, y créer des usines qui exigeront un matériel considérable, leur fournir une foule d'objets manufacturés, tissus, outils, moteurs, etc., etc. Or, tous ces objets, ces tissus, ces outils, ces rails, ces locomotives, d'où les fera-t-on venir, sinon de la France ? où les construira-t-on, sinon en France ?

Et du même coup, le développement de ces colonies, par l'introduction d'une forte émigration française, sera le salut de notre marine.

Nous avons vu ailleurs combien notre marine marchande déjà très atteinte continuait à décroître d'année en année.

Sans doute nous pouvons espérer que des mesures législatives seront prises qui auront d'heureux résultats. Cela est urgent et indispensable. Mais il est certain également que toutes les mesures législatives seraient impuissantes, si notre marine ne parvenait pas à trouver du fret. Or, ce fret, qui le lui fournira, soit pour l'aller, soit pour le retour, sinon nos colonies mises en œuvre et habitées par des Français.

Ce sont nos vaisseaux, qui leur apporteront les objets manufacturés que nous leur enverrons, et qui nous rapporteront les productions diverses qu'elles nous donneront. Seule la Nouvelle-Calédonie a exporté en 1899 101 908 tonnes de minerai de nickel, une quantité suffisante pour charger 17 voiliers de 3 000 tonnes chacun, faisant deux voyages par an en Nouvelle-Calédonie.

Et c'est ainsi que nos colonies sauveront et notre marine marchande, et notre industrie nationale, et notre commerce extérieur, pourvu cependant que nous les mettions en œuvre, et pour cela que nous y émigrions.

Nous devons aussi, et pour les mêmes raisons, émigrer dans les pays étrangers.

Pourquoi en effet, dans les pays étrangers, notre commerce ne peut-il pas lutter avec celui de nos rivaux, de l'Allemagne par exemple ?

Nos produits manufacturés valent les leurs, sinon davantage, et, en général, témoignent de plus de goût. Il y a tel ou tel article de luxe, par exemple les rubans ou les soieries ou les articles de mode, pour lesquels nous ne devrions pas avoir de rivaux.

Pourquoi, même pour ces articles, perdons-nous chaque jour du terrain ? Parce que, dit-on, la main-d'œuvre est moins chère en Allemagne ou en Suisse. Est-ce bien certain ? Et n'y a-t-il pas des contrées en France où la main-d'œuvre n'est pas plus élevée qu'en Allemagne ? Partout en tout cas, elle est moins élevée qu'en Angleterre et aux États-Unis, qui nous font également une si funeste concurrence.

La raison est toute différente.

Notre commerce extérieur, surtout notre commerce d'exportation, est en baisse, parce que nous n'allons pas offrir nos marchandises, parce que nous n'allons pas chercher des clients, comme le font les Anglais, et surtout les Allemands ; parce que nous ne leur offrons pas toutes les facilités de paiement, de crédit, d'expédition que leur offrent nos rivaux ; parce que nos commerçants de France ne se font pas assez représenter à l'étranger par des Français, mais prennent trop facilement pour intermédiaires des Indigènes, des Américains, des Allemands, des Anglais, etc., qui n'ont aucun intérêt patriotique à vendre des produits français, bien au contraire.

« Les industriels français, disait le 14 juillet 1898 à M. Gérard, ministre de France à Bruxelles, le président de la Chambre du Commerce de cette ville, négligent leurs clients étrangers et en particulier les clients belges, qui sont très mécontents de ces procédés à leur égard. Il y a un « manque de livraison » très préjudiciable aux affaires. Lorsque les industriels français... voudront reprendre leurs affaires en Belgique, ils trouveront la place prise par leurs concurrents étrangers, allemands, anglais, etc. »

Et M. Gérard devait lui-même reconnaître la vérité de cette affirmation.

Je me rappelle à ce sujet une communication très intéressante dans laquelle M. Wiener racontait, à la Société de Géographie de Paris, comment peu à peu le marché du Brésil nous échappait, parce que nous n'y avions pas de banque, parce nous n'y avions de services maritimes réguliers qu'en deux ou trois points du Sud, parce que nos représentants de commerce y étaient peu nombreux et se montraient trop peu accommodants, que nos fabricants étaient trop formalistes et que trop peu de nos nationaux y étaient établis. Les Allemands, au contraire, y sont très nombreux, leurs représentants de commerce circulent partout très accommodants et très insinuants, leurs navires paraissent dans tous les ports et plusieurs de leurs banques, établies dans toutes les grandes villes, facilitent singulièrement les relations commerciales, soit en aidant au paiement, soit en fournissant d'utiles renseignements.

« S'il est vrai, comme on l'a dit, remarque justement M. Pingaud, qu'il y a deux politiques commerciales, l'une *active* qui se répand au dehors, va au-devant de la clientèle, s'installe au besoin auprès d'elle, ne recule ni devant un sacrifice, ni devant un risque pour se créer des débouchés, qui cherche à faire pénétrer son influence à l'étranger en y entretenant des relations d'affaires suivies, en soutenant de ses capitaux les entreprises industrielles, en y fondant des maisons de banque, d'exportation, de commission, — et l'autre *passive* qui attend que l'acheteur vienne lui prendre les produits de son industrie, qui, timide dans ses allures, préfère sa sécurité à l'extension de ses affaires, et se condamne à restreindre ses bénéfices avec sa production, on voit, par tout ce qui s'écrit sur l'Allemagne, qu'elle pratique largement la première, tandis que nous restons trop souvent les partisans de la seconde. »

Et il conclut avec une frappante netteté :

« C'est celle-là cependant qui seule fait les peuples riches ; c'est celle-là aussi qui s'impose plus que jamais aux grandes nations. »

C'est donc par l'initiative personnelle, par les efforts individuels, par l'émigration libre, que les Allemands ont obtenu les magnifiques résultats que nous venons d'énumérer et non pas tant, comme on serait tenté de le croire à première vue, par l'appui de leur corps consulaire.

« L'augmentation du nombre des consuls ou agents consulaires, dit à ce propos un très remarquable Mémoire du ministre de la Marine allemand, sur la délicate question d'une réforme dans le service des consulats, n'a pas répondu depuis vingt-cinq ans au développement économique de l'Allemagne. De 556 en 1872, il a passé sans doute à 697 ; mais la répartition est arbitraire ou défectueuse. La Grande-Bretagne et l'Irlande, avec 85, et les colonies anglaises, avec 67, sont les pays qui en ont le plus. Il y en a 68 pour la Suède et Norvège, 41 pour la Turquie, 35 pour la Russie, 36 pour l'Italie, 27 pour l'Espagne, autant pour le Danemark, 25 pour le Brésil ;

mais il n'y en a que 24 pour les États-Unis, 14 pour la France, 6 pour la Belgique, 5 pour le Japon, 8 pour l'Autriche-Hongrie, 5 pour le Portugal.

« Ce qu'il y a de fâcheux, c'est que les agents consulaires ne s'occupent des affaires du consulat que d'une façon très accessoire ; ordinairement ils ne sont pas de nationalité allemande, et ce n'est pas de tout cœur qu'ils défendent les intérêts de l'Allemagne.

« Il faut absolument que l'Empire recouvre le monde entier d'un réseau complet d'agents compétents, capables de montrer aux industriels et aux commerçants de l'Allemagne les nouvelles voies à suivre, les marchés à conquérir, les changements à réaliser.

« Il faut avant tout pour cela augmenter le nombre des agents consulaires et surtout le nombre des consuls de carrière. Il faut aussi inspirer à ceux qui existent déjà un esprit nouveau. Les rapports qu'ils insèrent dans le *Handels-Archiv* sont trop spéciaux. Ils parlent de l'endroit même où ils habitent, ils ne donnent pas de vues d'ensemble sur la situation économique d'une contrée, et sur les chances que le commerce allemand pourrait avoir de s'y développer. Il faut organiser, en allouant à cet effet des crédits suffisants, un service de personnes chargées d'étudier à fond les régions que l'Allemagne a intérêt à connaître, capables surtout de décrire avec précision le régime du travail, et les méthodes commerciales employées dans ces pays, en même temps que de renseigner leurs compatriotes à la fois sur le goût des habitants dans les différentes directions qu'ils donnent à leur activité, et sur le besoin de modèles qui peut exister chez eux. Les consuls, qui sont pour la plupart des juristes, occupés toute la journée dans leur bureau, assis à leur table de travail, ne sont pas assez mêlés à la vie pratique pour nous renseigner sur tout cela.

« Il faudrait leur donner des collaborateurs ayant fait des études économiques et chargés surtout de voyager ».

Si l'on s'en rapporte à ce mémoire officiel, notre corps

consulaire serait supérieur à celui de l'Allemagne et dans l'ensemble remplirait mieux son devoir. Lui aussi cependant pourrait prendre sa part des remarques énoncées et nous gagnerions à réaliser pour notre compte certaines des réformes demandées par le ministre allemand.

Notre corps consulaire, cependant, n'a pas manqué à l'occasion de nous signaler le danger et certains de nos compatriotes qui vont au dehors pour une exploration, pour un voyage, ou même parfois pour étudier une affaire, n'ont pas manqué de pousser le cri d'alarme. Mais ces avertissements et ces cris sont trop intermittents pour produire une impression durable et secouer notre torpeur routinière ; nos voyageurs ne sont pas partout et bien des choses leur échappent qu'un homme établi dans le pays aurait vite constatées ; nos consuls enfin ne se trouvent guère que dans les centres importants, absorbés par leurs autres occupations et incapables, par suite, de savoir ce qui se passe dans l'intérieur du pays où peut-être il y aurait beaucoup à faire. Et puis, qui connaît leurs rapports ? Qui les lit ? Qui les répand dans le public ? Qui les porte à la connaissance des négociants ou des industriels auxquels ils seraient si utiles ? L'office central du commerce extérieur enfin est trop récent pour que son action ait pu encore se faire sentir, et puis il ne suffira ni à nous éclairer complètement ni à secouer notre torpeur, ni surtout à nous donner au dehors les points d'appui dont nous avons besoin.

Si, au contraire, nous émigrions davantage, s'il existait des centres plus nombreux de population française établis sur les divers points du globe et conservant malgré tout, même en pays étranger, une certaine autonomie, en même temps que le souvenir et l'amour de tout ce qui est français ; s'il y avait plus de Français sur les côtes d'Afrique, aux Échelles du Levant, en Ethiopie, en Chine, au Japon, dans l'une et l'autre Amérique, ou même dans les divers pays d'Europe, en Russie, en Allemagne, en Angleterre, ils nous auraient mieux tenus au courant des rapides progrès de l'industrie allemande, par exemple, et du développement vraiment extraordinaire de son commerce à l'étranger ; le cri d'alarme eût été poussé plus tôt et par un plus grand nombre de voix ; nos industriels, nos négociants l'auraient entendu malgré eux et se seraient mis en mesure de parer au danger.

En même temps ils nous auraient fait connaître d'une manière plus précise les ressources de ces divers pays et les débouchés multiples qu'ils peuvent offrir à nos besoins. Nous saurions leurs goûts, leurs besoins, leurs usages et nous aurions adapté nos productions à ces usages et à ces besoins.

Ces Français, en effet, écriraient à leurs parents et à leurs amis, écriraient à des journaux et à des Revues pour leur dire ce qu'ils voient et ce dont on aurait besoin. Ils écriraient directement à nos grands commissionnaires, à nos grands magasins, à nos fabricants, pour leur demander les objets dont ils ont besoin eux-mêmes, contribuant ainsi à faire connaître ces articles autour d'eux à des étrangers ou à des indigènes qui, tout naturellement, prendraient l'habitude de s'en servir et en demanderaient à leur tour. Sur leurs conseils et d'après leurs renseignements, un agent viendrait de France, envoyé par telle ou telle maison d'exportation, qui établirait un comptoir au milieu d'eux pour leur procurer à eux et aux autres habitants du pays tout ce dont ils ont besoin, pour leur acheter à eux et aux indigènes tout ce que le pays est susceptible de produire et d'exporter. Ou bien encore, et plus souvent, eux-mêmes deviendraient les intermédiaires naturels entre leur pays d'adoption et la France, demandant à celle-ci ses produits manufacturés, qui leur conviennent et qui seront sûrement vendus, et lui envoyant en retour ce qu'ils produisent ou ce qu'ils achèteraient autour d'eux. Parfois même, quand l'occasion s'en présenterait et que les circonstances le demanderaient, ils créeraient de véritables industries dans la région, pour en exploiter les mines, les forêts, les produits divers, faisant pour cela venir des ingénieurs de France, des contremaîtres, des ouvriers d'art.

Et c'est ainsi que des centres industriels, des centres commerciaux pour l'expansion de l'industrie et du commerce français, s'établiraient un peu partout, aidant à l'accroissement et au développement de ces centres de population française dont l'existence avait amené leur création. Et quand ces centres seraient plus importants, une banque française s'établirait au milieu d'eux pour faciliter et accroître encore les transactions commerciales et aider au développement du pays ; pour prendre peut-être l'initiative de certains travaux publics, d'une route, d'un canal, d'un chemin de fer, etc.

De même, des services de bateaux français, paquebots à marche rapide, cargo-boats ou simples voiliers, viendraient naturellement desservir les points des côtes où nous aurions des entreprises engagées, relieraient ces divers points entre eux et à la mère patrie, leur apporteraient nos marchandises et nous rapporteraient leurs produits, établiraient entre eux des échanges multiples dont tous profiteraient, et par-dessus tout promèneraient sur tous ces points notre pavillon que l'on y voit si rarement aujourd'hui, tandis que partout l'on rencontre le pavillon anglais et de plus en plus le pavillon allemand. Et c'est ainsi que notre influence de par le monde augmenterait en même temps que nos vaisseaux marchands se multiplieraient pour satisfaire à des besoins de plus en plus considérables, et aussi nos bâtiments de guerre pour protéger des intérêts de plus en plus nombreux.

Les commandes afflueraient en France et avec elles la vie industrielle, une vie active, intense, féconde reprendrait son essor, apportant à tous et partout l'aisance et la richesse, en procurant à tous du travail et des salaires suffisamment élevés.

Si, au contraire, nous n'émigrons pas, on aura beau

faire, tous les autres moyens artificiels employés, n'ayant pas de base solide pour se développer, resteront infructueux.

CHAPITRE III

QUE NOUS DEVONS ÉMIGRER POUR DIMINUER LE MALAISE SOCIAL DONT NOUS SOUFFRONS ET PROCURER DES EMPLOIS PLUS RÉMUNÉRATEURS ET UN TRAVAIL MIEUX RÉTRIBUÉ A UN GRAND NOMBRE DE GENS QUI NE PEUVENT EN TROUVER.

Le premier résultat d'une émigration nombreuse, en favorisant le développement de notre industrie au dedans et l'augmentation de notre commerce extérieur, serait d'accroître l'aisance et la fortune parmi un grand nombre de Français, et cela de plusieurs manières.

Si nos usines, en effet, si nos grands ateliers de tissage, si, en un mot, toutes nos fabriques avaient des commandes plus nombreuses, naturellement elles se développeraient et se multiplieraient, employant ainsi un plus grand nombre d'ouvriers, de contremaîtres, d'ingénieurs, et leur donnant des salaires ou des traitements plus considérables.

Le temps n'est pas très éloigné où un ingénieur de l'École des Arts et Manufactures, par exemple, trouvait très facilement à se placer, devenait rapidement directeur d'une usine qu'il développait ensuite et arrivait ainsi à se créer une brillante situation.

Il y a de cela trente ou quarante ans.

Mais, hélas ! cet heureux temps est passé. Non seulement nos usines et nos fabriques ne se développent plus ; non seulement on n'en crée point de nouvelles, — ou bien, si l'on en crée quelques-unes, elles sont si peu nombreuses que cela ne compte pas, — mais encore celles qui sont fondées depuis de longues années, celles qui ont une réputation acquise et parfaitement justifiée, celles-là même ont les plus grandes peines du monde à se maintenir, ne rapportent que très peu, et elles se voient souvent dans l'obligation de restreindre leurs frais généraux, leur outillage et le traitement de leur personnel.

Telle usine, par exemple, qui autrefois distribuait à ses actionnaires un dividende de 15, de 20, de 25 p. 100, et parfois davantage, parvient à grand'peine aujourd'hui à donner 5, 7, 8 p. 100, si même elle ne doit pas se contenter de 2 ou 3, heureuse souvent si l'année ne se solde pas par une perte sèche.

Le résultat de cet état de choses, a été premièrement la diminution générale du taux de l'intérêt et, par suite, la diminution des revenus de chaque famille avec la perturbation sociale qu'elle entraîne.

Puisque dans l'industrie — et la même chose est encore plus vraie dans le commerce — l'argent rapporte si peu et qu'il y court tant de risques, le Français, de sa nature ménager et craintif, a préféré le placer en rentes sur l'État, en actions ou obligations de chemins de fer ou tout autre établissement garanti par l'État. Et alors tout naturellement le cours de la rente a monté, a dépassé le pair et bientôt, par suite de conversions successives, un coupon de 5 francs s'est changé en un coupon de 4 fr. 50, de 4 francs, de 3 francs, en attendant qu'il se change en un coupon de 2 fr. 50 et de 2 francs. Le même phénomène, pour les mêmes raisons, s'est reproduit pour les chemins de fer, pour le Crédit Foncier, pour les fonds d'États étrangers, etc., etc. De telle sorte qu'une famille qui avait autrefois 50 000 francs de revenu n'en a plus que 30 000 ; qui avait 5 000 francs n'en a plus que 3 000.

Un autre phénomène s'est produit concurremment à

celui-là, moins général, mais qui n'en a pas moins son importance et que nous devons signaler.

Jadis un chef d'usine, un directeur de grande maison de commerce faisait rapidement fortune, ordinairement dans l'espace de quinze ou vingt ans. Il se retirait alors et laissait sa place souvent à un jeune ingénieur de talent ou à un commis de magasin remarquable par sa valeur personnelle, lesquels à leur tour, après s'être enrichis, laissaient la place à d'autres. Aujourd'hui ces chefs de maisons, ces directeurs d'usines laissent leur place à leur fils unique, et tout avancement sérieux, toute chance de faire fortune se trouvent ainsi supprimés pour les jeunes gens, de quelque valeur qu'ils soient, qui ne sont pas fils de propriétaires.

« Aujourd'hui, remarque justement à ce propos M. Chailley-Bert, on réserve invariablement sa succession pour son fils (qui accepte), voire pour son gendre... Partant, les enfants de la démocratie, sauf un mérite exceptionnel, n'ont plus, dans ces carrières qui semblaient autrefois leur domaine, d'autres perspectives que celles d'agents salariés, pouvant désormais prétendre à l'aisance mais non plus à la fortune [1]. »

Cela est remarquable à Lyon, où jadis 13 p. 100 seulement des grandes maisons passaient du père au fils, tandis qu'aujourd'hui la proportion est toute différente. Mais cela est également vrai dans toutes les autres villes de France.

Aussi, pour ne parler que de celle-là, la situation d'ingénieur civil, autrefois si brillante, « ne nourrit plus son homme », selon l'énergique expression d'un ancien élève des Mines, parfaitement au courant de la situation. « Autrefois, les grandes compagnies d'exploitation et de construction, poursuivait-il, avaient à leur tête des ingénieurs civils jouissant de traitements très élevés, de 30, de 50, de 80, de 100 000 francs. Cela n'existe plus aujourd'hui

---

1. Conférence sur *L'Age de l'Agriculture*, p. 49.

parce que ces compagnies ne réalisent plus des bénéfices suffisants pour payer de tels traitements, et aussi parce que, pour une place vacante, il se présente cent candidats, sortant pour la plupart des grandes écoles de l'État Mines, Ponts et Chaussées et autres, qui se contentent d'une situation inférieure. Les ingénieurs civils sont en France quatre ou cinq fois plus nombreux qu'il ne faudrait et la surabondance des brevets produit inévitablement leur avilissement. Aussi, combien de jeunes gens, pourvus d'un diplôme d'ingénieur, ayant, par suite, fait de fortes études techniques, ou bien restent de longues années sans place, ou bien doivent se contenter d'une situation subalterne ! C'est ainsi que vous trouverez comme dessinateurs, pendant de longues années, et à des salaires infimes de 150 francs par mois, des ingénieurs de Centrale ou même de Polytechnique. Beaucoup d'entre eux, jusqu'à trente-cinq ou quarante ans, n'ont pu faire leurs preuves, n'ayant jamais rempli les fonctions d'ingénieur, et ont dû vivre dans des situations d'employés. En sorte que l'on peut poser en principe qu'un jeune homme d'une intelligence plus que moyenne, mais sans une de ces situations de naissance, une de ces protections exceptionnelles, ou bien une de ces occasions rares qui font l'avenir d'un homme, ne pourra pas vivre, lui et une famille, avant trente-cinq ou quarante ans. Et encore combien qui à cet âge ne le pourront pas ! Combien qui seront restés en route, auront abandonné la carrière, seront déclassés, auront péri de misère ! »

Si quelques-uns de ces jeunes gens, au contraire, étaient allés chercher fortune au dehors, avaient émigré dans nos colonies ou à l'étranger, cet encombrement et, par suite, cet avilissement des prix ne se seraient pas produits. Les ingénieurs restant en France trouveraient plus facilement un emploi mieux rémunéré, et ceux qui partiraient, en même temps qu'ils développeraient à l'étranger l'influence française, se créeraient une de ces situations prépondérantes que leurs aînés avaient autrefois sur place et qui mènent à la fortune. Au lieu de cela, c'est la médiocrité, c'est la gêne et parfois la misère pour eux et leurs camarades ; c'est l'influence française reculant constamment devant l'influence anglaise ou allemande, car à défaut des nôtres, ce sont les ingénieurs anglais, allemands ou belges qui aujourd'hui sont à la tête des grands travaux et des grandes entreprises à l'étranger, bien que nous possédions, nous, un corps d'ingénieurs vraiment supérieurs par leurs études et leur capacité.

Ce que nous avons dit de la profession d'ingénieur, nous pouvons le dire de toutes les carrières libérales, à plus forte raison de tous les emplois subalternes du commerce et de l'industrie, de tous les emplois publics, de tous les ouvriers. En règle générale, un jeune homme, sans fortune personnelle, quelles que soient, du reste, sa valeur et son éducation, arrivera très difficilement avant 35, 40 ou 45 ans, à gagner suffisamment pour se marier, pour avoir des enfants et les élever suivant sa condition.

On parle des honoraires extraordinaires des maîtres du barreau, par exemple de Paris.

Ce n'est là qu'une légende et la réalité est tout autre. Le barreau est, au contraire, une profession très peu lucrative. D'après des renseignements puisés à une source très sûre, sur près de 1 200 avocats composant le barreau de la capitale,

```
   4 ou   5 gagnent plus de . . . . 100 000 francs
  10 à   20 dépassent . . . . . . . .  50 000    —
 100 à  150 dépassent . . . . . . . .  20 000    —
 300 gagnent de . . . . . . 10 000 à   20 000    —
```

tous les autres, c'est-à-dire près de :

```
 800, moins de. . . . . . . . . . . . . .  10 000 francs
 et parmi eux un gr. nomb. moins de   2 000    —
```

Et cela, non pas en débutant, non pas après quelques

mois d'exercice, non, mais après de longues années d'efforts, à un âge relativement avancé.

Et cependant un avocat, même jeune, doit s'établir dans un bon quartier pour que les clients viennent volontiers l'y trouver, il doit habiter un appartement convenable et partant relativement cher, il doit être décemment mis, avoir quelques relations et quelques réceptions, posséder une bibliothèque, des revues, des journaux, souscrire à certaines œuvres, en un mot avoir un train de vie pour lequel 5 à 6 000 francs suffiront à peine, même s'il n'est pas marié. Que fera-t-il donc s'il est père de famille, si, par hasard, il a 2, 4, 6 enfants?

Le résultat est facile à prévoir. Oubliant sa dignité personnelle et professionnelle, il courra après les causes et après une dot.

Jadis les causes lui venaient toutes seules, par ses relations de famille, par ses confrères et souvent par l'avoué chez lequel il avait débuté, aux appointements de 150 à 200 francs par mois. Aujourd'hui, le client choisit ordinairement son avocat, et le concours même de l'avoué devient à peu près inutile.

« Autrefois, me racontait récemment un des meilleurs avoués de Paris, nous envoyions de 75 à 80 affaires par an à chacun de nos anciens clercs; aujourd'hui, c'est tout au plus si nous pouvons leur en procurer 5 ».

Cependant, il faut vivre, et l'on recourt alors à tous les procédés.

« Les avocats, me disait récemment l'un d'eux, s'occupent plus de trouver des causes que de les étudier et de les plaider. C'est une véritable chasse au client, ou par soi, ou par d'autres, c'est-à-dire par les hommes d'affaires... »

Et quand cette chasse au client n'est pas suffisante, on fait la « chasse à la dot », c'est-à-dire qu'on épouse une femme, quelle qu'elle soit, pourvu qu'elle vous apporte de la fortune, ou vous garantisse dans le monde judiciaire de fortes protections.

Si l'on ne réussit pas dans l'une ou l'autre poursuite, eh bien ! on « lâche » la carrière, suivant l'expression du même avocat cité plus haut. « La moitié au moins de ceux qui se font inscrire, poursuivait-il, tous ceux qui, dès les premières années, ne dépassent pas 2 000 francs, renoncent à leur profession. Et ce sont eux qui encombrent les antichambres des ministères, en quête d'une place, les salles de rédaction, pour y faire accepter un article, tous les endroits où l'on espère trouver un morceau de pain. »

Pauvres gens qui ont passé cinq ans à acquérir un grade de Docteur en droit et ne peuvent arriver à vivre, qui ne peuvent, par suite, ni se marier ni fonder une famille !

Les autres ne seront, au moins de longtemps, guère plus heureux.

Je connais un avocat des meilleurs et des plus fortunés qui, entré au barreau vers 1880, mit dix ans pour dépasser 10 000 francs.

La 1re année il gagna	600 francs
— 2e — —	» —
— 3e — —	380 —
— 4e — —	2 280 —
— 5e — —	2 230 —
— 6e — —	5 000 —
— 7e — —	4 900 —
— 8e — —	6 675 —
— 9e — —	9 200 —
— 10e — —	11 100 —

Depuis vingt-cinq ans, le nombre des avocats a doublé ; et, à moins d'un talent hors ligne que favoriseraient des circonstances exceptionnelles, à moins d'une de ces situations héréditaires qui sortent de la loi commune ou de ces protections tellement efficaces qu'elles sont déjà le succès, je ne crois pas qu'aucun jeune avocat récemment inscrit au barreau, pût se promettre dans le même laps de temps un semblable succès.

Il reste donc acquis qu'avant dix ans, un avocat ne peut

pas vivre, même s'il est parmi les favorisés ; qu'avant l'âge de 30 ou 40 ans, il ne peut pas se marier ; que vraisemblablement, s'il n'a pas de fortune ou s'il n'épouse pas une femme riche, une nombreuse famille signifiera pour lui la misère.

En province, les barreaux sont un peu moins encombrés qu'à Paris, les dépenses y sont moins considérables, mais l'on y gagne si peu que la situation n'y est guère plus avantageuse.

Un jour, un avocat de Paris allait plaider dans un chef-lieu de département, un des plus petits et des plus pauvres de la France. Il demanda le bâtonnier. On lui indiqua une épicerie : « Est-ce ici que demeure M° X*** ? demanda-t-il à la bonne femme qui y vendait des pruneaux. — Oui, Monsieur, mon fils est en haut, voulez-vous monter ? » Il monta et se trouva en face d'un brave garçon, en gros habits et en manches de chemise, qui gagnait 1 200 francs par an.

« Il en est, à Paris, en particulier, me disait pour conclure l'homme aimable de qui je tiens tous ces renseignements, des avocats comme des artistes : il y a quelques favorisés qui font fortune, les autres meurent de faim ».

Auraient-ils mieux réussi aux colonies ? A cette question, je répondrai par le trait suivant, absolument authentique.

Une femme veuve avait deux fils. L'un, nommé garde forestier, fut envoyé en Algérie. Sa mère se plaignit tellement qu'il rentra en France où il devint garde général, sans fortune, et dut épouser une institutrice. Son frère, au contraire, ne voulant pas rester à Paris, alla s'établir comme avoué dans cette Algérie que son frère avait quittée. Il y est depuis dix ans. Il y gagne 50 000 francs, a deux chevaux, une voiture, quatre chiens, un valet, une cuisinière et ne dépense pas 12 000 francs.

Lequel des deux a eu raison ?

Ce que nous venons de dire des avocats est également vrai des médecins, avec cette différence que la préparation est plus longue et les dépenses imposées par la profession au moins aussi considérables.

Il faut six ans d'études pénibles et sérieuses pour acquérir un grade de docteur en médecine, et dix ans si l'on veut y joindre celui d'interne des hôpitaux. C'est-à-dire que le nouveau médecin ne pourra s'établir avant 26 ou 27 ans en province, avant 30 ou 31 ans dans nos grandes villes et en particulier à Paris, où il faut être de toute nécessité ancien interne des hôpitaux.

Or, à cette époque de sa vie que gagnera-t-il?

Il touchera 500 francs ou 1 000 francs la première année, quelquefois moins, et devra ainsi lutter, au minimum six ou sept ans, contre la misère, avant de gagner de quoi vivre.

C'est-à-dire que lui aussi devra attendre 35 ou 40 ans avant de se marier, que lui aussi devra ordinairement courir après une dot et épouser une femme riche, mais commune et au-dessous de lui par le cœur et les qualités personnelles, au lieu de la jeune fille accomplie, mais pauvre, qu'il aurait aimée, que lui aussi sera très exposé à la tentation de limiter le nombre de ses enfants.

Ainsi, le doyen de la Faculté de Médecine de Paris, le Dr Brouardel, celui-là même qui m'a si obligeamment renseigné, toucha 680 francs la première année et mit sept ans à atteindre 5 000 !

Du moins peut-on espérer, passé cette première époque d'études et de luttes, qui constitue cependant plus de la moitié de la vie, arriver à une carrière brillante ?

On cite couramment les gros honoraires de tels ou tels spécialistes, se faisant ainsi volontairement illusion, et l'on oublie les malheureux qui ne gagnent pas de quoi payer leur loyer.

Il est difficile en telle matière de donner des chiffres précis. Mais l'on ne s'écarterait pas beaucoup de la vérité en disant que, parmi les 2 600 médecins de la capitale :

Une quarantaine de professeurs, de chirurgiens, de spécialistes, de médecins en vogue gagnent entre 200 000 et 300 000 francs.

Une cinquantaine d'autres . .	100 000	francs
50. . . . . . . de 50 000 à	100 000	—
200. . . . . . . de 30 000 à	50 000	—
200. . . . . . . de 50 000 à	30 000	—
De 300 à 400. . . . de 10 000 à	20 000	—
Et tous les autr. (pl. de 1 700) moins de	10 000	—

Or, avec toutes les charges qu'il a, un médecin, marié et père de famille, peut à peine vivre avec 10 000 francs. Que feront donc les malheureux 400 ou 500 qui ne gagnent pas 3 ou 4 000 francs ? Que feront ceux, assez nombreux, qui ne gagnent que 2 000 ou 1 500 francs par an ?

Aussi y en a-t-il tous les ans un grand nombre qui quittent Paris, ne pouvant plus y vivre, et vont s'établir en province, découragés et brisés.

Ce n'est cependant pas la province qui les enrichira ; car, là aussi, il y a encombrement et la lutte pour la vie y devient de plus en plus âpre. S'il existe encore un coin perdu où un médecin trouve à se caser, ce sera un canton pauvre, un village de montagne, où les courses sont très longues et très pénibles, où il devra avoir une voiture avec un ou deux chevaux, où les honoraires sont très faibles et souvent mal payés. Là aussi ce ne sera donc point la fortune, mais au contraire la médiocrité, souvent la gêne, pour ne pas dire la pauvreté.

Que voulez-vous ? Les médecins sont trop nombreux. Leur nombre a doublé en France depuis une dizaine d'années, et l'on calcule, d'après la progression constante des étudiants, qu'il aura triplé d'ici dix autres années. Ils sont environ 15 000 aujourd'hui ; dans dix ans, ils seront 24 000.

D'un autre côté il est certain, d'après les statistiques de Bertillon — et c'est là une heureuse constatation à faire en passant — que, par suite des règles d'hygiène mieux observées, des mesures prophylactiques plus fidèlement employées, des traitements plus rationnels et des découvertes nouvelles qui ont une réelle influence sur la santé publique, le nombre des malades ayant besoin de médecins devient de moins en moins élevé. De plus, les chirurgiens chaque jour plus habiles, les spécialistes chaque jour plus nombreux, la gêne des familles enfin qui va toujours s'accentuant, enlèvent aux praticiens ordinaires beaucoup de clients et beaucoup de visites.

Le résultat est que, dans toutes les villes où ils sont suffisamment payés, les médecins établis sont au moins deux fois trop nombreux. A Paris, en particulier, il y a, nous l'avons déjà dit, 2 600 médecins dont 40 professeurs, près de 200 médecins d'hôpitaux, avec 240 à 250 internes.

Or, il y aurait à peine de la place pour 1 500.

Que peuvent donc faire les 1 100 autres, sinon se nuire mutuellement ou bien mourir de faim ?

On se spécialise de plus en plus pour arriver à une meilleure situation. Il y a des internes qui se font simplement dentistes parce qu'ils ont besoin de gagner de l'argent. Cela réussit à un certain nombre. Mais les spécialistes, eux aussi, deviennent trop nombreux, et l'on peut prévoir la date assez rapprochée où les spécialités seront également encombrées et n'offriront plus aucun avantage.

Que dire maintenant de l'armée ?

C'est un fait connu qu'il faut avoir une fortune personnelle pour se payer le luxe d'être soldat, et qu'un lieutenant ou un sous-lieutenant, vu les nombreuses charges que leur impose leur situation, ne peuvent convenablement s'entretenir, si leurs parents ne leur font une pension.

Un sous-lieutenant a, en effet, dans l'infanterie, 2 310 francs par an, ou 6 fr. 50 par jour ; et un lieutenant 2 520 francs par an, ou 7 francs par jour dans la seconde moitié de la promotion et 2 700 et 7 fr. 50 dans la première moitié.

Comment voulez-vous qu'avec cela il paie sa pension, ses habits toujours si chers et les mille autres dépenses inévitables pour un jeune officier ?

Quant aux diverses indemnités attachées à certains emplois ou à certaines circonstances de la carrière, elles ne suffisent même pas à payer les dépenses variées de logement à Paris, d'entrée en campagne, etc., etc., qu'elles sont destinées à couvrir.

Voilà donc jusqu'à 30 ans et plus un garçon qui, loin de pouvoir se marier et fonder une famille, reste partiellement à la charge de ses parents.

Et plus tard ? Plus tard, jusqu'à ce qu'il atteigne les grades d'officier général, ce sera un peu la même chose, car si la solde augmente, les charges augmenteront également. Promu capitaine, il pourra vivre seul sur sa solde ; officier supérieur, il sera à l'aise s'il reste célibataire et a des goûts modestes ; mais s'il veut se marier et se contente, pour sa femme, de la dot réglementaire, ce sera la misère pour toute la vie. Je sais un capitaine en résidence à Paris dont la femme avait 100 000 francs de dot et lui-même un patrimoine à peu près égal. Ils sont économes. Mais ils ont trois enfants et ils en sont à se rationner.

Il ne saurait en être autrement avec la faible solde à laquelle nos officiers ont droit.

Ils touchent, en effet, un capitaine de 3 060 à 4 140 francs, suivant l'ancienneté ;

Un commandant	5 508 francs
Un lieutenant-colonel	6 558 —
Un colonel	8 136 —

A Paris, un lieutenant-colonel d'infanterie, breveté, décoré, employé à l'état-major, avec toutes ses indemnités, a 590 francs par mois. Supposez-lui cinq ou six enfants et aucune fortune. Comment vivra-t-il ? Comment élèvera-t-il sa famille ? Comment assurera-t-il une dot à ses filles ?

Un général de brigade et un général de division sont relativement à l'aise avec :

- 12 600 francs de solde pour le premier et
- 18 900 — · — — second

et les diverses indemnités assez élevées auxquelles ils ont droit.

Mais combien arriveront à être officier général ? Et à quel âge y arriveront-ils ?

Les employés civils ne sont guère plus heureux.

Tout le monde en France se précipite vers les carrières administratives et l'ambition de tout bon petit Français est de devenir l'employé du gouvernement, parce que la vie est assurée et qu'il y a une retraite pour les vieux jours.

Cela est parfait pour qui ne se sent rien au cœur, ni ambition, ni désir d'arriver à quelque chose, ni amour de l'indépendance.

Mais il faut bien qu'on le sache. Cette vie assurée, terminée par une retraite, c'est — à moins de posséder une fortune personnelle — la gêne, les privations, la pauvreté, garanties pour toute une existence, ou bien un célibat perpétuel parce qu'on n'aura pas le moyen de se marier et d'avoir des enfants, ou tout au plus un mariage contracté sur le tard vers 40 ou 50 ans, avec une femme pourvue d'une dot élevée et un nombre limité d'enfants.

Nous avons en France, défalcation faite de 8 000 fonctionnaires départementaux et de 122 000 fonctionnaires communaux, 405 671 fonctionnaires publics émargeant au budget pour 615 353 653 francs, moins cependant une retenue de 25 millions pour les retraites.

Cette somme en elle-même est énorme ; mais, répartie entre un si grand nombre de personnes, elle assure à chacune une moyenne de 1 490 francs que beaucoup évidemment n'atteignent pas.

QUE NOUS DEVONS ÉMIGRER. 131

J'ai sous les yeux la classification par départements de tous ces fonctionnaires. Il y en a :

136 066 dont	69 193	femmes gagnant moins de	1 000 fr.
174 196 —	6 338	femmes gagnant de	1 000 à	2 000 —
174 196 —	6 338	—	1 000 à	2 000 —
36 114 —	471	—	2 000 à	3 000 —
14 361 —	193	—	3 000 à	4 000 —
4 205 —	8	—	4 000 à	5 000 —
2 456 —	3	—	5 000 à	6 000 —
1 068 —	1 [1]	—	6 000 à	7 000 —
1 343 gagnant de		....	7 000 à	8 000 —
872 —		....	8 000 à	9 000 —
1 257 —		....	9 000 à	10 000 —
566 —		....	10 000 à	11 000 —
132 —		....	11 000 à	12 000 —
391 —		....	12 000 à	13 000 —
38 —		....	13 000 à	14 000 —
12 —		....	14 000 à	15 000 —
163 —		....	15 000 à	16 000 —
362 —		....	16 000 à	20 000 —
321 —		....	20 000 et au-dessus.

Comment voulez-vous, dans ces conditions, que les 136 066 employés qui ont moins de 1 000 francs de traitement puissent vivre, se marier, avoir des enfants, élever une famille nombreuse ?

Parmi eux il y a des sœurs de charité à 200 francs par an. Nous n'en parlerons pas. Il y a également un très grand nombre d'institutrices qui peuvent partiellement compter sur le travail de leurs maris. Il y a enfin un certain nombre d'employés qui reçoivent une indemnité plutôt qu'un traitement.

Mais il y a aussi :

2 773 gardiens de navigation, de ports ou de phares à. .		580 francs
2 770 facteurs ruraux à. . . .	700 ou	800 —
63 maîtres de ports à.		700 —
571 répétiteurs de collège et 3 310 brigadiers et gardes de forêts à. .		800 —

1. La Surintendante de la Légion d'Honneur.

En fait il y a :

7 354 employés recevant de	400	à	500	francs
(7 400 touchent 450 francs).				
3 299 — —	500	à	600	—
(2 650 touchent 550 francs).				
395 — —	600	à	700	—
(344 touchent 600 francs).				
526 — —	700	à	800	—
33 485 — —	800	à	900	—
21 217 — —	900	à	1 000	—

Croyez-vous qu'un homme avec une femme et 5 ou 6 enfants soit bien riche avec cela ?

Croyez-vous, par exemple, que les hommes qui entretiennent la terrasse de Saint-Germain ou le parc de Versailles, des employés des Beaux-Arts, à 3 francs par jour, puissent élever une nombreuse famille dans une ville où tout est plus cher qu'à Paris même et après avoir prélevé près d'un franc par jour pour leur loyer ?

Savez-vous quel est le sort de la plupart de ces malheureux ? Suivant l'énergique expression du remarquable statisticien qui m'a fourni tous les détails que je viens de transcrire et bien d'autres qui trouveront place en d'autres endroits de ce travail, M. Victor Turquan, « ils se tueront pour faire des travaux supplémentaires, ils mourront jeunes et ils laisseront aux leurs la misère. »

On pourrait dire à peu près la même chose des Compagnies de chemins de fer, malgré leurs sacrifices en faveur de leurs employés.

Prenons, par exemple, la Compagnie de l'Ouest.

« Les traitements de début, me disait son très sympathique Secrétaire général, en me communiquant l'état de son personnel, sont modestes, de 900 à 1 400 francs. »

Et il me donnait pour tout son personnel, dans le tableau récapitulatif suivant, l'échelle complète des traitements divisés par catégories, avec la proportion pour cent afférente à chacune d'elles.

1 500 francs et au-dessous	. . . . .	67,75	pour 100
1 501 à 2 000 inclusivement	. . .	20,34	—
2 001 à 2 500 —	. . . .	6,06	—
2 501 à 3 000 —	. . . .	3,05	—
3 001 à 3 500 —	. . . .	0,83	—
3 501 à 4 000 —	. . . .	0,73	—
4 001 à 4 500 —	. . . .	0,28	—
4 501 à 5 000 —	. . . .	0,29	—
5 001 à 6 000 —	. . . .	0,23	—
Au-dess. de 6 000 —	. . . .	0,44	—

La Compagnie a beau assurer « une retraite représentant environ les deux tiers des traitements moyens des six dernières années »; elle a beau offrir à son personnel les avantages suivants qui, certes, ne sont pas à dédaigner :

« Stabilité de l'emploi, régularité de salaire, absence de chômage ;

« Préférence donnée aux enfants, d'employés pour le recrutement du personnel ;

« Non-disponibilité, au point de vue militaire, des agents du service actif, qui sont dispensés des périodes d'instruction de vingt-huit jours et de treize jours ;

« Solde maintenue intégralement ou partiellement en cas de maladie ;

« Circulation gratuite ou à prix réduits pour l'agent et sa famille ;

« Transports à prix très réduits (0 fr. 02 par tonne et par kilomètre) pour les approvisionnements de ménage, boissons, comestibles et combustibles. »

Elle a beau, à ces avantages généraux, en ajouter d'autres spéciaux « représentant une dépense de 7 256 000 francs par an, qui viennent s'ajouter à la solde proprement dite » — ce qui donne « un supplément de solde de 250 francs par agent ou 17 p. 100 de son traitement et pour les actionnaires une charge qui s'élève à plus des deux tiers de leur dividende. »

Elle a beau y ajouter d'autres indemnités s'élevant à 4 210 000 francs, et divers autres avantages difficiles à représenter en chiffres, mais tels qu'« ils suffisent à constituer une supériorité évidente en faveur de l'agent de chemins de fer et à faire de lui un véritable privilégié par rapport aux ouvriers de l'industrie », il n'en reste pas moins vrai que, ces avantages profitant surtout aux employés déjà mieux rémunérés, les mieux partagés d'entre eux ne gagneront pas 1 500 francs par an et le plus grand nombre moins de 1 000 francs. C'est là un salaire suffisant pour une petite localité de province ou même dans une de ces gares très fréquentées où l'agent subalterne reçoit du voyageur de nombreuses gratifications. Mais dans la plupart des grandes villes et en particulier à Paris et dans sa banlieue où la vie est si chère, comment voulez-vous qu'un homme puisse vivre et élever une famille avec 1 000, avec 1 200, avec 1 500 francs ?

Si, de l'employé des Compagnies de chemins de fer, nous passons à celui de nos grands établissements financiers ou de nos Compagnies d'assurances, il semblerait, à première vue, que sa situation fût notablement meilleure. Un employé ordinaire du Crédit Foncier, par exemple, recevra 5 francs par jour pendant un an ou plus de stage ; puis, une fois titularisé, 1 800, 2 000, 2 200, 3 000, 3 300, 3 600 francs par an, l'augmentation de traitement s'échelonnant assez régulièrement tous les deux ans.

Le vérificateur-rédacteur, qui devra être licencié en droit ou élève diplômé de l'École d'Agriculture ou de Commerce, ou ancien notaire, etc., débutera à 200 francs par mois pendant son stage, puis il recevra 2 600, 2 800, 3 000, 3 300, 3 600 et 4 000 dès qu'il sera titularisé, l'augmentation de traitement arrivant également à peu près tous les deux ans.

Les chefs et sous-chefs de bureau ont, ceux-ci, de 4 000 à 5 000, ceux-là, de 5 000 à 6 000 francs.

Comparés à ceux de la plupart des autres administrations, ces derniers traitements sont plutôt élevés. Mais à quel âge y arrive-t-on ? D'après les termes mêmes employés par le Directeur d'alors, M. Labeyrie, qui m'a fourni très aimablement tous ces renseignements, dans cette institution parfaitement administrée et moins hiérarchisée que les administrations de l'Etat, les hommes de valeur peuvent atteindre de 4 500 à 5 000 francs entre 30 et 35 ans, les hommes d'une valeur moyenne entre 40 et 50 ans, les autres vers 55 ans.

De plus, il ne faut pas oublier que l'employé du Crédit Foncier doit, de par la nature même de ses fonctions, être un homme bien élevé et avoir, en apparence, une certaine situation. Il lui faut un loyer plus cher, des habits plus soignés et mille autres petites dépenses. C'est dire qu'il a à peine de quoi élever une famille.

La preuve de cela m'a été fournie par M. Labeyrie, parcourant à mon intention le livre de son personnel, et elle est tellement navrante que « les bras lui en tombèrent de stupeur », selon sa propre expression.

A la Caisse des Dépôts et Consignations — qu'il dirigeait avant de diriger le Crédit Foncier — il avait compté que 100 employés n'avaient ensemble que 57 enfants.

Au Crédit Foncier, les chiffres sont un peu plus élevés — probablement parce qu'on favorise l'admission des enfants d'employés.

Ainsi :

19 chefs (de 8 000 à 12 000 francs de traitement) et sous-chefs de service (8 000 francs), ont 24 enfants ;

104 chefs (de 5 000 à 7 000) et sous-chefs de bureau (de 4 000 à 5 000), en ont 109 ; mais 3 chefs en ont 19 et 2 sous-chefs 12 ;

90 examinateurs (de 2 600 à 4 500) en ont 91 ;

43 commis principaux, de 45 ans et au-dessus, en ont 44 ;

Seuls les vieux employés subalternes qui comptent un peu moins, probablement parce qu'ils sont moins intelligents, en ont un peu plus. Ainsi 20 d'entre eux, de 42 à 57 ans, ont 27 enfants.

En résumé, il y a à peu près 1 enfant par employé.

C'est bien autre chose pour les employées femmes.

Pour 260 femmes mariées, ayant dans l'ensemble de 30 à 60 ans, et menant une vie extérieurement irréprochable, il y a 117 enfants, à peu près 2 enfants pour 5 femmes !

N'est-ce pas simplement navrant ? Et M. Labeyrie n'avait-il pas raison en se demandant, en face de ces résultats, s'il avait le droit de continuer à employer des femmes ?

Les salaires sont un peu plus faibles dans les Compagnies d'assurances.

Sans entrer dans les détails, nous pouvons dire qu'à « la Paternelle », un jeune homme suffisamment intelligent et instruit, constant et travailleur, y gagnera :

1 400 francs	à	24 ans
1 700 —	à	30 —
3 000 —	à	40 —
3 500 —	à	50 —
4 000 —	à	60 —

ce qui, avec les gratifications usuelles et les travaux supplémentaires, pourra être augmenté d'un quart ou même d'un tiers, en sorte que l'employé entré à 16 ans pourra gagner :

A 30 ans de 2 400	à	2 600 francs
40 —		4 200 —
50 ou 60 —		5 000 —

et s'il devient sous-chef, de 7 000 à 8 000 francs ; un peu plus s'il devient chef.

Au bout de vingt-cinq ans, il aura une retraite pouvant s'élever à 50 p. 100 de son traitement.

Nos grandes maisons de commerce ont la réputation de payer relativement cher leurs employés et l'on ne peut nier qu'elles n'aient fait également de grands sacrifices en leur faveur. Retraite assurée, soins du médecin en cas de maladie, congés payés, mille autres avantages, tout cela existe sur la plus large échelle.

« Quand on trouve un jeune homme intelligent pour le commerce, me disait un jour le directeur du Louvre, M. Honoré, on ferait tout pour le garder » et il est incontestable qu'au Louvre et au Bon Marché, par exemple, les vendeurs et les acheteurs peuvent arriver à d'assez jolies situations. Ainsi un bon vendeur, intéressé à la vente, gagnera facilement de 500 à 600 francs par mois et, parmi les employés, un bon nombre recevront de 3 000 à 4 000 francs.

Seulement les employés à la comptabilité n'ont guère que 200 à 300 francs par mois ; les livreurs, outre leurs pourboires, 600 francs par an au début et 1 800 francs à la fin de leur carrière, et les garçons de magasin encore moins.

Ne parlons ici que des employés proprement dits. C'est du pain assuré que 200 ou 300 francs par mois ; mais, vu les dépenses inhérentes à la situation, ce n'est sûrement pas l'aisance, et pour une famille nombreuse c'est la gêne.

Que sera-ce donc des employés moins rétribués dans des Compagnies moins prospères, dans la petite industrie ou dans le petit commerce, voire même dans le commerce moyen ? pour ceux qui gagnent 100, 150, 200 francs par mois ?

Or, ils se comptent par centaines de mille, à Paris seulement, ceux qui doivent se contenter de ces modestes traitements, des hommes robustes cependant, suffisamment intelligents et instruits, qui auraient réussi à se créer une situation si seulement ils en avaient eu l'occasion, mais dont toute la vie s'écoulera, sans avenir, sans ressort, sans éclaircie, dans un emploi qui leur donnera juste de quoi ne pas mourir de faim.

Et que deviendront-ils quand ils ne pourront plus travailler ?

Car il va sans dire qu'ils n'ont point de retraite, et comment, avec des traitements aussi dérisoires, auraient-ils pu économiser pour leurs vieux jours ?

Il y a cependant des hommes encore plus malheureux que cette classe d'employés. Ce sont ceux qui ont échoué dans les carrières libérales, avocats sans causes, médecins sans malades, professeurs sans élèves, écrivains dont les œuvres ne se vendent point, journalistes qui ne peuvent placer leur copie, artistes, peintres, dessinateurs, musiciens sans emploi. Ceux-là, comment vivent-ils ? Ce sont vraiment les parias de la civilisation, et l'on peut se rappeler à leur sujet l'article si discuté que publiait naguère la *Revue des Revues* sur « les prolétaires intellectuels en France [1] ».

« Non seulement il y a des prolétaires dans toutes les classes, disait M. Henry Bérenger, l'auteur de cet article, mais ils sont légion... La constatation est effrayante, le mal est indiscutable. Il provient de la surproduction universitaire, de la course au fonctionnarisme, de l'imprudence générale à s'engager dans les carrières libérales, impasses pour beaucoup, enfers pour tant d'autres [2] ».

Il aurait mieux valu rester simple valet de ferme. Au moins on aurait eu du pain.

« Songez, dit à ce propos un publiciste contemporain, s'adressant aux ouvriers, songez, vous dont la paie varie entre 5 et 12 francs et qui, en sus, restez indépendants, songez au sort impitoyable des gueux de la redingote, les employés, les fonctionnaires, les buralistes et les artistes aussi, toutes les victimes du baccalauréat, les martyrs de l'enseignement secondaire...

« Demandez-vous, chez le troquet où vous vous refaites au moins à votre faim, comment peuvent exister ceux-là de vos frères en Jésus-Christ qui, instruits, cultivés, savants même, trouvent à la fin de chaque mois 99 fr. 99,

---

1. Janvier 1898. *Les Prolétaires intellectuels en France*, par Henry Bérenger.
2. Conférence. *Les Débats*, 18 janvier 1898.

soit 3 fr. 33 par jour, pour suffire à leurs besoins, d'ailleurs doubles des vôtres. Hommes de la misère bleue, ayez pitié des hommes de la misère noire [1]. »

Il y a de l'exagération dans ces paroles, mais il y a beaucoup de vrai également. La classe ouvrière est moins à plaindre que les employés et les « déclassés » dont nous venons de parler ; car ses dépenses obligatoires sont moins élevées et elle gagne davantage. Ils ne sont pas rares, en effet, à Paris, les ouvriers gagnant, non pas 12 francs, car c'est là le fait d'un homme d'élite dans une industrie de luxe, mais bien 10, 9, 8 francs, c'est-à-dire de 250 à 200 francs par mois.

Ici cependant gardons-nous encore d'exagérer et n'allons pas croire à une aisance réelle, quand il n'existe, en fait, que de la médiocrité, de la gêne, que des privations et souvent la misère.

M. Harmel a calculé qu'il faut en moyenne, au Val-des-Bois, 0 fr. 60 par tête pour nourrir et entretenir une famille d'ouvriers ; supposez 4 enfants, cela fait, avec le père et la mère, 6 personnes, ce qui demande 3 fr. 60 par jour. Or, le Val-des-Bois est à la campagne, et l'on sait tous les efforts faits par M. Harmel pour mettre à la portée de ses ouvriers, au plus bas prix possible, toutes les choses dont ils ont besoin.

On n'exagérera donc pas en évaluant à 0 fr. 75 au lieu de 0 fr. 60, la somme nécessaire pour l'entretien d'une personne dans une ville moyenne, à 1 franc dans une grande ville comme Lyon, Marseille ou Bordeaux, et à 1 f. 50 à Paris. Cela ferait, pour la même famille de 4 enfants, 4 fr. 50 par jour dans une ville moyenne, 6 francs par jour dans une grande ville et 9 francs à Paris.

Or, si l'on calcule les salaires moyens gagnés par les ouvriers français sur les divers points du territoire, on

---

1. Émile Bergerat : *Misère bleue et misère noire. Éclair* du 14 octobre 1898.

constatera qu'ils sont à peu près partout sensiblement inférieurs à ces chiffres.

Prenons, par exemple, les ouvriers mineurs. La moyenne de leur salaire sur toute la France est de 4 fr. 68 pour les ouvriers de fond, et de 3 fr. 19[1] pour les ouvriers du jour. Ce serait suffisant pour les premiers, si cette industrie n'entraînait pas nécessairement de nombreux jours de chômage, mais en tout cas c'est insuffisant pour les seconds.

Pour Saint-Étienne, M. de Castelnau nous a donné, pour l'année 1892, les chiffres suivants, plus détaillés et très exacts :

A l'extérieur de la mine. .	3 fr. 38,	soit 1 030 fr. par an	
Un rouleur.	3 fr. 99,	— 1 177 fr.	—
Un remblayeur	3 fr. 93,	— 1 163 fr.	—
Un mineur.	5 fr. 15,	— 1 523 fr.	—
Un boiseur.	4 fr. 85,	— 1 432 fr.	—
Un piqueur	5 fr. 65,	— 1 664 fr.	—

Or, à Saint-Étienne, le prix moyen de la vie pour chaque membre d'une famille ouvrière étant de 0 fr. 75, c'est-à-dire de 4 fr. 50 pour une famille de six membres, on voit que les trois premières catégories d'ouvriers ne peuvent suffire à l'entretien de leur famille ; en fait, les autres ne le peuvent que très difficilement à cause d'une, deux, parfois trois journées de chômage que comporte l'industrie minière pendant la morte-saison; pour tous, cette gêne ira en s'accentuant si, au lieu de quatre enfants, ils en ont, ce qui est souvent le cas, cinq, sept, huit ou davantage.

La situation des mineurs de Saint-Étienne est cependant préférable à celle des ouvriers en métallurgie et, encore plus, des ouvriers passementiers, vu l'extrême fluctuation des prix, d'ordinaire peu élevés, et la fréquence des chômages dans ces deux industries [2].

1. *Bulletin de l'Office du travail*, mars 1894, p. 116.
2. Cf. l'*Œuvre des jardins ouvriers*, pp. 25 et suivantes. Librairie Retaux. Paris.

« Étant donné le coût de la vie dans la région, m'écrit, à propos des ardoisiers de Trélazé, M. Baugas, professeur d'économie politique à Angers, les salaires permettent, je crois, à un ouvrier ordinaire, non seulement de se marier, mais d'avoir des enfants et d'être prévoyant. Cependant, *au delà de trois enfants, la vie serait* bien difficile pour lui, s'il n'a mis de côté antérieurement. »

Est-ce donc qu'on ne devra avoir que trois enfants ?

Or, ces ouvriers reçoivent en moyenne de 3 à 5 et même 6 francs, à l'exception des journaliers qui n'ont que 3 francs. Qu'en sera-t-il donc des jardiniers qui sont notablement moins bien payés ?

« L'horticulture, m'écrit le même M. Baugas, est l'une des grandes industries d'Angers. Certaines maisons envoient des voyageurs jusqu'en Amérique et expédient des arbres verts, des arbustes et des arbres à fleurs, dans les cinq parties du monde. Presque toute la banlieue d'Angers est cultivée en pépinières.

« Le travail dans les pépinières, quoique fait au grand air, passe pour l'un des plus pénibles, par suite de la position penchée qu'il réclame presque continuellement.

« Le travail est payé à la journée.

« Du 1ᵉʳ avril au 1ᵉʳ novembre, la journée est de 12 heures. Les hommes robustes reçoivent 3 francs, les autres 2 fr. 50.

« En hiver, du 1ᵉʳ novembre au 1ᵉʳ avril, la journée n'est que de 8 heures, et les salaires sont diminués de 0 fr. 50. »

Comment entretenir une famille, à Angers avec 2 fr. 50 ou même 3 francs ?

Dans la riche plaine de la Limagne, dans les environs de La Palisse, des ouvriers carriers, ceux qui travaillent aux fours à chaux, à des travaux de drainage ou autres travaux semblables, gagnent, non nourris, 2 fr. 50 par jour et, s'ils travaillent à la tâche, près de 3 francs.

Dans la Creuse, « un ouvrier de métier, menuisier, charpentier, maçon, gagne à la campagne 2 fr. 50 ou 3 francs nourri, et 3 fr. 50 ou 4 francs non nourri ; seulement il n'aura régulièrement du travail que s'il est excellent ouvrier, de sorte qu'il aura ordinairement bien de la peine à élever une famille, s'il lui arrive d'avoir trois ou quatre enfants [1] ».

A Paris enfin, et cela a été l'occasion de la dernière grève, les ouvriers terrassiers ne gagnaient que 0 fr. 50 l'heure, c'est-à-dire environ 5 francs par jour. Et il s'en faut qu'ils soient les plus malheureux de tous. Combien d'autres, en effet, qui ne touchent que 0 fr. 45, que 0 fr. 40. Heureux encore s'ils peuvent les gagner ! Heureux surtout s'ils les reçoivent régulièrement ! Évidemment ceux-là ne sont pas les meilleurs, ni les plus forts, ni les plus adroits ; mais enfin, eux aussi, il faut bien qu'ils vivent ! Eux aussi ont le droit de se marier et d'avoir une famille !

Or, de tels salaires, avec la cherté des loyers et de la vie, avec la fréquence des chômages, avec les maladies et autres accidents dont il faut tenir compte, ne peuvent réellement pas le leur permettre.

Une autre catégorie d'ouvriers très intéressante, c'est celle des ouvriers agricoles. Ceux-là gagnent-ils assez et ont-ils suffisamment de travail assuré pour eux et leur famille ? On en jugera par les chiffres suivants, pris dans trois endroits différents de la France.

« Les bons ouvriers agricoles, m'écrit-on d'Angers, touchent de 450 à 500 francs par an, nourriture et blanchissage non compris, mais c'est un prix fort. » Moi-même j'ai pu interroger sur place, près d'Ancenis, un ouvrier employé à l'entretien d'un grand parc et sûrement payé au-dessus de la moyenne. Il gagnait 1 fr. 75 pendant la belle saison, et 1 fr. 50 pendant l'hiver, et il me disait qu'avec cela il avait très grande peine à se suffire, bien qu'il n'eût plus d'enfant à nourrir.

---

1. Lettres particulières.

« Vous me demandez, m'écrit de son côté un grand propriétaire de l'Allier, si le salaire d'un ouvrier agricole habitant la campagne et employé uniquement aux travaux des champs, lui permet d'élever une famille. Sans hésiter, je réponds : non. L'organisation du métayage, tel qu'il existe ici, ne comporte l'emploi d'ouvriers que pendant certaines périodes de l'année, alors que l'ouvrage est surabondant : au printemps, pour le binage des plantes sarclées, betteraves, pommes de terre, etc., salaire de 2 francs à 2 fr. 50 par jour, nourris (un mois environ); puis fauchaison (un mois), 2 fr. 50 à 3 francs ; moisson (trois semaines environ), 4 à 6 francs, nourris ; battages (un mois), 3 à 4 francs, non nourris. En dehors de cela, les métayers se suffisent avec les domestiques à l'année qui sont payés : de 14 à 16 ans, 200 francs environ ; de 16 à 18, 300 francs ; de 18 à 21, 400 à 500 francs... Les autres travaillent pendant le chômage aux fours à chaux ou à l'extraction de la pierre ou encore en assez grand nombre aux travaux de drainage à la tâche. Leurs femmes, si elles sont laborieuses, peuvent apporter un appoint au ménage en lavant des lessives ou en allant comme journalières, *quand l'âge des enfants le permet.* »

« Un journalier de la campagne, m'écrit de son côté mon correspondant de la Creuse, gagne, nourri, 1 franc, 1 fr. 25, 1 fr. 50 pendant l'année et selon la saison, et de 2 fr. 50 à 3 francs pendant la moisson. *De plus, le travail manque très souvent.* Un domestique à l'année gagne environ de 300 à 350 francs. »

Évidemment, la vie à la campagne est meilleur marché qu'à la ville, de plus en plus à mesure que le pays est plus pauvre ; mais, même dans les pays les plus pauvres, il y a une certaine limite minima au-dessous de laquelle il est impossible, à un homme qui n'a que ses deux bras, de prendre une femme, d'en avoir une famille nombreuse et de suffire à leur entretien.

Bien souvent, et dans presque toutes les situations,

pour un grand nombre de nos ouvriers français, leur salaire n'atteint point cette limite minima.

Voilà donc, de par l'inexorable loi de la nécessité, un nombre très considérable de braves garçons, ouvriers, employés de Compagnies, salariés de l'État, condamnés peut-être parfois à rester célibataires, ou au moins à se marier sur le tard, ou à limiter volontairement le nombre de leurs enfants.

Cela, — il faut avoir le courage de le dire, — n'est point dans l'ordre de la nature.

Ce sont là, il est facile de s'en rendre compte, des constatations pénibles à faire, et plus d'un lecteur me reprochera d'y avoir insisté, au risque de favoriser le socialisme.

Il aura tort. Je prétends, au contraire, faire œuvre de bon Français en dévoilant le mal dont tout à l'heure, du reste, j'indiquerai un des remèdes les plus pratiques.

Quant au socialisme, loin d'être un de ces remèdes pratiques à ce malaise social plein de menaces pour notre avenir, il ne serait, au contraire, qu'une aventure insensée dont le seul résultat serait de l'augmenter et d'en rendre la guérison radicalement impossible.

Si, en effet, il y a plus de solliciteurs que d'emplois, plus d'ouvriers que de travail, et si, par suite de cette surabondance de bras, les salaires et les traitements sont notoirement insuffisants, cela vient, non pas de la mauvaise volonté des Compagnies et des patrons qui, la plupart, font largement leur devoir, mais ne peuvent payer cher quand ils ne gagnent à peu près rien, cela vient du manque de travail qui lui-même découle nécessairement de notre crise industrielle et commerciale.

Si, en effet, le commerce extérieur était double de ce qu'il est aujourd'hui — et il devrait l'être — si nos usines produisaient deux fois plus de cotonnades, de soieries, d'articles métallurgiques, de produits chimiques, etc., qu'elles n'en produisent aujourd'hui, elles occuperaient deux fois plus d'ouvriers et les salaires augmenteraient naturellement, par suite de l'inexorable loi de l'offre et de la demande, puisque les ouvriers seraient plus rares et le travail plus abondant.

Ils augmenteraient également pour une autre raison. Nos usines, en effet, en se développant diminueraient leurs frais généraux, changeraient et perfectionneraient leur outillage et, par suite, produiraient à meilleur marché des marchandises meilleures. Elles entreraient ainsi dans une voie nouvelle de progrès et de succès qui leur permettrait tout naturellement de payer à leur personnel des salaires plus élevés.

Là est la solution et la seule solution possible de la crise industrielle et commerciale que nous traversons. Là est le seul remède possible au malaise dont nous souffrons.

Or, qui ne voit que le socialisme, loin d'aider au développement de notre industrie et de notre commerce extérieurs, aurait pour effet immédiat, au contraire, de l'amoindrir encore, de le diminuer, sinon de l'anéantir. Et il ne serait peut-être pas dans l'erreur, celui qui chercherait dans le développement et la crainte du socialisme, dans les concessions imprudentes qu'on lui a faites, une des causes principales de la stagnation des affaires.

Nous avons un patrimoine commun d'une certaine étendue appartenant à 38 millions de Français. Il se compose de notre territoire, de nos usines, de nos mines, de notre outillage national, de nos institutions de commerce, du savoir de nos ingénieurs, de celui de nos savants et de nos hommes d'affaires. Efforçons-nous tous de le développer et de l'augmenter, et tout naturellement, par la force des choses, chacun en aura une plus grande part, l'opinion, les mœurs, le travail, les transformations sociales, etc., tendant nécessairement à une répartition plus équitable.

Si, au contraire, nous le diminuons, chacun en possédera une partie plus faible, chacun sera plus pauvre, chacun souffrira davantage. Et cela en dépit de tous les rêves socialistes ou collectivistes.

Or, le moyen de l'augmenter ?

Le moyen le plus pratique pour le moment, celui que tout le monde devrait promouvoir parce qu'il ne relève d'aucune école et ne soulève aucune question de principes, c'est l'émigration, l'émigration des Français au dehors et surtout vers nos colonies.

L'émigration, en effet, nous l'avons vu dans le chapitre précédent, développerait fatalement et rapidement notre commerce au dehors et, par suite, notre industrie à l'intérieur, et la conséquence de ce développement, nous venons de l'établir, serait l'augmentation des salaires.

De plus, l'émigration, en envoyant aux colonies une partie suffisamment nombreuse de ceux qui sollicitent du travail, une place ou un emploi, diminuerait le nombre de ces solliciteurs dans la Métropole, permettant ainsi à ceux qui resteraient d'être plus exigeants et de faire rétribuer davantage leur travail ou leurs services.

L'émigration, enfin, enverrait au dehors des jeunes gens d'initiative et de valeur qui s'y établiraient, qui y prospéreraient, qui y feraient fortune, soit pour y rester et y fonder une famille, soit pour rentrer plus tard en France avec la fortune qu'ils auraient acquise.

Dans l'un et l'autre cas, tout serait avantage pour la métropole.

Quand, autour d'une table, on est trop nombreux pour que tout le monde y soit assis à l'aise, on envoie les enfants dîner dans la salle à côté. En France, aujourd'hui, pour des raisons multiples et très complexes, la table est trop petite ; envoyons donc quelques-uns de nos enfants dîner au dehors, et faisons-le sans regret, car ils y mangeront mieux que chez nous.

Il existait autrefois, au fond de nos vieilles provinces de France, il existe encore dans quelques coins reculés, de ces familles patriarcales vivant ensemble sur la même ferme et sous le même toit, jusqu'à la seconde, la troisième et parfois la quatrième génération. Mais un moment arrive où, par suite de l'accroissement naturel de ses membres, de l'appauvrissement du patrimoine, de la stagnation des affaires, etc., la ferme ne peut plus les nourrir tous. Nécessairement alors, il faut que la famille essaime et qu'une partie de ses membres, les plus jeunes et les plus décidés, s'en aillent chercher fortune ailleurs. Notre terre de France, si riche et si féconde soit-elle, ne suffit plus aujourd'hui à nourrir tous les enfants de la famille française. Envoyons donc les plus hardis, les plus courageux d'entre eux chercher fortune dans les pays étrangers et particulièrement dans nos colonies.

Ils ne pourront qu'y gagner et nous aussi ; car l'émigration au dehors, mais une émigration suffisamment nombreuse, sera peut-être la solution des redoutables problèmes sociaux qui se posent impérieusement en ce moment, et en particulier de la redoutable crise économique que nous traversons.

« La guerre, disait très justement le colonel Monteil à une séance publique de la Société des Amis des explorateurs, c'est la solution violente d'une crise économique ; l'émigration en est la solution pacifique. »

CHAPITRE IV

QUE NOUS DEVONS ÉMIGRER POUR RELEVER NOTRE NATALITÉ ET AUGMENTER NOTRE POPULATION

La diminution progressive et constante du nombre des naissances en France, « l'abaissement de la natalité », pour employer le mot technique, est sûrement le plus grave des dangers qui menacent notre race. On a beau avoir du ressort et être prêt à espérer contre toute espérance, on ne peut y penser sans épouvante. Ou bien sous l'influence de mesures d'ordre divers, mais urgentes, cette natalité se relèvera, ou bien dans un nombre restreint d'années la race française aura disparu de la terre, perdue et noyée dans le flot toujours croissant de l'invasion de races rivales plus prolifiques. Nous avons beau être intelligents et nous enorgueillir des merveilles accomplies par nous dans les siècles passés, ou bien compter sur les productions de l'esprit français, ou encore multiplier nos armements et perfectionner nos moyens de défense, bientôt nous ne compterons plus, et sur une stèle édifiée par les Germains ou les Saxons, sur les bords de la Seine on lira : « *Finis Galliæ.* »

Il y a longtemps que le cri d'alarme a été poussé par des hommes prévoyants, prédicateurs ou publicistes, philosophes ou hommes d'œuvre, longtemps aussi que des Sociétés se sont fondées pour enrayer le fléau et arrêter ses ravages, le mal va tous les jours grandissant.

« Il ne s'agit plus aujourd'hui de la stagnation de la population en France, mais de son recul, écrivait il y a quelque temps dans le *Journal des Débats* M. Paul Leroy-Beaulieu... On connaît les chiffres concernant l'année 1895. Pour la *quatrième* fois depuis 1890, la mortalité annuelle a dépassé la natalité. On n'a eu que 834 000 naissances contre 852 000 décès, soit 18 000 de plus de ceux-ci. Le chiffre des naissances est le plus faible que l'on ait encore vu, sauf l'année 1871, où il fut de 826 000. Il s'était ensuite relevé et soutenu pendant une dizaine d'anées entre 900 000 et 966 000. Puis, plus récemment, après être tombé à 838 000 en 1890, les naissances s'étaient relevées à 875 000 en 1893 ; elles sont revenues, en 1895, au-dessous du chiffre si bas de 1890 [1]. »

---

[1]. En 1896, le chiffre des naissances l'a emporté sur celui des décès de près de 93 700 et en 1897 de 108 887. Ce résultat serait rassurant si un examen, même superficiel, des statistiques ne nous montrait aussitôt qu'il est dû au seul abaissement de la mortalité, car la natalité continue à diminuer. En 1896, en effet, nous avions 865 586 naissances ; seulement 859 907, ou 6 479 de moins,

Nous avons donc perdu :

38 446 habitants en 1890
10 505 — — 1891
20 041 — — 1892
18 000 — — 1895

En sorte que « la population française diminue ainsi d'une vingtaine de mille âmes par an », conclut M. Leroy-Beaulieu.

Un statisticien de valeur, le Dr Bertillon, analysant les statistiques de 1895 qui sont « particulièrement terrifiantes », va encore plus loin dans ces constatations et entre davantage dans les détails.

« Depuis cinq ans, dit-il, les décès l'emportent sur les naissances dans 58 départements, et parmi les 29 autres, il n'y en a que deux, le Nord et le Pas-de-Calais, où l'excédent des naissances soit sensible (19 835 pour les deux départements). Dans tous les autres, les résultats sont déplorables. Dans la Bretagne même (dont la fécondité est pourtant légendaire), l'Ille-et-Vilaine présente un excédent de décès et les Côtes-du-Nord équilibrent à peine les leurs.

« Mais que dire des départements normands, bourguignons, gascons? Dans la plupart d'entre eux, le nombre des décès excède *d'un tiers* celui des naissances ! Par exemple dans l'Eure, il y a 6 100 naissances et 9 606 décès, c'est-à-dire 2 naissances pour 3 décès.

« A ce compte, il suffit d'une génération pour ruiner le pays.

« Dans certains cantons, le mal est pire encore, et il y a 1 naissance pour 2 décès. Telle est la situation qui tend à se généraliser dans la France entière.

« Dans certaines parties du Cotentin où M. Arsène Dumont a suivi génération par génération l'histoire de chaque famille, des villages entiers ne sont plus qu'un amas de maisons ruinées : les guerres les plus désas-

en 1897, et seulement 843 933 en 1898, ou 15 174 de moins. Les conclusions de M. Leroy-Beaulieu sont donc complètement justifiées.

treuses, l'incendie, la peste, n'auraient pas exercé de ravages plus terribles [1] ! »

Cette effrayante diminution s'est donc vivement accentuée pendant ces dernières années. Mais, hélas ! elle remonte à une époque plus éloignée ; en fait, elle remonte au commencement de ce siècle, c'est-à-dire à la date même où nos funestes lois du partage forcé ont commencé à produire leurs effets.

En voici la preuve.

Pour 1 000 habitants, on avait :

En 1801-1810 . . . . 33 naissances
— 1811-1820 . . . . 32 —
— 1821-1830 . . . . 31 —
— 1831-1840 . . . . 29 —
— 1841-1850 . . . . 27 —
— 1851-1860 . . . . 26 —
— 1861-1870 . . . . 26 —
— 1871-1880 . . . . 25 —
— 1881-1890 . . . . 24 —
— 1891-1895 . . . . 21,6 —

Ce qui donne le graphique suivant :

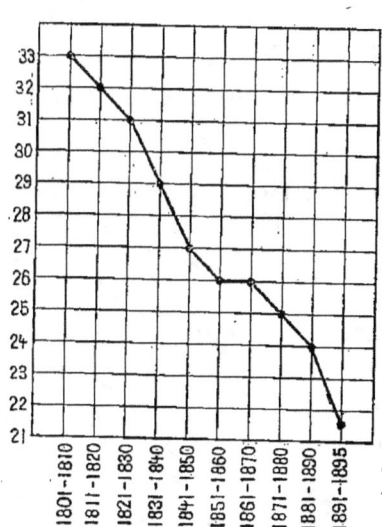

1. D' Bertillon . *Le Problème de la Dépopulation*, p. 11. — Extrait de la *Revue Politique et parlementaire*, juin 1897.

La loi est générale. Elle se retrouve, par exemple, dans une cité essentiellement ouvrière et renommée pour ses familles nombreuses, la ville de Saint-Étienne. Voici, en effet, le relevé que j'ai pu faire sur place dans une publication locale officielle :

	Pour 1 000 habitants		
	Naissances.	Mortalité.	Mariages.
1791-1800	37,38	29,01	8,71
1801-1810	39,20	25,75	8,74
1811-1820	40,47	26,28	8,67
1821-1830	41,14	25,86	8,13
1831-1840	45,09	30,21	8,95
1841-1850	38,38	27,72	8,93
1851-1860	38,19	26,50	9,91
1861-1870	36,22	26,79	8,68
1871-1880	31,07	25,42	9,44
1881-1890	26,59	23,27	8,00
1891-1896 (inclus)	24,27	22,36	8,69

La diminution est encore plus apparente dans le graphique ci-après, p. 152.

« Tous les départements, sans exception, présentent une diminution de natalité depuis le commencement de ce siècle [1] », poursuit le Dr Bertillon, de telle sorte que bientôt le chiffre total de la population baissera dans toute la France.

En 1886 ce chiffre croît dans 58 dép. et décroît dans 29
— 1891 — 32 — 55
— 1896 — 23 — 63

« Or, ces 23 départements sont ceux qui ont de grandes villes où la population augmente, non par l'excès des naissances sur les décès, mais par l'immigration des campagnards vers les villes. »

Si le chiffre total de la population en France ne décroît

---

1. Voir l'art. *France*, par le Dr Bertillon père, dans le *Dict. Enc. des Sc. méd.*

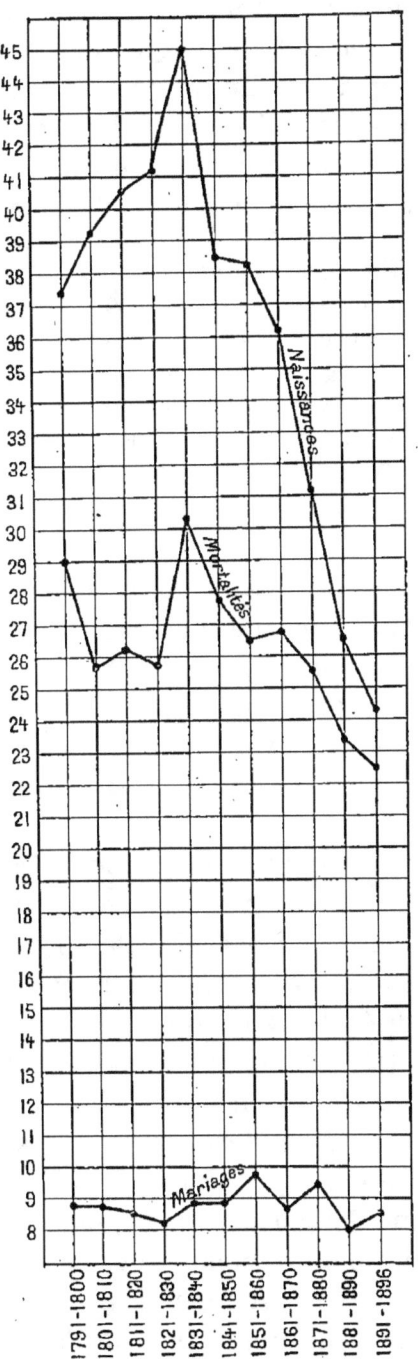

Natalité, mortalité, mariages à Saint-Etienne.

pas, en fait, et même continue à augmenter légèrement, ce n'est donc pas à notre natalité que nous le devons, mais à un fait corrélatif de la diminution de notre natalité, à l'introduction d'éléments étrangers de plus en plus nombreux à mesure que nos enfants sont plus rares.

D'après les recensements officiels, il y avait :

En 1851 . .	379 280	étr. plus	13 525	natur., en tout	392 814
— 1861 . .	506 381	—	15 259	—	521 640
— 1866 . .	655 036	—	16 286	—	671 322
— 1872 . .	740 668	—	15 203	—	755 971
— 1876 . .	801 754	—	34 510	—	836 264
— 1881 . .	1 001 090	—	77 046	—	1 078 136
— 1886 . .	1 126 531	—	103 886	—	1 230 417
— 1891 . .	1 130 211	—	170 704	—	1 300 915

« Aucun pays de l'Europe ne contient un nombre aussi énorme d'étrangers. Presque tous ces étrangers viennent se fixer en France, non pas pour y dépenser de l'argent, mais, au contraire, pour en gagner. D'après le recensement de 1891, il n'y en avait, à cette époque, que 65 664 qui appartinssent à des familles vivant exclusivement de leur revenu. »

« L'état dont nous approchons, conclut le Dr Bertillon à qui j'emprunte ces chiffres, est celui de cette usine, située près de Nancy, dont parle M. Debury. Son directeur est Allemand, capitaine de la landwehr ; son contremaître, Allemand, également capitaine ; tous ses ouvriers, Allemands et soldats allemands. Lorsque la landwehr est convoquée, l'usine est fermée. Les Français sont seulement admis à payer la gendarmerie qui la garde ; s'il lui arrive cependant dommage, à payer une indemnité ! »

Il y a là un grand danger pour nous, pour notre sécurité, pour notre tempérament national, pour ce que j'appellerai notre individualité. Nous sommes à peu près dans l'état de ces malades au sang appauvri que l'on fortifie artificiellement par des injections d'un sérum étranger. Cela ne réussit pas pour longtemps et cela peut modifier plus ou moins tout leur être. Ils ont cessé de s'alimenter et de se fortifier par les moyens naturels : quoi qu'ils fassent, leurs forces continueront à décroître, leur énergie et leur intelligence à s'affaiblir, la décrépitude viendra, et, après elle, la mort.

Ce qui aggrave encore le mal et rend le danger plus menaçant, c'est précisément le fait qu'il nous est particulier et n'existe pas ou existe à peine chez nos voisins.

« La France, dit en effet le Dr Bertillon, est de tous les pays d'Europe celui où la natalité est de beaucoup la moindre... Ce n'est pas assez dire. *La France*, poursuit-il, *est le seul grand pays d'Europe où se rencontre cet inquiétant phénomène.* »

Et il le prouve par les chiffres suivants :

« Sur 1 000 habitants :

	en 1841-1881	en 1881-1890
L'Allemagne (territoire actuel) avait vivants à un an.	38	38
L'Autriche.	38	38
L'Angleterre	33	33
L'Italie	37	38
La France.	27	24 puis 21,6

« Ainsi la natalité de l'Allemagne, de l'Autriche et de l'Italie est invariablement de 38 naissances annuelles pour 1 000 habitants ; en France, elle est de 21 à 22 seulement. Et de plus, *en France et en France seulement, elle va sans cesse diminuant !* »

Que le mal s'étende depuis quelque temps et gagne les pays anglo-saxons, et même les pays allemands, cela n'est pas douteux. Mais là il n'est encore qu'à la période initiale, et relativement peu sensible. Tandis que chez nous, il est devenu général.

« De là vient cette décroissance numérique qui fait que la France n'occupe plus dans le monde la position véritablement privilégiée qui était la sienne au siècle dernier. »

D'après les études si remarquables de M. Levasseur, en 1700 :

La France avait.	20 000 000	d'habitants
La Grande-Bretagne et l'Irlande.	8 à 10 000 000	—
L'Empire d'Allemagne	19 000 000	—
L'Autriche	12 à 13 000 000	—
La Prusse.	2 000 000	—
En tout	50 000 000	—

La France comptait 40 p. 100 de cette population totale. Elle était la plus peuplée de ces monarchies et, par suite, la plus puissante, au double point de vue économique et militaire.

En 1789, on avait à peu près les chiffres suivants :

France	26 000 000	d'habitants
Grande-Bretagne et Irlande. . . .	12 000 000	—
Russie	25 000 000	—
Empire d'Allemagne	28 000 000	—
Autriche	18 000 000	—
Prusse	5 000 000	—
En tout.	96 000 000	—

Nous ne comptions donc, malgré l'acquisition de la Lorraine et de la Corse, que pour 27 p. 100 au lieu de 40 p. 100 en 1700.

Cette différence cependant n'était due qu'à des causes extérieures, l'entrée en scène de la Russie et l'accroissement rapide de la population en Allemagne.

Depuis lors, le fléau de la diminution de la natalité intervient. En 1890 :

La France possède	38 343 192	habitants
La Grande-Bretagne et l'Irlande.	37 880 764	—
L'Autriche-Hongrie	41 384 956	—
L'Empire allemand	49 428 470	—
La Russie d'Europe	102 419 809	—
L'Italie	30 347 291	—
Soit en tout.	300 000 000	—

En 1895 enfin :

La France compte	38 475 000	habitants
L'Empire allemand	52 250 894	—
La Grande-Bretagne et l'Irlande	39 465 720	— (1896)
L'Autriche-Hongrie	44 288 587	— (1897)
La Russie d'Europe	99 936 560	— (1893)
L'Italie	31 102 833	—
Soit en tout	305 514 594	—

Nous ne comptons plus désormais que pour 12 p. 100 au lieu de 27 p. 100 en 1789 et de 40 p. 100 en 1700.

« La population allemande, en cinq ans, remarque à passé, sans annexion de territoire et en ne tenant pas compte des innombrables colons qu'elle a répandus un peu partout sur le globe, aux États-Unis, en Australie, au Cap, etc., de 8 à 38 millions d'habitants, tandis que la nôtre n'a même pas doublé depuis Louis XIV, malgré l'annexion de 5 provinces.

« La population allemande, en cinq ans, remarque à ce propos le Dr Bertillon, s'est accrue de 3 millions d'habitants : deux fois l'Alsace-Lorraine ! ces mêmes cinq années la population française s'est accrue de 175 000 habitants. Cet accroissement minuscule est identique à l'accroissement de l'Angleterre en quatre mois. Nous mettons cinq ans à le réaliser. Encore n'est-ce qu'un accroissement fictif, dû à l'immigration étrangère. L'empire russe compte 129 millions en 1897 [1]. »

En dépit d'une forte émigration, écrit de son côté M. Georges Blondel, la population de l'Empire allemand a, de 1872 à 1897, augmenté de 12 300 0000 individus, c'est-à-dire de 30 p. 100. Elle atteint aujourd'hui 53 324 000 âmes.

L'augmentation annuelle (déduction faite de l'émigration) est de plus d'un million d'individus. Il naît 2 Alle-

---

[1]. *La Dépopulation*, p. 7.

mands quand il naît 1 Français. Il n'est que trop facile de pressentir dans ces conditions ce que sera la situation respective des deux pays dans vingt-cinq ou trente ans. »

Et il donne alors en note le tableau suivant du progrès de la population de l'Allemagne depuis vingt ans.

1875	42 727 000	habitants
1880	45 234 000	—
1885	46 840 000	—
1890	49 428 000	—
1895	52 000 000	—
1896	53 324 000	—

« L'Allemagne a donc 16 000 000 d'habitants de plus que la France. En 1896 il y a eu 816 000 naissances de plus que de décès, chiffre énorme qui, du reste, n'avait jamais été atteint, mais qui sera souvent dépassé dans l'avenir.

« Or, il n'y a pas à en douter, la seule cause de cette croissance rapide est le nombre plus grand des naissances que des décès, car l'émigration dépasse toujours l'immigration [1].

« La perspective de l'avenir de la France, disait, en 1897, le leader de l'opinion anglaise, le *Times* [2] est bien faite pour jeter la perplexité et l'alarme dans l'esprit de ses hommes d'État réfléchis.

« Au commencement du siècle, la population de la France était presque le double de celle de la Grande-Bretagne. Aujourd'hui la population de cette dernière l'emporte sur celle de la France.

« La Grande-Bretagne a augmenté sa population de 200 p. 100 depuis la fin du siècle dernier, et la France ne s'est accrue que d'environ 50 p. 100. »

De quelque côté donc qu'on envisage la question de la natalité en France, soit en elle-même, soit comparative-

---

[1] *L'Essor industriel et commercial du peuple allemand*, par Georges Blondel, pp. 12, 13.
[2] Le *Times*, 1897.

ment au mouvement de la population des pays rivaux, la conclusion est la même. On s'en rendra mieux compte par le graphique suivant :

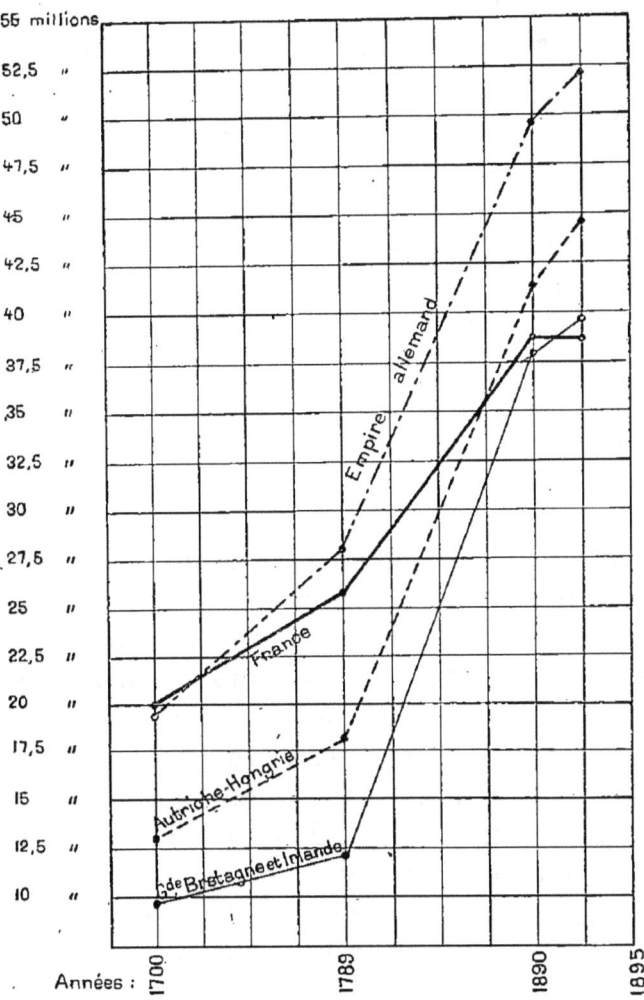

Le mal est immense et, comme un cancer social, va chaque jour s'agrandissant, se multipliant, s'étendant partout, et tellement menaçant que l'on peut se demander à bon droit si jamais il disparaîtra.

C'est que, hélas ! les causes en sont nombreuses et profondes.

Nos lois fiscales, en imposant à tous des charges de plus en plus lourdes ; le partage des héritages, en émiettant à l'infini la succession paternelle, si les enfants sont tant soit peu nombreux ; l'accroissement du luxe et du bien-être qui font redouter les nombreuses familles, trop coûteuses à élever ; notre désir désordonné de posséder le plus possible et d'empêcher le partage, après notre mort, de la propriété que nous avons acquise ou de la maison que nous avons fondée ; notre ambition inepte, non pas de bien élever nos enfants et de les armer contre la vie, mais de leur laisser le plus possible ; je ne sais quel triste égoïsme par suite duquel nous ne voulons pas d'un concierge, d'un domestique ou d'un employé qui ait de nombreux enfants ; surtout notre funeste loi de 1889 qui retarde les mariages de tous nos jeunes gens, leur apprend à préférer à celui de leurs villages le séjour des villes et leur enseigne les plaisirs faciles qui les éloigneront du devoir et des charges de la paternité ; notre système d'enseignement supérieur qui, inévitablement, en les attirant dans les grandes villes où, encore enfants, ils jouiront de toutes les libertés, produit les mêmes résultats pour les fils des classes moyennes et élevées ; nos mœurs si relâchées, notre littérature, si libre d'allures quand elle n'est pas franchement obscène, notre théâtre devenu trop souvent une école de vice ; « le progrès de la science », comme dit un publiciste contemporain — triste progrès, hélas ! — et l'imprudence de certains médecins qui enseignent le mal au lieu de s'efforcer de le détruire ; la licence des réunions publiques, courses, bals de banlieue et autres ; celle de la rue où l'affiche va provoquer ceux qui ne voudraient pas la voir ; nos institutions, nos coutumes, l'esprit public, la perspective du divorce ; l'insuffisance des salaires pour la classe ouvrière, l'insuffisance encore plus grande des traitements des petits employés du commerce, de l'industrie, de l'administration ; nos lois, notre régime administratif et financier, nos institutions qui toujours favorisent le célibataire et s'appesantissent plus lourdement sur les familles à mesure qu'elles sont plus nombreuses, et par-dessus tout l'affaiblissement des fortes croyances et l'oubli pratique de la morale chrétienne, voilà les principales causes de ce triste mal qui a commencé chez nous, qui nous ronge et nous ruine plus que toute autre nation, qui sûrement amènera la fin de notre race s'il ne se produit — et se produira-t-elle jamais ? — une vive réaction pour nous arracher à cette pente fatale.

Il appartiendrait donc à un gouvernement digne de ce nom, il appartiendrait à des hommes d'État sérieux et soucieux de l'avenir et de la grandeur de la France, de chercher un remède à ce fléau de la dépopulation, et pour cela de s'attaquer hardiment à toutes les causes qui le produisent, la dépravation des mœurs, la licence de la presse, du livre, du théâtre, de la rue, des réunions publiques ; à notre loi néfaste du recrutement ; à notre système financier et administratif ; à tout ce qui invite les hommes à ne point se marier ou à ne point avoir d'enfants ; de favoriser, au contraire, de tout leur pouvoir les familles nombreuses, à qui l'on réserverait toutes les faveurs. Il appartiendrait à ce gouvernement de rechercher parmi ces causes celles qui sont de son ressort et, par un ensemble de mesures et de lois appropriées à ce sujet délicat et important entre tous, d'en atténuer, sinon d'en supprimer complètement, les funestes conséquences.

On raconte que Napoléon Ier qui possédait bien, lui, quelques-unes des qualités de l'homme d'État, avait coutume dans ses salons de demander aux dames avec qui il s'entretenait : « Madame, combien avez-vous d'enfants ? » et de ne point cacher sa satisfaction à celles qui avaient donné de nombreux défenseurs à la patrie. On a pu rire de cette manie. On a pu dire que Napoléon n'était guidé que par son désir d'avoir en plus grande quantité de la « chair à canon ». Je le veux bien. Mais, malgré tout, je préfère cette inquiétude à la liberté d'allures et de conduite d'aujourd'hui et à notre inexplicable insouciance d'une question dont l'importance prime toutes les autres.

Le gouvernement donc devrait tendre de toutes ses forces :

1° A la réforme de notre loi de recrutement qui pèse si lourdement sur le pays et compromet, au point de vue qui nous occupe, l'avenir même de la patrie ;

2° A la réforme de nos lois de succession qui sont la cause primordiale, et peut-être la plus importante, parmi celles qui ont amené la diminution de la natalité dans notre malheureux pays.

Il devrait également favoriser de toutes ses forces les mesures tendant à diminuer la mortalité des enfants.

Sur 100 enfants de moins d'un an, il en meurt 10 en Norvège, 12 en Écosse, 13 en Suède, 14 en Danemark, 15 en Belgique, 16 en Angleterre et en France. Pourquoi 16 en France, ce pays au climat si favorisé, et 10 seulement en Norvège ? Cette mortalité reste à 10 p. 100 dans les pays de France où la mère allaite elle-même son enfant : Creuse, Landes, Haute-Vienne, etc., et elle monte à 20 et à 25 dans ceux où elle le met en nourrice hors de chez elle : Normandie, Eure-et-Loir, Yonne, Nièvre, Rhône, Vaucluse, etc. Pourquoi les mères de ces pays n'allaitent-elles pas leurs enfants ?

Enfin il devrait également prendre l'initiative de mesures fiscales tendant toutes à favoriser, dans la plus large mesure possible, les familles nombreuses au détriment de celles qui le sont moins, ou bien encore de mesures de police pour aider au relèvement de notre moralité, à la protection de l'enfance et de la jeune fille, à la répression de tout ce qui pousse au vice, à l'inconduite, au désordre.

Un véritable homme d'État surtout, rompant avec les errements du passé, favoriserait de toutes ses forces cette religion chrétienne qui est bien — qui oserait le nier ? —

la plus sérieuse digue à la dépravation des mœurs et en particulier le plus sérieux obstacle à la diminution de la natalité.

« Il y a vingt ans, remarque M. Leroy-Beaulieu, dans l'étude déjà citée, nous écrivions dans ce journal que, au fur et à mesure que les anciennes mœurs et les anciennes croyances s'altéreraient dans les 20 ou 30 départements où elles tenaient encore bon, l'excédent déjà très faible alors des naissances sur les décès s'atténuerait et que ceux-ci même finiraient par prendre le dessus. »

L'événement ne lui a que trop donné raison. C'est là une vérité de fait sur laquelle personne ne peut élever de doute sérieux.

Aussi est-on étonné de voir un homme de la valeur de M. Bertillon ne pas oser l'affirmer.

« On a attribué, dit-il, cette diminution de la natalité avec plus de raison peut-être à l'affaiblissement des convictions religieuses. Cette cause est niée par de fort bons esprits parce qu'il est très difficile de donner la preuve statistique de sa réalité ; la statistique mal interprétée indiquerait même le contraire, car le faubourg Saint-Germain, quoique sincèrement pieux, présente une natalité bien inférieure à celle de Ménilmontant, quoique le tiers des enterrements y soit civil. »

« En Belgique, ajoute-t-il, la natalité diminue malgré le progrès des convictions religieuses et quoique ce pays se soit donné, depuis plus de dix ans, un gouvernement exclusivement catholique.

« C'est qu'en effet, conclut-il, l'influence des convictions religieuses, si tant est qu'elle soit réelle en pareille matière, — mon avis est qu'elle l'est, — est du moins très secondaire et dominée de beaucoup dans la plupart des familles (mais non pas dans toutes) par des considérations de fortune dont j'ai déjà parlé… »

On le voit, le consciencieux satisticien pressent la vérité et, timidement, l'admet, comme une opinion personnelle qu'il n'ose pas cependant affirmer nettement. Peut-être même ne faudrait-il pas le presser beaucoup pour l'amener à trouver dans la statistique la confirmation de ce fait « nié par de fort bons esprits ».

« La restauration des idées religieuses, si elle était possible, conclut-il, aurait peut-être quelque effet sur la natalité. Les études démographiques montrent la grande influence que la religion a sur les mœurs... et prouvent que les hommes mettent en pratique, plus qu'on ne pourrait le croire, les prescriptions de leur religion. »

M. Bertillon est plein de bienveillance pour les convictions religieuses. Mais il me semble — me trompé-je en cela ? — qu'il n'a qu'une connaissance vague et imparfaite et de la doctrine et de la morale chrétiennes, et je ne retrouve plus, dans les passages que je viens de citer, la netteté et la vigueur de sa logique ordinaire.

En Belgique, il confond ou semble confondre le « progrès des idées religieuses » avec un gouvernement « depuis dix ans exclusivement catholique ». Ce n'est pas la même chose. Dans le faubourg Saint-Germain, il paraît ne pas tenir compte de ce fait, cependant capital, qu'il y a un très grand nombre de gens de service, dont la plupart ne sont pas mariés, ce qui diminue notablement le nombre des enfants. Surtout il oublie que, pour apprécier l'influence de la religion dans cette grave question de la natalité, il faudrait en écarter d'abord toutes les autres causes très réelles que nous avons sommairement indiquées, et qui ont aussi leur influence, et alors, mais alors seulement, comparer, dans des conditions identiques, les endroits où elles se sont maintenues intactes avec ceux d'où elles ont disparu : un village rural de la Bretagne ou de l'Aveyron avec un village rural de la Basse-Normandie ; les familles de propriétaires du Bocage avec celles de Seine-et-Oise ou de Seine-et-Marne ; un certain nombre de familles restées pratiquement chrétiennes dans nos grandes villes avec celles de la même situation qui ne le sont pas, etc. Et alors il verrait que même la statistique « bien interprêtée » prouve quelque chose. Le problème vaut la peine d'être élucidé, et tout le monde lui serait reconnaissant de le tenter.

En attendant, qu'il veuille m'en croire — j'ai assez étudié la question et assez regardé autour de moi pour m'être formé une opinion à ce sujet, — M. Leroy-Beaulieu est dans le vrai en affirmant que « au fur et à mesure que les anciennes mœurs et les anciennes croyances s'altèrent, l'excédent des naissances sur les décès s'atténue »... Lui-même a raison quand il écrit que « l'influence des convictions religieuses est réelle en pareille matière » et que « les hommes mettent en pratique plus qu'on ne pourrait le croire les prescriptions de leur religion ». Car, et c'est là la solution de la question, *il est impossible à un catholique qui pratique sincèrement sa religion de limiter volontairement le nombre de ses enfants*, il y a incompatibilité absolue entre les deux pratiques.

La conclusion serait donc de favoriser de tout son pouvoir la diffusion et la pratique de la vérité religieuse.

Mais comme de longtemps on ne voudra pas recourir à ce moyen, comme, du reste, il faudrait de longues années d'efforts avant que nos mœurs refaites et nos croyances restaurées par une éducation toute différente de celle d'aujourd'hui, fissent sentir leur bienfaisante influence ; comme nos pouvoirs publics hésiteront également longtemps, si jamais même ils osent le tenter, à refaire les lois et à changer les institutions qui influent si malheureusement sur le mariage et sur la famille ; comme, pour citer encore M. Leroy-Beaulieu « en ce qui concerne la natalité, malgré tous les efforts des Ligues philanthropiques et nationales, et l'action fiscale que l'on voudrait mettre en jeu, il est bien à craindre que l'on n'obtienne que des résultats infinitésimaux, si tant est qu'on en obtienne aucun », essayons, en attendant, d'un autre remède qui ne guérira pas complètement le mal, mais qui pourra, au moins, l'atténuer, je veux dire l'émigration, mais une émigration suffisamment nombreuse pour diminuer l'encombrement de la population en France et, par suite, permettre aux éléments restants de se multiplier dans une plus grande proportion ; qui fonde au dehors des centres féconds de population française où, sous l'influence de circonstances toutes différentes de celles qui nous régissent, se retrouvera la fécondité native de notre race.

On pourrait, en effet, facilement établir comme une loi d'expérience, ce fait, maintes fois constaté, que plus une population émigre, plus le nombre des enfants augmente dans la patrie d'origine, de telle sorte que l'émigration, loin de diminuer la population d'un pays, aide au contraire puissamment à son accroissement. A première vue, cela ressemble à un paradoxe ; mais ce n'en est pas moins une vérité incontestable. On n'a, pour s'en rendre compte, qu'à consulter les statistiques des divers pays, et l'on verra que les nations où la population croît le plus rapidement, l'Angleterre, l'Allemagne, la Russie, l'Italie, sont précisément celles d'où l'on émigre le plus.

« Depuis plusieurs années, écrivait à ce propos, il y a déjà quelque temps le général Niox, l'émigration entraîne vers la « Confédération Argentine un grand nombre de Basques ; la population, loin de décroître, s'augmente et le dernier recensement (1886) accusait un accroissement de 4 000 habitants dans le département des Basses-Pyrénées. C'est qu'une partie des bénéfices réalisés par les émigrants a reflué sur leur pays d'origine et y a amélioré les conditions de la vie. »

Tout de suite on m'objectera l'exemple de l'Irlande, dont la population a si rapidement décru depuis un siècle ou deux par le fait, assure-t-on, de son exode trop nombreux aux États-Unis et en Australie. Et quand cela serait, que faudrait-il en conclure, sinon que l'émigration ne doit point dépasser en quantité une certaine limite ? Cela est évident. Si, de six enfants, cinq s'en vont aux colonies ;

si, de dix familles, huit vont s'établir hors de leur pays, tout naturellement la population de ce pays diminuera. Mais il y a bien d'autres explications nombreuses et importantes à la diminution de la population de l'Irlande, dont il faudrait tenir compte si l'on veut être juste, par exemple, pour ne citer que celle-là, la famine qui, à maintes reprises, a décimé cette population, celle en particulier qui, en 1741, aurait fait périr par inanition ou par épidémie consécutive 400 000 personnes !

La règle n'en reste donc pas moins certaine. Plus un peuple émigre, plus il se multiplie, à peu près comme ces plantes ou ces bois taillis qui produisent un plus grand nombre de rejetons, à mesure qu'on les émonde davantage, comme ces ruches d'abeilles qui se reforment et se complètent aussitôt qu'un essaim les a quittées.

La raison en est simple : quand il y a encombrement dans un pays, que la vie est plus dure, que l'air et l'espace y sont mesurés à chacun, il est plus difficile de se multiplier en nombre que si, la population étant plus rare, les moyens de vivre étaient plus faciles et plus abondants.

« Si la race française, dit à ce propos le général Niox, paraît être devenue inféconde, cette stérilité tient surtout à ce que la population française a désormais atteint sur le continent le maximum de densité compatible, d'une part, avec les productions du sol, d'autre part, avec les conditions de la vie sociale en France. La statistique prouve qu'après chacune des grandes guerres, dans lesquelles les pertes avaient été considérables, il se levait de suite, en France, une abondante moisson de générations nouvelles ; mais les vides une fois comblés, la nation cessait de grandir, comme si elle avait atteint de nouveau une limite qu'à l'époque considérée elle ne pouvait que difficilement dépasser.

« Cette limite a pu être dépassée tant que les sources de production du pays n'étaient pas entièrement utilisées.

Mais aujourd'hui que l'exploitation du sol approche de son maximum de développement[1], il n'y a guère de place dans la France européenne pour des générations plus nombreuses. Que la nation ait besoin d'hommes au dehors, qu'elle sache comment créer des établissements nouveaux, elle en produira... »

C'est donc bien à tort, disons-le en passant, que certains se sont effrayés pour notre puissance militaire d'un mouvement d'émigration au dehors, puisque loin de diminuer notre population et, par suite, le nombre et la force de notre armée, cette émigration, au contraire, l'augmenterait.

Nous l'avons dit plus haut, il existe en France un très grand nombre d'hommes, un très grand nombre de femmes qui ne peuvent que difficilement se marier et nourrir une famille parce qu'ils n'en ont pas les moyens, parce qu'ils n'auraient pas de pain à donner à leurs enfants. Ceux-là, s'ils sont vertueux, garderont un célibat respecté et honoré ; s'ils ne le sont pas, vivront dans le désordre. Mais dans l'un comme dans l'autre cas, le résultat sera le même : ils ne laisseront personne après eux pour les remplacer.

D'autres, plus nombreux encore, ne peuvent s'établir qu'après s'être assuré une situation, c'est-à-dire après 35, 40, 45 ans. D'habitude, à cet âge, ils n'épouseront pas une jeune fille de 17 ans, mais une femme de 25 à 30 ans; ils n'auront pas six ou huit enfants, mais seulement un ou deux, assez peu vigoureux et, par suite, moins aptes eux-mêmes à avoir de nombreux et vigoureux rejetons. D'où de nouveau, diminution de population.

Si l'on avait émigré davantage, nous l'avons également établi plus haut, cet encombrement n'existant pas, ces

1. Notre terre rend actuellement 17 hectolitres de blé à l'hectare, alors qu'il y a six ou sept ans elle n'en rendait que 14! Et ce chiffre de 17 hectolitres est un maximum que n'atteint aucun autre pays et qui paraît devoir être difficilement dépassé, au moins si l'on prend l'ensemble de tout un pays.

hommes auraient plus facilement trouvé une place ou un travail plus rémunérateur et auraient pu, plus facilement et plus vite, fonder une famille plus nombreuse.

On objectera que ce sont les pauvres, précisément, qui ont le plus d'enfants et les riches qui en ont le moins.

Il faudrait s'entendre. Les gens moins fortunés, qui ne sont pas *propriétaires*, qui appartiennent à la classe ouvrière, qui ont peu de chose, ou même qui, n'ayant rien, ne vivent que de leur travail, ce sont ceux-là qui ont le plus d'enfants, oui. Mais il y en a d'autres, plus misérables encore, qui ne peuvent pas se marier, ceux-là, et qui, par suite, n'ont pas d'enfants. Or, je le répète, ceux-là existeraient en moins grand nombre s'il y avait plus de place au soleil, si la lutte pour la vie était moins âpre, si plus de gens allant chercher fortune aux colonies, la vie leur était rendue moins dure.

Il y a plus :
L'émigration aux colonies ferait augmenter la natalité parmi les gens qui possèdent, parmi les riches, parmi ceux en un mot qui ont le moins d'enfants.

Cette différence de natalité entre la classe pauvre et la classe aisée est un fait général et existe un peu partout. Ainsi, à Berlin et à Londres, tandis qu'il y a 13 naissances dans les quartiers pauvres, il n'y en a que 9, à Berlin, dans les quartiers riches, et à Londres 9,3. Mais l'écart est autrement considérable en France. Par exemple, à Paris, pour 13 naissances dans les six quartiers les plus pauvres (Père-Lachaise, Pont-de-Flandre, Gare-d'Orléans, Javel, Maison-Blanche, La Chapelle), il n'y en a que 4,9 dans les six quartiers les plus riches (Saint-Thomas-d'Aquin, Chaussée-d'Antin, Place-Vendôme, Invalides, Madeleine, Porte Dauphine) [1].

C'est que, en effet, parmi les causes qui influent sur le

1. Cf. *La Réforme Sociale*, 1ᵉʳ juillet 1898. — *De l'affaiblissement de la natalité*, par Ch. Mourre, p. 57.

taux de la natalité, l'intérêt personnel, et encore plus l'intérêt pour les enfants, est la plus forte de toutes. Quand on a une certaine fortune, on veut la conserver intacte et indivise ; on veut laisser à ses héritiers une situation non amoindrie, la situation au moins qu'on a reçue de ses propres parents. Et comme la liberté de tester n'existe pas pour permettre de transmettre cette situation à un de ses enfants, en aidant les autres à se créer une situation personnelle dans l'industrie, le commerce ou autrement, on a recours au moyen très simple, mais criminel et néfaste, de n'avoir qu'un enfant. Et voilà pourquoi ce sont les propriétaires qui ont le moins d'enfants. Voilà pourquoi ce sont également les départements les plus riches où la natalité est le plus faible, et, dans un même département, les cantons les plus fortunés.

« On songe que si l'on a des enfants, remarque le Dr Bertillon, il faudra les élever, mais surtout il faudra partager la fortune pour les doter, et la partager à nouveau, lorsqu'ils hériteront. Conclusion : on évite d'en avoir.

« La forte natalité des Canadiens, poursuit le Dr Bertillon, tient principalement à ce qu'ils ne voient pas comme nous une relation entre le nombre de leurs enfants et la conservation de leur fortune. La loi les délivre de cette préoccupation.

« La diminution de la natalité devrait exister ailleurs qu'en France, puisque notre pays n'est pas le seul où la loi prescrive le partage égal. Plusieurs de ces pays, notamment la Belgique et certaines parties de la Suisse, voient leur natalité diminuer.

« Si c'est en France que cette préoccupation nuit le plus à la natalité, c'est que la France est, plus qu'aucun autre peut-être, un pays de petits propriétaires ; c'est que, plus qu'aucun autre, le Français est prévoyant et économe.

Évidemment le premier remède à cela serait la liberté testamentaire rendue au père de famille, ou du moins des réformes partielles dans l'inflexible égalité du code Napoléon, telles qu'il en existe ailleurs, par exemple en Italie ou en Alsace.

Mais, en attendant ces réformes, l'émigration au dehors et dans nos colonies en particulier, si elle était largement pratiquée, si elle était entrée dans nos mœurs, laisserait entrevoir à un grand nombre de parents la perspective de situations rémunératrices et parfois brillantes pour leurs enfants. L'aîné ou, à son défaut, un de ses frères, resterait en France, pour y continuer l'industrie, l'exploitation, le commerce paternels ; les autres iraient aux colonies où, avec une avance de capitaux relativement modeste, ils sauraient, pour peu qu'ils eussent de valeur, se créer une situation de fortune supérieure peut-être à celle de leurs parents. Cette avance d'argent entrerait évidemment plus tard en compte dans le partage de la fortune paternelle et permettrait peut-être au frère aîné de garder indivise la propriété familiale. Tout le monde n'y gagnerait-il pas ? et bien des propriétaires n'auraient-ils pas volontiers un plus grand nombre d'enfants, s'ils prévoyaient la facilité d'assurer à chacun d'eux un avenir, tout en conservant intacte la situation acquise de la famille ?

Ne vaudrait-il pas mieux, à tout point de vue, avoir 6 ou 10 enfants à qui, par des entreprises sagement conduites dans nos colonies, on assurerait une large aisance, que d'en avoir un seul que l'on élèvera mollement, que l'on gâtera à plaisir, dont on fera vraisemblablement un officier sans avenir, un avocat sans causes, un médecin sans malades, et, en tout cas, un jeune homme à vues bornées, à idées mesquines, à sentiments rétrécis ? Nos colonies y gagneraient puisqu'on les mettrait en valeur, et aussi la métropole puisqu'on lui donnerait plus d'enfants et de meilleurs.

Car, qu'on ne l'oublie pas, ce n'est point que notre race soit affaiblie ; bien au contraire les Français peuvent avoir, quand ils le veulent, un très grand nombre d'enfants, et nous avons en France, dans des conditions particulières, deux exemples de natalité supérieure à celle de la plupart de nos voisins.

Le premier nous est révélé par le Dr Lancry.

« Fort-Mardick (Nord), près Dunkerque, est, dit-il, une commune constituée par Louis XIV, d'après les principes suivants qui sont encore en usage aujourd'hui. Toute famille nouvelle qui se constitue, lorsqu'un des conjoints est né dans la commune et que le mari est inscrit maritime, reçoit *en usufruit* (en usufruit seulement, là est le point) 22 ares et, en outre, une place sur la plage pour la pêche au filet. La commune a reçu de Louis XIV en tout 125 hectares de terre. Ce qui n'est pas distribué en usufruit est loué 5 000 francs au profit de la commune. Les ménages concessionnaires ne peuvent concéder qu'à leurs seuls enfants les parcelles de terre qu'ils occupent. *Dans aucun cas la parcelle ne pourra être scindée*. De là résulte qu'elle échappe aux créanciers. Elle ne peut être ni augmentée ni divisée. Elle est inaliénable, indivisible et inextensible.

« Voilà donc une population passablement aisée et pourtant étrangère à toute préoccupation d'héritage. On peut dire qu'elle échappe au Code civil.

« Il résulte que les mariages sont nombreux et aussi précoces que le permet le service maritime (âge probable du mariage des hommes, vingt-quatre ans) ; les naissances illégitimes sont par conséquent très rares : une sur 60 naissances. Au contraire, la natalité légitime, et c'est là le point important, est extrêmement élevée ; elle atteint 43 pour 1 000 habitants, c'est-à-dire qu'elle n'est dépassée en Europe que par la Russie. Mais ce qui n'arrive pas en Russie, c'est que sur ces 43 enfants nés vivants, 33 atteignent l'âge de vingt ans. »

Le résultat de cette situation a été simplement merveilleux. La population totale de Fort-Mardick qui, en 1729, était de 204 habitants, atteignait le chiffre de 615 en

1851, et celui de 1 672 en 1896, c'est-à-dire que cette population s'est accrue de 1 468 habitants en 167 ans, et, proportion encore plus considérable, de 1 057, de 1851 à 1896, juste pendant quarante-cinq ans, et cela alors que partout ailleurs la natalité faiblit dans la mesure effrayante que nous avons dit !

Le second exemple, étudié par M. Arsène Dumont, nous vient de la Bretagne.

« Au Fouesnant (Finistère) existe, dit-il, un usage tout à fait comparable à celui de Fort-Mardick. Tout homme qui revient du service militaire va proposer à un propriétaire de lande de lui abandonner, pour un temps très long, une parcelle de cette terre inculte. Il la défriche, s'y établit, s'y marie et y a beaucoup d'enfants ; *car il n'a aucune inquiétude à avoir pour ses descendants :* la lande est immense, et il sait qu'eux aussi pourront en cultiver une parcelle ; le propriétaire y gagnera d'avoir, au bout d'un certain temps, un champ de rapport au lieu d'une terre inculte, et ils auront eu, eux, l'avantage d'y passer leur vie sans trop de souci. »

Nous pourrions donc, si nous le voulions, — et nous le voudrions si les circonstances étaient plus favorables, — avoir des familles nombreuses et voir notre race se multiplier au moins à l'égal de la race anglo-saxonne ou de la race allemande.

Or, si nous émigrions davantage, ces circonstances deviendraient plus favorables en France. Donc nous nous multiplierions en France.

Elles sont complètement favorables pour nos compatriotes établis dans nos colonies.

Là, en effet, il y a d'immenses espaces inoccupés, où chacun peut se tailler à peu de frais une riche exploitation. Il y a de nombreuses industries à créer et à exploiter, des maisons de commerce à établir, des travaux à entreprendre, etc., etc. En un mot, il y a beaucoup à faire et par suite beaucoup à gagner, pourvu seulement qu'on ait de la valeur personnelle et un petit capital initial.

Les parents n'y éprouvent donc généralement aucune inquiétude pour l'établissement futur de leurs enfants et ils n'hésitent nullement, par suite, à en avoir un grand nombre. Ce sont eux-mêmes, après tout, qui, à la force du poignet, se sont créé leur situation actuelle ; leurs enfants feront la même chose, et ils le feront d'autant plus facilement qu'ils seront placés dans de meilleures conditions initiales, ayant été élevés et ayant vécu dans cette vie de colons toute nouvelle pour leurs parents ; ayant sous les yeux un exemple à imiter et des traditions à suivre, tandis que leurs parents faisaient complètement école ; ayant enfin à leur disposition toutes les facilités qu'apportent un état de colonisation déjà avancé et un capital initial suffisant, tandis que leurs parents n'avaient point ou n'avaient que très peu d'argent, et ne pouvaient compter que sur leur propre initiative.

En outre, pour l'agriculture encore plus que pour l'industrie et le commerce, une nombreuse famille, au lieu d'être une cause de gêne, devient, au contraire, un appui et une ressource. Les enfants, en effet, dans un pays où la pénurie de main-d'œuvre est le plus grand obstacle au développement d'une entreprise quelconque, pourront rendre, même dès l'âge le plus tendre, des services, surveiller un magasin, faire les écritures, conduire une voiture, s'occuper de la garde des troupeaux, faire des commissions, en un mot se charger de tous les travaux qui n'exigent pas un grand déploiement de forces, mais seulement du savoir-faire et de la fidélité.

Or, quand les enfants peuvent rendre service dès l'âge de 12 à 15 ans, on ne redoute pas d'en avoir un grand nombre, tout au contraire, car ils sont une nouvelle source de fortune.

Ajoutez à cela que l'éducation d'un enfant dans les colonies, — à moins qu'on ne recherche une éducation de luxe toujours dispendieuse, mais là, plus qu'ailleurs, complètement inutile, — coûte incomparablement moins cher qu'en France. Ils vivent, ces enfants, sur les produits de la ferme ; leurs habits ne sont point luxueux ; la femme indigène, qui leur servira de nourrice ou de bonne, coûte relativement peu ; relativement peu aussi leur instruction, soit dans les écoles congréganistes fondées par les missionnaires, soit dans les écoles publiques.

Il en fut ainsi dans nos anciennes colonies, et le même fait se renouvelle dans nos nouveaux établissements.

Tout le monde connaît, par exemple, le magnifique développement de la race française au Canada. Il ne sera cependant pas inutile de donner ici le relevé exact et détaillé de son mouvement depuis le premier établissement français sur les rives du Saint-Laurent.

Le voici, tel que j'ai pu le dresser d'après les sources les plus sérieuses [1] :

En 1621, Louis Hébert, le premier seigneur du Canada, arrivé en 1606 et établi quelques années plus tard à Québec, près de Champlain, marie sa fille à Couillard. Ce fut le premier mariage français célébré dans le pays.

De 1635 à 1650 arrivent une centaine de familles, de 300 à 400 colons.

Vers 1640, il y a 300 colons au moins dans tout le Canada et de 10 à 12 naissances par an.

En 1652, M. de Mésy arrive à Québec avec quelques militaires.

En 1659, 200 personnes partent de la Rochelle, dont 110 pour la Société de Montréal.

En 1663, 300 nouveaux colons s'embarquent à La Rochelle, dont 75 pour Terre-Neuve. Il y a alors au Canada de 2 000 à 2 500 colons.

---

1. Cf. Rameau : *La France aux Colonies, Acadiens et Canadiens*, appendices. — Hamon : *Les Canadiens français de la Nouvelle-Angleterre*. — G. Demanche : *Au Canada*. — Gerbié : *Le Canada et l'Émigration française*. — Almanach de Gotha.

En 1667, il y en a 3 418, dont 1 344 en état de porter les armes.

En 1679	9 400
— 1681	9 710
— 1683	10 251
— 1685	10 725
— 1706	16 417
— 1739	42 601
— 1750	62 000
— 1763	65 000

qui eussent sûrement été 100 000 sans les guerres et les calamités continuelles de cette époque.

En 1831	380 000
— 1844	524 300
— 1851	669 528
— 1881	1 298 929

En 1891, la population totale du Canada est de 4 833 239 habitants et la population française de 1 400 000.

En 1897, le Canada possède 5 200 000 habitants, dont 1 415 000 Français, soit 29,4 p. 100 de la population totale.

De plus, à ces 1 415 000 Français, il faut ajouter de 600 000 à 800 000 Français-Canadiens, émigrés aux États-Unis, ce qui concorde avec le chiffre total donné ordinairement par les auteurs, et en particulier par le général Niox, de 2 200 000 ou 2 300 000 Français.

En résumé, la race franco-canadienne s'est doublée tous les vingt et un ans, ce qui donne un accroissement annuel de 3,40 p. 100. Bien plus, si l'on s'en tient aux 68 dernières années (1831-1899), c'est-à-dire à une époque pendant laquelle la tranquillité intérieure et le développement des institutions libres et la prospérité personnelle ont singulièrement favorisé la multiplication de la race, cet accroissement a atteint 3,40 p. 100 de 1831 à 1844, 4,25 p. 100 de 1844 à 1851, et au moins un chiffre égal depuis 1851, ce qui donne la proportion de 3,60 p. 100 ou le doublement de la population tous les dix-neuf ans. Ce chiffre est d'autant plus remarquable que la moyenne des États-Unis — moyenne chaque jour en décroissance — n'est guère que de 2,50 p. 100 et celle des Anglais du Haut-Canada, moins de 3 p. 100.

Aucune autre race donc ne nous donne un exemple plus remarquable de fécondité que notre propre race française établie au Canada, si ce n'est peut-être la même race établie dans une contrée voisine, en Acadie. En effet, tandis qu'au XVIIe et au XVIIIe siècle, les Canadiens ne se multipliaient annuellement que de 2,25 à 2,50, l'accroissement naturel des Acadiens atteignait jusqu'à 5,50, et parfois, dans des circonstances particulières, jusqu'à 6 p. 100 et se tenait en moyenne aux environs de 4,25 et 4,50 p. 100.

Le même développement et la même prospérité de notre race se remarquent également dans nos autres colonies, de la même époque, que nous les ayons conservées ou qu'elles aient passé sous une domination étrangère.

Ainsi, Saint-Pierre et Miquelon ont aujourd'hui 6 000 habitants, tous descendants d'une poignée de Franco-Canadiens ;

La Guadeloupe en a 200 000, dont 120 000 environ sont créoles ou mulâtres français ;

La Martinique, 210 000, dont 125 000 descendent de Français ;

La Réunion, 180 000, dont 130 000 créoles ;

Maurice a encore, sur 350 000 habitants, 40 000 Français qui ont, malgré tout, conservé notre langue, notre religion, nos usages, l'amour de notre pays ;

Les Seychelles ont une population de 17 625 habitants, tous d'origine française ;

De même la Dominique (27 844) et Sainte-Lucie (45 109) aux Antilles ;

L'élément français domine également à la Trinité (222 689) ;

Haïti, notre ancienne Saint-Domingue, a 85 000 mulâtres français sur 300 000 habitants.

La race française fut également prépondérante un instant dans la Louisiane, où elle a été noyée depuis sous les flots de la population anglo-saxonne, mais où elle forme encore des centres nombreux et très vivaces d'une population exclusivement française, avec des institutions et des journaux français, par exemple à la Nouvelle-Orléans, dans la Louisiane, et à Saint-Louis, dans le Missouri ; où elle défend avec une indomptable énergie sa langue, sa foi, ses usages, tandis que les autres éléments de la même population, Anglais, Irlandais, Italiens, Allemands même, perdent rapidement leurs traits caractéristiques pour devenir *Yankees*.

Voilà pour nos colonies d'autrefois.

Le même fait, si plein d'espérance, se reproduit pour nos récentes acquisitions, au moins pour celles où nous pouvons nous établir et faire souche.

Je n'en citerai ici que trois : l'Algérie, la Tunisie et la Nouvelle-Calédonie.

En 1875, l'Algérie comptait 110 000 Français ; elle en possédait 220 000 en 1886 et 318 000 en 1896.

D'où vient cet accroissement ?

D'une abondante immigration française ?

Non pas : cette abondante immigration, en effet, se produisit surtout dans les premières années qui suivirent la guerre de 1870-71, et les chiffres cités ne partent que de l'année 1875.

Du fait des naturalisations, de la fusion des races, des croisements et des mariages de nationalité différente qui se font presque toujours au profit de la nationalité française ?

En partie, et cela est très heureux, car nous nous assimilons ainsi ces éléments étrangers, dont quelques-uns ont une grande valeur. Mais cette explication serait insuffisante, puisque les naturalisations ne nous donnent que

65 000 Français. Il faut donc en chercher une autre pour expliquer les 253 000 Français d'origine que possède notre Algérie.

« Les colons français de l'époque de la conquête, disait à ce propos un des plus brillants officiers de notre armée, dans une conférence très documentée faite à ses camarades sur ce sujet si important de la colonisation, ont fait souche, et il existe déjà des générations de vrais Algériens, enfants du sol, nés dans le pays même. En 1875, on en comptait 60 000. Vingt-deux ans après, ils sont 120 500, c'est-à-dire qu'ils ont doublé [1]... »

C'est donc par les naissances sur place, par la fécondité de la race que la population française d'Algérie s'est surtout multipliée. Les familles nombreuses y sont, en effet, au dire de tous, très fréquentes.

« Je note aussi, écrit à ce propos M. de Varigny dans un article sur l'Algérie [2], un phénomène curieux dû au changement de milieu. Les lois qui régissent la natalité en France sont ici modifiées. Les colons venus de ceux de nos départements où la natalité est très faible ont une nombreuse progéniture; les familles de 6, 8, 10 enfants sont fréquentes, dans l'intérieur surtout, et cela, j'y insiste, le père et la mère étant originaires de celles de nos régions où les familles sont le plus limitées... Les mêmes parents qui, en France, estiment deux ou trois enfants un lourd fardeau, tiennent ici l'enfant pour un aide, leur nombre pour une richesse; et, laissée à elle-même, la nature reprend ses droits, peuplant le sol à défricher. Il y a là un symptôme encourageant pour l'avenir. Aux aperçus inquiétants succèdent et répondent des aperçus favorables. »

---

1. Il y a en ce moment 529 000 Européens en Algérie, dont 318 000 Français comprenant 253 000 Français d'origine et 53 000 naturalisés et 211 000 étrangers dont 110 000 Espagnols et 35 000 Italiens. Cf. une conférence de M. Etienne sur l'Algérie, faite à Lille le 1ᵉʳ avril 1900.

2. *Revue des Deux Mondes*, 1ᵉʳ octobre 1896.

Le même heureux phénomène se constate en Tunisie, d'une manière plus frappante encore.

En 1891, nous étions en Tunisie 10 030 Français ; nous y sommes maintenant 20 000 ; soit une augmentation de population de près de 10 000 Français due, sans doute, en partie à notre émigration vers la Régence, mais également à la grande proportion des naissances.

« Et ces 17 000 Français, dit avec raison l'officier dont je résume le travail, sont en passe de faire, eux aussi, des générations de vrais Tunisiens, enfants du sol, nés dans le pays même. En Tunisie, comme en Algérie, la fusion entre l'élément français et l'élément étranger européen commence à s'effectuer... Et il arrivera un jour où cet élément français d'Algérie et de Tunisie, attaché au sol, enfant du pays, aura la force d'imprégner les autres émigrants européens de ses idées, de ses habitudes, de son amour pour la France, de son attachement inébranlable à la mère patrie. »

Le même développement se reproduit à l'autre extrémité du monde, en Nouvelle-Calédonie.

En 1875, nous avions dans ce pays 800 colons ; en 1887, il y en avait 7 276 ; il y en a aujourd'hui (1897), 9 364 [1], non compris, bien entendu, les forçats, les libérés et les soldats, 9 364 colons « qui sont en train, poursuit le même officier, de créer des générations de Calédoniens français qui, après avoir peuplé, mis en exploitation l'île même, se répandront au delà des rivages, et peupleront, exploiteront les îles de l'Océan Pacifique, où nous commençons d'ailleurs à prendre pied.

Ainsi, nous avons déjà 2 491 Français établis à Tahiti, sur une population totale de 4 282 habitants ;

Nous avons 450 familles de colons, soit un millier d'individus aux Nouvelles-Hébrides, qui ne sont pas cependant encore une possession française strictement dite ;

---

1. Cf. *Quinzaine Coloniale*, 10 juillet 1898, p. 414.

Et à peu près un millier d'individus dans les autres archipels du Pacifique.

Mais ce qui doit surtout attirer notre attention, c'est le mouvement de la population française en Nouvelle-Calédonie, car là surtout, personne ne peut en douter, est le centre de notre force dans le Pacifique et l'avenir de notre race.

Nous sommes établis dans les plus mauvaises conditions possibles en Nouvelle-Calédonie, au point de vue particulier qui nous occupe. Nous y envoyons des colons depuis un temps relativement court. De plus, le bagne, en même temps qu'il a donné à cette colonie une réputation détestable, y a introduit, surtout par ses libérés, une population tarée et presque toujours inféconde.

Malgré cela, les enfants sont très nombreux en Nouvelle-Calédonie.

Ainsi, à Nouméa, sur environ 4 649 habitants libres, non compris la gendarmerie et les soldats, il y avait au 20 février dernier :

Au-dessous de 14 ans.....	754 garçons
et...............	816 filles
Total............	1 570
Entre 14 et 21 ans......	263 garçons
et...............	275 filles
Total...........	538

soit un total de 2 108, ou près de la moitié de personnes non encore adultes.

Le nombre des naissances était :

En 1890 de...	69 garçons	78 filles	Total..	147
— 1891 —...	69	85 —	—	154
— 1892 —....	78	71 —	—	149
— 1893 —....	94	87 —	—	181
— 1894 —...	98	82 —	—	180
— 1895 —...	111	81 —	—	192

« La population de l'intérieur, poursuit M. Simon, qui m'a fourni ces chiffres, augmente beaucoup plus rapidement que celle de Nouméa, d'abord par suite de l'arrivée par chaque paquebot de colons qui, tous, vont habiter loin du chef-lieu et dont quelques-uns amènent des familles nombreuses, mais aussi par suite du nombre des naissances qui est peut-être encore plus considérable qu'à Nouméa, par rapport au chiffre de la population.

« Les nombreuses familles ne sont pas rares, et ce n'est pas un embarras pour un colon d'avoir beaucoup d'enfants. Du moment où il a construit sa maison et bien organisé sa petite ferme avec un bon potager, il peut facilement les nourrir. Dans un pays où il fait toujours beau, ils n'occasionnent de grandes dépenses ni pour leur logement, ni pour leur habillement, et, lorsque viendra le moment de la récolte des plantations de café, ceux qui auront une nombreuse famille seront les plus riches. »

De tout cela, des conclusions ressortent avec toute la force de l'évidence, qu'il est important de résumer en terminant. Ce sont les suivantes :

1° Notre race française est aussi féconde, sinon plus, que toute autre race au monde, et elle l'est aujourd'hui au même degré qu'autrefois.

2° Ce qui la comprime et l'étouffe, ce qui empêche cette fécondité naturelle de produire ses résultats, ce sont uniquement des causes extérieures qu'il nous appartiendra de diminuer et de faire disparaître en grande partie.

3° Parmi ces causes, il faut mettre en première ligne l'erreur néfaste du partage forcé et la diminution des croyances religieuses.

4° Mais il ne faut pas oublier non plus l'encombrement des carrières, la gêne et le malaise dans lesquels nous vivons.

5° Combattons donc ces diverses causes, dans toute la mesure de nos forces, et en particulier cette gêne et ce malaise par l'émigration au dehors. Et alors se produira partout, dans la métropole comme dans nos colonies, ce phénomène consolant que nous avons remarqué en Algérie et en Nouvelle-Calédonie, de familles françaises ayant de nombreux enfants, d'une race qui se retrouve et se multiplie et voit devant elle s'ouvrir les plus vastes horizons et le plus brillant avenir.

CHAPITRE V

QUE NOUS DEVONS ÉMIGRER POUR SAUVEGARDER ET ACCROITRE NOTRE INFLUENCE AU DEHORS

Cela est une conclusion rigoureuse de ce que nous avons dit jusqu'ici.

Nous avons vu, en effet, la connexion étroite et nécessaire qui existe entre l'état d'infériorité vraiment navrant de notre marine marchande, entre la diminution constante de notre commerce extérieur et la faiblesse numérique de notre émigration. Ces trois choses ne peuvent croître l'une sans l'autre et elles réagissent mutuellement l'une sur l'autre. Si notre marine marchande était répandue sur les mers du globe, comme l'est celle de l'Angleterre ou de l'Allemagne, si notre commerce pénétrait un peu partout chez les nations les plus reculées, comme le font le commerce anglais et le commerce allemand, notre race, à l'instar de la race anglaise ou de la race allemande, s'établirait plus nombreuse et plus prospère dans ces mêmes pays.

Cela n'est pas douteux.

Mais ce qui l'est encore moins, c'est que et notre marine et notre commerce se développeraient avec une singulière rapidité, si nous avions un peu partout des colonies françaises, nombreuses et puissantes, pour appeler et aider nos marchands, pour faire connaître et aimer la France.

Notre drapeau flotterait sur toutes les mers, considéré et respecté, et, avec lui, notre influence se développerait, ayant un point d'appui solide dans ces « colonies françaises ».

De même notre langue, cette admirable langue française, jadis connue presque partout dans les classes élevées de la société ; qui, débordant de nos frontières, répandait chez nos voisins nos sentiments et nos idées et l'amour de notre pays, mais qui, hélas ! depuis quelque temps semble, elle aussi, reculer, tellement les langues rivales font de progrès, notre langue se conserverait, se répandrait, serait parlée sur toute la surface de la terre.

Nos missionnaires, à ce point de vue, nous rendent — tout le monde le reconnaît — les plus signalés services. Mais comment voulez-vous qu'une langue se conserve au milieu d'un peuple étranger, quand il y a deux ou trois prêtres, trois ou quatre religieuses seulement à la connaître ? Ils l'enseignent avec un zèle incontestable. Mais ce n'est là qu'un objet de luxe dont on n'a aucune occasion de se servir et qui n'est d'aucune utilité. Comment voulez-vous, dans ces conditions, que des indigènes, qui en ont appris quelques mots à l'école, la parlent, la connaissent et la répandent ?

Il en irait autrement si, à côté d'eux, il y avait une petite colonie française de planteurs, de négociants, d'industriels, qui parleraient en français à leurs ouvriers, qui emploieraient de préférence ceux qui savent le français, qui enseigneraient le français à leurs enfants, à leurs domestiques, à leur entourage. Ce serait un petit centre français qui croîtrait rapidement. Bientôt les indigènes parleraient deux langues, la leur et la langue française ; ils seraient des « demi-Français ».

Pour qu'une langue se conserve, à plus forte raison pour qu'elle gagne dans un pays, il faut donc qu'il y ait un groupe compact de nationaux jouissant d'une certaine autonomie, tout au moins n'étant point noyés dans une population puissante et nombreuse. L'usage du français s'est conservé au Canada parce que la race française y est très forte. Il se perd dans la Louisiane, parce que l'élément anglo-saxon y domine. Il gagne en Syrie, parce que notre influence y est encore prépondérante ; mais il recule en Égypte depuis que les Anglais s'y sont établis en souverains.

Notre langue recule, hélas ! comme notre commerce, comme notre marine marchande, comme notre influence, devant l'extension si rapide de l'anglais et de l'allemand, et toujours pour la même raison, parce que nous émigrons peu et que les Anglais et les Allemands se répandent partout.

Jadis, — il n'y a pas longtemps de cela, — quand on voulait répandre certaines idées de par le monde, il fallait les exprimer en français. Aujourd'hui. il n'en est plus ainsi. Les livres français, à l'exception de certains romans d'auteurs à la mode, n'ont qu'un nombre restreint de lecteurs. Pour tel ou tel ouvrage de vulgarisation, tous les hommes de métier le disent, un éditeur américain le tirera à 50 000, à 100 000, à 500 000 exemplaires et pourra, par suite, le donner à un bon marché extraordinaire, parce qu'il se vendra aux États-Unis, au Cap, en Australie, en Extrême-Orient, en Angleterre ; un éditeur français se croira très hardi s'il risque 5 000 ou 10 000 exemplaires, parce qu'il ne pourra guère les écouler qu'en France.

Comment voulez-vous qu'il en soit autrement ?

Il y a aujourd'hui :

82 000 000 d'hommes parlant		anglais
62 000 000	—	allemand
100 000 000	—	russe
80 000 000	—	espagnol

et seulement :

45 000 000	—	français

Ces chiffres ne sont-ils pas assez significatifs ? et quelle petite figure fait maintenant dans le monde notre langue française, si belle pourtant, si claire, si franche, et qui pourrait être un si admirable instrument de propagande ! Comment avons-nous pu la laisser ainsi s'affaiblir, se diminuer, reculer devant ses rivales, plus jeunes et plus vigoureuses, mais sûrement moins parfaites ? Comment, si ce n'est parce que nos anciennes tentatives de colonisation ont échoué ?

La plus grande partie de l'univers lui appartiendrait, à cette heure, sans les funestes événements qui nous conduisirent, en 1763, au honteux traité de Paris, sans les terribles convulsions et les luttes fratricides de la Révolution, sans les guerres héroïques, mais parfaitement inutiles, du premier Empire.

Elle régnerait en maîtresse au Canada, dans l'Amérique du Nord, aux Antilles, aux îles Mascareignes ; elle dominerait également, en tenant compte de nos conquêtes récentes ou des pays qui nous échappent, mais que nous aurions dû garder, en Algérie, en Tunisie, en Égypte, en Syrie, dans les îles de l'Océanie, en maints autres endroits de l'Afrique et de l'Asie.

Oui, si nous avions su garder notre situation prépondérante en Égypte où, d'après un article du *Times* du 8 novembre 1898, « la colonie française est cinq fois plus considérable que celle des autres nations », où « Alexandrie est pour ainsi dire un faubourg de Marseille » et où (c'est le *Times* qui le dit après l'affaire de Fachoda), « la France a toujours été chez elle », mais d'où, hélas ! il semble bien que nous allons disparaître ; si nous avions su garder notre situation non moins prédominante en Syrie et en Palestine, c'est nous, et non pas l'Angleterre, qui serions les maîtres du monde ; c'est notre langue et non pas la langue anglaise qui serait parlée par des centaines de millions d'individus ; c'est notre influence et non pas l'influence anglaise qui dominerait dans l'un et l'autre hémisphère.

Nous serions, parmi les races européennes, la race la plus puissante et vraisemblablement la plus nombreuse de toutes.

Au lieu de cela, c'est à grand'peine si nous venons au cinquième rang, et encore à quelle distance de nos rivaux !

Nous avons constaté, dans une première partie, l'insignifiance de notre émigration comparée à l'émigration allemande, à l'émigration anglaise ou même à l'émigration italienne. Qu'est-ce, en effet, que 10 000 Français quittant leur patrie chaque année, en face de 100 000 Allemands, partis à la même époque pour l'Amérique ? Qu'est-ce qu'un million de Français s'expatriant pendant tout un siècle, tandis que 17 millions d'Anglais ont peuplé les États-Unis, l'Australie, l'Afrique du Sud dans le même espace de temps, tandis que 4 429 125 Allemands se sont répandus, de 1832 à 1896, aux États-Unis, au Brésil, en Argentine, en Syrie, et 2 014 829 Italiens, depuis 1870 ?

La race anglo-saxonne est répandue partout sur la surface du globe et elle domine à peu près partout, dans l'Amérique du Nord, en Océanie, en Asie, en Afrique. La cinquième partie du monde habité appartient à l'Angleterre, sans compter les vastes territoires gravitant dans l'orbite de son influence.

Ajoutez à cela les immenses étendues que possèdent les États-Unis, qui, eux aussi, appartiennent à la race anglo-saxonne, celles qu'ils viennent de conquérir, celles enfin qui, fatalement, un jour ou l'autre, tomberont sous leur domination, et vous comprendrez peut-être l'imminence et la grandeur, non pas « du péril jaune » — qu'il fallait peu connaître les choses d'Orient pour s'arrêter à cette pensée ! — mais du péril anglo-saxon.

Napoléon III eut un jour une grande pensée et ébaucha une grande entreprise, celle précisément qu'on lui reproche comme une faute et qu'il eut le tort de ne pas poursuivre jusqu'au bout, l'expédition du Mexique. Le Mexique, pacifié et sauvé par le secours de la France, c'était une digue infranchissable opposée à l'invasion anglo-saxonne vers le Sud, c'était la race hispano-américaine se développant, se multipliant, prospérant, en face des colons du Nord ; c'était l'indépendance du Sud et du Centre américains, des Antilles, d'une partie de l'Amérique du Nord, garantie pour longtemps ; c'était l'équilibre des races, un équilibre dont toutes les nations de l'Europe profiteraient maintenant dans le Nouveau-Monde.

Au lieu de cela, le Mexique a perdu quelques-unes de ses plus riches provinces ; il a continué, lui et les républiques-sœurs du Centre et du Sud de l'Amérique, à s'agiter dans l'anarchie et les secousses révolutionnaires ; il est resté, comme elles, pauvre, désarmé, impuissant.

Les États-Unis, au contraire, n'ont cessé de grandir, de s'enrichir, de se multiplier.

« Dehors les Européens, l'Amérique aux Américains ! » c'est-à-dire aux États-Unis, tel est le mot d'ordre et le but final vers lequel on marche rapidement, mais auquel les États-Unis ne s'arrêteront pas. »

Ils interviennent entre l'Angleterre et le Venezuela, ils convoitent les Sandwich, dont la France et l'Angleterre s'étaient engagées à reconnaître l'indépendance ; ils annexent les îles Hawaï ; ils assureront à leur profit, à notre défaut, et en dépit du traité intervenu entre le Honduras britannique, c'est-à-dire l'Angleterre, et la république de Nicaragua, la communication interocéanique par le canal de Nicaragua ; par la révolte qu'ils ont fomentée et entretenue à Cuba et par une intervention aussi brutale qu'injustifiée, ils ont ruiné la puissance espagnole en Amérique, et se sont emparés de Cuba et de Porto-Rico ; ce n'est pas assez, ils prennent possession des Philippines, s'implantant ainsi en Asie et ils sont déjà une puissance militaire et maritime de premier ordre.

« Solidement organisés, dit à ce propos le brillant officier dont j'ai déjà cité les aperçus, établis à Cuba et à Porto-Rico, n'ayant rien à craindre du Mexique et des petites républiques de l'Amérique Centrale, ils seront les maîtres incontestés du golfe du Mexique et par conséquent du passage entre l'Atlantique et le Pacifique, lorsque le canal de Nicaragua aura été construit. Ils pourront réunir en un clin d'œil leurs flottes de guerre de l'Orient à celles de l'Occident, et pas un coup de canon ne se tirera dans les deux Océans sans leur autorisation !... C'est alors que leur cri de guerre retentira : « Dehors les Européens ! L'Amérique aux États-Unis ! » A eux, par conséquent, de gré ou de force, les Grandes et Petites Antilles, qu'elles appartiennent à la France, à l'Angleterre ou aux autres Puissances européennes ! Ils en proposeront d'abord l'achat, et les petites Puissances seront obligées de consentir au marché. Pour nous, Français, nous ne voudrons jamais vendre aux États-Unis la Martinique, la Guadeloupe et leurs dépendances qui font partie intégrante de la mère patrie ! C'est donc la guerre et dans de mauvaises conditions, car les Américains sont aux portes de nos colonies, tandis que nous, nous en sommes fort loin ! Les Anglais eux-mêmes se trouveront, pour les mêmes raisons, dans un état d'infériorité marquée. On peut cependant se demander si, pratiques comme ils sont, ils se résoudront à entamer pareille guerre. Ils seront humiliés dans leur orgueil, mais ils se résoudront peut-être à céder, à vendre leurs Antilles aux États-Unis. En échange, ces derniers leur donneront leur appui pour nous enlever nos possessions d'Afrique (le but visé par notre éternelle ennemie) et d'Indo-Chine. Ce sera donnant donnant, et l'on verra peut-être les deux frères ennemis marcher contre nous la main dans la main. Alliance anglo-saxonne et toute la terre aux Anglo-Saxons ! A Jonathan les deux Amériques, à John Bull l'Afrique et l'Asie ! Que feraient nos colonies d'Amérique contre les Américains maîtres du golfe du Mexique ? Que feraient nos colonies d'Afrique contre les Anglais maîtres du Cap et du canal de Suez ? Que feraient nos colonies d'Asie contre les Anglais maîtres des Indes ? »

Ce sont là, certes, de sombres pronostics. Mais qui oserait dire qu'ils sont sans fondements et qu'ils ne se réaliseront jamais ?

Le péril allemand est plus éloigné ; mais il n'en est pas moins réel. Et, du train où vont les choses, il ne faudrait pas être surpris outre mesure si d'ici un certain nombre d'années, la race allemande, devenue plus forte par la force même de son gouvernement, par le développement magnifique de son industrie, de son commerce extérieur et de sa marine marchande, par la création toute récente, mais pleine de promesses de son empire colonial en Océanie, en Afrique, en Asie, par le courant intense de son émigration répandue dans toutes les parties du monde et qui lui donne de si sérieux appuis, menaçait partout au dehors notre pauvre race française, qu'aucun fort courant d'émigration ne vient alimenter et développer.

« Des milliers et des milliers d'Allemands, dit très justement à ce sujet un remarquable article récemment paru dans la *Revue des Deux Mondes*, essaiment par le monde, aux États-Unis, dans l'Argentine, au Chili, en Syrie, de véritables colonies qui, devenues grandes et riches, conservent leurs langues et leurs journaux, tendent à se souder les unes aux autres et deviennent comme les pierres d'assise de l'édifice futur de la « Grande Allemagne.[1] ».

Les Allemands ont pris pied dans le Levant, où leur influence, soutenue par leurs entreprises, va chaque jour grandissant ; à Constantinople, où ils sont tout-puissants ; aux Philippines, où presque tout le commerce est entre leurs mains ; en Chine, où ils se sont établis on sait avec quelle initiative et quel retentissement ; dans l'Amérique du Nord, où ils se comptent par millions ; dans l'Amé-

1. *Revue des Deux Mondes*, 1ᵉʳ septembre 1898, p. 8.

rique du Sud, en Argentine, par exemple, ou au Brésil ; en Océanie, et particulièrement en Nouvelle-Guinée, à Samoa et dans l'archipel Bismarck ; au Transvaal ; en Zanguebar et dans l'Est-Africain, au Dameraland, au Togoland, au Cameroun, dans toutes ces récentes acquisitions qu'ils vont mettre en œuvre, développer, coloniser avec leur méthode, leur ténacité, leur succès ordinaire.

« Les Allemands, dit très bien à ce propos M. Georges Blondel dans son livre si souvent cité, se rendent aujourd'hui beaucoup mieux compte qu'autrefois que l'expansion des peuples européens au delà des mers a eu une grande importance dans l'histoire de l'humanité ; ils sont persuadés que la création d'un empire colonial doit être non seulement fort utile à leur industrie et à leur commerce, mais aussi permettre à leur pays de jouer un rôle encore plus considérable dans le mouvement européen ; ils aiment même à faire valoir les aptitudes colonisatrices de la race germanique et la facilité avec laquelle l'Allemand s'approprie la langue, les mœurs, les usages et les institutions des pays les plus lointains.

« Rien n'est plus instructif que l'histoire de la politique coloniale de l'Allemagne depuis vingt ans. A la période de résistance a succédé une période d'ardeur qui a eu surtout pour point de départ la fameuse conférence de Berlin de 1885. Le peuple allemand, après de longues hésitations, estime aujourd'hui que la fondation de colonies est un moyen d'accroître le prestige de l'Allemagne dans le monde. Il sent bien que les navires allemands n'emportent pas seulement les colons et les produits manufacturés de l'Allemagne, mais qu'ils emportent aussi son influence et vont la répandre là où autrefois le nom de l'Allemagne était à peine connu. C'est l'esprit allemand qui va planer maintenant sur les pays nouveaux.

« Aussi est-ce avec un grand zèle qu'on s'occupe en ce moment de chercher de nouveaux points d'attache dans les pays d'outre-mer. Il suffit pour s'en convaincre de lire les discours belliqueux, emphatiques, presque extravagants, que Guillaume II et son frère le prince Henri ont prononcés à Kiel à propos de l'expédition de Kiao-Tchéou. L'éclat prémédité avec lequel on a organisé les choses, affirme une fois de plus l'intention bien arrêtée de l'Allemagne de devenir une puissance sur les mers comme sur le continent.

« D'ailleurs, au cours de la discussion sur le budget du ministère des Affaires étrangères (février 1898), M. de Bülow, secrétaire d'État, tout en se montrant fort réservé sur la politique extérieure, a déclaré que l'envoi d'une escadre à Kiao-Tchéou n'était pas une chose improvisée, mais le résultat d'une politique mûrement réfléchie. »

L'Italie, elle, n'a pas été heureuse dans son expansion coloniale. On se tromperait peut-être cependant si l'on s'imaginait que tous ses émigrants ont cessé de lui appartenir ou ont été une force vive complètement perdue. Un instant, elle a cru qu'ils lui assureraient la possession de Tunis, et personne n'ignore les difficultés, non encore complètement surmontées, que nous avons éprouvées à combattre son influence un moment menaçante, sinon prépondérante, dans la Régence. Et quel point d'appui merveilleux le gouvernement italien ne trouverait-il pas dans ses compatriotes établis en si grand nombre au Brésil, en Colombie, en Argentine, si jamais fantaisie lui prenait d'y développer son influence, d'y créer des entreprises industrielles ou commerciales, de prendre part à la vie et aux luttes politiques de ces contrées ! On peut en avoir une idée par les incidents diplomatiques soulevés par elle dans ces dernières années.

Il n'y a pas jusqu'à la race espagnole ou portugaise dont le magnifique mouvement d'expansion coloniale des siècles précédents n'ait eu son importance.

Les colonies de l'Espagne et du Portugal sont perdues aujourd'hui en grande partie, ou sont sur le point de l'être ; mais elles ont été perdues précisément parce que ces pays ont cessé de les alimenter par le mouvement continu d'une émigration saine et vigoureuse, se contentant d'y envoyer des fonctionnaires ou des soldats. Et cela est une autre preuve, et non la moindre, de la nécessité où nous sommes d'émigrer.

Malgré tout, il n'en reste pas moins vrai que toute l'Amérique du Sud parle l'espagnol ou le portugais et a été peuplée par les Espagnols ou les Portugais. Et vienne le moment où l'Espagne, s'étant ressaisie et ayant développé ses admirables ressources naturelles, où le temps ayant fait son œuvre pour assoupir les haines présentes, où l'Amérique du Sud, de son côté, devra se défendre contre l'influence envahissante des États-Unis, et vous verrez vraisemblablement un rapprochement se faire entre les républiques sud-américaines et leur pays d'origine, une alliance de race ou de langue contre un ennemi commun, une sorte de fédération également utile aux uns et aux autres. La récente visite et l'enthousiaste réception des marins Argentins en Espagne et à Madrid n'en est-elle pas un garant et comme une preuve anticipée ?

Il est incontestable, en tout cas, que les Espagnols auront toujours de plus grandes facilités à s'établir en Colombie, en Argentine, dans l'Amérique Centrale, au Chili, au Pérou, etc., que des Anglais ou des Français ; que leur langue, leurs mœurs, leur caractère, tout leur rendra plus faciles leurs entreprises commerciales ou industrielles et aussi leurs rapports avec les indigènes ; à moins que d'ici là les afflux de plus en plus nombreux des races italienne et allemande n'aient submergé dans leurs flots envahissants les habitants actuels, justifiant une fois de plus cette vérité de fait que l'avenir est aux races qui émigrent.

La Russie, enfin, n'est-elle pas, elle aussi, une nation qui émigre, et cela dans des proportions inconnues aux autres nations de l'Europe ? Ainsi que nous l'avons dit dans la première partie de ce travail, elle envoyait dans la seule Sibérie au moins 100 000 émigrants en 1894,

150 000 en 1895, probablement 200 000 en 1896, sans compter ceux qu'elle envoie vers l'Asie Mineure, la Perse, l'Afghanistan, la Mandchourie, la Chine, etc.

La Russie, qui est aujourd'hui l'arbitre de l'Europe, sera bientôt, est déjà l'arbitre :

1° De l'Extrême-Orient, qu'elle tient par son chemin de fer transsibérien dont la tête de ligne sera bientôt à Vladivostock ;

2° De la Perse et même des Indes qu'elle menace par son chemin de fer transcaspien, et dont elle s'emparera le jour où la guerre surgira entre elle et l'Angleterre.

Ce jour-là elle commandera à toute l'Asie.

Mais nous, que serons-nous devenus en attendant ?

En face de ces 360 800 000 sujets anglais, de ces 82 000 000 d'Anglo-Saxons répandus sur toute la surface de la terre ;

En face de ces 53 324 000 (1896) Allemands, auxquels on pourrait joindre les 42 000 000 d'Austro-Hongrois qui gravitent dans leur orbite ;

En face de ces 100 000 000 d'Espagnols ou de Portugais qui, outre leur pays d'origine, peuplent l'Amérique du Sud et détiennent une fortune notable du Sud-Africain ;

En face de ces 120 245 828 Russes occupant le tiers de l'Europe et bientôt la moitié de l'Asie ;

En face de ces nombreux Italiens répandus dans le Nord de l'Afrique et dans les deux Amériques ;

Combien sommes-nous de Français ?

Moins de 39 000 000, qui, au lieu de croître, diminuons presque chaque année, qui, en tout cas, augmentons si lentement que, relativement aux races rivales, nous diminuons d'une manière effrayante.

La race française est aujourd'hui dans la proportion de :

1 à 2	avec la race	anglo-saxonne
1 à 1,95	—	allemande
1 à 3	—	russe
1 à 2,5	—	espagnole

PIOLET.

Que ce mouvement continue, et cette progression se maintienne chez nos voisins et chez nous-mêmes, bientôt nous serons dans la proportion :

De 1 à 3, de 1 à 4 avec les Anglo-Saxons
De 1 à 2, de 1 à 3   — Allemands
De 1 à 4, de 1 à 5   — Russes
De 1 à 3, de 1 à 4   — Espagnols

Bientôt nous serons une quantité négligeable, bientôt nous n'existerons plus.

L'émigration donc s'impose, s'il est vrai qu'il y a, dans ce mouvement d'émigration que nous préconisons, le meilleur moyen d'arrêter la décadence de notre race et de relever sa natalité.

« Il est bon, dirai-je avec Bonvalot en terminant cette étude, d'être charitable et de chercher à réparer le mal, de s'intéresser aux scrofuleux, aux aliénés, aux malades, aux malheureux de tout genre ; mais je crois que nous pourrions faire ce que j'appellerai de la bienfaisance préventive, en commençant par nous efforcer d'augmenter la vitalité et la santé de notre France qui est menacée sur toute la surface du globe par de terribles rivaux [1] ».

Et cela « non pas en dépeuplant la France, mais en utilisant au dehors les forces qui s'y éteignent sans être employées [1] ».

CHAPITRE VI

QUE NOUS DEVONS ÉMIGRER POUR LA MISE EN OEUVRE DE NOS COLONIES

Nous possédons, nous l'avons déjà dit, un empire colonial dépassant en étendue 5 ou 6 millions d'hec-

---

[1]. Discours prononcé au banquet pour le bi-centenaire de Dupleix.

tares, 14 ou 15 fois la superficie de la France. Évidemment, il y a dans cet empire des parties arides, comme, par exemple, le Sud Algérien. Mais il y en a aussi d'admirablement fertiles : telles la Cochinchine, le Tonkin, la plus grande partie de l'Algérie et de la Tunisie, le Fouta-Djalon, le Dahomey, le Soudan central, certaines régions du Congo, etc., etc. Et il y a dans ces immenses étendues des réserves incalculables de richesses encore inconnues et inexploitées. Il y a des mines d'or, il y a des essences précieuses, il y a des bois riches, il y a partout la possibilité d'y faire pousser toutes les cultures tropicales pour lesquelles nous payons un lourd tribut à l'étranger, et que nous devrions, au contraire, exporter en grande quantité chez les nations qui n'ont pas de colonies intertropicales.

C'est, en effet, plus d'un milliard, près de 1 200 000 000 francs que nous dépensons ainsi pour ces achats faits à l'étranger, nous appauvrissant d'autant, et par notre faute. Si, en effet, nos nationaux, établis dans nos colonies, produisaient et nous vendaient ces mêmes produits, notre argent, au lieu d'aller en Amérique ou en Australie, ou dans les provinces de l'Asie anglaise, irait féconder nos propres colonies, d'où il rentrerait en France, sous une forme ou sous une autre, pour nous récompenser de nos sacrifices.

D'ordinaire dans toutes les matières qui touchent aux intérêts publics, on exagère beaucoup, et il n'est pas rare que telle plainte que vous avez entendu formuler, sans la moindre hésitation, comme un malheur public, se diminue jusqu'à être à peu près négligeable quand on veut l'étudier de près. Ici, au contraire, le mal est bien plus considérable qu'on ne le pense généralement, et plus on l'étudie de près, plus on est effrayé de son étendue et de sa portée.

« Lorsqu'on examine la situation économique de l'ensemble de nos colonies, disait avec raison, aux premiers jours du mois d'août 1898, le ministre des Colonies d'alors, M. Trouillot, dans une circulaire officielle, on est amené à constater que leur exploitation agricole est loin d'avoir acquis le développement qu'elle devait atteindre, et que notamment la culture des denrées exotiques susceptibles d'être importées en France a été particulièrement négligée jusqu'à ce jour. »

Et il donnait ensuite, d'après les statistiques officielles du commerce, en 1886 et en 1896 le tableau suivant qui met en pleine lumière ce triste état de choses :

	1886		1896	
	Importation des pays étrangers.	Importation des colonies françaises.	Importation des pays étrangers.	Importation des colonies françaises.
Riz en grains et brisures	58 735 786	214 388	15 388 234	43 803 685
Riz en paille	14 664 617	434	31 268 955	17 932 044
Arachides brutes ou décortiquées	36 059 080	91 591 841	56 769 679	49 709 133
Café brut ou torréfié	105 110 483	1 072 110	120 894 732	1 012 752
Cacao en fèves et broyé	17 845 479	757 930	27 568 537	823 728
Vanille	31 584	88 432	21 779	74 193
Thé	3 544 949	1 797	2 511 300	6 894
Poivre	4 187 238	11	4 442 355	1 420 512
Fécules exotiques	1 640 358	676 702	2 945 068	2 085 089
Bois	14 003 884	497 388	28 078 404	2 784 132
Bois de teinture	91 224 630	4 454 335	120 066 491	10 880 667
Coton brut	146 577 904	»	176 967 939	8 338
Huile de palme	28 604 772	578 629	14 076 545	9 063 265
Gommes exotiques	1 964 353	2 508 595	2 624 529	3 725 197
Caoutchouc	1 754 393	141 604	5 049 986	787 525
Soie brute ou moulinée et bourre de soie	16 051 734	90 249	12 734 606	110 342

« Ce tableau montre sans doute, poursuit le ministre, et je le reconnais avec satisfaction, que dans ces dernières années, nos agriculteurs coloniaux ont fait de sérieux efforts, mais il fait apercevoir aussi, avec trop d'évidence, l'insuffisance des résultats obtenus. C'est ainsi, par exemple, que le café, le cacao, le thé, le coton, le caoutchouc, la soie, les bois de teinture provenant de nos colonies entrent dans une proportion presque infime dans la consommation française. »

Insistons sur quelques-uns de ces produits.

D'abord, pour le café, au lieu de progresser, nous avons reculé, puisque les pays étrangers nous en fournissent, en 1896, 120 894 732 kilogrammes contre 105 110 483 kilogrammes en 1886, soit 15 784 249 kilogrammes en plus et nos colonies seulement 1 012 752 kilogrammes contre 1 072 110 kilogrammes, soit 59 358 kilogrammes en moins. On dit ordinairement que la vingtième partie seulement du café consommé en France nous vient de nos colonies. Ce n'est pas la vingtième, c'est la cent dix-neuvième partie qu'il faudrait dire. Et cependant le café réussit très bien à Bourbon et en Nouvelle-Calédonie. Il viendra également au Tonkin, à Madagascar, et à la côte occidentale d'Afrique. Comment donc nous obstinons-nous à rester tributaires du Brésil ?

Le cacao réussirait très bien dans les mêmes colonies.

Pourquoi n'en exportons-nous donc en 1896 que 823 738 kilogrammes de nos colonies contre 27 568 537 kilogrammes que nous achetons à l'étranger, c'est-à-dire la trente-troisième partie, une proportion plus faible que celle de 1886. Nos colonies, en effet, nous en fournissaient alors 757 930 kilogrammes ou la vingt-troisième partie de ce que nous vendaient les pays étrangers : 17 845 479 kilogrammes.

Pourquoi ne récoltons-nous pas chez nous à peu près tout le caoutchouc et toutes les gommes dont nous avons besoin, puisque nous avons la Guyane, Madagascar, le Fouta-Djalon, et les autres provinces du centre et de l'ouest Africain où toutes les essences réussissent parfaitement ? Et cependant, si en 1886 nous achetions 1 754 393 kilogrammes de caoutchouc aux pays étrangers et seulement 141 604 kilogrammes ou 1/12 à nos colonies, en 1896 nous n'obtenions encore que 787 525 kilogrammes de ces mêmes colonies contre 5 049 896 kilogrammes des pays étrangers, c'est-à-dire près de 1/6. Il y a progrès, mais progrès trop faible, car, vu la fertilité de nos colonies pour ce riche produit, nous devrions en approvisionner presque tous les marchés Européens.

Je n'insisterai pas sur le thé et le coton, quoique l'Annam puisse nous fournir le premier, dans d'excellentes conditions de prix et de qualité, et Madagascar, le second. Si, en 1886, nous achetions à l'étranger 3 544 949 kilogrammes de thé et seulement 1 797 kilogrammes ou 1/1972 à nos colonies, en 1896 nous ne retirions encore de ces dernières que 6 894 kilogrammes contre 2 511 300 kilogrammes ou 1/364 de l'étranger. Quant au coton brut, nos colonies ne nous en fournissaient pas en 1886, et nous devions en demander 146 577 904 kilogrammes à l'étranger. En 1896, nous en importions 167 967 939 kilogrammes de l'étranger, et de nos colonies le chiffre dérisoire de 8 338 kilogrammes ou 1/209 144. Quel commentaire pourrait-on ajouter à ces chiffres ?

Nous avons à Madagascar, ou à la Guyane, pour ne parler que de celles-là, des forêts remplies des plus riches espèces et dont quelques-unes sont pour ainsi dire à pied d'œuvre, puisqu'elles affleurent au bord de la mer, comme, par exemple, vers la baie d'Antongil. On le sait, on y a songé, on s'est efforcé de les exploiter. Et malgré tout nous continuons à faire venir nos bois de l'étranger; de la Suède et de la Norvège, du Canada et d'ailleurs. En 1886, nous importions 14 003 884 kilogrammes de bois de l'étranger contre 497 388 ou 1/29 de nos colonies, et en 1896 28 078 404 contre 2 784 132 kilogrammes ou 1/10. Il y a évidemment progrès ; mais Madagascar, si nous avions du monde pour en exploiter les richesses, devrait fournir des bois d'ébénisterie et de construction à toutes les principales villes d'Europe.

Les mêmes conclusions seraient encore vraies des bois

de teinture puisque, si en 1886 nous n'importions que 4 454 335 kilogrammes de nos colonies contre 91 224 630 kilogrammes des pays étrangers, nous n'en importons encore en 1896 que 10 880 667 kilogrammes contre 120 066 491 kilogrammes.

Madagascar et aussi l'Annam-Tonkin pourraient devenir de grands producteurs de soies. Et cependant nous importions en 1886 : 16 051 734 kilogrammes de soie brute ou moulinée et de bourre de soie des pays étrangers, et seulement 90 249 kilogrammes ou 1/178 de nos colonies, et, en 1896, 12 734 606 kilogrammes contre 110 342 kilogrammes ou 1/115.

C'est là, tout le monde le reconnaîtra, une situation anormale et qui donnerait raison à ceux qui proclament l'inutilité de nos colonies. Heureusement qu'il ne dépend que de nous de la changer. Et la preuve, c'est que cette situation s'est notablement améliorée pour ceux des produits tropicaux sur lesquels nos rares colons ont porté leur attention.

Ainsi pour le riz, nous en achetions 58 735 786 kilogrammes à l'étranger en 1886 et seulement 214 388 kilogrammes ou 1/274 à nos colonies. Aujourd'hui nous n'en prenons plus que 15 388 234 kilogrammes hors de nos colonies qui nous en fournissent 43 803 685 kilogrammes. Le progrès est remarquable, et tout nous fait espérer, s'il continue, que bientôt nous trouverons dans notre propre empire colonial non seulement tout le riz nécessaire à notre consommation, mais encore que nous pourrons en fournir à nos voisins, grâce surtout au Tonkin et à la Cochinchine qui sont de véritables greniers à riz.

Mais comment peut-il se faire que la Réunion aille chercher son riz aux Indes anglaises quand elle a à sa porte la grande île de Madagascar qui exportait jadis des milliers de tonnes de riz et qui, aujourd'hui, n'en produit plus assez pour sa propre consommation ?

Nos progrès pour la culture du poivre sont encore plus considérables.

Nous n'achetions, en effet, en 1886, que 11 kilogrammes de poivre à nos colonies et 4 187 238 kilogrammes à l'étranger; en 1896, nos colonies nous en fournissent 1 420 512 kilogrammes contre 4 442 355 kilogrammes venus des pays étrangers.

Nous ne sommes point aussi avancés pour les fécules exotiques, pour l'huile de palme et les gommes. Mais là encore nous avons réalisé de sensibles progrès.

Ainsi, en 1886, nous n'achetions que 676 702 kilogrammes de fécules à nos colonies et 1 640 358 aux pays étrangers. En 1896, si ce dernier nombre montait à 2 945 068 kilogrammes pour les pays étrangers, il s'élevait, pour nos colonies, à 2 085 089 kilogrammes, chiffre trois fois plus élevé que celui de 1886.

En 1886, nos colonies nous fournissaient 578 629 kilogrammes ou 1/50 d'huile de palme et les pays étrangers, 28 604 772 kilogrammes ; en 1896, elles nous donnent 9 063 265 kilogrammes et les pays étrangers 14 076 545 kilogrammes.

En 1886 nous tirons plus de gommes exotiques de nos colonies que des pays étrangers, puisqu'elles nous fournissent 2 508 595 kilogrammes contre 1 964 353 kilogrammes venus d'ailleurs. En 1896, nous en importons 3 725 197 kilogrammes de nos colonies et seulement 2 624 529 kilogrammes des pays étrangers.

Par contre, nous avons baissé pour les arachides, n'en important plus en 1896 que 49 709 133 kilogrammes de nos colonies et 56 769 679 kilogrammes des pays étrangers, contre 91 591 841 et 36 059 080 en 1886.

Nous restons à peu près stationnaires pour la vanille — la vanille, qui réussit pourtant si bien à la Réunion et sur la côte orientale de Madagascar, et dont nous devrions avoir presque le monopole — puisque nous importons en 1886, 31 584 kilogrammes des pays étrangers et 88 432 kilogrammes de nos colonies, et en 1896, 21 779 kilogrammes et 74 193 kilogrammes.

A ces chiffres empruntés à la circulaire officielle du ministre, on pourrait en ajouter beaucoup d'autres, qui tous nous conduiraient à la même conclusion : nous ne tirons par parti de nos colonies, nous les laissons improductives, à notre grand dommage et à leur grand dommage. Et cela, à ne pas en douter, nous le redirons tout à l'heure, parce que nous n'y envoyons pas un nombre suffisant de colons, munis des ressources nécessaires.

Ainsi est-il admissible que nous devions demander à l'Italie et à l'Espagne de grandes quantités d'oranges et de mandarines quand nous avons à nos portes notre Algérie qui les produit à souhait ? Que nous fassions venir de ces mêmes régions des primeurs quand il ne dépendrait que de nous de faire de la plaine de la Métidja un immense jardin de 15 jours au moins en avance sur les pays d'Europe les plus favorisés ?

Est-il admissible encore — et je finirai par cet exemple, pour ne pas prolonger cette énumération outre mesure — que nous ne recevions que 4 466 252 kilogrammes environ, pour 6 476 066 francs, de laine de nos colonies, Algérie et Tunisie comprises, alors que nous en importons en tout l'énorme quantité de 251 559 829 kilogrammes représentant la valeur de 394 906 843 francs ?

« Et cependant le champ est vaste pour les producteurs coloniaux, dit avec raison M. Trouillot ; la Métropole est un des marchés les plus riches du monde, qui leur est largement ouvert et le régime de faveur dont jouissent, au point de vue douanier, les importations de nos possessions, leur permet de lutter avantageusement contre les provenances de l'étranger. »

Cela est certain.

Pourquoi donc ces producteurs n'arrivent-ils pas à de meilleurs résultats ?

« Aujourd'hui la situation est telle, poursuit le ministre, qu'au premier plan de nos préoccupations s'impose l'organisation économique de nos colonies, et tout d'abord le développement de leur production agricole, base de toute richesse, aliment essentiel du mouvement d'échanges qui doit s'établir au grand avantage réciproque de la Métropole et de nos possessions d'outre-mer. »

Cela est également certain.

Seulement comment arriver à cette « organisation économique » ? Et comment développer la « production agricole » de nos colonies ?

Le ministre prescrit à tous ses gouverneurs de lui adresser, « dans un délai qui autant que possible ne devrait pas dépasser deux mois, à dater de la présente circulaire, une étude complète de la situation de la colonie qu'ils administrent, au point de vue de sa production agricole ».

Il veut que cette étude soit complète et qu'elle comprenne « sous les trois chefs suivants : la terre, les capitaux, les travailleurs, un relevé exact des diverses cultures, des superficies qui leur sont consacrées, des quantités produites, de celles qui sont exportées soit à destination de la France et de ses colonies, soit à destination de l'étranger », et « les améliorations que l'état des choses actuelles paraîtra comporter ».

Quand le ministre aura reçu ces études qui, apparemment, auront été bien faites, il saura à quoi s'en tenir et nous le saurons avec lui quand il les aura portées à la connaissance du public.

Mais ce qui serait encore plus important que de connaître le mal, ce serait d'en savoir le remède. On aura diagnostiqué la maladie et on en aura mesuré l'étendue. Il restera à la guérir.

Que fera-t-on pour cela ?

Une première chose est indiquée, sans laquelle tous les efforts locaux seront inutiles, c'est d'envoyer dans nos colonies un nombre suffisant de colons sérieux avec les capitaux nécessaires.

Évidemment, et nous l'avons déjà dit, l'État a beaucoup à faire dans nos colonies pour les outiller et leur donner les divers organes dont elles ont besoin pour leur développement économique : ports, routes, voies ferrées, etc. Mais tout cela, l'eût-il fait avec profusion, la question n'en serait pas avancée d'un pas, si dans nos colonies il n'y avait pas plus de colons qu'aujourd'hui ou si les rares colons que nous y aurions envoyés ne disposaient pas pour leur entreprise de capitaux plus considérables. Cette double pénurie des capitaux et des colons, voilà d'où vient tout le mal et voilà par suite où doivent porter nos efforts. Nous devons émigrer dans nos colonies pour les mettre en valeur, c'est-à-dire que nous devons y envoyer des capitaux et que nous devons y envoyer des hommes.

Et d'abord des capitaux.

Les capitaux ne nous manquent pas en France, car nous sommes, dans l'ensemble, très ménagers et très économes. Seulement nous les employons très mal.

J'ai sous les yeux le relevé à peu près complet de la fortune mobilière de la France. Il s'élève, en négligeant bien entendu tout l'argent employé dans des entreprises personnelles, ou même dans des sociétés particulières, au chiffre énorme de :

87 161 300 000 francs

rapportant un revenu moyen de :

3,41 p. 100,

ce qui donne :

2 972 200 000 francs.

Si cet argent était bien employé, il y aurait de quoi bouleverser le monde.

Mais veut-on savoir l'usage qu'en font les capitalistes

français ? Il en vaut la peine, car rien peut-être n'est plus capable de nous faire toucher du doigt, d'un côté notre imprudence et notre facilité à nous laisser duper, et de l'autre, notre manque d'initiative et notre déplorable pusillanimité.

Il y a, en premier lieu, l'argent qui ne rapporte rien, ou à peu près rien, c'est-à-dire celui qui a été mis en dépôt dans nos divers établissements de crédit.

Nous ne parlerons pas, bien entendu, de l'encaisse métallique de la Banque de France. Cette encaisse est la base même de notre crédit et notre réserve nationale. A ce point de vue il est indispensable et parfaitement justifié. Nous ne parlons pas non plus des dépôts faits à cette banque et qui, ne rapportant aucun intérêt, ne peuvent être, par suite, que de l'argent en attente d'emploi. Mais outre cette caisse et ces dépôts, il y avait à la fin de décembre 1898 :

	Dépôts.	Comptes courants des commerçants.
Au Crédit Lyonnais	1 021 000 000	547 000 000
Au Comptoir Nat. d'Esc. .	495 000 000	165 000 000
A la Société Générale . . .	506 000 000	199 000 000
Au Crédit Industriel	111 000 000	51 000 000
En tout	2 133 000 000	962 000 000

Plus de 3 milliards auxquels il faudrait ajouter une centaine de millions déposés au Crédit Foncier de France.

Laissons de côté les comptes courants des commerçants qui ne sont pas, à proprement parler, des capitaux inutilisés, puisqu'ils sont là en prévision d'opérations futures, qu'ils entrent et sortent chaque jour et que, d'ailleurs, il est de la plus élémentaire prudence pour un industriel ou un commerçant d'avoir des réserves métalliques pour parer aux aléas de sa profession. Nous avons encore dans nos grands établissements de crédit plus de 2 milliards de dépôts, qui restent à peu près improductifs.

Que ne vont-ils aux colonies, par exemple pour l'accomplissement des travaux publics ?

Nous avons encore une autre catégorie très abondante de capitaux qu'il faudrait également y employer, au moins partiellement. Ce sont les capitaux de nos Caisses d'épargne qui alimentent en grande partie la Caisse des dépôts et consignations et qui représentaient au 1er janvier 1897 :

```
Caisses d'Épargne privées. . . . .  3 451 200 000  francs
    —         —      postales . . . .    784 900 000    —
                     Total . . . . . . . . . .  4 236 100 000    —
```

qui représentent encore aujourd'hui, malgré les retraits effectués depuis 2 ans :
au moins 4 milliards.
Pourquoi la moitié de ces 4 milliards n'est-elle pas utilisée dans des entreprises sérieuses en France ou dans nos colonies ?

Pourquoi n'y a-t-on pas utilisé les milliards engloutis dans la construction du canal interocéanique de Panama, que l'on n'aurait pas perdus et qui, tout en développant les intérêts français, auraient rapporté à leurs possesseurs de grands et sérieux bénéfices ?

Pourquoi n'y a-t-on pas utilisé les 26 200 000 000 de capitaux français que nous avons placés à l'étranger contre notre intérêt national et sûrement en dehors de lui, pour ne nous rapporter en moyenne que 4,25 p. 100 et souvent pour être définitivement perdus, comme, par exemple, les fonds publics de certains États ou ceux placés dans les mines d'or ?

Voici du reste la liste complète de l'emploi de ces 26 200 000 000. La lecture attentive ne pourra qu'en être utile et provoquer les plus instructives réflexions :

I. Europe :

Pays.	Capital au cours du jour en millions de francs.	Revenu p. 100.	Revenu total en millions de fr.
Russie et Finlande	7 000,0	3,80	266,0
Espagne et Cuba	3 600,0	4,65	167,4
Autriche-Hongrie	2 500,0	4,00	100,0
Italie	1 600,0	4,10	65,6
Belgique, Suisse, Danemark, Hollande, Suède, Norvège	1 500,0	3,30	49,5
Angleterre et colonies (Canada excepté)	1 000,0	2,80	28,0
Allemagne Alsace-Lorraine, Grèce, Roumanie, États Balkaniques	1 400,0	4,30	60,2
Turquie et Égypte	3 300,0	4,41	145,5
Portugal	500,0	4,80	24,0
Total de l'Europe	22 400,0	4,05	906,2

II. Amérique :

États-Unis et Canada	1 000,0	3,40	34,0
Mexique, Brésil, Républ.-Argentine Chili, Pérou, Équateur	1 600,0	6,00	96,0
Total de l'Amérique	2 600,0	5,00	130,0

III. Mines d'or :

Haïti, Congo, Trusts, Syndicats	1 200,0	7,00	84,0
Total général	26 200,0	4,28	1 120,2 [1]

Pourquoi, enfin, nous obstinons-nous à placer toujours notre argent en rentes françaises, en impôts des villes, en actions ou en obligations de chemins de fer, etc., qui ne rapportent qu'un revenu réellement insuffisant ?

[1]. Valeur et revenu approximatifs des capitaux français placés à l'étranger (fonds d'État, actions, obligations. Parts de commandite ou d'intérêt) d'après les cours au 1ᵉʳ juillet 1897 (*Économiste Européen* du 5 novembre 1897).

Ainsi nous avons en circulation, en rentes françaises, un capital *nominal* de :

25 889 362 204 francs

répartis comme il suit :

Rente 3 1/2 % perpétuelle	6 789 668 437	francs
— 3 % perpétuelle	15 213 031 767	—
— 3 % amortissable	3 886 662 000	—
Total	25 889 362 204	—

et en emprunts coloniaux qui sont, sauf celui de l'Indo-Chine, de véritables emprunts publics, étant garantis par l'État Français :

Emprunt Tunisien 3 % 1892	198 000 000	de francs
Emprunt de Madagascar 2 1/2 %	30 000 000	—
Emprunt de l'Annam et du Tonkin 2 1/2 %	80 000 000	—
Emprunt de l'Indo-Chine 3 1/2 % pour la construction des Chemins de fer (montant autorisé : 200 millions)	55 000 000	—
Total	363 000 000	—

En tout :

26 252 362 204 francs.

Et comme le taux de nos rentes a dépassé le pair et qu'elles ne rapportent plus même 3 p. 100 ; comme il faut leur assimiler, au point de vue du revenu, toutes nos valeurs françaises, nous arrivons, indépendamment des 26 200 000 000 de francs placés à l'étranger et dont nous avons déjà parlé, au tableau suivant du portefeuille français d'après les cours de clôture du 1er juillet 1897 :

Valeurs mobilières existant en France à cette date.

Valeurs.	Capital au cours du jour.	Revenu net p. 100.	Revenu net total.
I. Val. franç. fonds d'État	27 399,1	2,97	813,8
Empr. de villes et de dép.	2 187,3	3,06	66,9
Obligations fonc. et commun.	4 710,0	2,91	117,1
A reporter	34 296,4		997,8

Valeurs	Capital au cours du jour.	Revenu net p 100.	Revenu net total.
Report.	34 296,4		997,8
Obligations de Chemins de fer. .	16 770,8	2,78	466,2
— de sociétés industr. .	1 543,8	3,31	51,1
Actions de Chemins de fer.	4 979,2	2,95	146,9
—. de Sociétés financières. .	1 950,5	3,42	66,7
— de — industr. . . .	3 414,0	3,56	121,5
— de Comp. d'assurance. .	780,0	3,32	25,9
Valeurs non cotées à Paris. . . .	4 000,0	4,50	180,0
Total	67 734,7		2 056,1
A déduire 10 % de valeurs françaises appart. à des étrang. .	6 773,4	3,03	205,2
Reste pour le portefeuille français.	60 961,3	3,03	1 850,9
II. Val. et fonds d'État étrang. .	26 200,0	4,28	1 121,3
Total du portef. français.	87 161,3		2 972,2[1]

C'est donc d'abord au moins 2 milliards de dépôts dans les banques et 4 milliards dans la Caisse des dépôts et consignations pour le compte des caisses d'épargne et qui rapportent en moyenne 2 1/2 p. 100, ou, au total :

150 000 000 de francs,

c'est ensuite la somme énorme, en valeurs françaises, de

60 961 300 000 francs,

donnant en moyenne un revenu de :

3,03 p. 100

ou, au total :

1 850 300 000 francs ;

et, en valeurs étrangères

26 200 000 000 de francs,

rapportant :

4,28 p. 100

ou, au total :

1 121 300 000 francs.

1. Extrait de l'*Economiste Européen* en date du 25 novembre 1897.

Ainsi,

92 000 000 000 de francs de capital,
représentant l'ensemble de notre fortune mobilière publique, ne nous donnent que :

3 121 600 000 francs
de revenus, un intérêt moyen de :

3,41 p. 100.

Il ne faut rien exagérer, il ne faut forcer aucun chiffre ; il faut, au contraire, rester dans la plus rigoureuse prudence ; mais serait-ce trop désirer, serait-ce trop demander que de souhaiter de voir au moins la cinquième partie, au moins la dixième partie de ces capitaux émigrer eux aussi et aller outiller, aller mettre en œuvre, aller féconder nos colonies pour nous rapporter souvent 15, au moins 10, 8, 6 p. 100 ?

Tout le monde y gagnerait, et le petit rentier français, dont le revenu serait doublé sans que son capital fût plus exposé que dans la plupart des placements actuels ; et nos colonies, qui deviendraient ainsi rapidement riches et prospères ; et la France en général, qui cesserait d'être tributaire, au degré du moins que nous avons dit, des pays étrangers et emploierait son argent pour elle-même, à son profit et à son grand avantage, au lieu de le donner à des étrangers qui, peut-être, seront un jour des adversaires.

Pourquoi ne le fait-on pas ?

Oh ! toujours pour la même raison, par ignorance et par routine.

Mais l'ignorance et la routine ne durent pas toujours. Et la nécessité est là qui se trouve être, elle aussi, un grand facteur auquel rien ne résiste, pas même la routine et l'ignorance.

Je suis certain que nos capitaux prendront eux aussi le chemin de nos colonies, parce qu'il n'y a que là qu'ils puissent nous donner un revenu convenable. Je suis certains que les rentiers français feront bientôt dans l'ensemble ce que beaucoup d'entre eux commencent à faire, qu'ils partageront leur capital en deux parts : une première part pour des placements de tout repos, mais de petit rendement, comme les fonds d'État et les chemins de fer ; et une seconde part à grand rendement pour suppléer au trop petit intérêt de la première, pour les entreprises extérieures à l'étranger et surtout dans nos colonies.

Et cela sera heureux, même à un autre point de vue, car cela contribuera à nous tirer de la tutelle administrative et à nous jeter dans les entreprises personnelles, qui développent l'initiative, la responsabilité et la personnalité individuelles, qui contribuent à faire des hommes.

Nos capitaux donc peu à peu iront aux colonies, au moins ils doivent y aller.

Nous avons vu que nos enfants feront bien de s'établir dans ces mêmes colonies, pour eux-mêmes, pour leur avenir et celui de leur pays. Ils doivent le faire aussi pour l'avenir de ces colonies.

Cela est évident et tout le monde l'admettra sans que nous ayons besoin d'insister.

Il ne suffit pas, en effet, d'avoir de vastes territoires capables de produire les plus riches récoltes ; il ne suffit pas d'avoir dans nos colonies de nombreux capitaux, pour assurer la mise en œuvre de ces territoires ; il ne suffit pas même d'avoir, — ce qui nous manque en plusieurs de nos colonies, mais ce que nous possédons en quelques autres, — une main-d'œuvre indigène suffisamment abondante pour les gros travaux que nous serons toujours incapables de faire par nous-mêmes, il faut encore posséder l'intelligence qui dirige, l'autorité qui commande, les capacités qui organisent, améliorent, développent, créent au besoin et font prospérer. Sans cela, ce sera l'ancienne culture routinière qui suffira — et encore pas toujours — aux besoins les plus élémentaires des indigènes, mais qui ne permettra pas de rien exporter; ce sera la même routine, les mêmes productions, le même désert, le même abandon, et les mêmes denrées coloniales achetées à notre grand détriment aux mêmes pays étrangers.

Ou si par hasard quelqu'un s'établit dans nos colonies pour les mettre en œuvre et leur faire produire les riches récoltes que nous sommes en droit d'en attendre, ce seront des étrangers, allemands, italiens, espagnols, maltais, contre lesquels nous aurons à lutter ensuite pour détruire leur influence et lui substituer la nôtre.

Tout cela est évident.

Il reste donc acquis que nous devons émigrer dans nos colonies afin de les mettre en œuvre. Nous devons également le faire afin d'assurer leur défense et de les conserver sous notre domination.

CHAPITRE VII

QUE NOUS DEVONS ÉMIGRER AFIN D'ASSURER LA DÉFENSE DE NOTRE EMPIRE COLONIAL

Nous avons refait pour la troisième fois un empire colonial, et nous venons de voir quelles ressources nous pourrions en tirer si nous parvenions à le mettre en œuvre. Mais cela ne suffit pas. Il faut encore le conserver, et au besoin, le défendre contre des dangers toujours possibles, contre des rivaux pouvant du jour au lendemain devenir des ennemis. Il faut nous en assurer la possession définitive, au lieu de le perdre, comme nous avons perdu jadis nos premières colonies.

Il n'y a pas à se le dissimuler, en effet, la création de cet empire a suscité bien des jalousies, toujours les mêmes, et l'Angleterre qui a si bien réussi, par deux fois, à s'approprier le fruit de notre initiative et de nos héroïques efforts, a suffisamment marqué, au cours d'événements encore dans la mémoire de tous, son dessein secret de nous dépouiller une troisième fois. Le danger n'est plus un danger hypothétique et la lutte, si jamais elle se produit, sera acharnée. L'enjeu en sera évidemment l'existence de nos colonies.

Ces colonies, cependant, nous ne voulons pas, et nous ne devons pas les perdre ; nous voulons, au contraire, et nous devons les garder. Il faudra donc que nous puissions les défendre et que, par suite, le plus rapidement possible, nous les mettions en état de défense.

Le branle est donné, quoiqu'un peu tard. Notre marine sera augmentée et mieux armée ; des points d'attache suffisamment nombreux lui seront assurés et diverses places fortifiées que nous possédons deviendront des ports militaires de premier ordre : Bizerte, Djibouti, Port Courbet (Tonkin), Nouméa, Diego-Suarez, Dakar, etc. Les garnisons métropolitaines de nos colonies seront également accrues et les auxiliaires indigènes qui les appuient seront plus nombreux, plus exercés, et mieux armés.

Tout cela doit être fait et sera fait, espérons-le, avec toute la rapidité possible. Mais tout cela ne suffit pas. Avant tout et par-dessus tout, il faut que nos colonies puissent se défendre elles-mêmes, avec leurs propres ressources ; il faut qu'elles possèdent assez de soldats pour cela, des soldats recrutés sur place parmi les colons que nous y aurons envoyés.

Si, par malheur, en effet, la guerre éclatait avec l'Angleterre, que se passerait-il? Si nous étions vainqueurs sur mer, nos colonies ne risqueraient évidemment rien ; ce serait au contraire les colonies anglaises qui seraient en danger. Mais si nous étions battus, si nos flottes étaient obligées de s'abriter dans nos ports et de laisser la mer ouverte à nos ennemis, certaines de nos colonies, les plus petites et les plus isolées, celles que nous ne pourrions secourir de France et que les obus du canon anglais traverseraient de part en part, de la haute mer, ne pourraient résister longtemps et seraient obligées de se rendre.

Mais les autres, celles qui ont un arrière-pays étendu et parfois très accidenté, celles qui ne seront pas conquises par le seul fait qu'on aura bombardé ou même occupé le port de débarquement, celles dont il faudrait prendre pied à pied le territoire, le Sénégal et le Soudan, l'Algérie et la Tunisie, Madagascar, le Tonkin et l'Indo-Chine, etc., que deviendraient-elles ? Pourraient-elles se défendre ? Oui, si nous y avions des forces militaires suffisantes, bien armées, bien équipées, bien approvisionnées, des forces militaires pouvant se ravitailler sur place, s'y refaire, et s'y accroître par de nouvelles et incessantes levées. Sinon, il arriverait pour elles, avec moins d'héroïques efforts et de résistances glorieuses, ce qui arriva au siècle dernier pour le Canada : elles succomberaient dans une lutte inégale et nous les aurions perdues.

Le Canada français, lors de la guerre de 1755-1759, ne possédait en tout, d'après une lettre de son gouverneur, M. de Vaudreuil (1761), que 70 000 habitants et 15 200 miliciens avec 5 200 soldats venus de France avant ou au cours de cette guerre, en tout 20 000 hommes. Les Anglais, au contraire, firent passer en Amérique, à cette époque, 30 000 hommes de troupes régulières auxquels s'ajoutèrent 60 000 miliciens fournis avec facilité par les 1 200 000 Anglo-Saxons de l'Amérique du Nord. La disproportion était énorme. L'armée anglaise comptait plus de soldats que toute la colonie française d'habitants. De plus, les colonies anglaises trouvaient sans trop d'efforts de nouvelles recrues, tandis que nous, nous avions levé jusqu'au dernier homme valide pour la lutte suprême.

Malgré cela, grâce à l'héroïque vaillance et à l'indomptable énergie de cette fière population franco-canadienne ; grâce à son ardent amour de la France et à la valeur de ses chefs dont l'un, le Gouverneur général, M. de Vaudreuil, était un Canadien de naissance ; grâce aussi à leur connaissance du pays et à leur incroyable endurance, les premières campagnes nous furent favorables.

Les Canadiens, unis aux troupes françaises, écrasèrent les Anglo-Américains. Dès l'ouverture des hostilités, M. de Contrecœur, à la tête de 250 Canadiens et de 600 sauvages, détruisit complètement le corps d'armée du général Braddock, composé cependant de 2 500 hommes avec 15 canons, le poursuivit durant 25 lieues, lui prit ses canons et ses bagages et lui tua son comandant ; Washington s'échappait à grand'peine avec quelques cavaliers.

En 1756, les Anglais réunirent 22 000 hommes. Malgré ces forces importantes, malgré l'échec et la mort de l'imprudent général Dieskau, nous enlevâmes la forteresse d'Oswego, sur le lac Ontario, nous battîmes leur armée et nous ravageâmes leurs colonies jusqu'à 20 lieues de Philadelphie.

En 1757, continuant notre marche en avant, et maintenant partout notre offensive, sans que le Canada eût encore été inquiété en aucun endroit, nous prîmes sur le lac Georges la forteresse de William-Henri avec sa garnison de 2 400 soldats.

La campagne de 1758 fut encore plus glorieuse. Montcalm battit complètement avec 3 500 hommes, à Carillon, au sud du lac Champlain, l'armée anglaise d'Abercromby, forte de 9 000 miliciens et de 7 000 soldats réguliers. De son côté, M. de Liguery culbutait dans les environs de l'important port de Fort-Duquesne une autre armée anglaise.

Mais la modicité de nos ressources nous empêcha de tirer de ces victoires tous les résultats qu'elles comportaient. Nous dûmes nous contenter pendant tout l'hiver de pourchasser l'ennemi et de lui enlever quelques convois.

« Ce furent nos derniers triomphes et le dernier éclat de la domination française en Amérique, dit très bien à ce propos Rameau dont nous analysons ici le récit ; nos victoires mêmes ruinaient toutes nos ressources, tandis que les troupes de l'Angleterre, broyées depuis trois ans par de successives défaites, revenaient à la charge, plus fortes, plus nombreuses, opiniâtrément poussées vers le but de la guerre qui était l'anéantissement du Canada. Furieux, mais non découragés de se voir repoussés par une poignée d'hommes, les Anglais firent enfin un dernier et énergique appel à la puissance du nombre ; ils organisèrent pour 1759 une triple et terrible attaque contre ce pays qui semblait une forteresse vivante, où chaque homme était un soldat. »

Wolf vint attaquer Québec, par le Saint-Laurent, avec 10 000 hommes de débarquement et 18 000 hommes d'équipage et de troupes marines, pendant que Amberst, avec 12 000 soldats, remontait le lac Georges et le lac Champlain dans le but, non de combattre, mais de retenir loin de la capitale une partie de nos forces, et que, de leur côté, Prideaux et sir William Johnston devaient gagner par terre le lac Ontario, attaquer le fort de Niagara et menacer Montréal.

De toute nécessité, il fallut renoncer à l'offensive et se replier sur Québec.

« Tout le monde sait la fin de cette lutte formidable et glorieuse ; Montcalm et Wolf mourant l'un et l'autre au milieu d'une bataille indécise, mais qui, dans notre situation, était une défaite ; enfin la prise de Québec, qui en fut le résultat.

« Pendant un an encore, le gouverneur, M. de Vaudreuil, et M. de Lévis, soulevant la population en masse, tinrent la campagne et dirigèrent de terribles retours contre l'ennemi. Ils ne reculèrent même point devant l'idée de reprendre Québec, et peu s'en fallut qu'ils n'y réussissent ; mais ils n'eurent que la gloire inutile de battre encore une fois les Anglais, qui durent leur salut à l'arrivée d'une nouvelle flotte de renfort devant lesquels se retirèrent les assaillants.

« Ce fut alors que, cerné par 3 armées, manquant de tout, même de poudre, M. de Vaudreuil, à la tête des débris mutilés des régiments français et des milices canadiennes, conclut, le 8 septembre 1760, une capitulation qui livrait pour toujours à nos ennemis séculaires la plus belle, la plus française et la plus négligée des colonies que notre pays ait eues entre les mains. Deux ans après, nous cédions la Louisiane à l'Espagne, et depuis lors, il ne fut plus question dans l'Amérique du Nord de la puissance française[1]. »

Il n'est donc plus possible d'en douter : si nous avons perdu le Canada, c'est uniquement parce que nous n'y envoyâmes pas assez de soldats au moment suprême de la dernière lutte, et encore plus, parce que sa population était trop peu nombreuse, dans la proportion de 1 à 17, en face de la population anglo-américaine, parce que nous y avions envoyé trop peu de colons.

« Si le gouvernement de Versailles, en effet, cédant aux incessantes sollicitations de tous les gouverneurs du Canada, avait poursuivi le mouvement d'émigration pratiqué de 1663 à 1672, et qui fit passer en Amérique, aux meilleures années, à peine 260 émigrants ; si depuis 1675 à 1686, époque à laquelle cessa complètement ce mouvement officiel d'émigration, on avait envoyé de 100 à 150 émigrants par année, en se basant sur le développement de la population canadienne, cette population, dès 1700, eût été plus forte du double, et de proportion en proportion, elle eût pu facilement atteindre de 500 000 à 600 000 âmes en 1750. Si l'on eût pris ces mesures au temps même de Champlain, en 1635, nul doute que l'on eût obtenu des résultats aussi considérables que ceux des colonies an-

---

1. Cf. Rameau, pp. 86 et 87.

glaises et que l'on eût atteint, au bout d'un siècle, près d'un million d'habitants [1] ».

Cela eût peu coûté, de 60 000 à 75 000 livres par an, ou même moins que cela, en encourageant par quelques légers subsides l'initiative des seigneurs canadiens, surtout celle des communautés religieuses et du clergé. En tout cas, cette minime dépense eût été incomparablement moins considérable et mille fois mieux employée que les 17 000 000 de livres que l'on consacra de 1730 à 1740 à fortifier Québec.

17 000 000 de livres consacrées annuellement en fortifications, alors que les dépenses ordinaires de la colonie n'étaient que de 400 000, cela n'était-il pas un peu exagéré ? Mais cela n'était-il pas surtout bien français de rendre une ville très forte et de négliger d'y envoyer des hommes pour en défendre les fortifications ?

Ce ne sont pas cependant les avis qui manquèrent au gouvernement français. Ils lui vinrent au contraire de partout, de l'intérieur, de la part de ses serviteurs les plus illustres, et du Canada, de la part de tous ceux qui en eurent l'administration.

De retour à Paris en 1749, avec une grande intelligence et une rare perspicacité des événements qui menaçaient la colonie, M. de la Galissonnière en particulier, le futur vainqueur de l'amiral Byng et l'ancien gouverneur du Canada, ne cessa un instant de presser le gouvernement de Versailles de prendre les mesures urgentes que réclamaient les dangers qu'allaient courir nos possessions du Canada et de la Louisiane.

Il multiplia dans ce but les sollicitations, les notes et les mémoires. « Dans un de ses mémoires, en particulier, dévoilant tout l'avenir et la richesse inconnue de la vallée du Haut-Mississipi, en arrière des possessions anglaises, il demandait au Gouvernement d'envoyer à tout prix

---

1. Cf. Rameau, p. 95.

10 000 paysans pour peupler cette contrée, pensant avec raison qu'aucune dépense en France ne pouvait égaler l'utilité et l'urgence de cette entreprise[1]. » C'était un peu après 1750. Si on l'avait écouté, ces 10 000 paysans, en immobilisant une partie des forces anglaises, auraient peut-être sauvé le Canada.

Vauban, le grand Vauban, allait plus loin : « Dans un mémoire qu'il rédigea en 1699, il exposait les voies et moyens propres à peupler nos colonies et particulièrement le Canada ; il calculait qu'il était facile et peu coûteux, en partant du chiffre de 14 000 âmes que possédait alors le Canada, d'atteindre en 1730, par une immigration fort modérée, le nombre de 100 000 habitants, et jetant de là ses prévisions dans l'avenir avec la puissance qui caractérisait ses vues : dès lors il se pourrait bien, sans miracle, écrivait-il, que deux cent quarante ans après, c'est-à-dire vers l'an 1970, il se trouverait plus du monde au Canada qu'il n'y en a jamais eu dans toutes les Gaules, qui étaient d'une bien plus grande étendue que la France ne l'est aujourd'hui.

« Et supposez qu'il y ait quelque difficulté là dedans, et qu'il en dût coûter beaucoup plus qu'on ne prévoit ici, y a-t-il quelque chose dans le monde de plus utile, de plus glorieux et de plus digne d'un grand roi que de donner commencement à de grandes monarchies et de les enfanter pour ainsi dire et les mettre en état de s'accroître et de s'agrandir en fort peu de temps, de leur propre cru, jusqu'au point d'égaler, voire de surpasser un jour le vieux royaume ? Qui peut entreprendre quelque chose de plus grand, de plus noble et de plus utile ? N'est-ce pas par ce moyen plus que par tous autres, qu'on peut, avec toute la justice possible, s'agrandir et s'accroître[2] ? »

Cependant, l'on ne fit rien. A ce moment déjà, on était

1. Cf. Rameau, p. 77.
2. Rameau, p. 96.

paralysé par la double politique continentale et coloniale que la France a voulu pratiquer simultanément et entre lesquelles elle n'a jamais su choisir. On sacrifiait incessamment l'une à l'autre et l'on paralysait l'une par l'autre. Ce furent cependant les colonies qui, d'habitude, furent négligées et l'on eut alors une excuse que nous n'avons plus aujourd'hui, on réussit à faire de la France la première puissance continentale de l'Europe.

Mais au point de vue colonial, cette politique fut désastreuse. Nous y perdîmes nos colonies, après avoir sacrifié pour les défendre 50 fois plus que nous n'aurions fait pour y établir une nombreuse population française.

Nous sommes prêts à renouveler les mêmes erreurs et à préparer les mêmes désastres.

Des décrets ont été préparés, des crédits votés et des mesures prises pour mettre nos colonies en état de défense. On va y créer des ports militaires, des arsenaux et des dépôts de charbon, on va y élever des forts, y entasser des canons, en un mot les fortifier et leur donner tous les moyens de résister à une attaque toujours probable.

On a raison et tout Français applaudira à ces mesures que l'on aurait dû prendre, il y a de nombreuses années, et dont l'exécution devrait être achevée depuis longtemps. Mais cependant, à quoi serviront-elles, s'il n'y a pas de soldats pour garnir ces forteresses, pas d'artilleurs pour servir ces canons, pas de population pour fournir les uns et les autres ?

Nous augmenterons, nous avons déjà faiblement augmenté nos garnisons coloniales. Mais jamais nous ne pourrons envoyer assez de soldats de France pour repousser une attaque susceptible de se porter sur tant de points différents. Notre situation, en effet, n'est plus en Europe ce qu'elle a été autrefois et il y a d'impérieuses nécessités auxquelles nous ne pouvons plus nous soustraire aujourd'hui. Il ne dépend pas de nous de choisir d'une manière absolue entre les colonies et la Métropole et il faut que notre armée métropolitaine reste intacte, toujours prête aux plus redoutables éventualités. Ce n'est donc qu'en tremblant et avec la plus grande circonspection, que nous pouvons lui faire quelques légers emprunts. De plus, les hommes qui la composent, jeunes pour la plupart et nullement accoutumés aux climats des colonies, ne peuvent y aller — de tristes exemples nous l'ont appris — qu'en courant les plus grands dangers.

Nous n'avons pas encore, nous devrions avoir, mais enfin nous n'avons pas une armée coloniale solidement et fortement organisée, de laquelle nous puissions distraire de nombreux régiments que nous enverrions à Saïgon, à Tahiti, à Madagascar, aux Antilles, à la côte d'Afrique. Comment donc pourrions-nous trouver les soldats nombreux qu'il nous faudrait pour la défense de toutes nos colonies, si ces colonies ne possèdent pas sur place des éléments assez sérieux, sinon pour remplacer, au moins pour aider les troupes métropolitaines que nous y enverrions ?

Sans doute, nous avons quelques milices indigènes dans la plupart de nos grandes colonies et tout le monde sait les admirables services que nous ont rendus, par exemple, dans la campagne de Madagascar, que nous rendent chaque jour dans nos expéditions africaines, nos tirailleurs sénégalais ou soudanais, nos turcos d'Algérie, etc. Mais enfin nous ne pouvons pas confier à eux seuls la défense exclusive de ces colonies. S'ils sont braves, infatigables et toujours prêts à tous les services, dès qu'on parvient à les plier à une discipline suffisante et les tenir en main, c'est grâce aux éléments blancs qui les encadrent et aussi aux exemples de soumission et de bravoure que leur ont donnés nos bataillons d'infanterie de marine, combattant et vivant à leurs côtés.

S'en reposer sur ces seuls auxiliaires indigènes, ou même s'en reposer principalement sur eux, pour la défense de nos colonies, serait pure folie et personne n'y songe.

Ou bien ils failliraient à la tâche, incapables qu'ils seraient d'un tel effort ; ou bien, adroitement sollicités par des émissaires étrangers — car, enfin, ils ne connaissent la France que d'hier, et ils n'ont peut-être pas oublié complètement leur ancienne indépendance, — ils nous abandonneraient au moment du danger.

Nous ne serons sûrs et de leur courage et de leur fidélité qu'autant qu'ils combattront à côté de nous, sous notre direction et notre commandement, entraînés et soutenus par notre exemple.

Il faut donc, de toute nécessité, que nos colonies possèdent une population d'origine française, une population restée française et suffisamment nombreuse pour fournir à nos contingents envoyés de France des auxiliaires intelligents, sûrs, indéfectibles, qui aident à encadrer, à soutenir, à entraîner nos troupes indigènes.

Je ne craindrais pas beaucoup pour l'existence de notre Algérie et de notre Tunisie si la guerre venait à se produire, non pas parce qu'elles sont près de la France : il pourrait très bien arriver que nous ne puissions les secourir ; non pas également à cause des nombreuses garnisons qui les défendent : livrées à elles seules et composées uniquement de troupes métropolitaines, ces garnisons seraient peut-être insuffisantes à défendre de si vastes territoires ; mais surtout parce qu'à nos troupes régulières qui déjà en possèdent quelques-uns, se joindraient des éléments locaux qui accroîtraient singulièrement leur nombre et leur force.

On peut aller plus loin et dire que l'Algérie et la Tunisie n'auraient rien à craindre de n'importe quelle invasion, si nous avions su nous en attacher complètement, en même temps que la population d'origine française, la population immigrée et la population indigène.

Car, — et il y a là un autre danger, — il n'y a pas que des Français dans nos colonies. Il y a aussi des étrangers qui ne sont pas encore devenus complètement Français de cœur et de sentiments, alors même qu'ils le sont de nom. Il y a surtout des indigènes qui ont accepté notre domination avec plus ou moins de résignation ; qui la subissent parfois plutôt qu'ils ne l'aiment; contre lesquels notre administration a plus d'une faute à se reprocher, et qui pourraient à un moment donné, au lieu de nous aider à nous défendre, profiter des dangers où nous nous trouverions pour se révolter, pour nous combattre, pour aider nos ennemis de l'extérieur à nous chasser de leur pays.

Or, comment amener ces étrangers immigrés, pas encore ou à peine naturalisés français à le devenir sincèrement, oubliant pour cela leur ancien pays, leur langue et leurs coutumes nationales? Comment amener ces indigènes à nous pardonner de leur avoir pris leur indépendance, à accepter définitivement notre domination, à s'attacher à nous, à notre nom et à nos intérêts? Comment nous assurer de leur fidélité, d'une fidélité inébranlable allant jusqu'au sacrifice de leur vie, en cas de danger? Comment? il n'y a qu'un seul moyen pour cela, que nous devons employer sous peine de n'atteindre jamais à ce résultat, sous peine de perdre tôt ou tard nos colonies, qu'elles nous soient ravies par l'étranger, ou que d'elles-mêmes elles se détachent de nous, c'est d'y envoyer un appoint considérable de colons français qui noient dans leurs flots pressés les émigrants étrangers dont ils modifieront rapidement les mœurs, la langue et les sentiments; qui instruisent, élèvent et moralisent les populations indigènes, dont ils feront peu à peu des sujets et des amis de la France; qui, au moment du danger, se lèvent pour la défense de leur pays d'adoption, entraînant à leur suite immigrés, étrangers et indigènes, devenus Français les uns et les autres à leur contact, pour en faire avec eux les invincibles auxiliaires de nos soldats français.

Émigrons en grand nombre vers nos colonies, et nous les garderons envers et contre tout ; n'y émigrons pas ou émigrons-y trop peu, et leur existence sera à la merci d'un événement fortuit que nous ne pourrons pas prévoir et contre lequel nous ne pourrons nous défendre.

Donc, l'émigration vers nos colonies est indispensable pour l'existence et la défense de ces colonies.

Donc, et pour conclure, de quelque côté qu'on envisage la question, l'émigration au dehors, vers les pays étrangers et surtout vers nos colonies, une émigration sérieuse et nombreuse s'impose comme une nécessité absolue.

Nous devons émigrer, si nous voulons vivre et ne pas être étouffés par les nations rivales.

Nous devons émigrer si nous ne voulons pas continuer à décroître, mais au contraire voir notre race française se multiplier et se développer, notre natalité se relever.

Nous devons émigrer, si nous voulons voir notre commerce à l'étranger, notre industrie à l'intérieur, notre marine marchande sortir triomphants de la redoutable crise économique que nous traversons, et tous les marchés du monde ne pas se fermer devant nous.

Nous devons émigrer, si nous voulons recouvrer l'aisance au dedans et trouver un remède pratique au malaise social qui nous tourmente et un débouché utile aux énergies qui s'atrophient ou deviennent un danger permanent pour l'ordre social, au milieu de l'encombrement actuel de toutes les carrières.

Nous devons émigrer, si nous voulons refaire notre caractère national et élargir nos idées courantes, rapetissées et affaiblies par une vie trop renfermée dans une atmosphère trop étroite.

Nous devons émigrer enfin, si nous voulons mettre en valeur les splendides ressources de notre empire colonial et garder intacte pour l'avenir, contre des dangers toujours probables, l'existence même de cet empire.

« Si un grand changement politique et moral ne se produit pas en France, disait Prévost-Paradol deux ans avant la guerre de 1870, si notre population, obstinément attachée au sol natal, continue, tantôt à s'y accroître avec une extrême lenteur, tantôt même (comme il est arrivé pendant dix années), à rester stationnaire ou à décroître, nous pèserons, toutes proportions gardées, dans le monde anglo-saxon autant qu'Athènes pesait jadis dans le monde romain [1] ».

Donc nous devons émigrer.

Mais le pouvons-nous ?

1. *La France Nouvelle.*

TROISIÈME PARTIE

QUE NOUS POUVONS ÉMIGRER

CHAPITRE PREMIER

QUE NOUS SOMMES ESSENTIELLEMENT COLONISATEURS

Il y a une corrélation nécessaire entre l'émigration et la colonisation. Des peuples parfois émigrent sans avoir de colonies : c'est le cas de l'Autriche-Hongrie, de la Suisse, de la Suède-Norvège, de l'Italie, ce fut pendant longtemps celui de l'Allemagne aux États-Unis. Cela n'est point cependant dans l'ordre naturel des choses. Et pour peu que l'émigration augmente, une nation, suffisamment forte et suffisamment bien gouvernée, cherchera à ne pas perdre complètement ces forces vives qui la quittent et, pour cela, tâchera d'acquérir certains territoires où elle pourra diriger, accueillir, garder ses émigrants. Tôt ou tard l'émigration entraîne la colonisation.

Mais surtout la colonisation suppose l'émigration. Un peuple n'est colonisateur que s'il peut émigrer, et il l'est à peu près dans la même mesure qu'il émigre et que ses enfants émigrés prospèrent dans leur pays d'adoption.

Prouver donc que nous sommes un peuple essentiellement colonisateur, c'est du même coup prouver que nous pouvons émigrer.

Or, sommes-nous réellement un peuple colonisateur ?

Oui, nous le sommes, et à un très haut degré. Nous sommes, on peut le dire au risque de paraître paradoxal, le peuple le plus colonisateur qui existe.

« Il semble, disait avec raison Richelieu au commencement du XVII⁰ siècle, que la nature ait voulu offrir l'empire de la mer à la France par l'avantageuse situation de ses deux côtes, également pourvues d'excellents ports, aux deux mers : Océan et Méditerranée [1]. »

Le grand cardinal avait raison en disant cela. Il l'avait également en posant en principe que « pour être une puissance continentale, il faut que la France soit une puissance maritime » ; que l'Angleterre pourrait « descendre impunément sur nos côtes » et tout oser contre nous lorsque « notre faiblesse nous ôterait tout moyen de rien entreprendre à son préjudice ». Il l'avait enfin en préconisant le développement de notre marine, de notre commerce extérieur et de nos établissements coloniaux.

« Tout démontre donc, disait-il, l'indispensable utilité de favoriser le commerce maritime et surtout celui au long cours. Pour cela, il faudrait faire *de bons établissements coloniaux* et y envoyer des vaisseaux, ainsi qu'ont fait les Portugais, les Anglais et les Flamands ; lesquels vaisseaux par leur trajet continuel réunissent en quelque sorte les membres à la tête, portent et rapportent les choses nécessaires à leur subsistance, les ordres de la métropole, les chefs pour les commander, les soldats pour exécuter, l'argent qui est le nerf de la guerre. »

Ce sont là de grandes et nobles paroles, dignes de l'homme d'État qui les a prononcées, mais remarquables surtout parce qu'elles expliquent un fait historique trop souvent oublié, nos efforts continuels depuis cinq siècles à travers toutes les vicissitudes de notre histoire, avec le concours parfois, souvent en dehors de l'action du gouvernement pour nous répandre à l'extérieur, pour

---

1. Testament politique de Richelieu.

fonder des établissements dans les pays lointains, pour coloniser.

« La politique coloniale de notre pays n'est pas l'œuvre d'une génération, dit très bien à ce sujet le commandant X***, au cours du remarquable travail inédit dont j'ai si souvent fait usage. Elle remonte, au contraire, loin, bien loin dans notre histoire ! Et si nos arrière-grands-pères l'ont entamée, si nos pères l'ont continuée, si nous, les Français modernes, nous lui avons donné une ampleur inusitée ; si, en un mot, cette politique est l'œuvre de cinq cents ans, ne peut-on pas en conclure, dès maintenant, qu'elle n'est pas due à l'entraînement irréfléchi, à « l'emballement » d'une époque, à la volonté seule d'hommes qui dirigent les affaires de la France, fussent-ils des François Ier, des Louis XIV, des Louis-Philippe, des Napoléon III, des Jules Ferry ? Ne peut-on pas affirmer, au contraire, qu'elle nous est imposée par la force des choses, qu'elle nous est dictée par une loi supérieure qui nous crie : « Marche ! Marche ! » et qui impose sa volonté aux gouvernements qui se sont succédé en France : royauté avec rois féodaux, royauté avec rois absolus, royauté avec rois constitutionnels, empire et république ? »

Et il refait ensuite à grands traits cette curieuse histoire.

Les premières tentatives coloniales remontent au xive siècle et sont dues aux efforts de nos marins de Dieppe, de Rouen, de La Rochelle. Dès 1350, les premiers trafiquent sur les côtes de l'Afrique septentrionale et du Sénégal ; ils poussent jusqu'à la Côte-d'Or où ils fondent en 1383 le fort de *La Mine*. Depuis des années reculées, les uns et les autres exploitent les pêcheries de Terre-Neuve et visitent les côtes de l'Asie Mineure, de l'Égypte, de l'Amérique du Nord. Reprenant les traditions des Grecs, des Carthaginois, des Romains, des Phéniciens, entraînés comme eux par cette loi humaine qui veut que tout homme civilisé travaille non seulement pour acquérir sa nourriture, son vêtement et son abri, mais encore pour essayer de se constituer, de conserver, d'augmenter une fortune qu'il transmettra à ses enfants, ils s'élancent à la conquête commerciale des pays absolument neufs dont ils étaient séparés par la mer, leur grand'route naturelle.

Ces efforts, jusqu'au commencement du XVIe siècle, ne sont que des efforts individuels, enrichissant des particuliers, des familles, des villes, des provinces. Cependant ils commencent à attirer l'attention de tous, et les esprits s'accoutument peu à peu à la pensée des trafics et des établissements lointains. L'idée coloniale germe, naît, grandit.

Vienne enfin, après la guerre de Cent ans, pendant laquelle nous apprenons à connaître et à haïr l'Anglais, un gouvernement central, fort et solidement constitué, et ce gouvernement ne négligera rien à son tour pour centraliser, pour guider et rendre irrésistible le mouvement qui lançait nos populations vers les pays d'outre-mer.

A François Ier, qui veut que la France ait sa part dans le partage de l'Amérique, l'honneur et le mérite de commencer. En 1524 il charge les Verrazzini d'explorer les côtes de l'Amérique du Nord. De 1524 à 1689, nous assistons à la fondation d'un vaste empire colonial. François Ier, Henri IV et Sully, Louis XIII et Richelieu, Louis XIV et Colbert nous donnent le Canada, la baie d'Hudson, l'Acadie, la Louisiane, avec les bassins du Saint-Laurent et du Mississipi (c'est-à-dire l'intérieur de l'Amérique du Nord, où les Anglais sont obligés de se contenter des côtes), Terre-Neuve, Tabago, Saint-Christophe, la Martinique, la Guadeloupe, Marie-Galante, Grenade, les Grenadines, Saint-Domingue, presque toutes les Antilles en un mot ; la Guyane, de l'embouchure de l'Orénoque aux monts Rincote, de ces derniers à l'Amazone, et de l'Amazone à la mer.

En Afrique, les comptoirs de Bône et de La Calle, les côtes du Sénégal, la Côte d'Or, les îles Bourbon et de France, la côte est et sud-est de Madagascar.

En Asie, les Indes, par l'occupation de Surate, Chandernagor, Pondichéry.

Notre influence est sans conteste dans le Levant, où toutes les nations chrétiennes peuvent commercer librement sous la bannière et la protection de la France et sous la juridiction des consuls français.

Nous entrons en relations avec l'Annam, connu à cette époque sous le nom de Cochinchine (1624), avec le Siam (1680).

Les cinq grandes compagnies créées par Colbert et remplaçant celles plus nombreuses établies par Richelieu, d'après les données de Henri IV, exploitent ce vaste empire en formation, commercent aux Indes, en Cochinchine, au Siam, dans le Levant, à Madagascar, au Sénégal, sur la Côte d'Or, sur la côte nord de l'Afrique, en Amérique, et font affluer or et richesses en France. Nos colons se fixent et font souche au Canada, en Acadie, en Louisiane, aux Antilles, aux Seychelles, aux Amirantes, à l'île Bourbon, à l'île de France ; et, dans toutes les classes de la société, le mouvement d'opinion est si fort, la nécessité d'un empire colonial qui apporte à la mère patrie richesse et puissance est telle que Louis XIV, dans un édit de 1669, déclare, malgré tous les préjugés alors en cours « qu'un noble peut, sans déroger à sa noblesse, se livrer au commerce de mer », et que tous les princes, tous les courtisans, la magistrature et le clergé souscrivaient abondamment, à son exemple, pour la formation de Compagnies de colonisation.

Nous sommes, à cette période de notre histoire, la première puissance continentale, maritime, coloniale et commerciale du monde entier !

Nous avons devancé l'Angleterre dans l'Amérique du Sud et aux Indes, et c'est à nous que doit revenir la possession incontestée de ces vastes et fertiles territoires.

Mais, hélas ! l'heure des revers a sonné ! L'Angleterre va s'acharner à notre perte, et de 1689 à 1815, elle va soudoyer les puissances de l'Europe, les lancer sur nous, nous susciter guerres continentales sur guerres continentales, profiter des fautes de Louis XIV vieilli et de son indigne successeur Louis XV. Elle va se servir de nos convulsions intérieures au moment de la Révolution et même de notre magnifique épopée impériale. Aidée dans cette lutte sans pitié et sans merci par une politique audacieuse, peu morale, mais habile, nationale et dictée par un esprit de suite absolument remarquable, en 1815 elle arrivera à ses fins. Notre magnifique empire colonial sera ruiné, et, sur ses ruines, elles en édifiera un qui la rendra, sans conteste, la première nation maritime, coloniale, commerciale du monde entier.

Mais ce ne sera pas sans lutte de notre part.

Après chaque revers, nous panserons nos blessures, et dès qu'elles auront été cicatrisées, nous nous efforcerons de reprendre notre rang dans le monde. Et toujours, même aux époques les plus douloureuses et les plus sombres de notre histoire, nous tournerons nos regards vers les pays d'outre-mer, tant cette politique coloniale est une politique traditionnelle, et tant nous sentons qu'elle est nécessaire à la grandeur de la patrie !

Après la guerre de la Ligue d'Augsbourg et le traité de Ryswick (1697), nos colonies sont encore intactes, mais notre puissance maritime est en décroissance.

La guerre de la Succession d'Espagne et le traité d'Utrecht (1713) nous font perdre, au profit de l'Angleterre, Terre-Neuve, la baie d'Hudson, une partie de l'Acadie et Saint-Christophe et, en faveur du Portugal, les deux rives de l'Amazone.

Cependant le mouvement de colonisation se continue. Bourbon, l'île de France, les Antilles sont en pleine prospérité. Nos colons du Canada et ceux de la Louisiane, s'avançant les uns vers les autres, se rejoignent dans les vallées du Mississipi et du Missouri ; les premiers se répandent dans la région des grands Lacs, le long du Missouri et de l'Ohio; les seconds à l'est vers la mer sur une étendue de 850 000 kilomètres carrés, et dans la direction de l'ouest sur une étendue de 800 000 kilomètres carrés.

Notre marine se relève sous le ministère du cardinal Fleury ; La Bourdonnais, appuyé sur Bourbon, l'île de France, et Madagascar, est maître de l'océan Indien, et Dupleix fonde aux Indes un immense empire comprenant presque toute la péninsule de l'Hindoustan.

Le traité d'Aix-la-Chapelle en 1748 donne Madras à l'Angleterre ; Poivre, sur l'ordre de Dupleix, se rend à Hué l'année suivante (1749) et obtient l'autorisation de fonder un établissement à Tourane.

Mais hélas ! voici la désastreuse guerre de Sept ans qui nous coûte un milliard et demi, fonde la puissance de la Prusse, ruine complètement notre marine militaire et marchande, et anéantit notre puissance coloniale. Par le honteux traité de Paris (1763), nous perdons le Canada, Saint-Pierre et Miquelon, presque toutes les Antilles, ce qui nous restait de l'Acadie, le Sénégal, les Indes et la partie de la Louisiane située à l'est du Mississipi, que nous abandonnons à l'Angleterre. L'année suivante, pour dédommager l'Espagne de la perte de la Floride que lui avaient enlevée les Anglais, nous lui cédons la partie de la Louisiane qui s'étend à l'ouest du grand fleuve.

Jamais la France n'a été aussi bas.

Va-t-elle désespérer ? va-t-elle renoncer à toute entreprise extérieure, à toute marine, à tout commerce étranger ? va-t-elle uniquement « se recueillir et se replier sur elle-même », suivant une expression si souvent employée pendant ces derniers temps ? va-t-elle lutter contre ce besoin irrésistible qui, depuis quatre siècles, la pousse constamment au dehors ? contre ce besoin naturel de s'étendre, de se développer, de coloniser ?

Ce serait mal la connaître que de le supposer ; et une telle pensée ne pouvait entrer que dans nos cerveaux rétrécis et déprimés par les idées terre à terre du temps présent.

En moins de vingt ans, Choiseul a refait notre marine de guerre, au point de nous permettre de lutter contre la flotte anglaise qui ne peut nous battre à Ouessant ; les lambeaux qui nous restent de notre empire colonial sont de nouveau en pleine prospérité ; 12 000 Français sont envoyés — hélas ! pour y périr ! — dans la Guyane ou « France Équinoxiale »; nous nous emparons de la Corse, que convoite depuis longtemps l'Angleterre ; nous affirmons énergiquement nos droits dans le Levant ; nous soutenons les États américains dans leur révolte contre l'Angleterre. Avec eux, nous battons les Anglais sur terre et sur mer ; nous les battons également avec Suffren, dans quatre batailles navales, aux Indes où, unis au sultan de Mysore, nous menaçons sérieusement leur domination.

De nouveau donc la fortune nous sourit. Malheureusement les difficultés intérieures préoccupent le gouvernement de Louis XVI qui, par le traité de Versailles (1783), se contente de recouvrer Saint-Pierre et Miquelon, Sainte-Lucie et Tabago, le Sénégal et nos comptoirs des Indes, laissant le reste de la presqu'île à l'Angleterre.

Ce n'est rien en comparaison de ce que nous possédions auparavant. Mais c'est le commencement de la revanche des malheurs qui nous accablent depuis soixante-dix ans, et la marche en avant pour la réfection d'un second empire colonial se continue.

Nous avons perdu l'Amérique. Nos Bougainville, nos Surville, nos Lapérouse découvrent l'Océanie qui aurait dû, qui aurait pu nous appartenir, qui nous aurait appartenu, en effet, si Louis XVI avait gardé le pouvoir.

Nous avons perdu les Indes, nous nous tournons vers l'Indo-Chine, et le traité de Versailles, conclu en 1787 avec le fils du roi Gyalong, nous donne la baie de Tourane, les îles Poulo-Condor et le droit d'établir des comptoirs et de commercer dans le pays. En retour, nos officiers de Pondichéry aident Gyalong à conquérir le Tonkin.

Hélas ! un brusque arrêt va se produire qui détruira ces espérances et amènera de nouveau la ruine de notre marine et de nos colonies, l'arrêt causé par la Révolution et les guerres de l'Empire.

En vain, en 1795, l'Espagne nous cède la partie orientale de Saint-Domingue, dont nous possédions déjà la partie occidentale ; en vain, en 1800, nous rétrocède-t-elle la Louisiane occidentale ; en vain, en 1802, le beau-frère du premier consul, le général Leclerc, est-il envoyé, à la tête d'une armée, pour rétablir notre autorité à Saint-Domingue, Saint-Domingue nous échappe définitivement et, en 1803, nous vendons la Louisiane aux États-Unis pour la somme de 80 millions.

Napoléon cependant avait trop le sens français pour ne pas comprendre l'importance capitale qu'il y avait pour nous à détruire la prépondérance anglaise et à reconstituer notre empire colonial. Son dessein eût été de faire de la France la première puissance continentale et coloniale du monde.

Il a rêvé de s'établir en Égypte, en Syrie et, par deux fois, d'arracher les Indes aux Anglais, en s'appuyant d'abord en 1798, sur le sultan de Maïssour, Tippou-Saïd, leur ennemi acharné et indomptable, et ensuite, en 1801, en s'alliant à Paul Ier, l'empereur des Russies.

Mais le désastre d'Aboukir ruine notre puissance navale, nous enlevant ainsi toute possibilité d'action hors du continent, et Paul Ier meurt assassiné, très à propos, dans la nuit du 23 mars 1801, alors que les deux armées qu'il devait envoyer aux Indes commençaient leur mouvement et que les Hindous frémissants n'attendaient qu'un signal pour se révolter. Puis, ce sont les coalitions continentales suscitées, payées, organisées par Pitt, que le grand Empereur doit vaincre. A cette guerre acharnée, il répond par deux desseins grandioses : une descente en Angleterre et le blocus continental. La descente devient impossible, par suite de la mollesse et de l'indécision de Villeneuve, et Alexandre Ier, longtemps hésitant, empêche le succès définitif du blocus en se déclarant pour l'Angleterre.

Une seconde fois nous sommes battus. L'Angleterre triomphe et reste la maîtresse du monde. Notre empire colonial est de nouveau démembré, et nous n'en gardons, au second traité de Paris, que ce que l'Angleterre veut bien nous en laisser :

Saint-Pierre et Miquelon, avec le droit de pêche à Terre-Neuve ;

La Guadeloupe et ses dépendances ;

La Martinique avec la moitié de Saint-Martin ;

Le Sénégal et la Réunion avec nos droits sur Madagascar ;

Enfin nos pauvres comptoirs de l'Inde que nous n'avons pas même le droit de fortifier.

Mais voici de nouveaux efforts et de nouvelles tentatives.

Le gouvernement de la Restauration, ce gouvernement trop souvent décrié et cependant si profondément français, va en quelques années panser nos blessures, nous rendre notre place en Europe, refaire notre armée et notre marine, et reprendre la vieille tradition coloniale qui a fait, au siècle dernier, la fortune, la richesse, la puissance de la France.

La Guyane française nous est rendue par le Portugal en 1817.

De 1821 à 1827, nous fondons nos établissements du Sénégal (à Richard-Town, Dagana, Bakel, Saint-Charles, îles de Caraban).

De 1821 à 1829, nous reprenons possession de Sainte-Marie de Madagascar et nous affirmons nos droits à Tintingue, à Sainte-Lucie, à Fort-Dauphin, réservant ainsi clairement l'avenir pour le reste de l'île.

En 1820, nous envoyons des navires protéger nos missionnaires persécutés en Annam et montrons ainsi à nouveau dans ce pays notre pavillon, qui en avait disparu depuis 1789.

Duperré et Dumont d'Urville reprennent en Océanie les explorations de nos marins du temps de Louis XVI.

Enfin, en 1830, malgré les menaces non déguisées de l'Angleterre et ses secrètes menées à Constantinople, la Restauration nous donne, legs suprême de son amour pour la France, le joyau de notre empire colonial, l'Algérie.

Le gouvernement de Juillet n'a malheureusement pas les mains libres. Il a, devant l'Europe, à se faire pardonner son origine, et il a besoin de l'Angleterre pour rentrer dans le concert des Puissances.

Nous paierons bien cher cet appui problématique.

En 1841, nous sommes sur le point, avec le secours de Méhémet-Ali, d'asseoir définitivement notre influence en Égypte et en Syrie. L'Angleterre forme contre nous une coalition européenne et nous force d'abandonner Méhémet-Ali.

Malgré cet insuccès pénible, malgré l'affaire Pritchard qui secoua vivement l'opinion publique et les autres sacrifices consentis en faveur de « l'entente cordiale », l'opinion qui poussait la France au dehors était trop irrésistible, le gouvernement de Juillet lui-même avait trop conscience des vrais intérêts de la France pour ne pas s'efforcer de développer nos possessions lointaines.

La conquête de l'Algérie est menée pendant dix-huit ans, avec une rare énergie, immortalisant, au milieu de beaucoup d'autres, le nom du maréchal Bugeaud.

En 1837, nous nous établissons dans la Casamance ; en 1842, en Guinée, à Grand-Bassam, à Dabou, à Assinie, à Petit-Popo, à Grand-Popo, à Porto-Novo, au Gabon ; en

1841, à Nossi-Bé, à Nossi-Komba, à Nossi-Mitsio, à Nossi-Faly et, par des traités successifs passés avec les rois sakalaves, nous proclamons notre protectorat, de droit, mais non de fait, sur une grande partie de la côte occidentale de Madagascar.

En 1843, nous occupons Mayotte.

En 1847, de nouveau nous envoyons deux navires de guerre dans la baie de Tourane.

Nous prenons définitivement pied en Océanie, en 1842, par l'occupation de Tahiti et de l'archipel des Marquises, et en 1847 par l'occupation de l'archipel Gambier.

Enfin nous affirmons nos droits sur le territoire contesté de la Guyane en mettant une garnison à Mapa.

C'est une véritable résurrection et nul doute que si la monarchie de Juillet eût vécu, nous n'eussions rapidement repris dans le monde la place qui nous convient.

Mais voici la Révolution de 1848 et ses utopies ; voici Napoléon III avec ses rêves, ses incertitudes et ses hésitations, avec surtout, son idée fixe de l'alliance anglaise et sa funeste politique des nationalités qui nous aliénera successivement l'Autriche et la Russie, qui fondera l'unité allemande, qui fera de nous des dupes et aura pour résultat définitif, en 1870, de nous laisser isolés en face de la Prusse triomphante.

En 1860, tout autre gouvernement que celui de Napoléon III aurait profité de l'expédition de Syrie pour proclamer au moins notre protectorat sur ces riches contrées où notre influence séculaire est si grande, où nous n'avions que des amis, où notre autorité eût été acceptée avec enthousiasme et qui seraient devenues rapidement à l'orient ce que l'Algérie est au sud de la Méditerranée, la meilleure et la plus riche de nos colonies.

L'occasion était unique et la faute est probablement irréparable.

De même un autre gouvernement que le gouvernement de Napoléon III, après la splendide création du canal de

Suez, en eût garanti l'indépendance en s'emparant des débouchés de la mer Rouge, en particulier de Périm.

Malgré tout, l'Algérie est complètement conquise.

La conquête systématique du Sénégal commence avec le général Faidherbe (1854-1865).

Nous établissons notre protectorat sur le royaume de Porto-Novo, et agrandissons nos possessions de Grand-Bassam.

Nous soumettons complètement la Casamance et augmentons le Gabon de 100 kilomètres de côtes (1862-1868).

Nous établissons, de moitié avec l'Angleterre, notre protectorat sur Zanzibar, et, en 1859, l'amiral Fleuriot de l'Angle continue la série des traités qui nous assurent le protectorat sur la côte occidentale de Madagascar.

Enfin, en 1858 et 1868, nous acquérons les territoires d'Obock et de Cheick-Saïd.

Voilà pour l'Afrique.

En Asie, l'amiral Rigault de Genouilly s'empare de Tourane et de l'embouchure du Mékong en 1858 et de Saïgon en 1859. Le traité de 1862 nous donne la Cochinchine, et en 1863 nous établissons notre protectorat sur le royaume du Cambodge dont cependant nous abandonnons les belles provinces de Battan-Bang et d'Ankor au Siam. Ce sont les bases de notre futur empire Indo-Chinois.

En Océanie, grâce au patriotisme de nos missionnaires, en 1853, nous devançons l'Angleterre dans la possession de la Nouvelle-Calédonie, et occupons les îles Wallis. En 1859, c'est le tour de l'archipel des Marquises et de l'archipel des Touamotou, et en 1863, celui de l'archipel des Loyalty.

Malheureusement, nous échouons dans la campagne du Mexique, et nous n'avons pas le courage, en prenant parti pour les Sudistes dans la guerre de Sécession, d'arrêter pour toujours le danger américain.

Puis voilà l'année terrible, la France envahie, Paris assiégé, deux de nos provinces perdues. Pendant dix ans, nous ne songerons qu'à panser nos blessures, qu'à refaire notre armée, qu'à préparer la revanche.

Mais on ne peut résister longtemps aux besoins et aux penchants naturels d'un peuple. Notre marche en avant recommence enfin et, dans l'espace de quinze ans, malgré bien des erreurs et des hésitations, des reculs malheureux et des fautes lourdes, malgré l'insuffisance notoire de nos gouvernants, en particulier dans les questions d'Égypte, du Niger, de l'Ouganda, du Siam, de Zanzibar et du centre Africain, portés par les seuls événements, poussés par notre seul besoin d'expansion au dehors, nous nous créons un troisième empire colonial, moindre en valeur, mais au moins égal en étendue à celui de Louis XIV.

Certes, le peuple qui a fait cela, qui a ainsi, pendant cinq siècles, prodigué ses efforts pour sortir de chez lui et créer des établissements lointains ; qui ne s'est jamais lassé et jamais découragé, toujours prêt à recommencer le lendemain ce que des guerres funestes avaient ruiné la veille ; qui, à un moment donné, a eu les plus belles et les plus florissantes des colonies où, même après les avoir perdues, il a laissé son empreinte ineffaçable, ce peuple peut avoir été *malheureux*, mais il est, quoi qu'on en dise, *essentiellement colonisateur*.

Il l'est, pour ainsi parler, à son insu, naturellement et en dépit de tous les obstacles, en dehors également de tout dessein formé, par suite de son caractère et de son tempérament, de sa situation et de ses besoins. Il tend à coloniser comme la pierre tend à tomber ou l'oiseau à voler, irrésistiblement.

Voilà la première leçon que nous donne l'histoire de nos essais de colonisation.

Il y en a une autre qui ne touche pas directement à notre sujet, mais que nous devons cependant recueillir en passant, c'est celle-ci : pendant cinq siècles, partout, et dans toutes entreprises, nous rencontrons sur notre route notre ennemie héréditaire, l'Angleterre. Partout elle nous jalouse, elle nous crée des difficultés, elle suscite des révoltes, elle combat contre nous, elle ruine notre marine, notre commerce, nos colonies, elle nous chasse de nos établissements, elle s'enrichit de nos ruines. Avec l'Angleterre il n'y a que la lutte à ciel ouvert ou un marché de dupes dont nous ferons toujours les frais. Mieux vaut encore la lutte, dans laquelle au moins nous pouvons triompher.

Donc nous sommes, quoi qu'on en dise, un peuple colonisateur, un peuple qui peut fonder des colonies, qui peut s'y établir et s'y multiplier, qui peut par suite émigrer.

Au moins nous l'avons pu dans le passé ; pourquoi ne le pourrions-nous pas dans le présent et dans l'avenir ?

Nous avons fait de la politique coloniale depuis des siècles, aux époques les plus brillantes comme aux époques les plus sombres de notre histoire ; et cette politique, aucun gouvernement ne l'a négligée, monarchie absolue, monarchie constitutionnelle, empire ou république.

Certes, nous avons commis des fautes, et de grandes fautes, dont quelques-unes sont irréparables ; nous avons manqué souvent de plan d'ensemble et de suite dans nos entreprises ; nous avons eu des hésitations, des arrêts, des reculs inexplicables ; malgré tout, nous avons toujours marché, en sorte que la politique coloniale est chez nous — le mot n'est pas exagéré — *une politique de tradition*.

Oui, *une politique de tradition* chez un peuple qui est si versatile, aussi bien à l'intérieur pour la forme du gouvernement et de ses institutions, qu'à l'extérieur pour ses alliances. Il faut donc qu'elle nous soit imposée par la force même des choses, par une loi tellement supérieure que nous devons y obéir envers et contre tous, envers et contre nous-mêmes.

Mais il y a plus, nous avons su coloniser, nous avons su où il fallait commencer et où il fallait nous établir, et nous avons d'ordinaire admirablement réussi dans ces essais d'établissement.

Choiseul se trompe en envoyant 12 000 colons à la Guyane, trop chaude et trop malsaine pour le développement de la race française. C'est la seule erreur que l'on puisse signaler en ce genre.

Avant que l'on connût les termes de *colonies d'exploitation* et *colonies de peuplement*, nous mettions la distinction en pratique. Nous nous établissions au Canada, à la Louisiane, aux Antilles, à l'île de France, à Bourbon, etc. Mais nous nous contentions de faire du commerce, par l'intermédiaire de grandes Compagnies, au Sénégal, en Guinée, aux Indes ; et c'est nous, nous Français, qui avons appris aux Anglais le moyen de conquérir et de garder l'empire des Indes.

« Cette idée de dominer l'Inde par le commerce et la diplomatie, disait très bien le ministre des colonies d'alors, M. André Lebon, au bi-centenaire de Dupleix, elle est à nous » et la fondation de l'empire des Indes a été conçue, préparée, mise à exécution par notre grand Dupleix et par ses compagnons. Il nous l'aurait conservé si nous avions su le soutenir.

« Clive, enfermé avec une poignée d'hommes dans le petit fort démantelé d'Arcot, poursuivait le ministre, se montra assez résolu et assez tenace pour ressaisir le sceptre qui glissait de notre main lassée. Et cela, par quels moyens ? Macaulay l'a proclamé : par les moyens mêmes qu'avait préconisés Dupleix, mais avec cette fortune, refusée à notre pauvre grand homme, d'être compris par son pays et secondé par son gouvernement. »

Nous avons su également coloniser et peupler les pays appelés *d'exploitation*.

Jamais, en effet, on ne louera suffisamment ce que nous avions réalisé en un temps relativement court en Acadie, au Canada, à la Louisiane, aux Antilles, dans l'Océan Indien, partout, en un mot, où nous avions pris pied et envoyé des colons.

Quoi qu'on en dise, et malgré les échecs subséquents, malgré sa perte, hélas ! définitive, notre premier empire colonial nous fait le plus grand honneur et doit nous encourager pour l'avenir.

Notre essai de colonisation avait un autre caractère, tout entier à notre honneur, qui nous appartient exclusivement et qui est d'une souveraine importance pour l'avenir de nos colonies. Nous savions nous faire aimer des indigènes, nous fondre avec eux, en faire de véritables sujets français. Qui ne se rappelle, en particulier, les services que nous ont rendus au Canada des tribus soumises à notre domination, par exemple celle des Hurons pendant les suprêmes luttes, soit contre l'Angleterre, soit contre les tribus amies de l'Angleterre ?

Les Espagnols, les Portugais, les Anglais, ont trouvé de vastes régions peu peuplées où ils n'ont eu qu'à s'implanter pour vivre et prospérer. Ou bien, quand ils ont rencontré des indigènes sur leur chemin, ils leur ont fait une guerre acharnée, sans pitié, sans merci, et ils sont arrivés à leur complète destruction. La race anglo-saxonne, en particulier, est tristement célèbre sous ce rapport. Partout où elle s'établit, il n'y a de place que pour elle ou pour les colons qui s'identifient avec elle. Et si jamais l'histoire s'écrit, ce sera une honte éternelle pour l'Angleterre que la disparition des Indiens de l'Amérique, ou des indigènes de l'Australie.

Pour nous, au contraire, la justice et l'humanité avec lesquelles nous avons traité les indigènes soumis de nos colonies sera notre plus grand éloge et, espérons-le, une véritable force.

Sans doute, il y a des ombres à ce tableau. Nous cédons trop facilement, en certains endroits, au désir de répressions sanglantes, encore plus au besoin de recruter à tout prix, même par la force, des travailleurs ou des porteurs. Nous abusons parfois des indigènes. Et si les missionnaires alors réclament, au lieu de prendre leurs remarques en considération, comme ce qu'il y a de plus habile parce que c'est ce qu'il y a de plus juste, on leur répond à peine, ou encore on les accuse de s'immiscer dans l'administration et on les persécute.

En Algérie, pour un autre motif, nous n'avons pas su nous attacher la population arabe ou kabyle, que nous avons, au contraire, livrée sans défense à l'exploitation israélite. Mais cela a été une erreur du gouvernement, plutôt que le fait des colons, et cette erreur n'a pas empêché d'ailleurs cette population indigène de se multiplier au lieu de s'éteindre.

En 1876, il y avait en Algérie 2 476 000 musulmans
— 1891, il y en avait . . . . . 2 900 000 —
— 1891, — . . . . . 3 200 000 —
Enfin en 1896, — . . . . . 3 950 000 —

« Nous sommes, disait Paul Bert, une race active, bienveillante, habile à nous attacher les vaincus, plus apte à produire qu'à détruire ; nous savons coloniser, civiliser les pays conquis sans anéantir les races qui s'y trouvent ! »

Nous savons également — et c'est là un autre trait qui nous est particulier et a une grande importance — nous savons également nous attacher nos colonies par une fidélité à toute épreuve.

« Alors que dans le passé, les États-Unis (race anglaise), l'Amérique du Sud (races espagnole et portugaise), ont pris les armes contre la mère patrie et se sont rendus indépendants, ayant dans le cœur la haine et le mépris de cette mère patrie, nos colonies à nous n'ont jamais eu la moindre velléité d'indépendance, et, jusqu'à la dernière extrémité, ont lutté, versé leur sang pour garder là nationalité française. Celles qui nous ont été ravies ont gardé le culte, les mœurs, le langage, l'amour « des gens de chez nous »; celles que nous avons pu garder sont françaises au même titre que les Français de France, font partie intégrante de la patrie ! »

Il y a de cet attachement des exemples bien caractéristiques.

Sans parler de la résistance héroïque du Canada et de ses efforts surhumains pour ne pas se séparer de nous; sans parler de ces Acadiens qu'on ne parvint à soumettre qu'en les exterminant ou en les transportant en masse loin de leurs foyers, trois faits se sont passés récemment dans nos anciennes colonies, qui mettent bien en lumière l'héroïque fidélité de ceux qu'une soumission de près d'un siècle et demi à l'Angleterre n'a pu encore détacher de nous.

Les voici :

Après la guerre de Crimée, pour la première fois depuis le traité de 1763, c'est-à-dire à peu près au bout d'un siècle, un navire de guerre français reparut sur le Saint-Laurent qu'il remonta jusqu'à Québec. Ce fut une joie délirante parmi les riverains des villes et des campagnes qui, cependant, ne nous connaissaient plus que par le récit des vieillards : « Nous venons, disaient-ils en montant en foule sur le pont de la frégate, nous venons voir les Français de France, *les gens de chez nous.* »

Les *gens de chez nous*, quelle belle et touchante expression qui dit bien tout leur amour pour nous, toute leur fidélité, tout leur dévouement !

Cette fidélité et ce dévouement, ils nous l'ont, du reste, montré de la manière la plus touchante, en s'offrant de venir à notre aide au milieu de nos malheurs en 1871, eux, les sujets d'une nation neutre, alors que tout le monde nous abandonnait. Les Franco-Canadiens catholiques et le Pape, pourquoi l'oublions-nous ? voilà les seuls qui nous restèrent fidèles en 1870-71 !

> « ....Monsieur le Consul, on nous apprend là-bas
> Que la France trahie a besoin de soldats.
> On ne sait pas chez nous ce que c'est que la guerre;
> Mais nous sommes d'un sang qu'on n'intimide guère,
> Et je me suis laissé dire que nos anciens
> Ont su ce que c'était que les canons prussiens.
> Du reste, pas besoin d'être instruit, que je sache,
> Pour se faire tuer ou brandir une hache;
> Et c'est la hache en main que nous partirons tous;
> Car la France, Monsieur... la France, voyez-vous...
>
> « Il se tut; un sanglot l'étreignait à la gorge.
> Puis de son poing, bruni par le feu de la forge,
> Se frappant la poitrine, où son col entr'ouvert
> D'un scapulaire neuf montrait le cordon vert :
>
> « — Oui, Monsieur le Consul, reprit-il, nous ne sommes
> Que cinq cents aujourd'hui; mais, tonnerre! des hommes,
> Nous en aurons, allez!... Prenez toujours cinq cents,
> Et dix mille demain vous répondront : Présents!
> La France, nous voulons épouser sa querelle,
> Et, fier d'aller combattre et de mourir pour elle,
> J'en jure par le Dieu que j'adore à genoux,
> L'on ne trouvera pas de traîtres parmi nous!...
>
> « Le reste se perdit... Car la foule en démence
> Trois fois aux quatre vents cria : Vive la France!... [1] »

Le second trait n'est pas aussi connu. Il n'en est pas moins significatif.

L'île de Saint-Barthélemy (Antilles), colonisée par nous en 1684, fut, en 1784, cédée aux Suédois de qui nous l'avons rachetée en 1878. Les habitants consultés, après une séparation de quatre-vingt-seize ans, ont tous voté pour la France.

N'est-ce pas touchant et n'est-ce pas significatif ?

Et ce n'est pas là un exemple isolé.

M. Pauliat en cite un autre plus touchant encore peut-

---

[1]. Louis Fréchelle : *Récit d'une démonstration faite au Consulat français à Québec.*

être et moins connu. C'est celui des habitants des Seychelles qui, en 1883, accueillent avec un indescriptible enthousiasme le premier bâtiment de guerre français qui les visitât depuis leur séparation d'avec nous, s'imaginant que la guerre était déclarée entre la France et l'Angleterre et qu'on venait les délivrer du joug britannique. Or, pour qui connaît combien léger et presque insensible est ce joug, il y a là une preuve extraordinaire de l'invincible fidélité de ces braves colons d'autrefois pour leur ancienne patrie.

Les mêmes sentiments animent, du reste, nos colonies actuelles qui, à l'occasion, nous en donneraient les mêmes preuves. Tandis, en effet, que les colonies espagnoles, Cuba et les Philippines, ont mené une lutte à mort contre la domination de la mère patrie ; tandis que l'Australie, le Canada, l'Afrique du Sud ne restent unis à l'Angleterre que par le faible lien des intérêts ; tandis que l'Australie a inscrit sur son drapeau : « En avant, l'Australie ! » et pris comme devise politique : « L'Océanie aux Océaniens ! » et que, au Cap, a retenti une phrase analogue : « L'Afrique aux Afrikanders! », nos colonies à nous, les anciennes comme les nouvelles, restent d'une fidélité inébranlable à la mère patrie, demandant d'elles-mêmes d'être soumises à notre loi militaire, afin de pouvoir se défendre si elles étaient attaquées.

Or, d'où vient cette différence ? De notre caractère au fond meilleur et plus humain, de notre manière de faire moins raide ? De notre politique moins égoïste ? De ce que nous exploitons moins nos colonies et nous mêlons davantage aux peuples conquis ? De tout cela, oui ; mais aussi et davantage encore d'une autre cause qu'il ne sera pas hors de propos de faire ressortir ici, de l'active et heureuse influence de nos missionnaires.

Il n'est pas douteux, en effet, pour qui étudie la question sans parti pris, que c'est à eux que nous devons en grande partie, et l'inviolable fidélité de nos anciennes colonies, et l'attachement sincère de nos colonies actuelles.

« Catholiques et Français » signifient partout la même chose, au moins en dehors de la France. De même « schismatique et Russe »; de même « protestant et Anglais, ou Allemand, ou Américain ». Il y a là un fait indéniable qui peut déplaire à certaines petites églises, à certaines coteries, à certains esprits étroits et sectaires, mais que tous les protestants vraiment français, comme par exemple M. Guizot, reconnaissent et proclament eux-mêmes et que toute l'histoire contemporaine établit avec évidence. On peut le regretter et s'en plaindre. Nul ne peut sincèrement le contester.

Nos missionnaires donc font la plus utile de toutes les besognes, au point de vue limité de l'influence française à établir et à répandre au dehors. Et il est du devoir, par conséquent, de tout gouvernement qu'anime l'amour de son pays, il est du devoir de tout Français, quelles que soient ses opinions ou ses préférences religieuses, de les seconder, de les encourager, au besoin de les défendre et de les aider.

Surtout, ces missionnaires nous font aimer des indigènes et c'est à leur action personnelle que nous sommes particulièrement redevables de la sympathie que notre seul nom évoque au dehors ; et si cette sympathie n'est plus aujourd'hui ce qu'elle a été autrefois ; si les habitants de nos récentes conquêtes de l'Extrême-Orient, de Madagascar, de l'Afrique du Nord, du Congo et de la côte occidentale d'Afrique, ne ressentent pas pour nous la même affection et le même dévouement que nous rencontrâmes au XVIIe et au XVIIIe siècle, par exemple chez les tribus huronnes du Canada, si peut-être les colons de l'Algérie ou de la Nouvelle-Calédonie ne nous conserveraient pas, dans un moment de crise, et surtout après une longue séparation, la touchante fidélité des habitants des

Seychelles et de Saint-Barthélemy ; si l'on ressent ici et là un commencement de désaffection et, je ne dirai pas des idées séparatistes, l'expression serait trop forte, mais je ne sais quelle impatience et quel désir de *self-government*, et surtout un certain empressement à se plaindre de la mère patrie, qu'on n'en doute pas, entre les autres causes que l'on pourrait trouver à ce phénomène nouveau et légèrement inquiétant, la plus importante se trouve dans l'influence trop faible et le rôle trop limité que l'on a laissés à nos missionnaires.

Nous avons eu l'occasion de dire combien parfois nos administrateurs coloniaux laissent à désirer sous le rapport de la justice, de la tenue, de la moralité, et partant de l'autorité. Nous ne voulons pas y revenir ici ni insister sur un mal que tout le monde constate et que l'on semble vouloir s'efforcer d'atténuer, sinon de guérir complètement. Il nous déplairait également de faire trop remarquer que nos soldats eux-mêmes et nos officiers d'infanterie ou d'artillerie de marine, de la légion étrangère ou des divers régiments auxiliaires, ont parfois la main lourde et ne respectent pas assez les susceptibilités, les usages, bien plus, les droits même les plus primordiaux, des nations soumises.

Oh ! je sais bien qu'il ne faut pas être trop exigeant et je suis prêt à faire les concessions les plus larges au climat et aux circonstances.

Mais l'on m'accordera également qu'il y a là des sources, sinon de conflit et de révolte, le mot serait trop gros, au moins de mécontentement et de désaffection et il serait souverainement utile qu'une autre force et une autre influence vinssent en atténuer l'importance, autant que possible en neutraliser l'effet.

Or, cette influence heureuse, quelle pourrait-elle être, sinon celle du missionnaire, qui, si elle était mieux acceptée, mieux aidée, s'exercerait premièrement auprès de nos administrateurs eux-mêmes, ou de nos officiers pour les maintenir dans les limites des convenances, du devoir; et ensuite auprès des indigènes, pour leur faire accepter de bonne grâce les nécessités de la conquête et les empêcher de s'irriter de telle ou telle mesure pénible. Il serait un naturel intermédiaire entre les uns et les autres, adoucissant d'un côté ce que l'autorité a de trop dur, et, de l'autre, enseignant le respect de cette autorité, afin de maintenir la bonne harmonie entre les vainqueurs et les vaincus, entre la mère patrie et les pays qui lui sont soumis.

Rien n'est plus facile que l'abus de son autorité à un administrateur colonial. Tout le monde est à genoux devant lui ; et dans tout son entourage règne une telle habitude de servilité que volontiers il se croirait infaillible et ne permettrait pas la moindre hésitation devant le plus injustifié des désirs. Il est homme cependant et parfois un homme fragile sujet à bien des erreurs. Ne gagnerait-il pas à avoir auprès de lui, comme le triomphateur de la Rome antique, quelqu'un qui le rappelât à la réalité des choses et lui redît à l'occasion le *memento te hominem esse?* Or, ce quelqu'un, qui serait-il, sinon le représentant officiel de cette grande force qu'est la force morale ?

De leur côté, les indigènes, surtout les indigènes récemment soumis, sont naturellement portés à la méfiance et aux soupçons à l'égard de ceux qui furent leurs conquérants et leurs ennemis de la veille. Ils interprètent leurs actes dans le sens le plus défavorable et, pour peu que ces actes soient répréhensibles, s'en montrent froissés et irrités à l'excès. Ils ne se révoltent pas immédiatement, parce qu'ils ne s'en sentent pas la force. Mais le mécontentement grandit, le respect et la soumission disparaissent, la haine, et parfois le mépris, s'accumulent et les rapports se tendent jusqu'à présenter un véritable danger à la première occasion.

Dans ces conditions, ne serait-il pas utile qu'un homme se trouvât qui eût toute leur confiance, qui leur expliquât et leur fît accepter les ordres reçus, qui leur présentât le côté favorable des mesures prises, qui adoucît et, autant que possible, évitât les heurts et les froissements? Or, cet homme, qui serait-il, sinon le missionnaire, ce missionnaire connu et aimé depuis longtemps, ce missionnaire, leur ami et leur confident, leur conseiller et leur défenseur?

Et n'arrivât-il pas à ce double résultat d'adoucir le commandement et de calmer les susceptibilités, que son zèle serait encore très utile, car il apprendrait aux indigènes à ne pas confondre la France avec tel ou tel administrateur indigne d'elle. Lui aussi est Français, après tout, et il honore, fait respecter, fait aimer le nom français. Bien des sympathies nous seraient ainsi conservées qui, autrement, sont complètement perdues et souvent font place à d'implacables haines.

Nos missionnaires sont tous d'excellents Français et partout où ils ont de l'influence, ils l'ont mise au service de leur pays.

Défendez-les donc, encouragez-les, aidez-les par tous les moyens possibles. Sachez aussi leur pardonner tel ou tel petit excès de zèle que vous leur reprochez avec tant d'amertume, telle ou telle imprudence que souvent vous exagérez à plaisir, telle ou telle intervention qu'ordinairement vous ne condamnez sérieusement que parce qu'elle a contrarié une passion inassouvie. Qu'est-ce que cela en face des grands services rendus par eux à leur pays? Et celui-là mériterait-il le nom d'administrateur qui ne pourrait supporter à côté de lui un collaborateur parce que ce collaborateur n'est pas complètement parfait, parce que, quelquefois, et pour son bien, il ose lui résister?

De tout cela, une conclusion se dégage, irrésistible et irréfutable, c'est que la race française, non seulement est capable de coloniser, mais, en outre, qu'elle a une force d'expansion remarquable quand elle est placée dans un milieu propice à son développement, en un mot, qu'elle peut émigrer.

Elle peut émigrer parce qu'elle l'a fait autrefois. Elle le peut parce qu'elle le fait tous les jours.

Et je ne parle pas ici de cette émigration de colons, de marchands, d'industriels, vers nos colonies, vers l'Amérique du Nord ou du Sud, vers le Mexique ou l'Argentine, vers les Antilles, vers l'Australie ou l'Extrême-Orient, ou les Échelles du Levant, que nous avons étudiées dans la première partie de ce travail et que nous avons constatée si faible.

Mais une autre émigration existe, suffisamment nombreuse et choisie, dont on ne parle pas assez et dont beaucoup ne soupçonnent pas l'importance, je veux dire celle de nos missionnaires, hommes et femmes, prêtres, frères et sœurs.

D'après le remarquable travail de M. Louvet, *Les Missions Catholiques au XIXe siècle*, il y a à ce moment, de par le monde, 13 314 missionnaires prêtres, 4 500 frères et 42 000 sœurs missionnaires.

Or, parmi cette armée, que personne n'hésitera à appeler une armée d'élite, et qui s'en va partout, de préférence dans les pays les plus inconnus, les plus reculés, les plus sauvages, sait-on la nationalité qui domine? celle de l'Angleterre, de l'Allemagne, de l'Italie, de l'Espagne? Oh! non, certes. C'est la France, et à un tel point que le contingent de chacune de ces nations disparaît devant le chiffre énorme de ses missionnaires.

Sur 13 314 prêtres missionnaires, il y a, en effet, deux tiers de Français, soit près de 9 000.

Sur 4 500 frères, les 4/5 ou 3 600 sont Français et Françaises, également, les 4/5 des sœurs missionnaires, c'est-à-dire près de 10 000.

Peut-on dire, après cela, que les Français sont incapables d'émigrer?

Oh! sans doute, ces femmes et ces hommes sont mus par un puissant ressort, le zèle apostolique et le dévouement pour un apostolat sublime. Il ne faut pas le nier et c'est là leur gloire.

Mais c'est aussi la gloire de notre race d'être susceptible de tels sentiments.

Ne dites donc pas que notre race est incapable de quitter son pays, de s'établir au loin. Elle en est, au contraire, parfaitement capable, puisqu'elle l'a fait. Au surplus, la vie de colon est mille fois plus agréable, plus douce, plus facile, que celle du missionnaire. Elle offre moins d'aspérités, moins de renoncement, moins de sacrifices. Le colon aura sa famille, une femme et des enfants ; il aura tout le confort de la vie et peut-être la fortune ; il gardera sa liberté et sa responsabilité et son initiative; il aura la possibilité de retourner en France, de pouvoir se reposer, de jouir d'une situation acquise.

Pourquoi donc la France ne fournirait-elle pas des colons, puisqu'elle fournit des missionnaires en si grande abondance? Pourquoi? Mais uniquement par ce qu'on ne l'a pas habituée à cette idée, par ce qu'on n'a pas assez parlé de cette vie de colon à ses enfants, parce que l'on n'a pas encore créé chez elle un fort courant d'émigration qui nous porte vers nos colonies.

Ce serait une erreur de croire que les peuples qui aujourd'hui émigrent le plus facilement, que les Anglais, par exemple, ont ainsi aimé à émigrer de tout temps, et qu'ils n'ont pas eu, eux aussi, à vaincre les mêmes difficultés et les mêmes répugnances, contre lesquelles nous luttons en ce moment.

« On a opposé fort mal à propos, remarque à ce sujet Rameau[1], le peu d'entraînement des Français pour les colonies, aux tendances contraires de l'Angleterre, de l'Écosse et de l'Irlande. Ce serait une grande erreur de croire que l'amour du foyer domestique ne soit pas naturel et à peu près égal chez tous les peuples civilisés ; seulement les circonstances créent des habitudes différentes. Partout, il a été long et difficile d'introduire le goût et

---

1. Pages 100-101.

l'usage de l'émigration, et il a fallu, pour y parvenir, soit un concours suivi de circonstances toutes spéciales, soit les efforts persistants du gouvernement ou de quelques particuliers.

« Les premières émigrations anglaises de la Nouvelle-Angleterre ont toujours été le résultat des persécutions religieuses ou politiques de la mère patrie. L'émigration en Amérique était regardée comme une œuvre de sainteté ; ces colonies furent longtemps de véritables communautés religieuses, et les récits des premières traversées de ces puritains, forment encore aujourd'hui, aux États-Unis, une sorte de Livre de Piété, connu sous le nom de *Pilgrim's Purchases*. Mais avant cet exode religieux, qui commença en 1620, les tentatives essayées par les Anglais, à diverses reprises, comptaient moins de monde que les nôtres et étaient restées à peu près toutes sans résultat. Pendant le règne de Charles Ier, le fanatisme toujours croissant des puritains alla grossir chaque année, avec une nouvelle intensité, les colonies d'Amérique ; en certaines années, il arriva plus de 2 000 personnes. Telle est la seule origine des premières émigrations anglaises et leur importance.

« Très peu d'Écossais s'étaient encore mêlés à ces colons ; ils ne commencèrent à effectuer des envois un peu sérieux et suivis que vers 1780, et ce mouvement eut pour origine : 1° le licenciement considérable de soldats que l'Angleterre effectua en Amérique, après la conquête du Canada et après la guerre d'indépendance ; 2° la généreuse initiative de plusieurs grands seigneurs qui, voyant leurs clans trop nombreux pour vivre, dans leurs pauvres montagnes, se mirent à la tête de l'émigration. Dans ces deux circonstances, un grand soin fut apporté au bon établissement des colons et à la facilité des relations entre eux et la mère patrie, afin d'attirer leurs parents et amis ; le succès ayant couronné ces entreprises, le courant d'émigration se créa et entra peu à peu dans les mœurs de la population écossaise.

« Il en fut de même pour l'Irlande : cette populeuse et misérable contrée était encore presque étrangère à toute émigration il y a trente ans, bien que ses habitants trop nombreux succombassent de pauvreté sur le sol natal. Il fallut des malheurs extraordinaires et une effroyable disette pour forcer les Irlandais à s'exiler. »

Nous avons donc commencé à émigrer avant les Anglais ; nous le faisions plus facilement qu'eux, et, de plus, dans toutes nos colonies, nous avons montré plus d'aptitudes qu'eux à tirer parti des circonstances, à nous plier et à nous identifier au milieu, à nous unir aux habitants des pays conquis.

« Quant aux hommes qui furent les premiers émigrants dans ces régions (Amérique du Nord), dit encore Rameau[1], nous croyons, contrairement à l'opinion commune, dût-on nous accuser de partialité, que les Français étaient beaucoup plus aptes que les Anglais à la colonisation. Les Français au Canada furent si promptement assimilés aux exigences de leur situation, au milieu de la nature sauvage, qu'on eût pu croire qu'ils avaient été formés tout exprès pour être les découvreurs des pays nouveaux et les pionniers de la civilisation dans ces contrées barbares.

« Le colon anglais, plus froid, plus personnel, d'un caractère plus casanier et mercantile, est gauche et embarrassé dans la brutalité du désert ; pour qu'il atteigne la plénitude de ses forces, il faut qu'à force de temps et d'épreuves, il ait créé autour de lui cette atmosphère britannique, ce je ne sais quoi que le génie anglais caractérise si justement dans le mot *at home ;* puis son expansion se fait et grandit avec sa puissance. Il lui fallut longtemps, plus d'un siècle, avant qu'il osât aventurer ses établissements hors des territoires qu'il avait garnis de bourgs palissadés, entre lesquels il enfermait ses cul-

---

1. Pages 59-60.

tures ; non pas qu'il manquât de courage, mais il manquait de cet esprit audacieux qui s'accommode volontiers des hasards de l'inconnu et sait s'installer même dans le dénuement ; il n'avait pas surtout cette souple nature propre à la race française, et qui satisfait si bien aux nécessités diverses que présentent les situations critiques et variables d'un établissement en pays étranger. Placés dans les mêmes circonstances, ces deux colons sont également laborieux et industrieux l'un et l'autre, seulement le Français a plus d'esprit de ressource, se défend mieux contre les difficultés et les misères de l'imprévu.

« Si quelque avantage paraissait exister en faveur de l'un des deux peuples, il semble que ce fût pour le Français. »

CHAPITRE II

QUE NOUS AVONS DANS LES HAUTES CLASSES DE LA SOCIÉTÉ D'EXCELLENTS ÉLÉMENTS D'ÉMIGRATION

De ce que nous avons dit dans le paragraphe précédent, une conclusion ressort certaine et indiscutable, c'est que nous avons pu coloniser et émigrer dans le passé.

Mais le pouvons-nous encore aujourd'hui ? En d'autres termes avons-nous les éléments nécessaires pour une émigration suffisamment nombreuse ?

Et d'abord, si nous ne les avions pas, il faudrait encore nous efforcer de les trouver, tellement cette émigration est importante.

Quand, en effet, une chose est *nécessaire*, quand une nation *doit* la faire, pour difficile qu'elle soit, il faut qu'elle trouve les moyens d'y arriver. Sinon elle s'amoindrira, elle diminuera, elle périra.

Donc l'émigration au dehors, nous fût-elle extrêmement

difficile, comme elle est d'une importance souveraine, cette difficulté ne serait pas une raison d'y renoncer. C'en serait une, au contraire, de faire les plus héroïques efforts pour arriver à la réaliser.

Nous avons refait notre armée et notre armement, tout le monde sait au prix de quels sacrifices ; nous sommes prêts, — et avec raison, — à renouveler les mêmes sacrifices pour notre marine. Le mouvement d'expansion au dehors n'est ni moins important, ni moins nécessaire que la réfection de notre flotte et le renouvellement de notre armée. Donc nous devrions être prêts à faire en sa faveur les mêmes efforts.

Mais qu'on se rassure, loin de nous coûter les mêmes sacrifices, ce mouvement nous rendra, au contraire, et tout de suite, — nous l'avons vu dans l'étude précédente, — les plus grands services, en nous débarrassant d'éléments inutiles et gênants, et qui sont parfaitement aptes à alimenter une émigration comme celle dont il s'agit.

Cela ressort avec la clarté de l'évidence de ce que nous avons dit de l'encombrement des carrières, de l'avilissement des salaires, de la difficulté universelle de trouver une place, de l'énorme difficulté où sont un grand nombre de jeunes Français pour se marier et élever une famille, de la diminution de la natalité, du malaise qui règne partout.

Nous pourrions nous en tenir à cette constatation et ne pas pousser plus loin notre étude.

Seulement on a tellement dit et redit que nous n'avions pas assez d'enfants ; que parmi les peuples ceux-là seulement peuvent émigrer qui ont un notable excédent de population qu'ils ne peuvent nourrir ; que pour essaimer il faut se multiplier ; que nous avions besoin de toutes nos forces vives au dedans et ne pouvions par conséquent en distraire même une faible partie pour l'employer au dehors ; que le sol français qui jusqu'ici avait nourri et enrichi une population sensiblement égale à celle qu'il contient en ce moment et contiendrait vraisemblablement pendant de longues années, devait encore suffire à la nourrir et à l'enrichir ; on a tellement dit et répété cela que nous devons insister, et, par des faits précis, par des statistiques certaines, par des constatations irréfutables, montrer que nous avons les éléments d'une nombreuse émigration, des éléments inemployés et partant inutiles, souvent même nuisibles dans l'état social actuel, des éléments qu'il est par conséquent d'une politique sage et prudente d'employer ailleurs, où ils s'utiliseront pour leur plus grand bien, pour celui de leurs semblables et pour celui de leur pays d'origine.

Pour y arriver, reprenons notre analyse et parcourons, à ce nouveau point de vue, les diverses classes de la société, les hautes classes, la moyenne bourgeoisie, la classe ouvrière et la classe agricole, et tâchons de mettre en plus vive lumière l'encombrement qui les ruine et dont elles gagneraient à être délivrées.

Et d'abord les hautes classes de la société, la bourgeoisie riche, la haute finance ou la grande agriculture. « Ce ne sont pas elles, pense-t-on généralement et affirme-t-on sans hésiter, qui fourniront des colons à nos colonies. Tous ceux qui ont ou sont assurés d'avoir une belle position ou des rentes suffisantes resteront en France. Et certes ils auront raison de le faire... »

Est-ce aussi certain que cela ? Évidemment il ne faut pas songer à la haute finance qui ferait du reste de la très mauvaise colonisation et qui, en tout cas, préfère les spéculations de bourse et les manipulations d'argent au travail producteur ; mais, en est-il de même de la haute bourgeoisie et de la grande agriculture ?

Sûrement non, et cela pour deux raisons principales.

La première est l'impossibilité où sont les enfants de ces classes riches de trouver des emplois, et la seconde, la nécessité pour eux de gagner de l'argent, s'ils ne veulent voir leur fortune se fondre et dépérir.

Tout le monde n'a pas de vastes propriétés et une immense fortune dont la gestion puisse absorber tous ses soins. En tout cas, s'il y a plusieurs enfants dans une famille, un seul suffira pour gérer cette fortune, pour diriger l'industrie ou le commerce paternel. Les autres, que feront-ils? Car le temps est bien passé où il était honorable qu'un jeune cadet riche ne fît rien du tout; où, avant d'accorder sa main à qui la sollicitait, une jeune fille exigeait que son fiancé ne dépendît de personne et n'eût aucun emploi. On ne veut plus d'un oisif, d'un inoccupé, de ce que l'on qualifie irrespectueusement de « fruit sec ». On a mille fois raison. Tout le monde y gagne, et la femme, et la famille et la société.

Seulement à quelles situations ces jeunes gens peuvent-ils prétendre, et sont-ils sûrs, avec leur argent, — nous supposons qu'ils en ont abondamment — de trouver toute prête la place qui leur convienne?

Par ce que nous avons déjà dit, on peut répondre négativement, et un examen, même superficiel, des carrières où ils peuvent décemment prétendre, nous le montrera d'une manière péremptoire.

Généralement ils ne voudront être ni médecins, ni avocats. Mais le voudraient-ils, nous avons vu dans la partie précédente que ces carrières, ouvertes à tout le monde puisque le nombre des places y est illimité, sont devenues pratiquement inabordables, sauf pour des hommes d'un travail acharné et d'une intelligence supérieure. Pour les autres, il n'y rien à faire, ni dans la médecine, ni dans le barreau, ni dans aucune des carrières annexes.

Assez facilement ces jeunes gens pourraient songer au grand commerce ou à la grande industrie, dont leur situation de famille et leurs capitaux leur ouvriraient les portes. Seulement les bonnes places dans les meilleures entreprises commerciales ou industrielles sont détenues de père en fils, d'oncle à neveu, par ceux qui les possèdent. Celles qui seraient disponibles sont très rares et très recherchées. Il n'y en aura donc pas pour tout le monde, et de préférence on s'adressera aux capacités reconnues, aux jeunes gens d'élite, sortis des hautes écoles ou qui auront fait leurs preuves. Nos jeunes gens riches ne trouveront donc que des places de second ordre, peu rémunérées, peu considérées et sans avenir, dont ils ne voudront pas, ou bien des entreprises pleines d'aléas où vraisemblablement ils perdraient leur argent.

Nous ne parlerons pas pour eux de l'administration proprement dite. Il faut, pour y réussir, une souplesse de caractère, et parfois une élasticité de conscience, souvent une absence totale de principes religieux ou autres, que ces jeunes gens n'ont heureusement pas encore acquise. Ils ne seront donc ni préfets, ni sous-préfets, ni conseillers de préfecture. Du reste, ces places sont très peu nombreuses et les candidats, au contraire, si abondants qu'il n'y en a que pour un très petit nombre.

Autrefois, et il y a une vingtaine d'années de cela, on allait volontiers dans la magistrature, une carrière honorée et respectée entre toutes, pour son renom de dignité, d'intégrité, d'honorabilité qui s'attachait à elle. Un magistrat était reçu partout et pouvait prétendre à toutes les alliances. C'était une haute garantie de moralité d'être ou d'avoir été magistrat.

Aujourd'hui « la magistrature, dépouillée, après la suspension temporaire d'il y a douze ans, du prestige de l'inamovibilité et engagée malgré elle dans des aventures politiques, ne tente plus les jurisconsultes droits et paisibles [1] »...

---

1. M. Chailley-Bert : Conférence sur *L'Age de l'Agriculture aux Colonies*, p. 49.

Il y a quelques mois, j'engageais fortement un jeune homme, appartenant à une excellente famille bourgeoise de l'Allier, à entrer dans la magistrature : « On ne le supporterait pas dans mon entourage, me répondit-il, la magistrature est trop déconsidérée. »

Le mot est dur, mais est-il complètement injuste ?

Depuis longtemps, on a considéré la nomination ou l'avancement dans la magistrature comme la rétribution toute naturelle des opinions personnelles ou des services rendus. Un ministre de la justice ne peut rien refuser au député dont a besoin le cabinet pour vivre, et un député accorde tout à l'électeur influent de qui il sait que dépend son élection. Et comme la nomination des juges est entièrement abandonnée à la discrétion du ministre, il fait les choix que l'on sait.

Il y a là évidemment une situation fausse dont se sont préoccupés les esprits les plus sérieux, et bien des tentatives ont été faites pour assurer des choix plus indépendants et un avancement plus rationnel, et, par suite, relever le prestige de la magistrature.

Aboutira-t-on ?

M. Dufaure échoua, il ya une vingtaine d'années dans son projet de concours. M. Flandin, qui avait déposé un projet de loi analogue et rêvait d'un tableau d'avancement semblable à celui de l'armée, n'a pas été réélu. Quelqu'un se trouvera-t-il pour reprendre ce projet ou un autre semblable, surtout pour le faire aboutir ? Il est permis d'en douter, tellement la situation actuelle est commode pour le ministre et pour les députés.

Mais, en attendant, « les jurisconsultes droits » ne veulent plus de la magistrature, ni, par suite, les jeunes gens qui tiennent avant tout à un nom intact et à une réputation inattaquable.

Restent certaines hautes situations assez « cotées » pour que tout le monde les désire, l'Inspection des Finances, la Cour des Comptes, le Conseil d'État, les Affaires étrangères, etc. Malheureusement tout le monde ne peut pas y arriver. Il faut, en effet, subir un concours préalable et, par le fait même que ces situations sont estimées et recherchées, l'accès en devient très encombré et les examens qui y conduisent très difficiles.

L'école des Sciences Politiques prépare à ces quatre situations. Elle a 450 élèves dont 370 Français, ce qui donne une moyenne de 100 entrées par an. Or, il y a, à peu près, pour ces 100 jeunes gens 15 emplois à remplir Il en y a donc 85 qui échoueront. Comme quelques-uns peuvent entrer dans les sociétés de crédit, mettons qu'il en reste seulement 80 sur 100 ou 4/5 qui n'aboutissent pas à trouver de débouché.

Que feront ces 80 jeunes gens ?

En particulier aux Affaires étrangères, il y a un admis pour 5 candidats.

A la Cour des Comptes, en 1896, il y eut 3 places pour 30 candidats.

A l'Inspection des Finances, 8 places pour 15 candidats et, l'année d'avant, une place pour 23 candidats.

« Depuis quelques années, les promotions à l'Inspection ont été bonnes, m'écrit à ce propos le secrétaire général de l'École de la rue Saint-Guillaume ; on a reçu 8, 7, 6 candidats ; ce sont les années grasses auxquelles succéderont fatalement les années maigres. Les années dernières ont été assez maigres au Conseil d'État où, pour 3 ou 4 places, se présentaient de 25 à 33 candidats.

« En moyenne, on met au concours tous les ans :

« 3 places d'auditeur au Conseil d'État ;

« 3 ou 4 d'adjoint à l'Inspection des Finances ;

« 6 ou 8 d'attaché au ministère des Affaires étrangères, tous les deux ans ;

« 4 ou 6 d'auditeur à la Cour des Comptes.

« Quant aux Sociétés de crédit, je ne pourrais préciser aucun chiffre. Nous ne savons pas exactement combien de nos anciens élèves y sont entrés. Le nombre, en tout cas, n'en est pas considérable. En entre-t-il 4 ou 5 par an (dans les situations d'avenir), j'en doute. »

Il en est de même dans l'administration des forêts.
Les places y sont peu nombreuses et les candidats, au contraire, sont légion. D'où, pour le plus grand nombre, impossibilité d'arriver et difficulté très grande pour ceux qui arrivent, d'atteindre les grades les plus élevés de *conservateur* (de 8 000 francs à 12 000 francs de traitement). Beaucoup seront mis à la retraite comme inspecteurs (de 4 000 à 6 000 francs).

La même remarque s'applique aux carrières similaires, en particulier à la Cour des Comptes, où les Présidents (25 000 francs) sont des hommes politiques, et les 4/5 des Conseillers-Maîtres (18 000 francs) sont pris en dehors de la Cour, de telle sorte que beaucoup restent toute leur vie Conseillers-référendaires (8 000 francs pour la 2e classe, à laquelle on arrive vers 36 ou 38 ans ; 12 000 francs pour la 1re, vers 57 ans).

Ce ne sont pas là cependant, à l'exception des Affaires étrangères, les carrières vers lesquelles se portent de préférence les hautes classes de la société, mais bien plutôt les carrières militaires, plus brillantes, plus appréciées et convenant mieux dans l'ensemble à leurs goûts de luxe et de parade, et aussi à la générosité de leurs sentiments.
Cela seul indiquerait la peine qu'ils ont à y parvenir.
Rien, en effet, n'est plus encombré que la carrière militaire, et aucune autre ne se trouve fermée à un plus grand nombre de candidats par suite de la difficulté des concours d'admission. Je ne parle évidemment pas des intelligences médiocres ; celles-là ne doivent même pas affronter ces concours. Mais, ne considérant que ceux qui se présentent, combien qui atteindront la limite d'âge, soit pour Saint-Cyr, soit à plus forte raison pour Polytech-

nique, et ne seront pas admis ? Combien, par conséquent, dont la carrière aura été brisée avant même d'être commencée, et pour qui il n'y aura plus d'avenir.

En 1892 il y avait 2 244 candidats et 450 reçus
— 1893 — 2 182 — 450 —
— 1894 — 2 079 — 600 —
— 1895 — 2 054 — 550 —
— 1896 — 1 992 — 525 —
— 1897 — 1 920 — 550 —
— 1898 — 1 800 — 550 —
— 1899 — 1 800 — 550 —

Mettons que le même candidat se présente en moyenne deux fois et demie, il y aurait eu :

720 candidats définitivement refusés en 1892
652 — — — 1893
552 — — — 1894
602 — — — 1895
586 — — — 1896
548 — — — 1897
500 — — — 1898
500 — — — 1899

En tout 4 660 — pendant ces huit années.

Que sont-ils devenus ?

S'ils se sont engagés, pour satisfaire à la loi militaire, cela était une nécessité, mais non une solution. S'ils l'ont fait en vue des écoles de Saumur et de Saint-Maixent, afin d'essayer d'arriver aux hauts grades par ce chemin détourné, ils se sont complètement trompés. Aujourd'hui, plus que jamais, « il n'y a aucun avenir pour ceux qui sortent des rangs », comme me disait un jour un officier supérieur, depuis longtemps employé au ministère de la Guerre, et c'est tout au plus si, vieux et usés, ils arriveront à prendre leur retraite comme capitaines.

Et d'abord le nombre de ces officiers va diminuant chaque jour avec notre nouvelle organisation militaire. Avant 1870, ils étaient, avec les officiers sortis de Saint-

Cyr, dans la proportion de 4 à 1. Aujourd'hui, malgré l'abaissement de l'âge moyen auquel ils peuvent devenir officiers, — 27 ans au lieu de 31 1/2 — ils ne sont plus que 3 contre 2 dans la cavalerie et 11 contre 9 dans l'infanterie.

Puis, ils n'avancent pas, ils sont notablement plus âgés que leurs camarades de même grade ; souvent ils se sentent inférieurs à eux, ils s'aigrissent et se découragent. Aussi rencontrez-vous souvent des sous-officiers jeunes, instruits, intelligents, qui pourraient facilement aller à Saumur ou à Saint-Maixent, mais ne le veulent pas, préférant ainsi attendre leur 15ᵉ année de service pour avoir droit à une retraite proportionnelle et solliciter un emploi civil.

Il ne faut pas s'imaginer non plus que l'avenir soit bien brillant pour ceux qui ont pu entrer à l'École militaire, et il le deviendra de moins en moins, si des mesures radicales ne viennent rajeunir les cadres.

L'âge moyen auquel on est promu chef de bataillon est aujourd'hui 42 ans. Lorsque le régime actuel de l'avancement aura produit tout son effet, c'est-à-dire dans très peu d'années, cet âge moyen sera 48 ans pour ceux qui seront promus au choix, et 52 pour ceux qui passeront à l'ancienneté. Or, on reste en moyenne sept ans commandant, quatre ou cinq ans lieutenant-colonel, aussi longtemps colonel.

De plus, la limite d'âge pour la retraite d'officier est :

De 52 ans pour un capitaine,
De 56 ans — commandant,
De 58 ans — lieutenant-colonel,
De 60 ans — colonel,
De 62 ans — général de brigade,
De 65 ans — général de division.

Il en résulte qu'un petit nombre seulement d'officiers, les plus intelligents, les plus heureux, les plus favorisés par les hommes ou par les circonstances, pourront arriver aux grades supérieurs.

Il faut dire exactement la même chose des officiers d'artillerie.

Il y avait à l'École Polytechnique :

```
1 724 candidats en 1892 et 252 reçus
1 732     —        1893 et 240   —
1 669     —        1894 et 212   —
1 527     —        1895 et 223   —
1 300     —        1896 et 225   —
1 049     —        1897 et 224   —
  947     —        1898 et 201   —
1 040     —        1899 et 220   —
```

ce qui donne, en supposant que ce même candidat se présente en moyenne 2 fois 1/2 :

```
540 définitivement refusés en 1892
596        —          —     1893
562        —          —     1894
522        —          —     1895
430        —          —     1896
336        —          —     1897
298        —          —     1898
328        —          —     1899
```

Total 3 612 refusés pendant ces huit dernières années.

De nouveau, que deviendront ces 3 612 jeunes gens, instruits cependant, dans l'ensemble, d'une intelligence au-dessus de la moyenne, de plus, jouissant — nous le supposons — d'une large aisance, peut-être d'une grande fortune ? Ils feraient d'excellents colons, puisqu'ils ont tout ce qu'il faut pour réussir.

D'excellents colons feraient aussi les candidats malheureux aux examens de l'École navale, d'autant plus que, d'ordinaire, ce sont des jeunes gens de caractère et de ressource, hardis et entreprenants, à l'esprit aventureux et de grande énergie.

Or, pendant les trente-huit dernières années, 1861-1899, il s'est présenté 14 211 candidats à l'École navale, sur lesquels 2 844 seulement ont été admis et 11 367 éliminés.

Ici encore, on peut admettre que le même candidat se présente deux fois et demie. Ce seraient donc 4 547 jeunes gens qui, pendant toute cette période de 39 ans, auraient définitivement échoué [1].

Quels excellents colons auraient fait ces 4 466 jeunes gens ! et quelles recrues de premier choix pour nos colonies, si seulement la moitié d'entre eux y étaient allés !

Quels excellents colons également les jeunes gens qui échouent chaque année à nos deux grandes écoles militaires !

Au lieu de cela, que deviennent-ils après avoir perdu

---

1. Je crois utile de donner ici en note le tableau des inscrits et des admis au cours de ces 39 années. Il est curieux à consulter à plus d'un titre, et surtout il n'a été publié nulle part ailleurs :

Années.	Inscrits.	Admis.	Années.	Inscrits.	Admis.
1861 ..	307	95	Report .	6 241	1 264
1862 ..	311	90	1881 . . .	243	80
1863 ..	344	107	1882 . . .	415	100
1864 ..	415	100	1883 . . .	501	100
1865 ..	393	80	1884 . . .	561	100
1866 ..	392	70	1885 . . .	552	102
1867 ..	430	70	1886 . . .	559	101
1868 ..	410	70	1887 . . .	529	95
1869 ..	359	65	1888 . . .	487	75
1870 ..	338	60	1889 . . .	463	75
1871 ..	254	40	1890 . . .	438	70
1872 ..	332	45	1891 . . .	374	71
1873 ..	320	40	1892 . . .	358	70
1874 ..	295	40	1893 . . .	353	75
1875 ..	260	45	1894 . . .	380	75
1876 ..	230	50	1895 . . .	362	70
1877 ..	225	40	1896 . . .	380	70
1878 ..	210	45	1897 . . .	374	66
1879 ..	204	52	1898 . . .	327	65
1880 ..	212	60	1899 . . .	314	100
à reporter .	6 241	1 264	Total . .	14 211	2 844

3, 4, 5 ans à se préparer à une carrière qui se ferme ainsi irrémédiablement devant eux ?

S'ils s'engagent et s'efforcent d'arriver à Saint-Maixent et à Saumur, nous avons vu que, pratiquement, ils n'aboutissent à rien.

Si, au contraire, ils renoncent à l'armée, que feront-ils ? Ils courront après une dot et un mariage riche pour vivre une longue vie d'inutile oisiveté, sinon de désordre et de jeu.

Que feront également les officiers qui, plus tard, pour une raison ou pour une autre, renonceront à la carrière militaire, dans laquelle ils n'auront pas trouvé l'avenir ou la situation qu'ils rêvaient ?

Qu'il aurait mieux valu mille fois les diriger, alors qu'ils étaient encore jeunes, vigoureux et pleins d'initiative, vers nos colonies où il n'eût dépendu que d'eux de fonder d'importantes exploitations et de mener une vie large et indépendante, utile à eux-mêmes et aux autres, aux colonies et à la mère patrie !

Il n'y a rien à faire pour eux en France, qu'ils aillent donc faire quelque chose au dehors !

Qu'ils y aillent également pour conserver et accroître leur patrimoine et assurer un avenir à leurs enfants !

Ils ont beau, en effet, être riches. La fortune s'use très vite, aujourd'hui, si on ne l'accroît constamment par un travail personnel, commerce, industrie, riche exploitation, etc. De plus, dans les hautes classes de la société, surtout dans les familles où les croyances religieuses règnent encore intactes, les enfants sont généralement nombreux, parfois très nombreux, et plus d'un père de famille qui a pour lui-même une belle situation, se trouve dans la double alternative de rompre avec sa conscience en limitant coupablement le nombre de ses enfants, ou de ne leur laisser à chacun qu'une fortune relativement modeste qui, après deux ou trois générations, se trouvera réduite à rien du tout.

Supposez un homme ayant 300 000 francs de rente et 5

ou 6 enfants. Ceux-ci n'auront plus que 60 000 ou 50 000 francs chacun, qu'ils doubleront peut-être par leur mariage. Cela leur fera 100 000 ou 120 000. S'ils ont 5 enfants, chacun aura 20 000 ou 24 000 francs, et avec un apport égal de sa femme, 40 000 ou 48 000, ce qui donnerait pour chacun de leurs enfants (en leur en supposant toujours 5) 8 ou 10 000 francs.

Et ce ne seront sûrement pas les quelques 3 000, 4 000, 6 000 francs qu'ils pourront gagner annuellement comme officiers, comme conseillers référendaires à la Cour des Comptes, etc., qui empêcheront ce fatal résultat !

Avec leur éducation, avec les habitudes de confort et d'aisance contractées dans la maison paternelle, avec la situation de leur famille, ils sont astreints à avoir un train de maison qui souvent atteint et parfois dépasse leurs revenus. Et c'est ainsi que tant de familles voient leur fortune s'amoindrir. « Une fortune qui ne s'accroît pas diminue », suivant la parole courante.

Or, il n'existe, pour le plus grand nombre de ces familles, qui ne voudraient pas être commerçantes et que rien n'a préparées à la grande industrie et aux opérations de banque, qu'un seul moyen pratique d'augmenter leur fortune, c'est d'envoyer quelques-uns de leurs membres fonder au loin des entreprises coloniales.

Ils ne dégénéreront pas en le faisant ; ils emploieront très utilement des forces qu'ils auraient pour le moins gaspillées en France et ils acquerront pour eux-mêmes une large aisance.

Et que l'on ne croie pas que ce soient là des idées simplement théoriques, des utopies auxquelles aucun esprit pratique ne voudra s'associer. Ces idées, au contraire, hantent beaucoup d'esprits, et des meilleurs, et commencent déjà à passer dans la pratique. Je connais le fils d'un riche négociant en soieries, de Lyon, à qui sa famille a formé un capital de 1 200 000 francs et qui est allé le faire valoir à Madagascar. Un autre jeune homme est parti pour l'Argentine avec 100 000 francs d'argent, le montant de sa dot, pour y faire fortune et revenir en France racheter les propriétés de famille à son frère, officier, et à sa sœur, femme d'officier.

Un de mes amis, jeune encore, est père de six enfants, dont l'aîné a une dizaine d'années. Comprenant que sa fortune, si considérable qu'elle soit, ne pourrait fournir à chacun d'eux qu'une situation bien inférieure à la sienne, il a pris le parti très sage de leur préparer par avance à Madagascar de grandes exploitations qui seront en plein rapport avant même qu'ils ne puissent en jouir. De cette sorte, ses enfants n'auront qu'à aller s'établir plus tard sur ces propriétés pour se trouver à la tête d'une grande fortune.

Je pourrais multiplier les exemples semblables, tellement « cela est dans l'air ».

Il y a quelque temps, dans les montagnes de la Creuse, un propriétaire, quand il lui naissait un enfant, plantait 20 000 pieds de sapins. C'était la future dot du nouveau-né. La place lui manquerait aujourd'hui. Mais pourquoi ne pas faire une chose analogue dans nos possessions d'outre-mer, où certes l'espace ne manque pas ?

Faisons seulement connaître nos colonies, montrons par une propagande sérieuse et surtout par des exemples con- concluants, qui sont de toutes les propagandes la plus effective et la meilleure, ce qu'elles offrent de ressources à qui veut aller les exploiter, et soyons convaincus que les colons ne manqueront pas.

Il y a, en particulier, dans les hautes classes de la société, un grand nombre de Français et de très bons, qui iront au loin parce qu'ils ne trouvent rien à faire en France, et qu'ils ont besoin de faire quelque chose.

CHAPITRE III

QUE NOUS TROUVERONS DES ÉMIGRANTS DANS LA MOYENNE ET DANS LA PETITE BOURGEOISIE

Il y a également des colons à recruter dans ce que l'on pourrait appeler les classes moyennes de la société, dans la moyenne et la petite bourgeoisie.

« Descendons au-dessous d'eux (les jeunes gens des hautes classes), poursuivait M. Chailley-Bert dans la conférence déjà citée[1], et portons nos recherches dans la masse de la petite bourgeoisie ou même des carrières libérales. » C'est là surtout qu'il espère recruter des colons à qui « les colonies peuvent apporter le salut, comme ils peuvent être le salut des colonies », car pour eux il n'y a plus « dans ces carrières libérales qui semblaient autrefois leur domaine, d'autres perspectives que celles d'agents salariés pouvant désormais prétendre à l'aisance, mais non plus à la fortune »; car « en thèse générale, de toutes parts, les routes qui les conduisaient autrefois à l'indépendance et à la richesse sont, sinon fermées, du moins singulièrement rétrécies ».

Et, dans une énumération rapide et saisissante, il montre l'armée, la magistrature, les fonctions publiques, l'agriculture, le commerce, l'industrie, se fermant devant ces jeunes gens ou ne leur offrant tout au plus qu'une situation amoindrie et sans avenir.

Il ne saurait en être autrement. Ces carrières, en effet, ne sauraient leur être plus accessibles qu'elles ne le sont à leurs compatriotes des hautes classes. Comme eux, ils échoueront en grand nombre aux concours de Saint-Cyr,

---

1. Conférence sur *L'Age de l'Agriculture*, p. 48.

de l'École polytechnique, de l'École navale, ou bien encore à ceux de la Cour des Comptes, du Conseil d'État, de l'Inspection des finances, des Affaires étrangères.

Plus facilement qu'eux peut-être, parce qu'ils sont plus souples et parfois moins gênés par des traditions de famille, ils entreront dans la Magistrature. Mais le nombre des places disponibles y est bien limité, et le nombre de ceux qui les sollicitent presque sans limites. De plus, pour la Magistrature comme pour l'Administration, ce sont surtout la faveur et la recommandation influente qu'il importe d'avoir. Or, tout le monde n'a pas à son service de ces solliciteurs qui obtiennent tout parce que l'on a besoin d'eux.

Évidemment il y a d'autres carrières, moins brillantes que celles-là, dont se contenteraient le plus grand nombre des jeunes gens dont nous parlons. Il y a, en particulier, l'Enseignement, où l'on a, relativement jeune, un traitement suffisamment rémunérateur, tandis que dans la Magistrature, par exemple, on devra attendre d'ordinaire quatre années pendant lesquelles étant suppléant on n'aura aucun traitement. Mais d'abord l'Enseignement ne peut convenir qu'à des jeunes gens très intelligents et très travailleurs. Il faut, en effet, être agrégé pour enseigner dans un lycée. Or l'agrégation, déjà très chargée comme épreuve, devient extrêmement difficile par suite du concours. On peut dire en général qu'il y dix candidats pour une place d'agrégé. Ainsi en 1896, si je ne me trompe, il y avait :

```
100 inscriptions en histoire    pour 10 places;
350      —        grammaire     —  20     —
130      —        philosophie   —   7  .  —
```

Comme ces candidats sont déjà choisis parmi les étudiants les plus intelligents, on peut deviner quelles difficultés aura eu à surmonter celui qui finira par l'emporter.

L'agrégation ne peut donc être le fait que d'une élite fort restreinte. De plus le nombre des agrégés est déjà si considérable que là aussi il y a encombrement, à ce point que certains agrégés n'ont pu être placés que de longs mois après leurs examens, et que d'autres préfèrent renoncer à leur carrière pour entrer dans le journalisme. Cela est tellement vrai que M. Rambaud, alors ministre, dut faire une circulaire pour diminuer le nombre des places mises au concours.

Tous les répétiteurs de collèges — à l'exception de quelques collèges communaux où il y a de simples bacheliers comme répétiteurs au compte du principal — doivent être licenciés. Or la licence est difficile à obtenir et ne peuvent y arriver tous ceux qui l'entreprennent. D'où encore un bon nombre de jeunes gens sans situation.

Mais il s'en faut que tous les licenciés obtiennent une place dans l'Université. D'abord leur diplôme ne leur donne droit à rien, pas même aux emplois subalternes, les seuls auxquels ils puissent prétendre. Puis, ils sont cent fois trop nombreux pour les quelques places disponibles qui existent. « L'Université crée 1 000 licenciés par an pour 200 ou 300 places vacantes dans les lycées, avait écrit M. Henry Bérenger dans un article de la *Revue des Revues* sur « les prolétaires intellectuels en France. » Le *Journal des Débats* protesta contre ce chiffre dans un de ses « filets » du 21 janvier 1898, oubliant que, quatre mois auparavant, le 24 novembre 1897, dans son article de fond, il avait écrit à peu près la même chose. « Hier, disait-il en effet, la Chambre a discuté, pendant la première partie de sa séance, le chapitre ix du budget du ministère de l'Instruction publique, relatif aux bourses de l'enseignement supérieur. Le crédit de ce chapitre s'est élevé à 534 000 francs pour 1897. Le gouvernement avait proposé de le réduire de 30 000 francs ; la Commission portait la diminution à 50 000 francs et ramenait, par conséquent, le crédit à 484 000 francs. A l'appui de cette proposition, elle donnait d'excellents motifs. *Il y a beaucoup trop de licenciés ès lettres et ès sciences. On ne peut plus donner de places aux jeunes gens pourvus de ces diplômes. A l'heure actuelle, 419 répétiteurs munis d'une ou de deux licences scientifiques, attendent en vain une chaire de professeur que l'administration universitaire est hors d'état de leur offrir.* Cet encombrement est déplorable : il faut absolument l'empêcher de s'aggraver encore. Le moyen à employer est des plus simples. Il suffit d'admettre dans les Facultés un peu moins de boursiers se destinant à la licence. C'est ce que proposaient le gouvernement et la Commission. » Les *Débats* avaient complètement raison le 24 novembre 1897 et tort le 21 janvier 1898, car, si les chiffres de M. Béranger ne sont pas complètement exacts, la proportion qu'il établit entre le nombre de places disponibles et le nombre de ceux qui les sollicitent n'est certainement pas exagérée.

Voilà donc de nouveaux jeunes gens qui peuvent aller aux colonies, qui sûrement aurait mieux fait d'y aller que de s'acharner à l'acquisition d'un diplôme qui ne pourra faire d'eux que des déçus, que des mécontents, que des déclassés. Voilà de nouvelles recrues pour la cause de l'émigration et cela d'autant plus sûrement, qu'il leur faut faire quelque chose de toute nécessité, puisqu'ils ne peuvent pas, eux, vivre sans rien faire et sans rien gagner.

Pauvre bourgeoisie française, comme on t'a trompée et comme on t'a leurrée de décevantes et fausses promesses ! On t'avait dit et redit que tu pouvais arriver à tout et par suite que tu étais fondée à prétendre à tout ; dans je ne sais quel but, qui n'avait rien à voir avec ton bien-être, on a poussé tes fils à acquérir une éducation de luxe qui n'était pas faite pour eux ; on a multiplié, au delà de toute mesure, les bourses et les subventions ; on a flatté ta vanité, ton orgueil, ton envie, ta puérile ambition ; on a invité à entrer dans ton sein ou à venir grossir tes rangs les fils de tes concierges et de tes bottiers, et voilà que tous ces diplômés, que tous ces docteurs, que tous ces licenciés ne trouvent même pas à gagner un morceau de pain.

Car on en est arrivé là, et c'est le plus clair résultat, peut-être le seul, de l'instruction à outrance. On voulait amoindrir et diminuer les hautes classes de la société, on a réussi à appauvrir et à rendre malheureux, à décourager et à mécontenter ceux que l'on invitait imprudemment à les remplacer. Et alors tout le monde s'est précipité vers les fonctions publiques, tout le monde a voulu être fonctionnaire et salarié de l'État. Seulement le nombre des places est limité. On les a bien augmentées autant qu'on le pouvait, ne perdant aucune occasion d'en créer de nouvelles ; on les a multipliées outre mesure pour satisfaire plus de sollicitations.

En 1846, il y avait 188 000 employés coûtant 245 000 000 de francs et recevant un traitement moyen de 1 300 francs.

En 1856, on en comptait.	217 000	260 000 000	1 350
— 1873, —	285 000	340 000 000	1 400
— 1886, —	350 000	484 000 000	1 450
— 1896, —	416 000	627 000 000	1 490 [1]

416 000 employés de l'État, non compris, bien entendu, 8 000 employés départementaux et 122 000 employés communaux, cela fait 546 000 employés publics.

Durant ce laps de temps de cinquante ans, de 1846 à 1896, le chiffre de la population a monté de 10 p. 100, le taux des traitements de 15 p. 100, et le nombre des employés de 150 p. 100.

Évidemment certaines fonctions publiques se sont développées, comme par exemple le service des postes et télégraphes, et ont par suite demandé un plus nombreux

---

1. Voir l'important travail de M. Victor Turquan, dans *La Réforme sociale* de 1898. *Essai de recensement des employés et fonctionnaires de l'Etat, suivi d'une statistique des pensionnaires de l'Etat*, 1 brochure in-8° de 104 pages.

personnel. Mais cela ne peut donner la raison de cet accroissement de tous points excessif. Qui ne répète qu'il y a partout trop d'employés ; que la moitié moins d'employés deux fois mieux payés feraient exactement le même travail et le feraient mieux ; qu'en Angleterre — et ce n'est pas, j'imagine, un pays arriéré — l'administration est bien moins nombreuse que chez nous et le public bien mieux servi, etc. ? Tout le monde dit cela. Tout le monde a raison de le dire. Et le jour où les hommes qui ont le plus violemment critiqué cette plaie sociale arrivent au pouvoir et ont ainsi la possibilité d'y remédier, ils se hâtent de l'étendre en créant de nouvelles fonctions, de nouveaux rouages, de nouveaux emplois qui demanderont de nouveaux employés.

D'où vient ce mal ? Est-ce que tous ces hommes ne sont que des « polichinelles » qui se hâtent, une fois arrivés, de reconnaître comme vrai ce qu'hier ils proclamaient être faux, comme bien ce qu'hier ils dénonçaient comme mal, comme une institution publique qu'il faut rapidement développer ce qu'hier ils appelaient une plaie sociale ? Est-ce que les sollicitations de leurs amis, ou de leurs ennemis, sollicitations certainement très importunes et très intéressées, suffisent pour justifier ce changement d'opinion que nous remarquons régulièrement à chaque changement de ministère ? Et ces sollicitations elles-mêmes, à quelles causes faut-il les imputer ? A la difficulté parfois insurmontable de trouver une place ailleurs que dans un emploi de l'État ? A cette tendance caractéristique de notre tempérament national qui nous pousse irrésistiblement aux emplois officiels ? Au faux mouvement imprimé à notre esprit public vers les carrières administratives ? Oui, certainement. Mais cela ne suffit pas.

A un effet général et universel il faut une cause universelle et générale. Or, cette cause n'est autre que l'encombrement excessif qui règne au sein de la bourgeoisie ; elle n'est autre que l'impossibilité où sont ces jeunes gens de trouver du travail, de faire quelque chose, de gagner leur vie. Dans cette impossibilité, ils s'adressent à leur maire, à leur député, à l'État, qui doit pourvoir à tout, qui leur doit, pensent-ils, assurer une carrière, puisqu'il les y a poussés par une éducation faussée...

A cet encombrement indéniable, indiscutable, très dangereux, puisque là est la véritable cause des progrès effrayants du socialisme et de l'anarchie, à cet encombrement, comment remédierez-vous ? Comment, si ce n'est en favorisant l'émigration au dehors de tous ces éléments que vous ne pouvez utiliser au dedans ? C'est là une conclusion de toute évidence. Et voilà comment les fils de notre bourgeoisie française *peuvent* émigrer.

Cette conclusion ressortirait encore plus pressante et plus impérieuse si nous parcourions les autres carrières, celles que l'on pourrait appeler les carrières moyennes et auxquelles se destinent surtout les fils de la petite bourgeoisie.

A la compagnie d'assurances *la Paternelle*, par exemple, il y a en moyenne 50 demandes par jour, ce qui fait plus de 15 000 demandes en une année pour 25 vacances !

Au Crédit Foncier, le 20 juin 1895, le gouverneur fit procéder à un concours pour l'admissibilité des employées femmes ; 300 à 400 dames prirent part à ce concours et 180 furent reçues. Or, trois ans après, sur ces 180 malheureuses qui évidemment croyaient leur avenir assuré, il en restait 143 à placer, et le gouverneur actuel me déclarait qu'au train dont vont les choses, la liste ne sera épuisée que dans quinze ou dix-sept ans ; c'est-à-dire que les dernières ne seront nommées qu'à l'âge de 40 ou 50 ans !

« Pour les hommes, poursuivait M. Labeyrie, la situation est aussi effrayante. Le 11 juin 1893, on procédait à un examen pour des emplois de comptabilité. Le 7 novembre 1895, il restait encore à pourvoir 53 candidats de ceux qui furent alors admis, et à la fin de 1897, 2 avaient été nommés. » M. Labeyrie estimait que la liste ne serait pas épuisée en dix ans. Quel avenir pour ces pauvres jeunes gens !

On pourrait poursuivre cette enquête. La réponse serait partout la même, et partout nous rencontrerions le même encombrement et la même énorme difficulté à trouver une situation, soit dans les établissements de crédit, ou sociétés analogues, soit dans toutes les professions libérales quelles qu'elles soient, soit dans l'industrie ou dans le commerce. Nous l'avons déjà montré dans la seconde partie de ce travail.

« Quant au commerce et à l'industrie, remarquait justement M. Chailley-Bert, dans sa conférence sur « l'âge de l'agriculture », ils commencent à constituer une classe qui se recrute exclusivement dans ses propres rangs. Autrefois, les fils de la grande industrie et du haut commerce faisaient la sottise, à l'ordinaire, de se disperser dans les carrières libérales, les fonctions publiques, l'armée ou la vie mondaine, et c'étaient, à leur place, des fils de la démocratie, ingénieurs, chimistes, avocats, élèves de nos grandes écoles qui, après un stage plus ou moins long et des promotions plus ou moins rapides, étaient élevés au rangs d'intéressés, puis d'associés, enfin de patrons... » Nous avons déjà eu occasion de le remarquer il n'en est plus ainsi aujourd'hui ; les grandes maisons passent d'ordinaire de père à fils ou de beau-père à gendre. — « On épouse les filles avec promesse d'association et de succession », comme le remarque finement M. Chailley-Bert [1] — et il n'y a plus, pour les enfants de la démocratie, sauf un mérite rare ou des circonstances exceptionnelles sur lesquelles il ne faut pas compter, d'autre perspective que celle d'employé plus ou moins bien rétribué, qu'une modeste aisance et non plus la fortune. Heureux quand ils trouvent cet emploi et cette modeste aisance.

Pour le commerce, il y a une autre raison qui explique

---

1. Page 50.

également le grand nombre des inemployés, c'est la disparition du petit et du moyen commerce au profit des grands magasins. On peut s'en plaindre et le regretter. On a raison. Mais il n'y rien à faire, car c'est là une évolution fatale, contre laquelle rien ne prévaudra, comme rien n'a prévalu contre l'introduction des machines dans l'industrie. Il fallait produire beaucoup et à bon marché. La machine permettait de le faire : on employa la machine. De même aujourd'hui, vu l'augmentation des besoins, vu l'amour du luxe ou du bien-être et, d'un autre côté, la baisse des fortunes, il faut vendre beaucoup et à bon marché : on va donc acheter là où l'on peut acheter à plus bas prix, c'est-à-dire dans les grands magasins, et l'on délaisse les autres qui n'ont plus qu'à succomber. Les colis postaux, en mettant ces magasins à la porte, pour ainsi parler, de tous leurs clients, contribuent aussi énormément à cette transformation. De là vient forcément la disparition de nombreux intermédiaires qui, par suite, deviennent ou restent disponibles.

Quant aux grands magasins, il s'en faut qu'ils puissent satisfaire à toutes les demandes d'emplois qui leur sont adressées. Le *Bon Marché* et le *Louvre* — et ce doit être la même chose pour les maisons similaires — reçoivent 20 demandes d'emplois pour une place, quand il s'agit de dames ; et 3 demandes pour une place quand il s'agit d'hommes.

Cet encombrement se retrouve donc à l'entrée de toutes les carrières. Il s'étend à toutes les villes et à tout le territoire. Pour ne pas me répéter, je n'en donnerai ici qu'un exemple. Mais je le prendrai à dessein dans une des villes de France les plus manufacturières et les plus prospères, où, en dehors du commerce, trois grandes industries, les rubans, la métallurgie et les mines, devraient suffire à tous les besoins, celle de Saint-Étienne. Voici ce que me disait un des hommes qui connaissent le mieux cette ville où il a vécu de longues années, intimement mêlé à sa vie et à ses œuvres : « Le barreau est encombré. Un jeune avocat ne peut s'y suffire avant de longues années. C'est presque la même chose pour un médecin, à moins qu'il ne s'impose par son talent et une valeur hors pair. Les employés se placent très difficilement. Il y a 20 ou 25 candidats pour une place. On reste souvent cinq ou six mois avant de pouvoir caser un excellent garçon. Après 40 ans, on ne peut plus se placer. Il n'y a plus que les élèves de l'École des Mines qui trouvent assez facilement un débouché, s'ils ont leur brevet d'ingénieur, parce que l'École a bonne réputation et qu'on les demande beaucoup dans la région, parce que également ils *émigrent* dans le Nord de la France, en Espagne et *aux colonies*. »

Concluons. La bourgeoisie française, la moyenne et la petite bourgeoisie, aussi bien que celle qui constitue les hautes classes de la société, compte un très grand nombre de jeunes gens qui ne peuvent trouver de situations, ou au moins doivent se contenter de positions inférieures et subalternes, nullement en rapport avec leurs goûts, leur formation et leurs besoins. Il y a dans ces classes un encombrement excessif, datant de longues années et allant en augmentant de jour en jour.

Nous l'avons surabondamment prouvé par tout ce que nous avons dit jusqu'ici. On peut le voir par le tableau suivant, où M. Vuibert a réuni pour l'année 1889[1] les résultats de quelques-unes de nos écoles spéciales :

	Nombre des candidats	Nombre des reçus	Proportion p. 100
Institut agronomique	98	62	63
Écoles d'arts et métiers Aix.	342	100	29
Écoles d'arts et métiers Angers	392	100	26
Écoles d'arts et métiers Châlons	383	100	26
École centrale des arts et manufactures	375	242	64
— Polytechnique	1.297	265	20
— de Saint-Cyr	2.300	451	20
— des apprentis mécaniciens de marine	306	81	27

1. V. Turquan. *Guide pratique des jeunes gens des deux sexes dans le choix d'une carrière*, p. 5.

	Nombre des candidats.	Nombre des reçus.	Proportion p. 100.
École navale	411	75	18
École des Beaux-Arts — Architecture	212	38	18
École des Beaux-Arts — Peinture	676	148	22
École des Beaux-Arts — Sculpture	171	50	29
École des Chartes	27	18	66
Écoles normales de Cluny — Sciences	199	11	6
Écoles normales de Cluny — Lettres	65	11	17
Écoles normales de Cluny — Langues vivantes	20	2	10
Écoles normales de Fontenay-aux-Roses — Lettres	104	15	14
Écoles normales de Fontenay-aux-Roses — Sciences	75	11	15
Écoles normales de Saint-Cloud — Lettres	74	10	13
Écoles normales de Saint-Cloud — Sciences	95	10	10
Écoles normales de Sèvres — Lettres	85	13	15
Écoles normales de Sèvres — Sciences	90	10	11
École normale supérieure — Lettres	227	18	17
École normale supérieure — Sciences	276	24	10
École des maîtres mineurs — Alais	27	20	74
École des maîtres mineurs — Douai	16	14	85
École des mines de Saint-Étienne	76	25	33
— supérieure des mines (cours préparatoire)	70	31	44
— des ponts et chaussées	39	11	22
— spéciale d'agriculture	35	25	71
— de physique et de chimie industrielle	101	30	30

Cet état ne s'est pas amélioré dans les dix dernières années, au contraire. Et si, par hasard, le nombre des candidats a diminué dans certaines écoles, cela tient, non pas à une détente dans la terrible crise sociale que nous traversons — tout le monde sait le contraire — mais bien aux déceptions passées qui rendent plus timorés les futurs candidats et les tiennent éloignés de situations trop difficiles à atteindre, ou encore à un certain découragement qui s'empare de nos jeunes générations.

DONC, IL Y A DANS NOTRE BOURGEOISIE DE NOMBREUX ÉLÉMENTS TOUT PRÊTS POUR L'ÉMIGRATION.

Il y en a également dans la classe ouvrière.

CHAPITRE IV

QUE NOUS TROUVERONS DES ÉMIGRANTS DANS LA CLASSE OUVRIÈRE

Les jeunes gens appartenant aux classes ouvrières françaises n'ont qu'une ambition, sortir de la situation où ils ont été élevés et entrer dans ce que l'on est convenu d'appeler la bourgeoisie ; cesser de travailler de leurs mains pour devenir employés, instituteurs ou institutrices, garçons ou filles de magasin ; quitter la blouse et le pantalon de toile pour une redingote, même râpée, le bonnet de l'ouvrière pour le chapeau d'une « demoiselle ».

Cette funeste tendance qui nous cause tant de mal, qui n'aboutit guère qu'à faire des déclassés et des atrophiés, qui a conduit tant de malheureux à la ruine et à la faim, tient à bien des causes.

D'abord, elle est un peu dans le sang, au moins dans les traditions de la race. Ce n'est pas pour rien, en effet, que nous sommes une race latine. Nous aussi, comme les Romains d'autrefois, nous n'estimons pas le travail manuel et nous serions très heureux si nous avions des esclaves pour nous servir et gagner notre vie. Volontiers nous considérerions nos ouvriers comme remplaçant ces esclaves d'autrefois, et nos ouvriers, à leur tour, estiment un peu leur situation *comme une situation de parias* dont personne ne veut.

On a beau nous redire et l'expérience a beau nous démontrer que l'ouvrier, surtout l'ouvrier de métier, est cent fois plus heureux que le petit employé ; qu'il travaille moins longtemps ; que son travail est plus sain et moins déprimant que le travail de bureau ; qu'il gagne davantage, tout en n'étant pas astreint aux mêmes dépenses ; que, somme toute, son sort est plus enviable, nous restons incrédules. Et si lui-même continue de travailler de ses mains parce qu'il ne peut faire autrement, tout au moins fera-t-il tous ses efforts pour faire donner à son fils et à sa fille une instruction qui lui permette, à lui, de devenir « un monsieur » — Dieu sait quel monsieur ! — à elle de devenir « une demoiselle » — Dieu sait quelle demoiselle ! — qui ne se marieront pas, qui mourront de faim, qui souffriront toute leur vie, aigris, malheureux, irrités, inutiles, sinon nuisibles, à eux-mêmes et aux autres, au lieu de travailler à devenir lui, un honnête ouvrier, elle, la femme d'un brave garçon qui l'aurait rendue heureuse et à qui elle aurait donné beaucoup de beaux et sains enfants.

Une autre cause a contribué puissamment à développer et à surexciter ce mauvais côté de notre caractère national, l'impulsion exagérée et fausse donnée à notre éducation. Pourquoi a-t-on donné cette impulsion ? Quel but a-t-on poursuivi en le faisant ? Peu importe. Toujours est-il que l'on a ainsi rendu le plus mauvais service aux classes ouvrières, en flattant leur vanité et en faisant miroiter à leurs yeux je ne sais quel avenir impossible à réaliser, et quels mirages d'aisance, d'élévation, de fortune, en même temps qu'on créait une nouvelle cause de malaise et de mécontentement, une nouvelle source de conflits de classes, un nouveau danger.

Il semble qu'on commence à s'en rendre compte et que bien des esprits sérieux regrettent ce qui a été fait. Mais il est bien à craindre que le mal ne soit sans remède, et que rien ne soit tenté de longtemps pour l'arrêter ou le diminuer. Personne n'oserait commencer. Le voulût-on que les partis les plus avancés ne le permettraient pas.

Il n'y a donc aujourd'hui qu'à laisser le mal s'atténuer de lui-même et l'expérience nous montrer pratiquement à tous que, en dépit d'une instruction relevée, le plus sage est encore de rester dans sa situation. Nous aurons des cordonniers et des cochers sachant le latin, des femmes de chambre jouant du piano, des cuisinières ayant leur brevet supérieur. Ce sera ridicule, et cela peut-être passera.

En attendant, que d'infortunes auront été provoquées !

« Il semble que, plus on va, plus les jeunes gens tendent à obtenir des places de l'État, remarque justement ce distingué statisticien qu'est Victor Turquan. L'enseignement obligatoire qui rend tant de services est un peu la cause de ce véritable mal. Les jeunes gens des villes et des campagnes, issus de familles d'ouvriers, de petits commerçants ou de cultivateurs aisés, ont l'imagination éveillée par une demi-instruction, et estiment souvent que suivre la profession de leur père serait déroger. C'est là qu'il faut chercher surtout la cause de l'encombrement qui se produit aujourd'hui à l'entrée des carrières de l'enseignement primaire et à celle des petits emplois.

« Voici, par exemple, le tableau comparatif des emplois vacants en ce moment (1895), à Paris, dans les services de l'enseignement primaire — écoles communales, maternelles et écoles professionnelles — et du nombre de candidats inscrits pour ces emplois : 8 932 postulants et 128 places !

« C'est ainsi qu'il y a :

2 021 postul. pour 43 empl. d'instituteurs,
6 441 — 54 — d'institutrices,
107 — 5 — de prof. de dessin (hommes)
96 — 5 — — — (femmes)
57 — 5 — — de chant (hommes)
46 — 13 — — — (femmes)
120 — 3 — — de gymnastique (hommes)
44 — 1 — — — (femmes)

Tout dernièrement, il y a eu 1 407 institutrices diplômées pour 150 emplois vacants et 3 320 instituteurs pour 180 places.

Évidemment, il en est de même pour toutes les autres carrières administratives. Ainsi le 17 mai de cette année 1899, il y a eu un concours à la préfecture de la Seine pour 70 places de commis-expéditionnaires. Les candidats étaient au nombre de 1 010, près de 15 pour une place. Et au mont-de-piété, pour 7 places, on aurait eu 1 557 demandes !

La récente grève des facteurs a attiré l'attention publique sur cette classe si intéressante d'employés. Ils gagnent en commençant 1 000 francs par an, avec quelques gratifications et étrennes qui plus tard doubleront à peu près le traitement, mais qui au commencement le portent à peine à 1 400 ou 1 500 francs. Or, pour gagner ces 1 400 ou 1 500 francs, pour prendre la place de ces 3 000 grévistes, on a affirmé qu'il y avait, dans les cartons de l'Administration, 40 000 demandes, de telle sorte que 5 p. 100 à peine de ces solliciteurs peuvent arriver à obtenir la place convoitée. Il y a eu, en une année, 29 880 solliciteurs à la préfecture de Paris pour 537 places de balayeurs.

Cet encombrement est encore plus grand pour les filles.

« Le développement que l'enseignement primaire a pris depuis quelques années, surtout dans les grandes villes, en a fait une carrière attrayante, remarque justement à ce propos le Dr Richard, membre de l'Académie de médecine. C'est pour les jeunes filles un moyen de s'élever au-dessus de leur condition, de sortir de la situation d'infériorité dans laquelle se trouve leur famille, et de satisfaire les goûts de plaisir que tout contribue à développer en elles et qu'on semble prendre à tâche de surexciter.

« Pour atteindre ce but, il n'est pas d'efforts ni de sacrifices qu'elles ne fassent. Elles délaissent les soins du ménage et s'adonnent, avec une ardeur croissante, à ces études qui usent leur vie et qui, le plus souvent, ne les conduisent qu'à une déception. La carrière de l'enseignement, en raison même de l'attrait qu'elle excite, est aujourd'hui tellement encombrée, que ce n'est plus qu'un leurre. Le 1ᵉʳ janvier de cette année, il y avait en France, 13 000 jeunes filles aspirant aux fonctions d'institutrice, et, dans ce nombre, 6 000, c'est-à-dire *près de la moitié*, pour le département de la Seine. Or, à Paris, on ne dispose que de 60 places d'institutrices, dont 25 sont attribuées par avance aux élèves sortant de l'école normale... »

« A notre avis, au lieu de pousser les jeunes gens à obtenir des diplômes qui ne leur servent à rien, car ils n'ont appris, pendant leurs études faites en vue de l'enseignement, aucun métier, il serait plus utile pour eux, et aussi pour le pays, de les pousser du côté du commerce, de l'industrie et de l'agriculture, ces véritables sources de la richesse nationale [1] ».

Il serait plus utile encore de les pousser du côté des colonies, où il y a tant de places inoccupées et tant à faire. L'industrie, en effet, les ateliers, les usines, les compagnies de chemins de fer, de gaz ou de transports, etc., ne manquent pas de bras. Elles aussi, au contraire, sont encombrées, moins que les carrières libérales sûrement, mais elles le sont cependant et dans une large mesure. En veut-on la preuve ? On n'a qu'à comparer le nombre des places vacantes d'un côté, et de l'autre celui des demandes d'emplois.

Par exemple, à la Compagnie de l'Ouest, dans une période de cinq années (1888-1893), on a reçu : 33 860 demandes d'emplois, sur lesquelles 17 701 ont été écartées sans examen, 10 865 ont été admises et 5 294 sont restées en instance.

D'après ces chiffres, la moyenne annuelle des demandes est de 6 772, tandis que la moyenne annuelle des admissions n'est que de 2 173.

« Dans ces conditions, pour obvier à l'encombrement

1. V. Turquan. *Guide pratique des jeunes gens des deux sexes dans le choix d'une carrière*, pp. 3 et 4.

des candidatures, nous avons dû, poursuit la note que m'a fait remettre le secrétaire général :

« 1° Suspendre pour un certain temps les examens d'admission ;

« 2° Faire une sélection plus rigoureuse parmi les postulants ;

« 3° Fixer à 26 ans la limite d'âge d'admission.

« Les traitements de début sont cependant modestes : 900 à 1 400 francs. »

L'encombrement est le même à la Compagnie du gaz. J'ai vu la liste des demandes d'emplois adressées à cette compagnie depuis quelques années. Elles sont écrites sur de minces feuilles de papier, dont l'ensemble formerait un gros volume. Chaque feuille contenant de 15 à 20 noms, il doit y avoir une quinzaine de ces feuilles pour les 11 premiers mois de 1898, et c'est à peine si vous voyez quelques noms effacés ; ce sont les noms des heureux élus. Tous les autres attendront, Dieu sait combien d'années.

Quant aux ouvriers, ils encombrent littéralement l'abord des usines, dès que la période de l'embauchage arrive avec l'approche de l'hiver, et bien peu peuvent être admis sur ce grand nombre de candidats.

Le même fait se reproduit à la Compagnie générale des Omnibus, où l'on ne peut plus devenir employé sans avoir passé un temps, parfois très long, dans les emplois inférieurs de côtier, relayeur ou palefrenier. Ainsi, pour les contrôleurs, sur un nombre total de 728 places existantes, qui doivent donner une trentaine de vacances, il y a eu au cours des deux dernières années 749 demandes d'emploi. Cependant un contrôleur ne gagne que de 1 600 à 2 500 francs. Quant aux conducteurs et cochers titulaires qui sont au nombre de 3 094 et gagnent de 5 fr. 25 à 6 fr. 50 par jour, il y a eu annuellement, pendant la même période, 1 624 demandes et 283 admissions. Le personnel des dépôts comprend 3 233 individus qui gagnent 3 fr. 50,

4 et 5 francs par jour. Il y a eu 1 343 nouvelles admissions en 1898 et un chiffre indéfini de demandes.

Les conclusions seraient partout les mêmes, si l'on poursuivait une vaste enquête à travers les diverses professions ouvrières, et les exceptions que l'on rencontrerait ici et là, si l'on prenait la peine de les examiner de près, ne feraient que confirmer cette triste constatation qu'il n'y a pas de travail pour toutes les bonnes volontés.

« Mon ami, pourquoi ne travaillez-vous pas ? » répond-on facilement à l'homme d'apparence vigoureuse qui parfois vous tend la main au détour d'une rue. Souvent la réponse est méritée, car l'on se trouve en face d'un professionnel de la mendicité. Mais parfois aussi l'on s'adresse, au risque de le blesser profondément, à un pauvre malheureux qui a tout fait pour trouver du travail et n'a réussi nulle part. Je connais un excellent garçon, marié et père de famille, qui depuis deux ans reste dans la même situation, situation délicate et difficile à remplir, où il donne toute satisfaction ; or, pendant 3 ou 4 ans, il avait inutilement cherché un emploi, frappant à toutes les portes, recourant à toutes les agences de placement, et prêt à accepter toutes les besognes. Et que l'on ne s'imagine pas que son cas soit un cas isolé. Ce serait plutôt la règle commune, au moins pour tous les ouvriers qui n'ont pas un métier bien déterminé, qui ne sont pas fortement soutenus et recommandés, et qui ont passé un certain âge. A ce point que l'on pourrait adopter comme règle générale cette triste parole citée plus haut à propos de Saint-Étienne, que « *passé 40 ans un homme sans place est incapable de trouver une situation et est par suite condamné à mourir de faim* ».

A ce moment, l'approche de l'Exposition et les travaux si considérables qu'elle occasionne nous font traverser une période d'activité intense qui amortit la crise et amoindrit beaucoup de souffrances. Mais n'oublions pas la période morte qui lui succédera inévitablement. N'oublions pas surtout qu'il ne faut considérer que l'état habituel et en quelque sorte normal de notre société, si nous voulons arriver à des conclusions tant soit peu sérieuses.

J'ai demandé des renseignements à plusieurs des sociétés qui s'occupent du placement des ouvriers ou des petits employés. Partout la réponse a été la même. La demande dépasse de beaucoup le nombre des places disponibles, et il est impossible d'arriver à caser tout le monde.

A la Société des Alsaciens-Lorrains, par exemple, pour 100 places que l'on peut procurer par an, il y a 700 à 800 demandes, dont 400 ou 500 émanent d'ouvriers très recommandables et qui ont fait preuve de stabilité en restant quatre ou cinq ans chez le même patron.

A la « Maison du Soldat », Mlle d'Erlincourt, depuis quatre ans qu'elle a fondé et qu'elle dirige cette admirable institution, a réussi à trouver, dans les huit jours, une situation pour les 4500 soldats libérés qui s'adressèrent à elle. Mais n'oublions pas qu'il s'agit là d'une main-d'œuvre excellente, de jeunes gens dans la force de l'âge et dont un certain nombre ont un métier; n'oublions pas que l'œuvre n'accepte de les placer qu'une première fois, s'épargnant ainsi les sollicitations de ceux que leur inconstance, leur inconduite et leur maladresse rendent impropres à occuper une situation convenable ; n'oublions pas surtout que l'œuvre est éminemment sympathique, que sa fondatrice a multiplié et multiplie chaque jour les démarches, qu'elle a su enfin s'attacher, sous une forme ou sous une autre, le concours des grands industriels et des grands commerçants français, heureux de contribuer, en s'adressant à la « Maison du Soldat », à une œuvre patriotique et de s'assurer en même temps d'excellents ouvriers ou employés. N'oublions pas enfin que, malgré tous ces avantages, Mlle d'Erlincourt doit parfois, — oh ! elle ne fait pas difficulté de l'avouer — insister beaucoup et être indiscrète, proposant par exemple et donnant quatre jeunes gens à qui lui en demande deux, et qu'elle prévoit le moment où elle n'aura plus de débouchés pour ses protégés. C'est elle-même qui m'a donné les deux chiffres suivants, suffisamment éloquents dans leur simplicité. Il y a aujourd'hui, sur la place de Paris, 25 000 petits employés de commerce sans place, et il n'y a pas longtemps, 18 jeunes bacheliers se présentèrent chez un négociant pour une seule place de garçon de salle, pour laver les vitres !

Je ne parlerai que pour mémoire des gens de maison. Il est vrai qu'ils gagnent d'habitude plus que les ouvriers, une femme recevant facilement, au moins à Paris, toutes dépenses payées, 50 francs par mois, et un homme de 75 à 100 francs, sinon davantage. Il est vrai également qu'ils trouvent plus facilement à se placer, les situations qu'ils remplissent étant notoirement moins encombrées que celles d'employés ou d'ouvriers indépendants. Ainsi, au syndicat des « gens de maison », 10, rue Matignon, pour 130 demandes d'emploi, il y a à peu près 100 offres. Chez Schmidt, avenue Carnot, sensiblement la même proportion. Ailleurs la proportion est moins favorable, à mesure que les bureaux de placement ont moins bonne réputation ou sont moins bien situés, ou que l'on retombe davantage dans les bureaux de placement officiels.

Mais ce n'est pas là une place définitive pour un jeune homme ou une jeune fille ; c'est seulement une occupation provisoire pour quelques années en attendant qu'on se marie et que l'on prenne une situation indépendante. De plus, de telles occupations ne conviennent pas à tous les caractères ; à un certain point de vue, elles diminuent la personne qui en ferait la carrière de toute sa vie ; enfin elles présentent les plus graves inconvénients. Si l'on y reste en effet et que l'on s'y marie, il sera pratiquement impossible d'avoir un foyer à soi et surtout d'avoir un certain nombre d'enfants. C'est là une constatation certaine qui, à elle seule, devrait empêcher de conseiller cette situation. Que sera-ce si à cette nécessité contre nature, vous ajoutez les dangers extrêmes qui attendent, à Paris en particulier, dans ces affreux *sixièmes*, que toutes les maîtresses de maison sérieuses devraient absolument proscrire, les malheureuses jeunes filles que l'on condamne à y vivre dans une révoltante promiscuité?

Il y a donc, en définitive, à Paris du moins, un réel encombrement dans la classe ouvrière. Il suffit pour s'en convaincre, de regarder autour de soi. Et si une preuve devait être ajoutée à celles que nous venons de donner, on la trouverait absolument concluante dans la chasse incessante, mais presque toujours infructueuse, que font de très braves gens aux places de concierge. A moins de recommandations, ou de circonstances exceptionnelles, il est presque impossible d'en trouver une. Et cependant quels avantages y a-t-il dans ces places de concierge où l'on est à l'étroit, où l'on est à la merci de tous les locataires, où l'on est accablé de travail et parfois d'ennuis, où il est interdit d'avoir des enfants ou d'en avoir plus d'un ou deux?

Cet encombrement est plus considérable à Paris qu'en province. Mais ce serait une erreur de croire qu'il n'existe qu'à Paris. Il existe partout. Nous avons vu combien à Saint-Étienne les employés ont de la peine à se placer et combien les demandes dépassent le nombre des situations disponibles. On pourrait dire la même chose à peu près de toutes les autres villes de France.

Il y a certaines branches de notre industrie, aujourd'hui en pleine prospérité. Ce sont surtout les mines et la métallurgie. Là les ouvriers de métier, ceux qui y vivent depuis leur enfance, y trouvent assez facilement du travail; mais, dans l'ensemble, ils suffisent au travail actuellement existant et pas n'est besoin de leur adjoindre de nouveaux compagnons. On en a la preuve dans ce fait que la Société de la Grand'Combe ayant dû en 1897 accepter la démission de 1 500 de ses ouvriers, le Directeur de cette importante exploitation minière dut personnellement aller faire un long voyage dans tout le bassin du Pas-de-Calais pour y trouver 800 places.

De plus, même dans ces industries, il y a des jeunes gens qui trouvent difficilement de l'occupation et qui feraient, eux, d'excellents colons, ce sont les élèves, par exemple, de l'école de Maîtres mineurs d'Alais, ou ceux de nos écoles de contremaîtres. Les ouvriers proprement dits, nous n'aimerions pas à les voir émigrer en grand nombre, pour des raisons que nous expliquerons ailleurs. Mais ces jeunes gens plus instruits, et faits pour diriger, qui formeraient naturellement les cadres de toute industrie coloniale, et dont le secours serait indispensable à nos ingénieurs pour la conduite des ouvriers indigènes, voilà ceux qu'il nous faudrait pour nos colonies. Or, ce sont eux précisément qui sont trop nombreux en France et qui doivent par suite chercher des situations hors de France. C'est là le cas des élèves d'Alais en particulier et aussi des autres écoles similaires, qui nous fourniraient de nombreux et surtout d'excellents colons [1].

[1]. L'école des Maîtres mineurs d'Alais fournit déjà un bon nombre d'émigrants, et il y a là à citer en passant un exemple qui est à la fois un précieux encouragement et une indication pleine d'enseignements. Ainsi, sur les 477 jeunes gens composant la Société des anciens élèves de l'école, 116, c'est-à-dire près d'un quart, se sont établis à l'étranger, dans les pays suivants :

Afrique :	10	Report.	79
Amérique	2	Pérou	2
Egypte	1	République Argentine :	1
Espagne	31	Russie	2
Grèce	1	Sardaigne	1
Canaries	1	Serbie	2
Indo-Chine	2	Siam	4
Italie	4	Sicile	3
Madagascar	6	Tonkin	8
Mexique	5	Transylvanie	1
Nouvelle-Calédonie	3	Turquie	1
Péninsule de Malacca	4	Tunisie	11
à reporter	79	Total	115

Outre les mines et la métallurgie heureusement en pleine prospérité aujourd'hui, nous avons d'autres industries qui souffrent au contraire de la concurrence étrangère ; se trouvant très éprouvées par la crise que nous traversons, elles sont encombrées d'un personnel trop nombreux ; on peut citer par exemple l'industrie de la soie, les tissages, les produits chimiques, les savons, les huileries, etc. Ces industries ne suffisent même plus à nourrir les employés qu'elles possèdent ; elles pourraient fournir, si on en avait besoin et si quelqu'un en réclamait, pour fonder au dehors des établissements similaires, de nombreux émigrants.

Ainsi l'encombrement des carrières est un phénomène général qui nous crée une situation fausse et très grave, car il a produit 4 résultats de tous points déplorables, qu'il serait utile de faire ressortir, mais que nous ne pouvons qu'indiquer :

1° La baisse des salaires, et comme conséquence,
2° Le nombre de plus en plus faible des mariages ;
3° La diminution de la natalité et
4° Le travail des femmes.

Nous avons vu, dans la seconde partie de ce travail, combien les salaires et les traitements, par suite de l'encombrement de toutes les carrières, sont devenus faibles et insuffisants. Nous n'y reviendrons pas ici ; mais il n'est personne qui n'en soit effrayé.

Nous avons également fait ressortir les dangers qu'entraîne la diminution de notre natalité. Nous aurions pu insister encore davantage et montrer qu'une des causes de cette diminution est le nombre de plus en plus restreint des mariages.

C'est en effet un fait social triste à constater. On se marie de moins en moins, les hommes parce qu'ils préfèrent jouir de leur liberté, les femmes, — je parle de celles qui veulent rester vertueuses, — parce qu'elles ne trouvent personne qui ait le courage de se charger de leur avenir, parce que ceux qui volontiers s'uniraient à elles ne gagnent pas suffisamment pour élever une famille. Et alors il faut qu'elles travaillent pour se nourrir elles-mêmes. Il le faudra également si elles se marient, parce que, dans l'état contre nature où nous ont conduit cet encombrement et l'avilissement des prix qui en est la suite, le salaire de leur mari ne peut suffire à leurs besoins et à ceux de leurs enfants. On devine tout ce que cette obligation a d'inconvénients pour elles-mêmes et pour l'éducation, souvent pour la vie, de leurs enfants. Il faudrait par suite qu'elle disparût.

L'émigration serait le seul remède à ce mal.

On a vite fait d'en attribuer la cause à l'émigration des campagnes vers la ville. Il y a du vrai dans ce reproche, mais il y a également une grande partie d'exagération. Nous le verrons tout à l'heure.

Pour le moment retenons cette conclusion, que toutes les carrières où la classe ouvrière peut espérer trouver du travail sont encombrées, et que par suite nous pourrions trouver dans cette classe ouvrière tous les émigrants de cette nature dont nos colonies peuvent avoir besoin.

Nous pouvons également en trouver dans la population de nos campagnes.

CHAPITRE V

QUE NOUS TROUVERONS DES ÉMIGRANTS DANS NOS CAMPAGNES

S'il y a encombrement de population dans les villes, s'il est si difficile d'y trouver une place ou du travail, la cause en est très simple, vous dira-t-on couramment : on déserte trop les champs pour la ville. Retenez les gens chez eux, dans leurs villages, où l'on manque de bras ; renvoyez-y les inemployés des villes, et bientôt vous verrez l'équilibre se rétablir, et tout le monde y gagnera. C'est comme dans deux vases communicants. Il faut que le liquide qui les remplit soit au même niveau. S'il est plus élevé dans l'un que dans l'autre ; s'il monte constamment dans l'un et descend dans l'autre, c'est qu'une cause extérieure, pression ou raréfaction de l'air, intervient, qui détruit l'harmonie et crée un état contre nature. Détruisez cette intervention artificielle et l'équilibre se rétablira aussitôt. De même, supprimez les causes artificielles qui attirent la population de nos campagnes vers les grandes villes, et surtout vers Paris, et vous verrez cet exode continuel dont vous vous plaignez se ralentir et s'arrêter au grand profit de tout le monde.

Le problème n'est pas aussi simple que cela, ni sa solution aussi facile à trouver. Il vaut cependant la peine qu'on s'y arrête et qu'on l'étudie de plus près à la lumière d'une statistique sérieuse et impartiale. Cela nous sera relativement facile à la suite du très remarquable rapport sur « les mouvements intérieurs de la population en France », lu par M. Victor Turquan au Congrès annuel de la « Société d'Économie Sociale et des Unions de la Paix Sociale[1] ». Le fait que ce travail s'appuie surtout sur les chiffres du recensement de 1891, ne lui enlève rien de son importance, car le même mouvement s'est continué depuis, si même il ne s'est accentué.

Et d'abord cette dépopulation des campagnes au profit des villes est un fait indéniable qui ressort de la comparaison des mouvements de variation, depuis 1846 jusqu'en 1891, des deux populations *rurale* (agglomération de moins de 2 000 habitants) et *urbaine* (agglomération de plus de 2 000 habitants).

1. *Réforme sociale*, 1895.

On n'a, pour s'en convaincre, qu'à étudier le tableau et le graphique suivants :

		Population urbaine.	Proportion p. 100.	Population rurale.	Proportion p. 100.	Population totale.
En 1846	il y avait	8 646 743	24,4	26 753 743	75,6	35 400 486
— 1851	—	9 135 459	25,5	26 647 711	74,5	35 783 170
— 1856	—	9 844 828	27,3	26 294 536	72,7	36 139 364
— 1861	—	10 789 766	28,9	26 596 547	71,1	37 386 313
— 1866	—	11 595 348	30,5	26 471 716	69,5	38 067 064
— 1872	—	11 234 899	31,1	24 868 022	68,9	36 102 921
— 1876	—	11 977 393	32,4	24 928 392	67,6	36 905 788
— 1881	—	13 096 542	34,8	24 575 506	65,2	37 672 048
— 1886	—	13 766 508	35,9	24 452 395	64,1	38 218 903
— 1891	—	14 311 292	37,4	24 031 900	62,6	38 343 192

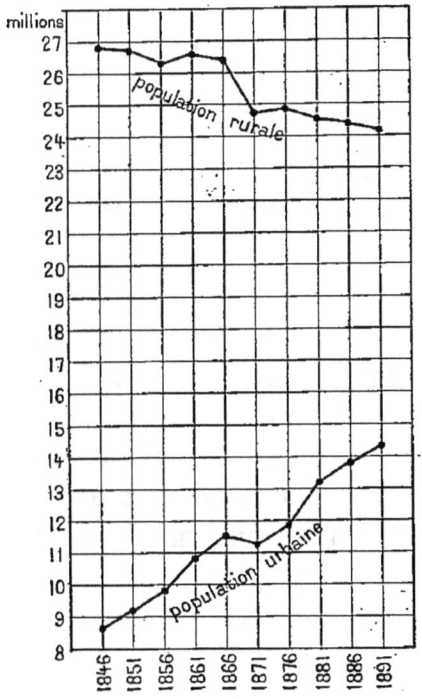

« Ainsi donc, conclut M. Turquan d'après ce tableau, l'accroissement de la population urbaine n'a fait que s'accentuer, et le seul moment d'arrêt a été causé par les événements de 1870-1871. Quant à la population rurale, elle se maintenait entre 26 300 000 habitants et 26 750 000, avec une tendance à la baisse, lorsque les événements dont il s'agit lui ont fait perdre 1 600 000 habitants. Depuis 1876, elle décroît légèrement en nombres absolus[1]. »

En résumé, la population urbaine s'est élevée, pendant ces quarante-cinq années, de 8 646 743 habitants à 14 311 292, soit une augmentation de 5 664 549 ; et des 24,4 p. 100 de la population totale qu'elle était en 1881, elle en est devenue les 37,4, soit une augmentation de 13 p. 100. La population rurale, au contraire, a passé de 26 753 743 habitants à 24 031 900, avec une diminution totale de 75,6 p. 100 à 62,6 soit une diminution de 13 p. 100.

Cette augmentation de la population urbaine et cette diminution de la population rurale sont du reste d'une régularité si constante — en mettant de côté le soubresaut provoqué par la guerre de 1870-1871 — que l'on peut prévoir le moment très rapproché où les deux populations s'équilibreront. Ce sera dans vingt-deux ou vingt-trois ans d'ici, vers 1921.

Ces chiffres ont été obtenus brutalement, en quelque sorte, par la seule comparaison, aux époques susdites, du nombre de la population urbaine, sans tenir compte des déplacements de la population rurale et de celui de la population urbaine, sans tenir compte des déplacements de la population et des mouvements de la natalité. Or, ce dernier facteur, en particulier, est important. Car le taux de la natalité étant supérieur dans les campagnes à celui des villes, il en résulte que le mouvement d'émigration des campagnes vers les villes est encore plus considérable que ne le feraient supposer les chiffres donnés.

Prenons, par exemple, la période quinquennale qui comprend les sept derniers mois de l'année 1886, les années complètes 1887-1890 et les trois premiers mois et demi de 1891. D'après les chiffres précités, la population rurale

---

1. V. Turquan. *Les mouvements intérieurs de la population en France*, p. 3.

aurait diminué de 420 495 habitants et la population urbaine augmenté de 544 784. Mais si l'on tient compte de ce fait que l'excédent des naissances sur les décès a été, pendant ce laps de temps, de 190 615 dans les campagnes, et l'excédent des décès sur les naissances de 1 129 dans les villes, ce sont 545 813 habitants qui sont allés des villes dans les campagnes, 611 110 qui ont quitté la campagne pour aller dans les villes, et 65 297 qui se sont établis à l'étranger.

Une autre preuve de la dépopulation constante des campagnes se trouve dans ce double fait que le nombre des petites communes au-dessous de 300 habitants et celui des communes au-dessus de 5 000 vont sans cesse en augmentant, tandis que celui des communes moyennes de 300 à 5 000 habitants va constamment en diminuant.

Il y avait, en France, d'après les recensements :

	COMMUNES.					
	500 habit. et au-dessus.	de 500 à 1 000 h.	de 1 000 à 5 000 h.	de 5 000 à 10 000 h.	de 10 000 à 20 000 h.	20 000 h. et au-dessus.
En 1851......	15 684	11 955	8 754	278	98	66
— 1856......	16 225	11 604	8 539	276	113	69
— 1861......	16 547	11 757	8 727	298	111	70
— 1866......	16 701	11 554	8 802	305	113	73
— 1872......	35 759				116	74
— 1876......	16 442	10 867	8 237	306	122	62
— 1881......	16 870	10 633	8 059	312	132	91
— 1886......	17 181	10 362	8 016	328	134	100
— 1891......	17 590	10 169	7 816	337	128	104 [1]

Et en nous en tenant aux deux seules années de 1881 et 1891, on avait :

			En 1881.	En 1891.	Augmentation.	Diminution.
67 comm.	de	50 hab. et au-dess.		92	25	»
663	—	51 à 100		784	131	»
3 486	—	101 à 200		3 862	376	»

1. V. Turquan. *Les mouvements intérieurs de la population en France*, p. 10.

	En 1881.			En 1891.	Augmentation.	Diminution.
4 732 comm. de	201	à	300 habit.	4 925	220	»
7 932 —	301	à	500	7 900	»	32
10 633 —	501	à	1 000	10 169	»	464
3 982 —	1 001	à	1 500	3 790	»	192
1 917 —	1 501	à	2 000	1 886	»	31
834 —	2 001	à	2 500	794	»	40
554 —	2 501	à	3 000	572	18	»
326 —	3 001	à	3 500	313	»	13
200 —	3 501	à	4 000	219	19	»
246 —	4 001	à	5 000	244	»	2
312 —	5 001	à	10 000	337	25	»
223 —	10 001	et	au-dessus	232	9	» [1]

Une conclusion se dégage de ces tableaux, c'est que « la presque totalité des communes — 35 000 — celles qui présentent un caractère purement rural, voient leur population diminuer au profit de 400 ou 500 villes ».

En 1891, il y avait en France :

21 145 296		Français ou naturalisés Français habitant la commune où ils étaient nés;
9 425 636	—	venant d'une autre commune dans le même département;
6 235 208	—	venant d'un autre département;
25 165	—	venant d Algérie et de nos autres colonies;
171 869	—	nés à l étranger.

Donc, 9 425 636 Français ont quitté leur commune d'origine et 6 235 208, c'est-à-dire 16,9 p. 100 de la population totale, leur département d'origine.

Depuis 1886-1891, 1 000 000 de personnes ont changé de commune, et 310 506 de département.

Parmi ces 6 235 208 Français qui ont quitté leurs départements et qui, seuls, méritent le nom d'émigrants à l'intérieur, l'énorme majorité s'est dirigée des campagnes vers les villes, conduits en cela « par de vieilles traditions

---

1. V. Turquan. *Les mouvements intérieurs de la population en France*, p. 10.

locales, des besoins économiques séculaires et nouveaux, des créations ou des disparitions d'industries, et pour ce qui est du domaine infiniment plus stable de la géographie, par la configuration des terrains, la nature du sol, la direction des grandes voies naturelles, la pente des terrains et l'orientation des vallées, qui commandent aux grands mouvements migratoires des hommes aussi bien à la fin du XIXe siècle que dans les siècles passés et qui, nous en sommes certain, sont encore à notre époque les mêmes que dans les premiers temps de notre histoire [1]. »

Le plus grand nombre va vers Paris et le département de la Seine.

Ainsi, dans ce seul département, sur une population totale de 2 858 102 habitants, il y en a, contre :

1 198 712, originaires de la Seine,
1 659 390, ou 58 %, venus d'autres départements.

D'autres se dirigent, assez nombreux également, vers les cités industrielles ou les grandes villes de leur région, qui deviennent aussi des centres puissants d'attraction.

Ainsi le Pas-de-Calais envoie :

30 399 émigrants dans la Seine et
22 362 à Paris. Mais il en envoie
36 885 dans le Nord,
19 189 dans la Somme, tandis que lui-même en reçoit
51 492 du Nord
10 136 de la Seine et
7 453 de la Somme.

Il compte :

114 480 émigrants dans les autres départements, contre
82 772 immigrants des autres départements, soit
31 702 en faveur de l'émigration.

[1]. V. Turquan. *Les mouvements intérieurs de la population en France*, p. 53.

La Côte-d'Or compte :

70 934 émigrants

se dirigeant surtout vers Paris et les autres départements du bassin de la Seine :

    28 450 dans la Seine,
    3 140 dans l'Aube,
    2 626 dans la Haute-Marne,
    2 437 dans la Seine-et-Oise

ou bien, le long de la Saône et du Rhône :

    6 408 dans Saône-et-Loire,
    2 817 dans le Rhône,
    2 457 dans le Jura.

Elle compte 68 179 immigrants « venus surtout des départements qui entourent la Côte-d'Or du côté de l'est, du midi et de l'ouest » :

    16 348 de Saône-et-Loire,
    7 679 de la Seine,
    5 416 du Jura,
    5 060 de la Haute-Saône,
    4 003 de la Haute-Marne,
    3 864 de la Nièvre.

« L'émigration du Cantal semble suivre quatre courants principaux.

« Le plus important est celui qui conduit les émigrants à Paris et qui suit la vallée de l'Allier, de la Loire, en franchissant ce fleuve à Orléans.

« Un autre courant les conduit, par la vallée de la Dordogne et celle du Lot, vers Bordeaux et les arrondissements les plus riches de la Charente et de la Charente-Inférieure.

« Un troisième, très important, rejoint la Méditerranée par l'Hérault et va s'épanouir sur tout le littoral, depuis les Pyrénées-Orientales jusqu'à Toulon.

« Enfin un quatrième, très notable également, se dirige, par la trouée de Saint-Étienne, vers Lyon.

« Les départements qui reçoivent le plus d'émigrants du Cantal sont :

La Seine.	27 934
Le Puy-de-Dôme	3 507
La Gironde	3 213
L'Aveyron.	2 352
Le Lot.	2 332
Le Rhône	2 333
La Corse.	2 285

« Ceux qui donnent le plus d'immigrants au Cantal sont :

La Corrèze	5 020
L'Aveyron.	2 697
La Seine.	1 609
La Haute-Loire.	2 294

« En résumé, le Cantal compte 69 908 originaires dans les 86 autres départements et ne compte que 23 040 immigrés [1]. »

Les départements qui, *relativement à leur population d'origine*, possèdent le plus d'immigrants sont :

La Seine où l'on compte.	138,5	immigr. p. 100 origin.
Seine-et-Oise	72,9	—
Belfort.	55,9	—
Le Rhône.	53,7	—
Les Bouches-du-Rhône	41,4	—
La Gironde	38,2	—
Seine-et-Marne	34,8	—
La Marne	33,5	—
Meurthe-et-Moselle.	30,6	—
L'Oise.	27,4	—
L'Aube.	26,4	—
Indre-et-Loire	26	—
L'Eure	25,8	—

---

1. V. Turquan. *Les mouvements intérieurs de la population en France*, p. 52.

c'est-à-dire, comme nous l'avons déjà remarqué, les départements où il y a de grandes villes, puis ceux où la population diminue par suite de la trop faible natalité.

Les départements pauvres, au contraire, ceux où la natalité est le plus forte, ceux de la Bretagne, des Alpes et du Massif Central, reçoivent peu d'immigrants, proportionnellement à leur population d'origine. Ainsi :

Le Morbihan	en a 7,0	pour 100
Les Basses-Pyrénées	— 6,5	—
Le Finistère	— 6,2	—
Les Pyrénées-Orientales	— 6,0	—
L'Ariège	— 6,5	—
Le Puy-de-Dôme	— 6,0	—
L'Aveyron	— 5,9	—
La Haute-Loire	— 5,8	—
La Vendée	— 5,6	—
La Lozère	— 5,1	—
La Haute-Savoie	— 5,0	—
Les Côtes-du-Nord	— 4,6	—
Les Landes	— 4,2	—
La Corse	— 1,6	—[1]

Voyons maintenant quels sont les pays qui fournissent le plus d'émigrants, puis en particulier ceux qui en fournissent le plus à Paris. Ici quelques surprises nous sont réservées :

Ainsi le département qui émigre le plus est celui de la Seine avec :

315 726 émigrants contre
1 659 390 immigrants,

ce qui donne un excédent d'immigration de 1 343 664.

Viennent ensuite, par ordre de diminution dans le nombre de leurs émigrants :

	Émigrants.	Immigrants.	Excédents. Émigrants.	Immigrants
L'Alsace-Lorraine	177 853	»	177 853	»
Le Nord	167 315	87 337	79 978	»

1. V. Turquan. *Les mouvements intérieurs de la population en France*, p. 32.

	Émigrants.	Immigrants.	Excédents.	
			Émigrants.	Immigrants.
Seine-et-Oise	137 549	253 190	»	115 641
Pas-de-Calais. ...	114 480	82 778	31 702	»
Aisne	110 529	74 836	35 693	»
Saône-et-Loire ...	109 701	60 249	49 452	»
Côtes-du-Nord. ...	108 920	26 986	81 934	»
Rhône	107 231	268 877	»	161 646
Isère	106 241	59 325	46 916	» [1]

Les départements, au contraire, qui fournissent le moins d'émigrants sont :

L'Aube.	38 009
Les Hautes-Pyrénées.	37 443
Le Gers.	37 079
Tarn-et-Garonne.	33 636
L'Aude	32 140
Les Basses-Alpes	29 555
Les Hautes-Alpes	26 478
Les Alpes-Maritimes	21 655
Le territoire de Belfort	21 477
Les Pyrénées-Orientales.	15 796 [1]

Une constatation plus intéressante que celle des chiffres absolus serait la proportion des émigrants relativement à la population sédentaire.

Cette proportion pour l'ensemble de la France est de 19,7 p. 100, et elle varie par départements depuis 9,1 p. 100 dans le Finistère, jusqu'à 46,5 p. 100 dans le territoire de Belfort.

Pour les 10 départements qui comptent le plus d'émigrants, elle est :

A Belfort	de	46,5	pour 100
En Seine-et-Oise.	—	39,7	—
— Seine-et-Marne	—	38,4	—
— Lozère	—	36,7	—
— Haute-Saône.	—	34,8	—
— Creuse	—	34,3	—

1. V. Turquan. *Les mouvements intérieurs de la population en France*, p. 29.

En Cantal . . . . de 33,9 pour 100
— Meurthe-et-Moselle . . . — 32 —
— Nièvre. . . . . — 32 —
— Meuse. . . . . — 30,3 —[1]

Viennent ensuite les Hautes et les Basses-Alpes, l'Ariège, la Savoie, l'Yonne, la Seine, avec 26,7 p. 100.

Les départements qui émigrent le moins sont :

Les Pyrénées-Orientales . . . . 8,3 pour 100
Le Finistère. . . . . 9,1 —
La Gironde . . . . 9,9 —
L'Aude. . . . . 12,1 —
Le Nord. . . . . 12,7 —
Les Alpes-Maritimes. . . . . . 12,4 —
La Loire-Inférieure. . . . . . 12,4 —
Le Morbihan . . . . 12,9 —
L'Ille-et-Vilaine . . . . 13,5 —
La Charente-Inférieure . . . . 14,1 —
La Loire. . . . . 14,3 —
Maine-et-Loire . . . . 14,8 —
Le Gard. . . . . 14,9 —[2]

Les immigrés sont tellement nombreux à Paris et dans les départements de la Seine que la majorité des Parisiens se trouvent être en réalité de simples provinciaux. Il ne saurait donc être sans intérêt de se demander d'où viennent ces néo-parisiens. Ici encore nous avons plus d'une erreur à réformer, car l'Aveyron, par exemple, et surtout les départements de la Bretagne, ne fournissent pas le grand nombre d'émigrants que l'on dit ordinairement.

La Seine-et-Oise fournit 89 886 de la popul. tot. soit 14,3 %
La Seine-et-Marne — 55 777 — 15,6 —
Le Nord. . . . . — 47 427 — 2,7 —
L'Yonne. . . . . — 45 811 — 1,3 —
La Seine-Infér . — 39 696 — 4,7 —
La Nièvre. . . . — 39 263 — 11,4 —

1. V. Turquan. *Les mouvements intérieurs de la population en France*, p. 29.
2. *Id., ibid.*, p. 30.

Meurt.-et-Mos. .	fournit	38 881	de la popul. tot. soit	8,7 %
L'Aisne......	—	38 393	—	7,04 —
Le Loiret	—	35 624	—	9,4 —
L'Oise	—	35 469	—	8,8 —
La Somme. ..	—	32 139	—	5,9 —
Pas-de-Calais. .	—	30 399	—	3,5 —
Haute-Saône...	—	29 344	—	10,04 —
La Côte-d'Or ..	—	28 450	—	7,5 —
La Creuse. ...	—	28 123	—	9,8 —
La Sarthe. ...	—	28 065	—	6,5 —
Le Cantal. ...	—	27 934	—	11,7 —
L'Aveyron. ...	—	26 736	—	6,6 [1]—

Ces 19 départements fournissent donc à la Seine 697 424 émigrants, soit 25 p. 100 de sa population totale et 42 p. 100 de sa population immigrée.

Tous ces départements, sauf 5, Meurthe-et-Moselle, Haute-Saône, Creuse, Cantal, Aveyron, sont groupés autour de Paris dans un rayon de 40 kilomètres. Cependant les Ardennes, la Marne, l'Aube, l'Eure et l'Eure-et-Loir, quoique compris dans cette zone, n'envoient que très peu d'émigrants à Paris ; le Cantal et l'Aveyron, au contraire, en envoient un grand nombre.

Par contre, les départements qui en envoient le moins sont :

Les Bouches-du-Rhône	7 347	1,16	pour 100
La Drôme	7 052	2,3	—
La Lozère	5 929	4,4	—
Les Hautes-Pyrénées	5 143	2,3	—
La Vendée............	5 037	1,1	—
La Corse............	4 585	2,1	—
La Vaucluse	4 570	1,9	—
Le Tarn	4 561	1,3	—
Belfort	4 304	5,1	—
Les Landes	4 093	1,5	—
Le Lot-et-Garonne	3 923	1,3	—
Le Gers	3 723	1,5	—

---

1. V. Turquan. *Les mouvements intérieurs de la population en France*, p. 43.

L'Ariège	3 483	1,5 pour 100
Le Var	3 152	1,09 —
Le Tarn-et-Garonne	3 137	1,49 —
L'Aude	3 083	0,97 —
Les Pyrénées-Orientales	2 367	1,1 —
Les Hautes-Alpes	2 046	1,7 —
Les Alpes-Maritimes	2 041	0,71 —
Les Basses-Alpes	1 667	1,3 —

Ces 20 départements sont situés, sauf la Vendée, dans le midi et, formant la zone la plus éloignée de Paris, ne lui envoient en tout que 81 243 individus, 0,028 p. 1 000 de la population totale de la Seine et 4,9 p. 100 de l'immigration totale.

Ce sont donc les départements du littoral de la Méditerranée et ceux du bassin de la Garonne qui envoient le moins d'émigrants à Paris. Les départements bretons, sauf peut-être les Côtes-du-Nord, en envoient également très peu.

Tel est donc, dans son ensemble et très exactement, le mouvement intérieur qui entraîne nos populations des champs vers la ville. Il est, comme on le voit, très considérable. Ajoutons qu'il est très regrettable. Ce qui, en effet, a constitué de tout temps la force de la nation française, ce sont ses solides et saines races de paysans. Ce sont eux surtout qui fournissent nos meilleures troupes, eux qui nous donnent nos meilleurs marins, eux qui ont le mieux gardé nos vieilles traditions et nos saines doctrines, eux qui ont le plus d'enfants, eux en un mot qui restent la réserve suprême où puisent les villes elles-mêmes, capables ainsi d'aller sans cesse en se renouvelant.

Malheur à nous si nos paysans disparaissaient! Car, qu'on le remarque bien, le mouvement inverse de la ville à la campagne ne se produit pas, ou se produit dans une mesure tellement faible qu'il est imperceptible. Bon nombre de départements ont établi à Paris des Sociétés de secours pour aider et, autant que possible, pour rapatrier leurs émigrés tombés dans la misère. On échoue d'ordinaire dans cette tentative, et si l'on arrive, par hasard, à renvoyer dans son village un pauvre diable mourant de faim, ce sera d'ordinaire pour le voir bientôt revenir.

Or, quelles sont les causes de ce mouvement si considérable qui porte tant de gens à quitter la campagne, où ils seraient parfois si tranquilles, pour venir à la ville où d'ordinaire ils seront si malheureux? Évidemment, nous ne parlons ici que des causes générales, de celles qui peuvent influer d'une manière notable sur ce mouvement. On peut d'abord en signaler deux, plus propres à notre temps et que tout le monde indique : la loi militaire et le développement exagéré de l'instruction.

Quand on est bachelier, en effet, même de l'enseignement moderne ; quand on a son brevet supérieur, même son brevet simple ; si l'on a eu quelque succès, même à l'école primaire, où tout le monde s'est accordé à vous dire que vous aviez une belle écriture, que vous calculiez bien, que vous feriez quelque chose, on ne veut plus être paysan, ni conduire la charrue, ni fumer les champs, ni soigner ou garder les bestiaux : on veut être un *monsieur*, et, pour le devenir, on va à la ville.

Le passage à la caserne produit souvent le même résultat. On a pendant trois ans habité la ville où, sans inquiétude pour son entretien et sa nourriture, on a joui des plaisirs faciles qu'elle procure ; on s'est habitué insensiblement à ses rues, à ses étalages, à son éclairage, à ses marchands de vins, à son mouvement, à ses distractions diverses, et l'on croirait déchoir en retournant dans son village, où il n'y a aucune distraction, sauf les saines jouissances de la famille. On reste à la ville.

Ces deux causes sont très réelles et contribuent pour une grande part au déplacement de la population. Une chose cependant est à noter, c'est que ce déplacement existait avant que ces deux causes n'eussent pris le développement qu'elles ont atteint depuis une vingtaine d'années. Donc elles ne suffisent pas à l'expliquer et il faut en chercher d'autres plus générales et d'une plus grande étendue.

La première est le développement extraordinaire que prirent, surtout sous l'Empire, notre industrie, nos fabriques, nos mines, nos chemins de fer, notre commerce. Ces diverses entreprises réclamant, en effet, un personnel de plus en plus nombreux et ne le trouvant pas dans la population urbaine, le demandèrent aux populations des campagnes, qu'elles accoutumèrent ainsi peu à peu à se diriger vers les villes. Cette cause est complètement disparue aujourd'hui. Mais le mouvement développé, quoique non créé par elle, n'en a pas moins continué sous l'empire d'autres causes toujours subsistantes, comme par exemple notre amour du fonctionnarisme. « Et puis surtout, disait à ce propos M. Jaurès, à mesure que la société se complique, que vos besoins d'administration se multiplient, vous les appelez de plus en plus, eux, les travailleurs du sol, dans les fonctions publiques ; vous en faites des cantonniers, des facteurs, des courriers, des instituteurs, des petits fonctionnaires de tout ordre, et ceux que vous n'y appelez pas encore, les partis en tournée leur promettent de les y appeler, si bien que vous n'avez plus aujourd'hui que des paysans provisoires et qui sont presque tous partagés entre l'ancien attachement à la terre et ce besoin nouveau que tout fait grandir en eux [1]. » Il s'en faut que tout soit faux dans cette boutade, et rien n'est navrant et instructif à ce point de vue comme cette étude prise sur le vif de M. René Bazin, dans son dernier roman : *La Terre qui meurt*.

Il y a ensuite, et surtout, la dureté de la vie des champs. On connaît les deux clichés classiques, le

> *O fortunatos nimium sua si bona norint*
> *Agricolas !...*

[1]. *Journal Officiel* du 20 juin 1897, p. 1489.

de Virgile, et d'autre part la peinture poussée au noir du paysan de La Bruyère.

L'un et l'autre furent repris, il y a trois ans, dans le tournoi oratoire auquel se livrèrent, à propos de la crise agricole, M. Jaurès et M. Deschanel. « La petite propriété toujours plus réduite, prête à s'anéantir dans une sorte de féodalité reconstituée ; un prolétariat rural croissant, toujours plus misérable, réduit aux abois par l'envahissement des machines et par la réduction des salaires ; le métayer en proie aux cupidités du propriétaire et dépouillé de ses profits légitimes ; enfin, comme pour rendre ces maux irréparables, l'exploitation industrielle et capitaliste, une spéculation effrénée, venant arracher aux travailleurs du sol ce qu'ils ont réussi à sauver de tant de causes de destruction [1]. » Ainsi résumait M. Deschanel, assez justement du reste, les affirmations de M. Jaurès. Mais lui-même de son côté ne tombait-il pas dans l'excès contraire, en nous montrant la petite propriété toujours grandissante, et la situation du paysan de France toujours enviable ?

La vérité est que la vie du paysan de France, sans être aussi intolérable que le disait M. Jaurès, est, dans l'ensemble, dure et pénible. Il travaille beaucoup et longtemps ; il est d'ordinaire sobrement et parfois maigrement nourri ; il n'a guère ni le temps ni le goût de se livrer à aucun travail intellectuel, pas même à celui de la lecture ; vous lui avez enlevé trop souvent les consolations de la religion ; vous êtes en train de lui enlever celles de la famille, dont tant de perverses doctrines attaquent jusqu'aux fondements ; que lui reste-t-il ? Il se figure facilement être le plus malheureux des hommes. On le lui répète à satiété, son caractère s'aigrit, son jugement se trouble, et, sous le coup des excitations antisociales ou anarchistes, il rêve de la ville, de ses plaisirs, de son

[1]. *Journal Officiel* du 11 juillet 1897. Discours de M. Deschanel. 3ᵉ col.

bonheur, et il part pour la ville où il sera encore plus malheureux, mais d'où, soyez-en bien convaincu, il ne reviendra pas.

Ajoutez à cela que l'on gagne très peu à la campagne où les salaires, en même temps que le prix de vente des récoltes, vont constamment en diminuant depuis un certain nombre d'années. « Il y a cinq ou six ans, disait M. Jaurès au cours de son interpellation, par suite de la crise agricole, les salaires ont subi une diminution qui, d'après M. Convert, a atteint parfois 20 p. 100. » Voilà pour le salarié.

C'est la même chose pour le propriétaire. « De récolte en récolte, poursuivait l'orateur socialiste, son labeur restant le même, le prix de son blé fléchit presque constamment, et aussi le prix de son bétail, de son vin, de son chanvre, de ses olives et de son lait [1]. » Un peu auparavant il avait dit : « Sur les céréales, sur le bétail, sur les vins, sur les chanvres, sur le bois, sur les cocons, sur les olives, sur les fruits, sur tous les produits de la terre de France, il s'est fait dans l'ensemble, depuis une vingtaine d'années, une baisse de prix d'environ un tiers, et elle s'est produite avec une telle étendue, avec une telle régularité qu'elle apparaît comme une sorte de loi naturelle, de phénomène irrésistible contre lequel vos lois douanières ne peuvent presque rien [2]. »

Mettons qu'il y ait là un peu d'exagération. Le fait n'en est pas moins réel et personne n'osa s'inscrire en faux. Il existe donc et il a produit son résultat inévitable, surtout pour les salariés et les petits propriétaires : on gagne trop peu à la campagne où l'on ne peut plus vivre ; on va à la ville où l'on espère que l'on gagnera davantage.

On ne peut, en effet, le nier, beaucoup, le plus grand

1. *Journal Officiel* du 27 juin 1897. — Séances de la Chambre, p. 1692, 2° col.
2. *Op. cit.*, p. 1689.

nombre même de ceux qui ont quitté, de ceux surtout qui aujourd'hui quittent les campagnes et vont s'établir dans les villes, le font parce qu'ils ne gagnaient pas suffisamment dans leur village.

Nous avons vu ailleurs combien faibles y sont les salaires. On a entendu parler de salaires deux, trois, quatre fois plus élevés dans les villes. On y court aussitôt, probablement pour y souffrir davantage.

Il faut encore élargir la question et se poser le problème de savoir si tous ces gens qui quittent ainsi la campagne y font réellement défaut, et s'ils auraient pu facilement y vivre ; en d'autres termes, si l'émigration vers les villes, non dans sa totalité, mais au moins en grande partie, n'est pas un phénomène nécessaire, fatal, qu'il faut par suite chercher à canaliser et à diriger ailleurs, mais que l'on ne parviendra pas à arrêter ?

J'en suis pour ma part convaincu. Je ne crois pas, en effet, que nos campagnes puissent nourrir un nombre beaucoup plus considérable de gens que ceux qui y restent ; je ne crois pas que, pour le moment, elles puissent employer, au moins d'une manière constante, un plus grand nombre de bras que ceux qu'elles emploient. Ici encore MM. Jaurès et Deschanel se sont livrés à de brillants développements et sont arrivés, par des renseignements puisés aux mêmes sources, à des conclusions diamétralement opposées. M. Jaurès, en bon socialiste, ne serait pas éloigné d'accuser l'emploi de la machine agricole de tout le mal. Il a étudié la question et est arrivé aux conclusions suivantes : « Une couple de défonceuses à grand travail, fonctionnant toute l'année, représente 80 000 journées de travail humain. Les faucheuses mécaniques suppriment 6 à 7 salariés. Les moissonneuses-lieuses suppriment 15 faucheurs et ramasseurs. Les batteuses mécaniques suppriment les batteurs en grange. Le machinisme, en résumé, supprime 25 francs par hectare de main-d'œuvre paysanne. C'est donc, depuis quinze ans,

200 millions de francs de main-d'œuvre annuellement retranchés aux salariés agricoles [1]. »

Écoutons maintenant M. Deschanel. «... C'est le machinisme, a-t-on dit, qui est la cause de ce phénomène, on nous a parlé de 200 millions de salaires retranchés par la machine aux ouvriers du sol. Il est vrai que quelques machines, comme la machine à battre, par exemple, ont retranché une certaine quantité de travail ; mais d'autres, au contraire, comme la moissonneuse, sont venues suppléer au manque de bras. L'ouvrier français fait souvent défaut, pour le binage des betteraves, par exemple ; et, sans les Belges au Nord, sans les Luxembourgeois et les Suisses dans l'Est, et, dans le Midi, sans les Italiens et les Espagnols, bien des terres resteraient en friche. D'une manière générale le machinisme, en augmentant la production, rend nécessaire un surcroît de main-d'œuvre, et par là, jusqu'à un certain point, l'équilibre se rétablit. Là-dessus les réponses que nous avons reçues de tous les points du territoire sont unanimes, et je m'étonne que M. Jaurès n'en ait pas fait état, car il a reçu les mêmes que nous. Voici ce que dit, par exemple, le syndicat des agriculteurs du canton de Genlis (Côte-d'Or) : « Il serait plus juste de demander comment nous pouvons, avec si peu de machines, suppléer au manque de bras. L'introduction des machines n'a pas rendu de bras inutiles ; elle a augmenté la production et par là même nécessité plus de main-d'œuvre. » — « C'est dans les exploitations qui ont l'outillage le plus complet que le personnel agricole est le plus nombreux », répondent les syndicats agricoles de la Guerche, de Bretagne et de Desvres (Pas-de-Calais). « Les machines sont insuffisantes à suppléer le manque de bras », dit le syndicat agricole de Marmande (Lot-et-Garonne). « La machine suit, mais ne précède pas la dépopulation », dit le syndicat agricole de Lunéville. « La main-d'œuvre manque souvent pour la faire marcher », dit celui

---

1. Séance du 27 juin 1897 de la Chambre des députés.

de la Haute-Saône. « Le machinisme agricole s'est développé principalement depuis dix ans par le fait de la dépopulation des campagnes » (Seine-et-Marne, Seine-et-Oise). « L'utilisation du machinisme en agriculture ne laisse aucun bras sans ouvrage » (Syndicat agricole du Garric, Tarn). « Il n'y en a donc pas d'inutiles. Pour croire le contraire, il faut être absolument étranger aux choses agricoles », ajoute le syndicat agricole d'Albi (Tarn) [1].

La vérité, ici comme en la plupart des cas, se trouve entre ces deux opinions extrêmes, plus faciles à concilier du reste qu'on ne le penserait à première vue.

Les bras peuvent manquer à la campagne à certains moments donnés, pour les moissons, pour le binage des betteraves, pour le battage et autres travaux urgents. Mais, dans l'ensemble, et tous les témoignages recueillis sont d'accord sur ce sujet, on ne pourrait employer d'une façon continuelle, au moins dans la plupart des départements, beaucoup plus de gens qu'on n'en emploie actuellement. Que voulez-vous ? l'agriculture s'est considérablement modifiée depuis un certain nombre d'années. On fait plus d'élevage qu'autrefois, parce que c'est encore ce qui rapporte le plus, la viande fraîche ne pouvant venir aussi facilement d'Amérique et de Russie que les céréales. Or l'élevage demande très peu de bras. Les machines agricoles commencent à être très répandues, et avec elles, arrivera forcément, est déjà arrivé pour l'agriculture ce qui arriva autrefois pour l'industrie, avec moins de bras on fournit une plus grande somme de travail. Comme l'industrie, comme le commerce, l'agriculture traverse une crise sous l'empire de laquelle elle se transforme. Elle aussi devient une science, et je crains bien, quoi qu'on prétende, qu'elle ne se centralise comme l'ont fait l'industrie et le commerce, et que la petite culture, trop coûteuse

---

1. *Journal Officiel* du 11 juillet 1897, p. 1937. Discours de M. Deschanel.

et insuffisamment rémunératrice, ne soit remplacée par des exploitations plus vastes où la culture intensive, avec l'emploi habituel des machines, rapporterait davantage, tout en exigeant un nombre encore moins considérable de bras.

« A travers tous ces phénomènes, poursuivait M. Jaurès, l'action, la puissance de la grande propriété sur la petite va toujours se développant. De toutes parts aussi, il nous a été affirmé que la grande propriété, lentement mais sûrement, se développait aux dépens de la petite, et il nous a été cité avec précision de très nombreuses communes pour lesquelles on nous donnait le chiffre des propriétés en 1860, en 1880, en 1890, en 1897, et il nous était facile de constater, surtout aux environs de la capitale et des grandes villes manufacturières, dans les régions dominées par l'industrie du sucre, que la grande propriété se développait de plus en plus aux dépens de la petite [1]. »

A ces affirmations, probablement exagérées, M. Deschanel opposait des chiffres en apparence concluants : « A la Révolution, il y avait en France 4 millions de propriétaires ; en 1825, il y en avait de 6 millions et demi à 7 millions ; en 1850, de 7 millions à 7 millions et demi ; en 1875, 8 millions ; en 1882, près de 8 millions et demi, sur lesquels 3 845 000 possèdent moins de 10 hectares, en moyenne de 3 hectares 1/2 à 4 hectares, ou 34 p. 100 du sol de France [2]. » Tout cela est exact. Exacte également l'affirmation du même orateur que « la petite propriété fait vivre une population double ou triple de celle qui vit sur la grande » et que « plus la terre se divise, plus sa fécondité augmente ».

A une condition cependant, c'est que l'on puisse faire de la culture scientifique et intensive, que l'on puisse employer les meilleurs instruments, les meilleures semences et les meilleurs engrais. Or, pour cela il faut, ou bien avoir de grandes exploitations, et il semble que le

---

1. *Journal Officiel* du 27 juin 1897, p. 1695. Discours de M. Jaurès.
2. *Journal Officiel* du 11 juillet 1897, p. 1936, 2ᵉ col.

nombre de ces grandes exploitations aille en augmentant, au moins depuis 1882 ou même 1892 ; ou bien s'associer ensemble en syndicats agricoles qui procurent à leurs membres tous les avantages de la grande propriété, tout en leur laissant leur pleine indépendance ; ou peut-être recourir à un genre d'association déplorable que l'on m'a signalée dans les montagnes du Forez et qui consiste à mettre plusieurs fermes en commun, à les confier à un régisseur unique qui les fait travailler par les méthodes nouvelles à l'aide des machines, et à s'en partager les bénéfices au *prorata* de la valeur de sa terre.

Mais aucune de ces trois hypothèses ne demanderait un nombre plus considérable de travailleurs que celui que possèdent actuellement nos campagnes.

Du reste ces campagnes pourraient-elles en nourrir beaucoup plus ? Cela n'est rien moins que sûr. Oh ! je sais bien qu'il n'en a pas toujours été ainsi et qu'elles ont nourri, il n'y a pas longtemps, une population plus dense que celle qui s'y trouve maintenant ; je sais qu'avant la Révolution, en particulier, elles étaient plus peuplées qu'elles ne le sont aujourd'hui. J'ai entendu à ce sujet, au Congrès de l'année 1898 de la Société d'Économie sociale, une communication très détaillée et très documentée de M. Duval, archiviste du département de l'Orne, sur la population du Perche en 1789[1]. Cette population a notablement diminué depuis cette époque.

Et cependant le pays suffisait alors largement à tous les besoins de ses habitants. Comment donc aujourd'hui est-il vrai de dire qu'il ne puisse que difficilement en nourrir un nombre considérablement moindre ? Produit-il moins ? est-il moins fertile ? le cultive-t-on moins bien ? Ce n'est pas probable. Seulement les conditions économiques sont changées et par suite les conditions de la vie. Tout le monde alors, ou à peu près, habitait la campagne, y com-

---

1. V. *La Réforme sociale* des 1ᵉʳ et 16 avril 1899.

pris le châtelain. Il n'y avait donc pas, ou du moins il n'y avait que très peu de ces propriétaires, si nombreux aujourd'hui, qui drainent vers la ville les produits de nos campagnes. De plus, l'on se contentait généralement, et pour la nourriture et pour l'entretien, de ce que l'on récoltait sur place. On dépensait donc beaucoup moins, on achetait très peu aux villes, on y allait très peu, et, ces villes étant moins nombreuses et moins populeuses, demandaient beaucoup moins pour leur subsistance. En un mot, les campagnes nourrissaient un plus grand nombre d'habitants, parce que ces habitants avaient moins de besoins que n'en ont nos paysans d'aujourd'hui, et aussi parce qu'elles avaient une moins nombreuse population urbaine à nourrir. Aujourd'hui, il faut qu'elles se suffisent à elles-mêmes et qu'elles nourrissent par surcroît une population urbaine dans l'ensemble à peu près égale à la leur. Il le faut, afin qu'elles puissent se procurer les choses multiples dont elles ont besoin de plus en plus.

De quelque côté qu'on étudie la question, la conclusion est qu'on ne peut supprimer ce mouvement d'émigration des campagnes vers les villes et des champs vers l'usine. Il s'impose ; non pas parce que les villes manquent de monde, nous avons vu au contraire qu'elles sont littéralement encombrées de gens qui n'y trouvent ni pain ni travail, mais parce que les campagnes, n'ayant pas besoin d'une population plus nombreuse que celle qu'elles possèdent actuellement, doivent nécessairement déverser quelque part l'excédent de leurs naissances. Elles le déversent dans nos villes où ces pauvres gens deviendront plus malheureux, puisqu'ils y trouveront encore moins de travail et beaucoup plus de difficultés à se procurer les choses indispensables à la vie. Mais le mouvement commencé depuis longtemps n'en continuera pas moins, précisément parce qu'il existe depuis longtemps et parce que celui qui souffre en quelque endroit s'imagine toujours devoir être plus heureux en un autre.

On ne peut pas le supprimer totalement, puisqu'il répond à une vraie nécessité. D'un autre côté sa direction est mauvaise, puisqu'il ne fait que conduire des misérables à une misère encore plus grande. Donc il faut en changer la direction et l'orienter vers des pays où, au contraire, il y a beaucoup de place inoccupée, où les bras manquent, et plus encore que les bras, l'intelligence, l'argent, l'activité, l'industrie; où ces forces vives qui sont, la plupart du temps, sans emploi, s'utiliseraient facilement et produiraient les plus féconds résultats.

La France n'en serait pas appauvrie, au contraire, puisque ceux qui resteraient y seraient plus à l'aise et seraient moins nombreux pour s'en partager les fruits. Nous avons montré ailleurs que sa population n'en serait pas diminuée, parce que pour un homme qui part, un autre vient aussitôt prendre sa place, si toutefois cette place peut nourrir un homme. Nos colonies y gagneraient de toutes les manières ; nous les mettrions ainsi en œuvre; nous serions plus capables, le cas échéant, de les défendre et de les conserver, puisqu'elles deviendraient ainsi foncièrement et pratiquement françaises, étant habitées par de vrais Français. Enfin nos émigrants y gagneraient en échangeant une condition étroite, pénible, sans perspective et sans avenir, pour une autre, pénible également et qui exige de grandes qualités, mais qui peut conduire à l'aisance et à la fortune, qui, en tout cas, assure à ceux qui s'y adonnent sérieusement une vie large et indépendante, la vie du colon devenant propriétaire et créant d'importantes exploitations.

Un fait reste acquis, c'est que nos campagnes peuvent, elles aussi, nous fournir des colons et d'excellents colons, puisqu'elles envoient chaque année près de 100 000 de leurs enfants dans nos villes qui n'en ont nul besoin, 100 000 travailleurs vigoureux, sobres, économes, en un mot tels qu'il nous les faudrait dans nos colonies.

Nos populations agricoles peuvent donc nous fournir des colons ; nos populations ouvrières également, et également notre bourgeoisie, aussi bien dans les hautes classes que dans les classes moyennes de la société. Nous n'avons pas surabondance de population en France. Mais nous avons, ce qui revient au même pour le sujet qui nous occupe, *encombrement* de population.

Donc, nous *pouvons* émigrer.

QUATRIÈME PARTIE

QUELS SONT CEUX QUI DOIVENT ÉMIGRER

CHAPITRE PREMIER

QUE NOUS DEVONS AVANT TOUT BIEN CHOISIR NOS ÉMIGRANTS

Nous avons vu dans les deux précédentes parties de ce travail que nous *devions* et que nous *pouvions* émigrer. Nous avons démontré abondamment que nous avions, prêts à partir pour nos colonies, de nombreux jeunes gens à qui les circonstances actuelles imposeront forcément une vie étroite et gênée dans la métropole, une vie sans perspective, sans indépendance et sans avenir, tandis qu'ils trouveraient dans notre empire colonial, comme prix de leur initiative et de leurs efforts, une vie large et, sinon la fortune, au moins l'aisance pour eux et leurs enfants. Tout le monde ne pourrait qu'y gagner si 100 000 Français quittaient chaque année leur pays pour aller s'établir au dehors.

Mais suffit-il de n'avoir rien à faire chez soi, de ne pouvoir y trouver un emploi, d'être dans le besoin, d'avoir échoué un peu partout pour être capable de devenir un bon colon? Avons-nous voulu dire, dans tout ce qui précède, que toute cette masse flottante de désœuvrés et de déclassés que nous avons montrée grossissant chaque jour et pouvant devenir un vrai danger pour la société dont elle est dès maintenant une gêne profonde, doive partir pour l'étranger et spécialement pour nos colonies ? Serait-il sage de faire de ces colonies comme une sorte de déversoir où nous enverrions, non pas le *trop-plein* de notre population, mais son écume, ce que cette population a de pire, de moins sain, de plus avarié, de plus turbulent, de plus corrompu ? Ou, sans aller si loin, pensons-nous que tout le monde puisse aller aux colonies, que tout le monde puisse y réussir et qu'il suffise pour cela d'avoir de la bonne volonté ?

Non certes, et c'est exactement le contraire qui est la vérité.

Il faut émigrer et en grand nombre, oui ; mais surtout, il faut choisir avec un soin scrupuleux les éléments de cette émigration ; il faut les choisir sains, vigoureux, intelligents, constants, courageux, par-dessus tout ayant du caractère, afin qu'ils puissent sûrement réussir.

Quand on bâtit une maison, le haut des murs pourra être en briques ou en pierres douces, moins épais et moins solide. Mais si l'on veut que l'édifice résiste et dure, les fondations en seront de ciment et de granit. Non seulement on creusera jusqu'à ce qu'on ait rencontré une base très solide, mais sur cette base immuable on ne mettra que des matériaux de choix. Or, c'est un vrai monument, le prolongement de la France au dehors, ou comme autant de nouvelles Frances que nous voulons fonder dans nos colonies par ce mouvement d'émigration demandé par nous. Nous voulons qu'il dure, qu'il soit solide et inébranlable, capable de résister à tous les assauts et à toutes les attaques. Tâchons donc d'envoyer d'excellents colons, puisque ce sont eux qui en seront la base et le fondement, eux qui façonneront la future colonie à leur image et ressemblance, qui en feront un pays fort, puissant, sain, vigoureux, où régneront l'ordre, la morale, le patriotisme, si eux-mêmes possèdent ces qualités ; un pays troublé, au contraire, sans foi ni loi, sans ressort, sans justice ni sécurité, sans consistance ni ressources, si eux-mêmes ne sont qu'un ramassis de gens usés, sans principes et sans morale.

Partout il importe de bien commencer, mais ici encore plus qu'ailleurs à cause de la répercussion inévitable de ce que nous ferons aujourd'hui sur tout l'avenir de notre empire colonial. Il n'y a, en effet, nulle exagération à dire que nous tenons le sort de cet empire entre nos mains et que du choix que nous ferons des colons à y envoyer, de la manière dont nous dirigerons ce mouvement d'émigration déjà commencé, mais chaque jour grandissant, dépendent la grandeur, la valeur, la durée de nos colonies.

Nous avons de cette vérité deux exemples remarquables qu'il ne sera pas inutile de faire ressortir, celui de la Guyane et celui du Canada.

De toutes nos colonies anciennes, le Canada fut sans contredit la plus prospère, la plus riche, celle de plus grand avenir, celle enfin où notre race a montré le mieux sa vitalité et sa fécondité merveilleuses et où l'émigration a le mieux réussi.

Ce succès s'explique par des causes multiples qu'il faut dégager avec soin si l'on a souci d'arriver à des conclusions certaines.

D'abord le climat et la richesse du sol du Canada étaient particulièrement favorables à l'installation de nouveaux colons. Une maison en bois, saine et commode, coûtait très peu à bâtir au milieu de ces immenses forêts. Le sol étant très riche et très propre à nos céréales d'Europe, ses produits, joints à ceux de l'élevage, de la chasse et de la pêche, suffisaient rapidement à la nourriture et à l'entretien d'une famille qui trouvait tout sur place, même les matières premières dont elle tissait ses vêtements. L'hiver enfin, moins dur qu'on n'a voulu le dire, venait refaire les forces affaiblies par les travaux de la terre et permettait à notre race française de conserver sa santé, ses forces et sa fécondité.

Une autre cause vint plus tard, après 1763, stimuler les qualités et la force d'expansion de la race canadienne, la nécessité de rester unie et compacte contre les vainqueurs, si elle ne voulait être absorbée par eux.

Enfin, les libertés communales et l'esprit d'initiative que lui assura la domination anglaise, après la centralisation excessive et le manque d'autonomie locale auxquelles l'avait habitué notre gouvernement, vinrent s'ajouter à ces premiers motifs et leur permettre de donner leur plein résultat.

Toutes ces causes eurent une influence réelle. Mais elles seraient insuffisantes à expliquer une telle force d'expansion, si elles n'avaient pas agi sur des natures très riches, sur des caractères pleins de force et de vitalité, sur des hommes doués des plus grandes qualités, en un mot sur une première couche d'émigrants admirablement choisis.

L'émigration au Canada ne fut jamais considérable. Nous avons dit plus haut qu'elle ne dépassa pas 10 000 personnes : 1 000 environ jusqu'en 1663 ; 3 700 de 1663 à 1672 ; 1 000 tout au plus de 1672 à 1710 ; de 4 000 à 5 000 de 1712 à 1760.

L'État la favorisa assez efficacement jusqu'en 1663, surtout sous le ministère de Colbert et l'administration de Talon, de 1663 à 1672. Il parut ensuite presque complètement s'en désintéresser.

Les divers gouverneurs s'efforçaient d'emmener avec eux, en même temps que des combattants, un certain nombre d'émigrants. Sur place, alors que la tranquillité permettait de s'en passer, on licenciait un certain nombre de soldats — 1 200 en tout de 1663 à 1672 — à qui le roi faisait des avances et un présent pour leur permettre de s'établir. Enfin on envoya de France, en plusieurs années, près de 1 000 jeunes filles, destinées spécialement à ces soldats et à qui l'on donnait 50 livres en provisions diverses lors de leur mariage.

En dehors de là, ce fut l'initiative privée qui fit à peu près tout.

Ce furent, au commencement, les divers seigneurs, laïcs ou ecclésiastiques, qui s'efforcèrent de peupler les terres qu'on leur avait données ; plus tard, alors surtout que l'État s'en désintéressa complètement, ce furent ces mêmes seigneurs et les divers particuliers qui continuèrent ce mouvement, surtout au XVIIIe siècle, pendant lequel les nouveaux colons furent parfois aussi nombreux que sous Colbert.

Mais, quels que fussent les hommes qui organisèrent ces diverses émigrations, leur principale attention fut surtout de ne choisir que d'excellents éléments.

« La population qui fait l'objet de cette étude, dit très justement à ce propos Rameau, dans son très remarquable ouvrage : *La France aux colonies, Acadie et Canada*, n'a point eu pour origine, comme plusieurs ont pu le penser, *quelques aventuriers, quelques hommes de hasard, quelques individus déclassés et enrôlés par l'État*. Ce fut l'immigration réelle d'un élément intégral de la nation française, paysans, soldats, bourgeois et seigneurs ; une colonie, dans le sens romain du mot, qui a importé la patrie tout entière avec elle. Le fond de ce peuple, c'est un véritable démembrement de la souche de nos paysans français ; leurs familles, *cherchées et groupées avec un soin particulier*, ont transporté avec elles les mœurs, les habitudes, les locutions de leurs cantons paternels, au point d'étonner encore aujourd'hui le voyageur français ; ce sont aussi des soldats licenciés s'établissant sur le sol, officiers en tête, sous la protection du drapeau [1]. »

Cette population venait un peu de tous les points de la France, mais plus particulièrement, par ordre d'impor-

---

1. IIe Partie, ch. VI, p. 88.

tance numérique, de l'Aunis et de la Saintonge, de Paris, de la Normandie, du Poitou, du Perche, de la Bourgogne, de la Bretagne, de la Touraine, etc., etc. C'est le Perche qui fournit le premier groupe compact d'émigrants, environ 80 à 100 familles, de 1635 à 1640, grâce probablement à l'influence de M. Juchereau, dont la famille possédait en plein Perche le fief de la Ferté-Vidame. Les Sulpiciens, à qui l'on doit la fondation de Montréal, s'adressèrent à plusieurs provinces de France, même les plus centrales, comme le Nivernais. Le Poitou, ou, plus exactement, la Vendée et le Bocage, envoyèrent, à partir de 1655 jusqu'en 1680, de 200 à 250 familles, par suite de « quelque influence locale, soit laïque, soit ecclésiastique, qui pendant plusieurs années excita et entretint ce mouvement », ou bien aussi par l'intervention directe de M. Talon y faisant chercher les colons qu'il établissait autour de Québec. L'émigration de l'Aunis et de la Saintonge, très importante, surtout de 1740 à 1750, parce qu'elle fournissait au moins la moitié d'une émigration, s'élevant annuellement à 150, 175 ou même 200 émigrants, s'explique par ce fait que presque toutes les communications avec le Canada étaient concentrées à La Rochelle, et par l'influence des Ursulines envoyant des colons peupler les terres de leurs sœurs de Québec. Les émigrants de Paris étaient surtout des administrateurs, des soldats et des jeunes filles.

La Charité de Paris envoya, en 1666 et 1667, de 100 à 150 filles, puis 200 en 1669, et quelques-unes encore en d'autres années pour les colons non mariés ou les soldats libérés. A son tour, la Normandie envoya 165 jeunes filles en 1670, et 150 en 1671.

Toutes ces filles furent choisies avec le plus grand soin, celles de Paris par les Sœurs qui les avaient élevées, celles de Normandie et des autres pays qui en envoyèrent, par les soins du clergé. Elles partaient ordinairement sous la conduite d'une religieuse et restaient au Canada jusqu'à leur mariage dans un couvent ou dans une famille sûre, toutes les précautions étant ainsi prises pour leur complète préservation.

Les hommes étaient également recrutés avec le plus grand soin, tous catholiques et excellents chrétiens, tous honnêtes et laborieux, et c'est le clergé qui, d'ordinaire, eut la plus grande part dans leur recrutement.

Ce furent, nous l'avons déjà dit, les Sulpiciens qui fondèrent Montréal au milieu des difficultés sans nombre et des dangers incessants que leur causa le voisinage des Iroquois. Ils résistèrent à tout et réussirent en dépit de tout. La raison en est dans l'excellent choix de leurs émigrants.

« Les pieux fondateurs de cette colonie, dit à ce propos Rameau, avaient apporté un soin extraordinaire au choix des familles dont ils s'étaient entourés... Ils s'étaient fait indiquer partout, par le clergé, les gens les plus propres, par leurs sentiments de piété, leur énergie et leur industrie à seconder leur entreprise, et plusieurs de ces braves gens étaient venus, dominés presque exclusivement par des motifs de religion et de dévouement... Dans leur foi sincère et pratique, ces chrétiens d'élite puisèrent, avec des sentiments chevaleresques, l'inébranlable constance qui leur fit surmonter toutes les difficultés de leur situation, et ils se montrèrent dignes du périlleux honneur d'être les sentinelles avancées du Canada. »

« Toutes les familles primitives des environs de Québec, poursuit le même auteur, étaient d'excellentes familles de paysans sorties des contrées religieuses de la France ; enfin le rôle considérable et actif que les communautés religieuses et le clergé jouèrent dans la formation et le développement de la population canadienne achèvera de démontrer le caractère profondément chrétien qui fut propre à cette colonisation [1]. »

Tous les témoignages à cet égard sont concordants.

C'est donc la religion qui fut la base de cette colonisa-

1. *Op. cit.*, p. 298, note 9.

tion première du Canada, et le clergé qui en fut le principal agent. Ce fut le clergé également, avec le concours des religieux et des religieuses, Jésuites, Sulpiciens, Ursulines et autres, qui soutint, guida, encouragea, souvent organisa sur place cette grande entreprise. C'est là un fait remarquable qui gagnerait à être étudié à fond et qui, en tout cas, explique surabondamment la fidélité invincible des Canadiens à la France et à leur religion.

« Depuis 1757, dit à ce propos l'historien Garnault, tous les malheurs qui peuvent frapper un peuple se sont réunis pour accabler les Canadiens. La guerre, la famine, les dévastations sans exemple, la conquête, le despotisme civil et militaire, la privation des droits politiques, l'abolition des institutions et des lois anciennes, tout cela est arrivé simultanément ou successivement dans notre patrie, en l'espace d'un demi-siècle. L'on devait croire que le peuple canadien, si jeune, si faible, si fragile, se fût brisé, eût disparu au milieu de ces longues et terribles tempêtes soulevées par les plus puissantes nations de l'Europe et de l'Amérique ; il n'en fut rien pourtant ; abandonné, oublié complètement par son ancienne mère patrie, pour laquelle son nom est peut-être un remords ; connu à peine des autres nations, dont il n'a pu exciter ni l'influence ni les sympathies, il a lutté seul contre toutes les tentatives hostiles à son existence, et il s'est maintenu, à la surprise de ses oppresseurs découragés et vaincus. Admirable de persévérance, de courage et de résignation, il n'a jamais désespéré un moment. Confiant dans la religion de ses pères, révérant les lois qu'ils lui ont laissées en héritage et chérissant la langue dont l'harmonie a frappé son oreille en naissant, et qui a servi de véhicule aux pensées de la plupart des grands génies modernes, pas un seul Canadien de père et de mère n'a, jusqu'à ce jour, dans le Bas-Canada, trahi aucun de ces trois grands symboles de sa nationalité, la langue, les lois et la religion [1]. »

1. Garnaut. *Histoire du Canada*, t. III.

C'est là une grande leçon et d'autant plus à retenir qu'elle est mise en pleine lumière par une manière de faire toute contraire, que suivit un échec complet, l'essai de colonisation dans la Guyane française sous Louis XV et le duc de Choiseul.

Nous venions d'abandonner le Canada. Choiseul, qui n'avait pas su le défendre contre l'Angleterre, tenait à honneur d'en réparer au plus tôt la perte par quelque nouvelle création. Il jeta les yeux sur la Guyane, où nous n'avions encore que le seul établissement de Cayenne, et qu'on lui signalait comme une terre riche, fertile et pleine de ressources.

Voulant, avant tout, faire vite et peut-être aussi par suite du scepticisme et du manque de réflexion qui régnaient alors partout, il rompit avec les traditions du passé, fit appel à tout le monde et voulut faire de la colonisation directe. Son essai fut un désastre complet, puisque dès les premiers temps de leur arrivée, les 9/10 des 12 000 colons envoyés périrent à Kourou, où on les avait établis [1].

Sans doute le climat meurtrier de la Guyane est bien différent de celui du Canada et il était insensé de vouloir y faire travailler des blancs ; sans doute aussi on partit au mauvais moment, de telle sorte qu'on arriva en pleine saison des pluies ; de plus, l'on n'emporta ni assez de remèdes, ni assez de vivres. Mais aussi, personne ne peut le nier, on s'adressa, pour le recrutement de ces colons, partout où l'on aurait dû éviter de s'adresser, à l'étranger et aux hôpitaux.

« Sa Majesté veut, portaient les instructions du roi, que la nouvelle colonie soit établie avec des hommes blancs seulement ; pour remplir cet objet, elle se propose d'attirer à la Guyane *tous les étrangers de quelques païs et religion qu'ils soient ;* aussi Sa Majesté défend-elle expressément à ses gouverneur et intendant de gêner en rien la con-

---

1. Cf. L. Pauliat. *La politique coloniale sous l'ancien régime.*

science des susdits étrangers, auxquels on laissera l'exercice de leur religion... L'intention de Sa Majesté étant *de tirer des hôpitaux de son royaume des jeunes gens des deux sexes*, elle veut qu'il ne leur soit jamais fait aucun reproche relatif à leur défaut de naissance ou à l'état de misère duquel ils auront été tirés[1]. » C'est-à-dire que cette expédition était composée de la lie de la population, et cela ne doit pas être oublié dans l'explication du résultat final.

Aujourd'hui les temps sont changés. Nous ne pouvons plus faire de la profession et de la pratique de la religion catholique une condition indispensable pour partir aux colonies : la liberté de conscience est établie dans notre Constitution, nous ne demandons pas qu'on y renonce pour les colonies. Mais on avouera bien qu'il y a certaines qualités de moralité, de force et de caractère qui sont nécessaires pour réussir aux colonies, et qu'il est, par conséquent, d'une autorité sage et prévoyante de les demander à ceux dont elle *favorise* le passage dans ces colonies ; il y a certaines conditions nécessaires pour y créer une race saine, forte et vigoureuse : il est par conséquent du devoir de tous ceux qui s'occupent d'émigration, de ne *provoquer* le départ que des gens capables de procréer une telle race ; il est nécessaire également de prévoir l'avenir politique de ces mêmes colonies et par suite de s'efforcer de n'y envoyer que des gens qui sont, et dont les enfants resteront de bons Français.

Il est donc indispensable, si l'on veut faire besogne utile, d'opérer une *certaine* sélection, volontiers je dirais une sélection *rigoureuse*, parmi les émigrants dont on veut faciliter le passage dans nos colonies. Ici plus qu'ailleurs s'applique le mot : *peu et bon* plutôt que *beaucoup et mauvais*, et même que *beaucoup et médiocre*. Donnez-nous 100 bonnes familles, énergiques, solides, vigoureuses, tra-

---

1. Cf. L. Pauliat. *La politique coloniale sous l'ancien régime*, not. et p. justif., p. 302.

vailleuses et économes pour la Tunisie ou Madagascar, vous aurez fait davantage pour la prospérité, le développement et l'avenir de ces pays qu'en leur envoyant 1 000, 10 000 pauvres diables, ramassés sur le pavé de nos villes, qui ne savent rien, qui n'ont rien, qui ne veulent rien faire.

Il faut donc bien choisir les colons que nous enverrons aux colonies dans l'intérêt de ces colonies.

Il faut également bien les choisir dans l'intérêt plus général de la thèse que nous défendons de l'émigration et de la colonisation.

Nous avons fait depuis une quinzaine d'années, nous faisons tous les jours de grands efforts, pour la création, le développement et la mise en œuvre de notre nouvel empire colonial. Le mouvement, commencé par des hommes d'intelligence et d'initiative, s'étend chaque jour et gagne le pays tout entier. Ceux-là mêmes qui s'y opposaient jadis avec le plus d'acharnement cessent de le combattre, s'ils n'en deviennent point les partisans convaincus. Il y a en France, nous l'avons démontré, des éléments tout préparés pour une émigration abondante, et l'on peut prévoir dans un avenir rapproché que ces éléments se mettront enfin en mouvement pour un exode qui sera peut-être la plus grande révolution économique de ce siècle.

L'émigration donc au dehors, l'émigration vers nos colonies se produira sûrement. Mais durera-t-elle et réussira-t-elle? Cela dépend de la manière dont seront recrutés ces émigrants.

S'ils sont recrutés avec soin, s'ils sont bien dirigés, s'ils réussissent, au moins la plus grande partie d'entre eux, soyez sans crainte, ils seront suivis, et les Sociétés d'émigration, qui se voient obligées aujourd'hui de solliciter des concours, n'auront plus alors qu'un souci, celui d'éloigner les éléments qui leur paraîtront le moins propres à la grande œuvre qu'elles poursuivent.

Je disais un jour dans une réunion, — et je sentis clairement, à la manière dont mes paroles furent accueillies, que je traduisais le sentiment unanime de tous — que nous étions à un moment décisif pour l'avenir de nos colonies ; que cet avenir dépendait en ce moment de la population que nous y enverrions ; qu'il fallait à tout prix réussir et, par tous les moyens possibles, éviter un échec ; que l'opinion publique, enfin conquise, se retournerait vite contre nous, si les gens envoyés par nos soins revenaient en grand nombre, ruinés, usés, découragés ; qu'il fallait donc avant tout bien choisir nos émigrants et, autant que cela dépendait de nous, n'envoyer que ceux dont le succès paraîtrait assuré.

Sans cela, bientôt nous ne pourrions plus trouver un seul colon de valeur.

CHAPITRE II

QUELS SONT CEUX QUI NE DOIVENT PAS ÉMIGRER

Le climat de nos colonies est un climat fort différent du nôtre, puisque c'est partout un climat chaud, et la vie qu'on y mènera sera une vie pénible, surtout dans la période initiale. De plus, les difficultés de toutes sortes s'y multiplieront sous les pas des nouveaux venus et les mille secours ordinaires si utiles, quoique non remarqués, de nos vieilles sociétés, leur feront complètement défaut. Enfin, il s'agit de jeter dans nos colonies les fondements de nouvelles sociétés que chacun voudrait voir se multiplier, durer et prospérer autant que cela sera possible. Pour ces raisons, ne devront pas aller aux colonies les gens malades, ceux qui sont trop jeunes, ou, au contraire, ceux qui ont dépassé un certain âge ; les gens dépourvus de ressources intellectuelles et qui ont échoué un peu partout ; les gens mous, sans consistance, enfin les gens tarés.

Et d'abord, les malades ou ceux qui ne jouissent pas d'une excellente santé.

Que des malades, en particulier des phtisiques, aillent à Alger ou à Biskra, ou dans des climats semblables, chercher un hiver plus doux qu'en France, rien de mieux. Mais il ne s'agit pas ici d'hivernage ni d'un séjour de trois ou quatre mois dans des villes pourvues de tout le confort européen. Il s'agit d'une vie de colon, dans un pays non encore peuplé et sous des cieux moins favorisés, donc d'une vie très dure.

Par suite, il y a des personnes qui ne doivent jamais aller aux colonies, les gens trop nerveux, les tempéraments usés, affaiblis ou anémiés, ceux qui sont sujets à des maladies de foie ou à des affections de la rate, etc..., et il est de la plus élémentaire prudence, si l'on n'a pas un tempérament très sain, de consulter auparavant un médecin sérieux, surtout un médecin ayant vécu aux colonies et de s'en rapporter à sa décision.

Il faut dire la même chose de ceux dont l'âge a usé les forces, et qui par suite sont moins aptes à une rapide acclimatation.

« Un homme qui a 40 ans ne vaut plus rien pour les colonies », me disait un jour M. Chailley-Bert, et je connais un religieux qui, devant partir pour une lointaine mission, consultait à ce propos un de nos meilleurs médecins de Paris. « Quel âge avez-vous ? lui demanda celui-ci, après l'avoir rassuré sur les autres points qui l'inquiétaient. — 36 ans. — Oh ! vous pouvez encore partir ! j'hésiterais à vous le permettre si vous aviez passé 40 ans, car alors vous n'auriez plus assez d'élasticité pour vous plier à un autre climat. »

Passé 40 ans, en effet, l'homme a de grandes difficultés à changer de vie, de milieu, de conditions d'existence. Le tempérament est complètement fixé ; les habitudes sont prises ; on aime la vie réglée et sédentaire et tout changement nous coûte. On craint davantage la chaleur, on redoute les fatigues, on sent déjà le poids des années. Les ressorts ne sont point encore brisés, mais ils n'ont plus la même force de réaction. L'élasticité morale, aussi bien que l'élasticité physique, n'ont point encore disparu, mais elles sont notablement diminuées. Enfin, si l'intelligence, l'énergie et la persévérance sont encore intactes, l'initiative et l'entrain, deux autres qualités absolument indispensables dans un pays neuf où il faut tout créer, commencent à faire défaut.

Donc on ne devrait pas aller coloniser, passé 40 ans ; il vaudrait mieux dire passé 30 ou 35 ans.

Mais surtout on ne devrait pas y aller trop jeune, avant d'être complètement formé, avant d'avoir 24 ou 25 ans, ou, en tout cas, on ne devrait pas y aller seul.

Si un jeune homme, si même un enfant était en famille, s'il partait en compagnie de sa mère qui veillera sur lui, qui l'aidera et le soutiendra, qui le soignera et lui prodiguera les mille et une choses dont il aura besoin, l'avis serait tout différent. Nous aimerions à voir partir surtout des familles, et l'enfant, dans ces conditions, s'acclimate beaucoup plus vite qu'une personne formée, s'adapte beaucoup plus facilement aux diverses conditions de pays, d'usages, de langue, de personnes, de nourriture, etc., qu'un homme mûr.

Mais il est bien différent, on le comprendra sans peine, pour un jeune homme de partir avec sa famille qui le soutiendra, l'aidera, le gardera, ou de partir seul, sans guide, sans soutien, sans conseil.

On est souverainement imprudent à cet âge. On ne prendra donc aucune des précautions indispensables dans les pays chauds et l'on n'évitera aucune de ces imprudences qui ne sont rien chez nous, mais qui, sous les tropiques, où sont situées la plupart de nos colonies, peuvent devenir mortelles. On s'abandonne aussi facilement à tous les emportements quand on est jeune et l'on a vite fait, dans des contrées où il faut beaucoup d'énergie pour marcher droit, où l'inconduite n'est que trop générale, de se laisser aller très bas, au détriment de sa santé, de sa dignité, parfois de sa vie. Le tempérament, enfin, n'est pas encore formé et moins capable, par suite, de résister aux accès de fièvre, à l'anémie et aux diverses fatigues qu'entraînera nécessairement l'installation dans un pays neuf et sous un ciel nouveau.

On a vu de cela un exemple à jamais inoubliable dans l'excessive morbidité et l'excessive mortalité qui ont marqué la dernière expédition de Madagascar.

Sans doute, tout se réunit dans cette campagne pour rendre mauvais l'état sanitaire du corps expéditionnaire, et dans des conditions meilleures, bien des morts eussent pu être évitées. De plus, il ne faut pas se lasser de le redire, car ce triste souvenir pèse lourdement et injustement sur la réputation de l'île de Madagascar, les soins médicaux étaient complètement insuffisants.

On dut séjourner trop longtemps aux environs de Majunga et sur les rives insalubres du Betsiboka; les hommes n'étaient pas généralement assez bien nourris et surtout ils furent employés à des travaux de chargement et de déchargement, de transports, de terrassements, pour lesquels ils n'étaient point faits. Tout cela est vrai, complètement vrai. Mais une autre chose est également vraie, qui contribua beaucoup elle aussi au mauvais état sanitaire du corps expéditionnaire : nos pauvres soldats étaient, pour la plupart, trop jeunes.

Ce n'étaient, suivant l'expression d'un de leurs meilleurs officiers, « que de pauvres gamins de 21 à 22 ans qui, d'une part, n'avaient pas grande force de résistance, et, d'autre part, ne savaient ni se soigner, ni prendre les précautions les plus élémentaires [1] ». Et la preuve de cela c'est que ce furent surtout le malheureux 200° et le 40° chasseurs à pied qui furent les plus éprouvés, quoiqu'ils eussent en somme moins à travailler que l'infanterie et l'artillerie de marine, par exemple.

Le 200° perdit 35,7 p. 100 de son effectif (1 018 sur 2 842), l'artillerie de terre 37,3 p. 100 (382 sur 1 026) et le 40° chasseurs 52 p. 100 (506 sur 969 hommes), tandis que l'artillerie de marine ne perdait que 25,8 p. 100 (148 hommes sur 572), l'infanterie de marine 20,8 p. 100 (577 hommes sur 2 764) et la flottille, pourtant si surmenée, 7,9 p. 100 (47 hommes sur 589). Le corps expéditionnaire qui comptait 18 347 hommes en tout en perdit 4 499 ou 24,5 p. 100.

D'où vient cette différence, parfois énorme, de mortalité dans des circonstances sensiblement les mêmes ?

Principalement de cette circonstance que les troupes de la marine et en particulier les équipages de la flottille sont sensiblement plus âgés, plus endurcis, mieux formés, plus habitués aux pays chauds et aux conditions d'hygiène que réclament ces climats, que les troupes métropolitaines.

« Quelle différence entre ces vieux routiers de la légion, écrit à la veille de l'héroïque marche d'Andriba à Tananarive l'officier dont j'ai déjà rapporté le témoignage, quelle différence entre ces vieux routiers de la légion, superbes, dans la force de l'âge, et nos blancs-becs, nos gamins, pourrais-je dire, de chasseurs à pied et de fantassins ! »

Donc un jeune homme ne doit pas aller aux colonies avant un certain âge, de 24 à 25 ans, au moins, avant que son tempérament ne soit suffisamment formé.

Sans doute, il y a des colonies au climat meilleur, par exemple la Tunisie ou la Nouvelle-Calédonie, où sa santé serait moins en danger. Mais dans celles-là non plus nous

---

[1]. Lettre privée.

ne lui conseillerions pas d'aller trop tôt pour deux autres raisons, de succès et de conduite personnelle.

A 18, à 20, à 22 ans, on n'est pas encore capable de créer ou de conduire une entreprise. On n'a pas assez observé, pas assez mis en pratique ce que l'on a peut-être appris théoriquement. L'intelligence ne s'est pas suffisamment mûrie par les petits insuccès ou les légers revers qui, mieux que tout le reste, nous donnent cette expérience sans laquelle on n'arrive à rien. On s'enthousiasme trop vite, on part trop rapidement sur une indication première, au risque de s'engager sur une fausse piste. De plus, et tout naturellement, parce qu'on est jeune et qu'on est trop prompt dans ses décisions, on se décourage et l'on recule trop facilement devant les difficultés.

Enfin il y a cette question souveraine de la moralité, de la conduite et de la dignité personnelle qu'il serait souverainement imprudent de négliger. Ce n'est pas aux colonies, en effet, qu'il faut envoyer un jeune homme « jeter sa morve », suivant l'expression courante, car il y perdrait tout, honneur, respect et estime de soi-même, dignité personnelle, peut-être même la santé et la vie. Ici je n'insisterai pas, mais j'espère que tous les parents dignes de ce nom me comprendront.

Un grand négociant de Bordeaux avait préparé avec sollicitude un de ses jeunes employés pour sa maison de Nouméa dont il voulait lui confier, en partie, du moins, la direction. Il l'estimait et s'intéressait beaucoup à lui. Connaissant bien, d'un autre côté, l'atmosphère morale de la Nouvelle-Calédonie, où il avait habité lui-même pendant assez longtemps : « Et maintenant, lui dit-il, lui parlant comme il aurait fait à son fils, après lui avoir donné toutes ses instructions, comme à son représentant, et maintenant, rappelez-vous bien ceci : en Nouvelle-Calédonie, il n'y a pas de milieu, on est tout bon ou tout mauvais. En France, vous pourriez faire quelque fredaine et rester ce que l'on appelle un bon garçon. Là-bas, vous marcherez sur le trottoir, ou vous serez dans le ruisseau.

Je vous conseille de rester sur le trottoir. Il vous en coûtera plus de courage et d'énergie que vous ne pensez. Mais vous en serez récompensé. »

Il a suivi cet avis, et il n'a eu qu'à s'en féliciter. Il a épousé une jeune femme charmante et riche ; il est lui-même dans une belle situation, presque chef de maison ; il est conseiller général et honoré de l'estime universelle.

J'ai connu un autre émigrant jeune encore et qui était resté trois ans à Madagascar, y menant une conduite irréprochable. Il était en France pour un congé et cherchait à se marier avant de repartir. « Jamais, me disait-il un jour, avec une énergie que je ne saurais oublier, jamais je ne voudrais recommencer seul un autre séjour de trois ans à Tamatave, ni renouveler une pareille épreuve. »

Par ces deux exemples, on peut juger des dangers que court un enfant abandonné à lui-même dans nos colonies.

Presque toujours, il est moralement perdu.

Donc, premièrement, ne devraient pas aller aux colonies les hommes trop jeunes ou trop âgés, n'ayant pas une santé suffisamment robuste.

Ne devraient pas y aller non plus ceux qui ne possèdent pas ce qu'on pourrait appeler une santé intellectuelle et une santé morale parfaites.

Par une déplorable aberration d'esprit, ou plus encore par suite de la terrible crise économique que nous traversons, ce sont surtout les déclassés, « les ratés », ceux qui n'ont réussi nulle part et n'ont pu rien faire de bon dans la métropole, les fils de famille prodigues, que leurs parents ont rejetés, les faux ménages qui ne peuvent s'unir régulièrement et ne veulent pas cependant se séparer, les idéologues, les gens d'imagination, les hommes à idées fausses ou préconçues, les paresseux et les inconstants, les rêveurs, ceux qui ne peuvent se fixer nulle part et ne peuvent supporter un emploi régulier ou une occupation constante, en un mot les hommes les plus dépourvus de toute valeur et les moins propres à réussir, qui demandent à aller aux colonies.

Oh ! si l'Union coloniale, si le ministère des Colonies, si les diverses maisons s'occupant d'entreprises coloniales pouvaient nous ouvrir leurs cartons et nous dire tout ce qu'elles reçoivent de demandes insensées, venant de gens absolument incapables de rien faire de sérieux et de réussir quelque part, nous serions effrayés de voir combien d'idées fausses et combien d'illusions règnent dans le public à propos de nos colonies.

Pour beaucoup, c'est encore la terre promise, où l'on n'a qu'à baisser la main pour recueillir des richesses, où le lait et le vin coulent en abondance, où l'on devient millionnaire dans l'espace de quelques courtes années.

Que j'en ai vus, pour ma part, de ces pauvres fous, car quel autre nom leur donner ? Professeurs sans élèves, anciens employés de commerce dont aucun négociant ne veut, anciens petits commerçants en faillite parce qu'ils ont manqué d'ordre et d'application, parfois médecins sans clients, ou avocats sans causes, anciens officiers souvent ou anciens sous-officiers qui ont imprudemment donné leur démission dans l'espoir de trouver un emploi lucratif et sont sans situation, ouvriers, artisans, hommes de finance, artistes de toutes les situations et de tous les âges, qui viennent vous trouver parce qu'ils veulent aller aux colonies ! Rien n'égale leur confiance en eux-mêmes et dans l'avenir, si ce n'est leur manque de sens pratique et leur totale incapacité.

Ils ne savent rien de rien sur nos colonies et la vie qu'on y mène, sur ce qu'on y doit faire et ce qu'on y doit éviter, sur ce qu'on doit redouter, et ce que l'on peut y espérer. Ou, ce qui est encore pire, ils croient tout savoir et vous les entendez divaguer sur Madagascar et la Nouvelle-Calédonie, sur le Tonkin, émettant gravement les idées les plus saugrenues que vous n'arriverez jamais à réformer.

« Monsieur, vous disent-ils, je veux aller aux colonies.

— Et où voulez-vous aller ?

— Je n'en sais rien, je viens vous le demander.

— Et pourquoi voulez-vous aller aux colonies ?

— Parce qu'il n'y a rien à faire pour moi en France, parce que j'ai une nombreuse famille et que je ne puis la nourrir ; parce qu'il faut que je me crée une situation.

— Très bien, mais que savez-vous faire ? Vous voulez aller faire de la colonisation. Savez-vous ce que c'est que la culture, surtout la culture intertropicale ? Avez-vous des ressources ?

— Non, Monsieur, mais j'ai bonne volonté et j'apprendrai ; du reste, j'aime la campagne, car mon père était fermier, était cultivateur. »

Et quand, en entendant ces réponses, où l'ineptie le dispute à la fatuité, vous vous trouvez en face d'un homme dont toute la physionomie vous dit le manque d'intelligence pratique, d'instruction, de valeur, de constance et de courage, que voulez-vous faire ?

Vous serez franc, vous direz à ce pauvre individu qu'il n'y a rien à faire pour lui aux colonies, rien à y attendre que la ruine et la misère, il ne vous croira pas, il vous quittera mécontent, il ira ailleurs chercher non pas un bon conseil — il ne croit pas en avoir besoin — mais un homme qui l'approuve et l'encourage et qui, par faiblesse ou par inconscience, l'aide à se précipiter dans la dernière misère.

C'est là un phénomène très facilement explicable, par suite du manque de savoir et de sérieux de ces pauvres gens, par le superficiel de beaucoup de nos livres, romans ou ouvrages descriptifs qui traitent de nos colonies, et peut-être également par la réclame que l'on fait autour de certaines de ces colonies. Car la réclame atteint surtout les oisifs, ou les rêveurs, ou les inoccupés.

Non, il ne faut pas que ces pauvres malheureux aillent aux colonies parce qu'ils sont complètement incapables d'y réussir. Il ne le faut pas pour eux-mêmes qui compromettraient ainsi à plaisir et d'une façon définitive leur modeste avenir, et aussi dans l'intérêt de nos colonies dont ils reviendraient ruinés, désenchantés, aigris, pour les décrier et empêcher les émigrants sérieux d'aller les mettre en valeur.

Ce ne sont pas des non-valeurs qu'il nous faut dans nos colonies, ni des paresseux, ni des incapables ; ce sont au contraire des travailleurs, des hommes de ressource et d'initiative, des garçons intelligents, des « débrouillards »..

Et cela pour une raison bien simple.

On manque de tout dans nos colonies, et il faut tout y créer, quand on veut y faire de la colonisation, choisir son terrain, le mettre en œuvre, trouver le meilleur genre d'exploitation, tout surveiller, tout diriger soi-même, partant tout connaître.

« L'installation est très difficile, m'écrivait à ce propos, il y a déjà quelques années, un jeune colon de Vatomandry (Madagascar), dont les remarques s'appliquent également à toutes nos autres colonies. Il faut tout faire soi-même, depuis sa case jusqu'à ses pépinières et s'approvisionner de tout, le riz lui-même manquant dans certaines saisons. C'est l'installation en plein désert. Les transports se font de port à port, par occasion seulement et il n'y a qu'à Tamatave où l'on ait chance de trouver la moitié de ce que l'on désire. Il faut penser à tout, depuis le bouton de chaussures qu'il faut demander en France, jusqu'aux planches qu'il faut faire dans la forêt, sans oublier les commandes à Maurice et à Bourbon. »

L'entretien de l'exploitation, le soin et la culture des plantations, la récolte des fruits, les ventes et achats, le recrutement et la conduite des hommes, l'amélioration des cultures, etc., etc., tout cela demandera également une capacité au-dessus de la moyenne.

En France, il suffit d'avoir deux bras vigoureux et de la bonne volonté pour s'employer dans une entreprise commencée ou dans une usine en mouvement. On a sa tâche bien déterminée qui est toujours la même et qui peut être extrêmement facile ; on est encadré et dirigé ; en un mot, on jouit de tous les secours que procure une organisation complète, où les ingénieurs, les contremaîtres, les ouvriers intelligents et expérimentés peuvent suppléer à ce qui manque personnellement aux autres de connaissances ou de savoir-faire.

Il n'en est pas ainsi dans nos colonies où il n'y a encore, si même il y en a, que très peu d'entreprises organisées et dans ces entreprises, on emploie, comme ouvriers subalternes, des indigènes dont la faible solde ne permettrait pas à un Français seulement de se nourrir. Il ne restera donc d'autres ressources à nos émigrants que d'être contremaîtres ou directeurs ou bien encore de créer à leur compte des entreprises industrielles ou des exploitations agricoles.

C'est dire qu'il leur faudra surtout de l'intelligence, du sens pratique, du savoir-faire, des connaissances puisqu'ils devront créer, conduire, diriger, faire travailler, en un mot, plutôt que travailler eux-mêmes.

Il leur faudra également du courage et de la persévérance et une constance que rien ne puisse lasser, en un mot *du caractère*.

Oui, du caractère, voilà surtout ce qui nous est nécessaire pour la mise en œuvre de nos colonies. Mais voilà aussi ce qui nous manque le plus et ce qui nous rend inférieurs à nos rivaux, aux Anglais, aux Allemands, aux Hollandais. Nous sommes aussi intelligents qu'eux, nous sommes aussi actifs et aussi entreprenants, nous avons autant de ressources, même davantage ; mais nous nous décourageons trop vite en face des difficultés, nous nous rebutons trop facilement en face des obstacles, nous manquons trop de persévérance et d'opiniâtreté dans nos entreprises, nous ne sommes pas assez des hommes de caractère.

Je me rappelle une vieille caricature qui prétendait représenter la solidité de caractère, ou, si l'on veut, l'entêtement de la race du Cantal. Au bas d'une énorme roche un homme était debout, un marteau dans une main et dans l'autre un clou émoussé sur lequel il frappait à coups redoublés, dans le but de le faire entrer dans le granit avec, au bas, en guise d'exergue, cette inscription : « *Faudra que tu entres.* »

Voilà quelles devraient être et la devise et la représentation de l'apprenti colon. Voilà quelle devrait être son inébranlable détermination en face de toutes les difficultés, de tous les obstacles, de tous les accidents, de tous les malheurs qui pourront fondre sur lui.

Car ni les difficultés, ni les accidents ne lui manqueront. Ils l'attendent, au contraire, nombreux et considérables, surtout les premières années.

Il y aura l'ignorance de la langue et l'acclimatation dans un pays tout différent du nôtre ; il y aura la méfiance des indigènes, qui, pillés et trompés souvent par des Européens peu scrupuleux, ou encore par instinct de race, ne tiennent pas à voir des colons s'installer au milieu d'eux ; il y aura leurs multiples défauts, surtout leur inconstance et leur paresse, qui en rendent l'emploi très difficile ; il y aura des difficultés, parfois très grandes, qui viendront de la part des anciens colons, ou bien du manque total de concours de la part de l'administration ; il y aura les mécomptes inévitables à toute nouvelle entreprise, non encore suffisamment étudiée et nécessairement sujette à des tâtonnements et des hésitations ; il y aura les pertes et les multiples accidents, également inévitables, que produiront les saisons, les inondations, les orages, les sauterelles, les cyclones, etc... ; il y aura la fatigue morale et physique, la fièvre, l'usure quotidienne et l'anémie, cette redoutable anémie tropicale qui émousse les facultés, diminue l'énergie, brise les forces ; il y aura le « mal du pays » qui saisit à la gorge, fait amèrement regretter le sol natal, pousse à tout abandonner pour revenir chez soi, même si l'on est à la veille de réussir ; il y aura, résultat de tout cela, le découragement qui le gagnera, la crainte de n'arriver jamais, les mauvais conseils ou les pernicieuses influences que l'on rencontre partout, la crainte de succomber à la peine, etc., etc.

Pour vaincre toutes ces difficultés, surmonter tous ces obstacles, persévérer envers et en dépit de tout, il faut un courage remarquable, une énergie au-dessus de la moyenne, il faut *du caractère*.

Enfin, il ne faudrait pas envoyer dans nos colonies des hommes d'une immoralité notoire. Nous sommes ici en face d'un problème extrêmement délicat et cependant d'une souveraine importance.

Nous avons précédemment montré toute l'importance qu'il y aurait, pour l'avenir même de nos colonies, à n'y envoyer que des éléments sains, vigoureux, honnêtes, bien choisis.

Mais la difficulté est précisément de procéder à ce choix et d'éliminer ceux dont l'envoi serait plutôt funeste.

Au XVIIe siècle, en particulier pour le Canada, cela était très facile. On employait le clergé à ce choix, le clergé de nos campagnes, ou bien encore les ordres religieux, Sulpiciens, Jésuites, Ursulines, etc., qui avaient des maisons dans ces contrées, et les uns et les autres s'acquittèrent admirablement de leur tâche.

Ils s'en acquitteraient aujourd'hui avec le même bonheur, si on voulait faire appel à leur concours, car, à ne pas en douter, c'est encore la partie de notre population la plus saine, la plus vigoureuse, la plus pleine de ressources et d'avenir, sur laquelle ils ont gardé de l'influence. Seulement, il faudrait leur demander ce service ; il faudrait avoir confiance en eux et vaincre leur répugnance naturelle à s'occuper d'un tel mouvement ; il faudrait leur donner la garantie que les émigrants choisis par eux trouveront dans leur nouvelle patrie tous les secours moraux et religieux auxquels ils ont droit.

Vraisemblablement, nous n'en sommes pas encore là.

Au XVIIe siècle, également, on n'accepta pour le peuplement de nos colonies que des catholiques. C'était la loi du temps et tout le monde trouvait cela très naturel. Le résultat n'en a pas été mauvais non plus, personne ne pourra le contester. Mais aujourd'hui, cela n'est plus possible et on ne peut songer à exclure qui que ce soit pour sa croyance.

Est-ce un bien ? Est-ce un mal ? Mettant de côté toute pensée de prosélytisme, tout ce que l'on serait tenté d'appeler esprit de parti, je suis de ceux qui pensent qu'une seule religion, la « religion de la majorité des Français » serait ce qu'il y aurait de mieux dans nos colonies, qu'on y aurait de cette manière plus d'homogénéité et plus d'unité ; que presque partout, en dehors de l'Europe, les mots « Catholiques et Français » se confondent et hélas ! trop souvent « Anglais ou Allemands et protestants ».

En tout cas, est-ce se montrer trop exigeant que de désirer voir, autant que possible, dans nos futurs colons, *des hommes respectant toujours et, autant que possible, pratiquant leur religion ?*

Nous ne pouvons pas non plus proscrire de nos colonies n'importe quel Français jouissant de ses droits civiques ou à qui la police n'a pas fixé un domicile particulier. Les colonies sont un prolongement du territoire de la mère patrie et peut aller s'y établir à ses risques et périls quiconque en a le désir.

Il ne s'agit donc pas de fermer à qui que ce soit les portes de nos colonies qui doivent, au contraire, rester ouvertes pour tout le monde.

Seulement, il y a une propagande à faire en faveur de l'émigration aux colonies, et cette propagande, il dépend de nous de la limiter auprès des personnes susceptibles de faire de bons colons ; il dépend de nous d'encourager ceux qui nous paraissent aptes à réussir et de décourager, au contraire, ceux que nous en croyons incapables.

De plus, l'État accorde certains avantages à ceux qui veulent émigrer aux colonies, de voyage en chemin de fer, de transport sur mer, de concessions, etc., etc. La colonie à son tour offre certaines facilités à ceux qu'elle appelle dans son sein. Y aurait-il un grand inconvénient à mettre certaines conditions de droit commun à l'obtention de ces faveurs ? A ne pas les accorder, par exemple, à tout individu qui aurait encouru une condamnation infamante, qui serait pourvu d'un casier judiciaire, qui serait notoirement indigne ? etc. Tout le monde comprendrait de pareilles exceptions et tout le monde les accepterait. Si ces individus, après tout, veulent aller aux colonies quand même, hé bien ! qu'ils y aillent à leurs frais et qu'il n'y ait personne à s'occuper d'eux là-bas, que la police pour les empêcher de propager le mal et de nuire à leurs voisins.

Si l'on était fidèle à employer ces divers moyens, combien de gens déjà on découragerait dont la présence ne fera que du mal à nos colonies ! Combien qui n'iraient point et que nous aurions tout intérêt à ne pas y envoyer !

Il y a en particulier toute une classe d'individus que bien des gens songent à utiliser pour la mise en œuvre de nos colonies et dont, pour ma part, je ne saurais trop condamner l'emploi, au moins dans les conditions aujourd'hui en vigueur, je veux dire les *condamnés*.

CHAPITRE III

DE L'ENVOI DES CONDAMNÉS AUX COLONIES

« Je ne saurais trop protester contre cette idée de coloniser Madagascar avec des condamnés », disais-je il y a quatre ans dans une conférence publique en réponse à cette idée préconisée alors par certains députés. Ce serait plus qu'une folie, ce serait un crime qui, sans tarder, retomberait vite sur le pays qui l'aurait commis.

« Vos condamnés, savez-vous ce qu'ils feraient? Ils se vautreraient dans tous les vices ; ils vivraient de vol et de brigandage, ils prendraient la brousse et se feraient chefs de bande, d'autant plus redoutables qu'ils seraient plus expérimentés dans le vice, et vous devriez bientôt les pourchasser comme des bêtes fauves ! On ne fait pas de l'ordre avec du désordre, de la vertu avec des éléments de corruption, des honnêtes gens avec des voleurs.

« Voyez la Nouvelle-Calédonie, si riche et qui cependant dépérit parce qu'on en a fait un lieu de déportation. Voyez l'Australie qui n'a pris son splendide essor que lorsqu'on a cessé d'y transporter les convicts et qu'elle a été peuplée par cette race saxonne si pleine de ressources, par cette race irlandaise surtout, turbulente parfois, mais si honnête, si chaste et si chrétienne ! »

Ces paroles sont peut-être un peu vives. Mais sont-elles exagérées? Sont-elles en dehors de la vérité? Et doit-on rien y changer?

Le problème du reste n'est pas d'hier, et il ne saurait être sans intérêt d'examiner ce qui a été fait, à ce point de vue, par l'ancien régime et par ceux qu'on nous donne partout comme modèles, par les Anglais.

Comme le gouvernement de Versailles paraissait abandonner le Canada, et ne lui envoyait plus de nouveaux colons, on eut un moment le projet d'y établir une sorte de colonie pénale. Ce furent les fermiers de la gabelle qui, en 1710, proposèrent d'y envoyer les faux saulniers, au lieu de les mettre aux galères. Le ministre les approuva, mais rien ne fut fait à ce moment.

Quatre ans plus tard, en 1714, le gouverneur du Canada, M. de Vaudreuil, se voyant de plus en plus abandonné par la France et sentant l'absolue nécessité de peupler la colonie, reprit le même projet, ce projet que Rameau appelle « un expédient extrême et dangereux ».

Il s'agissait d'envoyer annuellement 50 prisonniers que les marchands de La Rochelle offrirent de transporter à raison de 50 livres par tête. Tout le monde était d'accord ; on mit cependant huit ans pour aboutir et les premiers envois commencèrent en 1722.

« Parmi ces transportés, rapporte Rameau, les uns furent incorporés dans les troupes, les autres furent répartis dans le pays à divers titres, mais au bout de peu de temps, leur présence donna lieu à de tels inconvénients que les représentations unanimes de l'évêque, du gouverneur, de l'intendant, s'élevèrent en 1725 contre cette dangereuse immigration. »

On la suspendit donc et l'on n'envoya plus désormais que « quelques jeunes vauriens en faveur desquels les familles bourgeoises, et même celles de qualité, obtenaient des lettres de cachet[1] », et dont parfois on fit des maîtres d'école.

On le voit donc clairement, cette première expérience faite, et faite dans d'excellentes conditions, sur des sujets qui n'étaient pas foncièrement mauvais, comme le sont la plupart de nos transportés, puisqu'ils n'étaient en majeure partie que des contrebandiers, ne réussit pas.

Il en fut de même des autres que l'ancienne monarchie

---

1. Page 70.

renouvela à diverses reprises et que M. Pauliat étudie, avec pièces à l'appui, dans son livre *La politique coloniale sous l'ancien régime*[1].

« L'idée d'envoyer aux colonies la catégorie d'individus englobés de nos jours sous le nom de récidivistes, dit-il, fut produite pour la première fois dans l'assemblée des notables en 1627.

« Cette assemblée avait, en effet, expressément demandé qu'on établît dans chaque parlement une commission spéciale, nommée pour se concerter avec l'évêque diocésain sur ce que l'on ferait des gens de cette sorte. Elle voulait qu'ils fussent obligés de prendre du service dans les compagnies de commerce, de s'engager pour les Indes, ou de s'engager dans la marine[2] ».

En 1635, pour armer plusieurs des galères qu'il fit construire, et pour lesquelles il manquait de bras, Richelieu « demanda au roi l'autorisation de s'en procurer en s'emparant de tous les vagabonds, mendiants et gens sans aveu pour en faire une chiourme[3] », déclarant dans l'édit qui lui fut octroyé à cet effet, « qu'on ne saurait mieux employer l'autorité de la justice qu'en privant de la liberté ceux qui en ont usé avec trop d'excès, les faisant occuper par un travail utile à l'État, au lieu qu'ils voulaient demeurer, en ne faisant rien, les instruments d'une oppression publique[4] ».

Les chiourmes ainsi constituées, furent quelques-unes employées dans nos forts, mais la plupart furent envoyées aux colonies.

« Il n'est pas besoin de dire, remarque à ce propos M. Pauliat, quels déplorables colons ces malheureux devaient faire lorsqu'on les avait employés aux colonies et qu'ils étaient remis en liberté après cinq années de galères. Il est probable qu'ils durent être la pépinière où se recrutèrent ces hommes de sac et de corde auxquels on donna à cette époque le nom de flibustiers, et qui,

1 et 2. Pages 277 et 279.
3 et 4. Page 280.

pendant soixante ans, vécurent en véritables forbans dans les Antilles et sur les côtes du continent américain [1] ».

On crut remédier à cet inconvénient par une déclaration du 8 janvier 1719 qui portait que « tous les gens sans aveu, mendiants, vagabonds ou en rupture de ban, etc., qui de par édits, ordonnances ou déclarations antérieures, auraient été passibles de cinq années de galère, avaient leur peine commuée en celle de cinq années de séjour aux colonies en qualités *d'engagés* [2]. »

De cette manière, leur transport, si onéreux aujourd'hui pour les finances de l'État, ne coûtait rien à la monarchie, puisque les armateurs, les prenant en place des engagés, se trouvaient obligés par le seul fait de leurs lettres patentes de les transporter gratuitement, et, à leur arrivée, de les confier aux colons qui les demanderaient et qui naturellement devaient les nourrir, les loger et les entretenir.

De plus en les confiant ainsi à des particuliers, chez lesquels « ils pouvaient vivre de la vie civile et travailler à des cultures qu'ils pourraient plus tard entreprendre pour leur propre compte », on employait le meilleur moyen pour les relever et les rendre aptes, leurs cinq années d'engagement pénal achevées, à rester dans la colonie.

Il semble cependant qu'il n'en fut rien, puisque l'ordonnance du 8 janvier 1719 dut être remplacée, moins de trois ans après, par une déclaration contradictoire du 8 juillet 1722.

« Le besoin que nous avons eu, portait cette déclaration, de faire passer des habitants dans nos colonies nous avait porté à permettre à nos cours et juges, par nos déclarations des 8 janvier et 12 mars 1719, d'ordonner que les hommes seraient transportés dans nos colonies, pour y servir comme engagés au défrichement et à la culture des

1. Page 282.
2. Page 284.

terres, dans le cas où les ordonnances, édits et déclarations avaient prononcé la peine des galères contre lesdits vagabonds et les bannis.

« Mais les colonies se trouvant à présent peuplées par un grand nombre de familles qui y ont passé volontairement, plus propres à entretenir un bon commerce avec les naturels du pays que ces sortes de gens qui y portaient avec eux la fainéantise et leurs mauvaises mœurs ; nous avons estimé à propos, tant pour le bon ordre de notre royaume que pour les plus grands avantages de nos colonies, de rétablir à cet égard l'exécution des déclarations des 25 juillet et 27 août 1701 et les déclarations données contre ceux qui ne garderont pas leur ban. »

Donc les expériences tentées par l'ancien régime, pour l'utilisation des transportés dans nos colonies condamnent ce système.

Il en est de même des expériences de l'Angleterre.

C'est en 1619 que les Anglais commencèrent à bannir de chez eux les condamnés. Ce n'était point un mode de châtiment, mais seulement un exil perpétuel des coupables ou vagabonds dont on voulait se débarrasser. On les envoya d'abord dans la Virginie afin d'y aider les colons pour les défrichements des forêts vierges et la préparation de leurs plantations. La traite n'ayant pas encore importé les nègres d'Afrique, ces colons étaient heureux de recevoir tous les exilés de la mère patrie qui jusqu'en 1718 passaient en Amérique à leurs propres frais et choisissaient librement leurs engagistes. Ils pouvaient même, s'ils en avaient les moyens, travailler à leur propre compte et devenir planteurs.

Comme ils n'étaient pas tous mauvais ; comme surtout ils vivaient séparés les uns des autres, qu'ils étaient entourés de bons exemples, et que leurs maîtres, ayant besoin de leurs services et voulant les garder, les traitaient généralement avec douceur, plusieurs semblent avoir réussi et s'être relevés,

Mais voici que des changements surviennent qui ont plutôt de mauvais résultats.

En 1718, un acte du Parlement met leur passage aux frais de l'État et leur enlève ainsi une partie de leur liberté. Puis, comme l'on a de plus en plus besoin de leurs services, la spéculation s'en mêle : on les met pour ainsi dire à l'encan, et les employés de l'administration s'enrichissent à leur propos de toutes les façons. Cet état de choses dura jusqu'en 1776, époque de la séparation des colonies anglaises du nord de l'Amérique d'avec la mère patrie.

Les Anglais cherchèrent alors des endroits de transportation sur la côte occidentale d'Afrique, ce « tombeau des Européens », suivant le mot qui courut alors par toute l'Angleterre. Et de fait la mortalité des transportés y était grande, moins grande cependant que le sentiment surexcité de nos voisins ne le leur fit croire. On renonça donc à l'Afrique et jusqu'en 1786 l'on essaya divers modes de répression à l'intérieur. A cette date, autorisé par un acte du Conseil, le capitaine Arthur Phillip, mieux connu dans le monde colonial sous le nom de « Gouverneur Phillip », partit pour l'Australie avec 2 vaisseaux de guerre, 3 bâtiments de provisions et 6 transports portant ensemble 212 marins avec 28 femmes et 17 enfants autorisés à les suivre, et 778 convicts dont 558 hommes et 220 femmes. Le 19 janvier 1788, il débarquait à Botany-Bay qu'il quittait le 26 suivant pour s'établir dans un endroit plus commode qui devint dans la suite Sydney. Il s'efforça, avec ce personnel si mélangé, de jeter les fondements d'une réelle colonie, faisant élever les bâtiments nécessaires, faisant cultiver quelques champs, distribuant quelques concessions à ses marins ou aux convicts les mieux notés, enfin les établissant, les uns et les autres, dans la « perle de l'Océan Indien » la délicieuse petite île de Norfolk.

Rien ne fut négligé pour aider les convicts à fonder de

sérieux et durables établissements. A chacun de ceux qui, sa peine finie, consentait à rester dans la colonie, le gouverneur Phillip donnait 30 acres de terre à son choix, 80 s'il était marié et 10 acres en plus par chaque enfant qui lui venait, voulant par ces encouragements les amener tous à se marier et à vivre en famille. De plus douze ou même dix-huit mois de vivres leur étaient assurés, avec les instruments nécessaires et deux petits cochons que le gouverneur leur donnait de sa propre bourse.

Plus tard les convicts furent envoyés dans la terre de Van Diémen.

Soit dans la Nouvelle-Galles du Sud, soit dans la terre de Van Diémen, ils étaient appliqués à des entreprises publiques, ou bien étaient mis avec une grande libéralité à la disposition des colons pour la culture de leurs plantations. Ce dernier emploi finit par les absorber en si grand nombre que, lorsque les émigrants se multiplièrent, les travaux publics se trouvèrent parfois entièrement abandonnés. Bientôt même, la main-d'œuvre pénale devenant insuffisante pour satisfaire à toutes les demandes, l'administration ne l'accorda plus qu'à ses amis ou à ceux qui payaient davantage.

La transportation cessa, pour la Nouvelle-Galles du Sud, en 1843, et, pour toute l'Australie, vers 1852.

Commencée par un homme d'une grande valeur, le gouverneur Phillip, et continuée pendant plus de cinquante ans avec une réelle habileté, elle avait importé dans la Nouvelle-Galles du Sud un total de 54 583 convicts, dont 47 092 hommes et 7 491 femmes. Quant à la terre de Van Diémen, on y comptait en 1850, d'après Henry Melville, 25 000 transportés dont 10 000 dans les stations, 10 000 chez les particuliers et 5 000 établis à leur compte sous le régime du « Ticket of leave »[1].

---

1. *The present state of Australasia*, pp. 87 et 138.

Or, quel résultat a produit cette transportation et quelle influence a-t-elle eue sur la formation et la fortune de ces pays neufs dont elle marque, complètement pour la Nouvelle-Galles du Sud, et, dans une notable proportion, pour Van Diémen, l'origine et la fondation ?

Il y a d'abord à noter, et c'est là un fait curieux et inattendu pour plusieurs, que ce système de transportation en Australie, mérita, et cela de plus en plus, à mesure qu'il se développa, les mêmes reproches que notre système français. Il prit pour lui les terres les meilleures qui se trouvèrent ainsi enlevées à la colonisation libre ; il coûta fort cher et il produisit relativement peu ; il rendit de moins en moins service aux particuliers, le pénitencier remplaçant progressivement le travail chez les colons ; il devint enfin odieux et insupportable aux pays de déportation à ce point que, par leurs incessantes réclamations, ils finirent par obtenir d'en être débarrassés.

L'île de Norfolk, en particulier, était un séjour enchanteur, avec une terre très fertile et un climat délicieux. Il en était de même de presque tous les autres pénitenciers. En vérité, on aurait mieux fait de donner la préférence à des colons libres, au lieu d'avantager des convicts qui n'étaient, après tout, que des bandits ou au moins des condamnés de droit commun.

L'administration anglaise ne semble pas non plus avoir été plus économe que notre administration pénitentiaire. Ses transportés lui coûtaient fort cher par eux-mêmes et surtout par le nombreux personnel destiné à les gouverner et à les garder. En 1847, d'après des documents officiels, « il y avait en soldats, en employés civils, en administrateurs de différentes sortes, plus de personnes employées à garder les convicts dans toutes les stations pénales qu'il n'y avait de convicts actuellement en punition [1] ».

---

1. H. Melville, pp. 164-165.

De plus, le travail réel de ces hommes, quand on les employait pour des entreprises publiques était très faible et presque insignifiant.

« Laissant de côté, dit à ce propos Henry Melville, les folies accomplies aux stations pénales, examinons la somme de travail que pourraient avoir fournie les transportés travaillant pour le gouvernement... Supposons que les autorités de Van Diémen aient eu, pendant vingt ans, 5 000 convicts pour les routes, et les autres travaux publics... C'est tout au plus si dans toute l'île ils ont construit 150 milles de routes mal faites. Comme la colonie possède abondamment et, pour ainsi dire, à portée de la main, les pierres propres à ce travail, tout entrepreneur aurait accepté de faire les routes de Van Diémen à raison de 1 000 livres par mille, et tout constructeur aurait été heureux de bâtir tous les édifices appartenant au gouvernement au prix de 100 000 livres, de telle sorte que le coût de tous les travaux publics, si la colonie avait eu à les payer, n'eût pas dépassé 250 000 livres... Supposons maintenant que l'entretien de chaque convict revienne à 15 livres par an, la dépense de 5 000 sera, pendant vingt ans, de 1 500 000 livres. Ce serait donc, d'après ce calcul très modéré, une somme d'au moins 1 250 000 livres qui aurait été complètement gaspillée [1] ».

Le travail le plus utile fut celui des convicts loués aux colons. Là au moins ils rendaient de réels services, pour le défrichement des concessions et pour les travaux de culture. Et comme au commencement on les confiait aux émigrants dès leur arrivée, avant qu'ils eussent eu le temps de se pervertir au contact de leurs camarades des stations ; comme les émigrants les traitaient généralement bien et qu'ils ne les payaient jamais directement ; comme ils étaient environnés de bons exemples et que rien n'est moralisant comme le travail au grand air ; comme enfin

---

1. H. Melville, pp. 165-166.

on punissait très sévèrement les paresseux et généralement tous ceux dont on avait à se plaindre, quelques bons résultats furent ainsi obtenus.

Mais bientôt l'administration fit passer tous les convicts par les pénitenciers afin de les éprouver, et elle ne réussit qu'à les pervertir ; en même temps, par un sentiment d'humanité tout à fait hors de propos, les châtiments diminuèrent et le régime s'adoucit outre mesure ; enfin les convicts employés chez les particuliers durent être payés annuellement au moins 9 livres, avec obligation de leur en donner directement la moitié s'ils étaient dans la première classe, les deux tiers s'ils étaient dans la seconde et la totalité quand ils seraient dans la troisième.

Le résultat de ces mesures ne se fit pas attendre longtemps.

« Il y a quelque huit ans, remarque à ce propos Melville, les autorités de la métropole se déterminèrent à intervenir dans les arrangements locaux pour les convicts et à changer les modes de traitement pénal. De plus, il y a eu, depuis lors, de continuels replâtrages et raccommodages et une grande dépense d'argent qui n'ont apporté aucune amélioration aux prisonniers, mais ont fait un tort considérable à la colonie. Le premier essai tenté fut celui de la probation ; il consistait principalement en ce que les convicts envoyés dans la terre de Van Diémen, au lieu d'être partagés dès leur arrivée aux divers planteurs, étaient gardés dans des sections de probation pour y endurer diverses périodes de châtiments. Ce n'est qu'après cette épreuve qu'on les concédait aux colons. Un tel plan était diamétralement opposé à ce qu'il y avait de meilleur dans l'ancienne méthode, en tant qu'il avait pour effet de parquer ensemble tous les convicts ; là, ils apprenaient à ne rien faire, de mauvaises associations s'y formaient et les hommes devenaient par cette formation parfaits dans le mal. On les employait d'abord aux routes et aux travaux publics ; on les faisait ensuite instruire, donnant pour cela des catéchistes et des instructeurs à chaque chantier ; puis on ordonnait de les traiter avec douceur, et non pas comme des condamnés payant la peine due à leurs crimes. Les hommes alors, au lieu de travailler, gaspillaient leur temps et des stations où il y avait ensemble des centaines d'hommes ne fournissaient pas en cinq mois pour 5 livres de travail [1].

« Les convicts n'avaient jamais été des hommes remarquables par leurs vertus et leur honnêteté. Leurs anciennes habitudes et leurs mauvais instincts ne se retrouvaient que trop souvent chez eux et on les surprenait volant et pillant, même sans aucun motif. Par exemple, lors du premier établissement du capitaine Phillip, chaque homme recevait une ration suffisante de vivres des magasins centraux. Malgré cela, il n'était pas rare que plusieurs, soit par le seul amour du mal, ou pour garder l'habitude de leur profession, pillassent les magasins pendant la nuit en dépit de la vigilance des gardes. Ces vols ne pouvaient être d'aucune utilité pour les coupables, puisque le seul fait de se servir des objets volés, ou même de les montrer, devait faire découvrir le crime et lui attirer un châtiment. Le mal prit de telles proportions qu'un jour le capitaine Phillip réunit la cour martiale et fit condamner à mort 6 des coupables. Un seul fut exécuté... Il avait été surpris avec deux de ses compagnons volant des provisions du magasin central le jour même où il avait reçu sa distribution de la semaine, alors que la nourriture des condamnés était la même que celle des soldats. Leur habitude de vol était invétérée à ce point que même l'absence évidente d'un motif ne parvenait pas à les arrêter, suivant la remarque du gouverneur Phillip [2]. »

Ces mesures maladroites et les fâcheuses conséquences qui en résultèrent amenèrent un résultat auquel le gouvernement anglais n'avait certainement pas songé, la sup-

1. H. Melville, p. 136-137.
2. H. Melville, p. 13.

pression de la déportation. La réputation des convicts devenant en effet de plus en plus mauvaise et leur conduite de plus en plus déplorable, l'opposition devint chaque jour plus marquée entre eux et la population libre, l'opinion se souleva de plus en plus et réclama vivement, en réalité imposa au gouvernement central le rappel de l'acte de transportation.

La campagne menée dans ce but fut extrêmement vive, surtout, lorsque après avoir suspendu pendant quelque temps les envois des convicts, on parla vers 1848 de les reprendre. La place nous manque pour la raconter ici, mais il ne sera pas hors de propos de donner les trois documents suivants qui éclairent d'une vive lumière la situation.

Le premier est la protestation adressée au gouvernement de Londres par un meeting de 8 000 personnes réunies à Sydney en plein air et sous une pluie battante, au mois de juin 1849.

En voici le texte :

« Nous les libres et les loyaux sujets de Votre Très Gracieuse Majesté, habitants de la ville de Sydney et des environs, assemblés dans un meeting public, présentons la plus délibérée et la plus solennelle protestation contre la transportation des criminels anglais dans la colonie de la Nouvelle-Galles du Sud :

1° Parce que c'est une violation de la volonté de la majorité des colons, comme il est clairement démontré par l'expression de leurs opinions dans tous les temps.

2° Parce qu'un grand nombre parmi nous ont émigré en se confiant dans la parole du gouvernement anglais que la transportation dans cette colonie avait définitivement cessé.

3° Parce qu'il est incompatible avec l'existence d'une colonie libre, désirant un self-government, de devenir le réceptacle des criminels des autres pays.

4° Parce qu'il est souverainement injuste de sacrifier les

grands intérêts politiques et sociaux de l'ensemble de la colonie au profit d'une portion de ses habitants.

5° Parce qu'étant fermement et sincèrement attachés à la couronne britannique, nous craignons grandement que la continuation d'une injustice aussi monstrueuse de la part du gouvernement de Sa Majesté, n'arrive à aliéner à la mère patrie l'affection de cette colonie.

« Pour ces raisons et pour plusieurs autres encore, dans le plein exercice de nos devoirs envers la colonie, pour l'amour de nos familles, dans la force de notre loyalisme vis-à-vis de la Grande-Bretagne, et du plus profond de notre respect envers le Tout-Puissant, nous protestons contre ces nouveaux débarquements sur nos rivages, des convicts de la Grande-Bretagne [1]. »

Un peu plus tard, une succession de meetings analogues eut lieu dans la terre de Van Diémen ; on y fit entendre des protestations encore plus énergiques et des membres du parlement, parfois des employés de l'administration y prononcèrent des paroles beaucoup plus vives.

« C'est le sentiment de cette assemblée, s'écria un membre du Conseil législatif dans un meeting tenu dans la ville d'Hobart, — et sa proposition, soutenue par deux de ses collègues, fut adoptée à l'unanimité, — que les dépêches adressées par sir William Denison, au ministre des colonies, en différentes circonstances, au cours des années 1847, 1848 et 1849, dénotent un tempérament en complet désaccord avec celui que doit avoir un officier chargé de l'administration d'une colonie britannique. La politique de sir William Denison, a été destructive des intérêts permanents de la terre de Van Diémen, en particulier lorsqu'il a, par sa dépêche du 10 juillet 1847, recommandé d'envoyer dans cette colonie les convicts transportés de la Grande-Bretagne, il n'a tenu aucun compte de l'opinion publique connue cependant d'une manière non

---

1. Cité par Sir H. Parkes : *Fifty years in the making of Australian history*, vol. 1ᵉʳ, pp. 15-16.

équivoque et il a mal compris l'intérêt social de l'ensemble de la communauté... »

« Que l'on ne s'imagine pas, dit à son tour l'un des plus anciens colons, Dr Officer, que ceux qui sont le plus opposés à la continuation de la transportation, n'éprouvent aucune sympathie pour ces infortunés convicts ; le contraire est la vérité ; et nos sentiments sont accrus au plus haut degré par la conviction que, tout en nous faisant si gravement tort à nous-mêmes, la transportation tend à corrompre, et encore plus à dégrader, les malheureux soumis à son régime. La voix unanime de la colonie proclame cette pénible vérité, et tous les témoignages opposés, quels qu'ils soient, et quelles que soient les personnes qui les apportent, sont complètement erronés. Aucun zèle et aucune habileté ne rendront jamais utile un système si faux dans son principe et si contraire aux lois de notre nature. Toute véritable réforme commence là seulement où la discipline officielle finit et elle se produit, non pas en conséquence, mais en dépit de la première épreuve [1]. »

Pour conclure, sur l'initiative d'un ouvrier, une résolution fut proposée et acceptée à l'unanimité, que toute personne signataire de la pétition à Sa Majesté serait, par ce seul fait, considérée comme s'étant engagée à ne plus employer aucun convict. « Cette simple mesure ajoutait l'orateur, aura pour premier effet de ramener des centaines d'ouvriers libres qui ont abandonné la colonie. »

Le mouvement devint si fort, si universel, si irrésistible, que le gouvernement central, pour éviter peut-être la perte de l'Australie, comme jadis celle des États-Unis, dut revenir sur sa décision et rapporter d'une manière définitive les décrets de déportation.

La cause semble donc jugée.

---

1. Page 125.

Si Van Diémen, si la Nouvelle-Galles du Sud se sont ainsi levées contre ce système, c'est qu'il était pernicieux pour l'avenir de ces colonies. Apparemment, ils savaient ce qui leur convenait et il serait bien téméraire, après une telle épreuve, du fond de son cabinet, fût-on le plus renommé des criminalistes, de défendre un système ainsi condamné par tout un peuple.

Quant à cette légende que les convicts ont été les ancêtres de la population actuelle de l'Australie, mérite-t-elle même d'être réfutée ?

Ces convicts n'ont peut-être pas atteint, au total, dans l'une et l'autre colonie de déportation, le chiffre global de 100 000.

Or, si l'on considère que, de ces 100 000 individus, un grand nombre étaient déjà usés et ne se marièrent point, que beaucoup n'eurent point d'enfants, que parmi ceux qui s'établirent, certains se répandirent ensuite dans les colonies voisines, et se trouvèrent ainsi noyés parmi la masse des émigrants libres, comment veut-on qu'ils aient pu avoir une influence considérable sur la formation des nouvelles générations ?

Que peuvent être les descendants des quelques convicts qui eurent des enfants, en face des 1 597 100 émigrants (dont 1 571 900 Anglais) arrivés depuis 1853 jusqu'en 1895 ? En face du nombre moins considérable, mais certainement très supérieur à celui des convicts, de ceux arrivés avant 1853 et qui étaient, les uns et les autres, pleins d'avenir et généralement laissaient après eux une nombreuse postérité ?

Les convicts, par rapport à la population de 4 millions d'habitants qui peuplent aujourd'hui l'Australie, pourraient assez justement être comparés à ces doses de poison qu'absorbe parfois le corps humain, qui le gênent et le font souffrir, mais dont il arrive enfin à se débarrasser par une élimination lente et par l'assimilation des rares éléments utiles qu'elles contiennent.

Le système de la déportation se trouve donc condamné par l'exemple de l'Angleterre comme il l'est par celui de la Russie en Sibérie, comme il l'est par celui de la France de l'Ancien Régime et par celui de la France contemporaine.

« En Russie, lit-on dans un rapport écrit en vue du congrès de Lisbonne par M. Dimitri Drill, jurisconsulte du ministère de la Justice chargé d'étudier les divers systèmes de déportation et qui revenait à ce moment de faire le tour du monde, en Russie la transportation est appliquée depuis environ trois cents ans. Elle s'est présentée et se présente encore sous deux formes différentes : celle de l'installation des transportés dans des villages déjà existants et habités par la population ancienne, et celle de la constitution de colonies spéciales de transportés. La transportation a coûté et coûte encore à l'Etat des sommes considérables, mais ni l'un ni l'autre de ces deux modes n'a donné de bons résultats. Grâce à la transportation, le vagabondage s'est développé en Sibérie sur une large échelle (on évalue le nombre de ces vagabonds à 40 000 individus), et constitue une plaie pour cette contrée. Dans les localités affectées à la transportation, les chiffres de la criminalité sont bien plus élevés qu'ailleurs, et cette criminalité se produit sous une forme bien plus grave. Dans certaines localités, des foyers de criminalité ont été constitués par la présence des criminels transportés, qui n'ont d'ailleurs fourni aucun élément de colonisation. La population locale a beaucoup souffert de la transportation, au point de vue matériel comme au point de vue moral. Il n'est donc pas étonnant que la Sibérie tout entière désire ardemment que la transportation soit supprimée, parce qu'elle la voit de près et la connaît par expérience [1]. »

Voilà la vérité et cette vérité s'applique exactement à

---

1. *Revue pénitentiaire.*

nos deux centres de transportation française : la Guyane et la Nouvelle-Calédonie.

C'est en 1854 que fut votée notre loi actuelle de transportation si vantée par les criminalistes théoriciens, mais presque unanimement condamnée par ceux qui en ont observé de près les mauvais résultats.

Nos condamnés furent exclusivement expédiés à la Guyane jusqu'en 1864. Mais la mortalité y étant très grande, l'opinion publique s'en émut et, pour le rebut de notre population, l'on choisit ce que nous avions de mieux comme climat et comme salubrité parmi nos possessions extérieures, la Nouvelle-Calédonie.

Nous ne dirons rien de la transportation à la Guyane, si ce n'est qu'elle a empêché, pour sa part, le développement de la colonie ; qu'elle n'y a rien produit d'utile en fait de routes ou d'autres travaux publics, sauf quelques bâtiments très dispendieux ; qu'elle y a coûté fort cher, et qu'elle a contribué dans de larges proportions à empoisonner la population dont elle a fourni du reste la plus grande partie : 4 000 transportés et 3 000 libérés contre 2 000 créoles, 1 800 soldats ou fonctionnaires et une centaine de Français libres.

Mais nous devons nous arrêter plus longtemps sur l'essai de transportation fait en Nouvelle-Calédonie, dans les meilleures conditions possibles, afin d'étudier les résultats qu'il a produits et les conséquences qu'il faut en tirer.

Pour le dire tout de suite, ces résultats sont déplorables et ces conséquences nous paraissent absolument concluantes contre le système de la transportation.

La population pénale de la Nouvelle-Calédonie comprend quatre catégories d'individus :

1° Les *Transportés* proprement dits, c'est-à-dire les condamnés aux travaux forcés qui y ont été envoyés depuis 1864 jusqu'à nos jours ;

2° Les *Déportés*, c'est-à-dire les membres de la Commune envoyés en Nouvelle-Calédonie en 1871-1872 ;

3° Les *Relégués*, c'est-à-dire les récidivistes que la loi de 1885 permet, après un certain nombre de condamnations, d'envoyer aux colonies pour le reste de leur vie, afin d'en débarrasser la métropole ;

4° Enfin les *Libérés*, c'est-à-dire les transportés qui ont fini leur peine et qui par nécessité ou par choix continuent à résider dans la colonie.

Les uns et les autres ont formé, depuis le commencement, une population égale, et souvent supérieure, à la population libre. D'après M. Moncelon, il y avait en Nouvelle-Calédonie, en 1871, 7 477 transportés contre 9 060 personnes libres ; les transportés sont aujourd'hui plus de 10 000, chiffre que n'atteint pas la population libre.

Nous ne dirons rien ici des déportés de la Commune. Ils étaient cantonnés à l'île des Pins, où on les traitait comme des condamnés politiques. Ils n'étaient par suite astreints à aucun travail, mais ils ne pouvaient aller sur la Grande Terre qu'avec une autorisation expresse, assez rarement donnée, pour s'y mettre en service ou s'établir à leur compte. Amnistiés quelques années plus tard, ils rentrèrent presque tous en France, sauf environ une quarantaine qui préférèrent rester dans la colonie où ils ont généralement réussi comme planteurs ou autrement. Ils sont restés aigris et grincheux, amoureux de la politique et révolutionnaires.

Les déportés n'ont donc eu qu'une influence très minime sur la formation de la colonie.

Il en a été tout autrement des transportés, c'est-à-dire des condamnés aux travaux forcés expédiés en Nouvelle-Calédonie depuis 1864, au nombre d'à peu près 500 à 700 par an.

On avait un triple but en les exilant ainsi :

1° Les châtier pour la faute ou le crime commis ;

2° Leur donner le moyen de se relever ;

3° Les faire travailler d'une manière utile à la colonisation de la Nouvelle-Calédonie.

Ni l'un ni l'autre de ces trois buts n'a été atteint. Il semble d'ailleurs qu'on ait pris toutes les mesures pour ne pas réussir.

Une première faute est d'abord commise en France, qui est continuée pendant la traversée. Tous les condamnés sont gardés ensemble, sans aucune classification et sans aucune précaution pour empêcher les mauvais de corrompre ceux qui le sont moins et qu'un peu de soin aurait préservés.

La même faute se continue à l'île Nou où on les débarque et où on les établit, par groupes de 50, pour les classer d'après les notes qui les accompagnent et les garder en observation, pendant des mois, occupés à des travaux ordinairement puérils et insignifiants.

Mais surtout une tradition malheureuse s'est établie au bagne que M. Feillet déplore à bon droit, mais contre laquelle il ne propose aucun remède, c'est que l'administration pénitentiaire tout entière oublie et néglige dès leur arrivée et le passé et le caractère des forçats. Qu'ils soient les pires des gredins, coupables des forfaits les plus atroces, ou simplement des hommes condamnés pour un mouvement d'oubli, des rôdeurs de barrières complètement viciés ou de pauvres diables égarés, mais ayant gardé des sentiments humains, on ne s'en inquiète nullement. Une seule chose importe à leurs gardiens, c'est qu'ils soient dociles et faciles à manier, qu'ils se rendent utiles par leur habileté ou leur métier.

Les forçats le savent; et, comme d'ordinaire ils sont d'une intelligence au-dessus de la moyenne, ils organisent leur vie en conséquence.

Ils ont sauvé leur tête : l'important pour eux est de faire leur peine le plus doucement possible. Après, on verra. Ils y réussissent à ce point que la plupart d'entre eux ont une vie plus douce que celle de nos ouvriers de France, parfois une vie très agréable. Ils ne manquent de rien sous un climat enchanteur, travaillent très peu et sont complètement exempts de toute inquiétude.

Ils ne sont donc nullement châtiés.

Mais au moins se relèvent-ils et sont-ils utiles à la colonie ?

Il y a cinq classes de condamnés. Les forçats de la cinquième classe sont toujours au bagne ; ceux de la première peuvent être employés chez les particuliers.

Au bagne, ils s'occupent sur place à des travaux d'une utilité très restreinte, ou même complètement inutiles, comme par exemple de casser des pierres que l'on jette ensuite dans la mer. Quelques-uns sont conduits chaque jour à Nouméa pour divers travaux de voirie, ou bien sont logés à deux kilomètres de la ville, au camp de Montravel.

Pendant quelque temps, la colonie utilisa la main-d'œuvre pénale pour divers travaux publics. M. Étienne promit même à un moment 1 200 condamnés pour la confection de routes. Mais comme il faut payer assez cher — 1 franc jusqu'en 1894, 2 fr. 15 depuis 1894 ; de nouveau 1 franc pour les travaux particuliers et 0 fr. 75 pour les travaux publics, depuis 1898, — des travailleurs très gênants, très encombrants, très paresseux qui ne donnent peut-être pas trois heures de bon travail par jour et sont conduits par une administration exigeante et tracassière surtout pour les employeurs, la colonie a renoncé à la main-d'œuvre pénale, lui préférant la main-d'œuvre libre, peut-être un peu plus chère, mais sur laquelle on peut compter.

Les sociétés minières ont également employé une certaine quantité de main-d'œuvre pénale à peu près dans les mêmes conditions que la colonie. Des camps étaient établis à raison de 50 hommes par camp avec deux gardiens, et les ouvriers étaient soumis à peu près au règlement du bagne.

Les transportés les plus heureux sont sans contredit ceux qui sont placés chez les colons sous le nom d'*assi*-

gnés comme garçons de maison, comme ouvriers, comme domestiques. Il y en a ainsi à peine 700 ou 800. Tant qu'ils sont chez lui, le colon en est responsable, c'est-à-dire qu'il devrait immédiatement avertir la police s'ils venaient à disparaître. Du reste, les évasions sont rares car il est bien difficile de n'être pas rapidement repris dans un pays d'aussi peu d'étendue. De même les crimes ou les vols commis par ces curieux employés, car ils n'auraient aucune chance d'échapper à une nouvelle condamnation. Ils trouvent préférable d'ordinaire de gagner la confiance de leur employeur qui alors les traite avec douceur et quelquefois presque comme des membres de la maison. Certaines familles répugnent cependant à posséder ainsi dans leur sein des condamnés qui peut-être sont des assassins ou, du moins, des voleurs avec effraction.

D'autres condamnés ont été mis en concession en très grand nombre. L'administration pénitentiaire avait de l'argent et elle prit à cœur cette entreprise, voulant elle aussi coloniser « par les convicts ». On assurait au concessionnaire la libre jouissance d'une concession qui deviendrait sa propriété définitive lors de sa libération ; on lui donnait une maison, les outils nécessaires et trente mois de vivres ; on lui achetait à un prix très rémunérateur toutes ses récoltes et si l'année, pour une cause ou pour une autre, avait été mauvaise, on lui garantissait son entretien ; enfin on l'encourageait à se marier avec des femmes venues exprès de France. En un mot, on le traitait comme jamais colon libre ne l'a été, de sorte qu'il n'eût dépendu que de lui de réussir.

Depuis trente-cinq ans, on a mis ainsi en concession plus de 2 000 forçats ayant constitué à peine 600 concessions. C'est-à-dire que, pour une seule concession, il a fallu en moyenne 3 ou 4 concessionnaires. Donc, les 2/3 ou les 3/4 de ces concessionnaires avaient, pour une cause ou pour une autre, renoncé à leur concession ou même avaient dû en être dépouillés. De plus, la grande majorité de ces concessions sont tombées aujourd'hui entre les mains de colons libres et 19 sur 100 seulement d'après le témoignage de M. Feillet, sont restées entre les mains du concessionnaire ou de sa famille.

Il reste donc établi que le système des concessions par les forçats a échoué, malgré les sommes énormes dépensées en leur faveur (chaque concession coûtait, en effet, 5 000 francs, ce qui, pour six cents, fait 3 000 000, sans compter les 3 millions dépensés pour l'acquisition de Bourail) et malgré les 110 000 hectares de terres choisies parmi les meilleures de la colonie un peu partout et enlevées à la colonisation libre, pour constituer les réserves pénitentiaires.

Mais ce qui dépasse encore cet échec matériel, c'est le résultat déplorable qu'ont entraîné les mariages des concessionnaires.

On avait rêvé de créer des familles de peuplement avec ces deux éléments doublement corrompus : le criminel de droit commun qu'a encore perverti son séjour au bagne et la fille indigne qu'il vaut mieux ne pas qualifier.

« Ce qui est épouvantable, dit à ce propos M. Feillet, ce sont les mariages de Bourail, que l'on continue encore à faire, mais que je fais dans la plus faible proportion possible. A l'heure actuelle, ce sont des femmes reléguées que l'on marie ainsi. Tous les six mois, je vais faire un triage. J'ai beau être très sévère, parce que je considère ces pratiques comme déplorables ; cependant je suis obligé, car la loi est là, d'en faire encore dans une certaine proportion. Je ne puis dire tout ce que j'en pense, mais enfin, là-bas, dans le langage courant, on dit que la femme est la meilleure des concessions, celle qui rapporte le plus [1]. »

En fait, on se marie d'ordinaire pour pouvoir sortir du bagne ; puis, chacun va de son côté, à moins que la

---

1. *Revue pénitentiaire*, p. 8.

femme ne soit ignominieusement exploitée pour l'entretien du ménage.

Si, de tels mariages, il naît des enfants, que peuvent-ils être et quelle éducation peuvent-ils recevoir?

« On a tellement senti, continue M. Feillet, que, si on laissait les enfants entre les mains des concessionnaires, on formerait une population détestable, qu'on a éprouvé le besoin de créer à grands frais — et on a bien fait — des internats, à l'aide desquels on enlève complètement la direction des enfants aux pères, auxquels on ne les rend que le plus tard possible. Mais, comme on se heurte à la puissance paternelle, on a trouvé ce biais très ingénieux, et que je trouve légitime, de dire au concessionnaire : « On vous élèvera votre enfant gratuitement, mais il est bien entendu que si vous voulez le reprendre, avant que nous vous le redonnions, vous aurez à rembourser à l'État toutes les dépenses faites, à savoir tant par an ; de sorte qu'au bout de deux ou trois ans, le concessionnaire se trouve en face d'une carte à payer qui l'empêche de reprendre son enfant [1]. »

Cependant, pour mauvais que soient les transportés et pour funeste que soit leur présence aux vrais intérêts de la colonie, il y a cependant deux autres catégories de population pénale qui valent encore infiniment moins, les *relégués* et les *libérés*.

« La loi du 30 mars 1854, dit à ce sujet M. L. Simon dans son cours libre d'enseignement colonial à la Sorbonne, en obligeant les condamnés à séjourner en Nouvelle-Calédonie, les uns à perpétuité, les autres pendant quelques années après l'expiration de leur peine, a créé une population d'un genre tout particulier dont l'importance s'est accrue outre mesure par rapport à celle de la population libre aux dépens de laquelle il faut cependant que vive le libéré.

---

[1]. *Revue pénitentiaire*, pp. 8-9.

« N'étant plus contraint à porter le costume du bagne, poursuit-il, pouvant laisser pousser sa moustache et ses cheveux et sortir librement, il est d'autant plus disposé à abuser de cette liberté qu'il en a été privé plus longtemps. Il gagne d'ailleurs un salaire plus élevé qui lui est payé en argent et qu'il va dépenser au cabaret. En un mot, il ne tarde pas à prouver qu'il ne s'est nullement amendé et son engagiste est le plus souvent obligé de s'en séparer pour le remplacer par un condamné. »

Comme beaucoup savent un métier, c'est généralement parmi eux qu'on va chercher les ouvriers dont on a besoin dans les fermes, forgerons, charrons, menuisiers, terrassiers, etc... On les emploie aussi comme bouviers pour mener les bœufs au travail, pour l'établissement et l'entretien des barrières, pour les défrichements, la construction des habitations, et, en général, pour tous les travaux qui exigent de la force, de l'adresse et de l'intelligence — car ils sont en général robustes et adroits. — Suivant leurs aptitudes et le travail qu'on leur donne, leur salaire varie de 30 à 60 francs par mois, plus la nourriture.

« Dans presque toutes les maisons les libérés sont bien traités ; tout en les tenant à l'écart, on ne cherche pas à leur rappeler qu'ils sortent du bagne ; mais, malgré cela, il est bien rare qu'on arrive à se les attacher et qu'on conserve les mêmes pendant longtemps.

« Le séjour qu'ils ont fait dans les camps leur donne un besoin extraordinaire de mouvement ; ils sont devenus nomades par tempérament. Alors, à la moindre observation, surtout quand ils ont bu, ils demandent leur compte, font leur paquet et s'en vont. S'ils ont quelque argent, ils le dépensent dans certains cabarets dont ils forment la principale clientèle, puis ils vont retravailler ailleurs pour se remettre de nouveau en route quelques semaines ou quelques mois plus tard.

« Lorsqu'on circule à cheval, on rencontre à chaque instant quelqu'un de ces inoccupés volontaires qui parcourent la colonie dans tous les sens. Il y en a, parmi eux, qui ne veulent pas travailler et trouvent plus commode de voler pour vivre. Ceux-là, et ils sont nombreux, sont une véritable plaie pour la colonie qui est obligée, pour se défendre, d'entretenir des forces de police excessivement coûteuses quoique toujours insuffisantes. »

On les emploierait volontiers dans les mines, si l'on pouvait compter sur la régularité de leur travail. Comme ils sont payés à la tâche, on a moins à redouter leur paresse. De plus il n'est pas besoin d'être ouvrier d'art pour abattre du minerai ; et les salaires sont généralement élevés, un bon mineur pouvant gagner jusqu'à 6 francs par jour. Ils pourraient donc, tous frais payés, réaliser d'importantes économies et arriver à un établissement personnel, s'ils en avaient le goût. Au lieu de cela, ils emploient tout l'argent qu'ils gagnent à boire, à acheter de l'alcool pour le revendre aux indigènes qu'ils empoisonnent et exploitent de toutes les manières, à les exciter contre la France, à semer partout la corruption, le mécontentement, l'esprit de révolte, à empoisonner la colonie.

Les *relégués* ont été envoyés en Nouvelle-Calédonie par suite de la loi de 1885, une de ces lois excellentes en théorie, mais qui, à la pratique, donnent exactement le contraire de ce que l'on s'en promettait. On voulut débarrasser la métropole de cette population usée et désœuvrée et dangereuse que constituent les récidivistes, en les employant comme main-d'œuvre utile à nos colonies. On en a encombré la colonie.

« Ils constituent la plus détestable, dit à ce propos M. L. Simon, de toutes les mains-d'œuvre. La plupart d'entre eux ont passé une bonne partie de leur vie dans les prisons de la métropole et n'arrivent aux colonies qu'à la suite de nombreuses condamnations pour ivresse, vagabondage, vols, etc. En un mot, ce sont des incorrigibles et la vie qu'ils ont menée les a usés et n'a fait que développer en eux l'horreur du travail.

« A leur arrivée dans la colonie, on les interne d'abord à l'île des Pins, où l'on garde la plus grande partie d'entre eux. Un certain nombre sont cependant envoyés par l'administration pénitentiaire dans ses exploitations forestières de la baie du Sud et sur quelques autres chantiers. Ceux-là s'évadent fréquemment (une condamnation de plus ne les effraie pas) et, à la suite de quelque nouveau vol, finissent toujours par revenir devant les tribunaux dont ils sont les principaux clients.

« Quelques autres obtiennent ce que l'on appelle la relégation individuelle, c'est-à-dire la liberté, sous la seule condition de justifier d'un engagement : ceux-là sont autorisés à habiter la grande terre et même à résider à Nouméa. En principe, ils ne doivent obtenir cette faveur que comme récompense de leur bonne conduite, mais on la leur accorde trop facilement et bien souvent ils ne tardent pas à fournir la preuve que leur repentir n'était qu'une comédie et qu'on s'est trompé en croyant à leur retour au bien.

« On voit donc, conclut M. Simon, qu'au point de vue de la colonisation, la loi de 1885 sur la relégation n'a donné que des résultats à peu près nuls. C'est d'ailleurs dès maintenant un fait reconnu et il faut espérer qu'on se décidera à conserver les récidivistes dans les maisons centrales où leur entretien ne coûterait pas plus cher que dans les colonies [1]. »

Telle est, dans son ensemble, la population pénale de la Nouvelle-Calédonie. Elle est trop peu nombreuse pour un aussi petit pays où elle ne peut par suite ni disparaître dans la masse ni s'améliorer. C'est elle au contraire qui donne le ton et qui pervertit tout. De plus elle est mal administrée et les règlements qui la régissent sont incapables d'amener aucune amélioration. Son existence est un malheur pour la colonie, et l'on comprend parfaitement en l'étudiant, l'invincible horreur qu'en ont tous les

---

1. *Revue pénitentiaire*, p. 8.

colons libres et la condamnation sévère qu'en portent tous ceux qui ont pu la voir de près.

«Je suis parti de France, dit par exemple M. Feillet, dans sa communication si souvent citée à la Société des prisons, avec cette idée, que j'avais puisée dans l'enseignement de mon vénéré maître, M. Leveillé, que la transportation était à la fois une conception généreuse, juste et pratique. Il me semblait que le plus souvent, les hommes commettaient des crimes parce qu'ils se trouvaient dans certains milieux, et qu'en les transportant dans un autre milieu ils pourraient changer de nature et devenir des éléments utiles à la société. Je pensais aussi que c'était peut-être parce qu'on n'avait pas su tirer parti de cette force, que l'on voyait cette antinomie continuelle et générale entre l'élément libre et l'élément pénitentiaire dans les colonies, sentiment qui s'est manifesté avec la dernière violence en Australie, ce qui indique bien que, dans un pays de liberté, les citoyens laissés à eux-mêmes ont déclaré, d'une façon très nette qu'ils ne voulaient plus de la transportation. Je croyais donc qu'il y avait là un malentendu.

« Je dois reconnaître que je m'étais absolument trompé ; et, aujourd'hui je suis aussi déterminé dans le sens contraire à la transportation que je l'étais théoriquement dans le sens favorable [1]. »

Il ne faut donc plus envoyer de transportés en Nouvelle-Calédonie ; il ne faut plus en envoyer dans aucune de nos colonies. Cela ressort clairement de l'étude que nous venons de faire ; et, en face des faits que nous venons d'exposer, en face des témoignages que nous avons invoqués, en face du sentiment de répulsion unanime et parfois irrésistible, des pays où l'on a esssayé la transportation, en face de la faillite absolue de tous les essais, au cours de plusieurs siècles, que peuvent les décisions de

---

1. *Revue pénitentiaire.*

tel ou tel congrès de criminalistes français ou portugais ? les avis de tel ou tel professeur de droit ? les thèses *a priori* de telle ou telle école ?

L'expérience et les faits parlent plus haut que tous les raisonnements ou toutes les utopies, et il est de notre devoir strict d'accepter leur renseignement.

Non, il ne faut pas envoyer les condamnés dans nos colonies, ou si, à toute force, la transportation est nécessaire, il faudrait au moins la faire dans des conditions différentes. Nous n'avons pas à les étudier ici. Mais cependant si un triage intelligent était fait en France dès leur condamnation ; si les éléments susceptibles d'amélioration étaient soigneusement mis à part et ne se retrouvaient jamais en contact avec les autres ; si, dès leur arrivée, ils étaient soumis à un traitement plus dur que pourrait interrompre leur entrée en service chez les particuliers, ou leur entrée en concession ; si cette entrée en concession notamment, n'était qu'une exception et la récompense de longs et persévérants efforts ; si leur mariage était entouré de toutes les précautions nécessaires pour en faire de sérieuses et consciencieuses unions ; si enfin, jusqu'à extinction complète de leur peine, on les traitait comme de vrais criminels que la cellule, ou au moins le retrait des faveurs accordées, châtierait immédiatement de leur paresse, de leur insoumission, ou de n'importe quelle autre faute, peut-être que quelques-uns se relèveraient et les autres ne seraient plus les éléments néfastes dont tout le monde se plaint.

Nos sociétés contemporaines sont un peu comme une de ces grandes machines de l'industrie moderne, très complexes et dans la composition desquelles entrent un grand nombre de pièces, de rouages et de ressorts. Inévitablement il arrive que plusieurs de ces pièces se rouillent, s'usent, se faussent, se cassent. Peut-être le mieux serait-il de les remplacer par des pièces neuves et de rejeter les anciennes.

C'est ce que faisait l'Angleterre au XVII⁰ siècle, quand elle bannissait en Virginie, à leurs risques et périls, tous les incorrigibles, tous les repris de justice, tous les criminels qu'elle ne voulait pas garder. A eux de se tirer d'affaire, et aux colonies américaines d'en tirer le meilleur parti possible. Bientôt ces colonies n'en voulurent plus, et ce ne fut pas là un de leurs moindres griefs contre la métropole, un de ces griefs qui amenèrent la séparation de 1776.

Le système a changé depuis. On a songé, et trop uniquement songé, à utiliser et à améliorer ces pièces défectueuses. L'Angleterre l'a tenté en Australie, et elle a dû y renoncer après un insuccès complet. Nous l'avons tenté à notre tour en Guyane, surtout en Nouvelle-Calédonie, et notre insuccès a été encore plus complet.

Pour reprendre notre comparaison, parmi les pièces défectueuses d'une machine, il y en a qui sont trop usées pour qu'on puisse jamais rien en faire. Celles-là, qu'on les mette de côté, ce seront les récidivistes, les coureurs de barrières, les gens usés moralement et physiquement et qui sont tous incapables de rentrer dans la société pour y reprendre n'importe quelle place. Gardons-les donc dans nos maisons centrales jusqu'à la mort et n'en empoisonnons pas nos colonies, au prix de dépenses exagérées et complètement inutiles.

Il y a aussi dans cette même machine des pièces cassées que personne ne pourra jamais raccommoder. Ce sont les criminels foncièrement pervertis, et chez lesquels il ne reste aucune ressource, aucun bon sentiment, aucun espoir de relèvement. Empêchons-les de nuire, en les isolant complètement de la société, et tirons-en tout le parti possible en les employant, par exemple d'après le plan du général Borgnis-Desbordes, aux travaux publics de n'importe laquelle de nos colonies, où on les enverrait en camps volants, militairement conduits et militairement traités sous la garde d'officiers retraités, mais jeunes encore et énergiques, qui en auraient la complète disposition et la complète responsabilité.

Quant aux pièces simplement faussées, et qu'une réparation peut-être délicate mais possible, peut remettre en état, tâchons de les réparer et de les employer dans d'autres organes et d'autres machines, mais en petite quantité. C'est-à-dire que vous pourriez, à la rigueur, envoyer aux colonies, après une sélection rigoureuse, les condamnés susceptibles de se relever, mais à une double condition :

1° Que vous les isoliez complètement des autres et vous efforciez de les noyer au milieu d'une population honnête, laborieuse, laissant le plus d'initiative possible et de responsabilité à ceux qui ont bonne volonté et aux colons qui veulent les employer ;

2° Que vous voyiez toujours en eux d'anciens condamnés, qui ont quelque chose à expier, à moins toutefois qu'ils ne donnent les preuves les plus sérieuses d'amendement, et que vous les mainteniez sous une discipline de fer, pour peu qu'ils retombent dans leurs vices.

En un mot *pas de récidivistes* aux colonies et *très peu de transportés*, ceux-là seulement que l'on peut espérer voir se corriger et se laisser absorber par une société saine et bien organisée. Aller plus loin serait un crime et une folie. Donc rappeler la loi de 1855 et changer celle de 1854.

CHAPITRE IV

FAUT-IL ENVOYER AUX COLONIES DES GENS DÉPOURVUS DE RESSOURCES PÉCUNIAIRES

Envoyer aux colonies les gens dépourvus de ressources et sans situation, c'est là la première pensée de tous ceux qui parlent et qui écrivent sur la mise en valeur de nos colonies, et ce serait là, semble-t-il, la conclusion naturelle de ce que nous avons dit nous-mêmes dans la seconde et la troisième partie de la présente étude.

Nous avons tant de personnes en France qui ne peuvent pas y vivre, qui ne peuvent pas y trouver de travail, qui y meurent de faim. Nous avons besoin de bras, au contraire, dans nos colonies où il y a tant à faire et également beaucoup à gagner. Envoyons-y donc tous ces pauvres diables au prix de certains sacrifices et de certaines avances d'argent; que l'État inscrive à cet effet un crédit dans son budget; qu'il leur accorde une concession gratuite; qu'il leur avance les outils indispensables et prenne à sa charge leur entretien jusqu'à ce qu'ils aient eu le temps de recueillir leur première récolte et de se suffire par leur propre travail.

Évidemment, ce seront là de nouvelles dépenses, mais très utiles, puisque d'un côté elles débarrasseront le sol français d'une multitude de désœuvrés qui l'encombrent inutilement et pourraient, à un moment donné, devenir un réel danger, et que, de l'autre, elles contribueront puissamment à la mise en œuvre de nos colonies; puisque, par-dessus tout, on tirera ainsi de la misère et on aidera à se créer une situation définitive une foule de braves gens incapables par eux-mêmes de sortir de l'état précaire où ils se trouvent, souvent par la seule faute des circonstances. Ce sera là la seule solution à la crise sociale si aiguë et si dangereuse que nous traversons. Ces dépenses seront donc parfaitement justifiées. L'État ne doit pas par suite hésiter un seul instant à les supporter.

Le problème est loin d'être aussi simple et ceux-là seulement peuvent se prononcer d'une manière aussi péremptoire qui n'ont pas étudié le sujet et n'ont pas pesé les avantages très peu nombreux qu'il présente et les inconvénients très considérables qu'il comporte.

Cela s'appellerait *de la colonisation d'État* et, conséquents avec nous-mêmes, nous réprouvons absolument la *colonisation d'État* au même degré et pour la même raison que le *Socialisme d'État*.

La colonisation est une œuvre très délicate, très aléatoire et qui réclame, pour réussir, — nous l'avons déjà dit, — des hommes de grande ressource et d'un solide caractère. Or, soyez-en sûrs, ce ne sont pas ceux-là que l'État choisirait, mais, au contraire, les déclassés, les désœuvrés, les « ratés », les incapables. Tous les neveux en rupture de ban de nos députés, de nos conseillers généraux, de nos conseillers municipaux, de nos journalistes, de nos cabaretiers, tous ceux qui savent solliciter, mendier, seraient acceptés. Et pourquoi non ? C'est l'État qui paierait; on aurait ainsi une foule d'obligés, l'élection prochaine serait assurée, et l'on se débarrasserait sans frais, sinon à son profit, de quémandeurs importuns. Le gouvernement ne résistera jamais à ceux qui le soutiennent.

Mais, même avec un autre gouvernement, plus solide et plus indépendant, ce n'est pas encore à l'État qu'il faudrait confier le recrutement de nos émigrants parce que l'État ne connaît pas suffisamment ceux qui demanderaient à partir, n'ayant aucun moyen de contrôle, et surtout parce qu'il n'a aucun intérêt immédiat à les bien choisir.

On s'appuiera pour recommander l'envoi de *petites gens* aux colonies aux frais de l'État, sur l'exemple de l'ancien régime, et en particulier de ce grand colonisateur que fut Colbert. « L'ancien régime, dans ses meilleurs jours, dira-t-on, et surtout Colbert, ont fait le Canada en y envoyant de *petites gens*, les pensionnaires de l'Hôpital général et les paysans du Perche, du Poitou, de la Saintonge, de la Vendée et d'ailleurs. Nous ne saurions mieux faire que d'imiter un tel exemple. Faisons comme eux, et comme eux nous réussirons. »

C'est là une erreur de fait qu'il est important de détruire, une de ces vérités reçues qui n'ont qu'un défaut, celui d'être complètement fausses.

Non, le Canada n'a pas été peuplé *par de petites gens* envoyés isolément aux frais de l'État.

Le Canada a été colonisé par toute la population française, par nos officiers qui y demeuraient souvent avec leurs soldats dont ils devenaient les seigneurs ; par des gens de qualité qui allaient s'y établir et emmenaient avec eux ou faisaient venir les paysans de leur domaine de France ; par les Sulpiciens à qui on doit la ville et la colonie de Montréal, par les ordres religieux, Jésuites et Ursulines surtout qui, eux aussi, firent venir de France des colons dont ils se chargeaient et qu'ils établissaient sur leurs terres.

La plupart des émigrants qui passèrent au Canada, le firent donc aux frais des particuliers, et je ne sais pas si l'État eut rien à payer, sauf pour quelques convois qui partirent de 1664 à 1670 — par exemple celui que l'Intendant Talon emmena en 1668 et qui comprenait 200 colons, — sauf pour les soldats dont naturellement il payait le passage et l'entretien pendant qu'ils étaient à son service, et à qui il donnait, avec une concession, une légère gratification pour s'établir, sauf les filles de l'Hôpital général ou d'ailleurs qu'on envoyait au Canada pour ces soldats et à qui l'on donnait, outre leur passage, une petite somme d'argent pour se mettre en ménage, lors de leur mariage.

Il n'y a pas jusqu'aux *engagés*, que tout habitant des colonies, que tout capitaine de navire pouvait recruter en France et garder à son service pendant trois ans, jusqu'aux vagabonds même qu'on envoya parfois en déportation aux colonies pour tenir la place des engagés trop difficiles à recruter, qui ne coûtassent rien à l'État puisque chaque bâtiment passant aux Indes, devait, en échange de sa licence, en emporter gratuitement en nombre proportionné à son tonnage.

Il est donc faux de dire que l'émigration aux colonies et en particulier au Canada, sous l'ancien régime, fut faite aux frais de l'État, plus faux encore de dire que ce fut une colonisation d'État. L'État ne faisait qu'encourager et solliciter et quelquefois aider légèrement.

C'étaient les particuliers, soldats, seigneurs, marchands, prêtres, religieux et religieuses qui colonisaient, qui emmenaient, qui appelaient ou faisaient venir les colons.

La *Colonisation d'État*, militaire ou civile, n'a guère été essayée que de notre temps et particulièrement en Algérie où, on ne peut le nier, elle a donné quelques résultats, mais nullement en proportion des immenses sommes d'argent, des centaines de millions qu'elle a coûté.

« C'est le morcellement par l'État et la création des villages qui a établi les neuf dixièmes des colons français sur le sol algérien, remarque très bien à ce propos M. Jules Saurin[1], et il n'y a de population rurale que là où l'État a créé un centre, fait une route, élevé l'église, l'école, la mairie, autant de signes de ralliement. »

Et, peu auparavant, « la colonisation algérienne a été faite surtout par l'État ». Celui-ci, en effet, expropriait les indigènes, partageait leur territoire en fermes composées ordinairement de trois lots distincts et ayant une trentaine d'hectares d'étendue, qu'il donnait gratuitement aux colons. De plus, de 1840 à 1850, il leur attribuait, en sus du terrain, une maison, deux bœufs, des semences et des vivres. C'était bien là de la colonisation officielle.

Quel en a été le résultat ?

Elle nous a aliéné les Arabes qu'elle a souvent réduits à la misère.

Elle a empêché toute exploitation productive (sauf la vigne) par suite de la trop grande distance des terres et de leur trop grand morcellement.

Elle a complètement ruiné les trois quarts des colons.

---

1. Le Peuplement français de la Tunisie. *Revue de Paris*, 15 novembre 1897, pp. 338 et 342.

Pour coloniser, en effet, il faut avoir une avance d'argent suffisante que la plupart de ces colons n'avaient pas. Depuis 1877, on exige, il est vrai, que le concessionnaire justifie de la possession d'une somme de 5 000 francs. Mais lui est-il donc si difficile d'obtenir un certificat de complaisance? Et puis, possédât-il 5 000 francs, cela ne lui suffirait pas. D'après les évaluations de M. Saurin, même si son terrain est débroussaillé, et que lui-même ne fasse aucune école et ne commette aucune erreur d'achat ou autre, pour mettre en valeur trente hectares, il lui faudra au moins de 8 000 à 10 000 francs. Il devra donc emprunter et « il sera la proie de l'usurier, il traînera une existence de misère jusqu'au jour où il sera délivré du cadeau funeste qu'on lui a fait et grâce auquel il espérait obtenir l'aisance, sinon la fortune. Qui dira, poursuit M. Saurin, toutes les souffrances endurées par des milliers de colons algériens, leurs privations pour faire face aux échéances, leurs déceptions après les maigres récoltes données par des terres épuisées, et la profonde tristesse du jour fatal où l'huissier vient signifier la saisie du champ [1] ? »

« D'après les statistiques officielles, conclut le même auteur, sur 9 858 familles établies par l'État d'octobre 1871 à fin 1881, 5 859 ont été déchues de leur concession ou ont échoué. Les colons qui ont réussi ont trouvé dans l'exercice de leur profession ou dans un petit commerce les ressources nécessaires pour mettre leurs terres en valeur. Assurément, dans un pays neuf, tous les colons ne réussissent pas, mais un système qui dévore aux trois quarts d'entre eux leurs économies, doit être réprouvé. Concéder gratuitement une terre à un homme qui ne dispose pas du capital nécessaire pour la mettre en valeur, c'est le condamner à une ruine inévitable [1]. »

Est-ce assez significatif? On pourrait cependant, à celui-là, ajouter bien d'autres exemples.

1. Page 341.

Dès 1891, M. de Mahy fit voter au Parlement, pour aider à la colonisation de Madagascar, 100 000 francs qui furent en grande partie consacrés à Diégo-Suarez, le seul endroit de l'île où nous fussions alors les maîtres. A partir de ce moment, on mit à la disposition de tout colon français :

1° Le passage gratuit ;

2° Quelques hectares de terrain, une maison et les instruments de travail nécessaires ;

3° La nourriture, c'est-à-dire des rations de pain, de vin, de viande et de café, pendant dix mois.

Or, de tous les colons venus à la suite de cette loi, approximativement une centaine, et des quelques soldats d'infanterie de marine qui restèrent dans le pays, deux seulement avaient réussi en 1894. Tous les autres étaient repartis complètement ruinés.

Un autre essai a été fait depuis, sous l'administration du général Gallieni, par un certain maire de l'île de la Réunion, nommé Babet, qui entraîna à sa suite une vingtaine de familles et à qui le général eut la faiblesse d'accorder, en même temps qu'une concession considérable, pour la fondation de la colonie de Babetville, une gratification de 20 000 francs. L'issue en a été déplorable et l'échec complet. Rien n'a été obtenu, si ce n'est la perte de l'argent de la colonie et la ruine de tous ces pauvres diables.

C'est que l'œuvre de la colonisation, dans presque toutes nos colonies, est très difficile, bien plus difficile que dans les colonies de l'ancien régime. Nous l'expliquerons en détail dans la cinquième partie de notre travail, quand nous traiterons des pays où il faut émigrer ; disons seulement ici que, presque partout, il faut attendre de longues années, en moyenne quatre, cinq, six ans avant de récolter. Ce ne sont pas, en effet, nos cultures annuelles d'Europe qu'il s'agit de faire dans nos colonies ; ce sont des cultures riches, le café, le caoutchouc, le cacao, le coton, le thé, etc., qui toutes demandent un certain nombre d'années, variant entre cinq et dix ans, pour être en plein rapport. Il y aurait exception pour certaines cultures en Algérie et en Tunisie ; mais là encore, il faut des avances assez grandes — nous venons de le dire — pour faire prospérer même une petite exploitation.

Il y a une autre raison pour laquelle un homme ne peut aller coloniser aujourd'hui dans nos possessions actuelles, sans avances d'argent assez considérables, comme il le pouvait au XVIIe siècle. Au Canada, en effet, et dans nos autres colonies de l'Amérique du Nord, un Français pouvait travailler de ses deux mains et travailler beaucoup, autant, sinon plus qu'en France, dans les plaines très fertiles du Saint-Laurent, sous un climat plus froid et partant plus fortifiant, sinon aussi agréable, que le climat de la métropole. Il ne le peut pas dans nos colonies actuelles, ou bien — cela aussi nous le verrons en détail — il ne le peut que dans une très faible mesure. Son rôle doit se borner à faire travailler, à conduire et à diriger. Mais, pour faire travailler, il faut avoir des ouvriers ; et pour avoir des ouvriers, même indigènes, il faut les payer, les payer pendant plusieurs années, et par suite, avoir une somme d'argent relativement considérable.

« Que nos futurs colons aient aussi une certaine avance d'argent, disais-je en 1894, dans la conférence que j'ai déjà citée. Ce n'est pas sans une vive appréhension que j'ai entendu un homme public promouvoir la colonisation à Madagascar par les *petites gens*. Je connais le peuple et je l'aime de tout mon cœur. J'ai vu beaucoup de ces hommes de bonne volonté, qui ne demandent qu'à travailler, et pour qui il n'y a aucun avenir en France. A ceux-là j'aimerais à dire : allez à Madagascar et vous vous y créerez une situation. Mais je n'en ai pas le droit et par amour pour eux, et par amour pour Madagascar. Ils iront, soit ; l'État leur accordera un passage gratuit, leur donnera une concession, leur garantira quelques vivres. Et puis après? Après ils échoueront; après, ils languiront dans la misère ; après, il faudra les rapatrier, ayant perdu tout ce qu'ils possédaient, et les jeter sur le pavé ; après, ce seront des hommes aigris, mourant de faim, et répandant partout le discrédit sur la terre de Madagascar.

« Non, et cela il faut le redire à toute occasion, car c'est l'exacte vérité, un homme ne devrait jamais aller à Madagascar, si quelqu'un ne lui garantit du travail et une rémunération convenable ; ou bien si lui-même, voulant travailler pour son propre compte, ne peut dépenser cinq cent francs par mois pendant cinq ou six ans, s'il ne possède un capital minimum de 30 000 francs [1]. »

Je n'ai pas un mot à changer à ce que je disais alors, si ce n'est qu'il faudrait l'étendre, avec quelques modifications relativement peu importantes, à toutes nos colonies.

Est-ce à dire que les petites gens ne pourront, à aucun prix et dans aucune circonstance, aller s'établir dans nos colonies? Faut-il condamner tout ce qui a été fait jusqu'ici dans ce sens? Et faut-il s'adresser exclusivement aux jeunes gens de la bourgeoisie? Enfin proscrivons-nous complètement l'intervention des pouvoirs publics?

Non, certes.

L'État a lui aussi un rôle à remplir dans le mouvement d'émigration que nous préconisons et ce rôle est très important.

« L'État doit d'abord, disait récemment M. Guillain dans le banquet de l'Union coloniale du 18 janvier 1899, l'État doit d'abord *ne pas entraver les colons* », et les bravos enthousiastes et prolongés qui accueillirent cette saillie durent faire comprendre à l'ancien ministre des colonies combien il avait porté juste.

---

1. *De la Colonisation à Madagascar*, p. 34.

Mais enfin cela ne suffit pas, et l'État doit faire autre chose.

Il doit d'abord percer des routes, créer des chemins de fer, faire des ports, baliser ou canaliser des rivières, en un mot outiller la colonie et la doter de tous les organes qui lui sont nécessaires pour vivre, lui donner également les établissements publics, églises, écoles, etc., dont elle a besoin et qui sont comme le cœur des fondations nouvelles ; de même, des jardins d'essai, des pépinières, des laboratoires publics, des offices de renseignements, etc., etc. Cela, les colons ne peuvent le faire. C'est donc à l'État, ou plutôt à la Colonie, à le prendre à sa charge.

L'État, ou mieux encore la Colonie, doit faire connaître au public par des données certaines et faciles à se procurer, par des bureaux de renseignements officiels ou autres, ce que sont nos colonies, ce que l'on peut y faire et ce qui est nécessaire pour y réussir, ce que l'on doit y emporter, ce que l'on peut en retirer et en espérer, etc., etc.

Il doit également préparer l'installation future des colons, par la délimitation ou l'allotissement des terrains libres propres à la colonisation, par des renseignements précis faciles à se procurer, au port même de débarquement, sur ces divers terrains et les ressources qu'on pourra y rencontrer ou les cultures qu'on pourra y faire, de telle sorte que l'émigrant puisse, en arrivant, dans l'espace d'un jour ou deux, choisir et obtenir sa concession. Il doit l'aider ensuite en le défendant contre les déprédations ou les maraudeurs ; en lui assurant la liberté, l'ordre et la sécurité ; en l'aidant, par de sages règlements, à trouver et à garder un nombre suffisant de travailleurs, en un mot en gouvernant.

Si, avec cela, il concédait des facilités de transport, ou même le passage gratuit aux colons sérieux ; si surtout il leur accordait, contre l'obligation de rester dix ans dans une colonie et d'y créer une exploitation agricole, l'exemption totale de service militaire, l'État aurait fait tout son devoir.

Si le gouvernement de telle ou telle colonie plus riche, plus développée et qui a davantage besoin de colons, voulait faire davantage, s'il voulait établir une agence d'émigration — ou mieux encore confier ce soin à une société bien organisée comme l'est, par exemple, l'Union Coloniale française, — qui lui chercherait des colons, qui les lui choisirait, qui les lui enverrait, nous n'y verrions aucun inconvénient, car cette colonie travaillant pour elle-même, aurait tout intérêt à bien choisir les émigrants et n'accepterait, à l'encontre de l'État, que ceux qu'elle croirait capables de réussir. Nous ne verrions aucun inconvénient non plus à ce qu'elle constituât, au port d'arrivée, une société semblable recevant les nouveaux arrivants, les empêchant de faire de fausses dépenses, de se laisser tromper par les aigrefins qui exploitent l'inexpérience d'autrui, et assurant, autant que faire se peut, le succès de leur établissement. Qu'elle les dispensât d'impôt pendant les premières années, qu'elle les encourageât de diverses autres manières, en accordant des primes à celui qui aurait le plus tôt défriché sa concession, ou obtenu les plus belles récoltes, ou même qu'elle mît à leur disposition, aux premiers jours de leur arrivée, une certaine quantité de main-d'œuvre, pénale ou indigène, pour débroussailler leur propriété, faire les premiers transports ou bâtir les premières habitations, cela encore, on pourrait l'approuver.

Aller plus loin, ce serait d'abord très coûteux pour les finances de la Colonie et souvent inutile ; ce serait également très dangereux pour l'avenir de la colonisation, car l'initiative personnelle et l'énergie individuelle d'un chacun, c'est-à-dire précisément les qualités qui font réussir une entreprise et prospérer un pays, en seraient diminuées en proportion. Ce serait, au moins partiellement, de la colonisation d'État, de ce petit état qu'est la Colonie, et nous le redirons toujours, cette colonisation-là, aussi bien que celle faite par le gouvernement de la métropole, ne vaut absolument rien.

Ce n'est donc pas aux frais de l'État ni aux frais de la Colonie que les petites gens doivent aller aux colonies.

Aux frais de qui alors iront-ils? Et s'ils n'y vont pas, comment le mouvement d'émigration pourra-t-il contribuer à diminuer le malaise social et l'encombrement dont nous souffrons, à rendre moins pénible le sort de tant de malheureux qui n'ont rien à faire?

Comment? Mais en faisant de la place pour ceux qui n'en ont pas ; en créant des vides qu'ils pourront remplir ; en rendant la maison moins encombrée, et les solliciteurs moins nombreux pour les places qui existent et que l'on aura alors l'espoir et la possibilité d'obtenir.

Donc, même si les petites gens ne pouvaient pas émigrer, l'émigration contribuerait encore puissamment, quoique indirectement, à améliorer leur situation.

Mais nous prétendons bien qu'ils pourront émigrer, très peu au commencement, davantage ensuite, à mesure que nos colonies se développeront, et dans une très grande proportion, lorsque ces colonies commenceront à prospérer.

Ils émigreront d'abord, non pour leur propre compte, mais pour le compte des colons plus fortunés, des directeurs d'industries et de maisons de commerce, de tous ceux qui voudront les employer. Ils gagneront ainsi de l'argent, ils s'habitueront au pays, ils s'acclimateront et ils s'établiront à leur tour, au bout de quelque temps, avec les plus sérieuses garanties de succès.

Ce serait là le meilleur moyen de faire de la colonisation par les « petites gens », et ce ne serait que la reproduction de ce que faisait l'ancien régime par son système des engagés. Chaque colon pouvait, en effet, se procurer par des contrats d'engagements, librement contractés de part et d'autre, mais que les pouvoirs publics faisaient fidèlement observer, une main-d'œuvre excellente et la Colonie acquérait pour l'avenir des colons jeunes, robustes, travailleurs, qui parfois entraient par des alliances dans la maison de leur employeur, ou bien prenaient et défrichaient une concession à côté de la sienne. C'est à cette mesure, il n'en faut pas douter, que nos colonies de l'Amérique du Nord, la Louisiane, les Antilles, le Canada durent un très grand nombre de leurs habitants. C'est à une mesure analogue qu'il faudrait recourir pour aider nos colonies actuelles à se procurer les petits colons et les petits propriétaires qui doivent constituer la masse de leur population.

Il y aurait à l'emploi de ce moyen un autre avantage. Nous tenons beaucoup à ce que nos émigrants soient bien recrutés. Or, personne ne les recrutera mieux que celui qui les engage pour son propre compte. La Fontaine l'a dit il y a longtemps :

« Rien ne vaut l'œil du maître. »

Et là où l'État ne voit rien, là où les employés de la colonie peuvent facilement se tromper, là où l'agent d'émigration le plus exigeant se laisse parfois induire en erreur, le colon qui travaille pour lui-même saura discerner ceux qui lui conviennent, et partant ceux qui conviennent à la Colonie, de ceux qui ne lui conviennent pas.

De cette manière, les « petites gens » iront aux colonies, mais ils iront pour y prospérer, pour y rester, pour y faire souche, pour y fonder une population robuste, vigoureuse, nombreuse et pleine d'avenir.

Pour peu que le mouvement actuel qui nous entraîne au dehors continue à se développer, beaucoup de gens pourraient ainsi partir. Et l'on ne saurait assez encourager les colons ou les Sociétés qui s'efforceraient ainsi d'aider au peuplement de nos colonies. Afin de les aider et d'aider aussi ceux qui partent pour leur compte, il faudrait d'abord que les concessions fussent accordées à titre définitif beaucoup plus rapidement qu'elles ne le sont aujourd'hui, afin de servir de gage à des avances d'argent parfois indispensables pour le succès définitif.

Il faudrait ensuite que chacune de nos colonies fût dotée d'une Société de crédit agricole qui fît des avances aux colons à des taux très modérés, même sur leurs récoltes futures, comme cela existe dans les colonies anglaises, par exemple à Maurice.

Il faudrait enfin trouver un moyen d'avancer de l'argent aux émigrants sérieux qui n'en ont pas assez. Une Société pourrait peut-être se fonder à cet effet, une sorte de Société d'assurance qui garantirait à des Établissements de crédit, moyennant une très légère redevance, le remboursement par annuités des avances consenties aux colons. Ou mieux encore, certaines Sociétés locales d'encouragement à l'émigration et de bienfaisance, qui consentiraient soit aux émigrants de leur propre pays, soit au colon qui voudrait les employer, les avances indispensables.

Le problème est délicat et demande pour le résoudre beaucoup de patience et beaucoup de bonne volonté. Mais il n'est pas insoluble. Laissons donc le temps faire son œuvre et nos colonies se développer et se défricher. Il y aura alors de la place pour tout le monde ; pour les grands et pour les petits, pour les riches et pour les pauvres, les premiers contribuant à l'établissement des seconds et ceux-ci prospérant peu à peu, souvent pour prendre la place de ceux-là.

Mais, de grâce, qu'on renonce à l'émigration d'État, aux subventions de l'État, aux avances d'argent de l'État, ou même de la Colonie. L'initiative privée, la liberté individuelle, le développement graduel des entreprises personnelles, voilà ce qu'il nous faut, voilà ce qui excite, développe, agrandit, améliore, et non l'État-Providence ou l'État-colon, de toutes les conceptions celle qui déprime le plus, qui tue l'initiative privée, qui ralentit tout développement, qui arrête le progrès et ruine tout ce qu'elle touche.

Il n'y a pas jusqu'aux concessions de terrain gratuites que beaucoup d'excellents esprits ne condamnent. Et de fait, ce qui se passe en Tunisie, où l'on vend les terrains, et en Algérie, où on les donne, semblerait prouver qu'ils ont raison.

Au cours de cet hiver, dans une brillante causerie que nous faisait M. Millet à l'hôtel de la Société de Géographie, je relevais les chiffres suivants :

En 1898, 105 nouveaux colons se sont établis dans la Régence, achetant 20 000 hectares, dont une propriété de 10 000 hectares pour la culture des oliviers à Tunis, une autre de 2 300, les autres variant de 5 à 35 hectares. Or, pendant cette même année, l'Algérie dépensait 1 800 000 francs, pour établir gratuitement sur son sol le même nombre de colons, ce qui fait 1 600 francs par tête N'est-ce pas concluant?

Ce qui le sera encore davantage, ce sera le succès presque certain de la plupart des colons tunisiens, et l'insuccès presque également certain des colons algériens.

CHAPITRE V

QUELS SONT CEUX QUI DOIVENT ÉMIGRER

On peut le conclure de tout ce que nous venons de dire. Ce sont d'abord des hommes formés, c'est-à-dire qui ne soient ni trop jeunes, ni trop âgés, des hommes de 23 ou 25 ans à 30 ou 35 ans.

Ce sont ensuite des hommes au tempérament sain et

vigoureux, qui n'aient en eux le germe d'aucune de ces maladies constitutionnelles qui rendent impossible la vie dans les pays chauds, qui n'aient non plus aucune de ces affections qui enlèvent à celui qui en est atteint une partie de son énergie.

Ce sont des hommes d'une intelligence au-dessus de la moyenne, d'un caractère fortement trempé, d'une volonté très forte et très opiniâtre, des hommes, par conséquent qui trouveraient facilement un emploi en France où ils pourraient vivre, mais qui ont l'ambition d'aller au loin se créer une situation plus avantageuse, en un mot des hommes au-dessus de la moyenne.

Il faudrait en particulier qu'ils fussent pratiques, et pussent tirer parti de tout, qu'ils sussent se mouvoir au milieu de toutes les difficultés, et ne fussent embarrassés, ou au moins ne se laissassent arrêter par rien, qu'ils sussent dénouer une situation ou tourner un obstacle, en un mot qu'ils fussent « débrouillards » et inventifs, ingénieux et économes et capables de se plier à toutes les situations.

Nous voudrions aussi des hommes d'une moralité sûre et reconnue, mariés ou désirant l'être et ayant pour première ambition celle de fonder une famille et de lui assurer un avenir.

Il faut de l'honnêteté, il faut de la moralité partout, mais encore plus dans les pays intertropicaux au climat débilitant aussi bien pour le moral que pour le physique, à l'atmosphère empestée par des habitudes de laisser aller et d'inconduite tellement passées dans les mœurs qu'on n'y fait plus attention, et où les plaisirs les plus grossiers viennent solliciter le colon désarmé pour le diminuer et l'abrutir s'il n'a point, comme soutien, des convictions religieuses solides, des principes de moralité inébranlables et sa propre famille.

Ce point particulier est d'une souveraine importance

pour l'avenir même de nos colonies, car de lui dépend la valeur morale et également la valeur physique des générations futures de ces colonies.

Donnez-nous donc, pour peupler nos colonies, des hommes pratiquant, autant que possible, leur religion, ou, au moins la respectant toujours et travaillez de toutes vos forces à aider le missionnaire dans son œuvre de conservation et de moralisation, non seulement auprès des indigènes, mais encore plus auprès des colons.

Je crains, à ce propos, que plusieurs de nos missionnaires ne se trompent sur ce rapport, négligeant trop les colons Français pour s'occuper davantage des indigènes. Oh ! la raison de leur conduite est simple. Ils n'éprouvent guère que des déboires auprès de ces colons souvent si mal choisis et si mal disposés, et ils craignent de perdre leur temps auprès d'eux, tandis que leurs néophytes indigènes les estiment, les écoutent, les aiment et s'améliorent chaque jour sous leur direction.

De plus, ce sont ordinairement des caractères très généreux que ces missionnaires ; leur ministère auprès des colons serait matériellement moins pénible, sûrement moins dangereux que celui auprès des indigènes, et ils prétendent n'être pas allés en mission pour seulement dire la messe, baptiser, marier et enterrer. Ils veulent être vraiment missionnaires, c'est-à-dire prêcher, convertir, fonder de nouvelles églises, souffrir la faim, la soif, les privations, s'exposer au danger, en un mot travailler au milieu des païens.

Un tel sentiment, parfaitement digne de notre caractère français, les honore grandement. Mais peut-être, s'ils songeaient que l'influence vient des colons, que ceux-ci défont rapidement, par leurs mauvais exemples et leurs conversations impies, ce qu'ils ont eu tant de peine à obtenir, que rien, au contraire, ne contribuerait autant à maintenir leurs néophytes dans le droit chemin que les exemples des Français, s'appliqueraient-ils davantage à convertir ces Français, à leur redonner la foi qu'ils ont encore latente et à leur persuader la pratique des vertus chrétiennes qu'ils ont trop souvent abandonnée. La conversion des païens serait dix fois plus rapide et dix fois plus solide, si les colons vivant au milieu d'eux leur donnaient le bon exemple, étaient ce qu'ils devraient être, chrétiens convaincus et pratiquants. C'est ainsi que faisait saint François-Xavier, le patron et le modèle de tous nos missionnaires. Avant de s'adresser aux païens, il s'efforça de convertir les chrétiens portugais de Goa. C'est également ce que font la plupart de nos vicaires apostoliques actuels, et en particulier Mgr. Fraysse, de Nouvelle-Calédonie. « Combien je souhaiterais, m'écrivait-il lui-même, au commencement de 1898 dans une longue lettre que reproduisit la *Quinzaine coloniale* du 25 février [1], combien je souhaiterais que toutes nos tribus catholiques fussent avoisinées par des familles laborieuses et attachées aux pratiques de la religion ! Je prendrais volontiers l'engagement de leur garantir, en retour du bien que produirait leur bon exemple, l'estime et même le concours de nos néophytes comme travailleurs, dans la mesure que comporte leur genre de vie. Et cet engagement ne me serait pas difficile à tenir, car nos néophytes, qui, hélas ! ont eu trop souvent à souffrir du scandale, se montrent spontanément respectueux et sympathiques, envers le colon qui joint à une attitude correcte la pratique de sa religion. »

Et il énumère avec une certaine complaisance, du reste parfaitement justifiée, ce qu'il a fait pour assurer le service religieux en Calédonie, pour garantir aux colons tous les moyens de continuer à pratiquer leur religion.

« Administrativement, et cela depuis 1862, sur la demande du gouvernement, quelques prêtres ont été d'une manière officielle détachés de la mission proprement dite pour assurer à titre de curés le service religieux

---

1. Pages 98-100.

dans les centres européens. Nous aviserons plus tard, disait le ministre de l'époque, à développer sur les mêmes bases l'organisation du clergé local à mesure que les circonstances, les nouveaux besoins, nous en feront connaître l'opportunité. (Dépêche du 7 février 1862.)

« En fait, ce clergé colonial embryonnaire a été l'objet de bon nombre de réglementations destinées à régulariser sa situation officielle, mais encore aujourd'hui, il ne compte que 8 membres, comme on peut le voir dans l'annuaire de la Colonie, et ce nombre est tout à fait insuffisant pour assurer le service religieux des centres européens aujourd'hui existants. Il faudrait qu'il fût quadruplé. Le gouvernement, suivant les dispositions de la dépêche citée plus haut, se fera-t-il un devoir d'ériger de nouvelles cures dans les centres nouvellement fondés et d'y assurer le service religieux par une augmentation de personnel, proportionné au développement de la civilisation ? Il est permis de l'espérer.

« En attendant, si le clergé colonial rétribué et reconnu par l'État ne compte que 8 membres, en réalité il y a dans la colonie 50 missionnaires disséminés sur tous les points qui, tous, quelles que soient leurs fonctions et leurs résidences, s'empressent d'offrir leur ministère aux colons catholiques de leur district, sans distinction d'origine ou de nationalité.

« Bien plus, comme quelques centres importants se trouvaient trop éloignés des résidences des missions existantes, préoccupé avant tout du salut de leurs âmes, pour fournir aux colons anciens et nouveaux le moyen de pratiquer leur religion, sans attendre que des cures fussent érigées et qu'un traitement leur fût assuré, laissant à la charge de la mission les frais de logement et d'entretien, j'ai placé deux prêtres à Koné, un à la Foa, un quatrième à Houialou, avec mission de visiter tous les petits centres de colons qui se forment en ces régions et d'y ériger des chapelles. En ce faisant, quoi qu'en aient dit certains publicistes mal intentionnés ou mal informés, j'ai été heureux d'apporter, en ce qui est de mes attributions, un concours effectif à la cause de la colonisation.

« Il en résulte, de fait, qu'il n'est pas un centre de colonisation qui se trouve privé de la présence ou de la visite du prêtre.

« Si l'organisation du service religieux laisse encore à désirer, dans les centres nouveaux, comme en tout pays qui débute, je dois à la vérité de dire qu'il est établi avec honneur dans les centres anciens. On y trouve des églises qui, comme tenue et construction, ne seraient point déplacées dans nos communes de France. L'église de Nouméa qui, par sa position et son ampleur domine toute la ville, est un véritable monument. C'est le premier et le principal édifice que l'émigrant aperçoit en entrant dans le port, et, à son aspect, il peut se rassurer et dire : j'arrive en pays catholique. »

Enfin il faut à tous ces colons, au moins à ceux qui partent pour leur propre compte, et pour les raisons que nous avons dites, une somme d'argent assez élevée. C'est là une condition de succès absolument indispensable, et plus cette avance sera considérable, plus ils pourront faire grand, plus, par suite ils auront de chances d'obtenir des résultats avantageux. Les frais généraux diminueront, en effet, relativement, en proportion de la grandeur de l'exploitation ; le débroussaillement, le défrichement, l'ensemencement ou la plantation de la concession, seront plus rapidement faits, les troupeaux plus vite constitués, la main-d'œuvre plus nombreuse et plus constante, la vente des produits plus facile et leur transport moins coûteux. D'où il suit qu'on tirera meilleur parti de sa propriété et tel colon qui, avec 50 000 francs d'avances ferait peut-être rapporter à ses terres 15 ou 20 p. 100, avec 200 000 francs leur fera rapporter de 25 à 30 p. 100 ou même davantage.

A un autre point de vue, ces colons riches seront une bonne fortune pour la colonie dont ils mettront rapidement en œuvre, les ressources naturelles, où ils importeront plus vite une population de travailleurs considérable, et dont ils augmenteront par leur argent l'aisance et le bien-être.

Or ces colons, d'où viendront-ils ? et où surtout faudra-t-il les chercher ?

Nous les trouverons en particulier dans les hautes classes de la société, dans notre noblesse terrienne, dans notre bourgeoisie conservatrice, dans ces familles dont les enfants entraient autrefois dans la magistrature, dans l'administration, dans les finances, au Conseil d'État, etc., pour y servir leur pays à leurs frais, mais à qui ces carrières se trouvent aujourd'hui fermées de par leurs traditions ou leurs principes, ou bien encore par le plus regrettable et le plus inexplicable des ostracismes.

Il y a dans ces familles de la générosité, de l'élan, du dévouement, des sentiments d'honneur et de délicatesse ; il y a généralement aussi des croyances religieuses conservées avec soin, des traditions de loyauté, de dignité, d'inflexible justice, tout un ensemble de qualités qui en feraient d'excellents colons. Ils ont également de l'argent pour aller fonder aux colonies des exploitations prospères. Ils ont ou, au moins, ils peuvent acquérir les connaissances nécessaires pour cela.

Que ne partent-ils donc, au lieu de rester à s'étioler, à s'amoindrir, à se rapetisser, souvent à se perdre, dans une coupable oisiveté ? Que ne vont-ils au grand air dans de vastes propriétés où ils seraient chez eux et complètement indépendants, où ils feraient œuvre utile pour eux et pour leur pays, où ils acquerraient de grandes situations territoriales, de grandes fortunes pour eux et pour leurs enfants ?

Deux carrières seulement peuvent convenir à ces hautes classes de la société : la guerre et l'agriculture. Ils ne peuvent pas tous entrer dans l'armée ou dans la marine ; ils n'ont pas tous en France des terres suffisantes pour satisfaire à leur besoin d'activité ou pour en espérer une rémunération suffisante ; de plus, l'agriculture dans nos contrées d'Europe rapporte extrêmement peu. Qu'ils aillent donc dans les pays neufs, plus riches, plus chauds et où l'on peut faire, sur une large échelle, des cultures plus riches.

Or, ces jeunes gens à qui les carrières publiques sont fermées, pour une raison ou pour une autre, sont, nous l'avouons, très nombreux et il suffirait de leur montrer un débouché convenant à leur activité pour qu'aussitôt ils s'y précipitassent ; il suffirait de leur faire connaître nos colonies, ce que l'on peut y faire, la vie qu'on peut y mener, ce que l'on doit en espérer, pour les décider à partir.

Et pourquoi n'iraient-ils pas, eux qui ne peuvent rien faire en France et qui cependant ont besoin de faire quelque chose ?

Pourquoi n'iraient pas également quelques-uns des membres de ces familles riches mais nombreuses, dont la situation ne pourra se maintenir si tous les enfants restent à vivre sur le fonds paternel qu'ils se partageront par portions égales ?

Et ne serait-il pas sage que le père de famille, tournant de bonne heure leur pensée vers nos possessions lointaines, et les préparant de bonne heure à devenir d'excellents colons, donnât aux plus entreprenants, aux plus jeunes quelques centaines de milliers de francs qui seraient tout ou partie de leur dot et les envoyât faire fortune aux colonies ?

« Les cadets aux colonies, remarque très finement à ce propos le brillant écrivain qu'est Jules Lemaître, dans une de ses premières « opinions à répandre » du *Figaro*, (et par cadets j'entends aussi les aînés). Leurs ancêtres devaient spécialement le service militaire, que les petits-fils les remplacent par le libre service colonial ! Ce sera pour eux un bon moyen de rester en communion avec la

France démocratique et d'en être même les bienfaiteurs [1]. »

Cela, c'est la vérité, mais cela a-t-il chance d'être accepté en France ? Et pourquoi pas, si seulement on veut s'en occuper ?

« Ce qu'il faudrait pour commencer, continue Jules Lemaître, c'est que la colonisation fût à la mode parmi les gens du monde et gens de sport, dans les salons et dans les cercles, dans la bourgeoisie riche et dans ce qui nous reste d'aristocratie. Et il semble que ce mouvement mondain d'opinion ne soit pas trop difficile à provoquer, si l'œuvre coloniale, par ce qu'elle exige d'énergie et comporte d'aventure, et par ce qu'elle concède à l'instinct de commandement, est éminemment « noble » et si déjà, sous l'ancien régime, les gentilshommes ne dérogeaient point en s'y adonnant. »

Ce qu'il faudrait donc, c'est que cette idée de la colonisation et de l'émigration pénétrât par le haut de la société, qu'elle donnât aux soi-disant « classes dirigeantes » un peu désemparées aujourd'hui, un but et un débouché qui leur convinssent et les arrachât ainsi à leur vie de frivolité et d'inutilité, sinon de vices et de désordres ; qu'elle remplît leurs journaux ; qu'elle devînt leur grande ambition et leur véritable gloire ; que la mère de famille fût fière de son fils planteur à Madagascar, en Annam, en Tunisie, et que la jeune fille du monde préférât à tout autre celui qui aurait su ainsi utiliser sa jeunesse. Au moyen âge, une damoiselle noble ne consentait à donner sa main qu'au soldat qui avait su accomplir quelque remarquable exploit ; il faudrait que nos jeunes Françaises des hautes classes ne craignissent pas de préférer au désœuvré des salons ou des clubs, le hardi voyageur, l'intrépide explorateur ou, encore mieux, le courageux colon qui est moins élégant et moins habile à « faire sa cour » mais qui est

---

1. *Figaro*, 17 février 1898.

meilleur, qui est un homme de valeur, qui a du caractère et une personnalité.

Et quelle belle, quelle fière, quelle noble revanche ces classes de la société plus ou moins laissées de côté par les pouvoirs publics, prendraient de cet injuste ostracisme, en peuplant et en mettant en valeur nos colonies ; en acquérant une situation prépondérante et en retrouvant, pour elles-mêmes, la fortune qui chaque jour leur échappe des mains, par suite précisément de leur inoccupation forcée et qui, retrouvée, leur rendrait l'influence, l'autorité, le pouvoir! Ce serait là la prospérité et l'avenir assuré de nos colonies et, par contre-coup, la rénovation et le salut de la France, par la rénovation de nos classes dirigeantes.

Faut-il désespérer de voir un tel changement se produire? Non, certes. Nous en sommes encore loin. Les mères et leurs filles s'effraient encore au seul nom des colonies que, du reste, elles ne connaissent pas du tout. Les gens sages et réfléchis cherchent encore une place de 200 à 300 ou 500 francs par mois. Les ambitieux se contentent d'être officiers ou marins, ou attachés d'ambassade, d'entrer à la Cour des Comptes, à l'Inspection des Finances ou dans une compagnie d'assurances.

Cependant d'autres font différemment et on ne les condamne plus autant. Le goût des voyages se répand de plus en plus, et aussi celui des explorations lointaines, et le public n'a pas assez d'applaudissements pour ces hardis jeunes gens qui ont parcouru les déserts de l'Afrique ou de l'Asie, quand ils viennent nous raconter, dans une séance publique, leurs dangers, leurs travaux et leurs souffrances, nous dire ce qu'ils ont vu, ce qu'ils ont observé et obtenu. On pressent que ces gens valent mieux que nous.

Seulement ils se contentent de voyages, et au bout de quelques mois, au bout d'un an ou deux, ils rentrent en France avec un certain bagage scientifique, avec des idées exotiques, parfois *gardent au cœur* le charme de ces pays ensoleillés et le désir d'y retourner, mais rien de plus. Et tandis que le *gentleman*, ou même le lord anglais s'est arrêté en route, s'est intéressé à des entreprises industrielles ou commerciales, a acheté ou fondé une grande exploitation agricole, qui sera pour lui la source de revenus considérables, le Français rentre après avoir diminué son avoir de quelques milliers de francs.

Je voudrais qu'il fît comme le gentleman ou le lord anglais, qu'il prît des intérêts dans les colonies qu'il a visitées, qu'il y mît de l'argent, qu'il s'établît lui-même dans quelque coin fortuné qui l'aurait séduit, qu'il y achetât de grandes propriétés, qu'il retournerait mettre en valeur, après être allé en France chercher des compagnons et, en particulier, celle qui devra être la compagne de toute sa vie et le plus précieux de tous ses auxiliaires.

Je voudrais que nos explorateurs devinssent, au moins quelquefois, des colons.

Voilà donc tout d'abord ceux qui devraient aller aux colonies.

Il y en a d'autres, moins riches et moins haut placés dans la société, mais plus solides peut-être et ayant plus de ressources personnelles et qui, pour les mêmes raisons, devraient également aller aux colonies ; ce sont, pour citer encore M. Jules Lemaître, « les enfants de la petite noblesse du pays de France...... à qui le rôle de colon conviendrait merveilleusement.

« Ceux-là, par leur médiocre fortune, par leur condition sociale, par leur éducation et leurs aptitudes, me paraissent aussi rapprochés que possible de ces « cadets » d'autrefois, qui forcés de se tirer d'affaire, ont été souvent de si utiles aventuriers.

« Ils ne savent peut-être pas grand'chose. Élevés dans les provinces, dans des collèges ecclésiastiques, en belle situation, entourés de beaux parcs, où les études sont pitoyables, mais où la discipline est paternelle, où on les laisse vivre beaucoup en plein air et pratiquer tant qu'ils veulent les exercices physiques, ils ont des muscles et du sang, de la bravoure, de l'adresse, et généralement, parmi leurs préjugés vaniteux, de la probité et de l'honneur.

« Aujourd'hui, la plupart vont à Saumur ou à Saint-Maixent, Saint-Cyr étant trop fort pour eux. Ce sont des sous-officiers « chics » et qui ont assez l'esprit militaire. Mais enfin ils n'ont guère dans leur sac que le bâton de maréchal des logis. Après quelques années de garnison, ils se marient, pas très richement, dans leur monde, et vivotent sur leurs terres, comme ont fait leurs parents. Ils sont grands chasseurs, parfois cultivateurs ou éleveurs passables, quoique routiniers. Rapidement ce qu'ils ont pu avoir d'intelligence s'assoupit et se ratatine. Ils se retirent de tout parce qu'ils n'aiment pas la République. Ils ont presque toujours beaucoup d'enfants, — ce qui est bien, — et qui feront comme eux — ce qui est déplorable. »

Si au lieu de cela ils allaient aux colonies, « ils y mèneraient la vie la plus ressemblante à celle du vrai gentilhomme, et ils n'auraient pas grand'peine à devenir d'excellents colons, puisque, fils de la terre, ils en connaissent déjà les travaux, et puisque, d'autre part, ils sont, de naissance, chasseurs, cavaliers et au besoin soldats.

« Toutes leurs meilleures qualités héréditaires trouveraient donc là leur emploi. Et, comme ils sont presque tous d'honnêtes garçons et qui ont de bons « principes », ils moraliseraient la colonisation.

« Il va sans dire qu'ils épouseraient tout de même leur cousine ou leur petite amie d'enfance, et qu'ils l'emmèneraient là-bas dans leur concession, où elle serait reine. Une fille bien née, qui se pique, je suppose, d'avoir eu un bisaïeul parmi les compagnons de La Fayette — ou même, mon Dieu ! une arrière-grand'mère aux guerres de Vendée — ne doit pas redouter les voyages ni un peu d'aventure.

« Sans compter que, une fois sérieusement établis là-bas, ces colons de choix y appelleraient, pour les employer, comme ouvriers agricoles ou industriels, les pauvres diables de bonne volonté qui n'ont pas assez d'argent pour y aller comme colons. La métropole s'en trouverait soulagée d'autant. »

Tout cela est très vrai et plein de bon sens ; très vraie également la conclusion par laquelle le brillant écrivain termine son article :

« Ainsi seraient utilisées des énergies aujourd'hui stériles ; et ainsi pourrait travailler au bien général, en même temps qu'à son propre bien, une classe sociale un peu déprimée et désorientée à l'heure qu'il est. »

Évidemment, tous ces jeunes gens ne devraient partir qu'après une sérieuse préparation. Le bon colon ne s'improvise pas en effet, pas plus que le bon officier ou le bon médecin ou le bon architecte. Il faudrait que la colonisation devînt une carrière au même degré que les autres carrières et que des écoles spéciales préparassent également ceux qui s'y destinent. La culture, aux colonies, si elle rapporte beaucoup, est très difficile, et celui-là seulement peut avoir espoir d'y réussir qui a une intelligence pratique au-dessus de la moyenne, et qui s'y est préparé par de longues et fortes études techniques que couronnera un sérieux apprentissage.

Il faudrait donc que ces jeunes gens qui doivent être, de par leurs moyens d'action, le noyau de la future colonisation, après de solides et sérieuses études secondaires, allassent dans une école coloniale, par exemple dans celle que l'on fonde en ce moment à Nantes ou encore mieux, s'ils sont d'une position plus élevée, à l'École Supérieure d'Agriculture d'Angers, qui les préparerait, comme l'École de Nantes, à l'année d'application de l'École de Tunis. Il faudrait ensuite qu'ils consacrassent deux ou trois ans à aller sur place, dans une colonie anglaise ou hollandaise, étudier la culture du café, du thé, du tabac, du cacao, etc. Puis enfin que, pendant un an ou dix-huit mois, ils visitassent deux ou trois de nos colonies et en particulier parcourussent celle où ils ont décidé de s'établir, jusqu'à ce qu'enfin ils aient trouvé un endroit propice à leur projet.

A ce moment, ils auraient 24 ou 26 ans ; ils auraient des connaissances acquises considérables ; ils inspireraient confiance et ils n'auraient qu'à se présenter pour trouver tous les moyens d'action qu'ils pourraient désirer, soit en hommes, soit en argent. Ils seraient aptes à créer et à diriger les plus vastes exploitations. Ils le feraient et ils y réussiraient, et leurs concessions deviendraient rapidement, en même temps qu'un modèle et une leçon vivante pour les voisins, le centre d'une féconde activité, l'origine d'un gros village ou d'une petite ville et, pour eux-mêmes, la source de gros revenus.

Ce serait là l'élite de notre colonisation.

A côté d'eux, avec eux et pour eux, ou même indépendamment d'eux, d'autres jeunes gens devraient également aller aux colonies, qui n'auraient pas les mêmes ressources ni la même préparation technique ; qui seraient obligés, par suite, de faire plus petit, s'ils voulaient travailler pour leur propre compte, ou qui se mettraient d'abord au service des grands colons ou des grandes entreprises, soit industrielles, soit commerciales, jusqu'à ce qu'ils fussent capables de faire quelque chose par eux-mêmes.

Il suffit de jeter les yeux autour de soi et de voir combien sont encombrées en France toutes les carrières auxquelles ils peuvent prétendre, pour voir combien sont nombreux les jeunes gens qui pourraient ainsi partir aux colonies. Mais tous doivent-ils y aller ? Non, certes, nous l'avons déjà dit et nous ne saurions trop le répéter, c'est une élite qu'il faut envoyer, et cette élite, il faut la former avec soin afin de ne point l'exposer à un échec qui serait désastreux. Ne l'oublions pas, en effet, l'avenir pour un jeune homme de valeur, s'il est plus brillant aux colonies qu'en France, offre beaucoup plus d'aléas et demande plus de valeur. Tel réussira en France qui échouera certainement aux colonies; mais s'il réussit aux colonies, il réalisera une fortune, tandis qu'en France il n'aurait pu que végéter.

Il importe donc souverainement, et dans l'intérêt de nos colonies, et dans l'intérêt de ceux qui iront, de n'y envoyer que les gens que nous croirons sûrement devoir y réussir, c'est-à-dire, répétons-le, ceux qui ont des qualités morales et intellectuelles au-dessus de la moyenne et ceux qu'une longue préparation aura rendus aptes à une telle entreprise.

Évidemment, ces jeunes gens d'une condition inférieure à ceux dont nous avons parlé précédemment ne pourront pas, comme eux, se préparer par des études techniques aussi longues et par des voyages ou des stages à l'étranger aussi prolongés. Mais il serait bon, il serait nécessaire qu'ils eussent auparavant suivi des cours pratiques, par exemple à l'École coloniale de Tunis ou dans telle autre école que nous espérons voir se fonder bientôt soit en France, soit dans nos autres colonies. Il serait à souhaiter également qu'ils fissent un stage de six mois ou d'une année, dans une exploitation coloniale plutôt que dans un jardin d'essai, afin d'apprendre, non seulement la culture des plantes tropicales, mais aussi, ce qui est encore plus nécessaire, la direction d'une exploitation, le maniement des ouvriers indigènes, les soins pratiques à donner aux troupeaux et aux plantations, etc.

Cela est indispensable s'ils veulent s'établir à leur compte — et presque tous voudront le faire tôt ou tard — ou s'ils désirent diriger une exploitation pour le compte d'autrui. Cela leur serait utile encore, même s'ils ne visaient qu'à être employés, car, ne l'oublions pas, ce ne sont pas des ouvriers qu'il nous faut aux colonies, mais des hommes qui auront à commander et à diriger.

On ne pourrait guère faire d'exception que pour les

ouvriers de métiers qui, s'ils sont habiles et intelligents, auront vite fait de s'adapter aux conditions de milieu et de se plier aux circonstances.

Un bon serrurier, un bon horloger, un bon menuisier ou un bon ébéniste de France n'auront pas besoin d'un apprentissage spécial pour être un bon serrurier, un bon horloger, un bon menuisier ou un bon ébéniste à Tananarive, à Hanoï ou à Tunis, etc.

Ce qui importe encore davantage que leur préparation, c'est la sélection rigoureuse qu'il faudra faire parmi tous ceux qui se présenteront pour aller aux colonies.

Or, ce choix, cette sélection si importante, comment la faire? Il ne s'agit pas, évidemment, d'exclure personne; il s'agit seulement de limiter notre propagande, nos encouragements, nos secours aux seules personnes susceptibles de réussir.

Je voudrais donc qu'on recrutât nos colons surtout dans deux catégories différentes :

1° Dans nos campagnes et

2° Parmi les jeunes gens qui quittent le service militaire.

Les habitants des villes, en règle générale, ne font que des colons médiocres. Ils ne connaissent pas assez le travail de la terre. Ils ne sont ni assez résistants, ni assez ménagers. S'ils ont de l'entrain et de l'élan, ils manquent souvent de constance et de persévérance. Ils sont généralement inquiets et turbulents. Enfin ils sont trop souvent dépourvus des qualités morales nécessaires pour « moraliser » nos colonies.

Les jeunes gens des campagnes, au contraire, surtout si on les choisit avec soin par l'intermédiaire de ceux qui les connaissent le mieux, et que l'on ne prenne pas au hasard ceux qu'un article de journal ou une réclame ont décidés à aller aux colonies parce qu'ils ne trouvent rien à faire chez eux; si l'on n'accepte que les bons ouvriers, rangés, économes, intelligents, que le seul désir d'améliorer leur situation décide à partir, ces jeunes gens réussiront plus sûrement parce qu'ils sont plus travailleurs, plus vigoureux, plus opiniâtrément décidés et, au point de vue moral, incomparablement meilleurs.

C'est dans nos campagnes, donc, parmi nos petits cultivateurs, parmi nos fermiers et nos métayers, au besoin parmi nos valets de ferme, que devrait se porter de préférence l'effort de tous ceux qui s'occupent de préconiser l'œuvre de la colonisation. Et pour atteindre les meilleurs et ne pas se tromper, c'est de préférence le curé qu'il faudrait intéresser à cette œuvre, et, avec lui, les propriétaires terriens, qui seuls connaissent bien leurs paysans.

Il faudrait pour ceux-là, comme il le faudrait pour l'émigration des jeunes gens des hautes classes, que le monde religieux et le monde conservateur s'intéressassent à cette œuvre de la colonisation, que leurs journaux et leurs revues, que les semaines religieuses en parlassent souvent et pertinemment; que des conférences publiques fussent faites sur ce sujet dans les grands séminaires, ou encore mieux, aux prêtres de toute une région, réunis par exemple pour leur retraite annuelle ; que des brochures bien écrites ou même une revue succincte sur la matière, fussent adressées gratuitement à ces prêtres, que les frères des Écoles chrétiennes qui ont également tant d'influence sur les classes ouvrières et les classes moyennes, par leurs écoles libres, par leurs patronages, par leurs pensionnats, fussent associés à cette propagande, qu'on y intéressât également les syndicats agricoles, en un mot toutes les associations qui peuvent aider le vaste mouvement dont nous préconisons le développement.

Le monde religieux, et en particulier le clergé, répugnent à entrer dans ce mouvement par crainte, par pusillanimité, par conscience parfois ou par scrupule. Pour eux, le problème se pose ainsi d'ordinaire : ont-ils le droit d'envoyer un jeune homme du sein de leurs campagnes où il serait resté bon, et par suite se serait sauvé, dans une colonie où il manquera de secours religieux, où il sera très exposé à mal se conduire et à perdre la foi, où il se damnera?

D'abord nos colons ne manquent totalement de secours religieux dans aucune de nos colonies. Bien plus, ces secours deviendraient de plus en plus abondants et de plus en plus à leur portée, à mesure qu'ils seraient plus nombreux et meilleurs. On se plaint de l'immoralité et de l'irréligion qui ne règnent que trop dans nos colonies et l'on a raison. Mieux vaudrait cependant réagir et cela par le seul moyen à notre portée, celui d'une émigration plus saine et mieux choisie.

Un clergé plus nombreux et les écoles viendront à la suite des colons, pourvu que nous sachions les réclamer. L'émigration, la colonisation sont inévitables. Elles se feront contre nous, si elles se font sans nous. Là, comme ailleurs, renonçons donc à la politique d'abstention, la pire de toutes les politiques, et prenons notre part de ce mouvement qui nous emporte tous inévitablement. Nous en avons le droit, et nous en avons, mieux que tout autre, les éléments.

A cette première raison, très vraie et très importante, mais peut-être un peu difficile à comprendre, s'en ajoute une autre plus frappante et en apparence plus concluante.

Si ces jeunes gens ne partent pas aux colonies, ils partiront à la ville voisine et encore plus fréquemment, à Paris où ils n'iront jamais à l'église, où ils travailleront tous les dimanches, où ils s'abandonneront à l'inconduite, où ils perdront la foi très rapidement. Mieux vaut encore aller aux colonies, y mener des différentes manières de vivre la plus moralisante de toutes, la vie au grand air, dans la campagne et en famille. On peut se perdre aux colonies, mais on peut s'y conserver; on se perd presque sûrement à Paris et dans nos villes. Donc n'ayons pas un instant d'hésitation.

L'Union Coloniale a immensément fait pour le développement des idées de colonisation et d'émigration parmi nous, et jamais on ne la félicitera assez de sa féconde et courageuse initiative. Mais, de par la force même des choses, son action va principalement aux gens du commerce et aux habitants des villes. Je voudrais voir cette action se déplacer et se transporter surtout dans nos campagnes ; je voudrais voir l'Union se servant moins du journal que lisent surtout les ouvriers des villes ou les désœuvrés, et davantage des influences locales ; je la voudrais voir organisant une vaste campagne de conférences, qui atteindraient les plus petits centres ; je voudrais voir partout le monde religieux et conservateur, le curé et le frère de l'école, le propriétaire terrien et le syndicat agricole s'unir à elle, adhérer à sa doctrine, seconder ses efforts. On arriverait ainsi aux mêmes heureux résultats qu'au XVIIe siècle, puisque aussi bien on ne ferait que reprendre ses traditions et refaire de nos jours ce que Colbert sut si bien faire, par exemple en faveur du Canada.

Et notez bien que cette propagande ne devrait pas s'adresser à toutes les campagnes de France, car toutes ne peuvent pas fournir d'émigrants, au moins en quantité notable, mais seulement à celles plus pauvres où une race plus prolifique fournit chaque année des excédents de population; à celles où l'on émigre déjà, soit à l'intérieur, soit à l'extérieur ; à celles enfin dont la population, par son endurance et ses qualités natives, offre le plus de ressources.

Les efforts tentés jusqu'ici en Bretagne n'ont pas donné de grands résultats parce que le Breton, fixé loin de son pays, s'ennuie et veut rentrer dans sa Bretagne, et parce qu'aussi il a la mer qui prend une grande partie de ses enfants. Il ne faudrait donc pas porter tout d'abord ses efforts vers la Bretagne, à moins cependant qu'une vaste entreprise n'emmenât à la fois des villages entiers qui auraient ainsi plus de chances de persévérer et de réussir.

Il ne faudrait pas non plus s'adresser aux provinces

si fertiles des vallées de la Loire ou de la Seine, ou du Rhône, à la Limagne, aux contrées riches, en un mot, dont les habitants ne sentent pas le besoin d'aller chercher au loin un bien-être que, autrefois du moins, ils trouvaient sur place. Si aujourd'hui notre crise économique s'est fait sentir, même dans ces pays, la vie y est encore plus facile qu'ailleurs. Les habitants y ont, du reste, peu d'enfants, et étant en outre plutôt sédentaires, ils se montreraient réfractaires au moins aux premiers efforts de propagande tentés auprès d'eux. Plus tard, il en sera peut-être autrement. Attendons donc que ce moment arrive et adressons-nous, en attendant, aux Basques, aux Hautes-Alpes, aux régions pauvres du plateau central, l'Auvergne, le Cantal, l'Aveyron, la Creuse, la Corrèze, surtout aux départements du Nord et du Pas-de-Calais, à ceux de la Franche-Comté ou de la Savoie, partout en un mot où il y a une population saine, vigoureuse, entreprenante, qui mène sur place une vie dure et remplie de privations, et qui accepterait facilement d'aller, même au loin, se créer une situation meilleure, pourvu que des gens sûrs et bien renseignés sussent la lui faire entrevoir.

Nous l'avons dit au commencement de ce travail, depuis moins de cinquante ans, plus de 100 000 Basques sont allés chercher fortune dans la République Argentine. Dirigeons tous ces braves gens vers Tunis ou Madagascar; dirigeons-y les Corses qui jadis allaient à Cuba; les Barcelonnettes qui vont au Mexique; surtout dirigeons-y les centaines de mille de paysans qui, chaque année, vont se perdre dans nos grandes villes. Nos villes n'en ont nul besoin, au contraire; ils n'y font rien et ils s'y ruinent; envoyons-les donc aux colonies où ils feront œuvre utile, où ils s'enrichiront tout en les mettant en œuvre et en développant la grandeur de la France.

Voilà donc les gens qu'il faudrait envoyer aux colonies, les paysans de nos campagnes, ceux qui sont encore jeunes et vigoureux et que leur valeur met au-dessus de la moyenne.

Mais comment les décider à partir? Nous l'avons déjà dit : par la propagande locale ; au besoin par des agents d'émigration sérieux qui parcourraient nos campagnes et enrôleraient tous ceux qui voudraient partir ; par une sorte de contagion heureuse qui gagnerait de proche en proche à mesure que la colonisation se développerait, les premiers partis appelant au fur et à mesure de leurs succès leurs parents et leurs amis; par le mouvement acquis enfin et l'opinion publique devenue favorable à l'émigration. L'important est de commencer, et l'on a déjà commencé ; la continuation et le développement viendront presque tout seuls.

Il y a du reste une catégorie de jeunes gens qu'il serait très facile de décider à s'expatrier et qui ferait d'excellents colons, les soldats libérés qui, à leur sortie du régiment, sont en quête d'une situation définitive pour toute leur vie.

Ils feraient d'excellents colons, personne ne peut en douter. Leur séjour de trois ans à la caserne, sans développer outre mesure leurs facultés d'initiative et d'entreprise, les a cependant « débrouillés » et n'a pas été assez long pour leur faire oublier complètement leurs vieilles habitudes de travail et d'épargne. Il les a disciplinés et rompus à la fatigue, leur a appris à se contenter de peu, à surmonter les difficultés, à se vaincre, au besoin ; enfin, il a singulièrement fortifié leur caractère.

D'un autre côté ils ont entendu parler des colonies par leurs camarades ou par leurs officiers ; ils ont pris l'habitude de sortir de chez eux et de vivre loin de leurs villages ; les distances ne les effraient plus, comme autrefois, et c'est sans épouvante qu'ils envisageront la perspective d'aller s'établir au loin, pour passer leur vie entière à 10 000 lieues de leur pays, comme ils ont passé trois ans à 50 ou 100 lieues de leur village.

Il existe à Paris une œuvre de date récente, la « Maison du Soldat », fondée et dirigée par Mlle d'Erlincourt. Jusqu'ici elle a pu placer tous ceux qui sont venus frapper à sa porte. Mais y suffira-t-elle longtemps ? Mlle d'Erlincourt répond nettement non.

Depuis trois ans qu'elle fonctionne, l'œuvre a placé près de 4 500 soldats, en moyenne 1 500 par an. Bientôt elle en aura 2 000 à placer à Paris seulement, sans compter ceux qui viendront à elle de tous les autres points de la France, en nombre bien supérieur. Le nombre des places disponibles est cependant forcément limité, ainsi que celui des industriels et commerçants capables de s'intéresser à son but. Un moment arrivera donc, et Mlle d'Erlincourt le prévoit à bref délai, où le nombre des demandes l'emportera incomparablement sur celui des places disponibles et où, par suite, il sera impossible de trouver des situations pour tout le monde.

Pourquoi un certain nombre d'entre eux n'iraient-ils pas aux colonies ? Il y en a qui ont certaines avances d'argent. Pourquoi n'iraient-ils pas y fonder une exploitation à leur compte ? Il y en a qui ont un métier, qui sont mécaniciens, menuisiers, chauffeurs, électriciens, horlogers, etc. Pourquoi ceux-là ne solliciteraient-ils pas, des diverses compagnies coloniales ou des industriels établis aux colonies, des places qu'ils sont plus aptes à remplir que beaucoup d'autres ?

Cette idée a frappé Mlle d'Erlincourt et je ne doute pas qu'elle ne trouve les moyens de la mettre en pratique. Après tout, les situations qu'elle peut offrir en France sont des situations subalternes et sans grand avenir. Pourquoi ne pas aller vers des pays où l'on pourrait espérer davantage ? Elle pense pouvoir trouver en France de l'argent pour fonder des Sociétés d'exploitation agricole que dirigeraient ses soldats. Il y a peut-être, il y a sûrement là une idée féconde, plus ou moins facile à réaliser, mais qui ferait le plus grand honneur à qui la ferait réussir et qui, en tout cas, rendrait les plus grands services, soit à ces jeunes gens à qui elle procurerait ainsi la possibilité de se créer une situation indépendante, soit à nos colonies qu'elle contribuerait puissamment à mettre en valeur.

Il y a toute une autre classe de soldats qui n'auraient pas besoin d'aller aux colonies puisqu'ils y sont déjà, mais qui devraient y rester et s'y établir pour les cultiver, après les avoir conquises, agrandies ou défendues, ce sont les soldats libérés d'infanterie ou d'artillerie de marine.

Ils sont accoutumés au pays et habitués à son climat ; ils en savent, au moins partiellement, la langue ; ils en connaissent les habitudes. Pourquoi n'y resteraient-ils pas pour peu qu'on les encourageât à le faire, et pourquoi n'y passeraient-ils pas leur vie entière ? Personne ne les vaudrait pour coloniser le pays, et personne également pour aider à le défendre, si jamais il était nécessaire de le faire.

Parmi les meilleurs colons de notre ancien Canada, on compta les soldats licenciés et en particulier ceux du régiment de Carignan qui, au nombre de 1 000 environ, quittèrent le service en même temps et s'établirent, avec un certain nombre de leurs officiers, au centre même du pays des Iroquois, sur la rivière de Richelieu. L'administration favorisa de tout son pouvoir cet établissement des soldats : « M. Talon, rapporte à ce sujet Rameau, emportait pour instruction de faire tous ses efforts pour déterminer le plus grand nombre de soldats, après l'expédition, à prendre leur congé et un établissement au Canada... Le roi, ajoute-t-il un peu plus loin, fit à chaque soldat un présent et des avantages pour l'aider à s'établir [1]... »

Aujourd'hui, il reste peu d'anciens soldats dans nos colonies, probablement parce que l'on ne fait rien pour les y retenir.

Il faudrait, si l'on voulait arriver à quelque résultat, d'abord bien choisir les soldats que l'on envoie dans les colonies, n'y admettre absolument que des volontaires et

---

1. Pages 26 et 28.

autant que cela serait possible, leur permettre de choisir la colonie qu'ils préféreraient. Il faudrait même, dès avant leur départ, mais surtout après, les habituer à cette idée, qu'il ne dépendra que d'eux de s'y établir ; il faudrait, pendant tout le temps qu'ils ne seront pas employés aux occupations de leur service, leur permettre de cultiver un jardin, un champ, une petite propriété, qui ne dépendrait que d'eux, dont ils vendraient les produits, et dont ils pourraient avoir ensuite la propriété. Il faudrait, dès avant la fin de leur service et très facilement, les autoriser à se marier et à habiter avec leur femme à proximité de la caserne. Surtout, comme la plupart d'entre eux ne sont pas riches, il faudrait trouver un moyen de leur procurer l'argent nécessaire pour leur établissement.

L'idéal serait qu'une société se formât pour leur avancer cet argent : ou bien une simple société de secours qui leur demandât son seul remboursement ; ou même une Compagnie de colonisation à qui l'État accorderait de grandes concessions et de grands avantages, sous la condition expresse qu'elle distribuerait une partie de ses terres, avec les moyens nécessaires pour les défricher et les mettre en œuvre, à un certain nombre de soldats. Ces soldats deviendraient ainsi propriétaires de petites exploitations, s'enrichiraient eux-mêmes, et donneraient, par suite de leur travail, une plus-value considérable aux autres terres gardées par la Compagnie. Il faudrait donc, d'une manière ou de l'autre, par l'initiative privée, trouver un moyen de faire des avances à ces soldats coloniaux libérés. Est-ce impossible ? On donne beaucoup d'argent en France, pour des entreprises moins utiles. L'important serait de bien faire connaître celle-ci, son utilité et sa portée, de frapper les imaginations par une exposition claire et nette du bien à accomplir, d'en charger un homme d'initiative, à la fois actif et entreprenant, dévoué et au-dessus de tout soupçon.

Si rien de cela n'était possible, on pourrait admettre,

dans ce cas particulier, que la Colonie, que l'État lui-même, fissent quelques avances aux soldats qui voudraient rester dans le pays ; surtout ils devraient, par tous les moyens possibles, faciliter leur établissement et exciter les colons à prendre de préférence leurs auxiliaires parmi les soldats sur le point de terminer leur service ou qui l'auraient déjà terminé.

Le général Gallieni a pris sur ce point, comme sur beaucoup d'autres, une initiative qui devrait être imitée ailleurs, qu'en tout cas il est important de faire connaître, car elle aura vraisemblablement les plus heureux effets. Non seulement il a reporté à trois ans après son licenciement le droit qu'a tout soldat de Madagascar d'être rapatrié en France, afin précisément de lui permettre d'essayer d'un établissement dans le pays, mais en outre, il lui a permis de s'établir sur une concession, à proximité de son poste, un an au moins avant la fin de son congé, lui faisant toutes les avances nécessaires en nature, sous la seule condition de travailler sérieusement. Il lui a promis de l'aider encore après sa libération et de lui consentir, toujours en nature, d'autres avances pouvant s'élever jusqu'à 3 000 francs, et enfin, pour l'encourager et l'obliger en quelque sorte à réussir, il s'est engagé à lui faire abandon de ces avances, aussitôt qu'il aura réussi. Voilà de l'argent bien employé et un système de colonisation intelligent.

Une seule chose reste à faire pour assurer la persévérance de ces soldats et garantir l'avenir de l'entreprise, de faciliter leur mariage en leur procurant, d'une manière ou d'une autre, les jeunes filles dont ils auraient besoin, en décidant nos femmes françaises à aller aux colonies.

Peut-on espérer l'obtenir ?

La question est trop importante et trop délicate pour que nous ne l'examinions pas en détail.

CHAPITRE VI

DE L'ÉMIGRATION DES FEMMES AUX COLONIES

C'est là, comme tant d'autres, une question résolue par avance et qu'on n'a même pas le droit de soulever, sous peine de passer aux yeux du gros public, pour ne rien connaître de son pays, que celle de savoir si oui ou non les Françaises peuvent s'expatrier. La cause est jugée depuis longtemps : la femme française, tout le monde le répète, ne peut pas vivre aux colonies. C'est une plante trop délicate et trop sédentaire pour être ainsi transplantée au loin. Il lui faut, pour s'épanouir, le ciel de France, sinon le séjour de la capitale. Il lui faut nos mœurs, nos habitudes, nos usages, notre nourriture, nos magasins, nos salons, notre climat tempéré. Hors de là, elle s'étiolerait, languirait, succomberait. Ce n'est que là qu'elle a tout son charme, qu'elle peut agir, et qu'elle peut vivre.

Pour tout homme qui réfléchit, la question n'est peut-être pas aussi simple que cela, ni la réponse aussi péremptoire.

Il faut, au contraire, que la femme française émigre aux colonies, et l'on peut affirmer, à l'encontre de l'opinion reçue, qu'elle le fera dès que ces colonies lui seront mieux connues, et qu'elle se rendra compte du grand rôle qu'elle est appelée à y jouer, de la grande mission qu'elle doit y remplir.

Il faut que la femme française émigre vers nos colonies, si nous voulons créer dans ces colonies une race vraiment française ; sans cela, nous y aurions tout au plus une population mélangée qui prendrait du Français et de l'indigène tous leurs vices sans leur emprunter aucune de leurs qualités ; qui s'enorgueillirait du sang blanc par lequel elle se dirait française, mais garderait tous les penchants viciés de la race nègre ou jaune dont elle descendrait par les femmes ; qui profiterait de l'espèce de noblesse bâtarde que lui conférerait le père dont elle vient pour mépriser les indigènes et peut-être les opprimer, mais qui n'aimerait pas à fond la France, parce qu'elle ne l'aurait jamais connue, et que, en réalité, la France ne serait pas sa patrie. Tout cela est évident, et il n'est pas nécessaire de s'y étendre longtemps, pour en comprendre la souveraine importance pour l'avenir de notre empire colonial.

Il faut également que la femme française aille aux colonies pour y aider, y consoler, y soutenir son mari ; pour veiller sur son bien-être et sur sa santé ; pour lui assurer la possession des mille soins indispensables et, plus encore, des mille tendresses, de la vigilante sollicitude et de la chaude affection, dont il aura si souvent besoin au milieu de ses labeurs, de ses inquiétudes et de sa solitude.

C'est que, en effet, elle n'est pas agréable, la vie d'un jeune homme aux colonies, au milieu d'indigènes dont pas un ne peut être un confident ou un compagnon et sans d'autres ressources pour se distraire ou se délasser, que des exercices corporels, parfois quelques études avec ses préoccupations d'avenir, ses inquiétudes, et ses souvenirs personnels. Cet isolement complet à 40, à 50, à 100 kilomètres de tout compatriote est peut-être ce qu'il y a de plus pénible dans sa vie. Il ne sait que faire, ni que devenir, quand la tâche de la journée est finie. Il voudrait pouvoir s'ouvrir à quelqu'un, parler à quelqu'un, vivre avec quelqu'un. Mais à qui s'adresser ? Il ne peut pas se livrer à des indigènes qui abuseraient de sa confiance, qui, du reste, ne la comprendraient pas et ne la méritent pas.

On n'a réellement personne.

Le caractère le mieux trempé fléchit sous cette épreuve, les forces diminuent, l'inquiétude vous gagne, l'appétit disparaît et, avec lui, les forces corporelles ; on mange très peu parce que l'on n'a pas faim, ou encore parce que les repas sont mal préparés ; on néglige les soins les plus élémentaires de propreté et d'hygiène, et l'on ne se défend point contre la fièvre ou contre l'anémie. Ou, pire que tout cela, comme il faut s'étourdir, on se met à boire de l'alcool et on s'abandonne à tous les excès de l'inconduite. Très rapidement, on est usé.

Que si, au contraire, ce jeune colon avait eu sa femme avec lui, pour tenir sa maison, pour éclairer sa vie, pour le remonter, et lui donner du courage aux heures d'abandon, pour lui procurer ces joies et ces délicates consolations que vous assure la présence d'une femme aimée, combien sa vie eût été autre et les résultats obtenus différents !

Une femme pour le recevoir et lui sourire quand il rentre de son travail, pour s'asseoir avec lui à une table convenablement servie, pour le relever d'un mot de tendresse quand il se sent abattu, en un mot pour partager sa vie et prendre la moitié de ses peines, pour le conseiller au besoin et le soutenir toujours ; une femme qu'il aura emmenée de France avec lui, qui ne vivra que pour lui et ne trouvera elle-même d'appui qu'en lui, qui sera son amie, sa confidente, la providence, la consolatrice et parfois le défenseur de ses employés, la reine de son exploitation ; sa maison remplie de jolies têtes blondes et souriantes, en faveur de qui il travaillera avec un redoublement de courage et qui, le soir, sur ses genoux, auront vite fait de le récompenser de toutes ses peines, par leurs gazouillements et leurs baisers ; un intérieur enfin, gai, riant, heureux ; une entreprise prospère, une existence large dans le présent et la fortune en perspective dans un avenir lointain ; voilà ce qu'il faut à tout colon pour remplir sa vie et ce que lui procurera presque toujours la présence d'une femme digne de lui.

Il faut également que la femme française émigre vers

nos colonies, pour y apporter plus de tenue, plus de décence, plus de conduite.

Rien, en effet, n'est débraillé, n'est dévergondé, n'est barbare, sauvage et sans retenue, comme une société où manque la présence de la femme. L'homme ressemble facilement alors à une brute que conduisent ses seuls instincts. Le jeu le plus effréné, l'ivrognerie, le vol, le meurtre, les vices contre nature, tout ce qui ravale et rabaisse, deviennent pour lui comme la règle commune.

Et il ne saurait en être autrement quand manque au foyer celle qui en est le centre et en fait le charme ; celle dont la douce et saine affection remplissant le cœur de son mari, calme sa naturelle inquiétude ; celle qui soutient et encourage, qui par sa seule présence inspire le respect, et maintient dans la ligne des bienséances et du devoir.

Il suffit, pour s'en convaincre, de se rappeler ces assemblages d'hommes que l'on a vus parfois réunis sans femmes, par exemple en Californie, lors de l'ouverture des mines d'or, dans certains placers de l'Australie, dans l'Afrique du Sud.

« Aux mines, dit à ce propos, des commencements de San-Francisco, le baron Hübner dans son « voyage autour du monde », aux mines, le travail excessif, dans la ville, l'orgie en permanence, les rixes, les meurtres, les assassinats partout. L'absinthe et le sang coulaient à flots. C'était tout simplement l'enfer [1]... »

Et qu'on ne s'imagine pas que la présence de femmes indigènes puisse être un remède à de si tristes résultats.

Et d'abord un colon français ne prendra pas, d'ordinaire, ne peut guère prendre pour sa femme légitime une femme indigène qui n'a ni l'éducation, ni les sentiments, ni le courant d'idées, ni les facultés nécessaires pour cela, qui de longtemps ne saurait être l'amie, la confidente, la

---

1. Page 203.

conseillère, le soutien qu'il lui faut ? Elle ne sera donc qu'une compagne transitoire au sens le plus bas de ce mot, celle dont l'union ravale au lieu d'élever, dont les rapports, purement matériels, rabaissent au lieu de purifier. Si elle a des enfants, c'est à peine si on osera les avouer comme ses enfants. Elle-même, on ne l'estimera pas, on ne l'aimera pas, on ne recherchera pas sa compagnie : on en usera, et, aussitôt qu'elle sera vieillie, ou qu'une infirmité quelconque la rendra moins agréable, on la délaissera pour en prendre une autre, si toutefois, même en sa présence, on ne lui a pas donné de multiples associées.

Et ainsi se perdent toute dignité, toute retenue, tout respect de soi-même, du mariage et de ses devoirs sacrés.

Oh ! que ce que l'on voit dans la plupart de nos colonies est triste et comme je voudrais qu'un Juvénal se levât qui stigmatiserait toutes les turpitudes qui s'y commettent ! La plaie est hideuse et la conduite privée de la plupart des Français, fonctionnaires, soldats, officiers, colons, lamentable. Des gouverneurs, des officiers, même généraux, déjà avancés en âge, des administrateurs de première ou de deuxième classe qui ont femme et enfants en France et entretiennent publiquement une concubine dans leur palais ou dans leur maison, des fonctionnaires qui ravagent littéralement les écoles où les sœurs, nos pures sœurs françaises, ont un peu dégrossi ces jeunes négresses, certes pour un but tout autre ; des officiers en campagne qui, le soir, se livrent à une véritable battue, pour eux-mêmes ou pour leurs chefs ; des employés supérieurs, civils ou militaires, qui ont de véritables harems de 30 à 40 femmes ; une ville de la côte d'Afrique, où la traite, la traite ignoble de la jeune fille indigène est pratiquée au profit de la colonie allemande voisine ; des villes entières où tous les indigènes, pères, mères, maris, enfants, vivent de la prostitution de leurs filles ou de leurs femmes ; des missionnaires, des évêques navrés qui voient ainsi tous leurs efforts paralysés et toutes leurs œuvres stériles, et qui se demandent s'il ne vaudrait pas mieux fermer leurs écoles de filles ; les familles indigènes ravagées, les femmes violentées et usées, toute morale disparaissant, les santés s'usant, les maladies couvrant de leurs stigmates ces corps fatigués, les générations nouvelles, malingres, atrophiées ; évidemment toute religion détruite, l'influence du missionnaire paralysée ; voilà le spectacle que représentent certaines de nos colonies et voilà l'œuvre qui y est accomplie [1].

Les mêmes honteuses pratiques et la même corruption règnent dans les colonies allemandes, peut-être pires que les nôtres, mais elles n'existent pas dans les colonies anglaises, où au contraire, règne *extérieurement* la plus grande décence. « Le colon, le fonctionnaire, l'officier (anglais) qui fume l'opium ou introduit chez lui *à demeure* une femme indigène, remarque à ce propos M. Chailley-Bert, est considéré comme perdu et, à ce titre, exclu de la bonne société, disqualifié [2].

D'où vient cette différence ? De ce que les Anglais sont plus vertueux que nous et ont des principes de morale plus solides ? Il n'y paraît guère quand ils viennent en France ou en Italie, en Suisse ou en Allemagne et je ne pense pas qu'il se rencontrât beaucoup d'observateurs sérieux pour oser l'affirmer. Non, cette différence vient de ce fait que les Anglais emmènent leurs femmes avec eux aux colonies, et que les Français, pas plus que les Allemands, n'y emmènent les leurs.

« Nos colonies, remarque justement à ce propos M. Chailley-Bert, nos colonies conquises, occupées, cultivées, peuplées sont une société anormale ; l'élément primordial de toute société y fait défaut ou y est rare : l'élément féminin. Les statistiques sur ce point ou n'existent pas, ou n'ont pas, croyons-nous, été publiées ; mais il ne

---

1. Cf. dans le *Correspondant* du 10 février 1900, une remarquable étude sur ce sujet du Père Lejeune, missionnaire du Saint-Esprit.
2. *Quinzaine Coloniale*, 25 juillet 1899, p. 426.

me semble pas qu'on puisse évaluer la proportion des femmes habitant les colonies à plus de 1 pour 4, et dans bien des points, 1 pour 5 et même 6 hommes.. La conséquence de cette inégalité saute aux yeux. La vie de famille n'existe presque nulle part, et, là où elle existe, elle est menacée. Les célibataires, qui constituent la majeure partie de la population européenne, sont, comme le lion des Ecritures, *quærens quem devoret*. Ceux à qui décidément ne suffit pas la vie d'affaires, la vie de cercles, la vie de dissipation, n'ont devant eux que deux ressources : la religion ou le foyer d'autrui. La religion par malheur manque à beaucoup et alors le foyer d'autrui s'ouvre devant eux et parfois se referme sur eux et s'abîme avec eux.

« C'est là une cause profonde de malaise et de trouble qui n'a échappé à personne. L'opinion est unanime : les colonies manquent de femmes, il faut leur en procurer [1]. »

Il faut leur en procurer aussi afin d'aider à l'amélioration de l'état religieux de nos colonies et au développement d'une foi qui seule peut fonder et soutenir pratiquement une morale sérieuse.

Nous n'avons pas à entrer ici dans la question de savoir si une morale peut exister, qui ne soit pas basée sur des croyances religieuses ; si les conceptions de bien et de mal, de juste et d'injuste, d'honnête et de déshonnête, peuvent ou non découler de l'ordre naturel des choses, sans recourir en définitive à un ordonnateur suprême. C'est s'arrêter en route que de ne pas remonter à cet auteur de tout ordre. Mais quoi qu'il en soit de cette question purement théorique, deux faits existent, certains et hors de conteste. C'est que, premièrement, cette morale indépendante sera dépourvue de toute sanction et par suite absolument inefficace, si vous la séparez de tout dogme. Car vous pensez bien que cette notion abstraite d'ordre universel

---

1. Cité par M. Martin-Ginouvier, p. 73.

sur laquelle vous la basez, que l'approbation même ou la désapprobation de la conscience individuelle, si facile à étouffer dès le moment qu'elle ne s'appuie sur de fortes croyances, ne sauraient être une sérieuse barrière quand l'intérêt et la passion sont en jeu.

C'est que, secondement, une telle théorie ne peut exister que pour une élite intellectuelle excessivement restreinte et non pour la masse, même des gens instruits, qui, dès lors, vivront complètement désemparés, guidés par leurs seuls instincts, ou, ce qui est encore pire, par leurs seuls intérêts.

Il faut donc, de toute nécessité, à toute société humaine, de fortes croyances religieuses pour que cette société puisse se développer, grandir, se conserver, durer. Et la vieille parole de Plutarque à un disciple d'Épicure, « qu'il pourra trouver des villes sans murailles, sans lois, sans richesses, sans théâtre, mais jamais sans religion, sans temple et sans Dieu », reste vraie aujourd'hui comme elle l'a toujours été.

Et certes ce n'est pas l'état actuel de notre société, telle que nous l'avons faite, qui puisse en faire douter. « Quand Dieu veut punir le monde, dit quelque part Lamennais, il y jette un principe faux et il laisse faire. » Ce n'est pas Dieu qui a semé le principe faux, c'est nous-même. Mais il n'en a pas moins porté ses fruits et ils sont amers.

Or si cela est vrai pour une société vieille de quinze siècles, que la foi a pétrie, nourrie, formée, qui a été comme imbibée de ses lois et de son esprit ; où les vertus chrétiennes sont passées dans les mœurs et comme dans le sang ; d'une société dont toute la contexture, dont la langue, les usages, les lois, les coutumes, toute la vie, restent chrétiennes malgré sa prétention de n'avoir plus de religion, que dire de ces pauvres sociétés païennes où les notions du bien et du mal sont souvent interverties ; où les mots doivent changer de sens si l'on veut comprendre quelque chose à leur vie ; où le vol et le meurtre, l'injustice et le mensonge, la duplicité et la fourberie, sont considérés comme une habileté ou comme une qualité ; où la chasteté, la fidélité dans le mariage et le respect de la femme, l'intégrité de la famille sont complètement inconnus ; où la cruauté et l'abus de la force et l'exploitation du faible par le puissant sont passés à l'état d'institution ; de ces sociétés enfin où tout est à changer, à réformer, à refaire : les idées, les mœurs, la famille, les institutions, la nature elle-même, cette nature doublement viciée et dégradée par des siècles de servilité et d'esclavage, de corruption et d'abrutissement.

Il y a là une transformation morale complète que seule la religion, une religion acceptée et pratiquée pendant des générations peut accomplir.

Il faut donc travailler de toutes nos forces et par tous les moyens possibles à l'évangélisation des populations indigènes de nos colonies, et pour cela, en même temps que des missionnaires pour les travaux d'apostolat, en même temps que des frères et des sœurs pour les écoles, il faut y envoyer des femmes françaises pour aider les uns et les autres et leur permettre de réussir.

La première et la plus grande des difficultés que les missionnaires ont rencontrées partout dans leurs entreprises, ce sont les mauvais exemples et la détestable influence des Européens. Cela existait à Goa du temps de saint François-Xavier. Nous venons de voir à quel degré cela existe actuellement dans nos colonies. Ce sont donc nos compatriotes qu'il faut d'abord améliorer et, si possible, convertir. Mais qu'espérez-vous faire avec ces hommes abrutis par l'inconduite, ou tout au moins vivant dans une situation irrégulière ? Tout ce que vous pouvez leur demander, c'est de ne point vous persécuter, de ne point vous ennuyer, de ne point vous tracasser.

Si, au contraire, ils étaient légitimement mariés avec une femme française, peut-être qu'ils vous écouteraient et, revenant à la pratique religieuse, donneraient à tous le bon exemple ; ou tout au moins, comme Paul Bert au Tonkin, ils iraient à la messe tous les dimanches, pour aider à l'œuvre du missionnaire. Ce serait déjà beaucoup. En tout cas, ils seraient très rares parmi eux, si même il en existait aucun, ceux qui, par pur fanatisme de sectaire, seraient les ennemis du missionnaire.

Il n'y a pas, en effet, à se le dissimuler, l'inconduite n'est pas la seule cause qui explique ce que l'on appelle d'ordinaire l'incrédulité ; mais elle en est certainement la principale, et beaucoup de ceux qui se sont éloignés des pratiques religieuses pourraient faire l'aveu de Coppée :

« Je fus élevé chrétiennement et, après ma première communion, j'ai accompli mes devoirs religieux, pendant plusieurs années avec une naïve ferveur. Ce furent, je le dis franchement, la crise de l'adolescence et la honte de certains aveux qui me firent renoncer à mes habitudes de piété. Bien des hommes qui sont dans ce cas conviendraient, s'ils étaient sincères, que ce qui les éloigna d'abord de la religion, ce fut la règle sévère qu'elle impose à tous au point de vue des sens, et qu'ils n'ont demandé que plus tard à la raison et à la science, des arguments métaphysiques qui leur permettent de ne plus se gêner. Pour moi, du moins, les choses se passèrent ainsi. Je cessai de pratiquer par mauvaise vergogne et tout le mal vint de cette première faute contre l'humilité, qui m'apparaît décidément comme la plus nécessaire de toutes les vertus.

« Ce pas franchi, je ne devais pas manquer de lire en chemin bien des livres, d'entendre bien des paroles, et de voir bien des exemples destinés à me convaincre que rien n'est plus légitime chez l'homme que d'obéir à son orgueil et à sa sensualité ; et je devins très vite indifférent à toute préoccupation religieuse. Mon cas, on le voit, est très banal. Ce fut la vulgaire désertion du soldat las de la discipline. Je ne haïssais certes pas le drapeau sous lequel j'avais servi ; je l'avais fui et je l'oubliais, voilà tout. » (*La Bonne Souffrance.* — Préface.)

Nos colons, nos administrateurs, nos officiers donc seraient bien plus favorables aux missionnaires et les aideraient plus volontiers s'ils étaient mariés et vivaient régulièrement en famille.

Et si eux-mêmes n'étaient pas religieux, leurs femmes au moins le seraient presque toutes, donnant ainsi l'exemple de la dignité, de la tenue, de la fidélité à tous les devoirs, à ces pauvres femmes indigènes ignorantes et dégradées et qui ont tant besoin d'aide et d'exemples pour se relever. Leurs enfants enfin seraient élevés chrétiennement, pour devenir à leur tour un exemple vivant pour les enfants du pays qui apprendraient, à leur suite et par leurs exemples, la piété, la régularité, l'amour du travail, la pratique des vertus chrétiennes.

Et c'est ainsi que de toutes manières les efforts de nos missionnaires étant secondés, encouragés, aidés, produiraient les résultats les plus consolants, des résultats tels qu'après 3 ou 4 générations, on pourrait espérer voir ces nations aujourd'hui si dégradées, monter, se purifier, se civiliser, s'élever jusqu'à nous.

Certes l'œuvre vaut quelques efforts. Mais on ne l'obtiendra qu'avec des Français mariés, qu'avec la présence des femmes françaises aux colonies.

Donc il faut que la femme française émigre aux colonies.

Mais peut-elle le faire? Et le fera-t-elle?
Et pourquoi ne le ferait-elle pas? La femme anglaise émigre bien partout avec son mari, aux Indes, à Singapour, à Hong-Kong, en Australie, au Cap, sur la côte occidentale d'Afrique. Pourquoi la femme française ne le ferait-elle pas? Le goût des voyages lointains et la pensée d'un séjour plus ou moins prolongé dans une colonie, même tropicale, sont complètement entrés dans les mœurs britanniques. Pourquoi n'entreraient-ils pas également dans les mœurs françaises? La femme française est aussi bonne, aussi intelligente, aussi dévouée, aussi aimante

pour son mari — pourvu, du moins que ce soit le mari de son choix et non pas celui que lui auront choisi ses parents — que la femme anglaise.

Le goût sédentaire qu'on lui reproche, la crainte instinctive qu'elle éprouve pour le lointain et l'inconnu, le besoin que l'on dit qu'elle a de nos villes, de nos magasins, de nos théâtres, de nos salons, tout cela n'est que la suite d'une éducation un peu étriquée et artificielle, et tout cela changera avec le courant de nos idées.

Pourquoi donc n'émigre-t-elle pas ?

Vous pouvez analyser sa nature, toutes ses qualités et ses défauts, vous ne trouverez chez elle aucune raison de tempérament ou de caractère qui explique ce phénomène et l'empêche de suivre partout son mari ; aucune, si ce n'est que ce n'est pas l'usage, que « cela ne se fait pas ».

« La nature l'a comblée des dons qui font qu'une femme se tire toujours d'affaire, dans quelque situation que le sort l'ait placée, dit à ce propos M. Arvède Barine dans un article du *Figaro* où il allait plutôt à l'encontre de notre thèse. Ce n'est pas la peine d'être intelligente et courageuse, adroite et économe, d'avoir du bon sens, de savoir tirer parti de tout, pour agir et raisonner en empaillée. Il faut qu'elle comprenne qu'il est de son intérêt, de celui de ses enfants et de son mari, de son pays, par contre-coup, qu'elle secoue enfin l'antique routine et devienne de son temps, aussi facile à mettre en mouvement et à transplanter ici ou là qu'une Anglaise ou une Américaine [1]. »

Il le faut, et cela arrivera dès le moment où l'on permettra au jeune homme de choisir librement la jeune fille qui lui convient, et à celle-ci, d'agréer celui qui aura su lui plaire, dès le moment qu'ils *se marieront* et *ne seront plus mariés*.

Il n'y a pas à se le dissimuler, en effet, tel qu'il est ordinairement pratiqué en France, le mariage est une affaire

---

1. Cité par M. Martin-Ginouvier, p. 72.

et non pas l'union intime de deux personnes destinées à passer leur vie ensemble. On cherche une situation, une dot, une fortune, quelquefois un nom et l'on ne s'inquiète pas de trouver une femme dont le caractère s'harmonise avec le vôtre et avec qui l'on sent que l'on sera heureux d'unir son existence.

Si l'on est chrétien et sérieux, l'on se gardera mutuellement les promesses échangées, on aura une famille que l'on élèvera plus ou moins de concert, on se respectera et l'on aura l'un pour l'autre les égards convenables ; mais on gardera chacun ses relations personnelles, ses goûts et ses usages, on vivra plus ou moins à part l'un de l'autre, on continuera à s'appuyer sur ses parents ou sur ses relations propres, et lorsqu'on aura des enfants, on s'attachera à eux — je parle de la mère — jusqu'à négliger celui qui est leur père.

Comment, dans ces conditions, une femme suivrait-elle facilement et sans regrets, jusqu'aux antipodes, pour lui appartenir exclusivement et n'avoir d'autre soutien, d'autre société, d'autre consolation que lui, celui qui est son mari, mais non son ami, son associé, mais non son confident, son compagnon de route, mais non, suivant l'expression biblique, la moitié de son âme ?

Comment surtout le suivrait-elle, si, oubliant ses devoirs, son mari ne mérite pas ce nom et n'en remplit pas les obligations sacrées ?

Il en serait autrement si un jeune homme, indépendamment de la fortune, avait épousé la jeune fille qu'il connaît et aime peut-être depuis longtemps, la jeune fille qui serait pour lui l'amie des bons et des mauvais jours, la confidente naturelle de toutes ses pensées, la consolatrice assurée dans toutes ses infortunes. Pour elle, il irait jusqu'au bout du monde, et elle, à son tour, irait partout avec lui. Rendez-nous donc le mariage tel que Dieu l'a établi, tel que la nature le réclame et vous verrez alors combien facilement nos femmes françaises suivront leur mari aux colonies, si surtout vous avez eu soin de leur faire mieux connaître le pays où elles doivent aller, la vie qu'elles doivent y mener et le bien qu'elles doivent y accomplir.

On se fait un épouvantail de la vie aux colonies et de tout cœur on plaint ceux qui doivent y vivre. L'imagination aidant et aussi les romans et les récits fantastiques, et les souvenirs de Tartarin, on exagère tout, en bien parfois, mais le plus ordinairement en mal. Aller dans la plupart de nos colonies c'est sûrement devenir la proie de la fièvre, de l'anémie, de la dysenterie, etc...; c'est manquer un peu de tout, mourir de faim et parfois de soif, ne jamais dormir par suite de la piqûre des moustiques, être constamment exposé aux morsures des serpents venimeux ou à la dent des bêtes féroces...

Il y a bien quelques inconvénients aux colonies, comme il y a chez nous la fièvre typhoïde, l'influenza, les pneumonies, les refroidissements, le froid et la chaleur, et souvent la gène, les privations, la misère. Mais il y a aussi une vie très large au lieu de la vie étriquée et besoigneuse qu'on aurait en France, de nombreux domestiques, parfois difficiles et maladroits, mais que l'on pourra former, au lieu de la petite bonne à tout faire, des chevaux ou des porteurs toujours à votre disposition, l'espace et le grand air, le confort et souvent le luxe, la satisfaction d'accomplir une grande œuvre et de faire du bien, le plaisir intime de se sentir utile à son mari, à ses enfants, à ses employés, un climat en somme très agréable quoiqu'un peu fatigant, en un mot, tout ce qui, pour une personne sérieuse et sortie de notre monde faux à force d'être artificiel, constitue la tranquillité, le repos et le bonheur.

Dites bien tout cela à la femme française et vous verrez qu'elle aussi aura le courage de partir aux colonies.

Dites-lui surtout qu'elle y élèvera une nombreuse famille sans avoir à se préoccuper de l'avenir de ses enfants.

Dites-lui que, par son exemple, par son influence, par ses avis, par ses bienfaits, elle contribuera plus que toute autre à atténuer les souffrances de ces populations encore sauvages, à leur apprendre la pratique du bien et de la vertu, à les relever, à les civiliser et à les convertir.

Dites-lui que sa seule présence apportera dans la colonie européenne, si elle vit au milieu d'Européens, un rayon de soleil et en même temps, de la tenue, du respect, le règne et l'influence de la vertu. Elle aura un salon, si elle le désire et ce salon sera très fréquenté ; elle se verra entourée et appréciée, au lieu de rester la vulgaire petite bourgeoise inaperçue qu'elle devait être en France.

Plus que l'homme, la femme est faite pour civiliser et policer, pour inspirer et purifier, pour ennoblir et agrandir tout ce qui l'approche, je parle bien entendu de l'épouse chrétienne et de la mère de famille. Dites-lui donc clairement qu'on a besoin d'elle aux colonies, que sa présence y est indispensable, qu'elle y fera un bien énorme, elle dont la vie est peut-être inutile en France, et vous verrez qu'elle ira aux colonies.

La femme française ne peut pas aller aux colonies ! Et qui donc est allé au Canada, au XVIIe siècle, pour donner ce seul exemple, si ce n'est avec les orphelines de l'Hôpital général, les jeunes filles de la Vendée ou de la Basse-Normandie, devenues ainsi les ancêtres héroïques de cette admirable population **franco-canadienne** ?

La femme française ne peut pas aller aux colonies ! Mais d'où viennent donc ses nombreuses familles algériennes, la gloire et l'espoir futur de notre grande colonie africaine ?

La femme française ne peut pas émigrer aux colonies, ne peut pas quitter sa patrie ! Mais savez-vous que parmi les religieuses européennes parties dans nos missions sur toute la surface de la terre, les 4/5, près de 10 000, sont françaises ? Il y a donc des femmes françaises qui peuvent aller et vivre et mourir dans les pays étrangers, même les plus abandonnés et les plus insalubres.

C'est la foi, dira-t-on, c'est le dévouement chrétien, c'est la soif de l'apostolat qui les ont inspirées et les ont fait partir. Hé ! Sans doute. Mais pourquoi ne faites-vous pas appel à ces mêmes sentiments auprès de la jeune femme mariée ? Elle aussi est chrétienne, elle aussi est généreuse, elle aussi est dévouée et capable de sacrifice. Que si vous ajoutez que nos sœurs françaises sont des natures d'élite choisies entre mille, je vous l'accorde; mais songez aussi qu'elles partent seules et sans appui, qu'elles n'auront point de maison ni de famille à elles, qu'elles vivront dans la gêne et dans le dénûment de toute chose, qu'elles seront privées de toutes les satisfactions et de toutes les joies humaines, tandis qu'une femme mariée aura son époux, ses enfants, sa maison, des serviteurs, toutes les aises et toutes les jouissances de la vie.

Il reste donc acquis que la femme française peut émigrer et vivre aux colonies et elle le fera si on sait le lui demander.

En fait, nos fonctionnaires coloniaux, quand ils sont mariés, emmènent d'ordinaire leurs femmes avec eux et aussi parfois nos colons, nos commerçants, nos ingénieurs, nos industriels, et ils s'en félicitent. J'en ai rencontré un certain nombre sur les paquebots, aux colonies ou en France, de ces jeunes Françaises qui se sont ainsi expatriées et ont vécu plusieurs années en Nouvelle-Calédonie, à Madagascar, au Tonkin ou ailleurs. Quelques-unes appartenaient au monde le plus distingué et étaient elles-mêmes du tempérament le plus raffiné, instruites, brillantes, faites pour réussir partout. Or un fait se produit presque toujours qui a sa signification, c'est le suivant : ces jeunes femmes, si elles aiment à rentrer en France y passer quelques mois, et s'y retremper dans ce tourbillon mondain pour lequel il semble qu'elles étaient faites, elles s'y ennuient rapidement et sont reprises par la nostalgie à rebours des pays ensoleillés où elles ont passé leurs années les plus heureuses, où elles ont eu leurs premiers enfants, où elles se sont senties plus utiles, plus indépendantes, plus heureuses et tenant dans le monde une place plus considérable.

Il y a cependant une catégorie d'hommes qui laissent trop facilement leurs femmes dans la métropole, ce sont nos officiers. Sans doute, quand il s'agit de guerre ou d'expéditions, des officiers ne peuvent guère se faire accompagner de leur famille. Mais, la plupart du temps, ce n'est pas pour une expédition qu'ils vont aux colonies, mais pour y tenir garnison, et tout au plus faire colonne pendant deux ou trois mois de l'année. Leurs femmes pourraient donc facilement habiter avec eux, et comme, d'un autre côté, tous les frais de voyage sont aux frais de l'État, pour eux comme pour les fonctionnaires coloniaux, il n'y a d'autre raison pour expliquer leur manière de faire qu'une funeste tradition se perpétuant comme tant d'autres, et sans raison, dans notre infanterie et notre artillerie de marine. Cette tradition, il faudrait la faire disparaître.

Nos femmes mariées donc, dans l'ensemble, commencent à émigrer aux colonies et il ne faudrait pas beaucoup d'efforts pour obtenir de ce côté un résultat complètement satisfaisant. Si l'exemple était donné de haut, si certaines facilités et certains encouragements étaient accordés aux fonctionnaires et surtout aux officiers mariés, nul doute qu'ils n'eussent hâte de s'établir et ne partissent avec leur famille. Nul doute également que si nos grands exportateurs coloniaux, nos chefs d'entreprises, de travaux ou d'exploitations aux colonies, manifestaient ce même désir à l'égard de leurs employés, et leur en facilitaient la réalisation par quelques sacrifices pécuniaires, consistant surtout dans des passages gratuits et dans des logements convenables, ou encore dans certaines indemnités, nul doute qu'ils n'arrivassent promptement au même résultat. Tout le monde y gagnerait, les employés, la colonie et les chefs d'exploitation eux-mêmes, car ils s'assureraient ainsi le concours d'hommes plus sérieux et plus stables.

Nous pouvons donc espérer voir à bref délai nos vœux complètement réalisés à ce sujet.

Mais il y a une autre catégorie de colons qui ont besoin autant que les premiers d'avoir une femme avec eux : ce sont ceux qui, n'étant point mariés, sont sur le point de partir, avec la certitude de trouver une situation indépendante, ou encore ceux qui, établis depuis quelques années et voyant l'avenir assuré, sont fatigués de rester isolés.

« Le colon, dit à ce propos très bien M. Chailley-Bert, est un homme qui, à un certain âge, s'est expatrié uniquement dans le but de faire fortune. Le plus souvent, c'est un célibataire ; célibataire il est parti ; célibataire il est resté. »

C'est seulement après plusieurs années, quand il est bien installé et, comme on dit, débrouillé, quand il a jeté les premiers fondements de sa fortune, qu'il sent le besoin d'une compagne. Il cherche, il regarde autour de lui de quel côté cette compagne pourra lui venir. Et, le plus souvent, il ne trouve rien...

« Quelle est donc l'existence du colon ? Le colon travaille tout le jour ; lorsque le soir arrive, à l'heure où nous autres nous rentrons dans nos familles et y trouvons l'élégance de la vie de société, la douceur de la vie de famille, le colon, lui, n'a d'autre ressource que la vie de cercle et la vie de jeu... Tout ce qui fait le charme de la vie, tout ce qui en est la décence et l'ornement, cette existence familiale dans laquelle le cœur tient une si grande place, tout cela n'est pour lui qu'un souvenir et qu'un regret.

« Souvenirs et regrets aidant, le colon, après avoir passé trois, quatre, cinq années dans la colonie, s'affermit dans la volonté de se marier, et puisqu'il ne trouve pas à se marier dans la colonie, il prend le parti de se rendre dans la métropole pour en ramener une femme ; mais une femme digne de ce nom, qui soit, comme je le disais plus haut, l'auxiliaire de son travail et la compagne de sa vie[1]. »

D'un autre côté, il est certain qu'il existe en France beaucoup de jeunes femmes que des circonstances indépendantes de leur volonté mettent dans l'impossibilité de se marier.

Pour se marier, en effet, il faut une dot et une dot assez élevée, que beaucoup de parents ne peuvent fournir. Donc, dans ce cas, pour leurs filles, qui ont reçu une certaine éducation et doivent rester dans un certain milieu, impossibilité absolue de s'établir.

« Pour mille raisons, dit encore très justement M. Chailley-Bert, les dots qu'exigent maintenant les maris sont de plus en plus considérables, précisément au moment où les parents sont de moins en moins en situation d'en fournir, même de modiques. Conséquences : les mariages doivent diminuer, et comme, depuis des siècles, nous n'avons élevé les filles qu'en vue du mariage, et ne leur avons ouvert presque aucune autre carrière, il y a en ce moment, dans la métropole, abondance de filles ayant l'âge et le désir de se marier, et qui ne se marient pas, et n'occupent pas dans la société la place qu'elles devraient y tenir, et qu'elles y tiendraient pour son plus grand profit[2]. »

« Des milliers de jeunes filles, poursuit-il un peu plus loin, munies de diplômes, lauréates de concours, restent sans place, et, moitié lassitude, moitié ténacité dans l'espoir, ne se décident pas à planter là l'État et ses promesses décevantes et à chercher ailleurs un gagne-pain.

« Et voilà encore une autre catégorie de femmes à qui la vie paraît pleine de désillusions et de tristesses, qui encombrent la société métropolitaine et en faussent l'es-

---

1. L'Émigration des Femmes aux Colonies. Discours de M. Chailley-Bert à la conférence donnée le 12 janvier 1897 par l'*Union coloniale française*, p. 24.
2. *Op. cit.*, p. 22.

prit », une catégorie de femmes prêtes à se marier, si elles en avaient l'occasion, fallût-il pour cela partir aux colonies...

« A force d'entendre vanter les bienfaits de l'éducation, avait dit un peu auparavant le comte d'Haussonville, beaucoup se sont figuré que l'instruction menait à tout et qu'il suffisait d'un certificat ou d'un brevet pour se tirer d'affaire dans la vie. Elles se sont ruées aux examens ; les unes y ont échoué, les autres y ont réussi, mais n'en sont pas beaucoup plus avancées pour cela. Vous n'ignorez pas, en effet, qu'il existe en France, à l'heure qu'il est, un grand nombre d'institutrices sans élèves, d'employées sans emploi, de télégraphistes sans télégraphe, de téléphonistes sans téléphone, qui végètent sans gagne-pain, et qui sont condamnées à d'autant plus dures misères que leurs rêves avaient été plus ambitieux. Ce ne sont pas des *déclassées*, le mot serait injuste et dur ; ce sont des *non classées* ; mais les femmes *non classées* sont toujours en péril de devenir *des déclassées*[1]. »

En même temps donc que nous avons aux colonies un nombre déjà considérable de colons désirant se marier, et en France un nombre plus considérable encore de jeunes gens prêts à partir et qui ne demanderaient pas mieux, eux aussi, que de se marier, nous avons, en France, un nombre encore plus grand de jeunes filles que personne ne demande parce qu'elles ne sont pas assez riches et qui, cependant, feraient d'excellentes épouses et d'excellentes mères de famille, si quelqu'un se présentait pour solliciter leur main, au lieu de végéter dans la médiocrité et la misère, et peut-être de glisser dans le vice.

La question est donc celle-ci : accepteront-elles, ces jeunes filles, le cas échéant, d'épouser un colon et d'aller vivre avec lui aux colonies ?

---

1. *Op. cit.*, p. 5.

Nous croyons, et d'assez nombreux exemples nous permettent de parler ainsi, que le bon sens, que la saine raison, que le désir intime de toute jeune fille de se marier et d'avoir une famille, que la perspective enfin de l'aisance, sinon de la fortune, et par-dessus tout l'amour du brave garçon qui aura su leur plaire, les décideront à répondre affirmativement.

Il est donc infiniment probable, pour ne pas dire certain, que les colons qui viendront en France chercher une femme, la trouveront facilement, bonne, jeune, agréable, aimante, sérieuse, pourvu qu'ils renoncent à la seule fortune.

Reste encore un aspect de la question et un côté du problème plus difficile à résoudre.

Les colons célibataires qui ne peuvent pas retourner en France pour se marier, les soldats de l'infanterie de marine, qui se fixent dans nos colonies, aussitôt leur service terminé, ceux que nous y envoyons de France avant qu'ils aient pu se marier, tous ces jeunes gens déjà nombreux et qui le deviendront chaque jour davantage, comment se marieront-ils ? et comment leur envoyer des femmes qu'ils puissent épouser ?

Le problème n'est pas nouveau. Il s'est posé pour nous sous l'ancien régime, il s'est posé souvent pour l'Angleterre et il a été résolu dans ces différents cas par des procédés assez curieux parfois et que nous ne saurions toujours recommander.

Il fallait des femmes aux soldats libérés du Canada. On leur envoya les filles de l'Hôpital général, c'est-à-dire des enfants abandonnées à qui l'on ne pouvait reprocher que leur naissance.

Quand on les trouva trop délicates pour la rude vie qui les attendait en Amérique, on les remplaça par des filles de fermiers de la Normandie, recrutées par les soins de l'archevêque de Rouen.

De 850 à 1 000 jeunes filles passèrent ainsi au Canada de 1663 à 1671. Et comme elles étaient choisies avec soin, elles firent d'excellentes épouses et d'excellentes mères de famille, les dignes ancêtres de l'héroïque race franco-canadienne.

Plus tard, et pour d'autres colonies, on n'apporta pas le même soin à leur recrutement, et trop souvent, par exemple sous Choiseul, en 1667, dans la désastreuse expédition de la Guyane, on envoya un peu n'importe qui, ou plutôt on envoya, de gré ou de force, les femmes les plus impropres à cette mission, des femmes de mauvaise vie et la lie de la population de nos villes.

« Ce n'est rien, Monsieur, répond un archer à son interlocuteur, au commencement de *Manon Lescaut*, c'est une douzaine de *filles de joie* que je conduis avec mes compagnons jusqu'au Havre de Grâce où nous les ferons embarquer pour l'Amérique. »

Le système semble avoir été assez généralement pratiqué, non seulement en France, mais aussi en Angleterre et en Hollande. On l'employait probablement faute de mieux parce qu'il était commode et qu'il purgeait le pavé de nos villes d'Europe, mais personne n'oserait sérieusement le recommander aujourd'hui. Car, de toutes les pratiques pour peupler nos colonies, celle-là est la plus fausse et la plus dangereuse qui, oubliant l'intérêt de la colonie, vise à se débarrasser sur elle, à son dommage et au risque de la ruiner pour toujours, des éléments tarés dont elle ne peut supporter la présence.

L'Empire fit mieux pour la Nouvelle-Calédonie vers 1864. Comme il y avait alors pas mal d'hommes dans cette Nouvelle-Calédonie et peu de femmes, il y envoya, sous la conduite de sœurs de Saint-Joseph-de-Cluny, et sous le patronage de l'Impératrice qui leur garantissait un trousseau, un certain nombre de jeunes orphelines. On les établit toutes ensemble dans un établissement affecté à leur usage dans une petite baie qui a conservé leurs noms, et c'est là que les employés, les marchands, les colons célibataires vinrent choisir leurs femmes. Ces unions, dans l'ensemble, furent heureuses ; ces jeunes filles firent d'excellentes épouses et de bonnes mères de famille ; beaucoup d'entre elles vivent encore, et ce sont leurs enfants qui constituent le meilleur de la population actuelle de la Nouvelle-Calédonie.

Les Anglais, au XVIIe et surtout au XVIIIe siècle, faisaient un peu comme Choiseul, pour peupler leurs colonies.

Depuis, et surtout dans la seconde moitié de ce siècle, ils ont complètement changé de méthode, car les diverses sociétés qui, chez eux, s'occupent de l'émigration des femmes aux colonies, mettent avant tout la moralité des émigrantes, et acceptent exclusivement celles dont la réputation est intacte.

Elles font de la publicité à travers tout le Royaume-Uni; elles font des offres de nature à tenter celles qu'on sollicite ; elles réunissent à Londres, dans des hôtels spacieux, celles qui ont accepté de partir ; elles les confient à des personnes âgées et sûres qui, s'embarquant avec elles, les conduiront au Cap, en Australie, au Canada, jusqu'à l'endroit même où les attend un emploi dans une ferme, et ne les perdront de vue, au bout d'un an ou dix-huit mois, que lorsqu'elles seront définitivement installées.

Mais toujours, avant d'accepter personne, outre les nombreux et minutieux renseignements pris sur le compte des candidates, et même avant de demander ces renseignements, on exige de chacune d'elles :

1° Un certificat d'un docteur constatant qu'elle est en bonne santé ;

2° Un certificat de la personne qui a dirigé son éducation, constatant, non pas qu'elle a fait de bonnes études, mais qu'elle jouit d'une bonne réputation ;

3° Un certificat de ceux qui l'ont employée, constatant qu'elle a été chez eux pendant un certain temps et qu'elle a servi d'une façon satisfaisante ;

4° Un certificat du magistrat local, et

5° Un certificat du prêtre ou du pasteur pour garantir son absolue moralité.

D'ordinaire, — et cela aussi est une heureuse innovation, — ces sociétés n'ont pas en vue de marier les jeunes filles ainsi envoyées, mais seulement de leur procurer une situation. Le mariage arrivera par surcroît, quand elles seront établies dans la colonie, d'autant plus sûrement qu'il y a beaucoup d'hommes et un nombre restreint de femmes à marier, et d'autant mieux qu'elles seront choisies exclusivement pour leurs qualités et leur valeur personnelle, et non pas pour leur situation ou leur fortune.

Voilà, à n'en pas douter, l'exemple à suivre, et voilà la solution du problème posé.

Seulement, ce ne sont pas des milliers, ce ne sont pas des centaines de femmes par an qu'il nous faut pour le moment ; ce sont quelques dizaines tout au plus.

L'Algérie, en effet, et la Nouvelle-Calédonie, se suffisent complètement, et je ne crois pas non plus qu'il faille s'inquiéter beaucoup de la Tunisie qui ne manque pas de ressources sur place en femmes françaises, italiennes ou maltaises, et qui, en tout cas, peut s'adresser à sa riche voisine, l'Algérie.

Nos colons sont encore trop peu nombreux sur les côtes occidentales d'Afrique et leur installation y est encore trop provisoire pour qu'on s'occupe de leur établissement. Qu'ils fussent mariés et vécussent en pères de famille, certes cela serait préférable à tous points de vue. Mais outre que cela est plus difficile là qu'ailleurs, le mieux sera, pour le moment, de les laisser à leur initiative et de ne pas provoquer encore un mouvement que d'aucuns trouveraient prématuré.

Nous ne parlons pas non plus, cela va sans dire, de nos anciennes colonies, suffisamment peuplées.

Restent donc surtout Madagascar et l'Indo-Chine.

Or, serait-il difficile de trouver dans ces pays des emplois en assez grand nombre pour offrir une situation transitoire et des ressources suffisantes à un certain nombre de jeunes filles, que, par exemple, la « Société Française d'émigration des femmes [1] », choisirait avec le plus grand soin, et qui, une fois placées, quitteraient vite leur place pour devenir les femmes de nos colons ?

Un certain nombre de nos administrateurs dans ces colonies, de nos industriels et de nos commerçants, qui y vivent en famille, sont, les uns et les autres, dans une situation de fortune leur permettant d'avoir une institutrice ou une gouvernante française pour leurs enfants, et une femme de chambre pour leur femme et leurs filles. Ce serait déjà un débouché d'une certaine importance.

Il y a, en outre, dans certaines des villes de ces colonies, il y aura de plus en plus, à mesure qu'elles se développeront, certains emplois de modistes, de couturières, de lingères, de vendeuses même, qui dépassent la capacité des femmes indigènes et pour lesquels on gagnerait à faire venir des femmes de France.

Enfin, pourquoi l'administration ne réserverait-elle pas à ces mêmes jeunes filles certains emplois qu'elles remplissent parfaitement en France, de télégraphistes, de téléphonistes, d'employées des postes, etc., etc.

Pourquoi certaines compagnies privées n'entreraient-elles pas dans la même voie, pour leur comptabilité, pour leurs écritures, pour le dessin, les travaux d'aiguille, etc., etc.?

Ce serait autant de places pour un certain nombre de jeunes filles instruites, adroites, bien douées, qui n'ont absolument aucun emploi ou aucun débouché dans la métropole, et ces places seraient d'autant plus nombreuses que, je le répète, les titulaires les garderaient moins longtemps.

La seule question serait alors de savoir si, dans ces

1. 44, chaussée d'Antin.

conditions, nos jeunes filles consentiraient à aller aux colonies.

Et pourquoi n'y consentiraient-elles pas ?

Ce serait pour elles le moyen pratique de sortir de l'impasse effrayante où les a jetées l'imprévoyante vanité de leurs parents et qui ne paraît guère avoir d'autre issue que la misère, ou la gêne, ou le vice, tandis que là-bas elles pourraient entrevoir ce qui fait l'ambition de toute femme : un mari, un intérieur, des enfants et une famille. Comment donc pourraient-elles hésiter ? On hésite entre deux biens, mais non entre un mal et un bien, entre la privation et la perspective de l'aisance, entre un célibat forcé et un mariage heureux, entre une vie toute de souffrances, d'humiliations et une vie de considération et de bien-être. La plupart de ces jeunes filles donc, si on leur faisait bien connaître la vie qui les attend aux colonies, n'hésiteraient pas un instant. Elles partiraient d'abord quelques-unes, puis plus nombreuses, puis très nombreuses, plus nombreuses même qu'il ne le faudrait. Il y a des centaines de mille de femmes sans emploi en France, et il n'y en aurait pas quelques centaines pour les colonies !

Seulement, il ne faudrait pas les envoyer directement pour se marier ; au moins ne faudrait-il le faire que dans des cas extrêmes, sinon, rapidement on tomberait dans le ridicule, ce ridicule qui détruit tout, même les œuvres les meilleures. De plus, ne serait-ce pas une responsabilité bien grande pour une société, n'importe laquelle, que d'envoyer une jeune fille choisie par elle à un garçon qui la demande et avec qui peut-être elle ne pourra pas s'entendre ? On raconte que les Missions de Norvège pourvoyaient ainsi jadis à l'établissement de leurs missionnaires de Madagascar. Un bâtiment, de son nom, — un nom prédestiné, — l'*Eliezer*, emportait un certain nombre de jeunes filles dont les photographies étaient envoyées à travers l'île, aux divers missionnaires encore garçons ; les premiers choisissaient les mieux faites et les autres prenaient celles qui restaient. Cela ne pourrait guère se faire avec des Français, même non missionnaires.

Envoyez donc ces jeunes filles sur place pour un travail déterminé, qui suffise largement à leur entretien et qu'elles puissent garder. Si elles sont bien, si elles sont parfaitement recommandables, si elles sont aimables et agréables, elles seront rapidement demandées en mariage. Elles accepteront, d'habitude, et d'autres viendront pour les remplacer, qui suivront rapidement leur exemple.

Les femmes donc ne manqueront pas pour nos colonies si on s'en occupe.

Seulement, ici encore plus que pour les hommes, il sera important de bien choisir, car elles auront plus que leur mari une influence prépondérante sur l'avenir, sur la moralité, sur la prospérité de la future colonie. Ce sont elles, en effet, qui veilleront surtout à l'éducation de leurs enfants, qui donneront le ton à leur maison, qui, par leur exemple et leur douce influence, élèveront le niveau moral du pays, des Français comme des indigènes, qui *moraliseront* la colonie.

Qu'elles soient donc bonnes, dévouées, sérieuses et profondément chrétiennes; qu'elles soient femmes d'ordre et de devoir, de travail et d'économie, de principes et de caractère.

Qu'elles soient intelligentes aussi, pour se plier à toutes les circonstances et sortir de toutes les difficultés; qu'elles jouissent d'une bonne santé et possèdent un tempérament très sain, car pour elles également la vie sera rude, et le climat pénible.

Qu'elles soient gaies et pleines d'entrain pour répandre le bonheur autour d'elles, pour résister à l'ennui et à l'isolement de leur nouvelle situation.

Enfin, dernière qualité dont le nom surprendra peut-être, mais dont on comprendra l'importance, pour peu que l'on y réfléchisse, qu'elles soient aimables, bonnes et d'aspect agréable.

En France, « on voit ordinairement, dit à ce propos M. Chailley-Bert, les parents, les amis, même le futur mari, s'inquiéter assez peu du physique de la fiancée. On dit couramment chez nous : Fait-il un beau mariage ? et si quelqu'un s'avise de demander : Est-elle jolie ? soyez assuré qu'auparavant il aura demandé : Est-elle riche ? Nous parlons volontiers, comme Molière, des beaux yeux de la cassette. »

Cette manière de faire a de multiples inconvénients que tout le monde peut deviner. Mais enfin on peut vivre en France, même avec une femme laide : on en sera quitte pour être moins souvent avec elle, et les distractions, même honnêtes, ne manqueront pas à l'homme qui n'aime pas outre mesure la société de sa femme.

Aux colonies, on n'a guère d'autre compagnie que sa femme, ni d'autre distraction que sa présence et sa conversation. Et comme on a passé par-dessus la situation de fortune, on veut avoir au moins les agréments extérieurs, les qualités d'esprit, les divers dons qui rendent une femme plus agréable.

De telles jeunes filles existent en très grand nombre dans les écoles de la Légion d'honneur qui devraient être des pépinières d'émigrantes et de femmes pour nos futurs colons, au lieu d'être des pépinières d'institutrices à 50 francs par mois ou de femmes d'officiers à dot réglementaire qui n'auront pas de quoi élever leurs enfants ; dans beaucoup de nos pensionnats où les enfants issus de parents modestes seront nécessairement, par leur éducation trop élevée et leurs goûts, au-dessus de la situation inférieure qui les attend et que l'émigration sauverait d'un avenir malheureux ; dans les orphelinats où maintes jeunes filles de naissance irrégulière, mais charmantes et bonnes, et d'une riche nature, conviendraient parfaitement, par exemple à nos soldats qui vont ou qui restent dans nos colonies.

C'est donc aux directrices diverses de ces établissements qu'il faudrait s'adresser ; c'est par leur intermédiaire qu'il faudrait recruter nos émigrantes ; c'est avec l'aide de nos sœurs missionnaires qu'il faudrait les envoyer aux colonies ; c'est chez les sœurs qu'elles devraient trouver un asile en attendant qu'elles aient obtenu la place promise, et un comité sérieux formé de dames dévouées et absolument sûres, devrait continuer à veiller sur elles, pour les garder, pour les défendre, pour les aider de toutes manières jusqu'à ce qu'elles aient enfin trouvé et accepté celui qui se chargera dorénavant de leur vie et de leur avenir.

Que les personnes qui voudront s'occuper de cette œuvre le sachent bien, elles auront de grandes difficultés, car l'entreprise est extrêmement délicate ; mais elles auront rendu, si elles réussissent, un signalé service, en fait, le plus grand de tous les services, à nos colonies, celui de leur donner de tous les éléments de moralisation, de progrès et d'avenir, le meilleur et le plus efficace, la femme et la mère chrétienne, la femme et la mère française.

CINQUIÈME PARTIE

QUELS SONT LES PAYS OU NOUS DEVONS ÉMIGRER

Une double conclusion résulte, certaine, si je ne me trompe, de tout ce que nous avons dit jusqu'ici, c'est que premièrement nous *devons* émigrer au dehors si nous voulons continuer à exister comme nation et à compter dans le monde ; c'est que secondement nous *pouvons* émigrer, c'est-à-dire que nous avons parmi nous, tout prêts, les éléments d'une émigration suffisamment nombreuse, si seulement nous voulons les employer, et ces éléments deviendront chaque jour et plus nombreux et meilleurs, à mesure que nous émigrerons davantage. De cela nul ne peut douter pour peu qu'il regarde autour de soi et prenne la peine de réfléchir à ce qu'il voit.

Une autre vérité, également certaine et également importante, c'est qu'il importe beaucoup moins d'envoyer un grand nombre d'émigrants au dehors que d'en envoyer de bons. L'avenir de notre émigration dépend de ce principe.

Une autre étape nous reste à parcourir pour terminer l'étude que nous nous sommes imposée sur notre émigration, c'est l'étude des pays où nous devons émigrer.

Il ne suffit pas, en effet, à un peuple, d'émigrer et d'envoyer de nombreux éléments au dehors. Il faut encore, pour que cette émigration ne l'affaiblisse point, pour qu'elle le fortifie au contraire, et qu'elle contribue à sa prospérité en même temps qu'à son développement et à sa puissance, que les enfants qu'il a ainsi disséminés au loin lui restent attachés et réussissent. Car si ces colons oublient leur pays, en abordant de nouveaux rivages, s'ils adoptent complètement leur nouvelle patrie que nous supposons complètement indépendante, et peut-être rivale de la leur ; s'ils en deviennent définitivement les citoyens, se laissant pour ainsi dire noyer dans la masse de la population ambiante dont rapidement ils adoptent la langue, les coutumes, les goûts, les usages, les sentiments, ce sont autant de forces vives perdues pour nous, et des forces d'autant plus regrettables qu'elles sont plus excellentes.

Si, d'un autre côté, allant dans des contrées qui nous appartiennent, ils n'y réussissent pas, parce qu'ils ont précisément choisi celles qui leur convenaient le moins, le résultat sera encore pire. Ce seront des forces vives perdues, non seulement pour nous, mais pour tout le monde. Ce seront des malheureux que l'émigration aura ruinés et usés et qui reviendront en France y mourir de faim et y tuer l'idée de l'expansion au dehors, l'idée de la colonisation.

Nous avons, en effet, un grand nombre de colonies placées dans des situations différentes et avec des conditions diverses de fertilité, de climat et de salubrité. Dans les unes, nous pourrons nous établir, nous y installer, y fonder des familles ; nous le pourrions plus difficilement, ou même nous ne le pourrions plus, dans les autres. Dans les unes, nous trouverons une population indigène suffisamment nombreuse qui pourra nous être d'un utile secours si nous savons nous l'attacher et utiliser son concours ; dans les autres, nous devrons peut-être importer de la main-d'œuvre, ou tout au moins devrons-nous y borner nos efforts à l'élevage ou à d'autres exploitations similaires exigeant peu de bras ; ici, il nous faudra créer des industries et là exploiter des mines, ailleurs nous borner à l'agriculture ; dans un endroit, nous pourrons entreprendre de ces vastes exploitations agricoles qui exigent une puissante organisation et de grands capitaux ;

dans d'autres nous devrons nous contenter de propriétés moindres ne réclamant qu'un personnel restreint. Telle culture réussira sous un climat et avec un sol déterminé qui échouera complètement sous un autre ciel. Tels efforts et telles plantations aboutiront en Nouvelle-Calédonie, qui échoueront à Madagascar ; telles autres à Madagascar, ou en Tunisie, ou en Algérie, qu'il serait imprudent d'essayer au Congo.

Nous avons donc une double question à examiner :
1° Devons-nous émigrer dans les pays étrangers, ailleurs que dans nos colonies ?
2° Quelles sont, parmi nos colonies, celles où nous devons diriger notre émigration.

CHAPITRE PREMIER

DEVONS-NOUS ÉMIGRER DANS LES PAYS ÉTRANGERS

De prime abord et sans aucun examen, on serait tenté de répondre négativement à une telle question, tellement le problème paraît simple et la réponse certaine.

Quand, en effet, on a des colonies très étendues et parfois trop peu peuplées, qui réclameraient pour leur mise en œuvre une émigration très importante et continue ; quand nos émigrants sont si peu nombreux qu'ils ne peuvent suffire aux besoins les plus urgents ; quand notre race augmente à peine, tellement faibles sont les ressources de notre natalité, il est évident que nous ne devons pas perdre une parcelle de tout ce qui est français et nous devons éviter toute espèce de déchet. On a dit que pour lutter contre l'abaissement de notre natalité, la première chose à faire serait de mieux défendre nos enfants contre la maladie et contre une mort prématurée. Cela est vrai. Mais ne faudrait-il pas les défendre également contre cette autre mort qui d'un citoyen français fait un américain, ou un anglais, ou un russe, ou un allemand, etc. ?... Car, dans l'un comme dans l'autre cas, n'est-ce pas un citoyen français de moins et une perte sèche pour notre pauvre race déjà si peu nombreuse et si menacée ?

Donc il est certain que nous devons faire tous nos efforts pour ne pas perdre un seul de nos citoyens.

Seulement, les émigrants qui vont s'établir hors de chez eux dans des pays étrangers autres que leurs colonies, sont-ils, par cela même, perdus pour leur nationalité ? Et cessent-ils d'être utiles à leur pays ? Là est le vrai problème, qui devient par suite plus complexe et d'une solution moins certaine.

Reprenant les chiffres de l'émigration hors d'Europe tels que nous les donnent les relevés de la *Statistica della Emigrazione Italiana*, complétée au besoin par d'autres statistiques, et étudiant cette émigration, non plus à son point de *départ*, comme nous l'avons fait dans la première partie de ce travail, quand nous avons voulu nous rendre compte de l'importance de notre émigration, mais à son point d'*arrivée*, on aboutit aux résultats suivants, très vagues, très incomplets, mais qui n'en sont pas moins significatifs et importants, soit en eux-mêmes, soit par leur comparaison avec les chiffres de départ.

12 621 501 émigrants ont quitté les îles Britanniques de 1815 à 1896 et 8 342 492 de 1853 à 1896.

Les tables d'arrivée nous donnent un chiffre sensiblement égal, 8 517 297 immigrants, pour cette dernière période.

Et sur ces 8 517 297 immigrants,

1° de 1853-1869 :

   1 843 648 se sont établis dans l'Amérique du Nord,
     604 682   —   en Australie,
      50 371   —   dans les autres pays hors d'Europe.

2° de 1869-1875 :

860 424 se sont établis aux Etats-Unis,
4 739 — en Argentine,
135 644 — en Australie,
41 554 — dans d'autres pays hors d'Europe.

3° de 1875-1885 :

1 199 818 se sont établis aux Etats-Unis,
218 569 — au Canada,
5 730 — en Argentine,
193 — dans l'Uruguay,
10 383 — aux Indes Occidentales anglaises,
12 713 — dans l'Amérique centr. et méridion.
374 196 — en Australie,
59 789 — au Cap et au Natal,
24 363 — dans les Indes Orientales,
9 771 — dans les autres pays hors d'Europe.

4° de 1885-1893 :

1 315 627, d'après les relevés anglais : 1 072 833 d'après les relevés américains se sont établis aux États-Unis,
15 316 se sont établis dans l'Argentine et au Brésil,
571 586 — en Australie et dans les autres pays hors d'Europe.

5° enfin de 1893-1897 :

360 207 se sont établis aux États-Unis,
49 652 — au Canada,
1 619 — en Argentine,
219 — au Brésil.
3 156 — dans les Indes Occident. angl.
4 597 — dans l'Amérique centr. et méridion.
33 545 — en Australie,
7 712 — dans les Indes Orientales,
33 411 — au Cap et à Natal,
30 621 — dans les autres pays hors d'Europe.

Ce qui donne très approximativement :

5 847 245 Anglais immigrés dans l'Amérique du Nord,
45 435 — dans l'Amérique du Sud,

1 719 653 Anglais immigrés en Australie,
271 131 — dans les autres pays hors d'Europe.

Les chiffres allemands sont les suivants :

4 429 125 Allemands ont quitté l'Europe depuis 1832-1896 et 3 118 953 depuis 1866, d'après les tables de départ, tandis que les tables d'arrivée, si elles étaient complètes, ne nous donneraient pas loin de 3 400 000 pour la même période 1866-1896.

De ces 3 400 000 émigrants,

3 223 567 se sont fixés aux Etats-Unis (1868-97),
24 785 — dans l'Argentine et l'Uruguay (1868-97),
47 107 — au Brésil (1868-97),
7 318 — en Afrique (1871-97),
16 202 — en Australie (1871-97).

Il y a des lacunes pour l'Italie. Cependant, nous croyons ne pas nous éloigner sensiblement de la vérité en acceptant les chiffres suivants :

Émigrants de 1870-1896 . . . . 2 267 963
— de 1876-1896 . . . . 2 138 758

Les tables d'arrivée nous donnent, pour l'Amérique seulement et pour une période plus courte que la période 1876-1896, le chiffre bien supérieur de 2 788 648. La raison en est très simple : beaucoup d'émigrants italiens s'embarquent par des ports étrangers.

Ces 2 788 648 émigrants se répartissent de la manière suivante :

672 976 émigrants aux États-Unis . . . . de 1876-1897 [1]
656 888 — en Argentine . . . . . — 1885-1897
611 134 — en Uruguay. . . . . . — 1876-1897
848 650 — au Brésil. . . . . — 1885-1897

1. Pour arriver à un résultat d'ensemble, nous avons dû prendre une moyenne pour les années 1885-1889 pour lesquelles nous n'avions pas de données.

QUELS SONT LES PAYS OU NOUS DEVONS ÉMIGRER. 447

412 413 Français ont quitté l'Europe de 1853-1893 et 259 510 de 1866-1897.

D'après les tables d'arrivée, depuis 1866,

120 047 se sont établis aux États-Unis,
63 662 — en Argentine et dans l'Uruguay,
12 259 — au Brésil,
5 002 — dans le reste de l'Amérique,
1 799 — en Afrique.

Pour la Russie, de 1871-1895, 542 092 émigrants ont quitté leur pays par les ports allemands, et, d'après les tables d'arrivée,

622 302 Russes se sont fixés de 1871-1897 aux États-Unis,
14 333 — 1874-1895 au Canada,
45 073 — 1871-1896 au Brésil,
16 519 — 1871-1895 en Argentine.

Pour l'Autriche, 617 598 émigrants sont partis de 1850-1896 et 542 514 depuis 1872-1896.

Pendant cette dernière période, d'après les tables d'arrivée,

495 912 se sont établis aux États-Unis,
42 497 — au Brésil,
22 537 — à la Plata.

386 831 Belges ont émigré de 1865-1897 [1] et 330 130 de 1870-1896 [1].

D'un autre côté, depuis l'année 1885,

44 212 sont allés aux États-Unis,
19 050 — en Argentine [2],
2 700 — au Brésil.

103 891 Hollandais sont allés aux États-Unis depuis

---

1. En prenant une moyenne pour les années 1878-1884 pour lesquelles les statistiques manquent.
2. En prenant une moyenne pour les années 1876 et 1881-1884 pour lesquelles nous n'avons pas de données.

1866-1897 sur une émigration que l'on peut évaluer approximativement à 350 000.

Le Danemark a perdu 168 597 émigrants de 1869-1897, sur lesquels, d'après les tables d'arrivée,

175 796	sont allés aux Etats-Unis	de	1866-1897
3 229	— au Canada et autres contrées d'Amérique.	—	1866-1897
3 137	— en Australie	—	1869-1897

La Suisse a eu 161 787 émigrants de 1868-1897. D'un autre côté,

148 980	se sont établis aux Etats-Unis . . .	de	1867-1897
25 281	— en Amérique (centr. et méridion.). . .	—	1868-1897
1 424	— en Australie.	—	1865-1897

L'Espagne a perdu 491 525 émigrants de 1865-1897.

18 461	immigr. espagn. sont allés aux Etats-Unis	de	1867-1897
266 891	— en Argentine. . . .	—	1870-1897
32 424	— en Uruguay. . . .	—	1867-1897
266 891	— aux Etats-Unis. . .	—	1867-1897
145 834	— au Brésil.	—	1867-1897

Enfin il y avait en 1896 plus de 200 000 Espagnols dans notre Algérie.

Le Portugal a eu 487 172 émigrants de 1872-1897.

20 857	de ces émigrants se sont établis aux Etats-Unis .	de	1867-1897
4 271	— en Argentine . .	—	1870-1897
970	— en Uruguay . . .	—	1867-1897
370 101	— au Brésil	—	1867-1897

La Suède enfin, qui compte 669 615 *partis* de 1866-1897, a eu :

764 839	de ses enfants fixés aux États-Unis,	
1 944	— en Australie.	

Et la Norvège, dans la même période, sur 469 898 émigrants, en a envoyé :

398 221 aux Etats-Unis,
2 629 en Océanie.

Comme on le voit, ces chiffres ne sont pas complets, et ils manquent trop souvent de précision. Trop souvent aussi, les diverses sources de renseignements ne concordent pas, présentant parfois des écarts considérables. Malgré tout, ils nous permettent d'aborder avec plus d'assurance un problème bien intéressant : quelle a été l'utilité de ce mouvement d'émigration pour leurs pays d'origine ?

Nous ne parlerons pas ici de la Suède et de la Norvège, du Danemark et de la Hollande, de la Suisse, de la Belgique ou de l'Autriche-Hongrie qui n'ont pas de colonies voisines des pays où se sont dirigés leurs émigrants, et par conséquent aucune base sur laquelle ces émigrants puissent s'appuyer ; qui n'ont pas, ou n'ont que peu de marine ; qui n'ont aucun intérêt considérable, industriel ou commercial, en Amérique et en Australie, et, pour qui, par conséquent, toutes ces forces vitales ont été perdues. Non pas complètement toutefois, car il ne faudrait pas regarder bien loin pour voir le commerce international et la marine marchande de la Suède et de la Norvège, par exemple, se développer rapidement, et par suite créer au loin, principalement dans les pays où se sont établis leurs émigrants, des intérêts et des influences suédo-norvégiennes qu'il ne faudrait pas dédaigner et qui se retrouveront un jour peut-être, au profit, sinon de leur pays d'origine, au moins de ceux de leurs coreligionnaires qui sauraient s'en servir.

Nous ne parlerons pas non plus de l'Espagne et du Portugal ; car l'état de crise aiguë que traversent en ce moment ces deux pays et les causes multiples de leur décadence qu'il serait trop long de dégager, enlèvent toute autorité à leur exemple. Et cependant, qu'on ne le perde pas de vue, le Brésil, pour avoir cessé d'appartenir au Portugal, n'en reste pas moins un pays portugais, de même que les États-Unis sont restés un pays saxon, et les rapports seront toujours plus faciles, au moins dès que l'acuité des luttes actuelles aura disparu, entre ces deux États de même race, de même langue, de mêmes goûts et de même religion, qu'avec des pays complètement étrangers. De même, les anciennes colonies espagnoles de l'Amérique centrale et de l'Amérique du Sud se rapprocheront inévitablement pour les mêmes raisons de leur ancienne mère patrie, dès que les sentiments actuels, surexcités par des luttes récentes, se seront atténués, si du moins l'Espagne arrive enfin à surmonter ses difficultés actuelles et à mettre en œuvre ses immenses ressources. Enfin il faudrait être aveugle pour ne pas voir l'importance pour nos voisins d'au delà les Pyrénées, de la nombreuse émigration dans notre Algérie et dans l'empire du Maroc. L'Espagne n'a pas su utiliser son émigration dans les pays étrangers. Mais ce n'est pas là une raison pour nier l'utilité de cette émigration. Et peut-être que l'histoire n'a pas dit son dernier mot à ce sujet.

Nous ne nous étendrons pas non plus longuement sur l'exemple de l'Italie, dont la très nombreuse émigration contemporaine, produite surtout par sa misère intérieure, n'a pas encore donné les sérieux résultats auxquels on aurait pu s'attendre. Mais la faute n'en est pas à cette émigration qui pourrait être au contraire, d'un jour à l'autre, le plus sérieux point d'appui pour les efforts d'expansion au dehors d'un gouvernement plus fort, plus solide et plus rempli d'initiative que ne l'est le gouvernement italien. Tout le monde sait les idées séparatistes que nourrissent les Italiens de Tunisie, du Brésil, de l'Uruguay, de la République Argentine, et leur ardeur infatigable à conserver leur langue et leurs usages, à avoir leurs écoles à eux, leurs journaux à eux, leurs intérêts à eux, à constituer une petite nation indépendante au milieu de la nation qui les a accueillis.

Ils sont 64 866 en Tunisie et Dieu sait quel embarras ces 64 866 Italiens nous créent actuellement en attendant qu'ils deviennent un danger. Il y a deux ou trois ans, ils suscitaient une révolte dans l'un des États-Unis du Brésil et mettaient en mouvement la diplomatie de leur pays d'origine contre les autorités brésiliennes.

On n'en sera pas étonné si l'on songe qu'il y a eu, au cours de ces douze dernières années 742 650 émigrants italiens installés au Brésil, dont 116 223 en 1895 et 96 324 en 1896.

En Argentine, l'Italien est presque une langue nationale, et des livres s'impriment couramment en cette langue à Buenos-Ayres.

1 009 399 Italiens se sont établis, dans cette république, de 1857 à 1896. Ils s'y multiplient rapidement et, par l'adjonction de nouveaux éléments venant chaque jour grossir leurs rangs, et par leur remarquable fécondité. Les autres immigrants — 616 277 en tout, dont 283 866 Espagnols, 151 719 Français, 31 939 Anglais, 26 363 Autrichiens, 24 576 Allemands, 23 524 Suisses, 18 470 Belges — ne peuvent lutter contre eux, ni, je le crains, les Argentins eux-mêmes qu'affaiblit chaque jour l'introduction d'une aussi grande quantité de sang étranger. La loi argentine veut, en effet, que tout enfant né dans le pays soit Argentin. Cela explique que le recensement de 1895 n'ait donné que 1 004 527 étrangers contre 3 040 384 Argentins ; mais cela ne fait pas, tant s'en faut, que ces 3 000 000 d'hommes soient de véritables Argentins. Au train dont vont les choses, la république Argentine est en voie de devenir une puissance italienne.

On devine l'importance d'un tel mouvement d'émigration au dehors, au point de vue politique. Au point de vue commercial, cette importance n'est pas moins grande et, pour ne pas sortir de l'Argentine, lui seul peut expliquer le mouvement important d'affaires que fait cette République avec l'Italie. L'Italie en effet n'est pas une grande nation industrielle comme l'Allemagne, ni une nation ayant derrière elle un passé ou de puissantes flottes commerciales, comme l'Angleterre et les États-Unis, et, cependant elle a fait avec l'Argentine en 1897, pour :

10 943 000 pesos [1] d'importation
3 965 000 — d'exportation

donnant un total de 14 908 000 pesos

Elle vient ainsi au cinquième rang après l'Angleterre, l'Allemagne, la France, les États-Unis et la Belgique, avant les États du Brésil.

En Uruguay, elle vient également au cinquième rang des États européens après l'Angleterre, la France, la Belgique et l'Allemagne, avec :

1 697 000 pesos d'importation et
727 000 — d'exportation.

Si maintenant nous passons de l'Italie à l'Angleterre, il est certain que c'est surtout à son émigration en dehors de ses colonies, que cette nation doit le prodigieux développement de son immense empire colonial.

A qui, en effet, doit-elle les bouches du Niger, si ce n'est aux intérêts que ses nationaux avaient su y créer? A qui doit-elle, si ce n'est à ses hardis pionniers, la possession des immenses territoires du Sud-Africain? Et, en ce moment même, sur quoi s'appuie la politique de Chamberlain contre le Transvaal, si ce n'est sur les prétendus droits des uitlanders qui sont en très grande majorité des Anglais? Nous-mêmes, n'avons-nous pas trouvé sur notre route, à Madagascar et ailleurs, ces commerçants anglais,

---

1. 5 fr. 20.

Mauriciens, Indiens ou autres ? Et quelles difficultés de toutes sortes ne nous ont-ils point créées ? Un Anglais s'établit sur un point du globe ; il y crée des intérêts anglais, il y appelle d'autres Anglais ; il y forme une société de sport ou d'exploitation, de réunion ou d'affaires ; il s'y fait respecter et craindre ; il s'y développe, empiétant toujours sur les voisins. Et toujours il reste Anglais. Il fait du commerce anglais, il fait de l'industrie anglaise, il répand l'influence anglaise. Au bout de quelque temps, sa propriété sera un territoire anglais, une possession anglaise, un embryon de colonie qui bientôt deviendra un immense empire anglais. Cet empire se développera et s'agrandira peut-être par une expédition entreprise à propos, mais il aura commencé sur l'établissement d'un colon anglais.

Et voilà pourquoi également la langue anglaise est parlée par toute la terre ; voilà pourquoi le commerce international de l'Angleterre atteint les chiffres extraordinaires que nous avons cités ailleurs.

L'exemple de l'Allemagne, à ce point de vue, est encore plus significatif que celui de l'Angleterre.

Jusqu'à ces dernières années, l'Allemagne n'avait pas de colonies et ne voulait pas en avoir. Le mouvement actuel qui l'emporte irrésistiblement au dehors ne date guère que de 1892 ou 1893. Et cependant elle possède déjà un domaine colonial qui ne le cède en importance qu'à celui de l'Angleterre et au nôtre. Et cet empire extérieur de l'Allemagne, en même temps que sa marine marchande, en même temps que son commerce au dehors, et son influence de par le monde, va se développant chaque jour avec une telle rapidité, que l'Angleterre prévoit déjà en elle sa véritable rivale de demain. Or, quel est le point d'appui le plus précieux et le plus sûr auxiliaire de ce magnifique essor ? A n'en pas douter, c'est l'émigration déjà ancienne et considérable du colon allemand sur toute la surface du globe.

D'après le tableau que nous avons cité plus haut :

3 223 567 Allemands se sont établis aux États-Unis de 1866 à 1897, 24 785 en Argentine et en Uruguay, et 46 107 au Brésil, de 1868-1897. 7 318 sont allés en Afrique de 1871-1897 et 16 202 dans le continent australien, de 1894-1897.

Croyez-vous que ces 3 317 979 colons et les milliers d'autres qui se sont établis ailleurs, n'aient rien fait pour la diffusion du commerce, de la langue, des idées, des intérêts, de l'influence allemandes ?

Ce sont eux qui ont commencé, qui ont continué, qui ont presque tout fait. L'appui du gouvernement, et celui de l'opinion publique, ne sont venus qu'ensuite pour les soutenir et les seconder, après les avoir dédaignés et combattus.

J'ai en ce moment sous les yeux un document bien curieux et bien significatif : c'est le *Deutscher Kolonial Atlas* de Langhans, publié en 1897 chez l'éditeur du Gotha, Justus Perthes. C'est donc un ouvrage très sérieux et faisant autorité. Il renferme 30 cartes et 300 cartouches très bien dessinés et très bien gravés. 20 sur 30 de ces cartes sont consacrées aux colonies allemandes parfaitement mises en relief, un peu agrandies souvent et sans hinterland bien précisée, partout où il y a le moindre espoir de les agrandir. Mais les 10 premières représentent les diverses parties du monde où un Allemand est allé s'établir, teintées différemment suivant le plus ou moins grand nombre de ces immigrants. C'est ainsi que, dans l'est de la France, d'après ces cartes, les Allemands sont au nombre de 1 à 5 p. 100 ; dans la portion nord de la Belgique, et une partie de l'Autriche de 70 à 95 p. 100 ; de 30 à 70 p. 100 dans la Bohême, le Tyrol, le duché de Posen, celui de Gratz et certains endroits de la Hongrie ; de 5 à 30 p. 100 dans la Pologne, le reste de la Hongrie, la Crimée et autres provinces de la Russie du Sud.

Ils se sont également établis en Palestine, à Japha, à

Sarona, à Rephaïm de Jérusalem, à Haifa, etc., où leur nombre chaque jour croissant finira par nous enlever la suprématie que nous y conservons encore grâce aux souvenirs des croisades, grâce à notre protectorat religieux et à nos missionnaires, grâce à l'incessante action de notre diplomatie et à nos concitoyens fixés dans le pays.

Ils se sont établis en Chine, où le prétexte de défendre ses missionnaires et de protéger son commerce a permis à l'Allemagne de prendre pied officiellement par la prise de possession de Kiao-tchéou ; ou bien aux Philippines, où l'élément allemand était si important que l'on parla un moment de l'intervention de l'empereur Guillaume contre les États-Unis ; et que la colonie allemande avait offert auparavant au gouvernement insurrectionnel de lever un corps spécial pour l'aider dans sa lutte contre l'Espagne.

Ils se sont établis en Afrique, surtout dans l'Afrique du Sud, où ils offrirent également, il y a quelques années, au Président Krüger de le soutenir contre l'Angleterre, où leur présence permit au Kaiser Guillaume d'expédier le retentissant télégramme que l'on sait et où ils viennent de former un corps auxiliaire indépendant pour la guerre actuelle.

Ils se sont établis en Océanie, aux Samoa, dans la Nouvelle-Guinée et les Salomon, etc., qui leur appartiennent, en partie du moins ; dans la Nouvelle-Zélande et la Nouvelle-Galles du Sud, où ils forment de 10 à 51 p. 100 de la population ; dans la partie orientale de l'Australie (le tiers de ce continent), où ils atteignent de 5 à 30 p. 100 de l'ensemble des habitants.

Ils se sont établis enfin dans l'Amérique, soit du Nord, soit du Sud, en Argentine où ils constituent de 5 à 10 p. 100 de la population totale, et surtout dans l'Amérique du Nord où ils atteignent parfois la proportion de 30 à 35 p. 100.

Évidemment, tous ces pays ne sont pas encore des territoires allemands proprement dits, et le mot *colonie* y perd un peu de sa signification rigoureuse. Mais est-il employé complètement à faux ? Et l'auteur a-t-il tout à fait tort en nous étalant avec complaisance ces taches rouges qui s'en vont se multipliant, se grossissant, se rapprochant, se rejoignant, jusqu'à ce qu'elles arrivent à former une nouvelle et importante terre allemande ? Il y a là, qui ne s'en rend compte ? une énorme force, un point d'appui, inestimable pour l'Allemagne, et c'est ce qui lui donne le droit d'intervenir un peu partout, de prendre pied et de s'établir dans toutes les parties du monde, d'acheter les débris de l'empire colonial espagnol, de se créer, comme par enchantement, un immense empire colonial.

Il n'y a pas jusqu'à l'exemple de la France, exemple cependant bien limité, qu'il ne soit utile de faire connaître.

D'après les calculs de Victor Turquan [1], nous avions en 1891, 580 371 Français établis hors de France, répartis de la manière suivante :

```
223 500 en Europe,
 20 211 en Asie,
 70 942 en Afrique,
  3 977 en Océanie,
151 639 dans l'Amérique du Nord,
110 102    —        Sud.
───────
580 371
```

Et d'une manière un peu plus spéciale :

1° En EUROPE :

```
24 000 en Allemagne,
 3 115 en Autriche-Hongrie,
53 000 en Belgique,
26 597 en Angleterre,
    15 à Gibraltar,
    46 à Malte,
11 800 en Italie,
17 657 en Espagne,
```

---

1. Cf. *Dict. d'Econ. politique.* Emigration.

QUELS SONT LES PAYS OU NOUS DEVONS ÉMIGRER. 457

     250 en Danemark,
  1 500 en Grèce,
 57 000 en Suisse,
  5 000 à Monaco,
  3 000 aux Pays-Bas,
  1 313 en Luxembourg,
    140 en Suède? (évalué)
     90 en Norvège? (évalué),
  7 000 en Russie (incomplet),
    915 en Roumanie (incomplet),
     95 en Serbie,
  1 000 en Portugal,
 10 000 en Turquie.

2° Dans l'AMÉRIQUE DU NORD :

   5 300 au Canada [1],
 126 000 aux États-Unis,
   9 000 au Mexique [2],
   2 000 à Porto-Rico [3],
   3 500 à Haïti,
   2 329 à Cuba [4],
   3 000 à Terre-Neuve [5],
    510 à Panama.

3° Dans l'AMÉRIQUE DU SUD :

 20 000 en Uruguay,
 75 000 en République Argentine,
 10 800 au Brésil,
  2 500 au Pérou,
    250 à l'Équateur,
    263 au Guatemala,
    296 à Costa-Rica,
     60 à San-Salvador,
    288 aux États-Unis de Colombie,
    625 au Paraguay,

1. Il ne s'agit ici d'aucun Français d'attache canadienne.
2. Beaucoup d'Alpins.
3. Beaucoup de Corses.
4. Avant l'insurrection et la guerre.
5. Officiel.

4° En Asie :

>3 000 en Turquie d'Asie [1],
>172 en Perse [1],
>80 au Siam [1],
>676 en Chine [1],
>353 au Japon [1],
>15 000 au Tonkin et en Annam,
>29 en Corée,
>150 à Malacca,
>34 à Aden,
>72 au Hong-Kong,
>600 dans l'Inde [2],
>49 en Birmanie.

5° En Afrique :

>15 700 en Égypte,
>160 au Maroc,
>120 à Tripoli,
>52 000 en Tunisie,
>2 079 à Maurice,
>400 au Cap,
>82 à Zanzibar,
>15 dans la Sierra-Leone,
>86 à Ténériffe,
>300 (?) au Transvaal [3],

6° En Océanie :

>848 à Wellington et en Nouvelle-Zélande,
>76 aux Philippines,
>154 dans les colonies hollandaises,
>99 à Honolulu,
>2 800 en Australie [4].

1. D'après les listes nominatives.
2. Calcutta et quelques villes.
3. Sous toute réserve, population très flottante.
4. Ce tableau m'a été fourni par mon ami Victor Turquan, et il est complètement inédit. Les chiffres du recensement de 1896, qui nous permettraient de le continuer, n'ont pas été publiés. Quant à la liste dressée en 1893 par M. Doumer, rapporteur du budget des Affaires étrangères, du nombre des Français dans chaque ambassade et dans chaque légation, elle est parfois exagérée et le plus souvent incomplète.

Ces chiffres se sont modifiés légèrement au cours de ces dernières années, mais pas d'une façon notable, vu notre faible courant d'émigration.

Ce n'est donc pas tout à fait 600 000 compatriotes que nous avons au dehors ; sûrement pas plus de 400 000 si nous ne comptons pas ceux qui sont dans nos propres possessions ; et près de 300 000 en négligeant ceux d'Europe.

Et cependant, ne l'oublions pas, ce sont ces 15 000 Français établis en Égypte, qui, pendant longtemps, profitant des résultats de nos interventions militaires et de nos entreprises industrielles et commerciales, nous y assurèrent la situation prépondérante que nous y avons si longtemps possédée et que tous les efforts de l'Angleterre ne sont pas encore parvenus à ruiner.

Ce sont les 60 000 Basques établis en Argentine qui nous y gardèrent pendant longtemps une situation également prépondérante, et cette situation n'a diminué que du moment où les Italiens sont venus s'y établir par centaines de mille.

Ce sont nos compatriotes des Basses-Alpes, les Barcelonnettes et autres émigrés au nombre de près de 10 000, qui nous ont conservé l'influence que nous possédons encore au Mexique et nous y ont acquis, malgré les souvenirs de l'expédition de 1862, une très belle situation ; ce sont les Corses établis à Cuba, au nombre de 2 000, qui y propagèrent nos intérêts et nous assurèrent là aussi une grande influence jusqu'à ce que les États-Unis se fussent emparés de cette île.

Ce sont nos compatriotes, marchands, colons, missionnaires surtout, qui font connaître notre langue et apprécier notre caractère, qui répandent notre influence et propagent nos idées et nos intérêts, qui nous créent partout où ils s'établissent une atmosphère favorable où tout ce qui a nom français peut vivre et prospérer.

Ils ont obtenu de grands résultats malgré leur petit nombre. Que n'auraient-ils pas obtenu s'ils étaient la moitié ou le quart seulement de ce que sont les Italiens, les Anglais ou les Allemands ? Que n'auraient-ils pas obtenu si notre gouvernement, qui n'a partout que l'unique souci de ne pas se « créer d'affaire », les avait soutenus, protégés, aidés, comme le gouvernement anglais, comme le gouvernement allemand savent aider, protéger, soutenir leurs compatriotes établis à l'étranger ?

Donc, nous devons émigrer, même dans les pays étrangers, et les partisans de notre expansion coloniale seraient très mal avisés de se poser en adversaires de cette émigration ; car ils iraient ainsi et contre l'intérêt de leur pays et contre l'intérêt de nos colonies elles-mêmes.

Il ne faut pas, en effet, que nous devenions complètement étrangers à une foule de contrées où nous n'avons déjà que trop perdu de notre influence, de notre commerce, de nos relations de toutes sortes. Il faut, au contraire, et à tout prix, que nous défendions notre prépondérance, là où des siècles d'efforts constants et d'émigration nous l'avaient assurée ; il faut que nous luttions courageusement pour sauvegarder les situations acquises et, autant que possible, pour les fortifier là où nous n'avons déjà que trop reculé, sous la formidable poussée de l'Allemagne, de l'Angleterre, de l'Italie ; il faut que nous nous efforcions de pénétrer dans d'autres contrées qui s'ouvrent de plus en plus à l'influence extérieure et où nous avons notre place marquée, si nous tenons à ne pas trop déchoir.

Or, tout cela, nous l'obtiendrons surtout par l'activité et les efforts des Français que nous y enverrons. Et plus ces Français seront nombreux, plus ils seront intelligents et actifs, plus ils auront de moyens d'action à leur disposition, plus notre influence et notre action se fortifieront, se développeront, s'augmenteront.

Sans doute, nous avons pour nous aider dans cette œuvre des ouvriers que les autres puissances nous envient et à qui elles cherchent à susciter des imitateurs, nos missionnaires et nos sœurs. Ceux-là ne font pas de commerce, ni d'affaires ; ce ne sont pas non plus des agents politiques ; mais ils n'en travaillent pas moins efficacement, et mieux que personne, à répandre notre langue, à nous faire connaître, à nous faire aimer et partant à nous faire accepter. C'est à eux surtout que nous devons le renom de bonté, de bienveillance, de charité et de justice, que nous conservons de par le monde. Il est de notre intérêt, par conséquent, de les aider le plus possible, de les encourager, de les défendre et d'en augmenter le nombre, en permettant aux Sociétés auxquelles ils appartiennent de se développer et de se multiplier librement dans la métropole.

Mais cependant, pour précieux qu'ils soient, ces auxiliaires ne suffisent pas. Avec eux et à leur suite, il faut envoyer des colons, des commerçants, des industriels, des ingénieurs et des médecins, des officiers et des entrepreneurs, des hommes d'initiative et de progrès, qui créent dans ces pays étrangers des entreprises et des intérêts français, exploitations agricoles, créations industrielles, services publics, grands travaux d'intérêt général, qui y appellent à leur suite d'autres Français, qui y répandent notre langue, nos goûts, nos usages, y fassent vendre nos marchandises, y établissent notre influence.

Sans cela, et en face de l'activité de l'Angleterre ou de l'Allemagne, nos rares compatriotes qui y luttent encore seront rapidement vaincus, découragés et comme noyés dans les flots pressés d'une immigration chaque jour plus nombreuse, de Saxons, d'Allemands, voire d'Italiens.

Donc il faut que nous émigrions dans les pays étrangers. Pas dans tous cependant et indistinctement.

Il y a, en effet, certains de ces pays où les nouveaux arrivés échouent, presque inévitablement, ou bien perdent rapidement leur nationalité, par exemple les États-Unis. Dans ces pays-là, non seulement nous ne devons pas encourager nos émigrants à aller s'établir, mais nous ferons œuvre utile en les dissuadant d'y aller.

Nous avons trop peu d'éléments d'expansion au dehors pour en perdre volontairement un seul, ou même pour les employer dans des conditions où ils nous seront moins utiles. Nous devons au contraire viser à en tirer le plus grand parti possible.

Mais dans les autres contrées où il est plus facile de réussir, parce qu'elles sont ou moins encombrées ou moins avancées et où surtout nos émigrants ont toutes chances de conserver intact l'attachement à leur pays d'origine, dont ils propageront l'influence et sauront promouvoir les intérêts, nos compatriotes feront bien d'aller s'établir. Et plus nombreux ils iront, plus ils y seront forts, plus nous-mêmes nous y gagnerons.

Donc, loin de les décourager, nous devons les encourager au contraire, les diriger, les instruire et, au besoin les aider, par des subventions ou des avances d'argent et — mot odieux aujourd'hui, mais qui n'en existera pas moins toujours, comme la chose qu'il représente — par des privilèges qu'ils auront parfaitement mérités.

Aussi ne saurait-on qu'approuver la généreuse initiative de la « Société pour le développement du commerce extérieur de la France » qui n'hésite pas, quand elle se trouve en face d'un jeune homme intelligent, de lui payer son voyage et de lui avancer de l'argent, pour l'aider à s'établir dans ces pays étrangers, sur sa seule promesse de restituer cet argent s'il réussit.

Plus encore applaudira-t-on avec plaisir à l'initiative du législateur de 1889 qui, parmi les articles souvent si mal inspirés de notre loi de recrutement, sut au moins insérer l'article 50 par lequel il exemptait totalement du service militaire, sous certaines conditions faciles à remplir, les jeunes Français établis à 20 ans dans un pays étranger et s'engageant à y rester pendant dix ans. Nous avons ailleurs critiqué cette loi qui, à tout prix, aurait dû étendre la même faveur à ceux qui iraient s'établir dans les colonies. Mais, parmi les promoteurs de la campagne pour obtenir cette extension, et parmi les nombreux signataires de la pétition présentée à ce sujet, en est-il un seul qui ait voulu voir supprimer l'exemption en faveur des pays étrangers ?

Il n'en reste pas moins vrai cependant que nous devons, avant tout, diriger nos émigrants vers nos colonies. Nous les verrons avec plaisir s'établir ailleurs, surtout s'ils doivent y réussir et y rester Français ; nous les aiderons même au besoin à y aller, mais cependant nous leur conseillerons avant tout nos propres colonies.

Et c'est justice.

La première charité commence par soi-même, dit le vieux proverbe, et il est dans l'ordre de finir sa moisson avant d'aller aider au voisin à faire la sienne.

Dans les pays étrangers, nous travaillerons très efficacement et très utilement souvent à la grandeur et à la prospérité de notre pays ; mais enfin, nous n'y travaillerons qu'*indirectement ;* nous y travaillerons *directement* au contraire — et cela vaut toujours mieux — dans nos propres colonies.

Ce que nous allons chercher au dehors, la prospérité et l'aisance, nous le trouverons encore plus sûrement dans nos colonies, dont quelques-unes sont très riches, dont les ressources sont encore inexploitées et où nous serons dans la meilleure des situations, puisque nous serons chez nous.

Et surtout nous contribuerons à les mettre en valeur.

Notre empire colonial est tout récent, nous l'avons déjà dit, au moins dans sa plus grande étendue, et ce que nous y avons accompli déjà en fait de travaux publics, d'outillage, de mise en valeur du sol, d'exploitation de mines ou de forêts, de commerce, d'industries et d'entreprises de toutes sortes, n'est que très peu de chose, en certains endroits, se réduit à rien. Il s'ensuit que ces colonies ne nous rapportent que très peu, quand elles nous rapportent quelque chose. Il importe donc d'y aller, d'y travailler, d'y créer toutes sortes d'entreprises, d'y coloniser et pour cela d'y envoyer des émigrants.

Ces émigrants, enfin, feront de ces colonies de vraies terres françaises et de leurs habitants de véritables sujets de la France.

Il ne faut pas se le dissimuler, en effet, parmi tous ces territoires soumis à notre influence, en Afrique ou en Asie, il en est qui sont encore tout frémissants et qu'un rien entraînerait à la révolte. Qui ne voit que pour les habituer à nous et à notre autorité, il faut leur montrer autre chose que le sabre qui les a frappés, que le fusil et le canon qui les ont domptés ? Il faut leur montrer le Français qui les instruira, qui leur apprendra à travailler et leur fera gagner de l'argent, qui les formera peu à peu à de nouvelles habitudes, à de nouveaux sentiments, à une nouvelle vie, le missionnaire et le colon.

Et à mesure que ces missionnaires et ces colons deviendront plus nombreux ; à mesure que les indigènes s'habitueront à eux, qu'ils apprendront leur langue, et trouveront auprès d'eux ce qu'ils ne soupçonnaient même pas auparavant, protection et, au besoin, défense de leur faiblesse contre l'oppression, à mesure que se multiplieront ces établissements vraiment français, le pays deviendra effectivement nôtre, soumis et fidèle.

Et enfin, c'est — on le comprendra encore facilement et nous l'avons dit ailleurs — c'est par une émigration suffisamment nombreuse que nous serons assurés de garder nos colonies contre toute entreprise étrangère.

Donc, nous devons surtout émigrer vers nos colonies. Et, sans condamner, sans proscrire, en encourageant même l'émigration au dehors, dans les pays étrangers, c'est surtout l'émigration vers nos colonies que nous devons conseiller, promouvoir, favoriser de toutes nos forces

CHAPITRE II

DES COLONIES D'EXPLOITATION ET DES COLONIES DE PEUPLEMENT

Devons-nous indistinctement diriger nos émigrants vers toutes nos colonies ?

Évidemment non.

Il y en a, en effet, qui sont déjà suffisamment peuplées et qui ne réclament pas, par suite, de nouveaux immigrants.

Telles, par exemple, nos possessions des Antilles, la Martinique qui a 189 599 habitants pour 987 kilomètres carrés ou 191 habitants par kilomètre carré, et la Guadeloupe qui en a 167 099 pour 1 780 kilomètres carrés ou 94 au kilomètre carré. Tels Saint-Pierre et Miquelon qui ont 6 300 habitants pour 245 kilomètres carrés ou 25 par kilomètre carré. Tels surtout nos établissements de l'Inde avec 283 053 habitants pour 508 kilomètres carrés, 559 habitants par kilomètre carré. Telle enfin la Réunion, qui compte 169 000 habitants pour 2 600 kilomètres carrés ou 65 habitants par kilomètre carré.

Telle également, à un certain point de vue, notre Algérie qui comptait :

	En 1881.	En 1891.	En 1896.
Français d'orig. ou natur.	233 937	267 672	318 137
Franç. nés d'Israél. natur.	35 665	25 729	31 698
Israél. indig. natur. par la loi du 28 octobre 1870.	—	21 730	17 065
Indigènes musulmans.	2 850 866	3 559 687	3 764 480
Etrangers tunisiens		2 731	2 346
— marocains	189 944	215 793	211 376
— nation. diverses		14 645	14 676
Popul. comptée à part.		16 745	69 843
	3 310 412	4 124 732	4 359 578

pour un territoire de 477 913 kilomètres carrés, ou, en 1896, 9 habitants par kilomètre carré.

Évidemment, 9 habitants par kilomètre carré, c'est très peu, et malgré bien des endroits arides, bien des montagnes incultes, bien des plaines sablonneuses qui de longtemps ne pourront nourrir une population nombreuse, il y a de la place en Algérie pour un plus grand nombre d'habitants.

De même, 318 137 Français, — dont 25 682 au moins d'origine étrangère, puisque c'est là le nombre des naturalisations de 1865 à 1896, — en face de 228 398 étrangers et de 48 763 Juifs qui ne sont guère Français que de nom ; en face surtout de 3 764 480 Musulmans, si fanatiques encore, si mécontents et si faciles à soulever contre nous, c'est une proportion bien faible et, suivant le mot de Pélissier, « tant que nous n'aurons pas un million d'Européens en Algérie, nous y serons campés ».

Et cependant, si l'on considère la fécondité et la force d'expansion merveilleuse de nos compatriotes algériens, en même temps que les difficultés réellement sérieuses pour les nouveaux venus de prospérer en Algérie, on sera tenté de se ranger à l'avis de l'ancien président du conseil d'Alger, un des premiers colons de Marengo, qui me disait récemment :

« Nous ne demandons qu'une chose à la France, c'est qu'elle nous laisse nous développer et nous multiplier tranquillement. Nous nous sentons assez forts par nous-mêmes pour le moment et, par nous-mêmes, nous deviendrons rapidement assez nombreux. »

D'un autre côté, nous avons tant besoin de colons dans la plupart de nos nouvelles possessions extérieures, Tunisie, Madagascar, Indo-Chine, Tonkin, Océanie, etc., que ce serait presque une faute que de promouvoir ou même d'encourager un mouvement d'émigration en Algérie. Laissons donc ceux qui veulent aller en Algérie y aller librement, de même que ceux qui veulent aller dans les pays étrangers ; mais faisons tous nos efforts pour envoyer vers nos colonies, plus déshéritées au point de vue de la population française, tous les gens de bonne volonté susceptibles d'y réussir.

Une difficulté se présente cependant qu'il ne faut pas négliger, mais que nous devons au contraire examiner en détail et résoudre immédiatement.

Nos colons peuvent-ils aller s'établir, peuvent-ils vivre et travailler, peuvent-ils se reproduire indistinctement dans toutes nos colonies, au Congo, à la Côte d'Ivoire, au Sénégal, au Soudan, à Djibouti, à la Guyane ?

Évidemment non.

On divise ordinairement les possessions extérieures des peuples européens en colonies de *peuplement* et en colonies d'*exploitation*.

Les premières sont celles où un Européen peut se fixer d'une manière définitive, travailler, créer une exploitation, se marier, fonder une famille ; et ainsi, par lui et ses descendants, prendre racine dans le sol dont il deviendra peu à peu le maître et le propriétaire, y établir à jamais sa race, sa langue, sa religion, ses usages, en faire le prolongement de sa patrie. Les secondes, au contraire, sont celles où l'on ne peut guère résider qu'en passant, que l'on gouvernera, que l'on administrera, que l'on gardera, dont on tirera, par l'industrie et le commerce, de très grands profits, qui nous appartiendront, mais que nous ne peuplerons pas, une espèce de ferme lointaine toujours confiée à des régisseurs et exploitée par la main-d'œuvre indigène, tandis que les autres sont de vraies propriétés personnelles où nous habitons et que nous exploitons par nous-mêmes.

Le type des premières, c'est notre Canada, dans l'ancien temps ; c'est l'Australie à l'époque actuelle, ou la colonie du Cap, ou le Transvaal ; les secondes sont représentées par les possessions hollandaises de la Sonde ou par les Indes anglaises.

Dans laquelle de ces deux catégories rangerons-nous nos colonies françaises ?

Elles sont presque toutes situées sous les tropiques et diffèrent essentiellement, par leur condition climatérique, de nos campagnes françaises si tempérées, si saines et si agréables à habiter.

Il y en a cependant parmi elles un certain nombre où, sous l'empire de diverses circonstances locales, d'altitude, de situation géographique et d'autres, la température est moins élevée et où nous pourrons faire souche et procréer une population française, où nous pourrons fonder et diriger des exploitations agricoles et des usines, où nous pourrons même parfois travailler de nos propres mains, qui seront par suite des colonies de peuplement. Tels, par exemple, pour le dire tout de suite, les montagnes du Tonkin, la Nouvelle-Calédonie, les plateaux de Madagascar et même, jusqu'à un certain point, les plateaux du Fouta-Djalon et quelques-uns de ceux du Soudan.

C'est là, par conséquent, que nous devrons surtout diriger nos émigrants, et non vers la côte d'Afrique, vers nos établissements de la Mer Rouge, vers la Cochinchine, vers la Côte d'Ivoire ou les rives du Congo et de ses affluents, tous pays trop chauds, trop débilitants, trop anémiants ou trop fiévreux pour que nous puissions de longtemps y faire autre chose que les garder, qu'y faire travailler, qu'y commercer, qu'en faire des *colonies d'exploitation*.

Ces dernières colonies ne cesseront pas pour cela de nous être utiles, de nous rapporter beaucoup, de nous appartenir et de nous rester fidèles.

Nous pouvons nous en convaincre par l'exemple des grandes nations colonisatrices de l'Europe, qui possèdent de semblables colonies.

L'Allemagne, la dernière venue dans le champ clos de l'expansion coloniale, n'a pu évidemment prendre que ce qui restait, et se contenter, par suite, des territoires les moins propices à la colonisation, du Togo, du Cameroun, de l'Est et du Sud-Ouest africain, et de quelques îles de l'Océanie. Mais ces territoires, les Allemands prétendent bien ne jamais les perdre et les posséder, au contraire, complètement. Or, combien croit-on qu'ils aient de colons allemands dans ces diverses colonies ?

Dans le Togo, qui a 82 300 kilomètres carrés et 2 500 000 habitants, il n'y a que 110 Européens dont 102 Allemands ;

Dans le Cameroun, qui a 495 000 kilomètres carrés et 3 500 000 habitants, 253 Européens dont 181 Allemands ;

Dans l'Afrique occidentale du Sud, qui a 853 100 kilomètres carrés avec 200 000 habitants, un à peine par kilomètre carré, 2 628 Européens, dont 1 221 Allemands ;

Dans l'Afrique orientale allemande, avec ses 995 000 kilomètres carrés et ses 4 000 000 d'habitants, 922 Européens, dont 678 Allemands.

Dans les îles du Pacifique enfin (terre du Kaiser Guillaume), archipel Bismarck, les Salomon du Nord, îles Marschall et Navodi), qui ont 251 420 kilomètres carrés et 400 000 habitants, 229 Européens et peut-être 150 Allemands [1].

Pour l'Angleterre, c'est la même chose. Je n'en citerai qu'un exemple, mais caractéristique, car c'est celui de la plus riche et de la plus peuplée de ses colonies, celui de l'Inde.

L'Inde anglaise, avec les États feudataires, mesure 1 800 258 milles carrés et compte 287 223 431 habitants, parmi lesquels 250 000 Européens, dont 238 499 parlent anglais et 100 551 sont de nationalité anglaise, nés dans l'Inde. 100 000 colons anglais, sur une population de près

---

1. Cf. *Kleines deutscher Kolonial-atlas*. Berlin, 1898.

de 300 000 000, un Anglais par 3 000 Indiens, voilà la proportion du peuple conquérant au peuple conquis, du peuple souverain au peuple sujet. Et cependant qui oserait dire que l'Inde n'est pas soumise, que les Anglais n'y sont pas les maîtres et qu'ils n'en tirent pas un énorme profit? En l'année 1895-1896, le budget de l'empire des Indes était de 95 187 429 livres sterling, les importations de 47 647 666 livres sterling, et les exportations de 65 480 254 livres sterling, tandis que le mouvement des navires entrés ou sortis des ports de l'empire s'élevait à 8 222 600 tonnes.

Il y a cependant une autre nation qui, peut-être, tire encore un meilleur parti de ses possessions étrangères que l'Angleterre, c'est la Hollande. Les Indes néerlandaises sont, en effet, au dire de tous les voyageurs, la colonie du monde la mieux exploitée et celle qui rapporte le plus à ses maîtres. Un seul chiffre justifiera cette appréciation, celui des exportations dans la mère patrie, qui s'élevaient en 1896 à 239 200 000 florins = 501 900 000 francs dépassant les importations de Hollande de 186 400 000 florins = 391 640 000 francs.

Or, sait-on combien il y a de Hollandais pour garder, pour gouverner, pour exploiter toutes les Indes néerlandaises, ces immenses contrées qui ont 1 915 464 kilomètres carrés et 34 079 165 habitants? 60 000 en tout. A Java, en particulier, la plus belle et la plus riche de leurs colonies, ils ont 10 000 colons libres et près de 5 000 fonctionnaires.

Donc, nous pouvons arriver à tirer parti de nos colonies les plus chaudes et les plus malsaines, de nos immenses territoires de la côte occidentale d'Afrique, par exemple du Congo, de la Guyane ; nous pouvons arriver à les gouverner, à les *exploiter*, à en faire de vraies possessions, sinon de vraies terres françaises.

Ce qu'il faut leur fournir, ce ne sont pas des bras, —

elles en possèdent et, du reste, nos ouvriers français ne pourraient pas y travailler — ce sont des intelligences et des capitaux, des ingénieurs, des conducteurs de travaux, des entrepreneurs, des officiers, des administrateurs, des missionnaires, qui relèvent et instruisent, conduisent et fassent travailler, mettent en œuvre, tout en améliorant le niveau moral et en modifiant les mœurs de ces populations encore sauvages, les richesses de leur sol.

Or, tout cela, nous l'avons et nous pouvons le leur envoyer.

L'argent d'abord. Longtemps il a hésité. Souvent il est encore timide avant de s'engager dans des entreprises étudiées à fond et qui lui assureraient une forte rémunération. Mais il ne se tient plus à l'écart systématiquement, comme jadis, et parfois un véritable « emballement » se produit qui précipite des millions, par exemple vers le Congo. Il y a même là un danger. Car, si de ces entreprises insuffisamment étudiées, et de ces capitaux imprudemment engagés résultent de retentissants échecs, la défaveur succédera à l'engouement et l'abstention à l'enthousiasme. Malgré tout, on peut prévoir, on touche presque du doigt le moment où l'argent français ira féconder nos colonies [1].

Nos compatriotes iront également, nos missionnaires les premiers, qui nous y ont devancés d'ordinaire et nous en ont préparé et facilité l'accès, qui nous y rendront les plus grands services en tous les genres, si nous savons avoir confiance en eux et les aider comme ils le méritent. Puis nos ingénieurs et ces hardis pionniers de la colonisation que nous possédons peut-être en plus grand

---

1. La Compagnie de la côte occidentale d'Afrique, au capital de 6 000 000, a fait l'année dernière pour plus de 15 000 000 d'affaires et touché un revenu supérieur à 1 000 000, ce qui donne plus de 16 p. 100. Elle a distribué 45 francs par action de 500 francs, ou 9 p. 100, tout en augmentant considérablement son fonds de réserve. Ce taux est ordinaire dans les bonnes entreprises coloniales. Quelle différence avec notre 3 p. 100 ou nos chemins de fer!

nombre que les autres nations européennes, mais que nous ne savons pas assez utiliser. Ils iront pour quelques années, et souvent ils y resteront, quitte à revenir de temps en temps en France refaire leurs forces épuisées. Ils y appelleront ou y emmèneront avec eux des aides et des compagnons, des contremaîtres, d'autres ingénieurs, des médecins, des directeurs d'exploitations agricoles, etc.

De ces gens, quelques-uns, plus résistants ou venant de pays plus chauds, s'acclimateront peu à peu, s'établiront à demeure dans le pays, et peut-être y fonderont une famille. Nos créoles de Bourbon ou des Antilles, nos vieux colons du Sud Algérien, pourront sur ce point nous rendre les plus grands services, étant déjà habitués à un climat et à un pays se rapprochant de ces nouveaux pays et de ces nouveaux climats.

Peu à peu ces nouveaux venus se multiplieront, suffisant ainsi amplement à l'administration et à l'exploitation de ces territoires.

Qui sait si même ces colonies que nous appelons aujourd'hui *d'exploitation*, en tout cas les moins chaudes et les moins insalubres d'entre elles, ne nourriront pas un jour une population française de plus en plus nombreuse et ne deviendront pas, elles aussi, en fin de compte, des colonies *de peuplement?*

Car ici une remarque est à faire, une vérité d'expérience à signaler, qui simplifie singulièrement le problème et nous permet d'espérer, même pour des pays réputés aujourd'hui inhabitables pour un Européen, c'est que le Français s'établit et se reproduit beaucoup plus facilement sous un ciel étranger, sous le ciel des tropiques, que ne le font la plupart des autres peuples colonisateurs de l'Europe. De cela, nous avons des exemples remarquables dans l'histoire du XVIIe et du XVIIIe siècle. Choiseul échoua complètement, il est vrai, dans son essai de colonisation à la Guyane. Mais assez de fautes furent commises dans cette tentative malheureuse pour en expliquer l'insuccès, qui ne nous permettent pas de tout imputer à la seule influence du climat. En tout cas, nous réussîmes rapidement à implanter une population française, qui y a subsisté et s'y est développée depuis plus de deux siècles, même sous une domination étrangère, dans les plaines les plus chaudes de la Louisiane, dans les îles les plus rapprochées de l'Équateur, les grandes et les petites Antilles, dans les îles également situées sous les tropiques et très chaudes de Maurice, de Bourbon, des Seychelles, etc., etc., tandis que les Anglais ont pu conquérir, garder et exploiter celles de ces colonies qu'ils ont enlevées ou leurs colonies semblables, mais n'ont pas su y établir une population véritablement anglaise.

Donc, une colonie peut être une colonie de peuplement pour nous, qui ne le serait pas pour un Anglais ou pour un Hollandais, et vraisemblablement pour un Allemand. Il y a là une différence importante qu'il fallait noter en passant et qui est toute à notre avantage.

De plus, entre ces deux termes extrêmes d'un pays où un Français peut facilement s'établir et travailler et d'un autre où il ne le peut à aucun prix, il y a bien des intermédiaires. Et dans une même contrée réputée pour son insalubrité et sa température extrême, il y a des points moins chauds et plus salubres, des altitudes élevées où l'on peut plus facilement vivre et où l'on se porte bien. De même parmi nos émigrants, il y en a de plus résistants, de plus forts, de plus habitués à la chaleur et à la peine, capables de s'acclimater même sur la côte d'Afrique, s'ils savent s'y entourer de toutes les précautions d'hygiène nécessaires, et s'interdire les travaux extérieurs et pénibles ; s'ils se fixent dans les endroits les plus salubres et ne pénètrent dans les autres que peu à peu, à mesure que la mise en œuvre du sol assainira la contrée et que des installations mieux entendues en rendront le séjour plus confortable.

Donc nous aurons suffisamment d'émigrants pour nos colonies *d'exploitation* et ce n'est pas là que nous devons nous efforcer surtout de les diriger, mais bien plutôt vers nos autres colonies au climat plus tempéré et plus salubre, où nous pouvons espérer les voir s'établir, se marier, avoir des enfants, fonder une population française, dans nos *colonies de peuplement*.

De ces colonies de *peuplement* strictement dites, nous n'en avons que fort peu, si même nous en avons qui méritent complètement ce mot.

Nous en avons eu autrefois, par exemple au XVIIe siècle, ces splendides territoires du Canada où notre race se développait et prospérait encore mieux que chez elle, par exemple les plaines si riches de la Louisiane, du Mississipi ou du Missouri, où nos établissements étaient si admirablement prospères.

Hélas ! nous les avons perdues à jamais et d'autres les possèdent qui en ont tiré le parti que l'on sait.

Nous aurions pu acquérir, il y a quelque temps, un nouveau territoire d'une étendue pour ainsi dire illimitée, où notre nom est connu et aimé depuis des siècles, où nous aurions été accueillis comme des libérateurs et dont nous aurions pu rapidement faire une terre complètement française, d'où notre influence se répandrait sur les territoires voisins et nous eût assuré une avance inappréciable sur tous nos rivaux de l'Occident : je veux dire la Syrie.

La Syrie n'est pas appréciée suffisamment en France par les personnages les mieux au courant des besoins de notre expansion extérieure, et j'ai été, pour ma part, stupéfait de ce que j'ai entendu dire à ce sujet, par des hommes qui sont considérés à juste titre comme les chefs et les régulateurs de ce mouvement.

La Syrie eût été, avec l'Algérie, la perle de notre empire colonial, si Napoléon III avait su la garder alors que les massacres de 1860 et l'expédition qu'ils nécessitèrent l'avaient pour ainsi dire mise entre ses mains ; alors que nous y étions littéralement les maîtres et, ce qui vaut encore mieux, les sauveurs ; alors que l'Europe était prête à nous en reconnaître, sinon la propriété, au moins certainement le protectorat et que la Turquie était incapable, de par ses fautes et ses faiblesses, de nous en disputer la possession.

Une faute fut commise ce jour-là, que l'on ne condamnera jamais assez énergiquement et, une fois de plus, Napoléon III montra qu'il n'avait pas le sens des vrais intérêts de la France.

Cette faute est-elle irréparable ? Peut-être oui, si nous nous abandonnons, et si nous laissons à d'autres la facilité de prendre là-bas la place prépondérante que nous y occupons depuis six cents ans. Peut-être non, si nous savons y défendre les droits acquis, y protéger nos intérêts, y fonder et y développer des institutions françaises, y établir nos capitaux et nos concitoyens.

Et, certes, elle vaut les sacrifices nécessaires pour cela, cette admirable contrée, et par les souvenirs qu'elle évoque, et par sa valeur propre, et par son admirable situation.

Par sa situation, d'abord.

N'est-elle pas, en effet, placée au centre de toute la Turquie d'Asie, de ces immenses contrées plus européennes encore qu'asiatiques, par la configuration de leur sol et les influences auxquelles elles obéissent, qui s'étendent du golfe Persique à la mer Méditerranée, de la mer Rouge à la mer Noire, sur une étendue de 1 890 468 kilomètres carrés et qui s'appellent Asie Mineure, Syrie et Palestine, Arabie ou Mésopotamie ? C'est vers elle nécessairement, vers Beyrouth que convergeront tous les produits de la Cœlé-Syrie et des vastes contrées, autrefois si prospères, et aujourd'hui désolées, mais toujours fertiles, d'Alep, de Mossoul, de Bagdad, des rives du Tigre et de l'Euphrate ; c'est elle qui en sera l'entrepôt nécessaire ; et, celui qui la posséderait, posséderait *économiquement*, en attendant qu'il les possédât *politiquement*, ces immenses territoires qui ne demandent que des routes et des chemins de fer, des capitaux et des intelligences pour redevenir les greniers d'abondance, les inépuisables producteurs qu'ils furent autrefois. L'Européen pourrait y vivre, pourrait y travailler, pourrait s'y développer à l'aise, pourrait s'y multiplier, car les espaces inoccupés y sont énormes, puisque, dans ces immenses régions. il n'y a pas 17 000 000 d'habitants, ou 9 par kilomètre carré ; car le climat y est excellent dans l'ensemble et, à quelques heures de distance, d'une admirable variété ; car les productions y sont multipliées à l'excès, depuis celles des pays chauds, presque des tropiques, jusqu'à celles de nos pays d'Occident, le bétail, le blé et la vigne.

Seule, la possession de la Syrie, indépendamment des avantages extérieurs d'influence incontestable et de suprématie au moins morale qu'elle assure sur les pays environnants, nous eût été de la plus grande utilité.

Quel beau territoire, en effet, que cette contrée qui s'étend le long de la Méditerranée, depuis la presqu'île de l'Asie Mineure jusqu'aux confins de l'Égypte, sur une longueur de 830 kilomètres du nord au sud, sur une largeur maxima de 300 kilomètres de l'est à l'ouest, avec une superficie totale de 159 040 kilomètres carrés et une population d'environ 2 184 760 habitants, soit près de 14 habitants par kilomètre carré ! que cette contrée très accidentée et très variée d'aspect et de climats, avec ses deux hautes chaînes du Liban et de l'Anti-Liban, dont les sommets très élevés (3 067 mètres au Dhar-el-Khodib, point culminant du Liban, et 2 750 mètres dans l'Anti-Liban, au Djebel-el-Cheikh) sont couverts de neige pendant tout l'hiver, parfois pendant toute l'année ; avec ses plateaux très étendus et très élevés comme celui du Haourân qui varie entre 500 et 600 mètres, et celui d'Alep qui a un peu moins de 400 mètres ; avec ses plaines basses le long de la mer et la dépression profonde qui s'étend entre les deux chaînes du Liban et de l'Anti-Liban, et où le Jourdain se jette dans le lac de Tabariêh à 208 mètres au-dessous du niveau de la Méditerranée et, un peu plus loin, dans la mer Morte à 392 mètres au-dessous de ce niveau ! Que cette contrée au climat si varié semblable à celui des tropiques le long de la mer (où le thermomètre atteint 32° à 33° centigrades avec une moyenne annuelle de 26°,6 à Beyrouth) et tempéré, comme notre climat, par des saisons presque semblables aux nôtres dans les montagnes, et même sur les plateaux où le thermomètre ne dépasse guère 26° ! « Sous ce dernier climat, écrit à ce sujet un auteur contemporain, l'ordre des saisons est presque le même qu'au centre de la France ; l'hiver, qui dure de novembre en mars, est vif et rigoureux. Il ne passe point d'hiver sans neige, et souvent elle y couvre la terre de plusieurs pieds, et pendant des mois entiers. Le printemps et l'automne sont doux, et l'hiver n'y a rien d'insupportable [1]. »

Donc, nos Français pourraient facilement travailler eux-mêmes et cultiver la terre en Syrie. Ils le pourraient d'autant plus facilement que les climats les plus différents s'y côtoient les uns les autres en quelque sorte, et qu'il suffit de quelques heures pour passer de la chaleur accablante du bord de la mer à la température glacée des montagnes.

« Le Sannin, disent les poètes, porte l'hiver sur la tête, le printemps sur les épaules, l'automne dans son sein pendant que l'été dort à ses pieds. »

Avec quel succès ils le feraient, on peut en juger par ce que nous dit le même auteur de la fertilité et des productions de ces contrées.

« Si le travail intelligent venait en aide à la nature, on

---

[1]. *Nouveau Dictionnaire de Géographie.* Hachette, art. Syrie.

pourrait rapprocher en Syrie, dans un espace d'une centaine de kilomètres, les richesses végétales des contrées les plus distantes».

« Outre le froment, le seigle, l'orge, les fèves, lentilles, pois chiches, et le coton, qu'on y cultive partout, on y trouve encore une foule de produits utiles ou agréables, appropriés aux diverses localités. La Palestine abonde en tabac, en blé, en orge, en millet, en sésame propre à l'huile et en doura pareil à celui de l'Égypte. Le maïs prospère dans le sol léger de Baalbek, et le riz même est cultivé avec succès sur les bords du lac de Houlèh. Pendant tout le moyen âge, la culture de la canne à sucre a été très florissante aux environs de Tyr et d'Acre, et les plantations que l'on a faites, vers la fin du siècle dernier, dans les jardins de Saïda et de Beyrouth ont égalé celles du Delta.

« L'indigo croît sans art sur les bords du Jourdain, au pays de Basan, et il ne demande que des soins pour acquérir de la qualité. Les coteaux de Latakièh et de Djébaïl produisent des tabacs que l'on expédie à Damiette et au Caire, et qui sont célèbres dans le monde entier : cette culture est à présent répandue dans toutes les montagnes. L'olivier de Provence croît à Antioche et à Ramlèh, à la hauteur des hêtres. Le mûrier blanc fait la richesse de tout le pays des Druzes et des Maronites par les belles soies qu'il procure ; et la vigne, élevée en échalas, ou grimpant sur les peupliers, y donne des vins rouges et blancs (vins d'or) qui pourraient égaler ceux de Bordeaux. Dans l'ancienne Judée, le flanc des montagnes est couvert aussi de vignes, d'oliviers et de sycomores, et leurs sommets sont couronnés de cyprès et de chênes. Jaffa vante ses oranges et ses pastèques ; Gaza possède à la fois les dattes de la Mekke et les grenades d'Alger. Tripoli produit des oranges aussi bonnes que celles de Malte; Beyrouth a des figues comme Marseille et des bananes comme Saint-Domingue. Les pistaches ne viennent nulle part aussi bien qu'à Alep et Damas se vante avec justice de réunir tous les fruits de notre Europe. Son sol pierreux convient également et aux pommes de la Normandie, et aux prunes de la Touraine, et aux pêches des environs de Paris. Ajoutons que la garance, le lin, le safran, le pêcher, l'amandier et l'abricotier garnissent la plupart des coteaux de la Syrie... »

« La Syrie, poursuit-il, possède tous nos animaux domestiques ; mais elle y ajoute le buffle et le dromadaire. Les mulets et les ânes y sont d'une légèreté remarquable ; les moutons à large queue y sont très nombreux ; les chevaux y sont d'une belle race ; les gazelles (*gazella dorcas*) et le *cervus barbarus* remplacent nos chevreuils. »

Ce serait bien là, tout le monde le comprendra, une véritable *colonie de peuplement* d'autant plus précieuse qu'elle se continuerait pour ainsi dire indéfiniment à l'est, vers des contrées encore plus fertiles, vers ces plaines immenses de la Mésopotamie, le berceau du genre humain, et l'emplacement du paradis terrestre, les témoins des plus belles civilisations de l'antiquité.

Et quel bonheur pour une nation chrétienne comme la France de la posséder, puisque c'est dans son sein, en pleine Palestine, que se trouve la ville sainte de Jérusalem et que s'est accompli, il y a dix-neuf siècles, le grand mystère de la Rédemption, le point de départ de notre foi, de notre morale, de notre civilisation !

Quel bonheur de la posséder pour une nation cultivée, pour une nation d'artistes et de savants, puisqu'elle recouvre de ses débris tout ce que l'antiquité compte de plus brillant et de plus puissant, Tyr, Sidon, Jérusalem, Ninive, Babylone, etc.

Vraiment c'eût été là la plus belle, la plus riche, la plus productive, la plus intéressante de toutes nos colonies, et nous n'avons rien que nous puissions mettre en comparaison, pas même notre Algérie, pas même notre

Tunisie, pas même notre ancien Canada, si nous le possédions encore.

Mais enfin nous l'avons perdue et vraisemblablement nous ne retrouverons plus une occasion semblable à celle de 1860.

En attendant, quelles sont celles de nos colonies actuelles qui méritent, plus ou moins, le nom de colonies de peuplement, et où nos émigrants peuvent aller s'établir avec la plus grande chance de succès ?

On en cite généralement quatre, que nous passerons sucessivement en revue, afin de dire, à ce point de vue de la colonisation et de l'émigration, ce que nous pensons de chacunes d'elles et ce que nous croyons la vérité : ce sont la Tunisie, l'Annam-Tonkin, la Nouvelle-Calédonie et l'île de Madagascar.

CHAPITRE III

MADAGASCAR

De toutes nos colonies, Madagascar est certainement la plus populaire et celle sur laquelle l'opinion publique compte le plus. Pendant, en effet, que la Tunisie, que le Tonkin surtout, nous étaient acquis par l'intelligente initiative d'un homme d'État agissant énergiquement contre le courant populaire, c'est le sentiment public qui, depuis de longues années, réclamait la conquête définitive de l'île de Madagascar, et le ministère qui l'a entreprise, n'eut qu'à se laisser entraîner par ce sentiment.

Un moment déconcerté par la révolte qui suivit la conquête et qui faillit en compromettre le résultat, le mouvement vraiment extraordinaire qui dirigeait toutes les préoccupations et précipitait hommes et capitaux vers

Madagascar, semble vouloir reprendre. La ferme et intelligente administration du général Gallieni, succédant à l'impéritie et à l'inconcevable aveuglement de son prédécesseur, a à peine rétabli un peu d'ordre et de sécurité, que, de nouveau, les pensées se tournent vers Madagascar.

Or, d'où vient cette faveur publique, ce fort mouvement d'opinion en faveur de Madagascar ?

Est-ce du souvenir encore vivant de nos premiers essais de colonisation, sous Richelieu et sous Colbert, essais véritablement malheureux et bien peu connus aujourd'hui ?

Est-ce des rapports, assez rares en somme, mais plus ou moins continus, depuis le XVIIe siècle, des îles Mascareignes, notre Maurice d'autrefois et notre Bourbon d'aujourd'hui, avec la Grande Ile ? ou des tentatives toujours infructueuses, faites à diverses époques, pour sauvegarder nos droits que menaçaient et l'agrandissement rapide du peuple hova et les agissements incessants de l'Angleterre ?

Est-ce de l'expédition malheureuse entreprise en 1829 par le commandant Gourbeyre contre Tintingue ; des travaux merveilleux du grand Laborde, de 1831 à 1878 ; de l'expédition également sans résultats de 1845 contre Tamatave, et de la guerre, sans but arrêté et sans plan fixé d'avance, de 1883-1885 ?

Ou bien des efforts héroïques de nos missionnaires qui, de 1860 surtout jusqu'à nos jours, ont constamment lutté pour maintenir là-bas l'influence française ?

Ce courant de sympathie très fort et très visible, qui toujours intéressa et intéressera la France aux choses de Madagascar, vient de toutes ces causes prises ensemble, et probablement de plusieurs autres qu'il serait trop difficile et trop long d'analyser.

Seulement, il faut se servir sagement de cette faveur

populaire et ne pas lui obéir en aveugle ; il faut la guider et la diriger avec soin, ne point faire de faux pas, ne point nous égarer dans une fausse direction, et, par suite, éclairer notre route.

Au point de vue spécial qui nous occupe, de l'émigration et de la colonisation, au point de vue en particulier de l'exploitation agricole, l'île de Madagascar mérite-t-elle la faveur dont elle jouit? et serait-il sage d'y envoyer immédiatement un grand nombre de colons français?

Le problème est complexe et il demanderait, si on voulait l'envisager dans toute son ampleur, plus d'espace que nous ne pouvons lui en consacrer, car nous devrions étudier en détail, avec la nature du sol, avec la variété et la richesse de ses produits, les deux grandes questions, que l'on rencontre dans toute possession nouvelle, de la main-d'œuvre et des voies de communication.

Nous n'avons pas encore de chemin de fer à Madagascar et nous n'en aurons pas d'un certain nombre d'années. De plus, une fois le premier chemin de fer achevé, de la côte à la capitale, comme, par la nature même des pays qu'il traversera, ce chemin de fer ne pourra rendre que des services très indirects à la colonisation, il faudra attendre la construction de voies secondaires, avant de pouvoir compter sur ce moyen de transport pour l'exploitation de grandes entreprises agricoles.

Donc, de longtemps, le colon ne pourra pas compter pour ses entreprises sur les chemins de fer.

Il ne pourra compter aussi que partiellement et très peu sur ces voies de pénétration, les premières de toutes, parce que la nature les a créées et qu'on les rencontre presque partout, sur les rivières.

Les rivières de la côte Est, celles qui nous serviraient tout d'abord, sont en effet, très peu, ou même, sauf pendant quelques kilomètres, ne sont pas du tout navigables. Quant aux célèbres *pangalana* de cette même côte, outre qu'ils longent seulement le rivage, sans pénétrer dans l'intérieur des terres, ils ne pourront réellement rendre des services que le jour où ils auront été unis entre eux par le canal projeté, concédé, et commencé, mais non encore terminé.

Les fleuves de l'Ouest, au moins les principaux d'entre eux, le Betsiboka, le Manambola, le Betsiriry, etc., sont accessibles sur un assez vaste parcours, qui se prolonge encore pendant la saison des pluies et peut atteindre près de 200 kilomètres. Mais la navigation y est très pénible. Et surtout, ils ne donnent accès que dans un pays insuffisamment connu, insuffisamment habité, insuffisamment pacifié et où, par suite, des colons ne peuvent actuellement songer à s'établir. Ces fleuves, et d'autres encore, rendront service, mais plus tard seulement, alors qu'on pourra fonder des établissements dans leur voisinage ou qu'ils serviront d'amorces aux voies terrestres de pénétration.

Ces voies sont de deux sortes : les chemins d'avant la conquête et ceux qui ont été créés depuis.

Avant la conquête, il n'y avait dans tout Madagascar aucune route proprement dite, aucun chemin où pût passer la plus rustique des voitures, où un cheval de selle pût circuler sur une étendue d'une certaine longueur, mais seulement des pistes à peine tracées, qui n'évitaient aucun obstacle, qui allaient toujours en ligne droite, au travers des montagnes, des rizières, des marais, des forêts, sans réparation d'aucune sorte. Évidemment, de pareils sentiers ne sauraient suffire à une exploitation agricole, et ce ne sera pas sur eux que le futur colon pourra compter pour exporter les produits de ses plantations.

Il ne le pourra que partiellement sur les routes améliorées ou créées depuis la conquête.

Nos officiers, depuis près de trois ans que la pacification du pays leur a permis de s'occuper de son outillage, ont travaillé, et beaucoup. Presque sans argent et sans autres ressources que celle de la corvée, ils ont obtenu des résultats très considérables.

La grande route de Tamatave à Tananarive, étudiée partout, amorcée presque partout, et exécutée en partie, aussi complètement et aussi solidement que le permettaient les difficultés du terrain.

La route de l'Ouest, l'ancienne route du corps expéditionnaire, reprise, réparée et continuée par les soins du colonel Lyautey et du capitaine Mauriès, au point de donner passage à des voitures.

La route de Tananarive à Tsiafahy, dans la direction du Sud-Est, vers Mahanoro, pour décharger la route de Tamatave.

La route de Betafo et de Fianarantsoa, qui longe le plateau central et est une des mieux faites et des meilleures.

D'autres tronçons exécutés ou amorcés un peu partout dans les divers cercles, pour en relier les chefs-lieux aux routes ci-dessus, ou pour rattacher entre eux les principaux centres, avec des ponts provisoires jetés sur les rivières et les ruisseaux, avec les améliorations les plus urgentes pour rendre praticables les anciens sentiers malgaches, avec, autour de la capitale, un système de voirie à peu près complet, c'est là, certes, un résultat considérable, surtout si l'on considère les difficultés vaincues et la pénurie des moyens ; — à ce point que beaucoup jugent que l'on a même trop demandé à la corvée — mais ce n'est pas assez pour permettre de s'établir n'importe où dans l'intérieur de l'île.

Longtemps encore, le colon sera gêné et limité dans le choix de son exploitation, par la pénurie des voies de communication. Il le sera également par la nécessité où il se trouvera de choisir avec soin, au point de vue de la fertilité en général et de la convenance aux cultures qu'il veut faire, le terrain où il désirera s'établir.

Le sol de Madagascar, pris dans son ensemble, est en

effet loin d'avoir la fertilité que d'aucuns ont prétendu. Il est plutôt pauvre, quoique renfermant ici et là, vers les côtes surtout, mais aussi sur les pentes et même sur les hauts plateaux, des parties très fertiles et propres à toutes sortes de cultures.

« Jusqu'à ce jour, porte un rapport du général Gallieni sur la question, les côtes, et en particulier la côte Est, ont eu les préférences des colons. Si elles sont, en général, peu salubres, le sol y est d'une grande fertilité. Dans les régions de Tamatave et de Mananjary, des plantations de tous genres, qui datent d'une dizaine d'années, témoignent du succès réservé à une culture bien dirigée des riches pays tropicaux.

« Il semble probable qu'au nord et au sud de Majunga, soit sur les bords de la baie de Mahajamba, soit du côté du Maintirano, on pourra cultiver avec succès la canne à sucre, le café, le coton, etc.

« Les régions de la côte Ouest sont arrosées par de nombreuses rivières qui traversent d'immenses plaines surtout propres à l'élevage des bestiaux, mais où certaines cultures pourront être également entreprises. »

Et enfin de la partie Sud de l'île :

« Les richesses naturelles de la province de Fort-Dauphin ont été exagérées, mais dans certaines vallées, le café, le cacao, le girofle viennent fort bien. »

Un colon pourrait donc assez facilement s'établir sur les côtes, là du moins où la tranquillité est suffisamment établie pour sa sécurité personnelle, c'est-à-dire sur toute la côte orientale et au Nord-Ouest de la côte occidentale. Mais il ne pourra évidemment qu'y diriger ses travaux qu'il devra faire exécuter par d'autres, le climat lui interdisant de travailler lui-même.

Il en sera autrement dans ce que l'on pourrait appeler la zone moyenne et la zone centrale, toutes les deux moins chaudes et plus saines, mais moins fertiles que la zone côtière.

« Si les régions moyennes et les hauts plateaux, poursuit le rapport du général Gallieni, permettent à l'Européen, grâce à leur climat tempéré, de se livrer, au moins pendant une partie de l'année, à des travaux matériels, le sol n'a malheureusement pas la même fertilité que sur le littoral et ne peut procurer un succès complet que grâce à un labeur assidu.

« Dans certaines vallées des régions moyennes, on trouve cependant des terres vierges préparées à la culture par une végétation herbeuse de plusieurs siècles et qui, plus tard, sous l'action de la fumure, conviendront aux plantes qui prospèrent à cette altitude. Les alluvions des cours d'eau semblent aussi devoir se prêter à la création de prairies artificielles pour l'élevage des bestiaux, mais la pratique n'a pas encore permis de déterminer quelles sont les plantes qui conviendraient pour l'établissement de ces prairies. »

Et des hauts plateaux proprement dits :

« Sur les hauts plateaux, la terre manque des éléments qui, en Europe, sont nécessaires à sa fertilité. Le calcaire et la magnésie font à peu près défaut ; certains terrains renferment, au contraire, une proportion suffisante d'acide phosphorique ; il y a lieu de croire que des scories de déphosphoration produiraient d'excellents résultats dans les terres dépourvues de calcaire et de phosphore.

« Dans le Betsileo, la plupart des cultures tropicales ont été tentées avec succès, mais le sol dénudé et trop compact ne donne de bons rendements qu'avec des engrais et beaucoup de travail.

« Il en est de même en Imerine, où les rizières, forcément situées dans les bas-fonds, occupent les points les plus fertiles. Cette fertilité est entretenue par l'humus et les matières minérales (potassium et phosphore) que les grandes pluies d'hiver y envoient des plateaux voisins. »

Comme conclusion, Madagascar est si grand qu'il y a

un peu de tout dans ce petit continent, des zones riches et fertiles et d'autres qui paraissent arides ; des contrées largement arrosées par des pluies fréquentes et d'autres désolées par une sécheresse excessive, des terres basses et propres à toutes les cultures intertropicales et des plateaux élevés où la température devient modérée et qui semblent devoir se prêter à nos cultures européennes. De plus, l'île n'est pas encore suffisamment explorée, en sorte que l'on pourrait y découvrir des régions fertiles aujourd'hui ignorées.

Enfin il y a le soleil, cet admirable soleil des tropiques qui fertilise tout et produit des merveilles là où il y a de l'eau, un peu de terre et de travail. Or, l'eau est abondante à Madagascar et peu de pays au monde sont aussi bien arrosés ; le sol y est suffisant et ce sera à nous à le féconder par notre travail.

En résumé, trois zones se partagent le sol de Madagascar :

La zone côtière qui peut recevoir de nombreux colons ;

La zone moyenne, large de trois à quatre journées de marche, qui est encore complètement inoccupée ;

La zone centrale enfin plus peuplée, mais renfermant encore de grands espaces vides et où le climat relativement sain et la température suffisamment modérée permettront à l'Européen de se livrer à un travail modéré.

Ce n'est donc pas l'espace, et un espace très utilisable, qui manquera à Madagascar. Seulement, pour les plateaux du centre et, en général, pour tout le sol de la grande île, il faut faire, pour s'éviter tout mécompte, les trois restrictions suivantes :

1° Très différent en cela du sol de certaines contrées vierges de l'Amérique du Sud, du Brésil, par exemple, où l'humus végétal atteint une épaisseur et une richesse de production telles qu'il paraît inépuisable, le sol de Madagascar demandera presque partout d'être soigneusement amendé par des engrais naturels d'abord, puis quand on le pourra, par des engrais chimiques surtout des calcaires, qui lui apporteront les éléments dont il est dépourvu.

2° Le sol de Madagascar est, dans son ensemble, dur et compact, d'où nécessité d'un travail sérieux de défrichement, d'assolement et de culture.

3° La partie centrale de l'île a été appauvrie par le déboisement, le ravinement des montagnes et l'entraînement des matières solubles et utiles à la végétation, par suite de ce déboisement, d'où nécessité de reboiser.

Cela exigera du travail et, par suite, beaucoup de bras.

Ces bras, les trouvera-t-on à Madagascar? Oui, surtout au commencement, pourvu qu'on les paie bien et qu'on sache les garder et les employer.

Ce n'est pas cependant qu'il y en ait une quantité inépuisable.

Il n'y a vraisemblablement pas, dans toute l'île, 3 millions d'habitants pour une étendue de 590 000 kilomètres carrés, à peu près 5 par kilomètre carré.

On ne saurait donc y rencontrer beaucoup de travailleurs.

On le pourrait d'autant moins qu'il ne faut pas compter sur une partie considérable de la population, à peu près tous les habitants du Nord, de l'Ouest et du Sud, les Antankarana, les Sakalaves, les Bara, les Mahafaly et les Antandroy. On ne peut guère compter non plus sur les habitants de l'Est, les Betsimisaraka, trop inconstants et trop capricieux pour un travail poursuivi et régulier.

Restent donc les populations du centre, surtout les Hova et les Betsileo, et celles du Sud-Est, surtout les Antaimoro, sur lesquelles on peut fonder quelque espoir, peut-être 2 000 000 d'habitants en tout.

Les Hova arrivent à travailler par amour de l'argent qu'ils préfèrent à tout et dont ils ont facilement besoin.

Mais, outre qu'ils ne sont pas extrêmement nombreux, il s'en faut qu'ils soient tous disponibles.

Un certain nombre parmi eux, ceux qui appartiennent aux premières castes de la noblesse, ceux qui se trouvent à la tête de la bourgeoisie, ou possèdent une certaine situation de fortune, ne travaillent pas, à plus forte raison ne loueront-ils pas leurs bras à d'autres. De même ceux qui s'occupent de commerce, ceux qui ont un métier indépendant et ceux, de plus en plus nombreux, qui entrent dans l'administration, dans l'enseignement, dans n'importe laquelle de ces situations que l'on est convenu d'appeler libérales.

Un grand nombre de ceux qui restent, surtout parmi les anciens esclaves, les plus jeunes et les plus vigoureux, de 20 à 40 ans, sont porteurs. On ne pourra donc pas compter sur eux.

Enfin la loi de la corvée, qui imposait naguère à chaque homme valide cinquante jours, qui aujourd'hui encore lui impose trente jours de prestations, et les nombreux travaux publics de voirie et autres, qui réclament continuellement un grand nombre de bras, qui, vraisemblablement, en réclameront un nombre de plus en plus grand, seront un nouvel obstacle rendant chaque jour plus difficile le recrutement des travailleurs pour les diverses exploitations à entreprendre.

Les Betsileo, qui sont essentiellement agriculteurs et suffisamment laborieux, nous fourniraient une main-d'œuvre d'autant plus précieuse qu'ils sont plus faciles à conduire et suffisamment intelligents. De même, les Antaimoro du Sud-Est et les tribus congénères, les Antaifasy et les Antanosy. Ils sont sobres, sérieux, travailleurs, très économes, et depuis longtemps ils ont pris l'habitude de louer leurs bras pour des campagnes de travail sur la côte Est jusqu'à Tamatave et Diego-Suarez.

On pourrait donc compter sur eux.

Malheureusement, nous avons abusé de la corvée pendant deux ans ; nous en avons abusé pour les travaux publics qu'il était urgent de faire, mais dont l'exécution a pesé très lourdement, trop lourdement même, sur ces malheureuses populations ; nous en avons abusé en faveur des particuliers, colons ou voyageurs, commerçants ou mineurs, qui, par la plus fausse des conceptions, comptaient sur l'administration pour leur fournir des ouvriers et des porteurs, heureux encore quand ils consentaient, en échange, à leur donner la modique rétribution fixée d'avance.

Et cet abus, cette pression excessive, s'appliquant à toutes les classes de la société, même à celles que leur situation et leur éducation rendaient incapables de tout travail manuel, la noblesse et la bourgeoisie, a produit ses fruits. Elle a, venant après la guerre et l'insurrection, après la libération des esclaves et le trouble qui en est résulté, bouleversé et affolé la population. Et cet affolement s'est traduit surtout, en 1898, par une grande lassitude morale et physique, et, symptôme extrêmement grave, par la diminution de la population.

Tout cela est de nature à provoquer les soucis de la part de l'administration dont le premier soin devrait être de combattre ce fléau mortel de la dépopulation en adoucissant ses exigences et permettant à ces pauvres Malgaches de se reposer et de respirer ; en imposant à tous ses agents, autant que possible, de les protéger et de les défendre, de leur rendre et de leur faire rendre justice.

Malgré tout, il y a encore de la main-d'œuvre à Madagascar pour ceux qui savent l'employer et la payer, pour ceux qui ne sont pas injustes, ni cruels, ni trop rigoureux. Vers l'Ouest, dans un pays relativement peu peuplé, un colon de Lyon, que je connais bien, recrutait 200 mineurs par sa seule influence. Ce n'était pas déjà si mal.

« En Imerina, porte le rapport d'ensemble du général

Gallieni, on compte en ce moment, dans les sept cercles de cette région, près de 34 000 Malgaches engagés chez nos compatriotes. »

Et un peu plus loin :

« D'une façon générale, on peut ainsi apprécier la situation des autres circonscriptions de l'île au point de vue de la main-d'œuvre recrutée par les Européens : elle est, pour le moment, assez abondante dans le Betsileo, à peu près suffisante dans les provinces de Mananjary, Farafangana, Vohemar ; d'un recrutement très difficile dans les districts de Vatomandry, Mahanoro, Andevoranto ; tout à fait insuffisante dans les provinces de Tamatave et de Majunga. Dans les pays sakalaves soumis, les indigènes sont encore réfractaires à tout travail suivi et seuls les Makoa et quelques Comoriens constituent les travailleurs indispensables aux commerçants de la côte.

« Ce n'est qu'à la longue et si les colons savent tenir compte des coutumes des indigènes, que cette situation pénible pourra s'atténuer. »

Si les grands travaux publics dont on parle viennent enfin à se faire, la main-d'œuvre en sera diminuée d'autant. Mais ce ne sera là, en tout cas, qu'une difficulté momentanée, car si la confection des routes doit nécessairement enlever aux entreprises privées un certain nombre de travailleurs, rapidement elle leur procurera d'excellents ouvriers, en rendant libre, par la substitution du charroi au transport par hommes, un nombre de porteurs considérable.

En résumé donc, et pour conclure, nos colons trouveront, s'ils savent se la procurer, s'ils savent la conserver, une main-d'œuvre suffisante, au moins pour leurs premières entreprises. Et cette main-d'œuvre, il faut l'espérer, ne fera que s'accroître à mesure que l'on aura moins besoin de porteurs et que les Malgaches, sous l'empire de nouveaux besoins et de nouvelles habitudes, apprendront mieux à travailler.

Il n'y a donc pas là, pas plus que dans la nature du

sol, une difficulté insurmontable et qui doive empêcher d'aller s'établir à Madagascar.

A plus forte raison, cette difficulté n'existe-t-elle pas dans le climat de la Grande Ile.

On a dit beaucoup de mal du climat de Madagascar, surtout depuis la funeste expédition de 1895.

Un pays qui, en quelques mois, a tué 6 000 malheureux sur un effectif d'environ 28 000 hommes ; un pays dans lequel, pendant cette campagne de huit mois, à peu près tout le monde a été atteint, et où le plus grand nombre ont dû être rapatriés avant la fin, beaucoup pour venir mourir en France, ne peut être qu'un pays au climat essentiellement meurtrier. Ses côtes, en particulier, doivent être un foyer pestilentiel. De cela, tout le monde est convaincu ; et tout le monde croirait également volontiers, par une de ces oppositions si fréquentes dans les choses que nous ne connaissons qu'à moitié, que les hauts plateaux sont à peu près indemnes de toute affection morbide.

Ce sont là des exagérations qu'il importe de combattre et peut-être, sans vouloir entrer dans des détails qui sortiraient du cadre que nous nous sommes imposé, pourrait-on résumer cette question dans les affirmations suivantes :

A part la fièvre et l'anémie, les autres maladies qui existent à Madagascar ne sont ni très nombreuses, ni très dangereuses, bien moins nombreuses et moins dangereuses, en tout cas, que les diverses affections qui, à tout instant, menacent ou empoisonnent notre vie en Europe.

En outre, de ces maladies, beaucoup ne sont qu'une exception et ne sont pas très à redouter ; beaucoup ne frappent qu'une catégorie de gens dans des situations déterminées, comme la syphilis, la lèpre, et les diverses maladies de la peau ; quelques-unes peuvent sûrement être prévenues, comme la variole.

Restent, en définitive, la fièvre et l'anémie qui en est la suite. On peut éviter la première ou s'en débarrasser rapidement. La seconde est peut-être plus difficile à combattre.

Mais, somme toute, le climat de Madagascar est relativement sain. Et avec quelques précautions, l'usage de la quinine préventive, une nourriture convenable, une bonne hygiène, et surtout la garde contre tout excès, et une vie très réglée, on peut vivre de longues années presque sans fièvre.

Madagascar est donc très habitable, et son climat est meilleur que celui de la plupart de nos autres colonies, l'Indo-Chine, le Tonkin, la côte d'Afrique, aussi bon que celui de l'Algérie ou de la campagne romaine, à peine plus fiévreux que certains cantons de la Basse-Bretagne ou du centre de la France. Cela est vrai surtout des hauts plateaux, un peu moins de l'Est, moins encore du Boïna.

En tout cas, même la considération de la fièvre ne doit sérieusement arrêter aucun immigrant. Seulement, il vaudrait mieux, surtout pour ceux qui veulent s'établir sur les côtes, ne pas y aller au commencement de la saison des pluies, mais au commencement de la saison sèche, c'est-à-dire en mai ou juin, afin de pouvoir plus facilement s'acclimater.

Une dernière question nous resterait à étudier qui nous permettrait d'arriver à une conclusion plus certaine, ce serait celle des divers produits que le colon peut espérer du sol de Madagascar. L'espace nous manque pour le faire. Bornons-nous donc à cette remarque générale que ces produits sont très nombreux et quelques-uns très riches.

Par sa situation géographique, en effet, Madagascar comporte toutes les cultures intertropicales ; et sa configuration physique permet, par la hauteur et la fraîcheur relative de ses plateaux, d'y essayer l'acclimatation de presque tous les produits de nos régions tempérées.

Cette remarque seule, banale à force d'être répétée,

mais qui n'en reste pas moins vraie, devrait suffire pour légitimer les plus brillantes espérances. Car enfin, parmi tous ces produits, il ne peut manquer de s'en rencontrer qui prospéreront et dont l'écoulement, se trouvant assuré par les besoins de nos pays d'Europe, garantira le succès de la colonisation.

Je ne m'arrêterai pas à nos produits européens, blé, vigne, maïs, pommes de terre, légumes et fruits de nos jardins, car ils ne pourront jamais faire la base de grandes exploitations. On en produira pour son usage personnel; on cultivera des légumes et on récoltera des fruits pour en alimenter les marchés voisins. Mais, pour le blé et la vigne en particulier, outre que Madagascar ne pourra jamais lutter sous ce rapport avec nos campagnes françaises, un colon aura plus pressé à faire que de perdre son temps à leur acclimatation.

Je ne m'arrêterai pas non plus à la plupart des produits indigènes :

Au *cocotier* qui réussit très bien dans le sol sablonneux des côtes, par exemple dans le nord-ouest, aux environs d'Anorotsanga, où il fait l'objet d'un commerce important d'huile et de fibre, ou encore au sud de la province de Vohemar ;

Au *giroflier* qui vient admirablement dans l'île Sainte-Marie, dans la province de Mananjary, aux environs de Vohemar, etc., et dont on ne saurait assez encourager la culture, ne serait-ce que pour nous débarrasser du tribut annuel que nous payons à Zanzibar pour ses girofles ;

Au *tabac* qui pousse très bien presque partout, surtout dans les basses vallées, et qui deviendra peut-être une des richesses de l'île ;

Aux plantes oléagineuses : *arachide, raharaka, pignon d'Inde,* etc., dont on devra également s'occuper ;

Aux plantes textiles : *ramie, chanvre, aloès, rafia, coton, soie,* qui toutes réussissent et doivent devenir, surtout le *coton* et la *soie,* la base de riches exploitations futures.

Au *manioc* et à la *patate*, cultivés partout, mais dont la culture, si utile pour l'assolement des terres, devrait encore être développée ;

Au *cacaoyer* et à la *vanille* qui promettent beaucoup, surtout sur la côte Est, et dont quelques colons ont déjà tiré de sérieux résultats ;

A la *canne à sucre* qui réussit très bien, mais dont la culture n'est peut-être pas à conseiller, à cause de la difficulté d'en tirer parti ;

Au *café*, auquel tout le monde songe comme à la base certaine de sa fortune future, et qu'il ne faudrait cependant pas trop préconiser, au moins comme *monoculture*, car le café se vend très mal et la preuve du plein succès de sa culture à Madagascar n'a pas encore été faite.

Aux nouveaux arrivés, s'ils veulent être sages et, autant que possible, marcher à coup sûr, je conseillerais plutôt l'*élevage*, l'exploitation et la culture du *caoutchouc*, enfin la culture du *riz*.

La culture du riz à Madagascar a été autrefois beaucoup plus développée qu'elle ne l'est actuellement. Sous le règne de Radama II, les ports de la côte Est en exportaient chaque année plusieurs milliers de tonnes et je tiens de M. Duprat, directeur des Chargeurs Réunis, qu'il en chargeait en une seule fois, il y a une vingtaine d'années, en quelques jours, de 700 à 800 tonnes à Mananjary.

Aujourd'hui, la plupart des provinces de la côte produisent à peine la quantité nécessaire à leur consommation et quelques-unes en reçoivent du dehors.

Les causes de cette décadence sont toutes extérieures, venant surtout de la mauvaise administration des Hova et de leur tyrannique oppression sur les tribus conquises, et plus tard de la perturbation que notre conquête d'abord, et ensuite la révolte, ont apportée dans l'île. Elles ne sauraient donc durer et Madagascar peut redevenir ce qu'elle était autrefois, une grande productrice de riz. Elle le peut d'autant plus qu'elle en a besoin d'une quantité chaque jour plus grande pour sa propre consommation, et que, sans parler de l'Europe, elle a des débouchés tout naturels dans Maurice et Bourbon, jusqu'ici tributaires des Indes, et dans les riches contrées du Sud-Africain.

Pourquoi donc nos colons ne s'occuperaient-ils pas de cette production ? Cela leur serait facile, car les indigènes, presque partout, savent le cultiver. Il suffirait, avec leur concours, de mieux travailler les rizières, d'en créer de nouvelles, de substituer la charrue à l'*angady* ou bêche à main, de fumer le sol et d'améliorer la semence, au besoin par l'introduction des riz d'Indo-Chine. N'oublions pas que le riz est une des cultures les plus rémunératrices qui existent.

Il y aurait beaucoup à dire sur l'exploitation et sur la culture du *caoutchouc*, qui constituera, si je ne me trompe, la véritable richesse de Madagascar, et que l'on ne saurait trop conseiller à ceux qui, ayant de l'argent et pouvant en attendre le revenu pendant quelques années, rêvent de lui faire rapporter de gros bénéfices.

Jadis Madagascar possédait beaucoup de lianes à caoutchouc que l'on a en grande partie détruites par une exploitation inintelligente. Mais il en existe encore, en particulier sur la côte Ouest. Pourquoi donc ne pas les concéder à des colons français à qui l'on imposerait de conserver les anciennes et d'en replanter de nouvelles ? De plus, si si l'on ne peut compter sur les arbres à caoutchouc de Fort-Dauphin et des environs, trop pauvres en latex et trop lents à croître pour jamais donner une rémunération suffisante, il est à peine douteux que, parmi les diverses essences d'arbre à caoutchouc de l'Amérique du Centre ou du Sud que l'on essaie en ce moment, il ne s'en rencontre pas quelqu'une, *Manihot Gladziovii*, *Hevea*, *Castilloa mexicana* ou autre, qui réussisse et donne de larges rendements.

Déjà des colons, appuyés parfois par une riche compagnie, se sont occupés de cette question. Que d'autres les imitent, et en grand nombre, car de longtemps ce ne seront pas les débouchés qui leur manqueront.

Il faudrait dire la même chose de *l'élevage* qui, lui aussi, promet de riches bénéfices au colon sérieux qui voudra s'en occuper.

Sans parler, en effet, du mouton, dont l'introduction à Madagascar, si l'on parvenait à trouver une race qui lui convienne, assurerait la fortune, et de celui qui aurait eu ce bonheur, et du pays tout entier ; sans parler du cheval et du mulet, qui réussiront, mais dont les débouchés seront encore, pendant un certain temps, restreints ; sans parler du porc, des volailles, des chèvres, et autres, qui ne peuvent être que des accessoires, l'élevage du bœuf est sûr de donner de larges bénéfices.

Et d'abord le bœuf existe à Madagascar, le bœuf zébu ou à bosse, qui devient très gros et donne une viande de bonne qualité. Puis il serait facile d'introduire nos races françaises, puisque déjà l'essai en a été fait par Jean Laborde et qu'il a donné les meilleurs résultats, surtout au point de vue de la reproduction. Enfin le débouché en est assuré, soit par les besoins de la consommation locale, chaque jour croissante et bien supérieure aux ressources actuelles, soit par le voisinage de Maurice, de la Réunion, et surtout de l'Afrique du Sud, qui en réclament chaque année une grande quantité.

Seulement, pour l'élevage, comme pour l'exploitation et la culture du caoutchouc, il faut d'importants capitaux, plusieurs centaines de mille francs, de telles entreprises ne pouvant être rémunératrices que si elles sont faites en grand.

Quoi qu'il en soit, et comme conclusion générale, on peut dire qu'il y a place à Madagascar, avec chance de succès, pour un certain nombre d'immigrants, possédant des moyens d'action suffisants et voulant se livrer aux exploitations agricoles.

Il y a également place pour certains industriels ; car rien n'a été tenté jusqu'ici à ce point de vue et tout est à faire.

N'oublions pas en effet qu'il s'agit d'alimenter en objets de première nécessité un pays de vaste étendue et de pénible accès où la difficulté des transports double et triple le prix des marchandises, où il y a plusieurs milliers d'Européens, habitués plus ou moins au confort de notre vie civilisée, et 2 ou 3 millions d'indigènes tout disposés à nous imiter dans la mesure de leurs ressources.

Nos commerçants y sont assez nombreux pour le gros commerce, soit d'exportation, soit d'importation, et il n'y a rien à faire là-bas pour le commerce de détail dans lequel nous ne saurions lutter, soit contre les Hova à l'intérieur, soit contre les Indiens, les Arabes ou même les Chinois sur les côtes. Mais quand il s'agit de fabriquer, pour adroits qu'ils puissent être à tout imiter, les ouvriers *hova* n'auront pas de longtemps le tour de main d'un ouvrier français et ne donneront pas à leurs œuvres le *fini* que nous leurs donnons en France. Ils n'auront pas non plus, malgré l'école professionnelle de Tananarive, les connaissances techniques, ni les capitaux nécessaires pour fonder et faire prospérer de grandes entreprises, dont tout le monde sent la nécessité, pour les transports, pour l'éclairage, pour l'adduction des eaux, pour la fabrique du papier, des verres à bouteilles et autres, des porcelaines, produits chimiques, etc., etc.

Nous croyons, en effet, que plusieurs de ces industries, outre qu'elles rémunéreraient largement les capitaux qu'on y consacrera, offriraient un débouché plein d'avenir à nos ingénieurs et à nos industriels, en même temps qu'elles procureraient des emplois rémunérateurs à quelques ouvriers français, jeunes et intelligents, qui en seraient les contremaîtres.

Nous croyons également que quelques ouvriers européens, travailleurs, rangés, sobres, économes, pourvu qu'ils eussent de quoi subsister pendant quelque temps, et qu'il ne fussent pas nombreux, trouveraient du travail dans les principales villes, Tamatave, Tananarive, Fianarantsoa, Majunga, comme barbiers, tailleurs, cordonniers, ajusteurs, menuisiers, ébénistes, lithographes, imprimeurs, charpentiers, etc.

Que ceux-là donc aillent à Madagascar avec confiance, à moins toutefois — et il est probable que cela arrivera — que la place ne soit déjà prise par nos soldats libérés qui demandent en grand nombre à rester dans le pays ; qu'ils y aillent, à condition de posséder, pour Madagascar encore plus que pour nos autres colonies, les conditions de savoir, de caractère, de moralité, de tenue, que nous avons énumérées ailleurs pour nos émigrants ; qu'ils y aillent en famille, avec leur femme et leurs enfants, et s'ils ne sont pas encore mariés, qu'ils se marient au plus tôt, car le succès pour leur entreprise sera souvent à ce prix, en même temps que par là, et par là seulement, ils contribueront à la moralisation et à la civilisation des Malgaches.

CHAPITRE IV

DE LA NOUVELLE-CALÉDONIE

Depuis quelques années que l'opinion publique s'occupe davantage de nos colonies et de leur mise en valeur, de leur peuplement et de ce que l'on a appelé « la colonisation libre », le nom de la *Nouvelle-Calédonie* est celui qui est revenu le plus souvent sur les lèvres et sous la plume des promoteurs de cette campagne. Et tout le monde, à peu près, se félicite de ce que l'on y a fait.

« Nous sommes aujourd'hui en présence de résultats acquis, écrit par exemple la *Quinzaine Coloniale* dans sa chronique du 25 septembre 1897. On n'est plus à se demander si les espérances fondées il y a trois ans, sur le réveil de l'esprit colonisateur français, se réaliseront : elles sont déjà plus qu'à moitié réalisées en ce qui concerne la Nouvelle-Calédonie. »

Est-ce bien certain?

Nous n'avons point à nous étendre ici ni sur la situation, ni sur la salubrité de la Nouvelle-Calédonie. Elles sont l'une et l'autre de premier ordre.

Par la possession de la Nouvelle-Calédonie, possession qui date de 1853, et que nous devons, ne l'oublions pas, à la patriotique intervention des religieux maristes qui nous permirent d'y devancer l'Angleterre, nous avons acquis un point d'appui d'une valeur incontestée dans le Pacifique, à une courte distance des côtes orientales du continent australien, à portée de la Nouvelle-Zélande, sur les routes de Tahiti et du continent américain. Il ne dépendra que de nous de nous y établir solidement et d'en faire le centre de grandes entreprises commerciales et industrielles, un centre d'où notre influence et nos intérêts se propageront sur toutes les terres environnantes. Sans doute, la Nouvelle-Calédonie, même avec nos autres possessions de l'Océanie, c'est peu pour une nation qui aurait pu se tailler dans ces régions une part prépondérante, à qui aurait dû revenir, en particulier, la possession inappréciable de la Nouvelle-Zélande. Mais enfin, grâce à elle, nous n'y serons plus des inconnus, nous pourrons nous y défendre, nous pourrons nous y étendre, nous pourrons y gagner de l'argent et y fonder des entreprises, et y créer une toute petite France qui, peut-être un jour, deviendra — et qui peut prévoir l'avenir? — une « Grande France du Pacifique ».

Et cependant le climat de la Nouvelle-Calédonie vaut encore mieux que sa situation.

« La Nouvelle-Calédonie, m'écrit à ce propos un des vieux colons de cette île, est certainement la seule de toutes les colonies françaises qui réunisse d'une façon parfaite toutes les qualités que l'on demande à un pays d'émigration. Et d'abord, son sol est admirablement sain ; nulle part on n'y trouve les fièvres paludéennes ou telluriques, si redoutables, même en Algérie et en Tunisie, lors des défrichements. Aucune maladie spéciale, telle que la dysenterie, ne vient s'attaquer aux hommes de race blanche, lors même qu'ils s'adonnent à de rudes travaux, comme ceux des mines ou des défrichements. Le climat, toujours tempéré, ne peut se comparer qu'à celui du midi de la France, où l'on remplacerait l'hiver par un prolongement de l'automne venant sans secousses se rattacher au printemps. Jamais le maximum diurne ne dépasse 35° centigrades dans les plus fortes journées d'été ; jamais non plus le minimum nocturne ne descend au-dessous de 8° au cœur de la saison fraîche.

« Le nouvel arrivant a donc la certitude de ne pas voir plus qu'en France ses projets d'avenir et de fortune brusquement arrêtés par la maladie et la mort ; le pays offre toutes les conditions d'une vraie colonie de peuplement et a déjà fait ses preuves sous ce rapport. Les jeunes gens nés dans le pays, élevés dans le pays, s'y marient et ont à leur tour de beaux et nombreux enfants qui, comme leurs parents, grandissent sains et vigoureux... »

Sous ce rapport, donc, rien à craindre.

En est-il de même de la fertilité du sol ?
La réponse est loin d'être aussi certaine.
Les mines sont nombreuses et exceptionnellement riches.

« La Nouvelle-Calédonie, me disait un jour un homme qui la connaît bien et qui a le droit d'en parler, y ayant passé toute sa vie, et y ayant créé de grandes entreprises minières, la Nouvelle-Calédonie n'est qu'une montagne de minerais. »

Cela est vrai ; et l'on y trouve, malgré son peu d'étendue, et bien qu'on ne la connaisse pas encore entièrement, de la houille, du fer, du plomb argentifère, du chrome, du cuivre, du cobalt, de l'or, de l'antimoine, et surtout du nickel.

Des essais ont été faits pour l'exploitation de presque tous ces minerais ; la plupart ont échoué, sauf pour le cuivre, dont de riches compagnies, formées surtout en Angleterre, s'occupent en ce moment, sauf surtout pour le nickel dont l'industrie est actuellement en pleine prospérité.

Pendant de longues années, la puissante « Société du Nickel » a, pour ainsi dire, monopolisé l'exploitation de ce minerai en Nouvelle-Calédonie, et, pendant quelque temps, la concurrence des mines du Canada avait provoqué un temps d'arrêt, voire même de gêne, dans la marche des affaires.

Mais voilà que depuis peu l'emploi du nickel dans la confection des aciers, ayant créé de puissants débouchés, en même temps que toutes les autres mines de nickel d'Europe et d'Amérique se fermaient peu à peu, la Nouvelle-Calédonie est devenue le fournisseur de l'univers entier. Tout naturellement alors, la demande de minerai est devenue tellement abondante qu'on peut à peine y suffire. Ainsi, l'exportation du nickel qui, en 1891, avait été de 37 253 tonnes valant 2 041 388 francs, a passé, en 1897, à 57 639 tonnes représentant 2 866 980 francs, à 74 613 tonnes en 1898 et à 101 908 en 1899.

Sur ces derniers chiffres, la Compagnie du nickel représente un peu plus de la moitié de la production.

Un autre phénomène s'est produit, qui modifiera considérablement l'extraction et la vente du nickel. Comme le minerai n'est pas traité sur place, mais est expédié brut en Europe, payable d'après sa teneur, que juge à chaque fois un bureau officiel, sa vente devient très facile et il a un cours officiel, à peu près comme les grains en d'autres pays. De plus, son extraction, presque partout à ciel ouvert, est relativement facile et tous les anciens ouvriers de la Compagnie, des libérés, ordinairement très intelligents, peuvent l'entreprendre à leur compte. Qu'il se trouve dès lors des hommes pour leur acheter leur minerai et leur faire, sur ce minerai, les avances d'argent dont ils ont besoin, quitte à se couvrir par la marchandise, et l'extraction du nickel tombera pour ainsi dire dans le domaine public, assurant de l'occupation à une foule de gens, et leur donnant de riches bénéfices.

Autre chose. La « Compagnie du Nickel », qui ne demanderait pas mieux que de se rendre peu à peu indépendante de la main-d'œuvre pénale, très difficile dans son recrutement et très gênante dans son emploi, serait prête à faciliter l'introduction de travailleurs français, à qui, en échange d'un nombre déterminé de journées de travail, elle garantirait les moyens de s'établir définitivement dans le pays. Il y aurait là un moyen pratique de favoriser l'émigration des « petites gens », et ce moyen vaut certes qu'on l'étudie avec soin et qu'on le facilite de tout son pouvoir.

En résumé donc, ce sont les mines de nickel qui, de longtemps, resteront la plus grande ressource de la Nouvelle-Calédonie.

Les maisons de commerce existant actuellement dans l'île suffisent amplement à la consommation locale, et elles sont abondamment pourvues de tout ce que réclament les besoins locaux. Le commerce de la Nouvelle-Calédonie n'est pas, du reste, et ne peut être très important :

8 874 523 t. d'import.	7 779 441 t. d'export.	en	1895
9 192 606 —	5 748 552	—	1896
8 672 236 —	7 045 024	—	1897
9 752 800 —	6 736 728	—	1898

Cela est amplement suffisant pour le moment et il n'y a pas de place pour de nouvelles maisons.

« C'est donc vers l'agriculture exclusivement, et particulièrement vers la culture du café, que doit se tourner l'activité des colons », en conclut le *Guide de l'émigrant en Nouvelle-Calédonie*[1], édité par l'Union Coloniale et revu par M. Feillet.

Cette conclusion est trop absolue, puisque, nous l'avons déjà dit, on peut s'occuper de mines avec de véritables chances de succès. Mais surtout elle laisse supposer un succès facile et très complet dans l'*agriculture* et la *culture du café*. N'est-ce pas un peu exagéré ?

Et d'abord, y a-t-il de la place pour un nombre illimité d'émigrants en Nouvelle-Calédonie, et le sol de cette île est-il suffisamment fertile pour nourrir un grand nombre d'individus ?

La Nouvelle-Calédonie, si l'on considère son étendue, mesure 400 kilomètres de longueur sur une largeur moyenne de 50, et une superficie de 21 000 kilomètres carrés ou 2 100 000 hectares, à peu près trois fois celle de la Corse.

Sa population est relativement peu nombreuse, n'atteignant pas 60 000 personnes qui se décomposent de la manière suivante :

Population civile et militaire.	10 595
Transportation (condamnés, relégués, libérés)	11 602
Engagés Océaniens et Asiatiques	4 000
Indigènes. de 25 000 à	30 000
Total.	56 197

C'est peu assurément pour une étendue de 21 000 kilomètres carrés, car cela ne donne guère que trois personnes au kilomètre carré, et, si le sol de l'île était fertile, il y aurait de la place pour 1 000 000 de colons.

1. Pages 7-8.

Seulement, dans son ensemble, le sol de la Nouvelle-Calédonie n'est pas fertile et, en beaucoup d'endroits, il est complètement stérile. On devait s'y attendre, vu la configuration physique de l'île et sa richesse en minerais.

« Au point de vue agricole, m'écrivait un colon de la première heure, le sol n'est pas riche dans toute la colonie ; nombre de terres sont absolument infertiles et impropres même aux pâturages, notamment la surface des gisements de fer, les terres magnésiennes ou ferrugineuses, les gisements de nickel, de chrome ou de cobalt, certaines plaines argileuses ne donnant que des pâturages médiocres... »

« Dans son ensemble, lit-on dans une publication officielle, la *Plantation du café en Nouvelle-Calédonie*, une notice rédigée par M. Camouilly, planteur à la Foa, sous l'inspiration de M. Feillet, dans son ensemble, le sol de la colonie ne répond malheureusement pas à son climat : sur les deux tiers de sa surface s'étendent, en effet, soit des terrains miniers saturés, en général, d'oxydes de fer propres seulement à la culture de certaines essences forestières, soit des schistes tenaces naturellement complantés de graminées qu'ombrage le niaouli, arbre employé ici à tous les usages, aussi précieux qu'il est triste, et dont le pâle feuillage contribue à donner aux paysages calédoniens leur aspect mélancolique[1]. »

Mais enfin tout n'est pas montagne et quelle est l'étendue de la partie cultivable de l'île ?

Le colon déjà cité conclut sa description en disant qu'« une grande partie de l'île, les *deux tiers* peut-être, formés par des schistes silico-argileux friables, traversés çà et là par des soulèvements mélaphyriques, donnent des terres d'une extrême fertilité et des pâturages naturels susceptibles de devenir excellents avec quelques soins ».

---

1. Page 3.

C'est aller trop loin et il s'en faut que les deux tiers de l'île soient cultivables. C'est le quart, c'est le cinquième qu'il aurait fallu dire.

« Indiquer la surface exacte de la partie cultivable est, pour le moment, impossible, affirme M. Camouilly : le levé topographique de l'île n'est pas encore achevé et les terrains déjà délimités n'ont été, d'ailleurs, l'objet d'aucune classification. *Mais ce n'est pas s'aventurer assurément que, sur une superficie totale de 2 000 000 d'hectares, d'évaluer à 400 000 hectares la partie du sol de la colonie susceptible de culture fructueuse* [1]. »

400 000 hectares, non compris les pâturages, voilà, semble-t-il, l'étendue sur laquelle pourraient compter les colons si toute cette surface était libre. Seulement, il s'en faut qu'il en soit ainsi, car la partie la plus considérable et naturellement la meilleure de cette surface appartient :

1° Au *Pénitencier* qui s'était réservé (décret du 16 août 1884) dans les centres les plus fertiles, 110 000 hectares que l'on ne pourra donner aux immigrants qu'en en dessaisissant l'administration pénitentiaire. Déjà cependant, par le décret ministériel du 9 octobre 1897, 36 131 hectares de ces terres ont été mis à la disposition du gouverneur pour les nouveaux colons.

2° Aux *réserves indigènes* qui comprennent environ 100 000 hectares.

De l'avis de tout le monde, vu l'effroyable diminution de la population indigène qui, en moins de quarante ans, est tombée du chiffre de 80 000 ou 70 000 à un chiffre inférieur à 30 000, ces réserves sont trop considérables et un nouvel arrangement pourrait utilement intervenir pour les restreindre, au grand avantage de la colonisation libre et sans détriment appréciable pour les Canaques. A une condition cependant, c'est que rien ne fût épargné, pour sauvegarder, même à l'égard des

---

1. Page 4, *La Plantation du café en Nouvelle-Calédonie*.

Canaques qui, après tout, sont nos sujets, les droits de la justice et de l'humanité, ce que l'on est loin d'avoir observé en ces derniers temps.

3° A des particuliers déjà établis depuis plus ou moins longtemps et possédant, quelques-uns, de grandes étendues de terrain, 10 000, 15 000, 20 000 hectares, qui ne seront livrés à la colonisation que si ces propriétaires veulent les vendre, ou les louer, ou les donner à bail ou en métayage à des colons. Nul doute que cela ne se produise, et c'est peut-être de cette manière que se feront les plus sûrs essais de colonisation.

Enfin beaucoup de terrains qui seront peut-être utiles plus tard, sont encore complètement inutilisables pour la culture, étant en dehors de toute voie de communication.

Défalcation faite de toutes ces étendues, combien de terres l'Administration possède-t-elle, qu'elle puisse distribuer aux colons?

A l'ouverture de la session extraordinaire du Conseil général, le 22 juillet 1897, dans son discours d'ouverture, M. Feillet en estimait l'étendue à 220 000 hectares, dont 50 000 hectares environ de terre à café. Ce chiffre, semble-t-il, devrait être accepté de confiance, vu la situation de l'homme qui le donnait et aussi la solennité de la circonstance dans laquelle il le prononçait. Et alors, comme chaque colon ne peut recevoir plus de 25 hectares, dont à peu près 5 hectares de terre à café (décret du 2 avril 1898), il y aurait de la place immédiatement pour $\frac{220\,000}{25} = 8\,800$ nouvelles familles de colons.

Cela est-il exact?

Tous ceux qui connaissent la Nouvelle-Calédonie répondront sûrement non. Ce sont là des chiffres théoriques dont la pratique a bien vite fait de démontrer la fausseté. Si, en effet, on avait une si grande quantité de terres disponibles, pourquoi réclamer si vivement contre les réserves pénales? Pourquoi chasser si brutalement les tribus indigènes de leurs propriétés ? Pourquoi enfin tant de colons recevraient-ils des terres impropres à leur installation et que l'on devra remplacer ensuite par d'autres terres ?

La vérité est qu'il y a une certaine quantité de terres disponibles en Nouvelle-Calédonie, et tout spécialement les 36 000 hectares enlevés à l'administration pénale ; qu'il y en aura d'autres à mesure que les voies de communication augmenteront et permettront de s'établir dans l'intérieur, ou que de nouveaux accords avec l'administration pénale ou les Canaques rendront libres certaines parties des réserves pénales ou indigènes, ou enfin que les propriétaires actuels voudront s'entendre et traiter avec les nouveaux arrivants. Mais n'exagérons rien, s'il y a un peu de place actuellement, il n'y en aura pas indéfiniment.

Une autre question se pose aussitôt.

Que faire en Nouvelle-Calédonie ?

Les livres que l'on a écrits sur notre colonie du Pacifique, et en particulier la *Notice à l'usage des émigrants* de M. Feillet[1], citent avec complaisance un grand nombre de produits parmi lesquels, semble-t-il, on n'aurait qu'à choisir pour arriver à faire fortune, le maïs, les haricots, le riz, le manioc, le tabac, la canne à sucre, la luzerne, les légumes divers, les arbres fruitiers, la vigne, l'indigo, le coton, la vanille, les céréales, les cocotiers, le caoutchouc. Mais, de ces divers produits, auxquels on pourrait vraisemblablement en ajouter d'autres, la plupart ne peuvent être que des produits accessoires, qui ne feront jamais le fond d'une exploitation, comme, par exemple, les haricots, les fruits, les légumes, etc. ; d'autres coûtent trop cher à cultiver, comme la vigne qui « exige des soins très grands pour fournir quelques raisins mangeables », comme le thé, le coton et l'indigo, qui rémunèrent largement dans des pays où la main-

---

1. Pages 21-23.

d'œuvre est à très bas prix, mais qui ne pourraient faire vivre un colon calédonien obligé de payer ses ouvriers 2 à 3 francs par jour ; d'autres, enfin, n'ont pas encore fait leurs preuves, comme le caoutchouc, dont on a à peine planté quelques pieds, ou ont dû être à peu près entièrement abandonnés, comme la canne à sucre, les produits en trouvant difficilement un débouché (si ce n'est peut-être le *rhum* qui est d'une excellente qualité et capable de rémunérer une exploitation bien conduite).

Restent donc la culture du café, sur laquelle tout le monde fonde les plus brillantes espérances, et l'élevage qui vaut vraisemblablement mieux, qui, en tout cas, offre beaucoup plus de garanties.

« ... Une certaine amélioration, entrevue d'ailleurs, dès l'année dernière, porte à ce propos le rapport sur les opérations de la Banque de l'Indo-Chine pour l'exercice 1896[1], s'est manifestée dans le chiffre d'opérations de la succursale de Nouméa. La question qui préoccupe le plus vivement, en ce moment, notre colonie du Pacifique, est celle de l'élevage du bétail, en attendant que les exploitations minières aient repris leur activité d'autrefois et que la culture du café, qui n'en est encore qu'à ses débuts, ait réalisé les promesses qu'elle fait entrevoir ; le développement économique de la Nouvelle-Calédonie dépend en effet de l'élevage. »

Cela est encore vrai actuellement, et d'autant plus que, jusqu'ici, l'élevage n'a été l'objet d'aucun soin particulier. On parque les bêtes sur les prairies naturelles, les laissant vivre à leur guise et demi-sauvages, jusqu'au jour où l'on en prendra quelques-unes des moins maigres pour aller les vendre à Nouméa. Dans de telles conditions, la viande ne peut être bonne. De plus, les pâturages n'étant pas soignés, ne peuvent nourrir que très peu de bêtes, 1 par 3 ou 4 hectares. Enfin, ces pâturages se dété-

---

1. *Quinzaine Coloniale*, t. I, 1897, p. 349, 1ʳᵉ col.

riorent rapidement, les mauvaises herbes que les bêtes ne mangent pas se multipliant outre mesure et étouffant les autres.

Un tel système ne saurait durer sans amener la ruine totale de l'élevage. Il faudrait donc le changer et faire de *l'élevage intensif* en soignant les pâturages, en les fumant, en créant des prairies artificielles, comme nous faisons dans nos campagnes de France. De cette manière, les propriétés iraient en s'améliorant, et l'on aurait quatre fois plus de bêtes d'une qualité supérieure, ce qui permettrait à la colonie de se suffire, et pour la quantité et pour la qualité de la viande. Seulement, pour une telle entreprise, d'elle-même sûre et rémunératrice, il faudrait une certaine avance de capitaux.

En faudrait-il autant pour le café, et le café peut-il fournir aux nouveaux arrivants, surtout à ceux qui ne disposent que d'un modeste avoir, la culture cherchée qui leur permettra rapidement de prospérer ou de faire fortune ?

Bien des promesses ont été faites à se sujet, souvent par M. Feillet lui-même, solennellement et officiellement, toujours sous son inspiration et sur ses renseignements. D'après ces promesses, basées le plus souvent sur des calculs détaillés et des devis qui semblaient tout prévoir, avec 5 000 francs de capital, un colon sérieux, économe, travailleur, à qui l'on assurerait le passage gratuit de son village à sa concession, que l'on recevrait avec sollicitude à son débarquement, à qui l'on donnerait une concession gratuite, fertile et bien placée, devrait, au bout de quatre ou cinq ans, retirer annuellement de sa concession la valeur du capital engagé, c'est-à-dire 5 000 francs [1].

« La culture du café a franchi sa période d'essai, dit à ce propos le *Guide de l'Émigrant*, et il est aujourd'hui

---

1. Cf. *Le Guide de l'Emigrant en Nouvelle-Calédonie*. Devis d'exploitation, pp. 37 et suiv.

absolument démontré qu'elle peut être entreprise avec succès[1]. »

« La culture du café, disait de son côté M. Feillet, dans son discours d'ouverture de la session ordinaire du Conseil général, le 2 mai 1898, la culture du café a enrichi beaucoup de gens en Calédonie et ailleurs. »

Quelques mois auparavant, à l'ouverture de la session extraordinaire du 22 juillet 1897, il avait été encore plus affirmatif. C'était, suivant lui, « une plante de culture intensive, qui permet de réaliser de gros bénéfices, non dans des terrains de grande étendue, mais dans des terrains de moyenne et de petite superficie. *C'est pourquoi*, concluait-il, *la culture du café sera l'agent le plus actif du peuplement de ce pays.* »

Ces citations, et maintes autres semblables, venant d'un homme aussi bien placé pour connaître la vérité, corroborées au besoin par des témoignages de colons cités à propos, paraissent concluantes.

Et cependant, pour tout observateur impartial, la question reste encore en suspens, et à ces témoignages officiels, on peut en opposer d'autres, plus impartiaux parce qu'ils émanent d'hommes complètement désintéressés dans la question et qui sont loin d'être aussi affirmatifs.

L'ancien président du Conseil général, M. Lecomte, qui est en même temps un grand planteur de café possédant la plantation la mieux entretenue de toute l'île, écrivait en 1898 au gouverneur que « la culture du café n'avait encore enrichi personne », affirmation grave que le Conseil général, dans sa réponse au discours du gouverneur, adoptait publiquement, lui donnant ainsi toute l'autorité du premier corps élu de la colonie.

On répondra que le Conseil général était l'adversaire de M. Feillet. Et puis, après ? Cela ne l'empêchait pas

---

1. *Idem*, p. 26.

de savoir la vérité et de la dire. Son intérêt le lui commandait, à défaut d'autre raison.

Ce témoignage est donc très sérieux et il mérite d'être retenu. Et cela d'autant plus qu'il concorde avec tous les autres témoignages directs et personnels recueillis sur le même sujet.

La raison en est simple : le café ne *paie pas*, parce que les prix en sont tombés. Impossible aujourd'hui au planteur calédonien de soutenir la concurrence avec les grands producteurs du Brésil. Ses produits sont incontestablement meilleurs ; de plus, il est protégé par la demi-détaxe qui lui donne sur ses concurrents étrangers une avance de 0 fr. 78 par kilogramme. Malgré cela, c'est tout au plus s'il vend son café 1 fr. 50 le kilogramme, après avoir dépensé une somme sensiblement égale pour sa production. Avec cela, comment voulez-vous qu'il prospère ? Pour remédier à cet état de choses, une mesure s'impose, c'est la détaxe complète du café de nos colonies, à son entrée en France. Il y a longtemps qu'on la demande et il est bien à craindre qu'on attende longtemps encore avant de l'obtenir.

Une autre difficulté que rencontrera tout colon en Nouvelle-Calédonie, pour la culture du café, et généralement pour toute culture qui demande un certain nombre de bras, ce sera la pénurie de la main-d'œuvre.

Nous l'avons dit plus haut, sous l'influence de causes diverses, dont les principales sont l'inconduite et l'ivrognerie, singulièrement accrues par le voisinage des libérés, et parfois par la faiblesse de l'administration, la population indigène de la Nouvelle-Calédonie diminue d'une manière effrayante, sauf dans les tribus catholiques.

De plus, on ne peut recourir aux Canaques, au moins d'une manière générale, que pour des travaux occasionnels qu'on leur donne à forfait, par exemple la cueillette du café, l'édification d'une case, le sarclage d'une plantation. Quelques-uns, parmi eux, commencent à travailler d'une manière assidue. Mais ce n'est encore là qu'une exception assez rare.

On ne peut donc compter uniquement sur la main-d'œuvre indigène, soit à cause de son inconstance, soit à cause de sa rareté.

Alors, à qui recourir?

A la main-d'œuvre pénale? aux libérés? à la main-d'œuvre étrangère?

Nous avons vu ailleurs ce qu'a fait et ce que vaut la main-d'œuvre pénale, ce que valent surtout les libérés. Nous n'y reviendrons pas ici, si ce n'est pour rappeler que, même mieux employée, la main-d'œuvre pénale ne saurait suffire, et que l'on ne fera jamais rien avec les libérés. Quelques-uns d'entre eux rendent de réels services, parce qu'ils sont adroits et intelligents ; mais, dans l'ensemble, ils sont trop inconstants, trop ivrognes, trop peu sûrs.

Reste donc la main-d'œuvre importée. Elle se composait, en 1896, d'environ 4 000 Tonkinois, Néo-Hébridais et Javanais.

L'enrôlement des Tonkinois a été interdit par ordre supérieur. Les Néo-Hébridais, qui font d'excellents ouvriers, sont peu nombreux, et probablement seront utilisés de plus en plus dans leur pays. Quant aux Javanais, des mesures ont été ou vont être prises, qui permettront d'en enrôler, sous certaines conditions, un certain nombre, toujours trop peu considérable.

En résumé donc, le colon qui sait employer la main-d'œuvre indigène, pénale et importée, qui traite convenablement ses ouvriers et les paie fidèlement, qui n'abuse jamais d'eux et se montre toujours juste et bon, trouvera, d'une manière ou d'une autre, des ouvriers, sinon en grande quantité, au moins en quantité suffisante. Mais il devra les payer relativement cher.

Avec la question du café et de la main-d'œuvre, une autre question reste à examiner, un peu plus générale, mais cependant si intimement liée à la culture du café, qu'elle en dépend presque complètement, celle du mouvement actuel de « colonisation libre ».

Qu'en penser ?

Le 16 octobre 1896, d'après un rapport officiel présenté à l'assemblée générale de l'Union Agricole Calédonienne, on comptait déjà parmi les nouveaux installés :

187 personnes ou familles, dont 77 venant de France ; 13 militaires libérés dans la colonie et 27 enfants du pays.

« Ces chiffres prouvent surabondamment, concluait l'étude de la *Quinzaine Coloniale*, après les avoir reproduits, que la marche en avant de la colonisation libre que nous nous sommes donné pour mission de favoriser, est en bonne voie [1]. »

La même Revue, le 25 septembre 1897, analysant le discours prononcé par M. Feillet à l'ouverture de la session extraordinaire du Conseil général, le 22 juillet précédent, disait encore :

« On n'est plus à se demander si les espérances fondées, il y a trois ans, sur le réveil de l'esprit colonisateur français, se réaliseront ; elles sont déjà plus qu'à moitié réalisées en ce qui concerne la Nouvelle-Calédonie : 339 nouvelles propriétés agricoles, surtout petites et moyennes, dont 135 créées par d'anciens colons ou par des fils d'anciens colons et 204 par des familles venues du dehors et représentant 600 individus ; 129 hectares mis en cultures diverses et 200 en café ; plus de 400 000 caféiers plantés ; près de 1 500 000 francs de capitaux nouveaux apportés dans la colonie, rien que par les émigrants venus de France, voilà, brièvement résumé, le bilan de la colonisation libre en Nouvelle-Calédonie, pour les deux dernières années [2] ».

Quelques mois plus tard, au commencement de 1898,

---

1. *Quinzaine Coloniale*, t. I, 1897, p. 24.
2. *Quinzaine Coloniale*, t. II, 1897, p. 169, 2ᵉ col.

un rapport officiel d'un inspecteur des colonies, M. Arnault, donnait des chiffres un peu différents, mais toujours élevés :

8 830 hectares concédés ;
171 familles les mettant en valeur ;
610 000 pieds de café [1].

D'après une lettre, qui a tout l'air d'un rapport, datée du 15 mars 1898 et publiée par la *Quinzaine coloniale*, on avait installé :

252 nouveaux colons, dont 27 étaient repartis par suite « d'erreur de vocation ».

Il en restait donc :

225 se répartissant ainsi :

Emigrants concessionnaires.	123
— acheteurs de propriétés	27
— américains	17
— exerçant des professions diverses.	16
— faisant leur service militaire	2
Fonctionnaires retraités	10
Soldats congédiés.	30
Total.	225 [2]

Le 26 septembre 1898, à l'ouverture de la session extraordinaire du Conseil général, dans son discours d'ouverture, M. Feillet résumait par les chiffres suivants les progrès de la colonisation libre :

« Il a été créé, depuis 1895, disait-il, 434 propriétés agricoles ; 130 par des familles déjà dans le pays, mais non encore fixées au sol ; 304 par des familles venant de l'extérieur ou par des militaires congédiés dans la colonie. Sur ce nombre, il en est reparti 31, ce qui maintient toujours le déchet à la proportion très minime de 10 p. 100.

« Dès à présent, ces 400 familles forment un foyer

---

1. *Quinzaine Coloniale*, t. II, 1898, p. 25.
2. *Quinzaine Coloniale*, t. I, p. 285, 1ʳᵉ col.

d'attraction suffisant pour créer à lui seul un courant d'émigration déjà notable [1]. »

Le même mouvement d'émigration continue depuis.

« L'œuvre du peuplement libre de notre belle colonie du Pacifique, écrit à ce propos la *Quinzaine Coloniale*, le 25 mai 1899, se poursuit régulièrement, avec de nouveaux contingents d'émigrants chaque mois. L'importance de ces contingents varie ; le paquebot emporte à destination de la Nouvelle-Calédonie tantôt 6, tantôt 10, tantôt 12 recrues pour la colonisation [2]. » Et l'ensemble de ces recrues s'est élevé, d'après un rapport officiel de l'Office colonial à 235 pour l'année 1899.

Ce seraient là sûrement de beaux résultats, si tous ces colons devaient réussir. M. Feillet affirme qu'il en sera ainsi.

« Tous (les colons) restent pleins de confiance, avait-il déjà dit dans le discours cité plus haut ; leur vie est facilement assurée dès le début ; leurs caféiers croissent vite et beaucoup ont déjà obtenu des récoltes. Enfin, cela est significatif, *aucun n'exprime le regret d'être venu se fixer en Nouvelle-Calédonie* [3]. »

Que pourrait-on dire de plus et de mieux ?

S'il y a eu quelques déchets, ils sont très minimes, 10 p. 100, à peine, et ils se sont produits, non pas par la faute du système, qui est excellent, mais par « des erreurs de vocation ».

Au mois de février 1898, l'Union coloniale, mise en éveil par plusieurs renseignements de source privée, sur l'excellence du système tant préconisé, voulut en avoir le cœur net, et elle adressa une lettre circulaire, avec un questionnaire à remplir, aux 133 colons qu'elle avait envoyés

---

1. *Quinzaine Coloniale*, 25 novembre 1898, p. 698.
2. Pages 300-301.
3. *Quinzaine Coloniale*, 25 novembre, p. 697, 1re col.

depuis 1895. M. Simon, le délégué de la Nouvelle-Calédonie au Conseil supérieur des colonies, fut chargé de dépouiller les réponses, trop peu nombreuses (25 seulement), que provoqua cette circulaire. Son rapport, qui n'est, en somme, qu'une analyse de ces diverses réponses, respire la plus grande confiance.

« En général, dit-il, les colons se déclarent satisfaits de leur voyage... Plus de la moitié des colons déclarent que leur première impression a été bonne, bonne ou très bonne... Ils reconnaissent que les concessions disponibles ont été mises à leur disposition, et qu'ils ont pu choisir en toute liberté.

« Qu'elles sont, en général, partie en plaine, partie en montagne ;

« Que les terres sont généralement bonnes...

« Ce beau pays, conclut-il, est d'ailleurs si attrayant, si séduisant, que l'un des nouveaux habitants écrit : « Je vois l'avenir couleur de rose, et j'ai 62 ans ! »

« Cette exclamation en dit plus que toutes les descriptions et prouve ce qu'est appelée à devenir notre belle colonie [1]. »

M. Simon est, on le voit, complètement optimiste et, avant tout partisan déclaré de M. Feillet, à qui il doit son élection au Conseil supérieur des colonies.

Cependant, comme si son témoignage était insuffisant, voilà que, sous le patronage du comité Dupleix, avec une préface de M. Feillet, en 1898, paraissait une brochure qui a eu un certain retentissement et dont un homme de la valeur de M. Jules Lemaître faisait le sujet d'une de ses « opinions à répandre » du *Figaro* [2], le « Début d'un émigrant en Nouvelle-Calédonie » par Michel Villaz.

« Rien d'encourageant, écrivait M. Feillet dans la préface de cette brochure, comme ce journal de M. Michel

---

1. *Quinzaine Coloniale*, 10 janvier 1899, p. 28, 1ʳᵉ col.
2. *Figaro*, 17 février 1898.

Villaz, surtout quand on songe que celui-ci a réussi bien qu'il n'ait pas réuni toutes les conditions de succès habituellement requises...

« Il a réussi, en effet. La caféerie est plantée et, dans quelques années, elle sera en plein rapport. Ses lettres et son journal ont convaincu son frère qui va le rejoindre avec plusieurs amis et parents. »

Or, dix jours après l'article de M. Jules Lemaître, Michel Villaz écrivait au gouverneur pour implorer son aide, et le président de la commission municipale de La Foa le mettait au *quatrième rang, parmi les nécessiteux.*

Inutile d'insister sur ce témoignage, et les autres affirmations citées sont peut-être trop intéressées pour n'être pas suspectes, trop exagérées et trop optimistes pour être complètement exactes.

La vérité, si on la cherche, se trouvera plutôt dans les paroles suivantes d'un homme complètement indépendant et sûr, qui habite la colonie depuis longtemps, qui la connaît parfaitement et dont les appréciations ne peuvent laisser le moindre doute à qui le connaît.

« Ces pauvres colons, écrit-il dans une lettre toute récente, j'en ai vu un grand nombre qui commencent à ouvrir les yeux. Ils ne savent à quel travail se vouer pour faire des produits. *Tout pousse tant bien que mal, mais rien ne rapporte.* Les premiers trouvent qu'on ne leur a pas fait les avantages qu'on fait aux derniers venus. Le malaise les gagne... Ils (ceux de la rivière d'Amoa) ne sont pas sans inquiétude pour l'avenir. »

Voilà la situation. Et si l'on veut un autre témoignage, je citerai en entier une lettre récente très remarquable, adressée à l'Union coloniale par un des colons à qui elle avait envoyé son questionnaire et que M. Simon n'a pas eue entre les mains.

La voici, telle que la publie la *Quinzaine Coloniale*, dans son numéro du 10 août 1899 [1] :

« Vous m'avez demandé de vous faire connaître avec sincérité mon sentiment sur la situation des colons venus ici depuis cinq ans. Je m'empresse de satisfaire à votre demande, avec le désir d'éclairer les futurs émigrants sur les difficultés qui les attendent et de les détourner de leur projet s'ils ne se sentent pas la force physique et l'énergie morale nécessaires pour venir à bout de ces difficultés. Je crois rendre ainsi service à la cause coloniale, ainsi qu'à la colonie où j'ai fixé désormais mon existence, et à laquelle m'attachent tous mes intérêts dans le présent et dans l'avenir.

« Laissez-moi vous dire tout d'abord que vos devis de culture auraient besoin d'être modifiés du tout au tout en raison de la baisse des cafés. Lorsque vous avez commencé votre propagande en faveur de la colonisation calédonienne, le café se vendait ici sur le pied de 2 fr. 50 le kilogramme ; il y a deux ans, vous avez, par un papillon inséré en marge de votre *Guide de l'Émigrant*, indiqué qu'on n'avait plus à compter sur ce prix de 2 fr. 50, mais seulement sur celui de 1 fr. 75. Cette évaluation est encore excessive à l'heure actuelle et, en tablant sur 1 fr. 25, seulement, on sera plus près de la vérité. C'est assez dire que la culture du café ne deviendra rémunératrice que le jour où nous aurons obtenu la détaxe complète pour ce produit, à son entrée en France.

« Même alors, il ne faudra pas croire que la réussite s'obtiendra sans peine. Avant que la caféerie *commence* à entrer en rapport, il s'écoulera quatre ans, pendant lesquels il faut s'installer, vivre et créer cette caféerie. Or, le colon ne peut compter, d'une façon certaine, pour faire face aux dépenses que tout cela représente, que sur l'argent qu'il a apporté de France.

« Le devis du *Guide de l'Émigrant* compte, au chapitre

---

1. Pages 464 et suiv.

recettes, 500 francs de produits divers. Mais ces 500 francs sont bien problématiques. On peut les faire facilement et au delà ; mais il faut bien peu de chose pour les réduire à rien. Tout dépend des facilités d'écoulement, qu'on n'a pas toujours, et, dans tous les cas, cette recette n'est possible que pour un colon ayant quelques hectares de plaine, une charrue et une paire de bœufs. Quant aux autres, je ne vois pas d'où ils pourraient la tirer, et pour eux, 100 francs dans l'année seraient un beau résultat. En somme, j'estime que dans le devis pour un capital de 5 000 francs, on ne doit prévoir aucune recette, les cultures vivrières et produits divers n'arrivant qu'à fournir la maison.

« D'autre part, avec un capital aussi modeste, il ne faut rien acheter, si ce n'est la farine, le vin dont il faut être très économe, et quelques denrées de peu de valeur. On pourra arriver ainsi, en ne faisant aucune dépense inutile, et en menant une vie très laborieuse, à gagner la quatrième année qui, dans une affaire bien menée, doit couvrir ses frais. Mais il est temps, car à ce moment, on est à bout de ressources, et si on a eu le moindre accroc, on aura dû faire des dettes.

« Supposons cependant que tout ait bien marché ; on est tiré d'embarras puisque maintenant les recettes seront supérieures aux dépenses. Mais c'est le moment de s'installer pour la préparation du café, d'acheter des machines très coûteuses. Il faudra, quand même, si on n'a pas d'avance, recourir au crédit, mais pour un an seulement.

« En résumé, avec 5 000 francs, on peut arriver, mais à la condition d'être cultivateur de profession et rompu aux travaux de la terre, de n'avoir ni bêtes ni instruments aratoires, de se contenter des vivres que la propriété fournira, sauf pour les premiers mois, de ne jamais sortir de chez soi, de se priver du bien-être le plus élémentaire, de ne pas vouloir comme habitation mieux qu'une case en paille, d'avoir des ouvriers laborieux et honnêtes et de les surveiller avec soin, de ne pas faire d'opération désavantageuse et enfin de n'avoir à supporter ni sécheresse, ni cyclone, ni inondation.

« C'est vous dire que ce programme n'est réalisable que pour des paysans, parce que chez eux seuls, on trouve avec les qualités morales qu'il suppose, les aptitudes physiques et l'entraînement aux travaux agricoles. Encore, vaudra-t-il mieux, même pour un paysan, avoir 7 à 8.000 francs plutôt que 5 000, à cause des aléas.

« C'est vous dire aussi qu'un certain nombre, un trop grand nombre de colons venus ici avec 5 000 francs seulement et qui n'étaient pas cultivateurs de profession ont dû abandonner la partie, ou se mettre à la discrétion de prêteurs qui n'attendent que le moment opportun pour mettre la main sur leurs propriétés et recueillir le fruit de leur travail et de leurs sacrifices. Quelques-uns cependant ont pu tenir, parce qu'ils ont adjoint à leur exploitation agricole un petit magasin qui leur procure quelques bénéfices. Mais c'est là une ressource sur laquelle il ne faut compter que très exceptionnellement. En règle générale, on ne peut faire que la culture, et pour faire de la culture avec un petit capital, il faut être du métier, et n'avoir jamais cessé de le pratiquer. Nous voyons ici, en effet, *d'anciens* cultivateurs qui échouent avec leurs 5 000 francs. C'est que, précisément, depuis qu'ils ont quitté la charrue pour vivre à la ville, ils ont pris des goûts de bien-être auxquels ils ne se résignent pas à renoncer et qu'en même temps, ils ont perdu l'habitude de ce travail acharné qui tient le paysan courbé sur la terre depuis l'aube jusqu'au coucher du soleil.

« Mais la catégorie dans laquelle les échecs sont les plus nombreux, c'est celle des petits bourgeois, fils de famille, anciens employés ou commerçants, venus avec un capital de 5 à 10 000 francs et même de 10 à 20 000 francs. Ceux-là, en effet, s'imaginent généralement qu'on s'improvise agriculteur et que la bonne volonté supplée aux connaissances spéciales et à la pratique agricole. Or, le plus souvent, ils ne connaissent les champs que pour y avoir été se promener quelquefois le dimanche. Ils tombent ici, dans un pays dont ils ne connaissent pas les usages, dans un travail dont ils n'ont pas l'habitude. Avec un capital supérieur, ils arriveraient à se tirer d'affaire ; avec moins de 20 000 francs, c'est l'échec presque assuré. Il ne peut pas en être autrement : ils n'ont ni les connaissances et la pratique qui pourraient suppléer à l'insuffisance de leurs ressources, ni les ressources qui pourraient suppléer à l'insuffisance de leur préparation et de leur entraînement.

« Il leur faudrait, pour triompher des difficultés semées sur leur route, un effort d'énergie et d'endurance qu'on ne peut pas raisonnablement attendre de gens habitués à l'existence des villes, et à un train de travail tranquille et peu fatigant. Je sais bien qu'il est difficile de leur faire entendre raison sur ce point. On a beau leur prêcher la prudence, leur montrer les obstacles qui les attendent, la vie de labeur acharné et de privations à laquelle ils devront se condamner s'ils veulent réussir, on n'arrive pas à les convaincre, ou si on les a convaincus, on n'a pas réussi pour cela à leur communiquer les qualités physiques et morales qui leur seraient nécessaires. En imagination, tout leur apparaît facile et beau ; on vivra de bananes, de manioc et d'igname ; on se passera de vin ; on s'habillera avec un sac ; on fera son mobilier avec des planches de vieilles caisses ; s'il le faut, on travaillera pioche en main du matin jusqu'au soir ; c'est la fièvre du départ ! Mais, la fièvre une fois calmée, et quand on se trouve aux prises avec les difficultés, qu'il ne s'agit plus de *jouer* au colon, et qu'il faut en faire le dur métier, on s'aperçoit qu'on a trop présumé de ses forces et de son courage ; on veut continuer à s'entourer du même bien-être qu'en France, et après quelques heures de pioche, on renonce à un travail auquel on gagne des courbatures et des ampoules. Voilà, malheureusement, l'histoire de beaucoup de colons qui se gardent bien, d'ailleurs, de convenir de leur déconvenue, parce qu'ils se rendent compte qu'ayant été avertis, ils en sont seuls responsables, et qu'on n'aime pas généralement à avouer qu'on s'est trompé, et surtout qu'on s'est trompé sur soi-même !

« C'est pour cela que vous ignorez le véritable état de la colonisation en Nouvelle-Calédonie, et que vous ne vous faites pas une idée exacte du déchet de votre entreprise et du nombre trop considérable de ceux qui ont échoué ou qui échoueront.

« Est-ce à dire que vous fassiez de mauvaise besogne ou qu'on doive décourager les émigrants de venir ici ? Non, car ce pays a d'admirables ressources, et à côté des colons qui n'ont pas réussi, ou qui ne réussiront pas, il y a ceux dont on peut considérer le succès comme acquis ou comme certain dans un avenir rapproché. Mais il faut que les aspirants colons sachent bien ce qui les attend s'ils ne sont pas cultivateurs de profession ou s'ils ne disposent pas de ressources importantes, ils ne trouveront ici que déceptions et misère. Dites-le-leur ; répétez-le-leur à satiété ; s'ils passent outre, se croyant sûrs d'eux, c'est leur affaire; mais du moins ils n'auront à s'en prendre qu'à eux-mêmes des conséquences auxquelles les auront entraînés leurs écarts d'imagination et leur erreur de vocation. »

De tout cela, que conclure ?

Ceci, si je ne me trompe :

1° M. Feillet n'a inventé ni la culture du café, ni la colonisation libre en Nouvelle-Calédonie ; et, pour faire ressortir son mérite, on a réellement trop laissé dans l'ombre ce qu'avaient fait ses prédécesseurs.

Les principales routes qui existent dans la colonie, les routes carrossables de Nouméa à Saint-Louis et de Nouméa à la Foa, les routes muletières (800 kilomètres) de la Foa à Bourail, de la Foa à Canala, celles de Boulouparis à Thio et de Thio à Pam, de Pam à Ouenia et de Oubatche à Gomen, ont été construites avant M. Feillet.

Parmi les *centres libres*, presque tous sont également

antérieurs à son arrivée, par exemple : *Yaté, Dumbéa, Païta, Saint-Vincent, Moindou, Canala, Nakety, La Foa, Koné, Voh,* etc., que l'on doit à MM. Guillain, de la Richerie, Pallu de la Barrière, Obry, Noël Pardou, Gallet.

De même les principales *propriétés*, celles que l'on cite comme modèles, et qui, de fait, peuvent servir d'exemple, de Greslan à la Dumbéa ; de la Mission à Saint-Louis ; de Mme Brun à Port la Guerre, etc., etc. Toutes les stations d'élevage et toutes les stations minières des côtes est et ouest, du nord et du sud de la colonie, sont également antérieures à 1894.

Le problème enfin de la *colonisation libre* de la Nouvelle-Calédonie s'était posé avant lui, à ce point que, vers la fin de l'empire, on dut envoyer en Nouvelle-Calédonie, pour les colons qui y étaient déjà établis, un nombre assez considérable de jeunes orphelines devenues les maîtresses de maison et les mères de famille d'aujourd'hui.

2° On ne peut nier cependant que M. Feillet n'ait eu une compréhension très nette de l'importance de la *colonisation libre*, et n'ait tout fait pour en propager l'idée et la faire aboutir. Il a mis au service de cette idée une ténacité, une puissance de volonté, une souplesse d'intelligence vraiment remarquables et il est arrivé à des résultats considérables. Les chiffres cités plus haut en font foi.

3° Seulement, il y a mis, en même temps que ses qualités, tous ses défauts. Il est trop devenu l'homme d'une idée, et il s'est trop laissé, pour employer un mot récent, hypnotiser par elle, au point de ne voir qu'elle, de rapporter tout à elle, d'apprécier tout par elle.

Il y revient dans toutes ses communications au Conseil général, dans toutes ses conférences ou tous ses discours publics, à propos de tout et à propos de rien. Tous les actes de son administration sont subordonnés à ce but, à ce point qu'il oublie tout le reste et qu'il voit un adversaire à briser dans tout homme qui se permet de faire la moindre réserve sur le plus petit détail de son plan de colonisation, et, cette unique préoccupation l'empêchant de voir sainement les choses, lui a fait commettre, depuis cinq ans, de grandes fautes et d'exorbitants abus de pouvoir dans l'administration de la Nouvelle-Calédonie. Il a dicté des ordres à la magistrature qui, avec lui, ne conserve plus aucune indépendance ; il s'est allié avec ce que la colonie compte de plus taré contre ce qui pouvait présenter la moindre velléité d'indépendance ; il a renvoyé à la disposition du ministre tous ses subordonnés, même les plus haut placés, ayant une idée à eux, jusqu'à ce qu'il n'en restât plus un seul qui se permît une appréciation personnelle ; il s'est brouillé avec la Société du Nickel, avec les Messageries maritimes, avec l'ancien Conseil général, avec l'ancienne municipalité de Nouméa; il s'est rendu coupable d'une injustice flagrante envers les indigènes cantonnés aux alentours des centres de colonisation libre, en les expulsant arbitrairement de leurs réserves pour les donner à de nouveaux colons, et il a contribué sensiblement à leur disparition en rétablissant ce que ses successeurs avaient supprimé avec soin, la liberté de leur vendre des liqueurs fortes ; il a exercé sur les élections une pression telle, que ces élections sont essentiellement faussées ; enfin, il a persécuté et traité en ennemi personnel l'homme le plus sage, le plus pondéré, le plus calme, le plus pacifique que l'on puisse concevoir, Mgr Fraysse, qui, jusque-là, avait vécu en parfaite harmonie avec tous les gouverneurs, et contre qui pas un seul grief fondé n'a pu être relevé — le fait a été reconnu au ministère des Colonies ; — enfin, faute antifrançaise, il a introduit sur la Grande Terre, ce que tous ses prédécesseurs avaient évité avec tant de soin avant lui, les *Teachers anglophiles* des Loyalty.

4° Mais, au moins, a-t-il réussi dans la réalisation de son idée ?

En partie seulement, nous l'avons déjà dit, et infiniment moins qu'on ne se plaît à le répéter.

Ses renseignements étaient faux à force d'être exagérés ; la réclame était trop grande et s'adressait trop uniquement à ceux qui lisent ; les émigrants étaient trop facilement acceptés et de composition trop disparate, n'ayant trop souvent rien de ce qui peut faire un bon colon.

« La plus extrême diversité, d'âges, d'origines, de situations sociales, règne parmi les émigrants », dit à ce propos la *Quinzaine Coloniale* du 25 mai 1899[1], dans un entrefilet curieux ; et elle cite à l'appui de son affirmation un cordonnier et un photographe, un jeune licencié en droit, un ancien soldat d'infanterie de marine, un employé de commerce, deux cultivateurs et le fils d'un riche industriel d'Orléans. Auparavant, on avait parlé de membres de l'Université ou de médecins abandonnant leur situation pour aller coloniser.

Nous avons vu plus haut que les déchets ont été considérables en Nouvelle-Calédonie. On a tout fait pour les cacher. On s'est servi d'un cyclone, assez léger en réalité, mais dont on a exagéré à plaisir les dégâts pour leur distribuer des secours. On leur a donné des emplois. On leur a fait exécuter des travaux pour l'administration. On les a empêchés de parler et, autant que possible, de repartir. On leur a prodigué les promesses et les conseils, promesses, hélas ! qu'on ne pourra pas tenir et conseils que rien n'appuie. Malgré tout, le moment de la liquidation approche. Je crains bien à ce moment pour la réputation de M. Feillet, et, hélas ! ce qui serait désastreux, pour l'avenir de la plupart de ces familles et de la colonisation libre elle-même.

5° Hé bien ! cela, il faut l'empêcher à tout prix. Et pour y arriver, il ne faudra reculer devant aucun sacrifice.

Il faudra au besoin liquider la situation actuelle, en

---

1. Page 301.

renvoyant impitoyablement en France les incapables qui manifestement ne peuvent réussir, et en aidant les autres n'importe à quel prix à se tirer d'affaire.

Il faudra, aussi, changer le recrutement actuel des colons, être beaucoup plus exigeant, n'accepter en principe que des paysans, renoncer à en envoyer un grand nombre et rechercher surtout la qualité.

Mais il ne faudra pas renoncer à une entreprise, mal conduite trop souvent, mais qui peut et doit réussir.

Car il y a à faire, et beaucoup, dans ce pays. La preuve en est dans les critiques mêmes que nous avons été obligés de faire et qui portent toutes uniquement sur la *manière* dont a été conduite cette œuvre de la colonisation libre. La preuve en est surtout dans une lettre très remarquable que m'adressait à ce sujet, au commencement de 1898, un homme qui mérite toute confiance et par la remarquable élévation de son intelligence, et par la connaissance approfondie qu'il a acquise par un séjour de vingt ans en Nouvelle-Calédonie, Mgr Fraysse, l'évêque de Nouméa. Je la citerai presque en entier parce qu'on a osé représenter ce prélat comme un adversaire de la colonisation et qu'il est bon qu'on sache le contraire, parce que, surtout, il serait impossible de mieux terminer cette étude sur la Nouvelle-Calédonie :

...« Les avantages que la Calédonie offre sous ce rapport, dit donc Mgr Fraysse, sont réels. La colonisation, bien comprise et bien dirigée y réussira. Je ne me permettrai pas d'établir par calculs, même approximatifs, sur quels revenus ou profits un colon peut compter, ce résultat dépend de tant de circonstances de position, de travail, de main-d'œuvre, de marché, qu'il est impossible, à mon avis, d'en établir un état.

« Je me contenterai de dire que tout cultivateur actif et sobre, comme le sont les petits propriétaires de nos campagnes, arrivera à faire en Calédonie, avec le même travail, des revenus et des profits plus considérables qu'en

France. Et même, si les circonstances ne lui sont pas défavorables, en ajoutant aux cultures vivrières des cultures de rapport, telles que le caféier, la canne à sucre, et un peu d'élevage, il pourra se créer en quelques années une véritable aisance, à la condition d'apporter en émigrant un capital qui suffise aux frais d'une première installation, c'est-à-dire aux frais d'une habitation, au moins provisoire, d'un premier défrichement et de son entretien personnel, en attendant que les cultures soient en rapport. Les emprunts, dans les débuts surtout, seraient absolument ruineux.

« En ce qui regarde les intérêts d'un ordre supérieur, que les familles, auxquelles vous et moi désirons faire appel, mettent à bon droit en première ligne dans leurs préoccupations, je puis être plus explicite. Ces questions sont de ma compétence et j'en fais l'objet principal de cette lettre, heureux si les renseignements que j'ai à vous donner peuvent vous servir à décider de bons colons à venir faire souche ici.

« Que promet la Calédonie, au point de vue de la vie de famille, de la vie sociale et de la vie chrétienne ?

« La Calédonie jouit d'une salubrité parfaite, et du climat le plus favorable que l'on puisse rêver; elle est éminemment propre au peuplement. On y rencontre les meilleures conditions de vie et de santé. Aussi les enfants, dans la colonie, sont nombreux, alertes, bien portants, et d'autre part, les exemples de longévité ne sont pas rares. Pour l'éducation des enfants, la colonie n'offre point toutes les facilités de la mère patrie. Il y a cependant, à Nouméa, et dans les principaux centres, des écoles bien tenues. Ce sont les Petits-Frères de Marie et les sœurs de Saint-Joseph-de-Cluny qui ont la direction de nos écoles congréganistes, de nos orphelinats, de nos pensionnats. Comme dans tous les pays qui débutent, quelques nouveaux centres de colonisation manquent d'écoles; toutefois l'administration se propose de remplir au plus tôt cette lacune, et, de leur côté, les frères et les sœurs sont tout disposés à se porter partout où les colons les appelleront ; en attendant, les parents ont la ressource de mettre leurs enfants dans les pensionnats.

« Je ne dirais rien de la vie sociale, qui, ici comme partout, dépend beaucoup des relations que chacun se crée, si je ne croyais bon d'aller au-devant d'un préjugé.

« La Calédonie est plus connue comme bagne que comme colonie, et on se figure trop en France qu'on ne peut y vivre sans être coudoyé par des forçats. C'est une erreur. Le bagne est confiné dans des limites déterminées, les centres de colonisation libres sont distincts des centres de colonisation pénitentiaires, et un colon libre n'a pas à craindre d'être en contact avec le bagne.

« D'ailleurs tous les corps élus de la colonie comme toute la population libre demandent que la transportation prenne fin et que notre belle colonie devienne l'apanage de la colonisation libre.

« Déjà, le ministère a donné, en principe, satisfaction à ce vœu, et il est permis d'espérer que, dans une époque peu éloignée, la suppression du bagne, en Calédonie, sera, à la satisfaction de tout l'élément libre, un fait accompli.

« D'autre part, l'indigène calédonien n'est plus le féroce insulaire d'autrefois ; son voisinage n'est point à redouter. De nombreuses tribus ont embrassé le christianisme. Leurs mœurs et leurs coutumes, devenues conformes au Décalogue et aux lois de l'Église, n'offrent plus rien qui rappelle la barbarie. La tenue morale et religieuse de ces chrétientés n'est point inférieure à celles de nos meilleures campagnes de France. Les indigènes qui sont restés païens sont eux-mêmes maniables et le colon qui les traite avec convenance et équité, loin d'avoir à souffrir de leur contact, peut en recevoir des services...

...« Continuez, mon Révérend Père, à faire appel aux familles chrétiennes, pour le peuplement de nos colonies et signalez-leur la Calédonie comme un pays prêt à les recevoir. Le moment semble venu pour elle. Les voies sont ouvertes, le terrain est connu et préparé. Le colon d'aujourd'hui n'aura à subir, ni les difficultés du début, ni les tâtonnements de la première heure. Donnez-leur l'assurance que les missionnaires qui, par vocation et par patriotisme, ont à cœur de seconder de tout leur pouvoir le développement de la colonisation, leur feront un accueil empressé [1]... »

CHAPITRE V

LE TONKIN

De toutes les possessions qui composent notre empire colonial récent, la plus belle, la plus riche, la plus peuplée, celle qui a le plus d'avenir et sur laquelle se fondent les plus légitimes espérances, c'est bien, on ne le nie plus aujourd'hui, notre Indo-Chine. Avec ses 895 410 kilomètres carrés et ses 24 542 000 habitants ; avec ses richesses naturelles encore très peu connues, mais certainement et très considérables et très variées ; avec son admirable situation à proximité de l'empire du Japon et à côté des provinces méridionales de la Chine et du royaume de Siam, l'Indo-Chine dépasse sous beaucoup de rapports même notre Algérie qui n'a d'autre avantage sur elle que d'être à nos portes. Bien conduite, bien administrée, si elle se développe comme elle doit naturellement le faire, et si nous savons en tirer parti, elle sera un jour pour nous ce que les Indes ont été pour l'Angleterre, et c'est grâce à elle que nous pourrons maintenir et développer notre influence, souvent trop effacée et trop amoindrie, en Extrême-Orient.

1. *Quinzaine Coloniale*, 25 février 1898, pp. 98-100.

Il importe donc beaucoup, il importe souverainement et par le commerce, et par la navigation, et par l'industrie, et par les entreprises agricoles, en même temps que par la force de nos armes, la fermeté et la sagesse de notre administration, de nous y établir solidement. Il importe en particulier d'y envoyer d'excellents et de nombreux colons.

Seulement la question se pose aussitôt de savoir si l'Indo-Chine peut recevoir ces colons ; s'ils peuvent y vivre et y prospérer, s'y établir et s'y multiplier, y fonder des entreprises prospères et y créer une population française, en un mot, si l'Indo-Chine peut devenir une *colonie de peuplement*, ou tout au moins une *colonie mixte*, où notre race puisse, sinon travailler sérieusement de ses mains, au moins faire travailler, diriger et conduire, et se reproduire.

Nous ne parlerons pas ici de notre Cochinchine que nous possédons depuis plus de quarante ans, où nous avons déjà créé de sérieuses entreprises, à qui nous avons su donner une situation de prospérité suffisante, et qui est bien à nous. A un autre point de vue, quoique les travaux que nous y avons accomplis depuis la conquête l'aient bien assainie, le climat y reste trop chaud pour des Européens (le thermomètre durant la saison des pluies, depuis le 15 avril jusqu'au 15 juin, montant jusqu'à 34° et ne descendant pas au-dessous de 30°, même pendant la nuit). Le pays enfin, ou plutôt la partie du pays qui est cultivée, à peu près 11 000 à 12 000 kilomètres carrés, sur une superficie totale de 55 620 kilomètres carrés, est suffisamment peuplée. On compte, en effet, dans toute la Cochinchine, 2 226 935 habitants, ce qui donne un peu plus de quarante habitants au kilomètre carré et de quatre à cinq fois plus dans les plaines à rizières au sud de Saïgon. Des Français actifs et intelligents y trouveraient cependant un emploi rémunérateur de leurs capitaux :

1° Dans la *culture en grand*, surtout du poivre et du riz, qu'ils feraient de compte à demi avec les indigènes. Il y a en ce moment 132 agriculteurs établis en Cochinchine et qui y prospèrent.

2° Dans des *entreprises de navigation* qu'il serait de notre intérêt le plus élémentaire de développer, puisqu'en défalquant les paquebots, soit des Messageries maritimes, soit des Messageries fluviales, subventionnées par l'État ou par la colonie, et les navires affrétés par les départements de la Marine et des Colonies, sur 385 navires jaugeant 442 161 tonneaux qui représentaient la navigation libre en 1894, nous n'en avions que 4 dont le tonnage total n'atteignait que 1 416 tonnes.

3° Dans des *entreprises industrielles* de toutes sortes, mais surtout pour la décortication et la préparation des riz et des paddys. Nous avons 35 industriels français établis en Cochinchine et 2 étrangers.

4° Dans le *commerce* enfin, soit d'importation, soit d'exportation, tout le petit commerce étant presque exclusivement dans les mains des Chinois (il y en a 57 000 dans le pays).

De grands progrès ont été obtenus pour le commerce, au cours de ces dix dernières années, soit à notre point de vue national, soit au point de vue général. On en jugera, par les chiffres suivants :

L'importation était en 1888 :

De France	9 687 119 francs
De l'étranger	29 701 167 —
Total	39 388 286 —

Elle est devenue en 1897 :

De France	20 825 931 francs
De l'étranger	31 096 753 —
Total	51 922 684 —

L'exportation était en 1888 :

 Pour la France et les colonies .   1 976 762 francs
 Pour l'étranger . . . . 58 936 671 —
   Total. . . . . 60 913 433 —

Et elle est devenue en 1897 :

 Pour la France et les colonies . 14 283 480 francs
 Pour l'étranger . . . . 79 126 921 —
   Total. . . . . 94 691 687 —

Ce qui donne un total général de :

 1888 France et colonies . . . 11 663 881 francs
 1897   —   . . . . 35 109 411 —
 1888 Etranger . . . . 88 637 838 —
 1897   —   . . . . 110 223 674 —

La progression en notre faveur est marquée ; mais nous n'en restons pas moins très au-dessous de l'étranger, dans une colonie qui nous appartient depuis plus de quarante ans, et nous devons multiplier nos efforts pour faire cesser cette situation.

Il y a deux banques à Saïgon :

1° La Banque de l'Indo-Chine, qui a fait pour 104 231 828 francs d'affaires en 1896 et 114 296 132 fr. 05 en 1897, avec une augmentation de près de 5 millions pour les escomptes locaux, de 6 millions pour les affaires avec la France, et de 4 millions pour les avances.

2° La succursale de la *Hongkong and Shanghaï Banking corporation* qui, en 1897, a donné à ses actionnaires un dividende de 200 000 livres sterling = 5 000 000 de francs, ce qui représente 20 p. 100 du capital.

Il y a 370 colons français établis en Cochinchine, 183 étrangers européens, 56 988 Chinois et 1 820 fonctionnaires.

Nous nous étendrons encore moins sur notre établissement voisin du Cambodge, d'une étendue à peu près double de celle de la Cochinchine (120 000 kilomètres carrés), avec une population bien inférieure (814 757 habitants) et qui, sous bien des rapports, rappelle la période initiale de cette dernière colonie.

Le commerce y est encore très peu développé :
8 500 000 francs d'importation en 1896.

26 000 000 de francs d'exportation (dont 14 315 477 de riz, 1 642 878 de bois ; 1 257 000 de gomme gutte, cardamome et coton ; 2 700 000 francs de poissons séchés et salés, de sucre, indigo, tabac et maïs, etc.).

1 200 000 francs de transit.

Les populations étant encore pauvres et ayant peu de besoins, les importations n'augmenteront qu'à mesure que le développement économique du pays leur donnera les moyens de se procurer les divers objets dont leur contact avec les Européens leur apprendra l'usage et le besoin. Il existe du reste déjà dans le pays, surtout à Pnom-Penh, d'assez nombreux commerçants et intermédiaires européens.

Il y aurait certainement plusieurs industries à entreprendre au Cambodge, surtout pour le coton, pour les poissons si abondants dans les lacs, pour les bois et pour les mines. Il serait important que ces industries restassent entre nos mains. En 1891, MM. Prairé et Blanc avaient établi à Ksach-Kandal, dans une île située au milieu du grand fleuve, une grande usine pour y égrener le coton et utiliser en huile et en tourteaux ses contre-produits. Elle pouvait donner jusqu'à 7 millions de kilogrammes de coton et elle en fournissait, suivant l'abondance de la récolte, de 3 à 4 millions. Cette usine a été achetée par les Chinois.

Le Cambodge offrirait peut-être encore plus de ressources que la Cochinchine pour la culture. Les terrains en bordure du Mékong où se pressent les 4/5 de la population totale, sont aussi riches que les plaines de cette dernière colonie. Les dépressions et les plaines de l'intérieur, également fertiles, restent incultes, faute de bras. Elles ont été cultivées autrefois et elles sont susceptibles de donner les mêmes revenus que les terres arrosées par le fleuve. Sur les plateaux enfin, il y a de riches forêts et c'est là que l'on trouve le cardamome et la gomme gutte. Les produits du Cambodge sont plus nombreux que ceux de la Cochinchine : on peut y faire venir le coton, le café, l'indigo, le mûrier, le tabac, la canne à sucre, le maïs, un grand nombre d'arbres fruitiers, la cannelle, l'abaca de Manille, l'ortie de Chine, de nombreux arbres à gutta. Le climat est moins humide que celui de Cochinchine. Mais les bras manquent par suite de la rareté des habitants en beaucoup d'endroits, de l'invincible apathie des indigènes presque partout, et du manque des voies de communication. Il n'y a guère encore d'exploitations agricoles à signaler que celles tentées par les missionnaires et les essais méthodiques de culture de coton et de café de MM. Kieffer et Juchler à Kampôt. L'ensemble des concessions demandées, accordées ou achetées, s'élevait, au 30 septembre 1899, à 14, formant un ensemble de 2 239 hectares, dont seulement 236 actuellement en valeur.

On comptait, au mois de septembre 1898, 3 planteurs français au Cambodge, 18 commerçants ou représentants de commerce, 5 mécaniciens, 6 navigateurs, 3 agents d'affaires et 12 missionnaires, contre 2 commerçants et 2 représentants de commerce européens ; 259 commerçants, 9 entrepreneurs, 23 armateurs et 112 patrons chinois.

La succursale de la Banque d'Indo-Chine de Pnom-Penh a fait :

```
Pour 4 750 000 francs d'affaires en 1895
  —  7 298 451    —           —    1896
  —  8 411 424    —           —    1897
```

Il y a 254 fonctionnaires au Cambodge, 53 colons français, 5 étrangers européens et 415 Chinois sur une population d'environ 2 500 000 indigènes.

Peut-être un jour trouverons-nous de grandes ressources pour la colonisation dans le Laos, cette immense étendue de territoire qui s'étend au nord de la Cochinchine, le long de la vallée du Mékong sur une étendue de 1 500 kilomètres et qui est limité au sud par la Cochinchine, à l'est par l'Annam, à l'ouest par le Siam et au nord par la Chine. Le Laos, qui ne contient guère que 4 millions d'habitants, et possède une étendue supérieure à celle de la France, ne nous appartient que depuis peu de temps et nous est encore presque complètement inconnu. Nous y avons 55 fonctionnaires et à peu près 25 colons. Son budget est de 1 662 074 fr. 40.

Son climat est sain ; la température y oscille entre 3° et 26° au-dessus de 0 ; il y a deux saisons bien marquées : la saison sèche et froide de novembre à mai, et la saison chaude et pluvieuse de mai à novembre. Le sol est surtout silico-argileux et couvert d'une végétation forestière luxuriante. La flore et la faune sont très variées, de même que les productions agricoles susceptibles d'y réussir : thé, riz, maïs, indigo, safran, tabac, coton, pavot, etc. Les forêts de l'intérieur sont très belles et il y a des régions aurifères qui paraissent suffisamment riches, entre autres celle comprise entre le 104° 30' et le 105° 30' de long. Est, au nord du 13° 30' et au sud du Se San ou Poko, qui a été obtenue en concession par une société anonyme dont le siège est à Saïgon. Seulement, il n'y a pas de voies de communication. De plus, les habitants, qui sont peu nombreux, n'ont pas de besoins et ils fabriquent eux-mêmes à peu près tout ce qu'il leur faut : tissus ou bijoux. Ils n'achètent aux colporteurs siamois et annamites que quelques étoffes de soie légère, quelques cotonnades à grandes fleurs et quelques petits objets de bimbeloterie et ils exportent en retour des bœufs, dont l'élevage pourrait être rapidement développé ; des buffles, surtout vers la vallée du Menam ; quelques éléphants, du cardamome, des peaux, du riz gluant.

En résumé, le Laos paraît être un pays de ressources et d'avenir où tout est à créer.

Dans une conférence qu'il nous fit, vers la fin de l'année 1898 à la salle de la Société de Géographie, le gouverneur actuel de l'Indo-Chine, M. Doumer, nous parla avec une véritable complaisance de la colonisation de l'Annam qui devait, c'était son espoir, devenir pour nous, pour la culture du thé, ce que Ceylan est devenu pour l'Angleterre.

« Dans un pays comme l'Annam, écrivait de son côté, il y a quelque temps, un colon connaissant parfaitement le pays, qui nous offre son sol et ses bras à un bon marché excessif, comparativement aux pays similaires, nous devrions, en quelques années, rendre les hautes cultures prospères et encombrer nos ports de produits. C'est seulement alors que le mouvement commercial pourrait se créer. »

C'est donc vers l'agriculture que doivent se diriger nos premiers et nos plus constants efforts.

Les premiers essais déjà tentés semblent être faits, du reste, pour encourager les nouveaux venus. C'est ainsi, pour ne parler que du thé, que la Société Lombard et Cie en a créé de vastes plantations et a établi une grande usine pour sa préparation à Phutuong, au milieu des plantations de thé indigène. Elle emploie les procédés les plus récents et ses produits se répandent en France où ils sont déjà appréciés.

Le thé n'est, au reste, qu'une des nombreuses productions qui réussissent en Annam, et il faudrait également recommander :

1° Le riz, qui doit être, là comme en Cochinchine et au Tonkin, la base de toute exploitation agricole ;

2° La canne à sucre, dont les produits fournissent une bonne moitié de l'importation des ports du sud de la Chine (10 633 tonnes en 1894, 7 709 en 1895 et 9 624 en 1896) ;

3° La cannelle, en plusieurs districts bizarrement disposés le long de la région montagneuse, et dont les produits se vendent au poids de l'or, quand ils sont de qualité supérieure ;

4° Le café, qui n'a pas à redouter les hivers de l'Annam, moins froids que ceux du Tonkin. Il en existe déjà deux plantations considérables à Phuong-lé, près de Tourane, qui renferment plus de 100 000 pieds ;

5° Le coton, dont la production pourrait être considérablement augmentée et surtout améliorée par un meilleur choix de graines ;

6° Le mûrier, pour l'élevage du ver à soie, que font tous les Annamites, mais d'une manière très défectueuse et toute routinière ;

7° L'élevage, surtout en certaines provinces très riches en pâturages. L'Annam exporte beaucoup de bœufs au Tonkin et il ne dépendrait que de nous d'en multiplier la production, probablement d'y introduire l'élevage du mouton et d'y développer celle du porc et celle du cheval.

L'Annam nous offre également des ressources considérables en mines d'or et de charbon et en produits forestiers.

Son commerce a été en 1896 :

Imp. de France	200 000	d'autres pays	4 500 000	tot.	4 700 000
Exp. en —	300 000	vers les —	2 200 000	—	2 500 000
Total...	500 000		6 700 000		7 200 000

Et en 1897 :

Importation de France	226 837
Exportation en France	316 504
Total	543 341

avec une légère progression.

Le commerce extérieur, y compris le numéraire et le cabotage, était de 10 500 000 francs en 1885 ; il a atteint, par une progression croissante, 27 737 000 francs en 1896.

L'Annam s'étend le long de l'Océan sur une longueur de près de 1 200 kilomètres et une largeur moyenne de 50 kilomètres. Ce qui lui donne une superficie de 60 000 kilomètres carrés.

On y compte :

94 colons français dont 60 agriculteurs, 14 commerçants, 5 industriels, 4 entrepreneurs, 10 représentants de commerce ;

3 représentants européens non Français ;

30 commerçants et 14 représentants de commerce chinois.

Son budget particulier a été arrêté pour 1899 à 4 614 387 francs.

Le mouvement de son commerce maritime, concentré presque entièrement au port de Tourane, est monté en 1896 à 218 739 tonneaux dont 105 178 et 260 vaisseaux pour les entrées, 113 561 et 352 vaisseaux pour les sorties, avec un cabotage, surtout par jonques annamites, de 524 272 tonnes, dont 197 504 à l'entrée et 326 728 à la sortie.

L'agence de la Banque de l'Indo-Chine, établie à Tourane, a fait :

En 1896 pour 3 836 766 francs d'affaires
— 1897 — 4 311 455 —

Il y aura donc des entreprises de colonisation sérieuses à entreprendre dans presque toutes les parties de notre empire indo-chinois, au Cambodge, au Laos, en Cochinchine même, et particulièrement en Annam.

Mais c'est surtout au Tonkin proprement dit que nous voudrions voir nos colons se diriger en grand nombre, parce que c'est là surtout que nous avons besoin d'une population française nombreuse et puissante, si nous avons souci de conserver et d'augmenter notre situation politique en Extrême-Orient ; parce que le Tonkin a besoin de leur concours, de leurs capitaux, de leurs connaissances techniques, pour sa mise en œuvre et pour son développement ; parce qu'enfin, là plus qu'ailleurs, ils trouveront tout ce qu'il leur faut pour réussir, des bras, de la terre et de riches entreprises à fonder.

Le Tonkin proprement dit comprend tout le territoire qui s'étend, d'un côté, entre l'Annam et l'Empire chinois, et de l'autre entre le Laos et le golfe du Tonkin, sur une étendue d'environ 120 000 kilomètres carrés, l'équivalent de 24 ou 25 départements français. Il confine aux provinces méridionales de la Chine, le Yunnan et le Quang-Si, sur lesquelles de récents traités, trop modestes, en vérité, nous ont garanti quelques avantages. Et ce seul fait d'être les voisins de l'Empire chinois, dont, sur une très vaste étendue, nous ne sommes séparés que par une frontière artificielle terrestre, de telle sorte que les mêmes fleuves arrosent l'un et l'autre pays, devrait nous donner une avance considérable sur nos rivaux. A une condition cependant, c'est que nous établissions un rapide et considérable courant d'affaires entre la Chine et les provinces nord du Tonkin ; que nous construisions au plus vite de puissantes voies de communication, que nous possédions même sur le territoire chinois de grands intérêts industriels, commerciaux et territoriaux, que nous multipliions en un mot nos moyens de pénétration dans l'empire du Milieu. Cela est indispensable. Sinon les Anglais qui confinent à un autre coin de la Chine par la Birmanie, et les Allemands qui y ont pris pied par leur hardie prise de possession de Kiao-Tchéou et qui, tous les deux, nous ont devancés depuis longtemps par leur marine marchande et par leur mouvement commercial, auront bien vite fait de nous supplanter. Mais, pour y arriver, qui ne voit qu'il nous faut beaucoup d'hommes et d'argent ? Qu'il nous faut nous appuyer fortement sur les provinces septentrionales du Tonkin, où nous avons besoin, par conséquent, de posséder des établissements français nombreux et puissants, des colons français hardis et entreprenants ?

Uniquement donc au point de vue de l'extension de notre influence et de notre situation politique en Extrême-Orient, afin de fournir à notre diplomatie le point d'appui solide qui ne lui manque que trop souvent, celui d'intérêts français à défendre, nous devrions envoyer de nombreux colons au Tonkin.

Nous le devrions également pour la mise en œuvre de ce riche pays, si souvent décrié, qui nous a coûté si cher, mais dont nous devons tirer d'inépuisables ressources, si seulement nous en voulons prendre la peine.

Le Tonkin se divise naturellement en deux parties très distinctes, le Delta et les Districts Montagneux.

1° *Le Delta*, ce vaste triangle de terres basses dont la base, adossée à l'Océan, recule sans cesse, occupe l'emplacement d'un ancien golfe resserré jadis entre les hautes montagnes des massifs du Tonkin, mais aujourd'hui comblé par les alluvions que charrient le Fleuve Rouge et son affluent le Thaï-Binh. Le delta du Tonkin est donc l'œuvre de son fleuve, comme l'Égypte est celle du Nil, et c'est à lui et à ses multiples canaux qu'il doit, en même temps que son existence, sa fertilité et sa vie débordante. Sa superficie est actuellement de 12 000 kilomètres carrés, le dixième de celle du Tonkin, et c'est là que se presse, dans des villes et villages innombrables, au milieu de rizières sans fin, de canaux et de rivières que des digues maintiennent avec peine dans leur lit, sans cesse exhaussé par le limon, une population de plus de 10 000 000 d'habitants — 833 au kilomètre carré — active, intelligente, et étouffant dans cet espace trop étroit.

Il n'y a évidemment aucune place pour de nouveaux venus dans un pays ainsi surpeuplé et complètement mis en valeur, sauf peut-être dans quelques cantons du sud-ouest dans les régions du Nam-dinh et de Ninh-binh, où l'on pourrait établir encore quelques rizières. Ce n'est donc pas là que nos colons iront s'établir pour des entreprises agricoles. Mais ils iront pour des entreprises industrielles et commerciales d'autant plus pleines d'avenir que le pays est très riche, la population très dense et ne manquant pas de ressources, et les communications très faciles, soit avec l'intérieur par la voie des fleuves et des canaux, et bientôt par un réseau de chemin de fer, soit avec la Chine, le Japon, le reste de l'Indo-Chine et les pays d'Europe par les nombreux navires qui fréquentent le grand port tonkinois d'Haïphong.

Le mouvement de la navigation au Tonkin qui s'est en grande partie concentrée à Haïphong a été, en 1896, le suivant :

Nationalité des vaisseaux.	Nombre.	Tonnage.
Français (vapeurs)	15	184 368
Anglais	11	83 250
Allemands	22	54 800
Norvégiens	6	30 425
Américains (voiliers)	2	2 500
Danois	1	5 850
Chaloupes chinoises	2	90
Jonques chinoises	1 348	60 125
Total	1 407	421 408

Quant au cabotage reliant le Tonkin à l'Annam et à Saïgon, il a été également pour 1896 de :

Entrées	60 064 bâtiments	1 644 656 tonnes
Sorties	60 362 —	1 785 465 —

Notre pavillon au Tonkin est représenté presque exclusivement :

1° Par les *Messageries Maritimes* qui possèdent actuellement, en dehors de leur service d'Europe, la ligne annexe d'Haïphong à Saïgon et celle de Singapore à Saïgon.

2° Par la *Compagnie de navigation tonkinoise*, dirigée par M. Marty pour le service entre Haïphong et la Chine.

3° Par le service subventionné des *correspondances flu-*

viales pour la navigation dans l'intérieur du Tonkin et le cabotage entre le Tonkin et le nord de l'Annam, confié à MM. Marty et Abbadie.

En dehors de là, notre pavillon n'est plus représenté dans les mers adjacentes, et c'est à peine si nous transportons 184 369 tonnes de marchandises contre 237 040 que transportent les jonques et vapeurs étrangers. De plus, la comparaison du tonnage officiel avec le tonnage transporté fait ressortir ce fait que les vapeurs français sont loin d'avoir toujours leur plein chargement, tandis que les navires étrangers, *qui font exclusivement les transports à destination de la Chine et de Hong-Kong*, partent toujours pleins. Ce double fait nous indique clairement quels progrès il nous reste encore à faire et dans quel sens nous devons diriger nos efforts.

Le commerce du Tonkin a été en 1896 :

	Importation.		Exportation.
De France...	14 700 000	en France........	1 500 000
D'autres pays.	16 800 000	dans les autres pays	18 500 000
Total....	31 500 000		20 000 000

Ce qui donne un total général de 51 500 000 francs.

Le transit par le Yunnan, pour Hongkong, a été en 1897 de 11 732 473 francs, dont 8 174 000 francs de Hong-Kong et 3 558 473 francs pour Hong-Kong.

Les principales exportations ont été en 1896 :

	Pour la France	Pour les pays étrangers.
Riz...................	»	2 300 723
Charbon...............	»	1 530 011
Huiles à laques........	»	201 889
Huile de badiane......	451 000	131 701
Gomme stick-laque.....	257 037	16 174
Autres gommes........	32 314	»
Soie grège............	20 446	671 075
Bourre de soie........	78 459	»
Nattes en jonc........	260	451 217
Cunao................	»	252 648

Et les principales importations :

	De France et de ses colonies.	De l'étranger.
Filés de coton	52 859	3 664 237
Boissons	3 227 274	196 608
Tissus	2 217 112	904 986
Ouvrag. en métaux et machines	386 438	601 228
Marbres, pierres, terres, combustibles, minéraux, pétrole	257 667	1 122 381
Denrées coloniales de consom.	450 120	802 120
Métaux	838 862	313 378
Farineux alimentaires	533 027	553 490
Huiles etc.	170 067	663 567

(Cf. plus haut, p. 107, le graphique du commerce extérieur du Tonkin.)

Enfin les deux agences de la Banque d'Indo-Chine ont fait :

1° En 1896 :

A Haïphong	pour	25 312 117 fr. 60	d'affaires
A Hanoï	—	12 389 426 fr. 60	—
Total		37 701 544 fr. 20	—

2° En 1897 :

A Haïphong	pour	27 465 388 fr. 60	d'affaires
A Hanoï	—	13 452 458 fr. 35	—
Total		40 917 846 fr. 95	—

provenant presque exclusivement des transactions commerciales, car les prêts sur récoltes inaugurés en 1897 n'ont pas atteint de développement appréciable.

Nous avions au Tonkin, au mois de septembre 1898, 274 Français s'adonnant au commerce ou aux professions s'y rattachant, et, parmi les maisons françaises, plusieurs sont en pleine prospérité. Les chiffres cités plus haut, surtout ceux de l'exportation, nous montrent cependant quel chemin il nous reste à parcourir, même pour lutter avec l'étranger. Sur certains articles nous n'essayons même pas de lutter. Nos efforts doivent porter régulièrement sur les filés de coton où nos chiffres d'affaires sont dérisoires, sur les farines où notre importation égale à peine celle de l'étranger, sur les ouvrages en métaux et machines, où elle en atteint à peine la moitié, sur les huiles et savons où elle est encore bien plus inférieure, etc., etc.

Peut-être cependant vaudrait-il mieux fortifier les maisons déjà existantes que d'en établir de nouvelles, et l'important serait, pour ces maisons, de se créer de nouveaux intermédiaires et de développer leurs transactions, surtout avec la Chine.

Dans l'ensemble, on ne peut nier que le commerce du Tonkin ne se soit rapidement développé, et ce commerce, soit avec nous, soit avec l'étranger, atteint déjà un chiffre considérable. Nul doute qu'il n'augmente encore, à mesure que le pays s'enrichira par des industries nouvelles, par ses cultures et par ses exportations.

Le Tonkin possède déjà plusieurs industries européennes importantes. Ce sont :

1° La « Société française des charbonnages du Tonkin » dont la direction est installée à Hongay et qui a deux centres d'exploitation. Cette société expédie ses charbons dans différents ports de Chine, et, en particulier, à Hong-Kong où elle a établi une usine pour la transformation des menues briquettes. Plus de 10 millions de francs sont engagés dans cette affaire. En 1896, elle a vendu 117 151 tonnes de charbon, et 143 151 tonnes en 1897.

2° La « Société nouvelle de Kébao » qui possède également deux centres d'exploitation à Kébao même et à Caïdaï-mine et dont les principaux ateliers sont à Port-Wallot. Elle est en ce moment en reconstitution. Fondée au capital de 3 millions, elle a extrait en 1897 pour 58 750 francs de charbon.

La découverte récente de charbons gras vers les hauts du fleuve Rouge, aux environs de Yen-bai, et plus récemment à Lao-Kai, ne peut que donner une nouvelle impulsion à cette industrie et peut-être permettra-t-elle de nous passer des charbons du Japon.

3° A Haïphong, les ateliers maritimes des « Correspondances fluviales » de MM. Marty et Abbadie et le service de navigation de cette même compagnie, constituée au capital de 1 500 000 francs, porté ensuite à 4 000 000 de francs.

4° La « Compagnie de navigation tonkinoise », dirigée par M. Marty.

5° La maison « Porchet et Cie », également à Haïphong, pour les travaux en fer, ponts, chalands, réparations de chaloupes, etc.

6° Encore à Haïphong, la fabrique d'albumine de M. Berthoin qui expédie ses produits en Allemagne et en Amérique où ils sont très appréciés ; la fabrique de poterie de M. Leroy, entrepreneur à Dap-Cau ; l'entreprise de travaux publics de MM. Bedat et Malou ; une brasserie, fondée par M. Hommel en 1890, et connue sous le nom de « Brasserie tonkinoise » ; une filature de soie de 20 000 broches en voie de création ; une fabrique d'allumettes ; etc., etc.

7° Une autre fabrique d'allumettes à Hanoï ; une filature de coton établie dans cette même ville par MM. Bourgoin-Meffre et Cie et comptant 10 500 broches et 400 ouvriers annamites ; de même une filature de soie établie par les mêmes propriétaires et comprenant d'abord 20 bassines à vapeur, puis 100 bassines à partir de 1892. Louée ensuite à un Chinois, à la suite de difficultés d'administration intérieure, l'usine vient d'être reprise par ses fondateurs.

8° Une importante fonderie, fondée à Dap-Cau, sur la rivière du Song-Cau, par MM. Le Roy et Cie, et qui construit un grand nombre de ponts en fer.

9° Une carrière de marbre, dirigée par M. Guillaume, à

Lat-sou, près de Pha-ly et qui donne de bons résultats.

Telles sont les principales industries existantes. Elles assurent déjà du travail à un grand nombre d'ouvriers et employés français (171 en septembre 1898 auxquels on pourrait joindre 108 petits patrons et ouvriers de professions diverses). Il sera cependant nécessaire de les développer et d'en créer de nouvelles, à mesure que les ressources du pays se développeront elles-mêmes. Dès aujourd'hui, on pourrait prévoir comme devant servir à ce développement et devant donner de sérieux résultats à ceux qui les entreprendront :

1° Une magnanerie modèle pour améliorer l'industrie de la soie, encore complètement primitive au Tonkin. La culture du ver à soie rencontre dans le Delta du Tonkin des conditions aussi favorables que dans celui de Canton. Pourquoi donc ne pas essayer de substituer les soies du Tonkin aux 8 millions de kilogrammes que fournissent actuellement la Chine et le Japon au marché français ?

2° Une société pour l'utilisation industrielle de l'Abaca, confinée jusqu'ici aux Philippines.

3° Des usines pour le décortiquage et le blanchissage du riz.

4° Une huilerie, avec adjonction d'une savonnerie pour l'utilisation des graines d'arachides et surtout de ricin, récoltées en si grande quantité en Annam et au Tonkin.

5° Une amidonnerie, située, par exemple, sur la rivière Claire, près de son confluent avec le Fleuve Rouge, au centre des rizières, etc., etc.

Le Tonkin semble également être très riche en mines, encore insuffisamment connues, mais que l'on étudie et dont on sollicite la concession. On signale des alluvions argentifères, aurifères, d'étain, de l'amiante, de l'antimoine, du cuivre, de l'étain, de la houille, du pétrole, du plomb, du zinc, etc. Au 15 avril 1899, il y avait déjà, au service des mines du Tonkin, 339 périmètres inscrits, dont voici le tableau :

Substances recherchées ou exploitées.	Nombre de périmètres.
Alluvions argentifères	1
— aurifères	2
— d'étain	3
— métalliques	1
Amiante	2
Antimoine	58
— argentifère	18
Argent	5
Charbon	125
Cinabre	1
Cobalt	1
Cuivre	20
Cuivre et étain	1
Cuivre et nickel	2
Étain	1
Étain, or et argent	1
Fer	2
Fer sulfuré, cinabre	1
Fer et métaux communs	1
Galène	13
Galène argentifère	1
Graphite	3
Houille	17
Nickel et pyrites	1
Or	31
Or, argent et plomb	3
Or, argent, étain et mercure	1
Pétrole	8
Plomb	5
Plomb argentifère	2
Plomb et zinc sulfurés	1
Sulfure d'antimoine	2
Zinc	3
Zinc argentifère	1
Zinc et plomb argentifère	1
Total	239

Et cependant, au Tonkin, comme partout ailleurs, dans nos colonies, ce ne sont ni les industries, ni le commerce ni les carrières libérales qui doivent être le premier but de nos émigrants, et former le fond de notre colonisation, mais bien les entreprises agricoles. Or ces entreprises agricoles, nous ne pouvons les faire dans le delta, où la place manque pour de nouveaux venus.

Faudra-t-il donc y renoncer?

Non, certes; car, en dehors du Delta qui est évidemment la partie la plus connue du Tonkin, celle dont, pendant de longues années, on s'est uniquement occupé, et la seule que beaucoup d'entre nous voulaient conserver, il en est une autre plus dédaignée jadis et plus calomniée que le Delta, mais bien plus étendue, puisqu'elle mesure plus de 90 000 kilomètres carrés, presque aussi fertile et en grande partie inoccupée, la région montagneuse qui s'étend autour du Delta, jusque vers les cimes qui nous séparent de la Chine, et, en revenant vers le sud, jusqu'aux montagnes du Laos et de l'Annam, sur laquelle par conséquent, de nombreux colons pourront s'établir avec les plus grandes perspectives de succès.

Le Haut-Tonkin, en effet, peut leur fournir tout ce qui leur sera nécessaire pour réussir : un sol fertile, un climat tolérable, une main-d'œuvre suffisante, et à bref délai sinon tout de suite, des voies de communication pour écouler leurs produits.

Nous ne dirons rien ici des voies de communication, des routes que le protectorat a déjà fait ouvrir ou qu'il fera ouvrir à travers tous les territoires du Haut-Tonkin. Nous ne parlerons pas non plus du réseau des chemins de fer pour lesquels M. Doumer a obtenu de contracter son emprunt de 200 millions. Tout cela, il fallait le faire, et au plus tôt, afin d'ouvrir le pays. Le problème est abordé de face et en train d'être résolu. Évidemment, après ces premiers travaux il en faudra d'autres. Les autres se feront à leur tour.

Nous ne parlerons pas non plus des fameux brigands ou « Pirates » qui, pendant de longues années, ont terrorisé ces régions en chassant les habitants et nous empêchant de nous y établir. Aujourd'hui, le pays semble définitivement pacifié.

Mais est-il assez fertile et est-il assez sain pour qu'on aille s'y établir et fonder des plantations ? pour que des Européens puissent y vivre ?

Il faut répondre hardiment oui.

« Le Tonkinois, comme l'Annamite et le Chinois, est peut-être le premier cultivateur du monde, disait très bien M. Ulysse Pila dans sa conférence pour l'Union Coloniale française, le 4 février 1897. Le sol du Tonkin convient à toutes sortes de cultures. Il est d'une richesse d'humus extraordinaire et renferme en grande proportion des débris organiques. »

Que voudrait-on de plus ?

Laissons de côté pour le moment les montagnes qui limitent le Tonkin au loin. Ces montagnes sont couvertes de forêts où se trouvent les essences les plus précieuses et remplies de mines de toutes sortes. Mais, au point de vue de l'agriculture, elles ne sont pas encore suffisamment connues pour que nous parlions de leur avenir. Vraisemblablement, elles sont trop abruptes et trop accidentées pour qu'on puisse y tailler de larges exploitations, et, en même temps, habitées par une population trop clairsemée, trop sauvage et trop peu disciplinable, pour qu'on songe à y faire autre chose que de l'élevage.

Mais, entre elles et le Delta, s'étend la région des plaines et des plateaux, soit de vastes étendues autrefois plus ou moins habitées, mais abandonnées à la suite des luttes et des désordres qui ont accompagné ou suivi la révolte, qui seront, suivant l'expression de M. Chailley-Bert, « le territoire de la colonisation française au Tonkin [1] ».

« Malheureusement, les Tonkinois, toujours effrayés, pressurés, en butte aux vexations, poursuit M. Ulysse

---

1. *Quinzaine Coloniale*, 25 juillet 1899, p. 425, 2ᵉ col. La Colonisation du Tonkin.

Pila, sont allés s'entasser dans le Delta du Fleuve Rouge, tandis que d'immenses plateaux s'étagent jusqu'à la frontière de Chine, livrés à la brousse et complètement perdus, sauf pour les contrebandiers, qui sont les pirates.

« Ainsi, il importe de pousser la population vers ces espaces déserts qui, je le répète, sont d'une fertilité incontestable. »

Toutes sortes de cultures peuvent y venir :

1° Le riz d'abord, qui doit faire la base de toute exploitation agricole au Tonkin, car il réussit partout, il est d'une vente assurée et les Annamites savent le cultiver ;

2° La ramie, l'abaca, dont la culture se recommande surtout aux colons européens, non seulement à cause de l'utilisation de ces produits sur place, mais aussi par la possibilité de les exporter en France où ils nous délivreront du tribut que nous payons journellement à l'étranger. M. Duchemin a récolté, dans sa propriété de Phu-doan, un échantillon d'abaca qui, décortiqué selon le procédé employé à Manille, a donné un produit d'une blancheur remarquable. Quant au jute et à la ramie, les résultats obtenus au jardin d'essai d'Hanoï ne laissent rien à désirer ;

3° La canne à sucre, principalement pour l'exportation en Chine ;

4° Le tabac qui donnerait des qualités très appréciées, à la condition d'une préparation plus soignée de sa feuille ;

5° Le thé, le café dont tout le monde devine l'importance. MM. Guillaume et Borel, qui ont une plantation de caféiers à Ké-so, sur le Day, non loin de Minh-Binh, y ont récolté 10 tonnes de café en 1897, et ils comptent sur 15 tonnes en 1898 ;

6° Les plantes tinctoriales, comme l'indigo et le cunao ;

7° Les plantes à parfums comme la citronnelle et la badiane ;

8° Le mûrier pour l'élevage du ver à soie, à charge

cependant d'améliorer les conditions actuelles de culture ; les laques et gommes, le pavot, etc., etc. ;

9° Peut-être, en se dirigeant vers les montagnes, où la température se rapproche davantage de la nôtre, quelques-unes de nos productions, céréales ou vignes ; des essais ont déjà été tentés, qui, tous, ont réussi ;

10° Et surtout, l'élevage de la chèvre, du cheval, du bœuf et des moutons, qui trouveront à Hong-Kong et sur les marchés chinois voisins, un écoulement rémunérateur, en quelque sorte illimité.

La région moyenne du Tonkin présente donc de très grandes ressources naturelles. Aussi est-ce de ce côté que se sont naturellement portées les demandes de concession.

Ces demandes ne sont pas anciennes. Immédiatement après la conquête, par une erreur initiale dont le Tonkin supporte encore les conséquences, on parlait surtout de commerce et de débouchés commerciaux. De plus, la sécurité était encore très précaire et l'on hésitait longtemps avant de songer à aller s'établir en dehors du Delta. Mais aujourd'hui l'exemple est donné et les demandes de concessions se multiplient chaque jour, particulièrement depuis le dernier voyage de M. Doumer.

Quel en est le nombre ? Il est difficile de le dire, tellement les chiffres publiés sont différents. M. Chailley-Bert a voulu faire le décompte des colons français établis au Tonkin, au mois de septembre 1898, et il est arrivé au chiffre global de 772, non compris les fonctionnaires, non compris également les femmes et les enfants. Ces 772 colons français se décomposent de la manière suivante :

Professions libérales, employés et personnes sans profession	406
Chefs d'entreprises industrielles, commerciales et agricoles, grandes et petites.	366
Total	772

Et d'une manière plus détaillée :

Commerce et professions s'y rattachant.	274
Petits patrons et ouvriers de professions diverses.	108
Industrie et professions s'y rattachant.	171
Agriculture.	67
Professions libérales [1].	133
Propriétaires et sans profession.	19
Total.	772

Se plaçant au point de vue qui nous occupe en ce moment, de la seule agriculture, le *Petit Journal* du 16 mai 1899, donnait, d'après les statistiques fournies par le résident supérieur du Tonkin, le relevé suivant des concessions accordées jusqu'à la fin de 1898.

Années.	Nombre de concessions accordées au Tonkin.	Superficie.
1888.	2	305 hect.
1889.	4	3 675 —
1890.	35	4 346 —
1891.	30	8 103 —
1892.	14	690 —
1893.	6	4 222 —
1894.	17	32 290 —
1895.	6	693 —
1896.	20	1 305 —
1897.	36	38 795 —
1898.	24 + 48 demandes	20 415 —
Total.	194	114 839 —

Enfin, au 31 mars 1899, d'après un relevé officiel du gouvernement général, on avait accordé 288 concessions comprenant 272 453 hectares qui, à la fin de septembre,

---

[1] Les professions libérales comptent, entre autres :

Missionnaires	61
Instituteurs libres	8
Avocats, agents d'affaires, clercs	12
Médecins	5
Pharmaciens et élèves pharmaciens	7
Journalistes	11

montaient au chiffre de 308 concessions et de 293 248 hectares.

Ce chiffre de 194 concessions, pour la fin de l'année 1898, est notablement supérieur à celui donné par M. Chailley-Bert, pour les agriculteurs, et qui n'est que de 67. Mais il ne faut pas oublier que bien des fonctionnaires possèdent des concessions, et également des propriétaires ou des hommes exerçant des professions libérales, ou des chefs d'industrie ; que le même homme enfin peut avoir plusieurs concessions et alors la différence devient plus apparente que réelle.

293 248 hectares donnés en concession, cela commence à compter. Peut-être même plusieurs de ces concessions ont-elles été données largement, un peu trop sans compter. Non dans les premières années. Car de 1890 à 1896, les concessions sont plutôt petites et près des centres habités : 41, 23, 108, 164, 102, 168, 221, 68 hectares, c'est la moyenne, deux ou trois seulement de 2 000 hectares, une de 6 000 hectares et une, le rachat d'un monopole, de 21 448 hectares. Mais de 1896 à 1898, elles ont 4 709, 6 658, 3 510, 4 000, 3 000, 6 000, 6 658, 14 605, 9 000, 3 000, 2 800, 7 813, 8 370, 10 836 etc., hectares[1]. C'est beaucoup et l'on peut se demander quand et comment les concessionnaires mettront en valeur de tels espaces.

On s'est montré prodigue; et peut-être on a eu raison, car il fallait récompenser les ouvriers de la première œuvre, car il fallait surtout attirer l'attention du public et amorcer l'œuvre de la colonisation, et pour cela faire certains sacrifices, que l'on ne renouvellera pas dans la suite.

Et c'est cette préoccupation d'amorcer la colonisation libre et d'attirer si loin des colons de France, qui peut justifier le système des concessions gratuites qui nous a

1. *Quinzaine Coloniale*, 10 juillet 1899, p. 395, 2ᵉ col. La Colonisation du Tonkin.

si mal réussi en Algérie, que nous condamnons ailleurs, et qui présente tant d'inconvénients.

Quoi qu'il en soit, plusieurs de ces colons ont réussi et de belles entreprises agricoles ont été commencées au Tonkin qui doivent encourager les nouveaux venus à qui elles serviront en même temps d'exemple.

On peut citer au courant de la plume :

1° Les plantations de caféiers de Ké-so de MM. Guillaume et Borel ;

2° La ferme d'*élevage* et de *laiterie* de MM. Gobert, dans le Huyon de Gia-lam, près de Bac-Ninh, et leur concession de 5 000 hectares sur les confins de Son-tay et de Thaï-Nguyen, où ils pratiquent avec succès le métayage ;

3° Celle de MM. Bégot, Le Vasseur et Morice ;

4° Celles de M. Daurelle, non loin des montagnes de Than-hoa, de Chesnay et de Boisadam près de Phu-Lang-Thuong ;

5° De M. Duchemin à Phu-doan, où il emploie 80 familles de race « Man » ;

6° De M. Thomé, qui a créé à Lam, aux environs des Sept pagodes, une exploitation de 6 000 hectares, la « ferme de la Croix-Cuvelier » où il applique également le système du métayage et où il cultive le riz principalement, le ricin vivace, le manioc doux, le coton, l'abaca, le café, le jute, la ramie, etc., et fait de l'élevage. Il y a 24 villages groupés en 14 communes et dont le plus petit comprend 10 familles ;

7° De MM. Lecacheux et Bichot qui ont récemment créé, à Lo-my, sur la rivière Claire, la ferme de Con-Voï à laquelle ils viennent d'annexer une jumenterie.

L'expérience semble donc faite. Le sol du moyen Tonkin peut convenir à de belles et riches concessions. Nos colons peuvent donc y aller en toute sécurité, car ils y trouveront une main-d'œuvre assurée.

De toute nos colonies, le Tonkin est certainement celle

où la population est le plus dense. De plus, cette population, composée presque en totalité d'Annamites, est docile, malléable, suffisamment intelligente et apte à un travail suivi. Il s'ensuit que la main-d'œuvre doit y être abondante et à très bon compte, surtout dans le Delta, où il n'y a que des Annamites. Au delà du Delta, dans la région des collines, et dans celle des montagnes, aux Annamites qui s'y sont établis au nombre de 1 à 2 millions, se joignent des peuplades aborigènes, Thos, Moïs, Maougs, etc., au nombre de 180 000 à 200 000. Ces aborigènes sont plus grands que les Annamites, plus forts, moins obséquieux, moins intelligents aussi et ils ne les valent pas pour un travail suivi. Mais ils peuvent cependant rendre des services, soit pour faire la police des frontières, soit un peu plus tard, pour collaborer avec nous à la mise en œuvre de leurs territoires.

Il semble donc que le problème de la main-d'œuvre soit très facile à résoudre au Tonkin. Et cela est si vrai que, pendant un certain temps, il a fourni à la Nouvelle-Calédonie une partie des travailleurs dont elle avait besoin.

Cependant, malgré l'abondance, et même la surabondance d'ouvriers dans le Delta, d'où, semble-t-il, il doive être facile de les transporter vers les plateaux voisins ; malgré les avantages consentis par l'administration en faveur des ouvriers indigènes qui se mettent au service d'un colon, avantages qui sont considérables, il eût été difficile aux colons établis hors du Delta de s'assurer une main-d'œuvre suffisante et constante, s'ils n'avaient eu la pensée de recourir au *métayage*.

Comme nous l'avons déjà dit, les plateaux du Tonkin, même les plus voisins du Delta, ont été pendant de longues années dévastés par les interminables luttes qui accompagnèrent et qui suivirent la conquête. Chassés de leurs demeures, les habitants ou bien s'enrôlèrent dans les bandes de « pirates » qui terrorisaient le pays, où se réfugièrent à côté de nos garnisons, dans les plaines du Delta. Quand, il y a quelque temps, l'ordre et la sécurité commencèrent à reparaître, et qu'on pût de nouveau s'établir sur ces plateaux, la question se posa donc d'y ramener les anciens habitants ou d'y en établir de nouveaux. Comment arriver à ce résultat, indispensable cependant, et pour la mise en valeur de ce pays ravagé, et pour sa conservation ?

C'est l'initiative privée qui résolut le problème, et sa tentative fut si heureuse que l'on n'a eu ensuite qu'à suivre, parfois en les améliorant en de certains détails, les exemples de la première heure.

Des colons donc de la première heure, de ces hardis pionniers qui connaissaient et le pays et la race annamite, plusieurs demandèrent de vastes concessions dans lesquelles ils appelèrent des cultivateurs annamites à qui, à la condition de leur donner la moitié de la récolte en riz, — certains ne la demandent qu'après la seconde récolte, — ils firent les avances de tout ce qui leur était nécessaire en riz pour vivre jusqu'à la première récolte, en outils, en bêtes, en semences, etc., pour cultiver les champs qu'on leur confiait.

Dans sa conférence, citée plus haut, M. Ulysse Pila raconte l'histoire de la première de ces concessions. Sollicitée de M. de Lanessan, par un Lyonnais, ancien élève de l'école de Nancy, elle comprend 6 000 hectares et est située dans le second territoire militaire, alors administré par le colonel Gallieni. Notre colon la fit débroussailler, y fit tracer des routes et des chemins, grâce aux corvées à lui fournies par l'administration, puis s'adressa aux nomades du pays, à qui il offrit un champ avec les moyens de le mettre en valeur, et, en attendant la première récolte, du riz pour vivre, y établit ainsi des agglomérations de 10, de 20 feux, qu'administrait un mandarin spécial, choisi par les autorités françaises, traversa assez péniblement les années 1893-94-95, surtout cette dernière qui fut désolée par la sécheresse, enfin récolta en 1896 pour sa part 500 000 kilogrammes de paddy et se trouva avoir sous sa direction une population tranquille et laborieuse de près de 1 800 âmes.

La *Quinzaine Coloniale* du 25 avril 1897 reproduit, d'après le *Bulletin du syndicat des planteurs du Tonkin*, une remarquable étude de M. Gobert, un des colons qui ont le plus fait pour le développement de la culture au Tonkin, sur ce même système tel qu'il a été appliqué par M. Thomé à la ferme de la Croix-Cuvelier et par lui-même à Pha-da-phuc. Cette étude serait à lire tout entière. J'en citerai au moins les passages suivants :

« Ma concession, dit-il, située aux premiers contreforts du Tam-Dao, sur la route de Hanoï à Thai-Nguyen, est composée par moitié environ de terrains anciennement en rizières, de mamelons et plateaux pouvant être utilisables pour la culture du café, thé ou autre plantation et de terrains bons pour l'élevage du bétail.

« Notre premier soin fut d'abord de ramener la confiance des habitants dans les villages abandonnés, par des avances en bestiaux, instruments aratoires, semences, etc., etc., afin de faire mettre en culture le plus rapidement possible les rizières abandonnées.

« Malheureusement notre première année de début (année 1895) eut à subir une sécheresse exceptionnelle, sur laquelle vint se greffer une épidémie de choléra qui réduisit à presque rien la population clairsemée des habitants qui étaient revenus dans les villages de la concession.

« Malgré cela, et grâce à l'année 1896, qui, heureusement, nous fut plus propice, à l'aide de nouvelles avances faites aux villages, près de 1 500 hectares purent être mis en rizières.

« D'après le système de fermage (dont nous donnons le détail plus loin), établi entre nous et les villages, une partie de cette récolte nous fut versée comme redevance, ce qui nous permit de rentrer dans une partie de nos frais.

« Pendant les dix-huit mois écoulés entre notre installation à Phu-da-Phuc, en mars 1895, et la récolte du dixième mois annamite de 1896, nous avions commencé autour de notre poste des semis de café, que nous sommes en train de faire mettre en place, grâce à la main-d'œuvre des villages de la concession.

« Les habitants sont heureux de ne plus être sous le joug des mandarins : ils connaissent la redevance qu'ils ont à payer par année et savent qu'une fois cette redevance versée, ils ne seront plus grugés ni extorqués sous un prétexte quelconque. Aussi travaillent-ils avec ardeur à remettre en culture les terrains qu'ils avaient abandonnés.

« Comme on le voit, ce système de colonisation en grand a l'avantage :

« 1° De procurer un rapport au colon dès la seconde année ;

« 2° De lui donner la main-d'œuvre dont il peut avoir besoin pour créer d'autres cultures, telles que thé, café, etc. ;

« 3° D'être avantageux pour le Protectorat, puisqu'il remet en culture des terrains abandonnés dont il tirera un revenu à la fin des cinq années pendant lesquelles la concession est exempte d'impôts ;

« 4° De ramener la confiance et la tranquillité dans les régions troublées : car au fur et à mesure que les indigènes gagneront bien leur vie, ils ne pactiseront plus avec les pirates ;

« 5° Les colons gagneront enfin de l'argent dont le commerce de la colonie profitera ; ils pourront faire des travaux d'irrigation ou autres pour augmenter le rendement de leur culture, mettre leurs capitaux dans des entreprises industrielles locales, et, par là, augmenter la richesse de la colonie, tout cela sans qu'il en coûte un sou au Protectorat.

« Nous engageons donc tous nos compatriotes, colons établis ou futurs colons, à étudier attentivement le détail des frais d'exploitation que nous donnons ci-dessus, dans l'espoir qu'ils viendront augmenter le nombre des colons agriculteurs fixés dans le Haut-Tonkin. »

Il donne alors le bilan des « dépenses approximatives pour commencer à mettre en valeur une concession d'environ 5 000 hectares dans le Haut-Tonkin.

« Les dépenses, dit-il, jusqu'à la deuxième année, pour commencer à mettre en valeur une concession de 5 000 hectares, dont moitié peut être exploitée en rizières, peuvent être d'environ 20 000 piastres réparties comme suit :

Installation d'une maison d'habitation, dépendances, blockhaus et poste (le tout en briques).	6 000 $
Achat de 100 buffles ou buffiesses à 20 francs la pièce	2 000 $
Achat de 200 bœufs à 12 francs la pièce.	2 400 $
Entretien d'un Européen sur la plantation pendant 20 mois à 200 $ par mois.	4 000 $
Avances à faire aux villages pour semences, instruments aratoires, etc. (calculées sur la mise en culture de 1 000 hectares de rizières pour la 2ᵉ année, à raison de 3 $ par hectare).	3 000 $
Pour paie de 25 linh-co à 3 $ par mois, soit 75 $ par mois pendant 20 mois.	1 500 $
Pour dépenses diverses et imprévues, y compris les impôts d'inscrits et de corvées, pouvant se monter, à la deuxième année, à 2 ou 300 piastres tout au plus.	1 100 $
Total	20 000 $

Quant au rendement, il le calcule, à la fin de la seconde année, pour 1 000 hectares de rizières, à 30 paniers par hectare, ce qui donne 30 000 paniers de 20 kilogrammes chacun, ou 600 000 kilogrammes, valant, au prix moyen de 1 piastre 50 les 100 kilogrammes, 9 000 piastres, auxquelles il faudra joindre 3 000 piastres montant de ses avances que les Annamites lui auront restituées avant tout partage, et plus tard, le profit des autres parties de la concession mises en rizières et des autres cultures riches qu'il aura développées peu à peu.

Évidemment, ces 9 000 piastres ne seront pas un revenu net. Supposons que le colon doive en distraire 4 000 pour ses dépenses personnelles et les impôts de ses métayers, il lui restera encore 5 000 piastres pour un capital de 20 000 piastres, c'est-à-dire un revenu de 25 p. 100[1].

---

1. C'est évidemment sur ces données qu'a été rédigée par l'*Office Colonial* la note suivante qui résume assez bien ce système de métayage et que pour cela nous donnons ici en entier :

« Le Tonkin réunit à l'heure actuelle pour un grand développement de la culture du riz, des conditions probablement uniques au monde. A la suite d'une longue période de troubles et de piraterie, la population, désertant la zone extérieure, s'est concentrée, entassée, pourrait-on dire, vers le milieu du delta; il s'ensuit que sur tout le pourtour et dans toutes les vallées qui remontent du delta vers la région montagneuse, on trouve de vastes étendues de rizières abandonnées qu'il sera possible de remettre en culture, maintenant que nous avons rendu la sécurité au pays. Le delta étant surpeuplé dans des proportions dont on ne saurait se faire une idée, si on ne l'a pas vu, une partie de la population, qui y est misérable, ne demande pas mieux que d'émigrer sur les terres vacantes où les facilités d'existence sont bien plus grandes. Enfin la Chine, avec ses quatre cent millions de mangeurs de riz, offre dans le voisinage immédiat du Tonkin un marché immense où la colonie est assurée d'écouler toujours son riz, en quelque quantité qu'elle en produise.

« Ainsi des centaines de milliers d'hectares de rizières à prendre; une main-d'œuvre abondante, façonnée au travail à faire, et remarquablement docile; un écoulement de produits assuré; que manque-t-il donc pour que tout cela soit mis en œuvre? Il manque les capitaux indispensables à toute entreprise nouvelle, et c'est ici que le colon français intervient utilement pour les indigènes et avantageusement pour lui.

« Quelques-uns de nos compatriotes ayant remarqué cette situation ont eu l'idée, en effet, d'avancer ces capitaux et d'essayer avec les indigènes, d'un contrat de métayage en usage parmi eux. Le métayage devait les tenter, pour deux raisons : la première, c'est que de tous les contrats agricoles c'est celui qui exige de la part du propriétaire la moindre avance de fonds, et la seconde, c'est que le métayer ayant le même stimulant à la production que le propriétaire, celui-ci n'a à surveiller que la récolte et peut s'en remettre à l'intérêt de son métayer pour le reste, chose importante dans un pays dont il est difficile de bien connaître la langue et les mœurs. Les Français s'associent donc avec les Annamites dans les condi-

Cela bien entendu à certaines conditions que M. Gobert a ramenées aux suivantes :

1° Bien choisir sa concession et l'étudier avec le plus grand soin avant de la prendre ;

2° Y faire faire, en traitant à forfait avec les villages intéressés, les routes et les chemins nécessaires ;

3° Si l'on ne connaît pas très bien soi-même les Anna-

tions suivantes : les Annamites viennent se fixer sur la propriété; autant que possible on ne prend que des gens du même village ayant entre eux des liens de parenté ou au moins de sympathie, habitués à vivre ensemble. Le Français paye les impôts de ses métayers, achète les bêtes de labour, fait aux Annamites les avances nécessaires pour l'achat des instruments aratoires et, si c'est indispensable, pour des achats de vivres en attendant la récolte. Les Annamites, de leur côté, exécutent tous les travaux. Et le partage se fait sur ces bases : le Français propriétaire a la moitié de la principale récolte de riz, les Annamites métayers ont l'autre moitié et de plus, toutes les autres récoltes secondaires qu'ils peuvent faire.

« Le tout était de savoir quels bénéfices une semblable combinaison donnerait. Voici les données sur ce que coûtent et sur ce que rapportent mille hectares de rizières ainsi mis en culture. Les comptes sont en piastres calculées à 2 fr. 50.

« Il n'y a rien à débourser pour la terre. L'administration la concède gratuitement aux colons français, sous la seule obligation de la cultiver. Dans une exploitation vigoureusement installée, la première récolte doit s'obtenir au bout du vingtième mois. Les dépenses engagées jusqu'à cette époque s'évaluent de la manière suivante :

Construction d'une maison d'habitation avec magasins et hangars	3 000 $
Achat de 100 buffles et bufflesses à 20 piastres pièce.	2 000 »
Achat de 200 bœufs à 12 piastres pièce.........	2 400 »
Achat d'outils annamites..................	1 000 »
Dépenses d'existence du colon pendant vingt mois, à raison de 200 $. par mois.............	4 000 »
Personnel indigène	600 »
Avance aux métayers à raison de 3 $. par hectare.	3 000 »
Paiement des impôts dus par les métayers.....	1 000 »
Frais divers et imprévus................	1 000 »
Total.....	18 000 »

« Il faut donc disposer d'un capital de 18 000 piastres, mettons de 20 000 piastres, autrement dit de 45 000 francs, pour entreprendre la mise en culture de 1 000 hectares de rizières en métayage avec mites, prendre avec soi quelqu'un de sûr et de très au courant de leurs mœurs et de leurs coutumes ;

4° Créer un marché à une petite distance de sa concession afin de pouvoir se procurer facilement tout ce dont on aura besoin ;

5° Être constamment sur sa concession, la parcourir et la visiter en tous sens, et se rendre compte de tout par soi-même ;

6° Donner à chaque hameau son autonomie complète vis-à-vis des autres hameaux, accorder à chacun ses avances propres, et lui fixer une redevance particulière calculée d'après l'étendue de ses rizières.

Vraisemblablement M. Gobert doit exagérer en bien. Et peut-être n'insiste-t-il pas assez sur les devoirs du colon vis-à-vis des indigènes. Malgré tout, il y a beaucoup à faire au Tonkin, où l'on trouvera, pour peu qu'on ait de volonté, de capacité et de capitaux, le sol à mettre en œuvre et les bras pour le cultiver. Une dernière question nous reste à examiner avant de conseiller sans hésitation à nos jeunes Français d'aller s'y établir, celle du climat.

les Annamites. Il vaut mieux, néanmoins, calculer sur un capital de 50 000 francs en tenant compte que 5 000 francs peuvent être dépensés en frais de voyage et de premier établissement pour le colon venant pour la première fois aux colonies.

« Voici maintenant quel est le rendement probable :

« La principale récolte du riz est calculée à 30 paniers par maû. Le maû équivaut à peu près à un demi-hectare et le panier de riz pèse environ 20 kilogrammes. Si on convertit ces mesures annamites en mesures françaises, on a une récolte de 12 quintaux métriques à l'hectare, qui se vendent au prix moyen de 1 fr. 50 le quintal. La récolte étant partagée par moitié entre les métayers et le propriétaire, le propriétaire des mille hectares recueille pour son compte 6 000 quintaux de riz qui représentent une somme de 9 000 piastres. Il est remboursé en outre de ses avances, mais il sera obligé d'en consentir de nouvelles l'année suivante. D'autre part, sur sa recette de 9 000 piastres, il sera obligé d'en distraire 4 000 pour ses dépenses personnelles, celles de ses indigènes et pour les impôts de ses métayers pendant l'année suivante. Son gain net restera ainsi de 5 000 piastres ou 12 500 francs, soit 25 p. 100 du capital qu'il a engagé. »

Il y a peu de pays au monde qui aient eu, pendant de longues années, une aussi mauvaise réputation sanitaire que le Tonkin.

« Dans les polémiques des journaux, à l'époque de la conquête, remarque justement à ce propos le docteur d'Anfreville de la Salle dans son remarquable travail sur « la conquête pacifique du Tonkin », on disait le Tonkin couvert de marécages, où régnaient à perpétuité les fièvres, la dysenterie, le choléra. Nous y avions perdu 25 000 hommes, au dire de certains orateurs de la Chambre et la mort de nos soldats, pas plus que les centaines de millions dépensés, ne nous serviraient jamais à rien. Il est certain, poursuit-il, que les pertes subies par le corps expéditionnaire, du fait seul des maladies, furent sensibles... Toutefois, l'émotion qui s'empara du public n'eût pas atteint de telles proportions si l'on avait réfléchi que cette mortalité devait être en grande partie imputée soit à l'extrême jeunesse des contingents, soit au défaut fatal de soins et de bien-être des troupes non entraînées et contraintes à une rude guerre, dans un pays peu connu, difficile...

« Le choléra qui sévit pendant plus de deux ans sur le théâtre des hostilités, contribua pour une large part à donner au Tonkin une réputation aussi funeste qu'imméritée.

« Égaré par des hommes de parti pris qui lui cachaient toutes les données du problème, pour en fausser la solution, le public simpliste conclut que tous ceux qui se risqueraient au Tonkin subiraient fatalement la même mortalité que nos soldats. Et, comme on lui citait des chiffres tronqués, parfois même grossis, ce fut le coup de grâce pour le Tonkin. La légende était créée, d'où la vérité sortit à grand'peine, et non sans des retards préjudiciables. »

On ne saurait mieux dire, et l'auteur est parfaitement dans le vrai, quand, poursuivant sa démonstration, il nous montre le gouvernement d'alors non préparé à une expédition lointaine, et ne prenant aucune des précautions qui s'imposent dans ces pays tropicaux ; quand surtout, faisant le décompte exact des pertes que subit le corps expéditionnaire, pendant cette longue guerre de conquête, il les ramena à leur nombre exact, nombre, hélas ! encore beaucoup trop élevé, mais bien éloigné cependant des chiffres fantastiques trop souvent cités.

Jusqu'en 1885, où la guerre prit la direction de l'expédition du Tonkin, et où l'on commença à envoyer des troupes trop jeunes et inexpérimentées, nous avions perdu, en 1883, 154 hommes dont 117 tués et 37 morts de maladie.

Et en 1884, sur un effectif de 12 800 hommes, 369 seulement, moins de 29 pour mille.

En 1885, nos effectifs atteignaient 41 760 et nous en perdons 3 890 ou 93 pour mille, par suite surtout de l'épidémie de choléra qui vient d'éclater dans nos rangs.

En 1886, sur 22 924 hommes, nous en perdons 1 469 ou 64 pour mille.

En 1887, 1 361 sur 16 667 ou 81 pour mille.

En 1888, 1 224 sur 11 252 ou 108 p. 1 000.

Ce qui donne un total de 8 467 hommes.

Évidemment, ce sont là des pertes cruelles renouvelées, du reste, dans toutes nos entreprises coloniales, puisque l'Algérie nous coûta annuellement, de 1837 à 1848, 77 p. 1 000 des effectifs employés ; la Tunisie 61 p. 1 000 et Madagascar non loin de 180 p. 1 000. A ce compte, le climat du Tonkin serait meilleur que celui de Madagascar, à peu près égal à celui de l'Algérie et à peine plus mauvais que celui de la Tunisie, meilleur même, car en défalquant les causes passagères d'augmentation, la mortalité de nos troupes au Tonkin, pendant le temps de la conquête, s'éleva à peine à un peu plus de 40 p. 1 000.

Elle a considérablement diminué depuis que nos soldats sont mieux installés, moins chargés et convenablement soignés et « elle rentre déjà dans ce que nous pouvons appeler pour nous la normale », c'est-à-dire qu'elle est à peine plus élevée qu'en France.

Si maintenant nous nous occupons de la population civile, nous constaterons une mortalité bien inférieure. Ainsi, pour les missionnaires, établis au Tonkin depuis 1660, « j'ai calculé, écrit l'un d'eux, M. Malet, que sur 15 vicaires apostoliques dont nous avons la date d'arrivée et celle de la mort, la moyenne du temps pendant lequel ils ont vécu au Tonkin est de trente-deux ans ». « En neuf années, les missionnaires espagnols des provinces du Sud-Est n'ont subi aucune perte », dit de son côté le D^r d'Anfreville.

« La mortalité des Européens domiciliés dans ces deux villes (Hanoï et Haïphong), poursuit-il plus loin, a été, de 1888 à 1890, respectivement de 4,28 pour Hanoï et de 3,40 pour Haïphong. De 1891 à 1893, elle est tombée à 2,37 pour la première et à 1,88 pour la seconde, alors qu'en Russie elle est de 3,68. Ces chiffres ont encore subi depuis une assez notable diminution. Dans le Tonkin tout entier, pendant l'année 1897, sur 766 fonctionnaires, on a compté 21 décès, dont deux accidentels, ce qui donne une proportion de 3 p. 100, inférieure à celle de plus d'un pays d'Europe. »

C'est qu'en effet, le climat du Tonkin n'est ni désagréable, ni malsain, et les maladies que l'Européen a à redouter sont relativement peu nombreuses et peu dangereuses.

Sans doute, il y fait très chaud, en particulier dans le Delta, pendant les mois de mai, de juin surtout et même pendant ceux de juillet et d'août, plus chaud même qu'en Cochinchine [1] ; et de plus, les nuits y sont alors

---

[1]. Voici, du reste, le tableau de la température mensuelle de Haïphong, d'Hanoï et de Saïgon :

	Janv.	Févr.	Mars.	Avril.	Mai.	Juin.	Juill.	Août.	Sept.	Octob.	Nov.	Déc.
Haïphong	16°5	17°7	19°3	23°7	?	29°3	29°2	29°2	28°5	26°2	22°8	20°6
Hanoï	14°3	15°1	19°6	25°9	30°1	31°3	30°7	30°5	25°3	24°7	23°2	19°4
Saïgon	25°3	26°6	28°5	28°5	28°6	27°3	27°2	27°1	26°8	27°	26°4	25°3

presque aussi chaudes que les jours, le thermomètre baissant à peine de 3° à 4°. Sans doute, il y pleut également beaucoup puisque l'on a recueilli 1^m,802, d'autres disent 2^m,092 à Hanoï et 1^m,610 à Haïphong, tandis que la moyenne de Paris est de 0^m,60 et celle de Nantes, la ville la plus pluvieuse de France, 1^m,356.

Mais, malgré cela, le pays est très habitable, par suite des différences d'altitude qui permettent d'aller chercher vers les montagnes une température notablement moins élevée ; par suite du voisinage de l'Océan et de la présence d'un courant marin qui vient du Nord et produit à rebours sur les côtes du Tonkin l'effet que produit le Gulf Stream sur nos côtes de Bretagne ; par suite des vents alizés qui se sont rafraîchis en passant sur ce courant, ou encore mieux des vents du Nord et de l'Ouest qui soufflent des hautes montagnes ; par suite surtout, après un été brûlant, de la présence d'un hiver frais que précède et que suit un automne et un printemps très doux, et qui refait les forces épuisées par les chaleurs de l'été.

« A partir d'octobre jusqu'en avril, écrit le D^r d'Anfreville, la température est fréquemment très agréable, le thermomètre ne dépassant que rarement 24°. Il y a parfois des pluies fines rafraîchissantes ou des brouillards, mais les minima sont de 10°.

« En décembre, par 14°, rapporte le Dr Mayet, *on commence à voir son haleine.* » L'auteur ajoute que c'est avec satisfaction.

« En janvier, le mois le plus froid de l'année, on allume des feux presque tous les jours et les vêtements de laine sont nécessaires.

« Dans le Haut-Tonkin, poursuit-il, les températures notées sont encore moindres. En février, à Than-Moï, la température oscille entre 4° et 9°, les matinées étant extrêmement fraîches, ainsi que les soirées. On voit souvent de la gelée blanche à Lang-Son... A Man-Hao, ville chinoise sur le Fleuve Rouge, fort près de la frontière, il neige et il gèle pendant l'hiver. »

Évidemment, on ne peut pas redire sans exagération ce qu'écrivait Tavernier du Tonkin en 1650, que « l'air y est si doux et si tempéré, qu'il semble que toute l'année n'y soit qu'un printemps perpétuel ». Mais on peut, à bon droit, conclure avec le D^r d'Anfreville que « son climat paraît être supportable pour l'Européen beaucoup plus que celui des colonies voisines et prospères, Java, Hong-Kong, Singapour. On peut même dire sans comparaison qu'il est très supportable ».

D'autant plus supportable, qu'il y a peu de maladies endémiques et que généralement on peut très bien se défendre contre ces maladies.

Il ne faut parler, en effet, ni de la variole, qui n'atteint que les Annamites non vaccinés,

Ni de la lèpre, qui n'atteint également que les indigènes,

Ni de la peste, qui n'y a fait, ces derniers temps, aucun ravage, malgré le voisinage des points infestés,

Ni de la fièvre typhoïde qui est assez rare.

Restent surtout le choléra, la dysenterie, les maladies du foie, la fièvre et l'anémie.

Le choléra atteint les affaiblis de tout genre. Mais il a surtout sévi contre nos soldats surmenés et mal soignés, à l'époque des grandes colonnes, et souvent par suite d'imprudences impardonnables, par exemple l'engagement de troupes de coolies contaminés. On s'en défend facilement avec les précautions d'hygiène nécessaires.

La dysenterie est bien moins fréquente et moins tenace qu'en Cochinchine. Elle est redoutable surtout quand elle est déclarée. On l'évitera d'ordinaire en surveillant les boissons et en se gardant des refroidissements de l'appareil digestif.

Les abcès de foie sont assez fréquents et sont ordinairement un indice de l'affaiblissement de l'organisme.

Les fièvres palustres sont d'une bénignité remarquable dans le Delta, malgré l'humidité du climat, probablement parce que le sol en a été cultivé et retourné depuis des siècles. Elles sont plus dangereuses dans les forêts de l'intérieur et dans la zone des plateaux, où le « sol est couvert d'un humus profond formé de débris de végétaux en pourriture qui retiennent comme une éponge l'humidité ambiante », où « les sous-futaies peu aérées, d'une humidité chaude, sous un ciel fréquemment brumeux, n'étant jamais balayées par les courants atmosphériques, dégagent des miasmes palustres qui ne résisteraient pas à de vastes défrichements [1] ».

Elles attaquent les Annamites aussi bien que les Européens, et souvent la quinine préventive est impuissante à les prévenir. C'est pendant la saison des pluies et des chaleurs, surtout en mai, juin et juillet qu'elles sévissent le plus souvent, sous forme de typho-malarienne, et « on les contracte surtout pendant que durent les brouillards épais et d'odeur désagréable qui règnent dans les vallées [2] ».

L'anémie enfin fait peu de vides dans la colonie européenne à cause de l'alternance des saisons.

Il faut ajouter, pour conclure, que l'état sanitaire du pays s'améliore chaque jour dans le Delta, par l'assainissement des villes, par une meilleure installation des habitations, par la facilité plus grande que donnent les moyens de communication de plus en plus fréquents, de se procurer un plus grand confortable, par la multiplicité des soins médicaux et l'amélioration de l'hygiène ; par la vie de famille qui se répand de plus en plus, et tend partout, mais surtout aux colonies, et, en particulier au Tonkin, à augmenter la longévité de la vie. En dehors du Delta, le même phénomène se produira pour les mêmes causes, et aussi « quand les montagnes tonkinoises auront été assainies par de larges trouées qui permettront l'accès de l'air dans les forêts, que des prairies couvriront les pentes, qu'une large aération sera assurée partout,

---

1. D' d'Anfreville de la Salle.
2. D' d'Anfreville de la Salle.

chassant les miasmes... », en un mot à mesure que le pays se peuplera et sera mis en œuvre.

D'après tout ce que nous venons de dire, il y a place au Tonkin pour un nombre presque illimité de colons qui pourront très bien y vivre et s'y multiplier ; qui y obtiendront gratuitement et avec exemption d'impôts pendant cinq ans, de vastes et riches concessions où ils pourront appeler, par le système du métayage, une main-d'œuvre nombreuse et assurée ; qui s'y prépareront pour l'avenir une large aisance, à deux conditions cependant :

1° Qu'ils aient les qualités personnelles requises. Nous en avons parlé ailleurs, nous n'y reviendrons pas ici, si ce n'est pour insister encore sur le besoin de moralité, condition absolue de succès pour les colons et d'avenir pour le Tonkin [1].

[1]. Je ne puis, à ce propos, résister au plaisir de citer ce qu'écrivait M. Chailley-Bert, à propos précisément du Tonkin, dans son « leader » de la *Quinzaine Coloniale* du 25 juillet 1899 (p. 426) :

« Acheteurs ou concessionnaires, voici comment nous les voyons et comment il faut qu'ils soient pour réussir.

« Au physique, actifs, sains et robustes, robustes ne veut pas dire bâtis sur un type colossal, mais de santé bien établie, et de constitution résistante.

« Au moral, courageux et persévérants ; capables de résister aux inévitables déceptions et à l'action déprimante de la solitude. Qu'on n'aille pas, en effet, s'imaginer là-bas des villages avec les organismes habituels de nos agglomérations d'habitants. Les colons sont à des lieues les uns des autres. Trop heureux s'ils ont quelque voisin à quelques heures de cheval. Pour presque tout, ils ne peuvent compter que sur eux-mêmes. Le jour, le travail trompe l'isolement ; mais le soir le ramène ; et l'isolement est mauvais conseiller, si l'homme n'est pas bien trempé, il peut s'adonner à l'opium et à la congaï (la femme annamite) : deux déprimants redoutables, si redoutables que, dans des conditions analogues, les Anglais en ont fait, pour ceux qui y cèdent, une cause de disqualification. Le colon, le fonctionnaire, l'officier qui fume l'opium, ou introduit, chez lui, *à demeure*, une femme indigène, est considéré comme perdu, et, à ce titre, exclu de la bonne société, disqualifié.

« Cela n'a pas été décidé capricieusement et sans raison. Et nous serions sages de faire notre profit de l'expérience de nos voisins

2° Qu'ils aient un capital suffisant. Il n'y a pas, en effet, au moins il n'y a pas encore et il n'y aura pas, de longues années, de place au Tonkin pour la petite colonisation. C'est là la réponse donnée, après une enquête sérieuse, par M. Paul Bert en 1886 et par M. Doumer tout dernièrement.

« A la question de savoir si, avec un capital de 5 000 à 6 000 francs, répond M. Doumer, le colon planteur avait chance de réussir dans une exploitation agricole, tous les chefs de province, sauf un, ont répondu par la négative. Seul, le résident de la province de Sontay a répondu affirmativement, mais dans les termes suivants :

« ...A la condition d'être économe, sobre, de travailler sans relâche, de vivre à l'annamite, de n'avoir aucune charge de famille, de n'être jamais malade, de ne subir ni sécheresse, ni inondation, d'être juste à l'égard des indigènes, afin de trouver la main-d'œuvre nécessaire, et de borner son ambition à faire des légumes et rien que des légumes, l'écoulement en étant assuré dans les centres européens[1] », c'est-à-dire qu'il ne réussira pas.

« Il y aurait imprudence, conclut M. Doumer[2], de la part de nos compatriotes, à venir tenter la fortune dans une exploitation agricole en Indo-Chine, à moins de posséder un capital qui ne saurait être inférieur à *15 000 francs* ».

Il faut avoir le courage de dire, avec M. Chailley-Bert, qui a étudié cette question dans le numéro de la *Quinzaine Coloniale* du 25 août 1899, que « ce chiffre est tout à fait insuffisant ».

« Sans doute, poursuit M. Chailley-Bert, si un vrai paysan, disposé à vivre en paysan, connaissant à fond les choses de la terre, si un agriculteur de profession qui

Comment ? Par quels procédés protéger nos colons contre les mauvais conseils de la solitude ? Il y a deux moyens : le mariage ou l'association... »

1. *Quinzaine Coloniale*, 25 août 1899, p. 490.
2. *Idem.*

aurait déjà été soldat au Tonkin, qui connaîtrait le pays et les Annamites, qui parlerait leur langue, qui saurait comment il faut les prendre, si un pareil homme s'établissait au Tonkin avec 15 000 francs, celui-là pourrait réussir. Il lui faudrait du temps, parce que le capital est un élément qui permet de faire vite et grand. Mais il marcherait sûrement et, peu à peu, augmenterait ses moyens d'action. »

En fait, comme ce ne sont pas des paysans ayant 15 000, 20 000, 30 000 francs qui iront au Tonkin, mais bien des fils de la bourgeoisie, ne connaissant de l'agriculture tout au plus que ce que l'on enseigne dans les écoles, il leur faudra un capital initial de 100 000 francs s'ils se proposent d'en dépenser 50 000.

CHAPITRE VI

DE LA TUNISIE

De toutes nos colonies, la Tunisie est certainement celle où, de préférence, nous devons diriger nos émigrants, en particulier nos émigrants agricoles, soit parce qu'elle est plus rapprochée de nous, et son climat plus semblable au nôtre ; soit parce que le succès y est plus facile et, sinon plus complet, au moins plus assuré ; soit enfin parce que nous y avons besoin d'un afflux considérable de colons pour la mettre en œuvre et pour nous en garantir la possession.

La Tunisie nous appartient de par le traité du *Bardo*, qui a été reconnu par toutes les Puissances, et de par les forces de terre et de mer (10 144 hommes) que nous y entretenons ; de par l'administration que nous avons conservée telle qu'elle était avant la conquête, mais de manière cependant à la mettre complètement sous notre tutelle, et de par les traités de commerce qui la placent définitivement dans notre dépendance économique ; par les travaux publics que nous y avons faits : routes (plus de 1 516 kilomètres), ports de Tunis, de Bizerte, de Sousse, de Sfax, chemins de fer (931 kilomètres), mines de plomb, de calamine, de phosphates, et par les entreprises diverses, commerciales, industrielles, agricoles, que nous y avons établies, par les riches propriétés (467 372 hectares) que nous y avons créées et par les capitaux très considérables que nous y avons consacrés.

Une seule chose nous manque pour qu'elle soit définitivement à nous : c'est d'y avoir établi une population agricole française suffisamment nombreuse.

« Dans toutes les régions tempérées, dit très bien à ce propos M. Jules Saurin, que nous suivrons pas à pas dans cette étude, la domination politique appartient tôt ou tard à la race qui cultive le sol », les autres n'étant guère là que comme des hôtes de passage, qui n'ont point de racines et qui, tôt ou tard, disparaîtront étouffées sous le nombre. Et il cite à l'appui de cette thèse l'exemple frappant de la Roumélie dont tous les propriétaires étaient turcs, tous les commerçants grecs, et tous les cultivateurs bulgares et qui, inévitablement, est devenue bulgare ; de la Macédoine, où, par suite de la même cause, le même résultat se produira inévitablement ; des contrées voisines où les Grecs, « cette race grecque si bien douée, établie en Orient, depuis trente siècles, cède le pas aux Bulgares venus vingt siècles plus tard et en fort petit nombre [1] », mais qui ont su s'attacher au sol, tandis que les Grecs ne sont que « des négociants établis tout le long des côtes ou dans les villes de l'intérieur [1] ».

A ce compte, la Tunisie serait loin de nous appartenir, et le moment pourrait arriver où une autre race euro-

---

1. *Revue de Paris*, 15 novembre 1897, p. 331

péenne, plus nombreuse que la nôtre, la race italienne, prendrait définitivement le dessus pour nous y supplanter et, peut-être, nous en chasser.

La population tunisienne comprend près de 1 500 000 habitants.

>dont 1 340 000 indigènes,
> 60 000 Israélites,
> 100 000 Européens.

Les indigènes tunisiens ne sont pas fanatiques comme ceux d'Algérie. Ceux des villes entrent facilement en contact avec les Européens, et leurs artisans, organisés en corporation, se livrent à tous les métiers. Ceux de la campagne, sauf quelques tribus nomades, sont très attachés au sol, étant fixés d'ordinaire sur de vastes domaines de 300 à 10 000 hectares dont ils louent à l'année des lots de 10 à 12 hectares. La plupart d'entre eux sont des *Khammés*, sortes de serfs, à qui leurs maîtres font les avances nécessaires pour ensemencer la terre qu'ils leur confient et vivre jusqu'à la récolte, et à qui ils abandonnent ensuite le cinquième de la récolte.

Parmi ces indigènes tunisiens, il faut compter « 26 000 Algériens protégés de la France, parlant notre langue et se réclamant de leur titre de sujets français[1] », qui constituent un solide point d'appui pour l'extension de notre influence.

Ce sont là évidemment de précieux avantages. Mais ce serait néanmoins la plus dangereuse des utopies que de trop compter sur la fidélité des indigènes tunisiens et de nous imaginer qu'ils sont devenus de véritables Français par le seul fait qu'ils sont nos protégés.

« Assurément, la paix sociale règne à l'heure qu'il est entre Français et Musulmans de Tunisie, écrit à ce propos M. Saurin, mais nous sommes toujours pour eux

---

1. *Manuel de l'Émigrant en Tunisie*, par M. Jules Saurin, p. 7.

des infidèles, des Koufra, c'est-à-dire des ennemis irréconciliables.

« Les Musulmans de Tunisie, aussi bien que leurs frères algériens, ne nous supporteront que tant que nous resterons les plus forts. Rien de plus instructif pour nous que l'intérêt passionné avec lequel les indigènes viennent de suivre les péripéties de la guerre turco-grecque. La salle où l'on affichait les dépêches était toujours assiégée par un grand nombre d'indigènes qui se faisaient traduire le sens des télégrammes.

« Les poètes tunisiens ont composé des chansons sur ces événements; dans l'une d'elles, on célèbre les exploits d'Edhem-Pacha contre les Koums ou Koumis ; il termine ainsi sa chanson : « Que Dieu nous aide pour vaincre les infidèles et les exterminer. »

« Le jour où nous serions les plus faibles, l'insurrection éclaterait. Le mot fameux de Pélissier : « Tant que nous n'aurons pas un million d'Européens en Algérie, nous y seront campés », est aussi vrai pour la Tunisie que pour l'Algérie. Nous ne serons vraiment les maîtres du pays que le jour où 300 000 Européens, dont 200 000 Français, nous fourniront 30 à 40 000 réservistes ou territoriaux. Alors seulement pourra commencer l'œuvre d'assimilation qui sera très lente, mais qui n'est pas impossible si nous traitons les indigènes avec justice et bienveillance [1]. »

Les Israélites sont très nombreux en Tunisie, 1 pour 23 indigènes, plus nombreux qu'en Algérie où ils ne sont guère que 40 000, à peu près 1 pour 100 habitants. Mais, parmi eux, 10 000 se livrent au travail manuel et aux métiers usuels, surtout de tailleurs, cordonniers, ferblantiers, etc. Puis nous n'avons pas commis la faute d'en faire des citoyens français, comme en Algérie.

Des 100 000 Européens qui constituent la population

---

1. *Revue de Paris*, pp. 331-332.

européenne de la Régence, 12 732 sont Maltais, 64 866 Italiens, 20 000 Français, 913 Espagnols, 527 Grecs, 382 Autrichiens, 302 Hollandais, 283 Suisses, etc. Lors de notre prise de possession, en 1881, il n'y avait pas 20 000 Européens et à peine 400 à 500 Français.

En 1891, le recensement donnait 70 000 Européens, dont 12 000 Maltais, 38 000 Italiens et 18 000 Français.

Les Maltais se rapprochent volontiers de nous et envoient leurs enfants dans nos écoles. Ils habitent surtout les villes où ils exercent tous les petits commerces.

Les Italiens, dans les villes, exercent les mêmes petits métiers. A la campagne, ils sont d'ordinaire journaliers ou manœuvres. La Compagnie Bône-Guelma s'en sert pour l'entretien de ses voies ferrées et la plupart des grandes fermes et des sociétés en emploient un grand nombre.

Jusque-là, nous n'avions rien de sérieux à redouter de ces ouvriers italiens qui, malgré leurs idées séparatistes et leurs écoles nationalistes, finissaient par subir notre influence et, plus ou moins rapidement, par s'unir à nous. Mais voici qu'ils s'établissent à la campagne, et s'efforcent, par tous les moyens possibles, comme locataires à longs termes, comme métayers, comme *henzélistes* ou comme petits propriétaires, de prendre possession du sol. Les propriétaires français les aidant et les encourageant, probablement sans se rendre compte de leur imprudence, 100 d'entre eux se sont ainsi établis, en une année, par l'appui de nos compatriotes. Un seul en a établi 40, un autre 18, un officier 6, un juif 25. Deux puissantes sociétés se sont récemment fondées à Trapani et à Marsala, pour envoyer sur le sol tunisien des colons de Sicile, et elles ont acheté 2 800 hectares qu'elles ont divisés en lots de 5 à 6 hectares que l'on confiera à des familles italiennes. Pour les aider, l'ancien ministre gallophobe Nasi s'occupe de fonder une banque pour avancer de l'argent à ces sociétés. Aussi leur nombre s'est-il élevé, de 1891 à 1896, de 38 000 à 64 800. En particulier pour la viticulture, en 1891, il y avait 80 viticulteurs italiens ; en 1898, il y en avait 276, et sous peu leur nombre dépassera celui des viticulteurs français.

Il y a là, tout le monde le comprendra, un véritable danger. On ne peut pas s'assimiler des étrangers quand ils sont, par rapport aux propriétaires du pays, dans la proportion de 4 à 1, et, dans une école, ce ne seront plus les enfants italiens qui deviendront français, mais ce seront plutôt les enfants français qui deviendront italiens, quand on y compte 24 Siciliens et 2 Français.

En Algérie, il y a environ 4 000 Italiens pour 100 000 Français. Ces Italiens perdent alors leur nationalité. En Tunisie, il ne peut en être ainsi et, si cette espèce d'invasion devait se continuer, il serait à craindre, suivant l'énergique expression de M. Saurin, « que nous n'aménagions la Tunisie pour l'Italie ».

Car, ne nous le dissimulons pas, nous avons très peu de Français en Tunisie, moins de 20 000 Français dont de 4 000 à 5 000 marchands, de 2 000 à 3 000 fonctionnaires et moins de 3 000 établis à la campagne.

Évidemment, nous possédons beaucoup plus de terrain que les Italiens puisque, à la fin de 1897, nous avions acheté :

467 372 hectares,

les Italiens seulement :

39 000 hectares

et les autres Européens :

21 000 hectares.

Seulement, les domaines possédés par les Français sont ordinairement assez étendus.

D'après M. Millet, il y avait à la fin de 1898 :

	865 propriétés	de	10 hectares	
	439	—	—	11 à 100 hectares
Plus de	200	—	—	100 à 500 —
	141	—	—	500 à 2 000 —
	50	—	au-dessus de 2 000	—

Ceux, au contraire, possédés par les Italiens sont ordinairement petits ; et comme ils détiennent, en qualité de fermiers ou de métayers, une certaine quantité de propriétés françaises, le nombre des propriétaires italiens dépasse notablement celui des propriétaires français.

En face d'une telle situation, on ne peut qu'approuver les efforts considérables faits par la Résidence de Tunis et par tous ceux qui s'intéressent à l'avenir du Protectorat, pour provoquer un fort mouvement d'émigration de France vers la Tunisie. Nous avons vu M. Millet donner de sa personne, et ne pas craindre, soit de convoquer des publicistes, et plus tard des instituteurs français à faire avec lui le tour de la Régence qu'ils feraient ensuite connaître à leurs lecteurs et à leurs élèves, soit de venir lui-même en France solliciter, en public et en particulier, les bonnes volontés. Les brochures et les articles de revues et de journaux ont été multipliés sur ce sujet. Un délégué de la Résidence a été établi au siège de l'Union Coloniale, pour donner au public tous les renseignements et lui rendre tous les services demandés. Des colons enfin, et parmi eux, au premier rang, par ses écrits, par ses conférences, par ses démarches personnelles, M. Jules Saurin, n'ont rien épargné pour appeler au milieu d'eux des colons français.

Tant d'efforts n'ont pas été inutiles. C'est ainsi qu'en 1898, 105 nouveaux colons se sont établis en Tunisie et l'on pourrait suivre le résultat de cette propagande dans la manière dont se transforme la colonisation.

C'est le capital qui a commencé en Tunisie. Des Sociétés se fondèrent au lendemain de la conquête, pour acheter de grands espaces sur lesquels elles spéculeraient ; puis de grands domaines, surtout de grands vignobles, furent créés, un peu par suite de mirage et d'illusions. Ils causèrent plus d'une déception, mais donnèrent aussi parfois de bons rendements. Puis, après un moment de ralentissement, on s'occupa surtout d'établir les *moyennes* (de 300 à 400 hectares) et les *petites* propriétés (de 10 à 50 hectares).

Il n'est pas douteux que ce mouvement ne réussisse et ne donne d'excellents résultats, car il y a réellement beaucoup à faire en Tunisie.

La Tunisie a une superficie de 130 000 kilomètres carrés, le quart de celle de la France.

On peut la diviser en trois parties, d'une étendue à peu près égale, mais très différentes d'aspect, de climat et de production : la région du Nord, la région du Centre et celle du Sahara.

La région du Nord serait délimitée par une ligne idéale partant un peu au sud de Tébessa (en Algérie) et se dirigeant vers l'Est-Nord-Est entre Sousse et Hammamet, pour redescendre ensuite le long de la mer, droit au Sud, jusqu'au delà de Mahedin. Elle comprend 4 000 000 d'hectares et renferme la partie la plus riche, la plus agréable et la plus saine de la Tunisie. Le climat en ressemble assez à celui de notre Provence. Les pluies y sont régulières, tombant presque exclusivement de fin septembre à fin avril, et donnant 450 millimètres au pluviomètre. Les montagnes sont plus reculées vers le centre qu'en Algérie et leur altitude ne dépasse guère 1 500 mètres. Toutes les vallées sont largement ouvertes vers la mer, et, par suite, rafraîchies constamment, sauf les jours de sirocco, par les brises du large.

A Tunis, la température moyenne est de 12° en hiver et de 26° en été ; la mortalité seulement de 23 p. 1 000 et déjà l'on peut prévoir le moment où ce sera une station hivernale très fréquentée. Il n'y a que très peu de fièvres paludéennes dans toute la région.

Outre les pluies de l'hivernage, presque partout on trouve des sources, ou, en tout cas, des nappes d'eau plus ou moins profondes, pour établir des puits.

On peut ainsi, avec le secours de citernes et de canalisations bien aménagées, et les autres ressources d'une culture intelligemment conduite, suppléer en partie à l'absence des pluies pendant la saison sèche.

La population est assez dense, sur le littoral, et, en particulier, dans les environs de Tunis, de Bizerte, dans le Sahel et dans l'île de Djerba, qui renferment plus de 100 habitants par kilomètre carré ; mais dans l'intérieur du pays, on ne compte pas plus de 10 personnes au kilomètre carré. Il y a donc de la place pour de nouveaux arrivants.

La région centrale, limitée au sud par une ligne passant par Gafsa et redescendant ensuite vers le Sud pour enserrer toute la zone du littoral jusqu'à la frontière tripolitaine, renferme également près de 4 000 000 d'hectares, dont 1 500 000 sont couverts d'alfa. Le reste est très favorable à l'élevage du mouton et à la culture de l'olivier, de l'amandier ou de la vigne. Si la quantité d'eau de pluie, 200 millimètres par an environ, ne permet pas, d'une manière certaine, la culture des céréales dont l'épi ne peut souvent pas se former et mûrir, elle suffit, grâce à la chaleur de l'hiver, à faire pousser des herbes très nutritives qu'augmenteraient encore la fumure et les labours profonds. Il y a des sources assez nombreuses et des montagnes de 1 300 mètres d'altitude entre Gabès et Sfax. A l'époque romaine, le pays renfermait des villes considérables et d'immenses plantations d'oliviers.

La région saharienne (5 000 000 d'hectares), reçoit de moins en moins d'eau à mesure qu'on s'éloigne vers le Sud. On compte 140 millimètres d'eau à Gabès. Quoique la plaine se couvre d'une riche végétation à l'époque des pluies, toute culture y est impossible, sauf dans les endroits irrigués. Heureusement, à cause du voisinage des montagnes, les sources et les puits artésiens y sont nombreux et il serait facile de multiplier ces derniers. Il semble que cette région soit faite spécialement pour la culture des palmiers-dattiers dont la récolte se fait en hiver, à une époque où le séjour du Djérid est particulièrement agréable. Il y aurait là de belles entreprises à tenter, mais seulement pour de grands capitaux.

Il y a donc de vastes étendues de terrain à acquérir et à mettre en valeur dans la Tunisie.

De plus, ces terrains pourront être facilement acquis.

On ne donne pas de *concessions* proprement dites ; on n'en a jamais donné. Et tout le monde applaudit M. Millet quand il se félicita publiquement de cette mesure dans sa communication déjà citée, à la Société de Géographie.

On peut acheter des terrains au Domaine public, à l'Administration des biens *habous* ou à des particuliers. Le prix de ces biens varie évidemment beaucoup suivant qu'ils sont situés dans un endroit fertile ou non, près ou loin des villes, dans la région nord ou dans la région centrale de la Régence. Dans la première de ces régions, le Domaine public vend des lots de 30 à 100 hectares, au prix de 50 francs à 200 francs l'hectare, payables moitié avant l'entrée en jouissance, le troisième quart au bout de trois ans et le quatrième quart au bout de quatre ans, sans intérêts et avec facilité de se racheter immédiatement avec un escompte de 10 p. 100. Seulement, l'acquéreur n'aura son titre définitif de propriété au bout de deux ans, que s'il fait construire, s'est installé ou a installé une famille française sur sa terre et l'a mise sérieusement en valeur. La direction de l'agriculture (22, rue d'Angleterre, Tunis) a ainsi vendu 26 lots en 1896 et 34 en 1897. Elle en possède un certain nombre à vendre près de Zaghouan, à Béja, à Medjez-el-Bab et en d'autres endroits.

Mais c'est surtout dans la région centrale que l'État possède d'immenses domaines au prix de 10 francs l'hectare, payables dans les mêmes conditions, par lots de 10 à 1 000 hectares que l'on devra planter en oliviers, amandiers, etc. Il y a aussi, aux environs de Sfax, 300 000 hectares dont 56 000 déjà concédés.

On sait ce que sont *les biens habous*, des biens de mainmorte appartenant aux mosquées ou à des fondations pieuses. Le Protectorat les a respectés en Tunisie, mieux inspiré en cela que ne le fut l'Administration en Algérie, mais il a su néanmoins les faire entrer dans la circulation publique, en en autorisant l'aliénation moyennant une rente perpétuelle que paiera l'acquéreur. Beaucoup de ces biens, surtout aux environs des villes, ont été ainsi acquis, principalement par de petits cultivateurs, indigènes, Français et surtout Italiens, qui y trouvent le moyen de devenir propriétaires à peu de frais. Il en reste aujourd'hui assez peu, 150 000 hectares dans la région Nord, beaucoup plus dans la région centrale. Il y a certainement de réels avantages pour celui qui a peu de capitaux, à recourir aux biens habous, puisqu'il n'aura qu'une faible rente annuelle à payer et pourra ainsi consacrer son argent à la mise en valeur de sa propriété : s'adresser pour cela à l'administration des biens habous, à Tunis.

Malgré l'application de l'*acte Torrens* qui rend le transfert des biens immeubles presque aussi facile que celui des biens meubles, l'achat des propriétés aux particuliers, sociétés ou individus, présente plus d'une difficulté. Il y a cependant souvent de belles occasions offertes à celui qui aurait de l'argent, et il y a toujours avantage à prendre, pourvu qu'on la choisisse avec soin et qu'on ne la paie pas trop cher, une propriété défrichée, bâtie et mise en rapport, dont on peut, par suite, mieux apprécier la valeur, qui ne présentera pas les mêmes aléas qu'un terrain en friche, et qui, surtout, rapportera immédiatement.

Cependant, nous devons ajouter que l'administration du Protectorat emploie depuis quelque temps la main pénale pour le défrichement des nouvelles propriétés. C'est là un exemple pratique que l'on devrait bien imiter en d'autres endroits.

Quelle somme minima faut-il pour l'acquisition d'une ferme ?

M. Saurin établit le devis suivant, qui paraît plutôt faible, pour une ferme de 30 hectares :

Achat du terrain.		3 000 fr.
Construction d'une maison (deux pièces de $3^m \times 3^m,40$)		1 000 fr.
Hangar pour les bœufs et taurillons, adossé à la maison (en bois).		300 fr.
Quatre vaches de labour.		500 fr.
Quatre vaches et 15 taurillons de 40 fr.		900 fr.
Un cheval		150 fr.
Basse-cour		150 fr.
Instruments agricoles	Charrette . . 250 fr. Harnais. . . 80 fr. Herse . . . . 40 fr. Charrue. . . 40 fr. Divers . . . . 90 fr.	500 fr.
Semences.		250 fr.
Paille		150 fr.
Dépenses pour la nourriture et l'entretien pendant 1 an.		1 200 fr.
Imprévu et réserve.		1 500 fr.
Total.		10 000 fr.

Supposé qu'on remplace l'achat du terrain par l'*enzel*, ce sera encore au moins une somme de 7 000 à 8 000 francs qu'il faudra avoir. Et, qu'on ne l'oublie pas, c'est là un strict minimum.

« Avec cette somme, poursuit, en effet, M. Saurin, un colon peut réussir, mais il faut qu'il réalise certaines conditions essentielles. Il doit être un cultivateur de profession, rompu aux travaux des champs, vivant de la vie du paysan de France et demandant à la terre les principaux éléments de sa nourriture : légumes secs et frais, porc, volaille, lait, beurre et fromage. Le devis ci-dessus n'est pas fait pour un petit commerçant ni pour un ouvrier des villes ; il ne convient même plus au cultivateur qui a quitté les champs depuis quelques années. L'homme de la ville est généralement incapable de produire un travail agricole continu ; il est obligé d'employer un personnel coûteux ; puis, il a des goûts et des besoins qu'ignore le paysan : il lui faudra dépenser trois ou quatre fois plus que ce dernier pour se loger, se nourrir et se vêtir. Une somme de 25 000 à 30 000 francs lui est nécessaire là où 10 000 francs peuvent suffire au paysan travaillant sa terre de ses propres mains. »

En tout cas, c'est au moins 10 000 francs qui sont nécessaires aux colons désireux de s'établir en Tunisie, et tous ne les possèdent pas. Que pourront donc faire ceux qui n'ont guère que leurs bras et leur bonne volonté, qui ne possèdent tout au plus que 1, 2, 3 000 francs ?

Pourront-ils y aller comme travailleurs salariés ?

S'ils ne sont que de *simples travailleurs*, sans aucun désir ou espoir de devenir *petits patrons* dans les villes ou *petits propriétaires* dans les campagnes, il faut répondre nettement non. Ils auraient à lutter contre l'ouvrier indigène, contre l'ouvrier maltais, contre l'ouvrier italien, qui tous vivent à meilleur compte que lui, travaillent suffisamment bien, et se contentent d'un salaire très faible. On ne saurait donc conseiller à un ouvrier de métier d'aller en Tunisie que s'il est assez instruit et assez intelligent pour devenir patron. A Tunis, on trouve un certain nombre de ces petits patrons faisant travailler quelques ouvriers indigènes, italiens, etc., comme menuisiers, peintres, tonneliers, charrons, etc.

De même on ne pourrait encourager un ouvrier agricole français à aller en Tunisie, que pour apprendre, sans frais, à connaître le pays, et s'y établir ensuite à son compte. L'ouvrier indigène gagne, en effet, non nourri, de 1 fr. 20 à 1 fr. 50 par jour et un Italien de 2 fr. 50 à 3 francs. Un Français ne pourrait pas vivre dans ces conditions.

Il y aurait exception pour un bon tailleur de vignes

qui, pendant trois mois, novembre, décembre et janvier, gagnerait de 3 à 5 francs par jour et surtout trouverait là un moyen gratuit d'étudier le pays.

Un garçon de ferme gagne de 150 à 400 francs par an, nourri ; et, non nourri, de 60 à 100 francs par mois.

Les places de *maître-valet* sont plus avantageuses. S'il a deux ou trois enfants en âge de l'aider, un maître-valet touchera de 1 200 à 2 200 francs par an, et aura en outre une maison, un jardin pour son alimentation personnelle et une basse-cour. Les engagements sont d'un an.

Mais, de toutes les manières, la meilleure pour s'établir en Tunisie, soit qu'on vienne directement de France, soit qu'on ait déjà fait un stage dans le pays, comme valet de ferme, ouvrier ou maître-valet, c'est le contrat de métayage. M. Saurin en préconise vivement l'emploi comme donnant pleine satisfaction à l'intérêt public, au propriétaire et au métayer.

Le métayage serait évidemment à l'avantage du pays, qui rapidement se trouverait peuplé de 100 000, de 200 000 Français, de 100 000, de 200 000 paysans, fils de la terre, solides et bien bâtis, sains et honnêtes, sobres et travailleurs, endurants et courageux, dont la présence assure la durée et l'avenir d'un pays, qui lui fournissent les meilleurs soldats, garantissent son autonomie, lui donnent l'aisance et la richesse, constituent en un mot la force vive d'un peuple. Au milieu d'eux et avec eux, noyés dans leurs flots et s'absorbant rapidement en eux, vivraient les Siciliens, les Italiens, les Maltais, et peut-être alors s'ébaucherait le grand problème de l'assimilation des indigènes.

Cette introduction des métayers français aurait un autre avantage : elle assurerait le morcellement de la grande propriété, morcellement qui n'existe pas encore en Tunisie et que tous les gens sérieux réclament dans l'intérêt même du pays.

« Nulle part, dit très bien à ce sujet M. Saurin, le sol

n'a été morcelé [1]. On n'y trouve que le domaine moyen de 100 à 300 hectares, le grand vignoble de 40 à 400 hectares, le domaine géant de 1 000 à 100 000 hectares. La grande exploitation produit ici les mêmes résultats qu'en Algérie : elle laisse subsister le vide autour d'elle. »

Les grands domaines, même les grands vignobles, ne rapportent que très peu, lorsqu'ils rapportent, malgré le bas prix de la main-d'œuvre, parce que les ouvriers sont alors trop difficiles à surveiller ; parce que le travail de la terre ne se plie que difficilement à cette régularité que nécessite la présence d'un nombreux personnel, la plupart du temps étranger ; parce que le gérant lui-même, « quelque actif, quelque zélé qu'il soit, ne surveillera jamais son vignoble avec cet attachement du paysan qui connaît presque toutes les souches de sa plantation [2] ».

Et généralisant sa thèse, M. Saurin nous en montre l'application frappante dans le contraste qui existe entre la Sicile si pauvre et si désolée, et le nord de l'Italie, le Piémont, la Ligurie, la Toscane où règnent l'aisance et la paix sociale, parce qu'en Sicile le morcellement du sol ne s'est jamais opéré ; l'habitation du paysan ne s'élève pas au milieu du champ qu'il cultive, et la terre, aussi riche qu'en Toscane, donne deux fois moins de produits ; parce qu'au contraire, « dans le Piémont, dans la Ligurie, en Toscane, le sol est morcelé en un nombre infini de petites exploitations, propriétés cultivées par le maître du champ, petits domaines affermés ou concédés à des métayers [3] ».

Et, revenant à la Tunisie, il conclut :

« Je tremble en pensant au danger terrible que ces grandes exploitations auraient fait courir à notre domination si elles avaient été rémunératrices. La plupart ont échoué, et celles qui subsistent encore donnent un rende-

---

1. *Revue de Paris*, 15 novembre 1897, p. 343. Le Peuplement français de la Tunisie.
2. *Idem*, p. 347.
3. *Idem*, p. 348.

ment inférieur à celui de la petite culture. Telle société anonyme, fondée depuis dix-huit ans, n'a jamais distribué un centime à ses actionnaires ; tel vignoble, qui a coûté 3 millions, n'a fourni un revenu à ses fondateurs qu'à la onzième année. Prenez la liste de tous les grands domaines créés en Tunisie, et vous aurez de la peine à en trouver une douzaine qui soient prospères. Et, cependant, beaucoup d'entre eux ont été dirigés par des praticiens éminents, zélés et consciencieux ; mais, malgré leurs efforts, le poids des frais généraux, le travail mal fait, le gaspillage des matières premières faisaient péricliter l'affaire confiée à leurs soins. Rien ne suppléera jamais à ce sentiment d'affection avec lequel le paysan français accomplit son travail et soigne ses animaux. Les grands vignobles qui ont survécu à toutes les causes de ruine ont été dirigés par le propriétaires lui-même, entouré de ses enfants ou d'un personnel d'élite et consacrant à la surveillance de son domaine des efforts extraordinaires. Malgré cela, l'entretien d'un hectare de vigne lui revient encore à 500 ou 600 francs, alors qu'un vignoble confié à une famille de cultivateurs français exige au maximum trente journées d'homme et trente journées de femme ou d'enfant [1]. »

Cette introduction des métayers français assurerait donc en même temps et l'avenir de la Régence et la fortune du propriétaire.

Elle assurerait aussi l'avenir du métayer.

D'abord ce métayer serait presque complètement son maître, vivant dans une maison à lui, avec *sa* femme et *ses* enfants, avec *son* jardin et *sa* basse-cour, avec des étables, des champs, qu'il pourrait également appeler *siens*, puisque c'est lui qui s'en occuperait et que les récoltes lui reviendraient par moitié, dans une propriété

---

1. *Revue de Paris*, 15 novembre 1897, pp. 347-348. Le peuplement français de la Tunisie.

qui sera un jour, il l'espère bien, complètement *sienne*, parce qu'il l'aura faite et qu'il parviendra à l'acheter.

De plus, il ne manquera de rien, et, avec de l'économie, s'il est aidé par une bonne ménagère et par ses enfants, il sentira l'aisance grandir chaque année et ses revenus se multiplier.

M. Saurin, qui a ainsi établi 18 métayers, m'a assuré qu'ils mettent chacun 1 000 francs de côté par an, après, bien entendu, toutes leurs dépenses payées. Auparavant, ils vivaient très à l'étroit en France, sur une petite ferme dont ils parvenaient à grand'peine à payer le loyer, plusieurs de leurs enfants devant les quitter parfois pour aller en service chez des étrangers [1].

Évidemment, pour arriver à de tels résultats, il faut travailler.

Mais, outre que le travail n'est vraiment une peine que pour les paresseux, qu'il est au contraire la source des plus exquises jouissances pour l'homme diligent qui peut espérer en recueillir les fruits, n'auraient-ils pas eu à travailler, en France, beaucoup plus peut-être, seulement pour ne pas mourir de faim ?

Et remarquez que le travail des champs est, à bien des

1. Voici, à titre d'exemple, la monographie de deux de ces familles, telle que me l'a fournie M. Saurin.
M. P... venu en Tunisie il y a huit ans. Métayer chez moi depuis quatre ans, petit fermier de la Haute-Saône ruiné par maladie sur son bétail. Très sérieux. Famille : le père, la mère, le fils âgé de 17 ans en 1890. Avaient économisé 3 000 francs environ durant trois ans pendant lesquels ils avaient été domestiques. Réalisent depuis qu'ils sont métayers 1 000 francs d'économies en moyenne par an, sauf la première année.
Famille B... de Fay en Bretagne (Loire-Inférieure). Petits fermiers, huit enfants dont quatre garçons en âge de travailler. Depuis deux ans, vivaient à l'étroit sur une ferme de 11 hectares. Les deux fils aînés et les deux filles avaient quitté la maison. Je leur ai donné deux fermes sises à côté l'une de l'autre à Munchar, près Béja. Ils ont réalisé tous les ans 2 000 francs d'économies. Capital initial très modeste 800 francs, mais je leur ai fait les avances nécessaires pour acheter leur matériel.

points de vue, plus avantageux en Tunisie, où, à cause de la diversité des saisons, l'on peut travailler dehors presque toute l'année.

« En Tunisie, écrit M. Saurin, nous coupons nos foins en avril, et nos moissons en mai et dans la première quinzaine de juin ; les semailles peuvent se prolonger jusqu'au 15 décembre. On a cinq longs mois pour préparer les terres qui doivent être ensemencées. En France, la période des travaux ne dure que deux mois parce qu'on fait les récoltes beaucoup plus tard et qu'on termine les semailles de meilleure heure, avant les froids de l'hiver. Sur les hauts plateaux du Jura et dans les hautes vallées des Alpes, le blé n'est pas encore moissonné qu'il faut déjà ensemencer les champs. Ici, la terre peut porter une récolte tous les ans et rester encore cinq à six mois en jachère, exposée aux rayons bienfaisants du soleil. En hiver, point de morte-saison, la température est si douce ! Aussitôt après les semailles, le colon taille et laboure sa vigne, tandis qu'en France, durant de longues semaines, la terre, couverte de son manteau de neige et durcie par les gelées, ne se laisse pas pénétrer par la charrue. Que l'hiver est dur dans les pays froids pour les familles pauvres et nombreuses, là où l'industrie ne donne pas de travail aux ouvriers agricoles ! »

Ajoutez à cela que l'agriculture est soumise à moins d'aléas en Tunisie qu'en France. On n'y a pas à craindre, en effet, les gelées d'arrière-saison ; la grêle y fait moins de mal que chez nous ; et on évitera en grande partie les inconvénients de la sécheresse, en labourant profondément, en ensemençant de bonne heure et en fumant abondamment avec du fumier d'écurie. La ferme rapporte en moyenne, par la culture mixte des céréales et du fourrage, 130 francs l'hectare, et par celle de la vigne, de 600 à 1 000 francs.

Enfin, et ce détail est très important, la culture n'offre aucune difficulté spéciale, au moins dans une grande partie de la Tunisie, puisqu'on y fait à peu près les mêmes produits qu'en France, vin, céréales, élevage. Un bon cultivateur français deviendra donc assez facilement un bon cultivateur tunisien, pourvu cependant qu'il regarde autour de soi et se plie aux changements que nécessitent la diversité du sol et celle du climat. De plus, et c'est là un détail important entre tous, il est sûr d'écouter facilement ses produits en France où ils sont admis en franchise et où ils ont, par suite, une avance considérable sur les produits similaires venus de l'étranger [1].

De ce que nous venons de dire, trois conclusions se dégagent qu'il est important de faire ressortir.

La première, c'est que nos petits paysans de France, nos petits fermiers, ceux pour qui la vie est si dure au pays natal, et qui, intelligents, actifs, énergiques, sont capables de rêver et de réaliser autre chose que la vie étroite, emprisonnée, sans issue et sans consolation qui y sera la leur, feront bien d'aller en Tunisie où ils réussiront. Et ils iront, qu'on n'en doute pas.

M. Saurin a parcouru à trois reprises les campagnes de France, à la recherche de cultivateurs désirant émigrer. Il affirme qu'on trouvera en France des milliers de familles disposées à aller en Tunisie, soit comme domestiques à gages fixes, soit comme métayers. D'ailleurs, il

---

[1]. D'après le dernier relevé des importations du blé en France, nous avons reçu du dehors en 1898 : 19 545 487 quintaux de blé.
Sur ce chiffre total :

Les Etats-Unis	en ont fourni	9 433 771
La Russie	—	4 880 940
Les Indes	—	1 207 923
La République Argentine	—	1 025 484
La Tunisie	—	516 712
L'Algérie	—	486 995
L'Allemagne	—	429 399
La Turquie	—	377 634
La Belgique	—	229 079
La Roumanie	—	201 386
L'Angleterre	—	91 240
L'Australie	—	8 448

L'Algérie et la Tunisie peuvent encore augmenter leur production. De longtemps elles ne répondront pas à la demande.

reçoit aujourd'hui plus de demandes sérieuses qu'il ne peut créer de fermes nouvelles, et, l'année dernière, ce furent ses premiers métayers qui firent venir leurs parents pour prendre les nouvelles métairies.

Ce témoignage, que corroboreraient au besoin de multiples autres témoignages, est concluant.

« Je reviens enchanté », m'écrivait-il lui-même, le 15 juin 1899, de mon voyage dans le Bocage et la Loire-Inférieure. Il y a là des populations très chrétiennes où les familles sont très nombreuses et fournissent de nombreux émigrants. Ils vivent à l'étroit sur de petites fermes et quand cette vérité « qu'une famille ayant deux enfants en âge de travailler et installée sur une métairie de 50 hectares, mettra tous les ans de côté 1 000 francs (sauf la première et parfois la seconde année), quand cette vérité, dis-je, sera bien connue, ces pays nous fourniront autant d'émigrants que nous le désirerons. »

Donc, on trouvera des métayers.

Seulement il faudra les bien choisir.

« Ce ne sont pas des citadins qu'il nous faut, disait avec énergie M. Saurin dans sa conférence déjà citée ; ni les 50 000 désœuvrés qui couchent sous les ponts. Nous n'en voulons pas parce qu'ils ne nous rendraient aucun service. Il leur faut du vin, chaque jour, de la viande, tout le confort des villes et peu de travail. Ils ne s'acclimatent pas et ils ne songent qu'à se plaindre. Ce qu'il nous faut, ce sont des paysans qui donnent de leur personne, qui vivent en paysans avec les produits récoltés par eux et n'achètent presque rien. »

Ceux-là seulement réussiront et non pas les épiciers ruinés, les maîtres d'école mécontents, les huissiers sans travail, les marchands sans clients, les déclassés, les désœuvrés, les rôdeurs, les non-valeurs de la métropole.

La seconde conclusion, c'est que nos grands propriétaires de Tunisie ont tout intérêt à morceler leurs propriétés pour les confier ainsi à de bons et honnêtes métayers.

La propriété, cultivée en grand, sous la garde d'un gérant, ou même du propriétaire, ne lui rapporte que très peu et elle peut lui causer beaucoup d'ennuis. D'après M. Millet, la maison Potin, après avoir dépensé 3 millions pour créer son magnifique vignoble de 450 hectares, en retire, au bout de dix à onze ans d'efforts, par la plus intelligente et la plus perfectionnée des exploitations, 7 p. 100 du capital investi. Or, si ce vignoble avait été sectionné en métairies de 50 hectares chacune, d'abord son établissement ne fût pas monté à plus d'un demi-million, un hectare de vignes revenant au prix de 1 000 francs dans ce cas, et chaque hectare rapporterait en moyenne 50 hectolitres à 12 francs, soit 600 francs, ce qui donnerait pour tout le domaine :

$$600 \times 450 = 270\,000 \text{ francs.}$$

Le propriétaire en aurait la moitié, c'est-à-dire 135 000 francs, ce qui lui assurerait un revenu de 13,50 p. 100, à peu près le double de ce qu'il a maintenant.

Si, au lieu de vignobles, nous considérons une propriété ordinaire où l'on ne fait que des céréales et de l'élevage, le propriétaire en grand n'en retire souvent rien, ou, tout au plus, 2, 3, 4, 5 p. 100. D'après les devis de M. Saurin, s'il a sectionné une propriété de 500 hectares en dix métairies de 50 hectares chacune, ce qui lui aura coûté 200 000 francs, il en retirera pour lui seul $2\,000 \times 10 = 20\,000$ francs, c'est-à-dire 10 p. 100 de l'argent investi [1].

---

1. Voici, du reste, les chiffres du devis fait par M. Saurin. Ils sont instructifs et utiles à étudier :

A. — CAPITAL NÉCESSAIRE POUR CRÉER UNE FERME DE 50 HECTARES.

Achat du sol : 50 hectares à 150 fr.	7 500 fr.
Constructions : maison de 3 pièces, écurie de 20 mèt. de long sur 7 mèt. de large. Aménagement des eaux.	7 000 fr.
Cheptel : 8 bœufs de labour, 20 vaches, 10 taurillons.	4 000 fr.
Semences, paille, fourrage pour la 1re année et divers.	1 500 fr.
Total.	20 000 fr.

QUELS SONT LES PAYS OU NOUS DEVONS ÉMIGRER. 593

Tout le monde est d'accord sur ce point : « Combien de colons se sont perdus pour avoir voulu trop faire, dit Lescure. M'en citerez-vous un seul qui se soit perdu pour avoir fait peu et bien ? »

Et Millot : « On fait sa fortune sur 10 hectares abondamment et périodiquement fumés, et on se ruine sur 100 hectares fumés à la légère [1]. »

Aussi désirerions-nous, et ce sera là notre troisième

B. — RENDEMENT ANNUEL D'UNE FERME.

1° *Ferme sans vignoble* : Céréales. — 25 hect. sont consacrés à cette culture et donnent un produit moyen de 120 fr. à l'hect. (déduction faite des semences), soit 6 quintaux de blé à 20 fr. ou 10 quintaux d'avoine à 12 fr. — 25 hect. à 120 fr. . . . . 3 000 fr.
Fourrages et bétail — 25 hect. sont consacrés au fourrage ou au pâturage, ce qui permet d'entretenir 30 bêtes à cornes donnant un produit moyen annuel de 40 fr. . . . . 1 200 fr.

Produit total de la ferme. . . . . 4 200 fr.

Sur cette somme, 2 000 fr. reviennent au métayer et 2 000 fr. au propriétaire, qui obtient ainsi un revenu brut de 10 p. 100 du capital engagé.

L'évaluation des rendements est très modérée, et le jour où les terres seront mises en bonne culture, fumées et phosphatées, on obtiendra dans le nord de la Tunisie, un rendement brut de 150 à 180 fr. à l'hectare avec les céréales et le bétail, soit un rendement deux fois plus élevé que celui de 84 fr. que nous avons pris pour base de nos évaluations.

Ainsi, même sans la vigne, on est assuré d'un revenu sérieux.

2° *Ferme avec vignoble.* — La création d'un vignoble (extirpation du chiendent, défoncement à la vapeur à 50 centimètres, entretien du vignoble pendant deux ans, cave, cuves en maçonnerie) exige une dépense supplémentaire de 1 000 fr. à l'hectare, soit pour un vignoble de 10 hect . . . . 10 000 fr.

Produit du vignoble : 50 hectolitres de vin vendu à 12 fr. . 600 fr. à l'hect. soit 300 fr. pour notre part; pour 10 hect. . . . . 3 000 fr.

Revenu des céréales et du bétail inscrit ci-dessus, mais diminué de 600 fr., car le vignoble a restreint la surface pour la culture des céréales et des fourrages . . . . 1 400 fr.

Total. . . . . 4 400 fr.

Le produit revenant à la Société s'élèvera donc à 4 400 fr. pour une ferme de 50 hect., soit à 15 p. 100 environ du capital engagé. En France, l'agriculture est, en général, peu rémunératrice à cause du prix élevé de la terre et des impôts formidables qui écrasent la production. En Tunisie, le prix de la terre est modéré et les impôts sont peu élevés.

1. *Revue de Paris*, 15 novembre 1897, p. 349.

conclusion, voir nos propriétaires français, qui ont des fils à placer et qui ont encore un peu d'argent à leur confier, les envoyer en Tunisie fonder une grande exploitation, qui serait pour eux, au bout de très peu d'années, quatre ou cinq ans, huit ou dix ans tout au plus, une magnifique propriété dont la valeur vénale aurait doublé ou triplé par sa mise en valeur, et dont les revenus suffiraient amplement à l'existence très large d'une famille très nombreuse. Il suffira, pour s'en rendre compte, de se reporter aux chiffres ci-dessus.

Supposons, pour préciser et mieux nous rendre compte du calcul, qu'un de ces jeunes gens sérieux et déjà suffisamment formés, acquière une propriété de 600 hectares ; il en gardera 100 pour lui et il partagera les 500 autres en 10 métairies de 50 hectares chacune. Ne parlons pas de la dépense qu'il devra faire pour bâtir sa propre maison et faire travailler son domaine, ni du revenu qu'il retirera de ce domaine, car l'un et l'autre dépendront trop des circonstances. Mais nous avons vu qu'il retirera annuellement 20 000 francs de ses dix métairies, si elles n'ont pas de vignes, et au moins le double si elles renferment chacune un vignoble de 10 hectares. Dans le premier cas, il aura dépensé 200 000 francs et 300 000 francs dans le second cas. Quand toutes ces terres seront défrichées, elles vaudront au bas mot 500 000 francs sans vignes, 750 000 francs avec vignes, cela en dehors de sa réserve de 100 hectares dont la valeur aura crû, indépendamment de toute amélioration locale, par la simple mise en valeur et le peuplement des fermes environnantes, et dont il aura pu faire, s'il en a pris la peine, une propriété personnelle splendide où il continuera à habiter, où ses enfants résideront après lui et qui deviendra sa vraie maison de famille.

Il me semble qu'il y a là de quoi tenter bien de nos jeunes Français pour qui il n'y a réellement rien à faire en France, et est-ce un rêve que d'espérer qu'ils se laisseront tenter ?

Évidemment ce succès, à peu près certain et si supérieur à tout ce que nous pouvons espérer en France, suppose la présence sur les terres du propriétaire. Si des obligations inévitables le retenaient en France, mais qu'il pût cependant aller passer quelques semaines en Tunisie, tous les ans, ou au moins tous les deux ans, peut-être pourrait-il encore tenter une telle entreprise. Mais alors, il devrait se substituer un bon gérant, à la fois honnête et intelligent, sérieux et travailleur, qui connaisse son métier et sache se faire obéir.

Cependant, dans ce dernier cas, il serait peut-être préférable de recourir à l'association.

Pourquoi, en effet, de petites sociétés ne se formeraient-elles pas en France, sur le modèle de celles qui se sont formées en Sicile, ou mieux sur le modèle de celles que M. Saurin a formées à Tunis, pour établir des paysans français sur le sol de la Régence? Ce serait à la fois un emploi rémunérateur de notre argent dont trop souvent nous ne savons que faire et qui, en tout cas, nous rapporte si peu ; ce serait aussi un grand service rendu à la Tunisie, dont nous contribuerions ainsi à faire rapidement une terre française, et enfin un grand service rendu à tant de braves gens pour qui la vie sera si dure en France, tandis qu'ils prospéreraient là-bas.

Voici, semble-t-il, quelle pourrait être la base de ces sociétés.

Un homme influent d'une de ces régions de la France, où l'on trouverait si facilement des émigrants, en prendrait l'initiative. Il commencerait par réunir quelques milliers de francs pour un voyage d'études. Il irait lui-même, ou, tout au moins, il enverrait un homme sûr et compétent en Tunisie, pour voir sur place, pour choisir un terrain et passer un marché conditionnel, etc. Cela fait et la question mûrement étudiée, il ferait appel à des amis pour réunir les fonds nécessaires, mettez 500 000 francs, mettez 1 000 000, avec facilité d'augmenter plus tard le fonds social. On choisirait ensuite un gérant de toute sûreté et de toute valeur, et, avec lui, des familles de paysans les plus aptes possible, par leurs qualités, leur amour du travail et de l'épargne, leur santé, à réussir. On les établirait sur les terrains allotis en exigeant d'eux, ou parfois en leur avançant l'argent nécessaire pour leurs premières dépenses. Quand tous seraient installés et que les métairies commenceraient à rapporter, on pourrait, — et ce serait là la perfection — en partager les revenus en trois parts, dont la première rémunérerait le capital engagé, avec un intérêt minimum d'au moins 4 ou 5 p. 100, la seconde permettrait au métayer de vivre et la troisième enfin serait employée à restituer à la Compagnie les avances qu'elle aurait faites, de telle manière qu'au bout de huit, de dix, de quinze ans, elle fût rentrée en possession de son capital entier, rémunéré chaque année par un intérêt de 5 à 10 p. 100 et que ses métayers fussent devenus propriétaires de leurs métairies.

Avec son argent redevenu libre, la Compagnie établirait ailleurs un autre village qu'elle abandonnerait plus tard de la même manière, faisant ainsi à la fois et une bonne opération pour ses actionnaires, et une bonne œuvre.

Pourvu que ces sociétés fussent bien gérées, leur argent ne risquerait rien, car elles auraient toujours en mains, de tous les gages le plus précieux, c'est-à-dire leurs fermes sur lesquelles elles prendraient hypothèque et dont la valeur, s'accroissant, chaque année, dépasserait bientôt leur créance.

Donc de telles sociétés pourraient et se fonder et prospérer à deux conditions :

1° Qu'il se trouvât un homme dans chaque région pour en provoquer la création, en conduire l'organisation et en diriger les opérations.

2° Qu'il se trouvât un gérant capable pour les représenter en Tunisie.

Quant aux colons, on peut être sûr qu'ils ne manqueraient point et qu'ils persévéreraient, pour peu toutefois que l'administration voulût les aider.

Oh ! nous lui demandons très peu, à l'administration. Nous ne lui demandons ni avances d'argent, ni concessions gratuites, ni l'expropriation des indigènes. Nous ne lui demandons que la justice, la sécurité et les travaux d'utilité publique nécessaires à la création de tout nouveau centre de population.

Qu'elle nous donne de l'eau pour chaque centre et un chemin de communication reliant ce centre à la route ou à la gare de chemin de fer la plus proche.

Qu'elle nous fasse bâtir une école et nous assure l'aide d'un instituteur.

Qu'elle nous fasse bâtir une église et nous garantisse, sinon pour chaque centre, au moins pour chaque groupe de centres, la présence d'un prêtre, compatriote, autant que possible, des colons établis en ces groupes.

Ce sera suffisant, mais c'est indispensable.

Je veux croire que l'administration, jusqu'ici si intelligente, du Protectorat, ne reculera pas devant de si légères dépenses et bientôt l'on verra « ces plaines aujourd'hui nues et parsemées de quelques misérables gourbis dont la teinte se confond avec celle du paysage, se couvrir de milliers de maisons blanches aux toits rouges, entourées d'un massif de verdure », et devenues françaises.

Si l'on veut attirer des colons agricoles français en Tunisie, comme dans nos autres colonies, du reste, qu'on leur assure là-bas l'instruction pour leurs enfants et les secours religieux pour eux-mêmes. Le cultivateur français n'est pas toujours très pieux, mais il lui faut quand même son église, son clocher, son curé et.... le son de l'Angélus.

Et il est vraiment typique, l'exemple cité par M. Saurin dans sa conférence de la Société de Géographie, de celui de ses fermiers n'allant jamais à l'église, mais, malgré cela, lui demandant, si possible, un prêtre et une église, au moins une cloche qu'il s'offrait de sonner régulièrement lui-même aux heures de l'Angelus. Ceux-là seulement souriront de la naïveté du trait qui n'ont jamais quitté l'asphalte de nos villes pour aller vivre en pays étranger.

En même temps, et plus facilement encore, que ne se créeront des entreprises agricoles, s'établiront et se développeront les diverses industries que réclame la mise en œuvre de la Tunisie, minoteries, tanneries, huileries, savonneries, fabriques de conserves, etc.

Concurremment aussi, notre commerce d'exportation et d'importation avec la Régence se développera et des maisons françaises, de plus en plus nombreuses, de plus en plus florissantes, s'établiront dans les ports et dans les villes de la Régence, qui contribueront elles aussi à l'extension de notre influence et à la prise de possession définitive de la Tunisie.

APPENDICE I

TABLEAU SYNOPTIQUE DE L'ÉMIGRATION HORS D'EUROPE

DES PRINCIPAUX ÉTATS EUROPÉENS

Années.	Royaume-Uni[1].	Allemagne[2].	Autriche.	France[4].	Norvège.	Italie.
1815	2 081	»	»	»	»	»
1816	12 510	»	»	»	»	»
1817	20 634	»	»	»	»	»
1818	27 787	»	»	»	»	»
1819	34 787	»	»	»	»	»
1820	25 729	»	»	»	»	»
1821	18 297	»	»	»	»	»
1822	20 429	»	»	»	»	»
1823	16 550	»	»	»	»	»
1824	14 025	»	»	»	»	»
1825	14 891	»	»	»	»	»
1826	20 900	»	»	»	»	»
1827	28 003	»	»	»	»	»
1828	26 092	»	»	»	»	»
1829	31 198	»	»	»	»	»
1830	56 907	»	»	»	»	»
1831	83 160	»	»	»	»	»
1832	103 140	10 344	»	»	»	»
1833	62 527	8 891	»	»	»	»
1834	76 222	13 086	»	»	»	»
1835	44 478	6 185	»	»	»	»
1836	75 417	17 007	»	»	»	»
1837	72 034	17 514	»	»	»	»
1838	33 222	10 267	»	»	»	»
1839	62 207	13 981	»	»	»	»
1840	90 743	14 526	»	»	»	»
1841	118 592	11 001	»	»	»	»
1842	128 344	14 234	»	»	»	»
1843	57 212	11 683	»	»	»	»
1844	70 686	21 631	»	»	»	»
1845	93 501	34 210	»	»	»	»
1846	129 851	37 229	»	»	»	»
1847	258 270	41 310	»	»	»	»
1848	248 089	36 532	»	»	»	»
1849	299 498	34 249	»	»	»	»

Années.	Royaume-Uni[1].	Allemagne[2].	Autriche.	France[4].	Norvège.	Italie.
1850...	280 849	33 206	508	»	»	»
1851...	335 966	49 772	864	»	2 640[6]	»
1852...	368 761	87 586	1 179	»	4 030	»
1853...	278 129	87 760	4 684	9 694	6 050	»
1854...	267 047	127 694	7 141	18 079	5 950	»
1855...	150 023	50 202	4 005	19 957	1 600	»
1856...	148 284	62 720	2 779	17 997	3 200	»
1857...	181 051	81 014	2 836	18 800	6 480	»
1858...	95 067	42 976	2 126	13 813	2 500	»
1859...	97 093	35 253	1 141	8 737	1 800	»
1860...	95 989	46 511	2 032	9 632	1 900	»
1861...	65 197	30 939	2 513	8 501	8 900	»
1862...	97 763	35 264	1 582	6 647	5 250	»
1863...	192 864	42 856	1 515	5 575	1 100	»
1864...	187 081	52 756	2 322	5 094	4 300	»
1865...	174 891	87 549	2 954	4 715[5]	4 000	»
1866...	170 053	106 057	3 807	5 772	15 455[7]	»
1867...	156 982	116 860	9 299	6 047	12 829	»
1868...	138 187	116 483	4 149	6 406	13 211	»
1869...	186 300	110 813	5 559	7 898	18 070	»
1870...	202 511	79 337	5 920	4 600	14 838	18 607[8]
1871...	192 751	102 740	6 169	5 947	12 276	»
1872...	187 081	154 824	6 099	15 829	13 865	35 398[9]
1873...	228 345	132 417	6 927	8 404	10 352	42 715
1874...	197 272	74 076	5 873	7 163	4 601	20 569
1875...	140 675	56 313	10 012	4 284	4 048	11 916
1876...	109 469	50 398	9 259	2 190	4 355	22 392
1877...	95 195	41 749	5 877	2 116	3 218	22 698
1878...	112 902	46 286	5 554	2 316	4 876	23 901
1879...	164 274	35 812	5 929	3 364	7 608	39 827
1880...	227 542	117 097	10 145	4 612	20 212	35 677
1881...	243 002	220 902	13 341	4 456	25 976	43 725
1882...	279 366	203 585	7 759	4 858	28 804	67 632
1883...	320 118	173 616	7 366	4 011	22 167	70 436
1884...	242 179	149 065	7 215	6 100	14 776	59 459
1885...	207 644	110 119	16 372[3]	6 063	13 981	78 961
1886...	232 900	83 225	19 403	7 314	15 158	87 423
1887...	281 487	104 787	20 156	11 170	20 741	133 191
1888...	279 928	103 951	24 819	23 339	21 452	207 795
1889...	253 795	96 032	30 065	31 354	12 642	125 781
1890...	218 116	97 103	38 706	20 560	10 991	111 595
1891...	218 507	120 089	53 778	6 217	13 341	189 746
1892...	210 042	116 336	50 274	5 528	17 049	116 642
1893...	208 814	87 667	48 840	5 586	18 778	142 269
1894...	156 030	40 964	18 753	»	5 586	114 566
1895...	185 181	37 498	42 992	»	6 207	187 908
1896...	241 952	32 152	77 000	»	6 679	245 134
Total.	12 863 453	4 429 125	617 598	412 413	469 898	2 267 963

APPENDICE I. 601

Espagne[11].	Suède.	Suisse[14].	Danemark.	Russie[12].	Portugal.	Belgique.	Hollande.
»	»	»	»	»	»	»	»
»	»	»	»	»	»	»	»
»	»	»	»	»	»	»	»
»	»	»	»	»	»	»	»
»	»	»	»	»	»	»	»
»	»	»	»	»	»	»	»
»	»	»	»	»	»	»	»
»	»	»	»	»	»	»	»
»	»	»	»	»	»	»	»
»	»	»	»	»	»	»	»
»	»	»	»	»	»	»	»
»	»	»	»	»	»	»	»
»	»	»	»	»	»	»	»
»	»	»	»	»	»	»	»
»	»	»	»	»	»	»	»
19 173	»	»	»	»	»	»	»
20 000	4 901	»	»	»	»	»	»
31 025	6 152	»	»	»	»	»	»
27 555	21 669	5 007	»	»	»	»	»
36 600	32 285	5 206	4 359	»	»	»	»
4 383	15 568	3 494	3 525	»	»	»	»
6 383	13 186	3 852	3 906	2 480	»	»	»
8 751	11 968	4 899	6 893	5 892	17 284	»	»
6 832	9 642	4 957	7 200	6 038	12 989	»	»
6 385	3 569	2 672	3 322	9 236	14 835	»	»
3 785	3 689	1 772	2 088	6 752	15 440	»	»
2 591	3 786	1 741	1 581	7 636	11 035	»	»
3 348	2 997	1 691	1 877	5 005	11 057	»	»
2 313	4 400	2 608	2 972	6 584	9 926	»	»
3 625	12 866	4 288	3 068	4 942	13 208	»	»
4 607	36 398	7 255	5 658	7 191	12 597	»	»
4 456	40 762	10 935	7 985	10 655	14 637	»	»
»	44 585	10 896	11 614	21 590	18 272	»	»
»	25 911	12 758	8 375	9 809	19 257	»	»
»	17 895	8 975	6 307	17 226	17 518	»	»
24 315	18 466	6 928	4 346	18 550	13 153	1 286[13]	2 146[14]
34 043	28 271	5 803	6 263	33 724	13 738	2 048	2 024
37 200	46 556	6 801	8 801	29 355	16 521	3 834	5 018
49 283	45 864	7 432	8 659	38 747	23 632	7 794	4 298
97 719	29 067	7 445	8 967	35 874	19 647	8 406	9 111
37 025	30 128	6 693	10 298	85 548	28 945	21 675	3 526
37 721	38 318	6 521	10 382	109 515	33 234	18 994	4 075
30 190	41 275	6 629	10 422	74 681	20 772	22 532	6 290
38 707	37 504	5 229	9 150	52 840	30 093	22 117	4 820
34 102	9 678	2 863	4 105	56 302	26 656	18 302	1 146
36 220	12 708	3 107	3 607	59 353	44 746	18 617	1 513
»	19 551	3 330	2 867	61 085	27 980	19 762	2 183
456 525	669 615	161 787	168 597	676 610	487 172	304 931	132 356

1. Y compris les émigrants étrangers de 1815 à 1869.

On aimera peut-être à connaître le détail de l'émigration de l'Angleterre, de l'Ecosse et de l'Irlande. La voici depuis 1870.

Années	Angleterre.	Écosse.	Irlande.
1870	105 293	22 935	74 283
1871	102 452	19 232	71 067
1872	118 190	19 541	72 763
1873	123 343	21 310	83 692
1874	116 490	20 286	60 496
1875	84 540	14 686	41 449
1876	73 396	10 097	25 976
1877	63 711	8 653	22 831
1878	72 323	11 087	29 492
1879	104 275	18 703	41 296
1880	111 845	22 056	93 641
1881	139 976	26 826	76 200
1882	162 992	32 242	84 132
1883	183 236	31 139	105 743
1884	147 660	21 953	72 566
1885	126 260	21 367	60 017
1886	146 301	25 323	61 276
1887	168 221	34 365	78 901
1888	170 822	25 873	73 233
1889	163 518	25 354	64 923
1890	139 979	20 653	57 484
1891	137 881	22 190	58 436
1892	133 815	23 325	52 902
1893	134 045	22 637	52 132
1894	99 590	14 432	42 008
1895	112 538	18 294	54 349
1896	102 837	16 866	42 222
	3 336 529	582 415	1 653 520

2. Y compris les émigrants étrangers de 1830 à 1870.

3. Nous n'avons pris, en cette statistique, que les pays cisleithans. Voici, à partir de 1885, les chiffres pour la Hongrie, et le total pour l'Autriche-Hongrie :

	Autriche-Hongrie.	Hongrie.
1885	28 720	12 348
1886	44 552	25 149
1887	38 426	18 270
1888	42 449	17 630
1889	52 115	22 050
1890	66 128	27 422
1891	75 197	21 419
1892	74 947	24 673
1893	65 544	16 704
1894	25 536	6 783
1895	60 528	17 536
Total...	574 142	209 984

4. A titre de documents, nous ajoutons aux chiffres de M. Leroy-Beaulieu les chiffres italiens, de source sérieuse (*Mouvement de l'émigration en France*, 1870-1874, 1875-1877, 1878-1881), mais différant d'eux surtout pour les années 1865-1869.

APPENDICE I.

La raison en est qu'elles comprennent les émigrants étrangers. Pour les autres années (1870-1880) les différences, vraiment minimes, peuvent être attribuées à des causes diverses. Ainsi la statistique italienne omet, de 1870 à 1874, 1 366 émigrants (à savoir : 126 en 1870, 128 en 1871, 367 en 1872, 420 en 1873, et 325 en 1874), qu'elle ne peut classer par pays de destination. Elle omet aussi les réfractaires à la loi militaire : chiffres curieux à connaître et que voici :

319 en 1870   576 en 1871   799 en 1872   652 en 1873   691 en 1874   454 en 1875
306 en 1876   270 en 1877   167 en 1878   171 en 1879   150 en 1880   120 en 1881

5. Les statistiques divisent, de 1853 à 1858, notre émigration en deux parties : celle qui se dirigeait en Algérie et celle qui se dirigeait ailleurs. Il est regrettable que cette distinction n'ait pas été continuée, et surtout qu'elle n'ait pas été étendue à d'autres pays, en particulier aux pays différents de nos colonies. Quoi qu'il en soit, voici les chiffres de ces six années :

	En Algérie.	Ailleurs.	Total.
1853	4 437	5 257	9 694
1854	7 684	10 395	18 079
1855	9 802	10 155	19 957
1856	8 564	9 433	17 997
1857	7 992	10 808	18 800
1858	4 809	9 004	13 813
	43 288	55 052	98 340

6. Émigrants pour l'Amérique.
7. Pour l'Amérique et l'Océanie.
8. Manquent, pour l'émigration régulière, 10 provinces; pour l'émigration clandestine, 36 provinces.
9. Manque l'émigration clandestine.
10. Non compris les émigrants vers les colonies espagnoles d'outre-mer.
11. De 1868 à 1878, pour 20 cantons. La statistique est complète à partir de 1879.
12. De 1871 à 1878, comprend les émigrants russes partis de Hambourg et de Brême. A partir de 1885 à 1890, émigrants partis par les ports allemands. Pour les 6 années 1879-1884, nous ne possédons que les chiffres donnant le nombre des immigrants russes aux États-Unis d'après les statistiques américaines.

L'absence de statistiques suffisamment complètes nous rend difficile une évaluation même approximative de l'émigration russe en Sibérie. Assez faible jusqu'en 1870, puisque ces immenses territoires ne comptaient encore que 2 500 000 habitants y compris les indigènes et les émigrants chinois, elle prit dès lors un rapide essor qui a fait monter sa population à 5 700 00 en 1896. On peut donner de cette émigration les chiffres approximatifs suivants :

De 1870-1880	5 000	7 000	9 000
— 1880-1890	15 000	20 000	»
En 1894	100 000	»	»
— 1895	150 000	»	»

venant surtout des provinces de l'Est et du Sud de la Russie. Si cette proportion se maintenait, on aurait 1 000 000 d'émigrants en 1900. On a vu à Krasnoïarsk, jusqu'à 30 000 émigrants à la fois, plus que la population ordinaire de la ville. Cet énorme accroissement d'émigrants est dû surtout à la construction du Transsibérien.

13. Les chiffres suivants jusqu'en 1890 représentent les émigrants belges embarqués directement à Anvers, pour les pays hors d'Europe.
14. Les émigrants hollandais embarqués par les ports néerlandais.

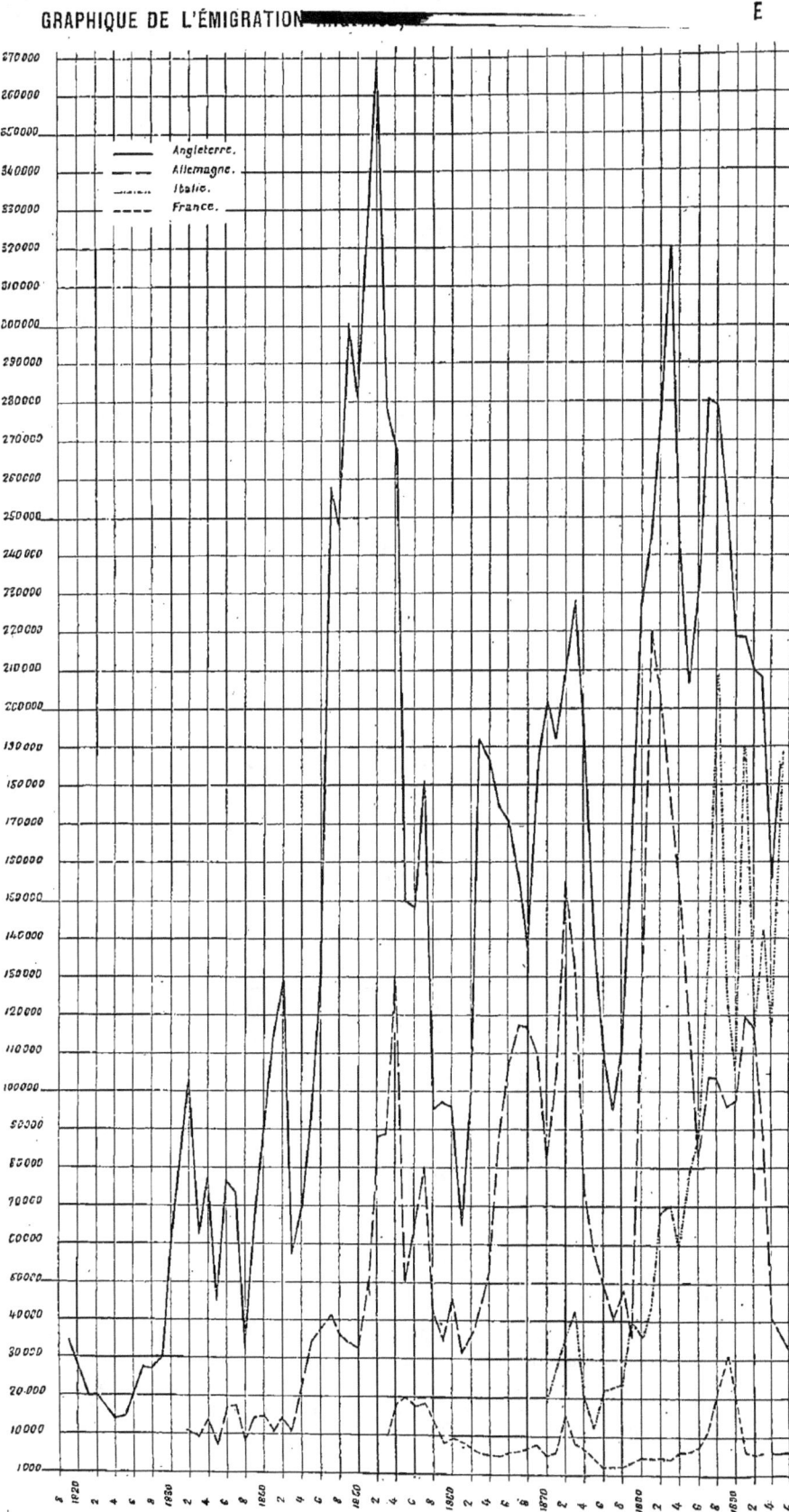

APPENDICE III

ÉMIGRATION EUROPÉENNE AU POINT D'ARRIVÉE

ROYAUME-UNI DE GRANDE-BRETAGNE ET D'IRLANDE

I. — De 1853 à 1868.

	Amérique du Nord.	Australie.	Autres pays. non européens.
1853.	222 731	54 818	580
1854.	189 306	77 526	215
1855.	102 349	47 284	390
1856.	106 230	41 329	725
1857.	122 319	57 858	874
1858.	55 860	36 454	2 753
1859.	59 565	28 604	8 924
1860.	70 644	21 434	3 911
1861.	42 113	20 597	2 487
1862.	57 054	38 828	1 881
1863.	140 193	50 157	2 514
1864.	141 536	40 073	5 472
1865.	132 887	36 683	5 321
1866.	141 828	26 682	4 543
1867.	138 211	14 023	4 748
1868.	120 822	12 332	5 033
	1 843 648	604 682	50 371

II. — De 1869 à 1874 [1].

	États-Unis.	Argentine.	Uruguay.	Australie.	Autres pays.
1869.	147 716	?	146	14 457	4 185
1870.	151 089	453	61	16 526	5 351
1871.	143 937	694	16	11 695	5 314
1872.	157 905	968	44	15 248	9 082
A reporter.	600 647	2 115	267	57 926	23 932

1. Statistiques américaines pour l'Amérique : elles sont généralement inférieures aux statistiques anglaises, surtout pour les États-Unis. La raison en est, que beaucoup d'Anglais embarqués effectivement pour les États-Unis ne s'arrêtent pas à leur arrivée à New-York et poursuivent leur voyage jusqu'au Canada.

LA FRANCE HORS DE FRANCE.

	États-Unis.	Argentine.	Uruguay.	Australie.	Autres pays.
Report...	600 647	2 115	267	57 926	23 932
1873.....	159 355	1 588	26	25 137	7 433
1874.....	100 422	1 036	16	52 581	10 180
	860 424	4 739	309	135 644	41 545

III. — De 1875 à 1884[1].

	États-Unis.	Canada.	Argentine.	Uruguay.	Indes occidentales anglaises.	Amérique centrale et méridionale.	Australie.	Cap et Natal.	Indes orientales.	Autres pays.
1875.	81 193	12 306	1 288	8	»	»	34 750	»	»	»
1876.	54 554	9 335	834	11	»	»	32 196	»	»	»
1877.	45 481	7 720	?	35	1 183	1 645	30 138	4 834	3 247	947
1878.	54 694	10 652	789	10	1 122	1 506	36 479	4 337	3 199	913
1879.	91 809	17 982	783	31	1 215	1 227	40 959	6 895	3 153	1 067
1880.	166 570	20 902	588	42	1 295	1 179	24 184	9 059	3 146	1 207
1881.	176 104	23 912	?	12	1 226	1 776	22 682	12 905	3 044	1 353
1882.	181 863	40 441	?	25	1 415	1 646	37 289	12 063	3 137	1 472
1883.	191 573	44 185	427	7	1 528	1 673	71 264	5 742	2 776	1 377
1884.	155 280	31 134	1 021	12	1 399	2 061	44 225	3 954	2 661	1 435
	1 199 118	218 569	5 730	193	10 383	12 713	374 196	59 789	24 363	9 771

1. Peut-être aimera-t-on à connaître la proportion d'Anglais, d'Écossais et d'Irlandais dans les chiffres précédents.

		E.-U.	Can.	Arg.	Ur.	Ind. oc.	Amér. c. et m.	Aust.	Cap et Nat.	Ind. or.	Autres pays.
1875	A.	43 867	9 044	»	»	»	»	20 749	»	»	»
	E.	5 893	1 871	»	»	»	»	5 750	»	»	»
	I.	31 433	1 391	»	»	»	»	8 251	»	»	»
1876	A.	34 612	6 227	»	»	»	»	20 582	»	»	»
	E.	3 510	1 050	»	»	»	»	4 550	»	»	»
	I.	16 432	2 058	»	»	»	»	7 064	»	»	»
1877	A.	28 074	6 009	»	»	1 032	1 151	19 485	4 143	3 005	812
	E.	3 416	794	»	»	136	159	3 250	592	197	109
	I.	13 991	917	»	»	15	335	71 403	99	45	26
1878	A.	32 099	7 957	»	»	933	948	23 055	3 740	2 803	788
	E.	3 993	1 155	»	»	151	136	4 871	341	338	102
	I.	18 602	1 540	»	»	38	422	8 553	256	58	23
1879	A.	52 402	13 965	»	»	1 081	786	26 366	5 962	2 774	939
	E.	9 346	1 670	»	»	109	63	6 395	747	272	101
	I.	30 058	2 347	»	»	25	378	8 198	186	107	27
1880	A.	69 081	13 541	»	»	1 124	765	15 176	8 292	2 794	1 072
	E.	14 471	3 221	»	»	148	99	3 059	704	245	109
	I.	83 018	4 140	»	»	23	315	5 949	63	251	26
1881	A.	90 527	17 164	»	»	887	1 271	15 704	10 979	2 411	1 033
	E.	18 238	3 182	»	»	256	256	2 433	1 816	382	263
	I.	67 339	3 566	»	»	83	249	4 545	110	107	57
1882	A.	94 559	27 763	»	»	1 149	1 301	24 345	10 093	2 503	1 239
	E.	19 004	4 630	»	»	231	176	6 240	1 428	342	191
	I.	68 300	8 048	»	»	35	169	6 704	542	251	42

APPENDICE III. 607

IV. — De 1885 à 1892.

	États-Unis.		République Argentine et Brésil.	Australie et autres contrées
	Chiffres anglais.	Chiffres américains.		
1885.	137 687	105 610	1 104	68 853
1886.	152 710	126 601	1 682	78 508
1887.	201 626	179 609	1 110	78 751
1888.	195 986	173 141	1 555	82 397
1889.	168 771	138 187	6 043	79 081
1890.	152 413	121 003	1 300	64 403
1891.	156 395	121 072	2 231	59 881
1892.	150 039	107 610	291	59 712
	1 315 627	1 072 833	15 316	571 586

V. — De 1893 à 1897.

	États-Unis.	Canada.	République Argentine.	Brésil.	Indes occidentales anglaises.	Amérique centrale et méridionale.	Austral e.	Indes orientales.	Cap et Natal.	Autres pays.
1893.	106 535	»	273	100	»	»	»	»	»	»
1894.	71 257	17 459	385	91	1 581	2 147	10 917	3 812	13 177	2 460
1895.	76 470	16 622	399	28	1 575	2 450	10 567	3 900	20 234	2 974
1896.	64 827	»	»	429	»	»	»	»	»	12 789
1897.	41 148	15 571	562	»	»	»	12 061	»	»	12 395
	360 207	49 652	1 619	219	3 156	4 597	33 545	7 712	33 411	30 621

FRANCE

	États-Unis.	Argentine et Uruguay.	Brésil.	Reste de l'Amérique.	Afrique.
1866.	337	1 648	21	144	21
1867.	468	2 002	73	115	64
1868.	124	2 878	167	»	3
A reporter.	959	6 528	261	259	88

	A.	93 392	27 995	»	»	1 336	1 463	50 201	5 356[1]	2 305	1 188
1883	E.	15 332	3 871	»	»	154	88	10 975	278	272	169
	I.	82 849	12 319	»	»	38	122	10 088	108	199	20
	A.	83 324	23 463	»	»	1 266	1 810	30 967	3 714	1 941	1 175
1884	E.	12 752	3 163	»	»	125	111	4 952	191	442	217
	I.	59 204	4 508	»	»	8	140	8 336	49	278	43

	Ang'ais.	Irlandais.	Écossais.	Gallois.
1. 1893	43 057	50 102	11 866	1 510
1894	28 117	36 448	5 610	1 082
1895	23 479	46 720	4 227	2 044

	États-Unis.	Argentine et Uruguay.	Brésil.	Reste de l'Amérique.	Afrique.
Report...	929	6 528	261	259	88
1869....	63	3 931	238	26	21
1870....	476	2 154	190	30	67
1871....	1 264	1 592	136	90	69
1872....	1 587	2 158	351	157	77
1873....	1 243	1 526	176	181	81
1874....	1 453	1 007	133	798	108
1875....	8 608	1 249	988	725	48
1876....	6 724	929	68	207	60
1877....	6 127	1 170	66	138	911
1878....	4 668	2 233	163	98	2
1879....	4 121	2 379	36	174	1
1880....	4 939	2 433	240	128	»
1881....	5 653	3 740	11	313	»
1882....	5 560	3 458	249	248	24
1883....	4 016	4 247	152	239	160
1884....	3 690	4 834	155	523	82
1885....	3 138	1 752	233	668	»
1886....	3 318	»	218	»	»
1887....	5 034	»	241	»	»
1888....	6 454	»	478	»	»
1889....	5 918	»	602	»	»
1890....	6 585	»	2 844	»	»
1891....	6 770	»	1 921	»	»
1892....	6 521	»	575	»	»
1893....	5 260	348	616	»	»
1894....	3 434	2 667	310	»	»
1895....	2 824	2 790	286	»	»
1896....	2 463	3 486	322	»	»
1897....	» Argent.	3 486	»	»	»
1897....	2 107 Urug.	483	»	»	»
	120 047	63 662	12 259	5 002	1 799

1. D'après une statistique publiée par M. Tridon dans la *Dépêche Tunisienne* du 21 mars 1898, l'Argentine a reçu depuis 1857 jusqu'à 1896 inclusivement :

Italiens...............	1 009 399
Espagnols.............	283 866
Français..............	151 719
Anglais...............	31 939
Autrichiens...........	26 363
Suisses...............	23 524
Allemands.............	24 576
Belges................	18 470
Autres nationalités....	55 820
Total.....	1 625 676

ALLEMAGNE

	États-Unis.	Argentine et Uruguay.	Brésil.	Afrique.	Australie.
1866....	115 892	»	»	»	»
1867....	133 426	»	»	»	»
1868....	123 070	100	563	»	»
1869....	124 788	119	376	»	»
1870....	91 779	185	306	»	»
1871....	107 201	187	296	18	817
1872....	155 595	295	342	2	1 172
1873....	133 141	823	316	4	1 331
1874....	56 927	446	1 019	5	900
1875....	36 565	409	1 387	1	1 026
1876....	31 323	268	3 432	54	1 226
1877....	27 419	141	2 310	750	1 306
1878....	31 958	459	1 520	394	1 718
1879....	43 531	533	1 630	23	274
1880....	134 040	519	2 119	27	132
1881....	249 572	400	2 102	314	745
1882....	232 269	640	1 286	335	1 247
1883....	184 389	1 469	1 690	772	2 104
1884....	155 529	1 323	1 253	230	666
1885....	107 668	1 546	2 846	294	604
1886....	86 301	1 131	2 414	»	»
1887....	111 324	1 333	1 147	»	»
1888....	106 975	1 536	782	»	»
1889....	95 965	2 599	1 903	»	»
1890....	96 514	1 271	4 812	»	»
1891....	123 438	832	5 285	»	»
1892....	118 400	785	800	»	»
1893....	89 690	748	1 368	»	»
1894....	40 505	971	814	760	225
1895....	31 983	1 067	1 104	886	211
1896....	31 885	1 470	986	1 346	174
1897....	22 533	1 180	899	1 103	324
	3 223 567	24 785	46 107	7 318	16 202

AUTRICHE-HONGRIE

	États-Unis.		Brésil.	La Plata.
	Autrichiens.	Hongrois.		
1872........	5 100	1 032	200	62
1873........	6 943	892	806	127
1874........	6 891	852	149	156
A reporter...	18 934	2 776	1 155	345

PIOLET.

	États-Unis.		Brésil.	La Plata.
	Autrichiens.	Hongrois.		
Report.....	18 934	2 776	1 155	345
1875........	6 039	747	47	93
1876........	6 047	475	1 447	118
1877........	4 376	540	1 629	»
1878........	4 881	632	1 110	»
1879........	6 259	1 518	106	?
1880........	18 252	6 668	298	881
1881........	21 437	6 756	213	»
1882........	18 315	11 602	40	»
1883........	17 928	12 308	270	1 059
1884........	20 688	10 708	616	1 337
1885........	16 456	9 181	466	2 057
1886........	22 006	18 110	644	1 091
1887........	24 786	14 301	274	2 560
1888........	28 809	12 856	1 156	2 409
1889........	26 424	15 746	550	4 603
1890........	38 125	24 994	2 246	2 100
1891........	43 163	27 548	4 244	379
1892........	37 247	32 683	574	707
1893........	39 660	26 221	2 737	770
1894........	13 965	9 000	798	763
1895........	27 012	22 934	10 511	615
	460 809	268 304		
1896........	65 103		11 366	650 ?
1897........	33 031		»	»
	827 247		42 497	22 537

RUSSIE

	États-Unis.	Dominion.	Brésil.	Argentine.
1871........	1 861	»	1	1
1872........	3 988	»	9	»
1873........	6 466	»	2	»
1874........	8 900	1 518	9	»
1875........	5 099	2 821	1	»
1876........	7 662	1 356	512	»
1877........	3 698	184	1 583	727
1878........	4 792	326	2 091	166
1879........	4 679	212	1	»
1880........	8 013	72	7	30
1881........	14 796	2	5	1
1882........	22 551	19	1	5
1883........	10 165	13	16	16
A reporter...	102 670	6 523	4 236	946

APPENDICE III.

	États-Unis.	Dominion.	Brésil.	Argentine.
Report	102 670	6 523	4 236	946
1884	19 898	41	5	23
1885	20 052	109	25	15
1886	33 216	232	169	1 555
1887	30 775	234	42	762
1888	39 313	522	79	516
1889	31 889	297	27 123	1 339
1890	33 147	666	11 817	318
1891	47 426	2 716	158	2 953
1892	79 294	2 520	155	1 623
1893	37 177	957	49	966
1894	35 694	340	300	3 132
1895	34 490	694	373	2 336
1896	51 445	»	540	»
1897	25 816	»	»	»
	622 302	14 333	45 073	16 519

	SUÈDE		NORVÈGE	
	États-Unis.	Australie.	États-Unis.	Océanie.
1866	4 466	9	15 455	»
1867	5 316	4	1 739	1
1868	13 958	9	6 461	2
1869	24 115	3	17 718	15
1870	12 009	24	12 356	50
1871	11 659	131	11 307	221
1872	14 645	76	10 348	784
1873	11 351	74	18 107	364
1874	4 336	130	6 581	36
1875	6 031	44	4 465	76
1876	5 204	26	6 031	42
1877	4 774	26	4 333	11
1878	6 176	114	5 216	30
1879	16 659	47	9 488	1
1880	46 723	56	23 054	597
1881	55 892	46	26 967	20
1882	60 413	119	27 197	16
1883	32 596	138	21 295	»
1884	21 017	168	13 906	14
1885	21 508	»	11 692	9
1886	32 222	»	13 859	35
1887	51 236	»	18 322	12
1888	48 845	»	17 178	21
1889	31 005	»	11 446	18
1890	31 475	»	11 847	22
1891	40 138	»	12 307	6
A reporter	613 669	1 244	333 675	2 403

	SUÈDE		NORVÈGE	
	États-Unis.	Australie.	États-Unis.	Océanie.
Report......	613 669	1 244	333 675	2 403
1892.......	40 343	»	15 381	9
1893.......	36 366	51	15 692	12
1894.......	13 046	48	6 435	26
1895.......	19 415	»	8 454	46
1896.......	22 000 ?	»	6 584	73
	744 839	1 343	391 221	2 569

	DANEMARK			HOLLANDE
	États-Unis.	Canada et autres contrées d'Amérique.	Australie.	États-Unis.
1866.......	1 802	14	»	1 716
1867.......	1 436	103	»	2 223
1868.......	2 019	67	»	652
1869.......	4 282	12	7	1 360
1870.......	3 041	56	205	970
1871.......	2 346	71	579	1 122
1872.......	3 758	66	862	2 006
1873.......	5 095	59	1 003	4 640
1874.......	3 188	102	950	1 543
1875.......	1 951	91	329	1 073
1876.......	1 624	34	198	709
1877.......	1 617	59	107	572
1878.......	2 688	102	530	652
1879.......	3 532	91	44	1 199
1880.......	8 778	34	29	3 730
1881.......	8 951	59	29	10 812
1882.......	12 769	111	15	7 880
1883.......	9 747	214	15	4 926
1884.......	7 633	151	15	3 731
1885.......	5 870	123	»	2 499
1886.......	6 634	200	»	2 667
1887.......	9 305	78	»	5 276
1888.......	8 756	135	»	5 457
1889.......	8 597	»	»	6 339
1890.......	9 993	»	»	4 414
1891.......	10 493	»	»	5 365
1892.......	10 236	»	»	7 758
1893.......	8 490	185	32	7 757
1894.......	4 393	123	25	2 267
1895.......	3 896	189	23	1 335
1896.......	2 876	»	»	1 241
	175 796	2 529	4 997	103 891

APPENDICE III.
BELGIQUE

	États-Unis.	Argentine.	Brésil.
1870.	1 039	27	»
1871.	163	22	»
1872.	964	38	»
1873.	1 306	136	»
1874.	705	48	»
1875.	623	38	»
1876.	454	»	»
1877.	367	74	»
1878.	454	75	»
1879.	753	78	»
1880.	1 484	57	»
1881.	1 939	»	»
1882.	1 129	»	»
1883.	1 673	»	»
1884.	1 722	»	»
1885.	1 363	973	16
1886.	1 641	479	101
1887.	2 987	839	212
1888.	2 961	3 201	1 082
1889.	2 704	8 666	387
1890.	2 626	762	308
1891.	3 567	241	471
1892.	4 510	146	24
1893.	3 353	233	37
1894.	1 375	248	9
1895.	1 145	211	28
1896.	1 200 ?	318	»
	44 212	16 910	2 675

SUISSE

	États-Unis.	Amérique centrale et méridionale.	Afrique.	Australie.
1867.	4 201	»	»	»
1868.	4 755	»	173	22
1869.	3 488	1 357	117	65
1870.	2 474	951	74	71
1871.	2 824	877	92	109
1872.	4 031	1 308	177	60
1873.	3 223	1 180	139	121
1874.	2 436	878	58	49
1875.	1 641	718	77	74
1876.	1 572	463	72	146
1877.	1 612	335	167	117
1878.	2 051	608	183	144
A reporter.	34 308	8 675	1 329	978

614   LA FRANCE HORS DE FRANCE.

	États-Unis.	Amérique centrale et méridionale.	Afriqu	Australie.
Report	34 308	8 675	1 329	978
1879	2 964	183	157	75
1880	5 792	157	192	53
1881	9 996	192	100	28
1882	10 047	834	4	11
1883	11 619	1 860	2	20
1884	7 809	1 117	1	48
1885	5 126	1 105	9	21
1886	4 518	1 291	»	»
1887	6 561	1 450	»	»
1888	7 622	1 479	»	»
1889	7 336	1 744	»	»
1890	6 792	1 256	»	»
1891	6 934	603	»	»
1892	6 634	449	»	»
1893	4 808	626	»	»
1894	2 660	577	20	17
1895	2 513	620	29	13
1896	2 789	750	28	3
1897	2 152	313	33	7
	148 980	25 281	1 904	1 274

ITALIE

	États-Unis.	Argentine.	Uruguay.	Brésil.
1876	2 979	»	18 169	»
1877	3 659	»	20 193	»
1878	5 391	»	18 750	»
1879	3 208	»	33 867	»
1880	5 756	»	27 324	»
1881	11 868	»	29 003	»
1882	18 669	»	41 026	»
1883	21 337	»	42 051	»
1884	10 847	»	44 620	»
1885	13 096	63 501	»	17 589
1886	»	43 328	»	14 336
1887	»	67 139	»	40 157
1888	»	75 029	»	104 353
1889	»	88 647	»	36 124
1890	62 969	39 122	12 873	31 275
1891	69 297	15 511	4 559	132 326
1892	61 434	27 850	4 966	55 049
1893	70 570	37 977	2 894	58 552
1894	39 827	37 699	4 255	40 342
1895	44 003	41 203	3 557	116 223
1896	31 885	75 204	5 646	96 324
1897	59 431	44 678	3 651	?
	537 226	656 888	467 404	742 650

APPENDICE III.

	ESPAGNE				PORTUGAL			
	États-Unis.	Argentine.	Uruguay.	Brésil.	États-Unis.	Argentine.	Uruguay.	Brésil.
1867...	904	»	360	280	126	»	54	4 822
1868...	816	»	508	218	245	»	49	4 425
1869...	1 112	»	620	332	265	»	44	6 347
1870...	511	3 388	514	364	291	119	18	6 110
1871...	618	2 554	308	510	59	157	13	8 124
1872...	558	4 411	423	726	370	151	12	12 918
1873...	486	9 185	606	878	34	210	22	9 907
1874...	571	8 272	1 086	»	54	213	22	»
1875...	529	4 036	609	»	1 212	107	12	»
1876...	597	3 463	453	»	816	101	4	»
1877...	542	»	571	»	552	»	34	7 965
1878...	432	3 371	529	622	648	83	19	5 602
1879...	534	»	387	»	576	28	14	»
1880...	420	3 112	405	1 254	161	31	9	8 666
1881...	405	»	432	»	59	73	11	»
1882...	328	3 245	370	2 247	89	108	14	9 269
1883...	245	4 265	428	2 343	650	136	15	10 880
1884...	334	6 949	428	533	186	182	8	8 683
1885...	319	4 314	607	815	593	374	14	7 611
1886...	452	9 895	653	1 139	71	153	16	6 287
1887...	483	15 618	618	1 766	108	331	34	10 205
1888...	506	25 485	738	4 736	21	209	43	18 289
1889...	634	71 151	1 339	9 012	164	160	41	15 240
1890...	894	13 560	4 606	12 008	377	119	36	25 174
1891...	930	4 290	1 945	22 146	1 590	44	118	32 349
1892...	902	3 650	2 097	10 471	3 048	93	76	17 797
1893...	947	7 100	1 585	30 998	4 375	192	64	28 986
1894...	998	8 122	2 031	6 495	687	200	63	17 846
1895...	454	11 288	2 116	18 491	1 930	178	41	36 930
1896...	»	18 051	»	12 393	»	279	»	19 669
1897...	»	18 316	2 552	»	»	»	»	»
	17 461	266 891	29 924	140 777	19 357	3 971	922	340 101

APPENDICE IV[a]

STATISTIQUES COLONIALES

NOTRE EMPIRE COLONIAL

	Superficie en kmq.	Population.	Proportion par kmq.	Budget local pour 1899. (d'après le rapport de M. Doumergue).	Subvention de la métropole pour 1899.
Algérie (oasis comprises)..	797 770	4 480 000	5,61	73 012 516	»
Tunisie........	130 000	1 500 000	11,53	24 733 100	»
Sénégal et Protectorat.	184 680	2 000 000	10,83	3 029 367	180 443 [1]
Soudan et Protectorat.	566 400	2 860 000	5,05	2 552 500	666 000 [2]
Guinée française....	150 000 [3]	41 500	0,27	900 000	100 000
Côte d'Ivoire......	250 000	2 250 000	9,0	1 485 000	»
Dahomey.......	22 400	550 000	24,55	1 585 000	»
Congo français (y compris le Gabon)....	3 600 000	10 000 000	2,77	1 148 400	2 426 200 [4]
Côte des Somalis....	120 000	50 000	0,41	40 000	577 307
Mayotte et Comores..	1 777	56 000	31,51	253 061	28 634
Madagascar et dépendances........	591 967	3 000 000	5,08	7 489 496	1 804 000
La Réunion......	2 660	173 192	65,10	3 727 808	511 684 [5]
Guyane française (non compris le Contesté).	28 800	22 714	0,78	2 453 261	245 275
Guadeloupe......	1 780	167 099	93,87	5 206 313	587 264
Martinique.......	987	180 000	182,37	4 792 186	502 670
Saint-Pierre et Miquelon...........	241	6 352	26,35	420 645	82 939 [6]
Cochinchine......	55 620	2 262 000	40,70	27 823 883	32 505
Cambodge.......	120 000	814 757	6,77	7 802 103	»
Laos..........	540 000	4 000 000	7,30	2 172 499	»
Annam.........	60 000	5 000 000	8,33	23 032 000	»
Tonkin........	120 000	12 500 000	104,16		
Établissements français de l'Inde.......	508	277 000	545,27	1 730 616	268 026
Établissements français d'Océanie.....	4 108	27 000	6,47	1 017 031	211 737
Nouvelle-Calédonie..	18 000	56 000	3,11	2 242 360	253 423
TOTAUX.....	7 365 731	50 273 614	6,80	101 803 529	8 478 107

a. Les renseignements qui suivent sont dus, en grande partie, à l'obligeance des employés de l'Union coloniale française, surtout MM. Denouald, Coquet, Chailley et Maquart, à qui je désire exprimer ici toute ma reconnaissance.

1. En 1900. Chemin de fer de Dakar à Saint-Louis....... 600 000 francs.
2. — Subvention de la Métropole............ 666 000 —
3. Avant le décret du 17 octobre 1899.
4. — — — .... 2 178 000 —
5. — Chemin de fer.................. 2 508 500 —
6. — Phares...................... 17 100 —

STATISTIQUES PARTICULIÈRES

I. — Algérie.

1° *Superficie*. — Territoire soumis à la domination française (y compris les oasis) : 797 770 kilomètres carrés.

Superficie du Tell	14 000 000	d'hectares
— des Hauts Plateaux.	11 000 000	—
— détenue par les Européens .	1 400 000	—
— détenue par les indigènes. .	7 800 000	—
— du territoire civil	12 858 743	— (1895)
Étendue réservée aux céréales	2 800 000	—
— — aux vignobles . . .	122 000	—
— — aux bois et forêts .	2 580 770	—

2° *Population*. — (Recensement de 1896) :

Français d'origine ou naturalisés	318 137
Israélites naturalisés.	48 763
Indigènes musulmans, sujets français.	3 764 076
Marocains ou Tunisiens	17 022
Étrangers de nationalités diverses.	211 580
Population des oasis, environ	120 422
TOTAL. . . .	4 480 000

Ce qui donne :

	p. 100
Indigènes musulmans, sujets français	86,34
Français d'origine ou naturalisés.	7,28
Étrangers européens.	4,83
Israélites naturalisés.	1,11
Tunisiens et Marocains	0,39
Divers.	0,05

3° *Mouvement du commerce en 1898* :

Le mouvement commercial de la colonie s'est élevé en 1898 à . . . . 587 991 745 fr.

Ces chiffres sont ainsi répartis :

	Année 1898
Importations.	302 223 058
Exportations.	285 768 687
	587 991 745

4° *Mouvement de la navigation :*

Le commerce extérieur de l'Algérie, de 1879 à 1898, a donné lieu à un mouvement de navigation qui s'est élevé, année moyenne, à 6 762 voyages, représentant un jaugeage de 3 639 935 tonneaux. De 1879 à 1888 la part de la France a été de 20,77 p. 100 quant au tonnage, et seulement de 16,18 p. 100, de 1888 à 1898.

5° *Budget :*

En 1900.	71 053 824 fr.
Contre, en 1899	73 012 516
Soit une différence en moins de	958 692 fr.

6° *Dette consolidée des communes au 31 décembre 1898 :*

Alger	27 426 714
Oran	22 446 751
Constantine	17 866 008
TOTAL	67 739 673

7° *Voies de communication :*

Routes	30 000 kilom.
Chemins de fer	3 300 —

II. — Tunisie.

1° *Superficie.* — 130 000 kilom. carrés, dont

Terres labourables	2 600 000 hectares
Plantés de vignes	7 800 —
— en oliviers	220 000 —

2° *Population.* — 1 500 000 habitants, dont 100 000 Européens comprenant :

Maltais	12 732
Italiens	64 866
Français	20 000
Espagnols	913
Grecs	527
Autrichiens	382
Hollandais	302
Suisses	283
TOTAL	100 005

APPENDICE IV. 619

D'après le recensement de 1896, le nombre des fonctionnaires civil était de 3060, en y comprenant les femmes et les enfants.

3° *Mouvement du commerce en 1899* :

Le mouvement commercial de la colonie s'est élevé en 1899 à. . . . . 105 211 701 fr.
Contre, en 1898 . . . . 97 717 989 fr.

Soit, en faveur de 1899, une différence de. 7 493 712 fr.

Ces chiffres sont ainsi répartis :

IMPORTATIONS

	Année 1899	Année 1898	Différence	
De France. . . .	34 263 933	29 875 731	+ 4 388 202	+ 2 257 089
De l'Étranger . .	21 514 308	23 645 421	− 2 131 113	

EXPORTATIONS

	Année 1899	Année 1898	Différence	
Pour la France. .	26 714 110	24 991 569	+ 1 722 541	+ 5 236 623
Pour l'Étranger .	22 719 350	19 205 268	+ 3 514 082	
TOTAL GÉNÉRAL.	105 211 701	97 717 989		7 493 712

4° *Mouvement de la navigation* (1898) :

ENTRÉES

	Vapeurs.	Voiliers.	Tonnage.
Navires français.	1 579	57	127 227
— étrangers	1 017	6 724	181 994

SORTIES

	Vapeurs.	Voiliers.	Tonnage.
Navires français.	1 579	57	137 296
— étrangers	1 014	6 719	115 724
TOTAUX. . . .	5 189	13 557	562 241

5° *Budget* (1900) :

francs.
Recettes 36 416 012,64
Dépenses. 36 314 928,04

Excédent de recettes. 101 084,60

Budgets annexes rattachés par ordre au budget général de l'État :

francs.
Recettes. 1 004 720,02
Dépenses. 1 004 178,76

6° *Emprunt de 4 p. 100 (loi du 10 avril 1884)* : 142 550 000.

Conversion de 4 à 3 1/2 p. 100 en 1892
— de 3 1/2 à 3 p. 100 en 1892

6° *Voies de communication :*

	Mètres.
Chemins de fer à voie normale.	575 878,36
— — étroite.	363 441,28
Routes empierrées (1ᵉʳ janvier 1899)	1 516 000,00

III. — Sénégal et Protectorat.

1° *Superficie :*

Sénégal	23 520 kilomètres carrés.
Protectorat.	161 160 — —
Total . . .	184 680 — —

(Avant le décret du 17 octobre 1899.)

2° *Population :*

Sénégal.	174 000
Protectorat	1 826 000
Total . . .	2 000 000

Fonctionnaires civils, 754.

3° *Mouvement du commerce en 1898 :*

Le mouvement du commerce de la colonie s'est élevé en 1898 à	76 143 594 francs.
Contre, en 1897.	62 302 305 —
Soit, en faveur de 1898.	13 841 289 —

Ces chiffres sont ainsi répartis :

	Année 1879.	Année 1898.		Différence.	
Importations.	29 179 000	33 155 000	+	3 976 000	francs.
Exportations.	21 136 651	29 146 755	+	8 010 104	—
Totaux . .	50 315 651	62 301 755	+	11 986 104	—

4° *Mouvement de la navigation (1898) :*

	Nombre des bâtiments.	Tonnage.	Valeur des chargements.
France.	554	848 530	44 155 551
Étranger.	457	524 355	18 299 049
Total. . . .	1 011	1 372 885	62 454 600

5° *Budget de 1900 :*

                                                              francs.

Budget du service local . . . . 4 454 641 »
Budget des communes . . . . 138 415 »
Budget des pays de protectorat 2 320 863,15
Subvention pour le chemin de fer de Dakar à Saint-Louis . . . . 600 000 »

6° *Emprunt :*

Décret du 21 novembre 1892 : 8 000 000 francs.

7° *Voies de communication :*

1 Chemin de fer de Dakar à Saint-Louis, voie de 264 kilomètres.

IV. — Guinée française.

1° *Superficie.* — 150 000 kilomètres carrés (avant le décret du 17 octobre 1899).

2° *Population.* — 41 500 habitants.

Fonctionnaires civils, 128.

3° *Mouvement du commerce en 1899 :*

Le mouvement commercial de la colonie s'est élevé en 1899 à . . . . 24 973 181 francs.
Contre, en 1898 . . . . 16 819 839 —

Soit, en faveur de 1899 . . . . 8 153 342 —

Ces chiffres sont ainsi répartis :

	Année 1899.	Année 1898.	Différence.	
Importations.	15 441 710	9 019 871	+ 6 421 839	francs.
Exportations.	9 531 471	7 799 968	+ 1 731 503	—
Totaux . . .	24 973 181	16 819 839	8 153 342	—

4° *Mouvement de la navigation en 1898 :*

                                                            Tonnage.

Entrées 3 736   17 048
Sorties 3 646   6 439

5° *Budget de 1899 :*

                                                            Fr. c.

Budget de 1898 prévu à . . . . 900 000 »
S'est élevé en recettes à 1 769 086,21
Soldé par un excédent de recettes de 423 951,50
Budget de 1899 . . . . 1 574 000
Au budget de la métropole 100 000

6° *Emprunt :*

Décret du 14 août 1899 : 8 000 000 francs.

7° *Voies de communication :*

1. En préparation, chemin de fer de Conakry au Niger.
2. Route de Conakry au Niger a dû atteindre fin 1899 Frigniagbé, 135 kilomètres.

V. — Soudan français.

1° *Superficie :*

Soudan	86 400	kilomètres carrés
Protectorat.	480 000	— —
	566 400	— —

(Avant le décret de 1899.)

2° *Population :*

Soudan.	360 000
Protectorat.	2 500 000
	2 860 000

Fonctionnaires civils (1898) : 854.

3° *Mouvement du commerce en 1898 :*

Le commerce s'est élevé en 1898 à	14 356 311
Contre, en 1897, à.	8 003 732
Soit, en faveur de 1898.	6 352 579

Ces chiffres sont ainsi répartis :

	Année 1898.	Année 1897.	Différence.
Importations.	10 729 708	5 214 341	+ 5 515 367
Exportations.	3 626 603	2 789 391	+ 837 212

4° *Budget* (1898).

3 743 469 69.

5° *Emprunts :*

1. Décret du 22 avril 1898.	919 645	francs.
2. — 7 juin 1879.	3 200 000	—
Total.	4 119 645	—

6° *Voies de communication :*

1. Chemin de fer, à voie de 1 mètre, de Kayes à Bammako, atteignait fin 1898, la halte de Solinta, 164 kilomètres.
2. Un réseau de routes, assez complet est exécuté ou en voie d'exécution,

VI. — Côte d'Ivoire.

1° *Superficie.* — 250 000 kilomètres carrés.

2° *Population.* — 2 250 000.

(Avant le décret de 1899.)
Fonctionnaires civils 178.

3° *Mouvement du commerce en 1899.*

Le mouvement commercial de la colonie s'est élevé pendant l'année 1899 à.	12 253 141
Contre, en 1898	10 645 898
Soit, en faveur de 1899, une différence de.	1 607 243

Ces chiffres sont ainsi répartis :

	Année 1899.	Année 1898.	Différence.
Importations.	6 319 886	5 527 352	+ 852 534
Exportations.	5 863 255	5 026 641	+ 836 614
Totaux.	12 243 141	10 553 993	1 689 148

Le tableau ci-dessous montre l'importance du commerce français et étranger pour ces deux dernières années.

1898.	France.	Colonies françaises.	Etranger.	Totaux.
Importations.	1 052 194	8 807	4 466 351	5 527 352
Exportations.	1 935 275	4 466	3 086 900	5 026 641
Totaux.	2 987 469	13 273	1 553 251	10 553 993
1899.				
Importations.	1 453 575	168 451	4 757 860	6 379 886
Exportations.	2 605 440	22 515	3 235 300	5 863 255
Totaux.	4 059 015	190 966	7 993 160	18 243 141

4° *Mouvement de la navigation 1899.*

Entrées.	466	Tonnage.	550 277 02
Sorties.	465	Tonnage.	543 969 68
Total.	929		1 094 246 70

5° *Budget.* — 1 403 000 francs pour 1900.

	Francs.
Recettes des douanes 1899.	1 548 240,02
— 1898.	1 337 902,28
Différence en plus.	210 337,74

6° *Emprunts :* néant.

VII. — Dahomey.

1° *Superficie.* — 22 400 kilomètres carrés.

2° *Population.* — 550 000.

Fonctionnaires civils, 207.

3° *Mouvement du commerce pendant l'année 1899.*

	Francs.
Le mouvement commercial de la colonie s'est élevé pendant l'année 1899 à	25 068 160,46
Contre, en 1898	17 533 326,35
Soit, en faveur de 1899, une différence de.	7 534 834,11

Ces chiffres sont ainsi répartis :

	Année 1899.	Année 1898.	Différence.
Importations.	12 348 970,74	9 994 563,53	+ 2 354 403,21
Exportations.	12 719 189,72	7 538 758,82	+ 5 180 430,90
	25 068 160,46	17 533 326,35	7 534 834,11

a) Commerce avec la France :

	Francs.	Francs.
Importations de France dans la colonie.	3 448 667,46	6 882 372,31
Exportations de la colonie en France.	3 433 704,85	

b) Commerce avec les autres colonies françaises :

Importations des colonies			53	
Exportations pour les colonies.	Denrée et marchandises.	Du cru de la Colonie.	8 090	8 143
		Provenant de l'importation.	»	

c) Commerce avec l'étranger :

	Francs.	Francs.
Importations de l'étranger.	8 900 250,28	18 177 645,15
Exportations pour l'étranger.	9 277 394,87	
TOTAUX GÉNÉRAUX.		25 068 160,46

4° *Mouvement de la navigation :*

ENTRÉES

Pavillons.	Vapeurs.	Voiliers.	Tonnage.
Navires français.	123	»	153 679,91
— anglais	126	»	120 186,40
— allemands	183	»	110 306,34
— italiens	9	»	14 400
Totaux.	441	»	398 572,75

SORTIES

Pavillons.	Vapeurs.	Voiliers.	Tonnage.
Navires français.	125	»	157 098,50
— anglais	126	»	120 186,40
— allemands	180	»	106 862,85
— italiens	9	»	14 400
Totaux.	440	»	398 547,75

5° *Budget 1899* (non compris l'impôt de capitation par l'arrêté du 28 juin 1899).

Recettes prévisées	1 960 834
— réalisées	2 790 010,08
Excédent.	829 176,00

6° *Emprunts* : néant.

7° *Voies de communication :*

1. Route de Grand-Popo à Vodomé et Locossa, 30 kilomètres de long sur 4 mètres de large.

2. En préparation chemin de fer du Niger. Le contrat de construction vient d'être signé et tout permet d'espérer qu'il sera construit rapidement et économiquement.

VIII. — Congo français.

1° *Superficie.* — 3 600 000 kilomètres carrés.

2° *Population* (y compris le Gabon) : 10 000 000 d'habitants environ. Fonctionnaires civils, 255.

3° *Mouvement du commerce en 1898.*

Le mouvement commercial de la colonie s'est élevé en 1898 à	10 539 538 fr.
Contre en 1897	8 850 479 fr.
Soit en faveur de 1898.	1 689 059 fr.

Ces chiffres sont ainsi répartis :

	Année 1897.	Année 1898.	Différence.
Importations. . . .	3 572 462	4 844 234	+ 1 271 772
Exportations. . . .	5 278 017	5 695 304	+ 417 288
Totaux. . .	8 850 479	10 539 538	1 689 059

Les exportations de 1899 se sont élevées à 7 976 303 francs.

a) Commerce avec la France :

| Importation de France dans la Colonie . | 1 274 366 | 2 762 254 |
| Exportation de la Colonie en France . . . | 1 487 888 | |

b) Commerce avec les autres colonies françaises :

| Importations des Colonies. . . . . . . | 8 134 | 10 981 |
| Exportations pour les Colonies. . . . . | 2 847 | |

c) Commerce avec l'étranger :

| Importations de l'étranger . . . . | 3 561 734 | 7 766 304 |
| Exportations pour l'étranger. . . . . . | 4 204 570 | |

4° *Mouvement de la navigation* (mouvement total année 1898) :

Pavillons.	Vapeurs.	Tonnage.
Français.	22	25 871,83
Anglais	11	14 782,48
Allemands. . . . . : .	12	17 100,40
Autres nations	85	53 020,74
Totaux.	130	110 775,45

5° *Budget* (1897) :

| Budget local . . . . . : . . . . | 3 697 650 fr. |
| Budget de la métropole. . . . . | 2 426 200 fr. |

6° *Emprunt* :

Décret du 30 mars 1900 : 2 000 000.

7° *Voies de communication* :

Il n'y a que des pistes non carrossables, du reste peu nombreuses. En 1894-1895, on avait étudié un chemin de fer entre Louvango-Brazzaville, pour le compte de la Société d'études et d'exploitation du Congo français. Mais, vu la concurrence du chemin de fer belge, la Société a renoncé à le construire.

IX. — Côte des Somalis.

1° *Superficie*. — 120 000 kilomètres environ.

2° *Population*. — A Djibouti, 200 Français.
Ni troupes, ni marins.
Fonctionnaires civils, 47.
50 000 indigènes.

3° *Commerce* :

a) Commerce total en 1898. — 3 490 244 francs.

Importations de France.	1 211 240
— d'Angleterre.	64 804
— d'Autriche.	39 140
— de Grèce.	10 015
— d'Aden.	858 291
— de Zeïlah.	259 434
— d'Égypte.	9 145
Total.	2 449 063
Exportations pour Aden de l'Europe.	545 730
— pour l'Abyssinie.	454 536
— pour Zeïlah.	40 915
Total.	1 041 181

b) *Commerce en 1899* :

	Importations.	Exportations [1].
3ᵉ trimestre.	1 210 984	478 833
4ᵉ trimestre.	1 255 453	773 280
	2 466 437	1 252 113
Total.	3 718 550	

Ce qui donne, pour le dernier semestre de 1899, 1 507 306 d'excédent sur les *quatre* trimestres de 1898.

4° *Mouvement de navigation* :

Les statistiques de navigation n'ont pas encore été dressées.

5° *Voies de communication* :

Chemin de fer Djibouti-Harrar (100 kilomètres construits).

Route de 500 mètres du plateau du Marabout à celui du Serpent.
Route de 800 mètres du plateau du Serpent à celui de Djibouti.

---

1. Nous n'avons pas les chiffres du 1ᵉʳ semestre, le service des statistiques n'existant que depuis mai 1899.

6° *Budget :*

(1900) . . . .   481 500 fr., contre, en 1899.   650 000
Au budget de la métropole.   300 000 fr.,   —   —   400 000

7° *Emprunts :* Néant.

X. — Mayotte et Comores.

1° *Superficie :*

Mayotte	366 kilomètres carrés
Grande Comore.	1 102 —
Anjouan.	378 —
Moheli.	231 —
TOTAL.	2 077 —

2° *Population :*

Mayotte (6/10e Malgaches, Arabes), le reste Indous. .	18 000
Grande-Comore.	20 000
Anjouan	12 000
Moheli	6 000
TOTAL.	56 000

Fonctionnaires civils, 53.

3° *Mouvement du commerce en 1898 :*

	Année 1898.	Année 1897.
Importations.	392 322 [1]	553 557
Exportations.	865 335	1 196 779
TOTAUX.	1 257 647	1 650 336

4° *Mouvement de la navigation :*

N'existe pas.

5° *Budget* (1899) :

Recettes	253 061 francs.
Dépenses.	281 645 —

Subvention de la Métropole : 28 634 francs.

6° *Emprunt :*

Loi du 5 avril 1898, avance de 500 000 francs.

[1]. Moins les mois de janvier et février 1898.

XI. — Madagascar et dépendances.

1° *Superficie*. — 591 967 kilomètres carrés.

2° *Population*. — Trois millions d'habitants, à peu près 5 par kilomètre carré.
Fonctionnaires civils, 792.

3° *Commerce en 1899* :

	Francs.
Le mouvement du commerce de la colonie pendant l'année 1899 s'est élevé à.	35 963 022,66
Contre, en 1898.	26 602 365,0
Soit, en faveur de 1899, une différence de.	9 360 657,66

Ces chiffres sont ainsi répartis :

	Année 1899. francs.	Année 1898. francs.		Différence. francs.
Importations.	27 916 614,41	21 627 817	+	6 288 797,41
Exportations.	8 046 408,25	4 974 548	+	3 071 860,25
Totaux.	35 963 022,66	26 602 365	+	9 360 657,66

Les produits français entrent pour 87 p. 100 dans le total des importations en 1899, et les exportations pour la France se sont élevées à 4 976 961 francs.

4° *Mouvement de la navigation*.

En 1899, on a compté 6 023 voiliers et 587 vapeurs d'un tonnage de 827 533 tonnes.
Parmi lesquels :
4 059 voiliers et 544 vapeurs français.

5° *Budget* (1900).

Recettes.	13 772 000
Dépenses.	13 771 609

6° *Emprunts*.

1° Loi du 5 avril 1897, autorisation d'emprunter 30 000 000 francs.
2° Loi du 14 avril 1900 autorisant un emprunt de 60 000 000 francs pour la construction du chemin de fer de Tananarive à la côte orientale et l'exécution de travaux publics.

7° *Voies de communication :*

Il n'y a pas encore de chemin de fer. La route Maevatanana-Tananarive est accessible à des voitures ; celle Tamatave-Tananarive n'est pas encore terminée ; un grand nombre de routes à l'intérieur, plus ou moins finies.

XII. — La Réunion.

1° *Superficie.* — 266 000 hectares.

2° *Population* (1897). — 173 192, dont :

Indiens	17 789
Malgaches	4 496
Cafres	6 960
Chinois	547
Arabes	204

Fonctionnaires civils, 1 124.

3° *Mouvement du commerce en 1899.*

Le mouvement commercial de l'année 1899 s'est élevé à 38 793 125 fr. Ces chiffres sont ainsi répartis :

a) Commerce avec la France :

Importations	9 168 573	
Exportations	18 090 838	27 259 411

b) Commerce avec les autres colonies françaises :

Importations	2 720 468	
Exportations	578 676	3 299 144

c) Commerce avec l'étranger :

Importations	7 876 227	
Exportations	358 343	8 234 570

Total	38 793 125

4° *Budget :*

Recettes et dépenses propres au service local	4 043 700
Recettes et dépenses pour ordre	1 381 600
Total	5 425 300

5° *Emprunts :*

1° Décret du 8 juillet 1898, emprunt de 1 500 000 francs à la Banque de la Réunion.

2° Transaction au cours avec le Crédit Foncier : évaluation de la dette de la colonie vis-à-vis du Crédit Foncier, 250 000 francs.

3° Emprunts locaux au 31 décembre 1898 : 687 548 francs.

6° *Voies de communication :*

    1 route nationale (232 kilom.).
    1 chemin de fer (126 kilom.) entre Saint-Pierre et Saint-Benoist.

XIII. — Guyane française (sans le contesté).

1° *Superficie.* — 28 800 kq.

2° *Population.* — 22 714 habitants, dont :

Européens	2 000
Forçats	3 000
Indigènes	17 714
Total	22 714

Fonctionnaires civils, 808

3° *Mouvement du commerce en 1897.*

Le mouvement commercial de la colonie s'est élevé, pendant l'année 1897, à 16 659 593 francs, dont :

Importations	9 427 279
Exportations	7 232 314

Le tableau suivant montre l'importance du commerce français et du commerce étranger pendant les années 1887 et 1897.

1887.	France.	Colonies françaises.	Étranger.	Total.
Commerce total.	11 001 592	250 320	2 681 282	13 933 154
1897.				
Importations	8 978 401	423 984	3 024 894	9 427 279
Exportations	6 952 901	52 618	226 795	7 232 314
Total.	12 931 302	476 602	3 251 689	16 659 593

Et pendant le 1er semestre de 1898 à 7 458 203 francs, dont :

Importations	4 537 542
Exportations	2 920 661

4° *Mouvement de la navigation* (1898) :

ENTRÉES

100 navires jaugeant ensemble . . . . . . 17 374 tonneaux.

SORTIES

85 navires jaugeant. . . . . 15 195 tonneaux.

5° *Budget* (1900).
2 498 439 fr. 62.

6° *Emprunts*.

1° Emprunt de la ville de Cayenne à la Banque de la Guyane (délibération du Conseil général du 20 juin 1890 et du 19 février 1891) : 175 000 francs.

2° Emprunt de la commune de Cayenne : 750 000 francs.

1ʳᵉ émission, 1893, 300 obligations de 500 francs.
2° — 1894, 200 — —
3° — 1895, 200 — —

Voies de communication :

Un chemin de fer partant de Cayenne vers le sud aboutira d'une part au contesté franco-brésilien et de l'autre sur la rivière Awa, affluent du Maroni, à l'hinterland de la Guyane hollandaise. Il a été concédé à M. Levat, par délibération du Conseil général du 22 janvier 1900.

XIV. — Saint-Pierre et Miquelon.

1° *Superficie :*

Groupe Saint-Pierre.	2 628	hectares.
Groupe Miquelon	21 531	—
TOTAL POUR L'ARCHIPEL. . . .	24 159	hectares.

2° *Population* (recensement de novembre 1897) :

Saint-Pierre 5 239
Ile aux Chiens 594
Miquelon. 519
                                                                                                               6 352

dont :

Français ou nés en colonies françaises. 1 232
Indigènes. 4 070
Étrangers. 1 050
                                        TOTAL. 6 352

Fonctionnaires civils, 130.

3° *Commerce général en 1899.*

	francs.
Le commerce général de la colonie s'est élevé en 1899 à	28 313 796
Contre, en 1898	28 897 593
Soit, en faveur de 1898, une différence de.	583 797

Ces chiffres sont ainsi répartis :

	Année 1899.	Année 1898.	Différence.
Importations	12 895 329	12 933 180	— 37 851
Exportations	15 418 467	15 964 413	— 545 946
	28 313 796	28 897 593	583 797

4° *Mouvement de la navigation en 1899 :*

ENTRÉES

2 862 navires jaugeant. . . . . 152 773 tonneaux.

SORTIES

2 847 navires jaugeant. . . . . 151 426 tonneaux.

5° *Budget :*

1898. — 500 710 francs.
Au budget de la métropole : 82 939 francs.
1900 :

	francs.	
Recettes et dépenses propres au service local. . .	417 216	67
Dépenses d'ordre	58 500	»
TOTAL.	475 707	67

6° *Emprunt :*

Décret du 16 janvier 1400 : 45 000 francs.

XV. — La Guadeloupe et Dépendances.

1° *Superficie.* — 178 000 hectares.

La Guadeloupe proprement dite	94 315	hectares.
Grande-Terre	56 626	—
Dépendances : Marie-Galante	14 932	—
— les Saintes	1 422	—
Désirade, Petite-Terre, Saint-Martin, Saint-Barthélemy	10 705	—
TOTAL.	178 004	

2° *Population* — Au 22 décembre 1894, déclarée authentique pendant cinq années consécutives, à partir du 1ᵉʳ janvier 1895 (y compris les immigrants et la garnison), 167 099 habitants.

Fonctionnaires civils : 1 012.

3° *Mouvement du commerce en 1899 :*

Le mouvement commercial de la colonie
s'est élevé pendant l'année 1899 à. . . . 36 701 893 francs.
Contre en 1898. . . . . 36 265 681 —

Soit, en faveur de 1899, une différence de.   426 212 francs.

Ces chiffres se sont ainsi répartis :

	Année 1899.	Année 1898.	Différence
Importations.	18 450 551	18 600 217	— 149 666
Exportations.	19 251 342	17 665 464	+ 585 878
	36 701 893	36 265 681	436 212

a) Commerce avec la France :

	Fr.	Fr.
Importations de France dans la colonie.	8 996 579	26 242 031
Exportations de la colonie en France.	17 245 452	

b) Commerce avec les autres colonies françaises :

Importations des colonies.	917 386	1 697 826
Exportations pour les colonies. . .	780 440	

c) Commerce avec l'étranger :

Importations de l'étranger.	8 536 586	8 762 036
Exportations pour l'étranger. . . .	225 450	
Total général.		36 701 893

4° *Mouvement de la navigation en 1899 :*

542 navires français entrés ou sortis, jaugeant 227 253 tonneaux.
315 — étrangers — — 181 961 —

Total. . 857 navires entrés ou sortis, jaugeant 409 214 tonneaux.

5° *Budget :*

Fr. c.
Pour 1900 . . . . 4 968 324,30

6° *Emprunts :*

1. Décret du 21 septembre 1892 : 3 000 000.
2. Loi du 5 juillet 1897, avance consentie par la Métropole : 1 000 000.

3. Décret du 17 mars 1899, emprunt de 1 200 000.
4. Projet d'emprunt de 270 000.

7° *Voies de communication :*

1. Chemin de fer de la Capesterre à Sainte-Marie, construit en 1898 par le Crédit Foncier colonial, 7 kilomètres.
2. En préparation, chemin de fer de la Pointe-à-Pitre au Maule.

XVI. — La Martinique.

1° *Superficie.* — 987 kilomètres carrés.

2° *Population.* — 180 000 habitants, dont :

Créoles (5 000 blancs, 143 000 noirs et mulâtres)	148 000
Indous, Africains, Chinois	30 939
Fonctionnaires civils	1 011
Total	180 000

3° *Mouvement du commerce en 1899 :*

Le mouvement commercial dans la colonie s'est élevé pendant l'année 1898 à. . . . 46 713 608

Commerce avec la France en 1898.

	Fr.	Fr.
Importations de France dans la colonie.	20 159 274	32 554 867
Exportations — —	12 395 593	

4° *Mouvement de la navigation en 1899 :*

763 navires français entrés et sortis, jaugeant.	312 205	tonneaux
506 — étrangers — —	317 144	—
1 267 navires entrés et sortis, jaugeant.	629 349	—

5° *Budget :*

1899	4 792 186	francs.
Au budget de la métropole	502 670	—
1900	5 729 793	—

6° *Emprunts :*

1. Emprunts des communes, délibération du Conseil général des 20 décembre 1894, 9 juillet 1896 et 14 janvier 1897, 4 307 300 francs.
2. Avance consentie par l'État : 3 000 000.
3. Décret du 25 août 1899, emprunt de 1 460 000.

7° *Voies de communication :*

31 routes nationales	487 890 kilomètres.
Pas de chemins de fer autres que ceux destinés aux usines	258 —

XVII. — Cochinchine et Cambodge.

1° *Superficie :*

Cochinchine	60 000 kilomètres carrés
Cambodge	120 000 — —

2° *Population.*

Cochinchine : 2 262 000 habitants, dont :

Européens (parmi lesquels 3 891 Français)	4 113
Chinois	88 000
Annamites	1 968 000

Cambodge : 814 757 habitants.
Fonctionnaires civils, 254 pour les deux pays.

3° *Mouvement du commerce en 1899 :*

Le mouvement du commerce pour ces deux colonies s'est élevé en 1899 à	175 412 796 fr.
Contre, en 1898	161 396 112 fr.
Soit une différence, en faveur de 1899, de	14 016 684 fr.

Ces chiffres sont ainsi répartis :

	Année 1899.	Année 1898.	Différence.
Importations	66 233 968	54 964 222	+ 11 269 746
Exportations	109 178 828	106 431 890	+ 2 746 938
Totaux	175 412 796	161 396 112	14 016 684

a) Commerce de la colonie avec la France et colonies :

	Francs.	Francs.
Importations	29 424 921	49 789 972
Exportations	20 365 051	

b) Commerce de la colonie avec l'Étranger :

	Francs.	
Importations	36 809 047	125 622 824
Exportations	88 813 777	
Totaux		175 412 766

4° *Mouvement de la navigation.*

Cabotage en 1898, 8 109 011 francs.

5° *Budget* (1899) :

    Cambodge . . . . 4 994 000 fr.
    Cochinchine . . . . 11 375 000 fr.

6° *Emprunts.*

Pour la Chambre de commerce de Saïgon, délibération du Conseil colonial de la Cochinchine, emprunt de 60 000 francs.

7° *Voies de communication* :

1. Chemin de fer de Saïgon à Mytho par Chelon, à voie étroite 72 kilomètres.
2. Diverses lignes de tramways.
3. Les communications entre Saïgon et les autres villes de la Cochinchine se font surtout par la voie fluviale, les canaux et les arroyos si nombreux en ces régions.

XVIII. — Laos.

1° *Superficie :* 540 000 kilomètres carrés.

2° *Population :* 4 millions environ.

Fonctionnaires 55.

3° *Budget :* 1 662 074 fr. 40.

XIX. — Annam.

1° *Superficie :* 60 000 kilomètres carrés environ.

2° *Population :* 5 000 000 d'habitants.

3° *Mouvement du commerce en 1899.*

Le produit de la pêche s'est élevé, en exportations, en 1899, d'après les chiffres de la douane, à 1 500 000 piastres environ.

    Le mouvement commercial en 1897 s'est élevé à   7 717 722 fr.

Ces chiffres sont ainsi répartis :

    Importations . . . . 4 764 775 fr.
    Exportations . . . . 2 952 947 fr.
                                  Total . . . . . 7 717 722 fr.

a) Commerce avec la France : .

Importations . . . . . . 226 837 } 543 341
Exportations 316 504

b) Commerce avec l'étranger :

Importations . . . . . . 4 537 938 } 7 174 381
Exportations 2 636 443

} 7 717 722 fr.

4° *Budget* (1899) : 4 614 387 francs.

5° *Emprunt.*

Voir au Tonkin.

6° *Voies de communication :*

1. La route mandarine le traverse dans toute sa longueur.
2. En préparation, chemin de fer de Tourane à Hué et Quang-Tri.

XX. — Tonkin.

1° *Superficie.* — 120 000 kilom. carrés environ.

2° *Population :*

Indigènes..	12 500 000
Européens.	3 000
Fonctionnaires civils.	1 820

3° *Mouvement du commerce de la colonie en 1899.*

Le commerce général de la colonie s'est élevé en
1899 à. 64 352 889
Contre, en 1898. . . . . 60 132 421

Soit, en faveur de 1899, une différence de. 4 220 468

Ces chiffres sont ainsi répartis :

	Année 1899.	Année 1898.	Différences.
Importations . . .	45 016 918	43 706 128	+ 1 310 790
Exportations . . .	19 335 971	16 426 293	+ 2 909 678
Totaux. . .	64 352 889	60 132 421	+ 4 220 468

a) Commerce de la colonie avec la France et ses colonies :

Importations. . . . . 24 951 948 } 26 186 596
Exportations. 1 234 684

b) Commerce de la colonie avec l'étranger :

Importations.	20 064 970	38 166 293
Exportations.	18 101 323	
		64 352 889

4° *Mouvement de la navigation* (1896) :

Pavillons.	Nombre.	Tonnage.
Français.	15	184 368
Anglais.	11	83 250
Allemand.	22	54 800
Norvégien.	6	30 425
Américain.	2	2 500
Danois.	1	5 850
Chaloupes chinoises.	2	90
Jonques chinoises.	1 348	60 125
Totaux.	1 407	421 408

5° *Budget* (1889).

S'équilibre en recettes et dépenses à la somme de 3 993 638$,85 [1].

6° *Emprunts.*

1. Lois du 10 février 1896 et du 26 décembre 1898, emprunt pour le Protectorat de l'Annam-Tonkin : 80 000 000 francs.
2. Loi du 25 décembre 1898, emprunt du gouvernement général de l'Indo-Chine : 200 000 000 francs.

7° *Voies de communication :*

1. Chemin de fer de Phu-lang-Thuang à Langson, 100 kilomètres.
2. Tout un réseau en préparation :
    a) Chemin de fer de Haïphong à Hanoï et à Lao-Kay.
    b) Chemin de fer de Lao-Kay à Yunnan-Fou.
    c) Chemin de fer de Hanoï à Nam-Dinh et Vinh.
3. Route mandarine de Hanoï à Hué et d'autres récemment ouvertes.

XXI. — Établissements français de l'Inde.

1° *Superficie.* — 50 803 hectares.

2° *Population.* — 277 013 habitants (décembre 1898).

Fonctionnaires civils : 400 environ.

---

1. 1 $ = 2 fr. 50.

3° *Mouvement du commerce :*

	francs.
Le mouvement du commerce, en 1897 s'est élevé à.	18 628 866
Contre, en 1898.	11 030 864
Soit, en faveur de 1897.	7 598 002

Ces chiffres sont ainsi répartis :

	Année 1897.	Année 1898.	Différence.
Importations	3 651 011	3 134 397	— 516 614
Exportations	14 977 855	7 896 467	— 7 081 388
Totaux	18 628 866	11 030 864	— 7 598 002

4° *Mouvement de la navigation en 1898 :*

Pavillons.	Nombre.	Tonnage.
Français	25	31 598
Étrangers	388	512 742
Total	413	544 340

5° *Budget* (1899).

1 159 204 francs.

6° *Emprunt.*

Décret du 23 février 1894, emprunt de 1 167 000 francs.

7° *Voies de communication :*

1. Pondichéry, Karikal et Chandernagor sont desservies par des voies ferrées qui les relient entre elles et aux principales villes britanniques. Mahé sera bientôt dans le même cas.
2. Projet de chemin de fer de Pondichéry à Tiroupapalyour (22 kilomètres) vers le sud de l'Inde.
3. Plus de 257 kilomètres de routes de première et de deuxième classe.

XXII. — Établissement français de l'Océanie.

1° ARCHIPEL DE LA SOCIÉTÉ

1° *Superficie :*

Tahiti	104 215 hectares.
Moorea (dont 3 500 propres à la culture)	13 237 —
Tetiaroa et Mehetia	?

2° *Population*. — Tahiti : 10 750 habitants, dont :

Indigènes	9 300
Français	600
Européens (autres que les Français)	350
Américains	200
Chinois	300
TOTAL	10 750

Moorea : 1 600 habitants environ.

2° ILES SOUS LE VENT

1° *Superficie :* ?

2° *Population :*

Raiatea	2 138	habitants.
Tahaa	1 099	—
Huahine	1 350	—
Bora-Bora	1 260	—
Maiao	200	—
TOTAL	6 047	—

3° ARCHIPEL DES MARQUISES

1° *Superficie*. — 12 500 kilom. carrés :

Nukahiva	32 km sur 19 km.
Hiva-Oa	39 km sur 19 km.

2° *Population*. — 4 300 habitants, parmi lesquels 120 Européens, dont 60 Français.

4° ARCHIPEL TUAMOTU

1° *Superficie*. — 86 000 hectares environ.

2° *Population*. — 4 000 habitants.

5° ARCHIPEL GAMBIER

1° *Superficie*. — 3 000 hectares environ.

2° *Population*. — 1 400 habitants environ (quelques Européens seulement).

6° ARCHIPEL TUBUAI

1° *Superficie* :   ?

2° *Population* :

Tubuai	372	habitants.
Raivavae	391	—
Ruruhi et Rimatara	400	—
Rapa	170	—
Total	1 333	

Fonctionnaires civils pour tous les établissements français, 155 environ.

3° *Mouvement du commerce en 1899* :

	Francs.
Le mouvement général du commerce des établissements français en Océanie s'est élevé en 1899 à	6 389 865,78
Contre, en 1898	5 957 482,36
Soit, en faveur de 1899, une différence de	432 383,42

Ces chiffres sont ainsi répartis :

	Année 1899. francs.	Année 1898. francs.		Différence. francs.
Importations	2 861 433,08	2 997 147,90	—	135 714,82
Exportations	3 528 432,70	2 960 334,46	+	568 098,24
Totaux	6 389 865,78	5 957 482,36	+	432 383,42

a) Commerce des établissements avec la France :

Importations	329 081,81	} 761 311,71
Exportations	432 228,90	

b) Commerce des établissements avec l'étranger :

Importations	2 532 351,27	} 5 628 554,07
Exportations	3 096 202,80	
		6 389 865,78

APPENDICE IV.

4° *Mouvement de la navigation en 1899 :*

ENTRÉES

Pavillons.	Vapeurs.	Voiliers.	Tonnage.
Anglais	12	7	15 046
Américain	13	»	4 368
Français	13	»	1 139
Norvégien	2	»	1 094
Danois	1	»	401
Italien	1	»	60
TOTAUX	42	7	22 105

SORTIES

Pavillons.	Vapeurs.	Voiliers.	Tonnage.
Anglais	12	7	15 092
Américain	14	»	4 704
Français	10	»	1 614
Norvégien	2	»	1 094
Danois	2	»	120
Italien	1	»	401
TOTAUX	41	7	23 019

5° *Budget :*

	Francs.
(1899)	1 146 546,60
Au budget de la métropole	900 000,00

6° *Emprunt.*

Décret du 1er juillet 1890, emprunt de Tahiti, 337 000 francs.

7° *Voies de communication :*

Une route de 160 kilomètres fait le tour de Tahiti, et met en relation Papeete avec les autres centres de population.

XXIII. — Nouvelle-Calédonie.

1° *Superficie.* — 18 000 kilomètres carrés.

2° *Population :*

Population civile	10 595	habitants.
Transportation	11 602	—
Engagés Asiatiques et Océaniens	4 000	—
Indigènes de	25 000 à 30 000	—
Fonctionnaires civils	93	—
Soit un total d'environ	56 000	—

3° *Mouvement du commerce en 1899 :*

Le mouvement du commerce s'est élevé
en 1899 à. . . . . 19 871 395 francs.
Contre, en 1898. . . . . 16 489 536 —

Soit, en faveur de 1899, une différ. de. 3 381 859 francs.

Ces chiffres sont ainsi répartis :

	Année 1899. francs.	Année 1898. francs.		Différence. francs.
Importations. . . .	10 958 198	9 752 808	+	1 205 390
Exportations. . . .	8 913 197	6 736 728	+	2 176 469
TOTAUX.	19 871 395	16 489 536	+	3 381 859

4° *Mouvement de la navigation :*

ENTRÉES

	Nombre.	Tonnage.
Français	19	46 003 tonnes.
Étrangers	65	13 432 —
TOTAL.	84	59 435 tonnes.

SORTIES

	Nombre.	Tonnage.
Français	24	53 209 tonnes.
Étrangers	65	64 938 —
TOTAL.	89	118 147 tonnes.

5° *Budget* (1899) : 3 189 800 francs.

6° *Emprunts :*

1. Arrêté local du 21 juillet 1899, emprunt de la ville de Nouméa, 650 000 francs.
2. Projet d'emprunt, 10 000 000 francs.

7° *Voies de communication.*

1. En tout 280 kilomètres de routes carrossables.
2. Sentier muletier autour de l'île.
3. Projet de chemin de fer (peu utile) de Nouméa à Bourail.

TABLE ALPHABÉTIQUE

A

Aboukir, 233.
Acadie, 176.
Achat des terrains en Tunisie, 581.
Acte Torrens en Tunisie, 582.
Administration coloniale (de l'), 41.
— — comme carrière, 258.
— — (devoirs de l') en Tunisie, 597.
Administrateurs coloniaux (valeur morale des), 43.
Affaires Étrangères, 260, 270.
Afrique (la France en), 229, 236, 237.
— (Français en), 458.
Age d'un émigrant, 330.
Agrégation, 270.
Agricoles (ouvriers), 142.
Agriculture, 87.
— en Nouvelle-Calédonie, 504.
— au Tonkin, 549.
Alais (école d'), 290.
Algérie, 177, 221, 235, 237, 377, 387, 465.
— (population de l'), 465.
Allemagne (émigration et expansion de l'), 11, 14, 15, 189.
Allemandes (colonies), 417.
Allemands (émigrants), 446, 453.
Alsaciens-Lorrains (soc. des), 287.
Amazone, 230.
Amérique (la France en), 228.
— (immigrants en), 444.
— (Français en), 457.
Angers (ouvriers d'.), 141, 142.
Anglais (émigrants), 444, 452.
Anglaises (les) aux colonies, 417, 434.
— (colonies), 417.
Angleterre, 11, 12, 14, 16, 211, 239.
Annam (son avenir, ses ressources, ses produits, son commerce, colonisation en, etc.), 537, 538, 539.
Antaifasy, 489.
Antaimoro, 489.
Antanosy, 489.
Anticléricalisme aux colonies, 45.
Antilles françaises, 228.
Arabes, 242.
Arachides, 200.
Argent (l') ira aux colonies, 471.
Argentine (Français en), 459.
— (Allemands en), 454.
— (Italiens en), 451.
— (immigrants en), 449.
Asie (la France en), 229, 236, 237.
— (Français en), 458.
Association (liberté d'), 38.
Atlas colonial allemand, 454.
Augsbourg (ligue d'), 230.
Australie (immigrants en), 444.
Auto-recrutement des colons, 24.
Autrichiens (émigrants), 447.
Avocats (des), 122, 257.

B

Babet et Babetville, 379.
Bagne en Nouvelle-Calédonie, 529.
Banques aux colonies, 533, 535, 544.
Bardo (traité du), 572.
Barreau (le), 122.
Belges (émigrants), 447.
Betsileo (des), 489.
Blé (production du), 167.
— (importation du) en France, 590.
Blés et vins tunisiens en France, 590.

Bois, 198.
Bon Marché (magasins du), 137, 277.
Bougainville, 232.
Bourgeois (que nous voulons devenir), 280.
Bourgeoisie, 269, 292.
Brésil (immigrants au), 445.
Bretagne (de la) et de l'émigration, 405.
Brigadiers, 131.
Bureaux (les influences des), 39.

C

Cacao, 197.
Café, 197.
— (du) à Madagascar, 495.
— (du) en Nouvelle-Calédonie, 510.
Cambodge, 533.
— (industries au), 534.
— (culture au), 534.
— (banques au), 535.
Campagne (ouvriers de la), 143.
— (la vie à la), 307.
— (salaires à la), 309.
— (dépopulation de la), 310.
Campagnes (émigration des) vers les villes, 293-305.
— (les) et l'émigration, 405.
Canada, 16, 17, 174, 213, 216, 218.
— (émigration au), 231, 243, 320, 345, 375, 380, 426, 432, 445, 474.
Canaques (des), 512.
Cantal (émigrants du), 298.
Caoutchouc, 197.
— à Madagascar, 496.
Cap (immigrants au), 445.
Capitaines, 129.
Capital pour un émigrant, 380, 392, 571.
— — à Madagascar, 497.
— — en Nouvelle-Calédonie, 510, 520, 521.
— — en Tunisie, 583.
— — au Tonkin, 571.
Capitaux (émigration de nos), 203, 209.
Caractère (du), 24, 26, 82.
— (des gens de), 339.
— pour émigrer, 388.
Cargo-boats français et étrangers, 51.

Catholiques (les) et l'émigration, 342, 403.
Charbonnages du Tonkin, 545.
Charte de la Nouvelle-France, 17.
Charte de Saint-Christophe, 17.
— de Saint-Domingue, 18.
Chemins de fer, 132.
— — à Madagascar, 482.
— — au Tonkin, 549.
Chiourmes, 346.
Clergé (le) et l'émigration, 20, 33, 341, 390, 403.
Climat (du) à Madagascar, 490.
— en Nouvelle-Calédonie, 500.
— au Tonkin, 563, 566.
Cochinchine (industrie, commerce, banques), 531, 532, 533.
Colbert et l'émigration, 20.
Colon (isolement du), 413, 427.
Colonel, 129.
Coloniale (garnison, armée), 219.
— (politique de la France), 238, 239.
Coloniaux (revers), 230, 231, 233, 234.
Colonies (que nous devons émigrer surtout dans nos), 453.
Colonies d'exploitation, de peuplement, 240, 465, 467, 473.
— suffisamment peuplées, 465.
— (fidélité de nos), 242, 245.
— sans colons, 42.
— (petites), 213, 228.
Colonisateur (sommes-nous un peuple) ? 226, 238.
Coloniser (sommes-nous capables de) ? 6.
Colonisation d'Etat, 375, 377, 383, 385.
— militaire à Madagascar, 411.
— anglaise, 453.
— libre en Nouvelle-Calédonie, 514.
Colons à marier, 427.
— — à Madagascar, 497.
— — en Nouvelle-Calédonie, 514, 518, 526.
— (nombre de) Anglais aux États-Unis en 1750, 16.
— (nombre de) Français au Canada en 1750, 16.
— (nombre de) au Tonkin, 552.
— pour le Tonkin (leurs qualités), 570.
— pour la Tunisie, 591, 594.
— pour Madagascar, 499.
Commandant, 129.

Commerce extérieur et émigration, 57, 86, 87, 94, 110, 111, 115.
Commerce de nos colonies, 101, 103.
— de l'Algérie et de la Tunisie, 102, 103.
Commerce de l'Indo-Chine, 105.
— du Tonkin, 106, 543, 544.
— de Madagascar, 106, 108.
— de la côte occidentale d'Afrique, 109.
— (employés de), 257, 275, 276.
— extérieur au XIVᵉ siècle, 127.
— en Nouvelle-Calédonie, 503.
— en Tunisie, 598.
Communes (augmentation du nombre des petites), 296.
Compagnies coloniales, 40, 227.
— de l'Ouest (traitements, etc.), 132, 284.
— d'assurances, 136.
Concessions, 385, 387.
Concessions accordées au Tonkin, 553.
Condamnés (de l'envoi des) aux colonies, 344.
— — au Canada et sous l'ancien régime, 345.
— — anglais en Amérique et en Australie, 348, 349.
— — russes en Sibérie, 359.
— — français à la Guyane, 360.
— — en Nouvelle-Calédonie, 361, 364.
— (mariage des), 365.
Congrégations, 39.
Conquêtes coloniales, 3, 5, 6.
Conseil d'État, 260, 270.
Consuls allemands, 113.
Convicts anglais, 348, 352.
— — en Australie, 354, 358.
Côte-d'Or (émigration et immigration), 298.
Cour des Comptes, 260, 261, 270.
Crédit agricole colonial, 386.
— foncier, 134, 275.
Creuse (ouvriers de la), 141, 143.
Cuba (Français à), 459.
Cultures coloniales, 379.
— du Tonkin, 551.
— de la Nouvelle-Calédonie, 508.
— de Madagascar, 493.
— de Tunisie, 588.

D

Danois (émigrants), 447.
Denrées coloniales, 195, 196.
Dépopulation des campagnes, 310.
Déportés de la commune, 361.
Devis pour une ferme en Tunisie, 583, 592.
Diego-Suarez (colonisation de), 379.
Dieppois, 227.
Disqualifiés (des), 342.
Division du travail, 81.
Domaines (petits, moyens, grands), en Tunisie, 586.

E

Écrivain, 138.
Égypte, 233, 235.
— (Français en), 459.
Émigrants Anglais, 11, 12, 14, 251, 444, 452.
— Allemands, 11, 12, 14, 15, 189, 446, 453.
— Autrichiens, 15, 447, 449.
— Belges, 15, 447, 449.
— Danois, 11, 15, 448.
— Écossais, 14, 252.
— Espagnols, 12, 15, 191, 448, 449.
— Européens (nombre des), 9, 186.
— Français, 10, 12, 13, 14, 15, 20, 447.
— Gallois, 14.
— Hollandais, 15, 447.
— Irlandais, 14, 253.
— Italiens, 11, 12, 15, 191, 446, 451.
— Portugais, 12, 15, 191, 448, 449.
— Russes, 15, 192, 447.
— Suédois et Norvégiens, 12, 15, 448, 449.
— Suisses, 11, 15, 448, 449.
— en Afrique, 15.
— en Amérique anglaise, 15.
— — centrale, 15.
— — du Sud, 15.
— en Chine, 15.
— aux îles de l'Atlantique, 15.
— — de l'Océanie, 15.
— aux Indes, 15.
— au Mexique, 15.
— (diverses sortes d'), 9.
— anglais et français, 253.
— (que nous avons des) dans nos campagnes, 292, 402, 405.
— — dans la petite noblesse terrienne, 397.

Émigrants (que nous avons des) dans les classes ouvrières, 280.
— — dans les hautes classes, 254, 393.
— (que nous avons des) dans la moyenne et la petite bourgeoisie, 269, 400.
— (départements qui ont le moins d'), 303.
Émigrants et immigrants, 303.
— (que nous devons bien choisir nos), 318, 327.
Emigration sous l'ancien régime, 15.
— espagnole en Amérique au XVIe siècle, 16.
— anglaise à la Barbade, au Maryland, au Massachusets, 3, 16.
— française au Canada, aux Antilles, à la Guyane, à Madagascar, 16.
— (moyens employés par l'ancien régime pour promouvoir l'), 17, 19.
— (l') élargit nos idées, 75.
— nous apprend à nous mieux connaître, 78.
— développe la valeur personnelle, 80.
— élargit nos connaissances, 82.
— trempe le caractère, 82.
— diminuerait le malaise social, 118, 146, 255.
— sauvegarderait notre influence au dehors, 182.
— relèverait notre natalité, 147, 165.
— libre (de l'), 42.
— pour la mise en œuvre de nos colonies, 194, 201.
— pour la défense de notre empire colonial, 211.
— et colonisation, 225.
— intérieure, 293, 297, 306, 315.
— vers Paris, 298.
— et immigration du Pas-de-Calais, 298.
— — de la Côte-d'Or, 299.
— du Cantal, 299.
— des villes vers les campagnes, 305.
— extérieure ou intérieure, 404.
— (progrès de l'), 260.
— des femmes aux colonies, 412.
— vers la Tunisie (mouvement d'), 578.

Émigration dans les pays étrangers, 443.
— libre en Nouvelle-Calédonie, 514, 518, 526, 527.
— au Tonkin, 540.
Émigrer (nécessité d'), 15, 72, 74, 194, 210, 223, 254, 266, 268, 316.
— (que nous pouvons), 225, 250, 256, 316.
— (quels sont ceux qui doivent), 318, 387.
Émigrer (quels sont ceux qui ne doivent pas), 329.
— (quels sont les pays où nous devons), 441.
— dans nos colonies (que nous devons surtout), 463.
Empire colonial (notre), 3, 4, 6, 195, 228, 229, 230-235, 237.
Encombrement, 276, 277, 282, 283, 286, 289, 291.
Engagés (des) de l'ancien régime, 347.
Enseignement, 35, 270.
— (liberté d'), 35.
Entreprises coloniales (histoire de nos), 25.
Erlincourt (Mlle d') et l'émigration, 287, 407.
Espagnols (émigrants), 448.
— 12, 115, 191.
État (du rôle de l') dans la colonisation, 381.
État (de l'), 33, 40.
État (l') doit être un organisme, 34.
Etats-Unis, 187, 454.
— (Allemands aux), 454.
— (immigrants aux), 444.
— (les Français aux), 462.
Étrangers (que nous devons émigrer dans les pays), 443, 460.
— (nombre des) en France, 153.
Étrangers dans nos colonies, 222.
Europe (Français en), 456.
Européens en Tunisie, 576.
Expansion coloniale des diverses puissances européennes, 1.
— — de la France, 2-4.
Exploitation (colonies d'), 468.
— — allemandes, 469.
— — anglaises, 469.
— — hollandaises, 470.
— — (utilité des), 469.
Exportation française, allemande, anglaise, américaine, 94.

Exportation et importation de l'Angleterre, 96, 97.
— — de l'Allemagne, 96, 97.
— — des Etats-Unis, 100.
— — de la France, 100.

F

Facteurs, 131.
Fécules exotiques, 200.
Feillet (M.) et la Nouvelle-Calédonie, 523.
Femme (la) française peut émigrer, 422.
— — émigre aux colonies, 426, 427.
Femmes (de l'émigration des) aux colonies, 412.
— — pour y créer une race française, 412.
— — pour y aider nos colons, 413.
— — pour les civiliser, 414, 426.
— — pour améliorer leur état religieux.
— françaises en Algérie, 435.
— — en Tunisie, 425.
— — en Nouvelle-Calédonie, 435.
— — en Afrique, 435.
— — à Madagascar, 436.
Ferme en Tunisie (devis d'une), 583, 592.
Fertilité de Madagascar, 484.
Filles (nombreuses) à marier en France, 429-439.
— (jeunes) à envoyer aux colonies, 432, 438.
— françaises au Canada, 432.
— — en Nouvelle-Calédonie, 433.
— — en Guyane, 433.
Filles anglaises aux colonies, 434.
Fleuves de Madagascar, 483.
Fonctions publiques, 130, 273, 282.
Forçats (mariages des) en Nouvelle-Calédonie, 365.
Forêts (administration des), 261.
Formalités administratives à supprimer, 43.
Fort-Mardick, 171.
Fortune mobilière de la France, 203.

Fouesnant (Finistère), 172.
Français établis à l'étranger, 456.
— émigrants, 445, 456.
— établis en Tunisie, 577.
Française (état de la société), 72.
— (nécessité d'une population) en Tunisie, 573.
— (propriété) en Tunisie, 577.
Française (race) dans nos colonies. 412.
Fraysse (Mgr), 390, 527.

G

Gallieni (le général) et la colonisation militaire, 360.
Gardiens de ports, de phares, de forêts, etc., 131.
— des parcs et travaux, 132.
Garnison coloniale, 219.
Gaz (Cie du), 285.
Général, 130.
Gobert, 558.
Gommes exotiques, 200.
Grand'Combe, 289.
Guyane (fondation de la), 326, 433.
— (la transportation en), 360.
Gyalong, 232.

H

Habous (biens) de Tunisie, 581.
Hollandais (émigrants), 447.

I

Ignorance des choses coloniales, 26.
Immigrants (nombre des) aux Etats-Unis, 14, 15, 444.
— — en Argentine, 14, 445.
— — en France, 300.
— — en Australie, 444.
— — au Canada, 445.
— — en Uruguay 445.
— — aux Indes Anglaises, 445.
— — en Amérique centrale et méridionale, 445.
— — au Cap et au Natal, 445.

Immigrants (nombre des) aux Indes orientales, 445.
— — au Brésil, 445.
— — en Amérique du Nord, 445.
— — en Amérique du Sud, 445.
Immigrés, 153, 222.
Impôts, 86, 87.
Incapables d'émigrer (des), 325.
Inconduite aux colonies françaises, 415.
— — allemandes, 417.
— — anglaises, 417.
Instruction, 273, 281, 306.
Indigènes (milices auxiliaires), 220.
— (nous savons nous faire aimer des), 241.
— Tunisiens, 574.
Indo-Chine, 232.
Industrie française et allemande, 89, 93.
Industrie (petite), traitements, 137.
— à Madagascar, 498.
— au Tonkin, 545.
— en Tunisie, 598.
Industrielle (production) des divers pays, 88.
— (production moyenne) de chaque ouvrier, 89.
— (crise), 94.
Ingénieurs (nos), 120.
Initiative industrielle (manque d'), 30.
Italie, 11, 12, 15, 191.
Italiens en Tunisie, 576.
— (émigrants), 446 450.

J

Javanais en Nouvelle-Calédonie, 513.
Jeunes gens aux colonies (les), 331.
Journalistes, 138.
Juifs en Tunisie, 575.

K

Kabyles, 242.

L

Laine (tissus de) français et allemands, 91.

Langue française (de la) et de ses rivales, 183.
Laos (situation, climat, sol, cultures), 536.
Lapérouse, 232.
Lemaître (Jules), 517.
Libérés (les) en Nouvelle-Calédonie, 366, 513.
Liberté, 36.
Liberté de tester dans les autres pays, 65.
Licences, 271.
Lieutenant, 128.
Lieutenant-colonel, 129.
Limagne (ouvriers de la), 141, 143.
Louis XIV, 34.
Louisiane, 216, 217, 231, 233.
Louvre, 277.
Louvre (magasins du), 137.

M

Madagascar, 231, 480.
Madagascar (campagne de), 332.
— (les Anglais à), 453.
— (popularité de) en France, 480.
— (voies de communication à), 482.
— (sol de), 484.
— (climat de), 492.
— (divers produits de), 493.
— (riz à), 495.
— (caoutchouc à), 496.
— (élevage à), 497.
— (colons à), 497.
— (industriels à), 498.
— (ouvriers à), 499.
Magasins (grands), 277.
Magistrature, 258, 270.
Main-d'œuvre en Nouvelle-Calédonie, 512.
— pénale, 513.
— étrangère, 513.
— au Tonkin,
Maison (gens de), 288.
Maîtres de port, 131.
Malades (les), 330.
Maladies du Tonkin, 568.
— à Madagascar, 492.
Malaise social, 86, 118.
Mandarines, 201.
Mariage (du) en France, 423.
Mariages (diminution du nombre des), 291.
Marier (le colon désire et a besoin de se), 427.
Marine de guerre, 231, 232.

TABLE ALPHABÉTIQUE. 651

Marine marchande (de notre), 46.
— — (importance de notre), 47.
— — (sa diminution), 48.
— — française, anglaise, allemande, etc., 49, 56.
— — (faible amélioration), 56.
— — et émigration, 56.
Mascareignes, 231.
Mayotte, 236.
Médecins (des), 126, 257.
Méhémet-Ali, 235.
Métayage au Tonkin, 556, 558.
— en Tunisie, 587.
Mexique (expédition du), 187, 237.
— (Français au), 459.
Militaire (loi), 306.
Millet (M.), 578.
Mines du Tonkin, 547.
Missionnaires (nos), 246, 250, 289, 461, 471.
Mississipi, 231.
Montréal (fondation de), 324.
Morale et religion, 418.
Moralité (de la) aux colonies, 334, 341, 388, 420.
— (main-d'œuvre à), 484, 488.
Morcellement de la propriété en Tunisie, 575.
Mortalité au Tonkin, 565.
— à Madagascar, 492.
Mouvement colonial en France, 28.
Musulmans en Tunisie, 587.

N

Napoléon Ier, 35, 233.
— III et la Syrie, 474.
Natal (immigrants au), 445.
Natalité (abaissement de la), 147, 181.
— (de la) dans les colonies, 172, 176.
— au Canada, 174.
— en Acadie, 176.
— en Algérie, 177.
— en Tunisie, 179.
— en Nouvelle-Calédonie, 179.
Navale (école), 264, 270.
Navigation au Tonkin (de la), 542.
Navires à vapeur anglais, français, allemands, etc., 49.
— à voiles français et étrangers, 51.
— (âge de nos), 52.

Navires (mouvement commercial de nos), 52.
— ayant traversé le canal de Suez, 54.
Néo-Hébridais en Nouvelle-Calédonie, 563.
Nickel en Nouvelle-Calédonie, 502.
Niger (les Anglais au), 451.
Noblesse terrienne (de la) et de l'émigration, 397.
Norfolk (île de), 351.
Norvégiens (émigrants), 449.
Nouméa, 180.
Nouvelle-Calédonie, 179, 390, 433, 499.
— (la transportation en), 360.
— (colonisation libre en), 514, 518, 526.
— (climat de la), 500, 528.
— (du sol de), 501.
— (du commerce en), 503.
— (de l'agriculture en), 504.
— (population de la), 506.
Nouvelle-Calédonie (produits de la), 508.
— (de l'élevage en), 509.
— (du café en), 510.
— (main-d'œuvre en), 512.
Nouvelles-Hébrides, 179.

O

Océanie, 232, 237, 458.
— (Français en), 458.
Office colonial, 561.
Officiers (des), 128.
Omnibus (Cie des), 285.
Oranges, 201.
Ouest (Cie de l'), 132, 284.
Ouvriers (des), 139.
— français à Madagascar, 499.
Ouvrière (classe), 280.

P

Palme (huile de), 200.
Paris (traité de), 231.
Paris (émigration vers), 298.
Partage des biens (du), 59.
Pas-de-Calais (émigrants et immigrants du), 298.
Paternelle (la), 57.
Pays (amour du), 30.
— où nous devons émigrer, 441.

Pays étrangers (devons-nous émigrer dans les) ? 443.
Paysans, 305.
Pénale (main-d'œuvre) en Nouvelle-Calédonie, 513.
Persévérance de caractère (de notre), 32.
Petites gens (envoi des) aux colonies, 372, 380, 384.
Peuplement du Canada, 216, 218.
— (colonies de), 467.
— de la Nouvelle-Calédonie, 514.
Pirates du Tonkin, 549.
Politique continentale et politique coloniale, 219.
Polytechnique (école), 264, 270.
Population de la France aux divers âges de l'histoire, 22.
— de notre empire colonial, 4.
— (diminution de la), 147, 181.
—   —   s'étend partout, 149.
—   —   remonte au commencement de ce siècle, 150.
Population (diminution de la), étudiée à Saint-Étienne, 151.
—   —   est un grand danger, 154, 158.
—   —   n'existe qu'en France, 154.
—   —   , ses remèdes, 159, 164.
—   —   influence de la religion, 161.
—   —   , influence de la migration sur), 165, 170.
— comparée des puissances européennes à diverses époques, 154, 193.
— anglaise, 156, 157.
— allemande, 156, 157.
— russe, 192, 193.
— rurale, 314.
— pénale en Nouvelle-Calédonie, 369.
— de la Nouvelle-Calédonie, 506.
— française dans nos colonies, 221.
— française en Tunisie (nécessité d'une), 573.
— indigène de nos colonies, 222.
— tunisienne, 574.
— étrangère dans nos colonies, 222.
Portugais (émigrants), 448.
Préparation pour devenir colon, 399, 401.
Pritchard (affaire), 235.

Produits de la Tunisie (des divers), 590.
— du Tonkin, 551.
— de la Nouvelle-Calédonie, 508.
— de Madagascar, 493.
Propagande coloniale (de la), 405.
Propriétés (grandes et petites), 313.
— (morcellement des) en Tunisie, 589, 591.

Q

Québec (prise de), 215.
Quinzaine coloniale, 500, 519, 527, 558.

R

Recrutement (la loi de), 67.
—   — dans nos colonies, 58.
Recrutement (la loi de), (article 50), pour ceux qui se fixent à l'étranger, 60.
—   — , pétition pour étendre l'article 50 à nos colonies, 70.
—   — s'oppose à l'émigration, 67.
Relégués (les) en Nouvelle-Calédonie, 368.
Religieuses (de nos) à l'étranger, 426.
Religion aux colonies, 45, 418, 422.
— en Nouvelle-Calédonie, 529.
— chez les émigrants, 388.
Répétiteurs de collèges, 131.
Ressources pécuniaires pour les émigrants, 373.
Retraite (âge de la) pour les officiers, 263.
Revenus des capitaux français, 204.
Richelieu, 35.
— (testament de), 226.
Riswick (traité de), 230.
Riz, 199.
Riz à Madagascar, 495.
Routes de Madagascar, 483.
Russes (émigrants), 447.
— (les transportés), 359.
Russie, 15, 192.

S

Saint-Barthélemy, 244.
Saint-Christophe, 230.

TABLE ALPHABÉTIQUE.   653

Saint-Cyr, 262, 270.
Saint-Domingue, 233.
Saint-Étienne, 140, 277.
Saint-Maixent, 262.
Salaires, 87.
Salaires à la campagne, 87, 309.
Santé (bonne) nécessaire pour émigrer, 388.
Saurin (M.), 578.
Seine (émigrants et immigrants de la), 298, 301.
Sélection des émigrants, 402, 438, 527, 570.
Sénégal, 227.
Seychelles, 245.
Sibérie (la transportation en), 359.
Simon (M.), délégué de la Nouvelle-Calédonie, 517.
Socialisme, 144.
Sociétés de crédit, 260.
Société du nickel, 502.
— pour le développement de notre commerce extérieur, 462.
— de colonisation pour la Tunisie, 595.
Sœurs de charité, 131.
— missionnaires, 250.
Soie, 199.
Sol de Madagascar, 484.
— de la Nouvelle-Calédonie, 501.
— du Tonkin, 550.
— de la Tunisie, 579.
Soldat (maison du), 287, 407.
Soldats (nos) libérés et l'émigration, 407.
— (nos) coloniaux et la colonisation, 409.
— (nos) libérés à Madagascar.
Sous-lieutenant, 128.
Spéculation, 86.
Succession (lois de), 59, 65.
— (notre loi de) paralyse les grandes affaires, 59.
— — affaiblit les forces vives de la nation, 61.
— — détruit les moyennes et les petites familles, 62.
— — diminue la natalité, 64.
Surintendante de la Légion d'honneur, 131.
Suédois, 448.
Suisses (émigrants), 448.
Sydney (transportation à), 349, 351, 355.
Syndicats, 39.

Syrie, 235.
— (la) et Napoléon III, 474.
— (valeur de la), 475.

T

Tahiti, 179.
Taux de l'intérêt, 87, 119.
Teinture (bois de), 199.
Testamentaire (liberté), 169, 59.
Thé, 198.
Tonkin (du), 530, 539.
— (importance et valeur du), 530.
— (géographie du), 539, 541.
— (nécessité d'émigrer au), 540.
— (delta du), 541.
— (navigation au), 542.
— (commerce du), 543, 544.
— (banques au), 544.
Tonkin (industries au), 545.
— (mines au), 547.
— (agriculture au), 549.
— (voies de communication au), 549.
— (chemins de fer au), 549.
— (pirates du), 549.
— (sel du), 550.
— (produits et cultures du), 551.
— (nombre de colons du), 552.
— (concessions au), 553.
— (main-d'œuvre au), 555.
— (métayage au), 556, 558.
— (climat du), 563, 566.
— (mortalité au), 565.
— (maladies au), 568.
— (qualités des colons pour le), 570.
Tonkinois en Nouvelle-Calédonie, 513.
Tourane, 232.
Tradition coloniale (manque de), 23.
Transportés en Nouvelle-Calédonie, 360, 361.
Transvaal (les Anglais au), 452.
Travail des femmes, 292.
— aux colonies, 380.
Travaux publics aux colonies, 382.
Trélazé (ouvriers de), 141.
Trouillot (circulaire de M.), 196, 201, 202.
Tunisie (de la), 572.
— (Italiens en), 451.
— (indigènes en), 574.
— (musulmans de), 575.

Tunisie (israélites de), 575.
— (Européens en), 576.
— (Italiens en), 576.
— (Français établis en), 577.
— (travaux publics en), 573, 597.
— (travailleurs en), 584.
— (industries en), 598.
— (chemins de fer de la), 573.
— (commerce en), 598.
— (population de la), 573.
— (routes de la), 573.
— (propriétés françaises en), 577.
— (sol, climat, production de la), 579.
— (diverses régions de la), 579.
— (achat des terrains en), 581.
— (acte Torrens en), 582.
— (devis pour une ferme en), 583, 592.
— (métayage en), 585, 587.
Tunisie (grands domaines en), 586.
— (sociétés de colonisation en), 595.
— (culture en), 588.
— (devoirs de l'administration en), 597.
— (colons pour la), 591.
— (un grand colon en), 594.

U

Ulysse Pila, 557.

Union coloniale (l') et l'émigration, 405.
Université (l'), 35, 270.
Uruguay (immigrants dans l'), 445.

V

Val-des-Bois, 139.
Van Diémen (transportation à), 350, 352, 353, 356.
Vanille, 200.
Vauban, 218.
Vaudreuil (M. de), 213, 215, 345.
Veuillot (Louis), 81.
Vie (de la) aux colonies, 425, 429.
Voies de communication à Madagascar, 482.
Voies de communication au Tonkin, 549.
Villaz en Nouvelle-Calédonie, 517.

W

Washington, 214.
Wolf, 215.

Z

Zouave d'Algérie, 81.

TABLE ANALYTIQUE

Introduction. . . . . Pages. 1

PREMIÈRE PARTIE

POURQUOI NOUS ÉMIGRONS SI PEU

CHAPITRE PREMIER

Du nombre de nos émigrants. 9

CHAPITRE II

De l'émigration sous l'ancien régime. 15

CHAPITRE III

Pourquoi l'on émigre si peu. 21

CHAPITRE IV

De notre manque de tradition coloniale. 23

CHAPITRE V

De notre ignorance des choses coloniales. 26

CHAPITRE VI

De nos goûts et de notre caractère national. 29

CHAPITRE VII

De la centralisation et de la puissance exagérée de l'État. . . 33

CHAPITRE VIII

De l'administration coloniale................. 41

CHAPITRE IX

De notre marine marchande................. 46

CHAPITRE X

Du partage des biens et de nos lois successorales........ 59

CHAPITRE XI

De la loi sur le recrutement................. 67

DEUXIÈME PARTIE

QUE NOUS DEVONS ÉMIGRER

CHAPITRE PREMIER

Que nous devons émigrer pour réformer nos idées et retremper notre caractère................. 75

CHAPITRE II

Que nous devons émigrer pour développer notre industrie et notre commerce extérieur 86

CHAPITRE III

Que nous devons émigrer pour diminuer le malaise social dont nous souffrons et procurer des emplois plus rémunérateurs et un travail mieux rétribué à un grand nombre de gens qui ne peuvent en trouver................. 118

CHAPITRE IV

Que nous devons émigrer pour relever notre natalité et augmenter notre population................. 147

TABLE ANALYTIQUE.

CHAPITRE V

Que nous devons émigrer pour sauvegarder et accroître notre influence au dehors................ 182

CHAPITRE VI

Que nous devons émigrer pour la mise en œuvre de nos colonies.......................... 194

CHAPITRE VII

Que nous devons émigrer pour la défense et la conservation de notre empire colonial................ 211

TROISIÈME PARTIE
QUE NOUS POUVONS ÉMIGRER

CHAPITRE PREMIER

Que nous sommes essentiellement colonisateurs........ 225

CHAPITRE II

Que nous avons dans les hautes classes de la société d'excellents éléments d'émigration................ 254

CHAPITRE III

Que nous pouvons émigrer dans la moyenne et dans la petite bourgeoisie...................... 269

CHAPITRE IV

Que nous pouvons émigrer dans la classe ouvrière...... 280

CHAPITRE V

Que nous pouvons émigrer dans nos campagnes........ 292

QUATRIÈME PARTIE
QUELS SONT CEUX QUI DOIVENT ÉMIGRER

CHAPITRE PREMIER

Que nous devons avant tout bien choisir nos émigrants... 318

CHAPITRE II
Page
Quels sont ceux qui ne doivent pas émigrer........... 329

CHAPITRE III

De l'envoi des transportés aux colonies............... 344

CHAPITRE IV

Faut-il envoyer aux colonies des gens dépourvus de ressources pécuniaires........................ 373

CHAPITRE V

Quels sont ceux qui doivent émigrer................ 387

CHAPITRE VI

De l'émigration des femmes aux colonies............. 412

CINQUIÈME PARTIE

QUELS SONT LES PAYS OU NOUS DEVONS ÉMIGRER

CHAPITRE PREMIER

Devons-nous émigrer dans les pays étrangers.......... 443

CHAPITRE II

Des colonies d'*exploitation* et des colonies de *peuplement*.. 465

CHAPITRE III

Madagascar........................... 480

CHAPITRE IV

La Nouvelle-Calédonie..................... 499

CHAPITRE V

Le Tonkin............................ 530

CHAPITRE VI

La Tunisie 572

APPENDICE I

L'émigration européenne au XIX° siècle. 599

APPENDICE II

Graphique sur l'émigration anglaise, allemande, italienne et française. 604

APPENDICE III

Émigration européenne au point d'arrivée. 605

APPENDICE IV

Statistiques coloniales. 616

Table alphabétique. 645

BIBLIOTHÈQUE D'HISTOIRE CONTEMPORAINE

Volumes in-12 à 3 fr. 50. Cartonnés : 4 fr. — Volumes in-8 à 5 et à 7 fr. Cartonnés : 6 et 8 fr.

EUROPE

Histoire de l'Europe pendant la Révolution française, par H. de Sybel. Trad. par Mlle Dosquet. 6 v. in-8. Chac. 7 fr. »
Histoire diplomatique de l'Europe (1814-1878), par A. Debidour. 2 vol. in-8. 18 fr.
La Question d'Orient, par Ed. Driault, préf. de G. Monod, 1 v. in-8. 2ᵉ éd. 7 fr. »
Les Problèmes politiques et sociaux a la fin du XIXᵉ siècle, par Ed. Driault. 1 vol. in-8. . . . . . . 7 fr. »

FRANCE

La Révolution française résumé historique, par H. Carnot. In-12. . 3 fr. 50
Etudes et Leçons sur la Révolution française, par A. Aulard. 2 v. in-12. Ch. 3 fr. 50
Les Campagnes des Armées françaises (1792-1815), par C. Vallaux. 1 vol. in-12, avec cartes dans le texte. . . . 3 fr. 50
Napoléon et la Société de son temps, par P. Bondois. 1 vol. in-8. . . 7 fr. »
Histoire de dix ans (1830-1840), par Louis Blanc. 5 vol. in-8 . . . . 25 fr. »
Histoire de huit ans (1840-1848), par Elias Regnault. 3 vol. in-8. . 15 fr. »
Histoire du parti républicain en France (1814-1870), par G. Weill. 1 vol. in-8. 10 fr.
Histoire du Second Empire (1848-1870), par Taxile Delord. 6 v. in-8. Chac. 7 fr. »
Histoire de la troisième république, par Edg. Zevort : I. La présidence de M. Thiers. 1 vol. in-8. . . . 7 fr. »
II. La présidence du Maréchal. 1 vol. in-8 . . . . 7 fr. »
III. La présidence de Jules Grévy. 1 vol. in-8 . . . . 7 fr. »
Les Rapports de l'Eglise et de l'État en France, par A. Debidour. 1 v. in-8. 12 fr.
Histoire de la Liberté de conscience, par Bonet-Maury. 1 vol. in-8. 5 fr. »
Les Colonies françaises, par Paul Gaffarel. 1 vol. in-8. 6ᵉ édition. . 5 fr. »
La France hors de France, par J.-B. Piolet. 1 vol. in-8. . . . . . . 10 fr. »
L'Algérie, par M. Wahl. 3ᵉ édition, 1 vol. in-8. . . . . 5 fr. »
Les civilisations tunisiennes, par P. Lapie. 1 vol. in-12. . . . 3 fr. 50
L'Indo-Chine française, par J.-L. de Lanessan. In-8 avec 5 cartes. . 15 fr. »
La Colonisation française en Indo-Chine, par J.-L. de Lanessan, in-12. . 3 fr. 50

ANGLETERRE

Histoire de l'Angleterre, depuis la reine Anne jusqu'à nos jours, par H. Reynald, 1 vol. in-12. 2ᵉ édition. . . . 3 fr. 50
Le Socialisme en Angleterre, par A. Métin 1. vol. in-12. . . . 3 fr. 50

ALLEMAGNE

Histoire de la Prusse, depuis la mort de Frédéric II jusqu'à la bataille de Sadowa, par Eug. Véron. In-12, 6ᵉ éd. 3 fr. 50
Histoire de l'Allemagne, depuis la bataille de Sadowa jusqu'à nos jours, par Eug. Véron. In-12. 3ᵉ édit. . . . 3 fr. 50
Origines du socialisme d'État en Allemagne, par Ch. Andler. 1 vol. in-8. 7 fr.

AUTRICHE-HONGRIE

Histoire de l'Autriche, depuis la mort de Marie-Thérèse jusqu'à nos jours, par L. Asseline. 1 vol. in-12. 3ᵉ édition. . 3 fr. 50
Les Races et les Nationalités en Autriche-Hongrie, par B. Auerbach. 1 vol. in-8. . . . . 5 fr. »
Les Tchèques et la Bohême contemporaine, par J. Bourlier. 1 vol. in-12. 3 fr. 50

ESPAGNE

Histoire de l'Espagne, depuis la mort de Charles III jusqu'à nos jours, par H. Reynald. 1 vol. in-12. . . . . . 3 fr. 50

RUSSIE

Histoire contemporaine de la Russie, jusqu'à la mort d'Alexandre II, par G. Créhange. 1 vol. in-12. 2ᵉ éd. 3 fr. 50

SUISSE

Histoire du peuple suisse, par Dændliker. 1 vol. in-8 . . . . 5 fr. »

AMÉRIQUE

Histoire de l'Amérique du Sud, depuis sa conquête jusqu'à nos jours, par Deberle. In-12. 3ᵉ édit., par A. Milliaud. 3 fr. 50

ITALIE

Histoire de l'Italie, depuis 1815 jusqu'à la mort de Victor-Emmanuel, par E. Sorin. 1 vol. in-12 . . . . . . 3 fr. 50

TURQUIE

La Turquie et l'Hellénisme contemporain, par V. Bérard. In-12. 4ᵉ éd. 3 fr. 50.

ROUMANIE

Histoire contemporaine de la Roumanie (1822-1900), par Fr. Damé. 1 v. in-8. 7 fr.

Eug. Despois. Le vandalisme révolutionnaire. Fondations litt., scient. et artist. de la Convention. In-12. 5ᵉ éd. 3 fr. 50
Em. de Laveleye. Le socialisme contemporain. 10ᵉ édit. 1 vol. in-12. . . 3 fr. 50
Eug. Spuller. Figures disparues. 3 vol. in-12, chacun . . . . 3 fr. 50
— L'éducation de la démocratie. 1 vol. in-12 . . . . 3 fr. 50
— L'évolution politique et sociale de l'Eglise. 1 vol. in-12 . . . . 3 fr. 50
— Hommes et choses de la Révolution. 1 vol. in-12 . . . . 3 fr. 50
Aulard. Le Culte de la Raison et de l'Être suprême. 1 vol. in-12. . 3 fr. 50
Hector Depasse. Transformations sociales. 1 vol. in-12. . . . . . . 3 fr. 50

Hector Depasse. Du travail et de ses conditions. 1 v. in-12 . . . 3 fr. 50
Eug. d'Eichthal. Souveraineté du peuple et gouvernement. 1 vol. in-12. . 3 fr. 50
G. Isambert. La vie à Paris pendant une année de la Révolution (1791-1792). 1 vol. in-12 . . . . 3 fr. 50
G. Weill. L'École Saint-Simonienne. 1 vol. in-12. . . . . 3 fr. 50
A. Lichtenberger. Le socialisme utopique. 1 vol. in-12. . . . . . . 3 fr. 50
— Le socialisme et la Révolution française. 1 vol. in-8. . . . 5 fr. »
P. Matter. La Dissolution des Assemblées parlementaires. 1 vol. in-8. . 5 fr. »

Coulommiers. — Imp. Paul BRODARD.

www.ingramcontent.com/pod-product-compliance
Lightning Source LLC
Chambersburg PA
CBHW052335230426
43664CB00041B/1456